KB104617

밸런싱 그린

탄소중립시대, ESG 경영을 생각한다

밸런싱 그린
탄소중립시대, ESG 경영을 생각한다

요시 셰피(MIT), 에드가 블랑코(Amazon) 지음
김효석(국립환경인재개발원장), 류종기(IBM) 옮김

Balancing Green: When to Brace
Sustainability in a Business
(and When not to)

목 차

유니레버, 이케아(IKEA), P&G, 스타벅스, 파타고니아, 닥터 브로너스, 세븐스제너레이션, 월마트, 지멘스, 나이키, BASF, 존슨앤존슨, 그린피스, Rainforest Alliance, Forest Stewardship Council, Environmental Defense Fund 등 300여명의 글로벌 기업, 기관, 그리고 NGO 임원 및 책임관리자, 전문가 인터뷰 수행

한국 독자분들께 Preface for Korean Edition

요시 셰피 교수
2021년3월, 보스턴 MIT대 교정에서

코로나19 감염병 대유행 사태는 글로벌 공급망에 참여하는 모든 기업 경영진과 관리자들을 최전선으로 끌어냈습니다. 한때 크게 부각되지 않았던 활동들이 이제는 전세계 뉴스의 헤드라인이 되었습니다. 방역을 위한 개인 보호 장비의 부족, 공장 및 창고 폐쇄, 교통, 운송 연결의 혼란 사태 들을 겪으면서, 공급망 취약성 현실을 이제는 일반 시민들도 잘 알게 되었습니다. 갑작스럽게 다가온 코로나 사태는 모든 사람들이 이전에는 별로 생각할 필요가 없었던, 의료용품을 병원에, 그리고 식품을 마트로 공급하기 위해서는 어떤 활동들이 필요한지를 깨닫게 했습니다.

감염병 대유행은 지구 온난화 이슈를 다시 한번 촉진시키는 계기가 되었습니다. 한편으로, 기업 공급망과 사회에서의 역할에 대한 이해가 높아짐에 따라 사람들은 이제 지속가능성이 곧 공급망 문제라는 것을 깨닫고 있습니다. 따라서 기업들이 얼마나 잘 하고 있는지 판단하려면 전체 공급망을 점검해야 합니다. 이 책은 이것이 왜 어려운지를 설명해줍니다. 게다가, 친환경을 외치지만 사실 지속가능성을 명분으로 제품에 더 많은 돈을 지불하거나 생활 수준을 낮추려는 소비자는 사실 거의 없습니다. 결과적으로, 기업은 비즈니스의 근본적인 변화에 투자할 수 없고 정부는 의미 있는 변화를 강요할 수 없습니다.

재생 에너지와 같은 일부 기술이 개발되었지만 새로운 에너지 저장이 규모에 비해 훨씬 저렴해질 때까지 신뢰할 수 없는 특정 한계가 있습니다. 불행히도, 환경 운동가들은 탄소가 없는 진짜 해결책이 될 원자력 발전소 건설을 중단하는데 성공했습니다. 이 책에서는 궁극적인 해결책은 이미 대기에 있는 탄소를 줄이는 것을 포함하여 탄소 격리 및 저장 기술을 개발하고 확장하는 데 있다고 말하고 있습니다.

이 책은 '리질리언트 엔터프라이즈(The Resilient Enterprise, 2005)'와 '무엇이 최고의 기업을 만드는가(The Power of Resilience: How the Best Companies Manage the Unexpected, 2015)'에 이어 한국어로 번역된 세 번째 책입니다. 기업과 사회가 당면한 리스크에 대한 대응과 관리에 대한 주제를 다루고 있는 제 책이 한국어로 번역되는 것을 보는 것은 저에게는 특별한 기쁨입니다. 이제 제가 다시 한국을 방문해서 MIT대에서 수학한 저희 제자들, 역자들, 그리고 독자분들과 더 많은 시간을 보내야 할 때가 온 것 같습니다. 길고 긴 코로나19 감염병 대유행을 극복하고 다시 여행하여 만나기를 기대합니다.

서언 PREFACE

이 책에서는 다양한 규모의 기업들이 환경 지속가능성을 다루고 있는지 여부, 방법, 이유 및 정도에 대한 실용적 견해를 제안한다. 100여개 이상의 글로벌 기업, 기관 경영진과 실무진, 그리고 전문가 300여명과 광범위한 인터뷰를 통해 이 책은 시작되었다. 목표는 지속가능성을 찬성하거나 반대하는 것이 아니라, 이 영역의 종사자들이 무엇을 하고 있는지 이해하는 것이었다. 이 책에 담긴 많은 사례들은 기업들이 직면하는 다양한 사업 목표와 경쟁하면서 잠재적인 사업 목표로서 지속가능성 관련 다양한 도전, 해결책, 그리고 함축적 의미를 설명하기 위해 선택되었다. 이러한 사례들에는 특정 과정 조치를 규정하기 보다는, 비즈니스 관리자들이 자신의 특정 맥락에서 효과적인 것과 아닌 것, 그리고 어디까지가 이치에 맞는지에 대한 자신만의 결론을 도출한 내용이 담겨있다.

이 책은 기후변화의 과학에 대해 전적으로 불가지론적인 견해를 취하고 있는데, 기업 경영진들이 개인적으로 '우리 시대의 도전'에 대한 환경주의자들의 주장을 수용하든, 아니면 그것이 거짓이라고 믿든 무관할 수 있기 때문이다. 전 세계의 수요와 공급을 연결하는 주체로서 기업들은 기업이 운영되는 지역사회에서 기업 이익, 일자리, 사업 성장, 지속가능성에 관심이 있는 많은 이해관계자들과 관계하고 있다. 지속가능성의 사업적 장점은 최고경영진 레벨에서 가장 열성적인 기후변화 회의론자들까지도 천연자원 비용, 홍보 문제, 규제 부담, 녹색소비자 부문에 직면해 있다는 사실에 바탕을 두고 있다. 따라서 이 책은 기업의 지속 가능성 노력에 대한 비용절감(cutting costs), 위험감소(reducing risk), 성장달성(achieving growth) 이라는 세 가지 주요 비즈니스 근거를 제시한다. 이 세 가지는 고객, 경쟁자, 직원, 이웃, 투자자, 활동가, 지방 정부 및 규제당국이 부과하는 상충되는 제약과 기대/욕구 사이의 차이를 메우기 위한 기업의 투쟁을 뒷받침한다.

이 책의 의도는 기업이 직면하고 있는 많은 선택들, 공급망(supply chain)을 오르내리는 기업의 노력, 이의 영향을 평가하기 위해 사용하는 도구들, 그리고 기업, NGO 그리고 정부 기관들 사이의 다각적인 갈등과 협력을 설명하는 것이다. 이러한 모든 선택은 수익, 제품 및 서비스 품질, 위험 관리 등과 같은 회사의 다른 목표 맥락에서 이루어져야 한다. 이 책은 효과적인 실행계획(역자주. 이 책에서는 맥락에 따라 이니셔티브와 실행계획을 혼용하기로 한다)과 낭비적인 실행계획을 탐구하고 있으며, "요람에서 무덤까지" 전체 공급망에서 제품과 프로세스의 전체 수명 주기를 설명해야 하는 어려움을 강조한다.

이전의 어떤 책보다, 연구에서 발견된 몇 개의 깊은 틈새 때문에 이 책의 구상은 매우 길고 힘들었다. 우리 연구팀(메사추세츠공대(MIT) 트랜스포테이션·로지스틱스 연구센터)은 다수의 회사들이 다양한 지속가능성 실행계획을 추구한다고 주장하는 것을 발견했다. 물론, MIT팀이 한 회사의 임원들을 인터뷰할 때, "우리는 정말 신경 쓰지 않는다. 고객이나 규제 당국이 요구하는 최소한의 일을 할 뿐이다. 그리고 NGO를 막기 위해 약간의 선전문구를 내놓았다."와 같은 것을 간단히 인정하는 사람은 거의 없었을 것이다. "고객의 요구대로만 하고, 그 이상은 하지 않겠다"고 선언한 선두 제조업체의 최고 공급망 책임자를 포함한 몇몇 솔직한 의견을 들었다. 흥미롭게도, 2년 후, 같은 임원은 우리에게 이 인용구를 책에 사용하지 말라고 요청했는데, 그 회사는 입장을 바꾸기 시작했기 때문이다. 다른 회사의 또다른 임원은 "만약 (그것이) 비용을 줄인다면, 우리는 하겠지만, 그렇지 않다면 우리는 하지 않을 것이다."라고 단정적으로 말했다.

이 책의 긴 구상 과정을 통해 점점 더 많은 기업들이 환경 지속가능성에 관심을 기울이기 시작하고 그것을 홍보하기 위해 무언가를 하고 있다는 것을 관찰할 수 있었다. 그들은 제품 수명 주기의 모든 단계를 목표로 하는 무수한 실행계획을 통해 특정한 환경 영향 감소 목표를 달성하고 종종 달성했다. 이러한 조치들은 신중하게 분석되었으며, 기업들이 지속 가능한 실천활동(sustainable practices)을 어떻게 구현하는지에 대한 이 책의 논의의 대부분을 구성한다.

동시에, 환경 저널리스트들과 NGO들은 오염, 서식지 감소, 이산화탄소 수치 상승의 많은 나머지 사례들을 비난하고 있었다. 기업을 냉철한 자본주의의 아이콘으로 매도하기는 쉽지만 막상 기업 임원들의 입장이 되어 보면 확연히 다르다. 기업을 존속시키고 성장시키는 것은 단순히 월가(Wall Street)의 이익 요구를 만족시키는 문제가 아니다. 성공적인 회사는 고용을 제공하고 전체 커뮤니티를 지원하면서 고객이 원하거나 필요로 하는 것을 제공한다. 예를 들어, 비판받는 거대 기업인 월마트는 2백만명 이상을 직접 고용하고 있으며, 간접적으로 수백만 명을 더 지원하고 있다. 월마트의 효율성은 매주 매장을 방문하는 미국 인구의 3분의 1과 온라인으로 구매하는 더 많은 사람들에게 "매일 낮은 가격(everyday low prices, 월마트의 캐치프레이즈이기도 함)"으로 팔 수 있다는 것을 의미한다. 그 회사는 많은 제품의 지속가능성을 전국적으로 개선시켰다. 이해하기 어려운 것은 왜 기업들이 그들이 했던 방식으로 지속가능성을 추구했는가 하는 점이었다.

환경 책무를 찬양하는 기업들의 밝은 보도자료와 환경보호주의자들의 지구 파멸에 대한 어두운 전망 사이의 차이는 더 복잡한 현실을 반영한다. 지속가능성은 전세계 소비자 수요를 충족시키기 위해 천연자원의 세계적인 공급을 이용하는 회사들이 형성하는 복잡한 경제 구조인 공급망과 밀접하게 연결되어 있다.

이 격차의 원인은 소비자 쪽에서 시작된다. 비록 많은 조사 결과 대부분의 소비자들이 지속 가능한 제품을 원한다고 말하기는 하지만, 판매 데이터에 따르면, 지속 가능한 제품을 구입하기 위해 더 많은 돈을 지불할 의사가 있는 비율은 극히 일부에 불과하다. 이런 '말(say)'과 '지불(pay)'의 격차는 기업들을 난처하게 만든다. 기업들에게 지속가능성을 요구(또는 명령)하고 위반자들을 처벌하려는 운동가, 언론인, 규제당국은 이러한 입장을 더욱 어렵게 만든다.

공급측면에서는 이 간극이 더 심해진다. 대부분의 회사들은 서구 소비자들의 환경적 감각과 선진국에서 소비되는 천연, 광물, 에너지 자원의 많은 부분을 공급하는 개발도상국의 경제적 우선 순위 사이의 넓은 격차 안에서 운영된다. 개발도상국(그리고 서구 세계의 상당 부분에서도)에서는 지속가능성보다는 생계와 경제에 중점을 두고 있다. 기업들은 일자리 제공이라는 명목으로 때로는 당국의 암묵적인 '이해'로 자국의 법을 일상적으로 위반한다. 따라서 기업들은 지속가능성, 비용 및 일자리를 회계처리할 때 양립할 수 없는 요구사항에 직면한다. 이 책의 대부분 사례 연구는 기업들이 이러한 제약과 요구 사이에서 어떻게 나아가려 하는지 보여준다.

이 책은 아동 노동, 공정한 임금, 지역사회 복지, 사회 정의 문제 등 공급 사슬의 사회적 영향을 구체적으로 다루지 않는다. 그럼에도 불구하고, 공급망에서 환경 문제를 해결하기 위한 많은 합리성과 도구들은 또한 사회적 관심사로 이어지게 된다. 많은 기업들이 환경적, 사회적 실행계획을 "기업의 사회적 책임" 또는 지속가능성에 대한 보다 광범위한 정의라는 일반적 표제로 묶는다.

전환점에 선 공급망 SUPPLY CHAINS IN THE CROSSHAIRS

제1장에서는 NGO 영향력 증대, 정부 규제, 소송(소급 조치 포함), 고객, 직원 및 투자자가 환경 영향에 대해 우려하는 사례 연구를 제시한다. 이러한 외부적이고 지속가능성에 초점을 맞춘 힘은 기업 환

경 실행계획에 대한 경제적 인센티브를 창출한다. 따라서 이 장에서는 기후 변화에 대한 대응이 윤리적 의무인지 아닌지에 대한 논의보다는 이익 지향적이고 사업적 합리성만으로 정당화할 수 있는 광범위한 지속가능성 실행계획의 개요를 제시한다. 특히, 이 장에서는 비용 절감, 리스크 감소, 기업 성장 관점에서 지속 가능한 실천활동의 장점을 개략적으로 설명한다. 또한 이 장은 모든 기업이 직면하고 있는 경쟁적인 목표, 도전에 대한 맥락에서 지속가능성을 제시한다. 지속가능성이 우선이라고 해도 결코 유일한 우선 순위는 아니다.

제2장에서는 제품 공급망을 추적한다. 이러한 공급망들은 지속가능성에 중요한 역할을 한다. 왜냐하면 많은 종류의 제품들이 원자재를 완제품으로 전환하고 판매하는 회사들의 네트워크 전체에 널리 분산되어 있기 때문이다. 제품을 만드는 회사망을 병렬화하는 것은 제품 수명 주기의 단계이다. 이 장에서는 제품이 요람에서 무덤까지 이동할 때 발생하는 영향 등을 요약한다. 대부분의 환경 영향과 위험 (및 관련 잠재적 개선 사항)이 대부분 기업의 글로벌 네트워크는 물론 고객 행동에서도 발생하기 때문에 공급망 관점에서 지속 가능성을 검토한다.

제3장에서는 제품의 전체 환경 영향을 추정할 수 있는 방법론인 LCA (Life Cycle Assessment)를 소개하고 있다. 예제는 효과적인 "핫스팟(hot spot)"분석의 잠재력뿐만 아니라 공급망 환경 영향을 설명하는 복잡성을 보여준다. 이 장에서 또한 어느 회사가 건전한 사업 결정에 대해 영향을 해결할 수 있도록 허용하는 측면에서 중요한 역할을 하는 중요성 평가(materiality assessment)를 다룬다.

기능적 지속가능성 실행 FUNCTIONAL SUSTAINABILITY INITIATIVES

이 책의 대부분은 제조, 조달, 유통, 운송, 디자인, 마케팅 부문 관리자와 고위 경영진이 특정 영역내에서 지속가능성 이니셔티브를 추구하는 방법을 탐구한다. 다양한 차원의 환경 지속가능성 (온실가스, 에너지, 물, 독소, 폐기물 및 재활용 포함)과 수명주기의 다양한 부분에 미치는 영향을 줄일 수 있는 많은 기회가 결합되어 기업이 전체를 아우르는 단일 실행계획 보다는 지속가능성 개선을 가능하게 하는 많은 방법이 있음을 은연중에 풍긴다. 이를 통해 기업들이 많은 다양한 실행계획을 이행하고 이런 노력을 조직과 공급망 전체에 분산할 수 있게 된다.

제4장은 주로 제품 제조에 있어 조직 내부에서 발생하는 지속가능성 개선으로 시작한다. 이러한 개선은 탄소 배출량, 물 소비량 및 공장별 독소 배출량 감소에 초점을 맞추고 있다. 많은 실행계획들이 비용 절감과 환경 영향 감소 모두를 이루어 낸다. 이 장은 공급자와 고객 회사들 또한 그 영향의 자신의 몫을 줄이기 위해 취할 수 있는 실행 계획의 유형을 위한 기초를 마련한다.

제5장에서는 지속가능성을 업스트림(제품 생산에 필요한 원자재와 부품을 확보하고 이동시키는) 공급망에 적용한다. 대부분 제품의 경우, 환경 영향과 평판 위험의 대부분이 회사의 광범위한 공급망으로 확산된다. 이 장에서는 IKEA와 스타벅스와 같은 기업들이 어떻게 심층적인 공급업체 네트워크를 관리하여 평판 훼손 위험을 줄이는지를 살펴본다. 이 장에서는 환경기준이 느슨하고 심지어 가장 큰 기업들조차 영향력이 거의 없는 나라에서 농업과 광물재료가 생산되는 경우처럼 어려운 조건에서 기업이 하는 일을 탐구한다.

제6장은 운송과 유통(즉, 다운스트림 - 제품을 시장에 내놓기 위한 공급망), 그리고 전 세계의 이동 원료와 제품의 가시적인 환경적 영향에 대해 설명한다. 이 장에서 소개되는 사례들은 운송관리, 차량 효율성 및 연료를 통해 기업들이 온실가스 배출량을 크게 줄일 수 있는 방법을 보여준다. 또한 대형 항구 처럼 집중된 공급망 운영에 내재된 지역 환경 문제를 고찰한다.

제7장은 제품 수명주기(및 회사의 밸류체인)에 따라 제품의 수명 종료 및 그 이후까지 이어진다. 이는 소비 후 재활용부터 수명 종료 지속가능성 개선까지 다양한 조치를 다룬다. 이러한 조치들은 비용 절감, 가치 회복, (재활용과 원재료간) 발자국 격차, 그리고 재활용이라는 복잡한 경제성을 강조한다. 이 장은 "클로즈 더 루프(close the loop, 더 이상 사용하지 않는 제품이나 원자재로 새제품을 만드는)"를 시작하는 회사 또는 산업의 사례를 포함한다.

제8장에서는 전체 제품 수명주기에 걸쳐 환경 영향에 현저한 영향을 미칠 수 있는 제품 설계 및 엔지니어링 변경 사항에 대해 설명한다. 특히 전력, 연료 또는 물을 소비하는 제품의 전체 영향을 지배하는 단계인 제품 사용 중 환경 영향을 조사한다. 또한 이 장에서는 포장 디자인과 재활용을 위한 설계도 다룬다.

제9장에서는 지속가능성 관련 라벨링, 기업 연례 사회적 책임 보고 및 기타 마케팅 커뮤니케이션에 대해 논의한다. 소비자 행동, 환경주의자들의 평가, 정부의 감독, 그리고 투자자들의 위험 분석은 기업의 지속가능성 동기에서 중요한 역할을 하기 때문에, 이러한 실행계획에서 성과를 거두려면 이들 그룹들과의 의사소통이 필수적이다. 이 장에서는 회사가 주장하는 내용의 성격에 따라 어떤 의사소통이 생산적이거나 역효과를 낼 수 있는지 개략적으로 설명한다.

제4장부터 제9장까지는 기능적 사업영역의 보다 좁은 관점에서 지속가능성의 하위 집합에 초점을 맞추고 있는 반면에, **제10장**은 조직 전체에 걸쳐 지속가능성 실행계획을 도입하고 조정하는 더 큰 경영 이슈를 다룬다. 이 장에서는 실행계획 평가, 문화, 메트릭스, 인센티브 및 NGO와의 협업을 포함한 경영 이슈를 다룬다.

전략적 지속가능성 실행 THE COMMITTED

이후의 장에서는 지속가능성을 지향하는 대기업에서 항상 명시적으로 우선순위를 정해 놓고 그것을 중시하고 더 높은 가격을 지불할 용의가 있는 소비자에게 구체적으로 판매하는 (흔히 더 작은 기업)으로 초점을 옮긴다. 제11장에서는 닥터 브로너스, 파타고니아, 세븐스 제너레이션이라는 3개의 '심층적 환경보호주의(deep green)' 기업에 대한 심층 사례 연구를 제시한다. 이러한 기업들은 지속가능성이 더 높게 평가되면 미래의 잠재적 모범 실천활동 사례를 보여주고 있으며, 이러한 미션 주도 기업들이 주류 기업에 어떻게 경쟁적이고 규제적인 영향력을 행사할 수 있는 방법을 보여준다.

제12장에서는 주주 중심 대규모 상장기업과 친환경 미션 회사 간의 격차를 검토한다. 비록 11장에서 소개한 딥 그린 기업들은 모두 재무적으로도 성과를 이루었지만, 그들의 환경적 영향은 시장 지배적인 훨씬 큰 회사들과 비교해서 상대적으로 미미한 것 역시 사실이다. 그렇다면 왜 친환경기업과 대기업은 있지만 친환경 대기업은 거의 없는 것일까? 12장은 더 큰 규모로 "딥 그린" 실천활동을 따라하는 데 있어서의 근본적인 도전 과제와 한계를 알아본다.

마지막 제13장에서는 재무성과와 환경성과 사이의 상충관계(trade-off)에 대해 보다 철저히 파악한다. 이 책의 대부분은 지속 가능하면서도 수익성 있는 사례를 제공하지만, 현실에서 기업들은 불가피하게 쉽게 성취할 수 있는 성과를 소진할 수밖에 없으며, 한 가지 성과 차원을 다른 성과 차원에 맞추는 겉보기에는 어려운 결정을 내려야 한다. 그럼에도 불구하고, 이 장은 기업들이 재무 성과를 줄이지 않고 더 높은 지속가능성을 계속 제공하기 위해(또는 지속가능성을 줄이지 않고 재무성과를 증가시키기 위해) 파레토 프론티어(경계선) 바깥으로 더 밀어낼 수 있는 솔루션이 있다는 것을 보여준다.

글로벌 공급망에 대한 심층 탐구를 통해 지속가능성이라는 것이 "환경 대 수익"의 단순한 구도가 아니라, 그 대신 "사람 대 사람"에 대한 보다 미묘한 문제라는 것을 알 수 있다. 그것은 일자리와 값싼 물건을 찾는 사람들과 깨끗한 환경을 찾는 사람들을 비교한다. 내일 가족을 어떻게 먹여 살릴지 고민하는 사람들은 미래의 환경재해를 걱정하는 사람들과 갈등을 빚는다. 다양한 사회경제 계층과 다양한 가치 체계에서 온 많은 나라들의 이 다른 사람들은 그들이 무엇을 사고, 무엇을 공급하고, 그들이 환경과 경제 문제의 결합에 대해 어떻게 느끼는지에 대해 같은 선택을 하지 않을 것이다. 기업들에게 있어서 도전은 그들이 세계와 환경에 대한 이러한 매우 다양한 전망들을 연결해야 한다는 사실에 있다. 이 책은 지구상의 사업으로 인해 논쟁의 중심에 있는 기업들이 경제성장(economic growth)과 환경지속가능성(environmental sustainability)에 대한 상반된 동기 부여를 충족시킬 수 있도록 돕는 것을 목표로 하고 있다.

감사의 말씀 THANKS

이 책은 300여명의 글로벌 기업, 기관, 그리고 NGO 임원 및 책임 관리자, 전문가 인터뷰를 포함하여 1차 연구에 기반을 두고 있다. 그 결과 연구팀에게 시간과 전문 지식을 공유하고 올바른 방향으로 안내해 준 여러분께 깊은 감사를 드린다. 이분들이 없었다면 이 책의 출간은 불가능했을 것이다. 이 노력에 기꺼이 참여해주시고 도와준 분들의 전체 목록은 이 책의 마지막에 나와 있다.

『 유니레버, IKEA, P&G, 스타벅스, 파타고니아, 닥터 브로너스, 세븐스제너레이션, 월마트, 지멘스, 나이키, BASF, UPS, 존슨앤존슨(J&J) 등 ESG 경영 관련 기업 사례로 많이 회자되는 글로벌 기업 경영진, 관리자들은 물론 그린피스, Rainforest Alliance 등 주요 NGO, 그리고 Forest Stewardship Council, Environmental Defense Fund 등 기금, 협의회 책임관리자들과의 직접 인터뷰 수행 』

그리고 직접적으로 본문 저술에 도움을 준 사람들은 연구팀의 주요 멤버인 알렉시스 베이트만(Alexis Bateman) 박사(현 캘리포니아 거주)와 3장에 기술된 바나나 사례연구 작성자인 앤서니 크레이그(Anthony Craig)박사(현 아이오와 주립대 교수)가 포함되어 있다. 연구와 저술에 있어서 안드레아와 다나 마이어(Andrea and Dana Meyer)의 실용지식은 너무도 귀중했다. 다나와의 수많은 열띤 논쟁은 이 책이 환경과 경제적인 우려 사이를 오가며 형성하는 데 도움이 되었고, 안드레아는 이 책이 분명 효과가 있다는 것을 확실히 해주었다. 그리고 책 내용의 편집은 MIT의 칼라이스 하딩(Calais Harding)이 맡아주었다. 다시 한번 감사드린다.

마지막으로, 50년 동안 나와 함께 해준 내 아내 아낫(Anat) (와우~!), 지난 반 백 년간 나의 최고의 인생 반려자에게 이 책을 빌어 감사와 영광을 돌린다.

요시 셰피 Yossi Sheffi

MIT대 교수, 트랜스포테이션·로지스틱스 (Center for Transportation and Logistics) 연구센터장을 맡고 있다. 기업 리스크 분석과 공급망 관리, 시스템 최적화 분야의 세계적 석학이다. 세계경제포럼(WEF)의 글로벌 아젠다 및 기업 리스크 관리를 자문하고 있다. sheffi@mit.edu

에드가 블랑코 Edgar Blanco

현재 Amazon의 Net Zero Carbon Worldwide Sustainability 책임 디렉터이며, Amazon Logistics Network Planning and Design, Last Mile Planning을 담당했다. MIT대 트랜스포테이션·로지스틱스 연구센터 (MIT CTL) Research Affiliate로도 활동하고 있다.

추천사 ENDORSEMENT

셰피 교수의 〈밸런싱 그린〉은 많은 기업들이 다양한 이해관계자의 요구를 성공적으로 충족하는 비즈니스 모델 개발을 어떻게 해야 하는지에 대한 매우 가치있고 전문적인 방향과 지침을 제시하고 있습니다.

- 폴 풀먼(Paul Polman), 유니레버(Unilever) CEO

일부 기업들은 사회와 환경에 기여할 책임이 있다고 믿는 반면, 다른 한편의 기업들은 투자하는 모든 것에 재무적인 수익과 가치를 얻어내야 한다고 믿고 있습니다. UPS 내에서도 여전히 이러한 두 가지 신념이 모두 양립하고 있습니다만, 저는 셰피 교수의 이 책이 비즈니스 뿐만 아니라 이 지구상의 모든 구성원들에게 매우 중요한 주제를 고민하고 행동에 옮길 수 있도록 기회를 준 것에 대해 뜨거운 박수를 보냅니다.

- 데이빗 에브니(David Abney) 세계 최대 물류회사 UPS 회장

Wall Street Journal, Forbes, Boston Globe, The Guardian 등 주요 미디어에 소개된 〈밸런싱 그린〉 Book Review는 다음 웹사이트 참조
Balancing Green : When to Embrace Sustainability in a Business (and When Not To)
https://sheffi.mit.edu/book/balancing-green#book-reviews
https://mitpress.mit.edu/books/balancing-green

역자 서언_김효석 PREFACE

몇 년 전 미국 보스턴 MIT대 Crisis Management & Business Resiliency 과정에 참여하여 본 책의 저자인 요시 셰피 교수의 강의를 직접 들을 기회가 있었다. 셰피 교수에 대해 가장 인상적이었던 점은 책상 위의 이론을 전하는 '전달자'에 그치지 않고 실제 비즈니스에 대한 다년간의 철저한 조사연구에 기반한 '살아있는 지식을 체험하도록' 해주었다는 점이다. 수많은 글로벌 기업의 현장에서 실제 발생한 일들을 현장감 있게 전달하고, 역시 비즈니스 실무에 능통한 교육생들로부터 피드백 받아 새로운 학설로 정립하는 일련의 과정과 깊이 있는 인사이트는 역자들로 하여금 셰피 교수의 책을 국내 번역으로 소개하는데 주저함이 없도록 만들었다.

국내 대기업들의 글로벌 비즈니스 비중이 확대되면서 TBL(Triple Bottom Line)로 대표되는 지속가능경영이나 기후변화 이슈가 기업 경영의 고려요소가 된지는 일반인의 인식보다는 더 오래 되었다. 그중에는 본문에도 언급되어 있지만, 유럽발 환경규제(ROHS, WEEE)처럼 특정 업종, 특정 시기에 긴박한 경영상 리스크로 다가온 것들도 있었고, GHG 감축처럼 국가간 이해관계와 연계되어 오래 시간이 걸리지만, 대다수 국가나 기업이 자유로울 수 없는 이슈들도 있다. 최근 들어 강조되고 있는 'ESG'와 '탄소중립'의 경우 이제 아무도 피해갈 수 없으면서도, 준비하지 않으면 아킬레스 건이 될 빅 이슈라고 할 수 있다.

글로벌 비즈니스를 하는 기업에서는 몇 해 마다 중요한 화두가 유행처럼 생겨났다가 금방 소멸되곤 한다. 1990년대 초 '글로벌',

1990년대 후반 IMF 전후 시기가 '리스트럭쳐링'이었다면 2000년대 초반 '6시그마'를 거쳐, 이후 '지속가능경영', '4차 산업혁명' 등이 꼬리를 물었고, 최근 들어서는 'ESG'와 '탄소중립'이 비중 있게 다루어지고 있다. 특히, 2000년대 초반까지의 이슈는 글로벌 경쟁을 하는 기업들에 한정된 것이었다면 2010년대 이후 '4차 산업혁명'이나 '탄소중립' 등은 정부부처는 물론 공공조직들까지도 외국 정부나 외국 공공기관에 비교하여 우리 조직의 'As Is'와 'To Be' 모습을 끊임없이 돌아보고 생각하게 만들었다는 차이가 있다. '물들어 올 때 노 젓는다'는 말이 있듯이, 이러한 이슈들에 대해 준비되어 있는 조직이나 개인은 범세계적인 위기를 기회로 삼아 먼저 치고 나가서 성장할 수 있지만, 그렇지 않은 조직이나 개인은 허겁지겁 따라 가다 보면 부지불식 간에 상황은 종료되고, 연이어 또다른 이슈들을 다시 쫓고 있는 자신의 모습을 보게 된다. 이는 기업은 물론이고 정부나 공공조직도 마찬가지인 문제이기도 하다.

독자들도 잘 아시다시피, 공공부문과 달리 산업계는 하루하루가 서바이벌 경쟁의 현장이다. 때문에 비록 옳지만 당장의 생존에 도움이 되지 않는 이슈대응은 시늉만 내는 경향이 있고, 대신 생존과 밀접하다고 판단되는 이슈는 뼛속까지 체화하기 위해 노력한다. 그러나, 지나고 보면 경쟁력을 위해 반드시 준수하고, 때로는 모범사례(best practice)를 만들어 내야 하는 이슈들은 단순히 트렌드를 흉내 내거나 컨설팅사의 도움을 받는다고 문제해결이 가능하기 보다 그 이슈를 관통하는 철학과 성공적으로 달성하기 위한 조직문화를 전체 구성원이 공유하고, '자신의 일'로 받아들여야 달성 가능했다.

즉, 조직 목표를 구성원 개개인이 이해하고 이를 개인의 과제로 캐스케이딩할 수 있어야 성공할 수 있다는 것이다. 조직의 운영체계와 추진과제가 MECE(상호배타적이면서도 모이면 완전히 전체가 되는) 해야 하는 것은 물론이다. 정작 그 회사에 맞는 아이템조차 조직 내의 사정으로 표류하거나, 그것이 안착되고 실현되었는지를 체감하기도 전에 또다른 유행 이슈를 다른 누군가가 들고 나와서 또다른 혁신 시늉을 하느라 흐지부지되는 것도 많이 보았다. 이처럼 지난 수십년간 기업 비즈니스 현장에서 주기적으로 필요성이 제기된 빅 이슈들 중 조직내 체화되어 조직 경쟁력에 기여를 한 사례들은 생각보다 많지 않다. 누구나 말로 하기는 쉽지만, 실천하기는 어렵다는 이야기처럼 유행이 예상되는 주제를 제기하기는 쉽지만, 그것이 완벽하게 실행되는 건 또 다른 문제이기 때문이다. PDCA관점에서 보면 D(실행)와 C(체크)를 잘 할 수 있도록 P(계획)단계에서 조직문화와 추진주체, 과제와 일정 등이 잘 셋팅 되어야 하고, 장기적 호흡으로 과제들을 추진해 갈 조직도 준비되어야 한다. 그 첫 시작은 전체적 맥락을 이해하고 실천해야 하는 내부인재를 체계적 교육훈련을 통해 양성하는 것이다.

직장생활을 하면서 각종 Task Force(과업집단 혹은 프로젝트팀) 활동을 많이 했다. 태스크포스의 특성상 전문가들을 통해 배울 기회가 많았고, 평소 같으면 어려울 일들도 상상력과 저돌성만 있으면 성과를 낼 시도를 많이 할 수 있어서 특히 좋았다. 주로 선진국 정부의 고위직 출신과 Fortune 500 기업 임원들인 사람들과 일할 때 느낀 가장 인상적인 대목은 그들의 관심 분야였다. 그들은 프로젝트의 달성목표와 시한, 가용자원 등도 중시하지만 Report Line에 대해 매우 궁금해 했고 (누구에게 어떤 주기로 보고되는 것인지, Dotted Line인지 Solid Line인지), 또한 조직 의사결정에 필요한 CCIR(Commander's Critical Information Requirement)을 꼭 셋팅했다. 다시 말해 목표 설정과 달성 시한은 당연하지만, 그 목표 달성을 위해 자신이 제대로 일할 여건을 만들고, 그것을 위해 필요한 것들을 미리 확실히 하는 것, 이것이 실행력을 담보하기 위해 준비하는 선결 사항이었다. 이 점은 향후 유사한 경험을 할 우리나라 기업 구성원들에게 역자가 꼭 강조하고 싶은 사항이기도 하다.

최근에 탄소중립 정책과 ESG경영이란게 화두가 되며 비슷한 주제를 다른 여러 책들이 국내외에 출간되고 있다. 그 중에는 독창적 시각과 깊이 있는 연구 결과물을 다룬 역작들도 있지만, 아직은 그럴싸한 주제들만 나열하고, 정작 누가, 왜, 무엇을, 언제까지 다루어야 하는지 방향이나 어떻게 해야 할지에 대한 내용을 구체적으로 제시하고 있지는 못한 것 같아 아쉬웠다.

기억하기로 저자의 강의는 속속 머리에 들어왔는데, 책은 쉽지 않았다. 셰피 교수의 문체가 다소 만연체라는 것도 실감했고, 미국 비즈니스계에서는 많이 통용되지만, 우리나라 독자들에게는 익숙하지 않은 표현이 많았다. 때문에, 역자들은 10여회 이상 책을 숙독하면서 원서에서 다룬 깊이는 유지하되, 최대한 독자들이 쉽게 이해할 수 있도록 표현하고자 했다. 역자 주를 약 100여개 단 것도 그러한 노력의 일환이다. 광범위한 책의 분량 때문에 이번에는 반영 못했지만, 이 책에서 다뤄진 주제들을 독자들과 같이 고민하고 해결해 나갈 수 있는 '독해 설명서'도 기회가 닿는다면 써 보고 싶은 생각도 있다. 부족하지만, 이 책이 탄소중립시대, ESG경영을 고민하는 독자들에게 환경 밸런스를 잘 잡게 하는 초석 역할을 할 수 있으면 하는 바람이다.

역자 소개

김효석 (現) 일반직 고위 공무원. 환경부 국립환경인재개발원장.
삼성SDI 수원공장과 본사 인사팀, 두산그룹 지주부문을 거쳐 환경부 교육운영과장을 역임하였다. Global EHS Audit, 환경안전 전문인력 양성, 그룹 BCM체계 구축운영 등을 맡아 하였고, 지금은 탄소중립의 이해, ESG 등 환경 공무원 직무교육과 온실가스 검증심사원 및 민간기술인력 법정교육 등을 운영하는 국립환경인재개발원을 책임지고 있다.

역자 서언_류종기 PREFACE

코로나 위기가 우리에게 준 마지막 리허설 기회, '지속가능성'
이전에는 상상할 수 없었던 접근법이 하루 아침에 뉴노멀이 되는
위기 속에서도 기업은 지속가능성 모멘텀을 유지해야 한다. 많은 기
업들이 지속가능성 노력에 박차를 가하고 있던 무렵, 코로나 대유행
사태는 갑자기 우리 모두의 생존을 위협했다. 생존이란 커다란 도전
과제를 다루면서 지속가능성 구상을 계속 실천할 수 있을까? 단기
적으로 코로나19는 지속가능성에 맞바람으로 작용하겠지만, 강한
순풍이 되고 있다. 즉 어떤 면에서는 앞으로 심각하게 다가올 기후
변화에 대처하기 위한 마지막 리허설 기회를 얻고 있는 것이다.

기업 경영진에게 이번 위기는 발생가능성은 매우 낮지만 엄청난 파
장을 불러일으키는 시나리오에 대처하기 위한 조직의 역량과 리질
리언스(회복탄력성) 확보의 중요성을 강조하고 있다. 기업들이 코로
나19와 고군분투하는 와중에도, 감염병 대유행은 많은 기업 경영진
들에게 앞으로 다가올 미래 지속가능성에 대한 생각을 해보는 기회
가 되었다.

재택근무와 화상회의를 경험하면서 불요불급한 출장을 앞으로도 줄
일 수 있다는 것과 대규모 락다운(이동제한조치)로 인해 대기오염의
급격한 감소를 위성사진을 통해 알게 되었다. 또한 기업들은 임직원
과 고객과 협력업체를 위해 신경 쓰고 한층 더 노력하는 것이 이득
이 된다는 것을 느끼게 되었다. 스타벅스가 직원들에게 특별재해급
여를 제공하고 정신건강과 심리치료 등에 대한 보험 혜택을 제공하
는 것이나 가장 재무적으로 취약한 협력업체들에 조기 대금 지불을
결정한 유니레버(Unilever)의 일련의 행동이 좋은 예일 것이다. 그리
고 이들 기업들은 정부기관과 협력하여 시장과 산업, 사회에서 거짓

되고 오도되는 코로나19 감염병 대유행 정보를 조사하면서, 특히 테크 기업들은 기후 변화에 대한 잘못된 정보와 언제든지 싸울 수 있다는 기술 잠재력도 보여주었다.

어떤 면에서 이번 코로나 사태가 지속가능성 아젠다를 위한 드라이 런(dry run), 즉 실행 전 총 리허설이 되고 있고, 기업에게는 더욱 커져가는 환경, 사회 및 기업지배구조(ESG, Environmental, Social and Governance) 과제들을 어떻게 해결할 수 있는지를 가늠할 좋은 기회가 되었다. 대유행의 위험성은 알려져 있었지만, 이번 위기는 많은 기업에 적응력과 회복탄력성에 있어서 많은 취약점을 노출시켰다. 앞으로 다양한 기후변화 리스크 시나리오에 대해 준비하지 않는다면 기업의 이사회와 경영진은 그 책임에서 더 이상 자유롭지 못할 것이다. 코로나19 감염병의 대유행은 앞으로 지속가능성의 심각성과 중요성에 대한 인식을 한층 높였을 뿐만 아니라 커다란 사회적 책임에 기업이 직면할 것이라는 사실을 크게 강조하고 있다.

위기는 단기적으로 지속가능성 실천을 어렵게 만든다
하지만 코로나 바이러스 사태는 경영 최우선순위에 지속가능성을 두는 것을 어렵게 하고 있다. 코로나19가 장기화되면서 현재 많은 기업이 당장의 생존에 중요하지 않은 것들을 줄이는 어려운 재정상태에 있다. 회사들이 당장 오늘 생존에 큰 영향을 주는 의사결정과 힘겨운 싸움을 하는 가운데, ESG 문제는 시급하지 않고 천천히 다루어도 될 문제로 보일 수 있다. 사회 전반에 걸쳐, 이번 감염병은 지속가능성의 중요성이 커지던 추세에 찬물을 끼얹을 수 있다. 미국에서는 EPA[1]가 공해 배출 기업에 대한 단속을 최종 기한을 정하지 않

---

[1]United States Environmental Protection Agency. 우리나라의 환경부에 해당하는, 미국 환경에 관련한 모든 입법 제정 및 법안 예산을 책정하는 연방기관. 1970년에 설립되었으며, 대기 및 방사선,화학물질 안전,이행 및 준칙,물 등 본부기구와 10개 지역사무소를 두고 있음. 통상 미국 연방환경청 또는 환경보호국으로 번역.

은 채 생존에 집중할 수 있도록 완화하기도 했다. 일부 소비자와 소매업자들은 재활용 봉지를 비위생적이라고 거부하고 있고, 최근 많은 지역에서 비닐봉지 사용 금지 조치를 뒤집고 있으며 가게들은 과일과 야채 포장을 위해 다시 플라스틱 용기를 사용하고 있다. 기업들은 이러한 움직임을 지켜만 보지 않고 어떤 경우에는 나서서 가속화되고 있는데, 미국에서는 플라스틱 산업 단체가 비닐봉지 금지 중단을 요청했고, 석유산업 로비 단체들은 온실가스 배출 규제 완화를 추진하고 있다. 그나마 다행인 것은 이제 미국은 더 이상 도널드 트럼프 정부가 아니며 빠른 백신 접종으로 코로나 극복의 성과가 가시화되고 있기 때문이다.

수요측면의 예측 불가능하고 빠른 변화로 인해 사전에 생산계획을 세우기가 어려워 기업의 지속 가능한 대응 능력을 제한하고 있다. 유가 하락으로 인해 재생에너지에서 바이오 플라스틱에 이르기까지 지속 가능성 변화에 대한 비즈니스사례가 설득력이 없어질 수 있다. 그러나 일부 기업에서는 사우디와 러시아의 원유 감산으로 촉발된 유가 불안정 상황을 경험하며 대체연료로의 전환을 가속하고 있다.

그러나 한편 많은 기회가 열리고 있다

실제로 지속가능성을 위협하는 역풍만 있는 것은 아니고, 그에 상응하는 순풍도 있으며 그중 상당수는 오래 지속할 것으로 예상된다. 예를 들어, 소비자들은 더 많은 지역사회에 이익을 주는 목적을 가진 회사나 브랜드를 선호하고 있다. 뉴욕대(NYU) 스턴경영대학원 연구에 따르면 2013년부터 2018년까지 지속가능성이 있는 비즈니스가 그렇지 않은 비즈니스에 비해 5.6배 빠르게 성장하였다고 한다. 위기 때 폭발적 손 세정제 수요를 맞추기 위해 생산을 재편성한 주류업체인 바카르디(Bacardi)와 인베브(Anheuser-Busch InBev) 같은 회사들은 그들의 사회적 책임과 목적을 잘 보여주었다.

코로나 사태는 비즈니스 리더들에게 유급 병가와 돌봄 휴가, 그리고 근무 일정, 장소를 유연하게 가져갈 수 있는 업무 옵션들이 가능함을 인식하게 해주었다. 그리고 위기는 기존 비즈니스 운영체계의 약점을 드러냈으나, 한편으로는 공급망을 보다 투명하게 하고, 사회적 책임을 지키며, 환경 친화적으로 설계, 운영할 수 있는 기회의 문도 열어주고 있다. 전 세계 사람들이 손 씻기와 사회적 거리 유지에 초점을 맞추면서, 앞으로 건강과 웰빙에 대한 관심은 더욱 커질 것이다. 동시에, 코로나바이러스 대유행은 기업들이 임직원, 소비자 건강과 안녕 증진의 필요성을 인식하게 했고, 포스트 코로나 시대에 의심할 여지없이 성장할 면역력 증진 식품 개발, 원격 진료 서비스를 제공에 더욱 관심을 가질 것이다.

한편, 감염병 대유행을 겪으면서 기업은 정부와 여러 이해관계자와의 관계를 신속히 재정의하여, 국제적 활동에 대한 협업이 어디까지 가능한지도 보여주었다. 일부 국가는 더욱 친환경적인 회복을 위해 발 빠르게 움직이고 있다. EU 회원국 정상들 역시 코로나 사태에 대한 재정적인 지원과 대응이 친환경 정책을 포기하는 것을 의미하지는 않는다는 것을 강조하고 있다. 미국에서는 앞으로의 기후 변화와 싸우기 위해 청정에너지 설비 구축과 건설을 가속하는 법안을 통과시키고 포스트 코로나 시대의 경제회복을 촉진할 수 있게 준비하고 있다.

또한, 미국 증권거래위원회(SEC)는 기후 변화 관련 주주들의 압력을 차단하거나 연기해 달라는 몇몇 기업들의 요청을 거절하고 이번 위기가 지속가능성 이슈에 대한 이해관계자들의 압력이 줄어드는 것을 의미하지 않는다고 보고 있다. 강한 ESG 인증 기업의 주식은 시장 붕괴 기간에도 크게 어려움을 겪지 않았기 때문이다. 실제로 코로나 사태는 투자자들이 임직원 복지, 공급망 관리 및 기타 ESG 우선순위에 대해 더 큰 우려를 표명함에 따라 ESG요인의 중요성을 더 높이는 계기가 되었다. ESG투자는 이미 많은 기업의 성장에 도움이 되고 있다. 투자데이터를 제공하는 모닝스타(Morningstar)에 따르면 투자 결정을 내릴 때 ESG요소를 고려하는 300개의 뮤추얼 펀드가 2019년 214억 달러의 유입을 보였다고 분석했는데 이는 전년 54억 달러 대비 엄청난 증가라고 한다. 이제 ESG 펀드들은 위기시에도 상대적으로 낮은 손실을 주면서 향후 시장 전반에서 핵심 추세로 가속화될 것이다.

지속가능성이 더욱 중요해지는 시간이 다가오고 있다

모든 것을 감안할 때, 경영진들이 이번 코로나 사태를 지속가능성에 더욱 신경 쓰는 기회로 활용할 것으로 기대되는데 이는 감염병 대유행이 ESG 요인의 중요성을 부각시켰기 때문이다. 앞으로 기업이 생존에 주력하는 상황에서도 지속가능성은 최우선 과제로 남을 것이 확실하다고 보고 있다. 2008~2009년의 글로벌 금융위기와 경기 침체 동안 기업들이 지속가능성을 사업의 필수적인 요소에서 제외될 것으로 예측했다. 하지만 그것은 사실이 아니었다. 2009년 3월 미국보험협회(NAIC)는 연간 보험료 5억달러 이상 규모의 보험사들은 기후 변화의 위험과 이러한 위험을 줄이기 위한 회사 정책을 공시해야 한다는 요구사항을 발표했다. 한편, 유엔환경계획(UNEP) 재정 이니셔티브는 약 200개 금융 기관들이 "환경위험 식별 및 계량화"를 포함한 환경적 고려사항을 비즈니스 모델에 반영하는 자발적 원칙에 서명하도록 권고하였다.

다양한 측면에서, 이번 코로나 사태는 앞으로 오랫동안 지속되고 되돌릴 수 없는 파장을 일으킬 기후 위기 대응을 위한 마지막 리허설 기회이며 기후 변화 대응 조치와 행동의 시급성을 크게 강조하고 있다. 위험을 예상하는 것만으로는 충분하지 않다. 비록 감염병 대유행의 위험은 알려졌지만, 여전히 많은 회사들은 그것이 초래한 엄청난 혼란에 대해 애석하게도 자기 자신들이 준비되어 있지 않다는 것을 뼈저리게 느꼈다. 예를 들어, 콜센터가 여러 지역에 분산되어 있다면 재해 대응에 탄력적이라고 생각해왔다. 하지만 이번 사태를 겪으면서 분산 배치만이 능사는 아니며, 콜센터 직원들이 감염위험

없이 안정적으로 재택근무가 가능할 때 가장 회복 탄력적이라는 것도 알게 되었다.

마찬가지로, 앞으로 발생가능성이 큰 정확한 환경 시나리오를 예측하는 것만이 전부가 아니다. 오히려 알려진 시나리오에는 적응력있게 대응할 수 있고, 예상치 못한 시나리오가 나타날 때는 회복 탄력적(Resilient)으로 대처하는 역량을 갖는 것이 더 중요하다. 이번 코로나19 상황과 함축성은 매우 파괴적이지만, 앞으로 매우 어려운 상황이 올 때 얼마나 빠르게 행동과 실행을 할 수 있는지를 분명히 보여줄 수 있어야 한다. 그리고 많은 기업이 책임감 있고 능동적으로 많은 이해관계자를 돕는 기회로 삼아야 한다. 세계경제포럼(WEF) 창립자 4명으로 구성된 CEO 그룹은 코로나19 이후 6가지 이해관계자 원칙을 제시하고 140개 회원사의 서명을 촉구하는 내용의 행동개시 요구사항을 발표한 바 있다. 사회적, 기업의 책임을 최우선 경영 의제로 공표하는 것은 물론 BP, 핀에어, 바클레이스, 샘소나이트와 같은 글로벌 회사들은 팬데믹 사태에도 불구하고 탄소 중립적(carbon-neutral) 경영을 계속 추진하겠다고 약속했다.

어떻게 하면 전대미문의 재난에 대처하면서도 지속가능성을 유지할 수 있을까? 우선 경영진은 경영 연속성(continuity)을 계획해야 하며, 이에 상응하는 "지금 실행(act now)" 프로그램과 "지금 계획(plan now)" 이니셔티브를 병행하며 포스트 코로나 시대의 목표를 명확히 해야 할 것이다. *

수백만 명의 생명과 기업을 위험에 빠뜨렸던 감염병 대유행은 앞으로 지속가능성의 추구를 늦춰야 할 그 어떠한 이유도 없애 주었으며 서로를 돕고 세상을 돌보는 것의 중요성을 강조해주었다. 코로나 사태에서 얻은 중요 교훈들을 잘 활용한다면 궁극적으로 비즈니스에도 도움이 될 것이다. 위기 동안 지속 가능성을 약속하는 기업은 더욱 굳건한 고객 및 공급업체 관계, 기업 평판 향상, 직원 충성도 및 생산성 향상으로 더욱 강력해질 것이기 때문이다. 이제 지속가능성을 추구하지 않는 기업들은 바이러스 자체보다 더 심각한 기업명성 실추 위기에 직면하고 생존을 크게 위협받을 수 있음을 깨달아야 할 것이다.

베인앤컴퍼니 칼럼 〈Covid-19 Gives Sustainability a Dress Rehearsal〉 by Jenny Davis-Peccoud and Jean-Charles van den Branden 글을 인용하여 역자 서언으로 대신하였다. 중소기업중앙회 중소기업뉴스 '[기획 칼럼] 코로나 위기가 준 마지막 리허설 기회, 지속가능성' (2020년6월15일)기사에서 전체 글을 볼 수 있다.

마지막으로 존경하는 스승과 같은 셰피 교수님의 전작 《무엇이 최고의 기업을 만드는가(The Power of Resilience)》의 추천사를 쓰신 '제4차 산업혁명' 주창자 다보스포럼(WEF) 클라우스 슈밥 회장님이 코로나19를 극복하는 메시지로 제시한 내용을 다음과 같이 소개하며 포스트 코로나, 탄소중립 시대에 ESG경영을 고민하고 있는 많은 기업과 독자분들에게 제시하는 역자의 글을 마감하고자 한다.

'오늘날 세계를 정의하는 세가지 특성' by COVID-19: The Great Reset

오늘날 세계를 형성하는 '상호의존성', '속도', '복잡성'이라는 세가지 특성은 우리 모두에게 크고 작은 영향을 미치고 있다.

1. 상호의존성 Interdependence

지난 수십 년 동안 세계화와 기술 발전이 대규모로 진행되자 일부 전문가들은 이제 세계가 '초연결(hyperconnected)'되었다고 선언했다. 실제로 이러한 상호의존성은 무엇을 의미하는 걸까? 단순히 세상이 '사슬로 이어져' 있다는 것, 즉 다 같이 연결되어 있다는 것 만을 뜻할까?

상호 의존적인 세계는 모든 위험이 복잡한 상호작용망을 통해 서로에게 영향을 미치는 심오한 시스템적 연결성의 세계다. 그러한 조건에서는 경제적 위험이 경제적 영역에 국한된다거나 환경적 위험이 경제나 지정학 같은 다른 성격의 위험에 영향을 미치지 않는다는 주장을 더 이상 옹호할 수 없다. 집단적 사회 불안으로 이어지는 급격한 실업자 증가처럼 경제적 위험이 정치적 위험으로 바뀌는 경우 혹은 휴대전화를 이용해 코로나19를 추적하는 문제가 사회적 반발을 유발하는 것처럼 기술적 위험이 사회적 위험으로 변질되는 경우를 생각해 볼 수 있다.

실제 세계에선 시스템의 연결성은 위험들끼리 서로를 증폭시키는 '연쇄 파급 효과'를 나타낸다. 고립이나 억제가 상호의존성과 상호연결성과 조화를 이룰 수 없는 이유가 이 때문이다. 개별 위험은 항상 그것이 속한 거시적 범주에서 생긴 위험 뿐만 아니라 다른 거시적 범주에서 나온 개별 위험들과 합쳐진다. 각각의 위험은 이러한 방식으로 다른 위험을 자극함으로써 '물수제비 효과(ricochet effect)'를 날 수 있는 잠재력을 갖는다. '감염병 질병' 위험은 '전 세계 지배구조의 실패', '사회 불안', '실업', '재정 위기', '비자발적 이주' 등에 직접적인 영향을 미칠 수밖에 없다. 이들 각각은 다른 개별 위험에 영향을 미칠 텐데, 이는 연쇄 효과를 일으킨 개별 위험(특별한 경우 '감염병 질병')이 결국에는 그것이 속한 거시적 범주(사회적 위험)뿐만 아니라 다른 네 가지 거시적 범주에서도 다른 많은 위험을 증폭시킨다는 뜻이다. 이것은 시스템적 연결에 의한 전염 현상을 보여준다.

2. 속도 Velocity

우리는 어디에서나 속도를 목격할 수 있다. 사회적 불만이든, 기술적 발전과 채택이든, 지정학적 격변이든, 금융시장이든, 그리고 감염병 발현이든 모든 것이 빠르게 진행되고 있다. 결과적으로 우리는 삶의 속도가 전례 없이 빨라지고 있다는 느낌에 시달리며 실시간 사회 속에서 움직인다. 정책이나 제품이나 아이디어의 유통기한, 의사결정자나 프로젝트의 수명이 급격하면서도 종종 예측 불가능하게 줄어들고 있다는 게 보편적인 결론이다. 놀라운 속도로 전파된 코로나19만큼 이를 생생하게 보여주는 사례는 없다. 불과 한달도 채 안 돼 코로나19가 엄청난 속도로 전 세계를 집어삼키며 촉발된 대혼란으로부터 완전히 새로운 시대가 시작되었다. 기하급수적인 증가가 우리 인지 기능에 심각한 혼란을 일으켜서 우리는 종종 그것이 '아주 빠른' 정도일 뿐이라고 간주하는, 기하급수적으로 짧아진 '근시안'으로 형상을 판단하곤 한다.

3. 복잡성 Complexity

'우리가 이해하지 못하거나 이해하기 어려운' 복잡한 시스템은 종종 구성 요소들 사이의 가시적인 인과관계가 없으므로 사실상 예측 불가능하다. 우리는 마음속 깊은 곳에서 시스템이 복잡할수록 무언가가 잘못되어 사고나 착오가 일어나 전파될 가능성이 커진다는 사실을 감지한다. 복잡성은 세 가지 요소로 측정할 수 있는데, 첫째는, 시스템 내 정보 콘텐츠의 양 내지는 구성 요소의 수다. 둘째는, 이러한 '정보나 구성 요소들 사이의 상호대응성의 역학'으로 정의되는 상호 연결성이다. 그리고 셋째는, 비선형성(non-linearity) 또는 티핑포인트(tipping points) 효과다. 비선형성은 복잡성의 주요 특징으로, 시스템의 구성 요소 한 가지만 바꿔도 다른 곳에 놀랍고도 불균형한 결과를 초래할 수 있음을 의미한다. 팬데믹 모델들이 종종 광범위한 결과를 낳는 이유가 바로 이 때문이다. 즉 모델의 한 요소와 관련된 가정의 차이가 최종 결과에 극적인 영향을 미칠 수 있다. 도저히 일어나지 않을 것 같은 일이 실제로 일어나는 현상을 일컫는 '블랙 스완(black swan)', '위기가 일어날 것'임을 안다고 하더라도 그것이 '언제가 될지' 모르는 걸 말하는 '알려진 무지(known unknown)', 나비의 작은 날갯짓이 날씨 변화를 일으키듯 미세한 변화나 작은 사건이 추후 예상하지 못한 엄청난 결과로 이어진다는 의미의 '나비 효과(butterfly effect)'는 모두 비선형성이 작용하는 사례를 설명하는 말이다. 따라서 종종 세상의 복잡성을 보고 '놀라움', '격변', '불확실함'이란 단어를 떠올린다고 해도 이상할 건 없다.

역자 소개

류종기 IBM Business Development Executive이며, 울산과학기술원(UNIST) 공과대학 도시환경공학과 겸임교수이다. ESG, 기업 리질리언스, 전사적 리스크관리 전문가로 22년 이상 컨설팅을 하고 있다. 딜로이트 안진회계법인 기업리스크자문본부에서 리스크 인텔리전스, 지속가능경영 디렉터를 역임했고, 2018평창동계올림픽 조직위 Risk Advisor, 〈동아비즈니스리뷰 DBR〉 객원편집위원으로 활동, 미국 리스크관리협회(RIMS) 한국대표이다. 저서로 《리질리언스9: 넥스트노멀, 위기를 기회로 만드는 기업 생존전략(2020)》 역서로 《무엇이 최고의 기업을 만드는가: 리질리언스! 기업 위기 극복의 조건(2016)》《리스크 인텔리전스: 불확실성 시대의 위기경영 (2012)》이 있다.

제1장 커져가는 압박

THE GROWING PRESSURES

워렌 버핏(Warren Buffett)은 명성을 쌓는 데는 20년, 망치는 데는 5분이 걸린다고 했다. 매우 어린 파키스탄 소년이 시간당 6센트를 받으며 나이키 로고가 새겨진 축구공을 바느질하는 것과 같은 지울 수 없는 잡지 이미지는 하루아침에 여론을 바꿀 수 있다. 1996년 라이프 매거진 표지에 실린 이미지는 '나이키 보이콧' 캠페인으로 이어졌고, 이듬해에는 시가총액의 절반 이상을 잃었다. 나이키는 잃어버린 가치를 되찾는 데 6년이 걸렸다.

기업의 환경적(사회적) 영향을 공공에 알리고 비판하기 위한 캠페인을 주도하고 있는 것은 환경 운동에서 비롯된 많은 비정부기구(NGO)들이며, World Wildlife Fund(세계야생생물기금, 1961), 그린피스(1971), Rainforest Action Network(1985), Conservation International(1987) 등이 있다. 이러한 NGO들은 물론 수많은 사람들이 환경의 잠재적 취약성을 믿고 있으며, 기업 브랜드의 잠재적 취약성을 기업들에게 변화를 압박하기 위한 수단으로 보고 있다.

포레스트 트러스트의 창립자 스콧 포인턴(Scott Poynton)은 "그린피스가 공구상자에 손을 뻗으면 보통 나무망치 같은 하나의 도구만 찾는데, 찾으면 바로 그걸 가지고 머리를 내리치는 경향이 있다."고 말했다. 과격할 수 있으나 변화를 일으킨다는 점에서 이러한 방법은 실제로 효과가 있다." 그는 이어 "나는 사람들이 불편하지 않으면 절대 변하지 않을 것이라고 항상 말한다. 그래서, 그린피스에 대한 나의 견해는 그들이 매우 진지한 불편의 대리인이라는 것이다." 라고 말했다.

불편의 대리인 AGENTS OF DISCOMFORT

1932년 영국 요크(York)에 있는 로운트리 공장에서는 'My Girl's a Yorkshire Girl'이라는 노래를 부르는 500여 명의 여성 목소리가 울려 퍼졌다. 이 공장은 초콜릿 제조업자 Seebohm Rowntree의 소유였는데, 65%가 여성이었던 직원들은 일을 하면서 노래를 부르고 있었다. 풍성한 밀크 초콜릿이 커다란 통에서 과자로 채워진 컨버터 벨트로 흘러 들자 여자들의 목소리가 일제히 울려 퍼졌다. Rowntree는 당시 산업 심리학자들이 작업장의 음악이 생산성, 경계성 및 팀 상호 작용을 향상시켰다는 연구 결과에 근거하여 그들이 노래를 부르도록 했다. 이를 위해 Rowntree는 직원 제안 상자도 설치했다. 그가 받은 제안 중 하나는 회사가 "남자가 일터로 싸갈 수 있는 초콜릿 바"를 만들자는 것이었다. 새로운 초콜릿 바를 서민들에게 더 저렴하게 만들기 위해, Rowntree는 초콜릿 한 겹에 길고 얇은 웨이퍼를 사용해 전통적인 초콜릿 바 형식을 유지하면서 초콜릿을 덜 사용함으로써 비용을 절감했다. 1935년 'Rowntree의 초콜릿 크리스프'로 소개된 4 finger 웨이퍼[2]는 1937년 포장지와 광고에 '닉네임 킷켓'을 추가했다.

J. Walter Thomson 광고 대행사가 1957년에 KitKat의 첫 번째 텔레비전 광고를 만들었을 때, 그 기획사는 브레이크바의 "snap"에 대한 아이디어를 취해 KitKat이 "차 한 잔의 가장 좋은 동반자"라는 것을 보여주는 이전의 광고와 결합시켰다. "쉬어라, 킷켓을 먹어라(Have a break, have a KitKat)"라는 광고대사가 등장하여 오늘날까지 남아 있다. 1986년에 방송된 "Gimme a Break" 반복음은 순식간에 소비자들의 마음에 확고히 이식되어, 2003년 한 연구에 따르면 여전히 사람들 머릿속에서 벗어날 수 없는 노래 중 하나라는 것을 알게 되었다.

네슬레(Nestlé)는 로운트리를 1988년에 인수했는데, 당시 로운트리는

---

[2] 킷켓(KitKat)의 대표적 쵸코렛바로 마치 네 손가락 모양으로 생겼다고 해서 이렇게 불림

세계에서 네 번째로 큰 초콜릿 제조업체였다. 2013년까지 네슬레는 Rowntree 사업에 2억 달러 이상을 투자하여 제과 글로벌 연구센터 뿐 아니라 요크 공장도 세계에서 가장 크고 성공적인 제과공장 중 하나로 만들었다. 네슬레 글로벌 제과 연구소 부지는 2010년 기네스는 킷켓이 세계에서 가장 글로벌한 브랜드로 다른 어떤 제품보다 더 많은 나라에서 판매됨을 인증하였다.

작은 원재료, 커다란 골치거리 Minor Material, Major Headache

2010년3월17일 그린피스는 킷켓 광고를 패러디한 온라인 동영상을 공개했다. 60초짜리 동영상은 지루해 하는 회사원이 종이를 파쇄기에 넣는 장면으로 시작된다. 그러면 "휴식했느냐"는 문구와 함께 화면이 붉게 바뀐다. 그 다음, 그 노동자는 킷켓 포장지를 열지만, 킷켓의 초콜릿 핑거 대신 오렌지색 머리카락 한 덩이를 가진 오랑우탄 손가락을 발견한다. 두 명의 동료들은 그 노동자가 손가락에 웅크리고 앉아 입꼬리와 키보드 위로 피가 뚝뚝 떨어지는 것을 공포에 질려 지켜본다.

이 영상은 시청자들에게 "오랑우탄을 쉬게 해달라" "우림을 파괴하는 회사로부터 야자유를 사는 네슬레는 중단하라"고 촉구했다. 그것은 나무에 있는 오랑우탄의 비디오로 끝났고, 그 뒤에 벌목된 들판에 있는 나무 한 그루의 모습이 그려졌는데, 야자수 기름 농장을 위한 길을 만들기 위해 발생된 삼림 파괴를 상징한다. 페이스북 캠페인을 위해 그린피스는 캔디 바의 라벨을 "킷켓" 대신 "킬러"라고 말하도록 리메이크했다. 그린피스는 소셜 미디어의 힘을 이용하여 빠르고 멀리 그리고 넓게 공격했다. 몇 주 동안, 150만 명의 사람들이 유튜브를 시청했다. 그린피스 인터내셔널의 온라인 마케팅 및 홍보 전문가인 로라 케니언(Laura Kenyon)은 "그린피스의 온라인 캠페인은 일부 조정, 일부 기회, 그리고 가장 중요한 것은 (소셜 미디어를 통해) 사람들의 지원에 의존한다"고 말했다.

네슬레는 우선 유튜브에 상표권과 저작권의 침해로 동영상을 빼 달라고 요구함으로써 킷켓 브랜드의 피해를 통제하려 했다. 그러나 검열 시도는 단지 그 비디오의 더 많은 견해와 그 회사가 야자유 공급 관행을 바꾸기를 요구하는 소비자 이메일이 쇄도하는 결과를 불러 일으켰을 뿐이다. 이 회사는 소비자들이 "당신의 원칙을 반영하도록 당신의 일상 소비지출을 조직화"하는 것을 돕는 웹사이트와 모바일 앱인 buycott.com에 소개되었다. 2만 명이 넘는 회원들이 네슬레에 대한 불매운동에 동참했다.

Poynton에 따르면 네슬레에 대한 공격은 생생하게 강렬했을 뿐 아니라 회사가 이미 이 문제를 해결하고 있다고 생각했기 때문에 놀라웠다고 한다. 이 회사는 팜유를 직접 조달할 때 "삼림 벌채 금지" 정책을 채택하고 "2005년11월 이후 야자유가 자연림이 없는 지역에서는 나오지 않을 것"이라고 약속했다. 2009년에는 팜유를 지속가능한 상품시장으로 전환하기 위해 2004년에 결성된 협력 산업단체 '지속가능한 팜유 라운드 테이블(Roundtable on Sustainable Palm Oil)'에 가입하기도 했다.

당시 네슬레 제조를 담당했던 호세 로페즈(José Lopez)는 과자 속에서 팜유를 찾으려면 '현미경으로 봐야 할 것'이라며 낙담의 목소리를 냈다. 게다가 네슬레는 팜유를 생산하지도, 오랑우탄 서식지 근처의 농장을 소유하지도 않았고, 팜유의 생산을 늘리기 위해 열대우림의 개방을 명령하지도 않았다. 하지만 공급업체 중 하나는 그랬다. 이 책 제5장에서는 네슬레가 그 공급자의 계약을 취소함으로써 문제를 해결하려고 시도하고 왜 그 대응이 처음에 실패했는지에 대해 자세히 설명한다. 그린피스는 "이(계약)취소는 열대우림을 쉽게 하지 못했다."고 썼다. 압력을 계속 가하면서 오랑우탄 복장을 한 운동가들은 독일 프랑크푸르트에 있는 네슬레 본사 밖에 서 있었다. 다른 운동가들은 그 해 말 네슬레의 연례 회의를 급습했고, 심지어 그 회의장 안에 현수막까지 내걸었다.

비록 이 캠페인이 킷캣 판매에 미치는 영향은 공식적으로 알려지지 않았지만, 이 회사는 그린피스가 8주 후에 삼림 벌채와 연계된 공급망 내 모든 회사를 식별, 제거하라는 요구에 동의했다.

원천 제거 Cut Off at the Source

그린피스는 네슬레 제품에 대한 수요를 방해하려 한 반면, NGO들은 공급자측을 공격하기도 한다. 인도에서는, 지역사회 단체들이 코카콜라 회사와 그 자회사들이 지역 물 공급을 고갈시키고 오염시키고 있다며 고소하기도 했다. 2002년 Plachimada에 있는 40에이커짜리 보틀링공장의 문 앞에서 2천여명이 참여한 시위가 여러 번 있었다. 2003년 인도 Kerala 주 고등법원은 이 회사에 관정 폐쇄를 명령하고, 공장 폐쇄를 강요했다. 2005년 8월, 코카콜라가 새로운 면허를 받고 조업을 재개한 지 두 달 만에, 주최측은 다시 회사를 향해 행진하여, 4명이 부상하고, 43명이 체포되었다.

2017년 현재 공장 폐쇄 상태를 유지하고 있다. 2011년 2월, Kerala 의회는 Plachimada 코카콜라 피해자 구제 및 보상 청구 재판 법안을 통과시켰다. 이 법안은 이 회사를 상대로 환경 및 토양 파괴와 지하수 과다 추출에 따른 수질 오염에 대한 4천8백만 달러의 소송을 판결할 수 있도록 했다. 2014년 인도의 두 번째 공장인 Uttar Pradesh주 Mehdiganj 공장은 현지 오염관리위원회로부터 폐쇄 명령을 받기도 했다.

마을 전체가 필요하다 It Takes a Village

1969년 봄, 미국 보스턴에서 북쪽으로 12마일 떨어진 작은 마을 매사추세츠 주 워번 주민들은 도시 유정 G와 H의 물이 "매우 불순하고, 미네랄 성분이 대단히 많으며, 화학적 맛이 강하다."는 것을 증명하면서 시장에게 탄원서를 제출했다. 그들은 관정을 폐쇄할 것을 요구했다. 1979년 미국 환경보호청(EPA)이 정의한 두 개의 관정에 허용할 수 없을 정도로 높은 수준의 "확률적인 발암 물질"이 포함되어 있다는 것을 매사추세츠주 환경품질부가 발견하기 전까지는 어떠한 조치도 취해지지 않았다. 미국 질병통제예방센터(CDC)에 따르면 아들이 백혈병으로 사망한 앤 앤더슨(Anne Anderson)은 자신의 집 근처에서 다른 6명의 아이들이 백혈병으로 사망했다는 사실을 발견했다. 앤더슨, 브루스 영 목사, 그리고 20명의 목사 들은 지하수 오염 책임이 있는 것으로 알려진 회사 W. R. Grace and Company 와 Beatrice Foods를 고소하기 위해 그룹을 만들고 변호사 잰 슐리트만(Jan Schlichtmann)을 고용했다.

그 사건은 거의 20년 동안 널리 알려지게 되었다. '지미 앤더슨을 죽인 건 무엇인가?'라는 60분짜리 TV프로그램은 1986년에 방영되었다. 1996년 논픽션 《시민행동》은 2년 이상 베스트셀러 목록에 올랐으며, 1998년 영화화되어 존 트라볼타가 전설적인 배우 로버트 듀발의 상대역으로 출연하였다. 그 이야기가 시작된 후 9년 동안 법적 절차는 계속되었고, 800만 달러의 합의로 끝났다. 게다가, 미국 EPA는 Schlichtmann의 작업을 기반으로 하여, 그 회사들에 대한 집행 조치를 취했고, 정화 비용으로 6천950만 달러를 지불하도록 강요했다.

이 사례가 증명하듯이, NGO는 커뮤니티 활동을 장려하고, 커뮤니티는 NGO의 관심을 끌기 위해 노력하는 가운데, NGO 활동과 커뮤니티 활동은 서로에게 시너지를 낸다. 2000년까지 미국에는 6,000개 이상의 전국 및 지역[3] 환경 운동 기구와 2만개 이상의 로컬 환경운동 기구가 있었다. NGO와 커뮤니티 조치는 차례로 더 엄격한 규제를 초래할 수 있다 ("규제제한 확대" 섹션 참조). 워번 사건은 매사추세츠주가 독성물질 오염 부지를 청소하도록 강제하는 슈퍼펀드(Super Fund)법령을 통과시켜 주 전체 암 등록부를 만들어 오염이 유도하는 암 집단 탐지를 돕도록 했다.

당황시킬 수 없다면 고소하라 If You Can't Embarrass 'Em, Sue 'Em

미네소타 전력회사(이하 미네소타파워)는 미네소타 북동부 지역의 145,000명의 고객들에게 전기를 공급한다. 여기에는 국내 최대 산업 고객들, 즉 제지 공장들이 포함된다. 2004년에 동사는 전력을 공급하기 위해 석탄에 거의 전적으로 의존했고, 2005년에 그 석탄 화

---

[3] EPA 등 연방기구는 50개 주를 10개 지역으로 구분, 지역사무소를 두고 있다. 지역 1은 뉴 잉글랜드로 관할 주는 코네티컷, 메인, 뉴햄프셔, 매사추세츠, 버몬트, 로드아일랜드 등 6개 주

력발전소의 배출을 줄이고 효율성을 높이기 위해 수백만 달러를 투자하기 시작했다. 그러나 2008년 미국 EPA는 미네소타 청정대기법 위반을 예로 들었다. 회사는 한도를 초과한 사례는 정기적인 유지보수 프로젝트의 일부분이며 따라서 요구사항의 대상이 아니라고 응답했다. EPA와 회사는 향후 6년 동안 법적 논쟁을 계속했다.

시에라 클럽[4]은 미네소타 파워와 정부의 느린 해결 협상에 좌절했다. NGO는 5년 동안 게시된 350만 개의 배출 데이터 포인트로 구성된 공공 데이터를 통해 발굴한 결과 불투명도 측정치에서 12,774개의 편차를 발견했다. 2014년 3월 시에라 클럽은 미네소타 파워가 미세먼지 배출 제한을 초과해 청정대기법(Clean Air Act)을 위반했다고 주장하며 법적 조치를 취하겠다고 위협했다. 시에라 클럽의 캠페인 책임자인 미셸 로지에(Michelle Rosier)에 따르면, "이러한 심각한 위반은 미네소타 파워가 공공 건강을 위한 국가안전지침 내에서 공장을 운영할 의향이 있는지 또는 운영할 수 있는지에 의문을 제기한다."

미네소타 파워는 데이터에 대해 이의를 제기하지 않았으며, 대신 발전소가 허용한계 99.7% 내에서 운영되고 있다고 지적했다. 또한 불투명도는 "날씨에 기반을 둘 수 있기 때문에 항상 오염 물질의 방출을 나타내는 것은 아니며, 차가운 공기에 뜨거운 증기를 뿌려서 불투명도가 높아질 수 있다"고 팻 뮬렌(Pat Mullen) 마케팅 및 기업 커뮤니케이션 담당 임원은 말했다. 미네소타 오염제어국(MPCA) 육상 및 항공 규정 준수 부서 관리자인 캐티 쾰프겐(Katie Koelfgen)도 "이러한 유형의 모니터링은 상당히 복잡하며 편차가 보고되었다고 해서 반드시 위반이 있음을 나타내지는 않는다"고 말했다.

시에라 클럽 사례의 약점에도 불구하고, 4개월 후 미네소타 파워는 EPA와 합의하여, 140만 달러의 민사 벌칙을 지불하고 5억 달러 이상을 배출가스 통제에 사용하기로 합의했다. 미네소타 파워 전략 및 계획 담당 임원[5]인 알 루덱(Al Rudeck)은 "평판적인 관점에서 볼 때,

---

[4] 1892년 설립된, 회원수 73만의 미국 최대 환경운동단체
[5] vice president 는 한국 대기업 직제상 상무에서 부사장을 통칭하는 직급에 해당되는데, 대부분 담당임원/상무라는 타이틀이 적합함. 부사장이라고 번역을 하는 것은 해당 영역이 선진국에서는

당신의 이름이 이런 식으로 신문에 실리는 것은 결코 쉬운 일이 아니다. 우리는 환경 보호에 대해 많은 자부심을 가지고 있다. 합의점에 이른다는 측면에서 삼켜야 할 쓴 약이지만 이해관계자들에게는 최선의 이익이라고 느꼈다."고 말했다. 환경보호론자들은 5억 달러의 의무적인 개량을 환영했지만, 이번 합의에는 미네소타 파워가 2005년 이후 이미 투자한 3억5천만 달러가 포함됐다. 회사측은 보도자료를 통해 "많은 배출가스 규제 조치가 [EPA]의 위반 고지를 해결하기 위해 6년 동안 논의 중에 이행되었다"고 밝혔다. 시에라 클럽은 2012년과 2013년에 위스콘신 주의 두 개의 공익 사업체를 상대로 비슷한 전략을 사용했는데, 환경 개선으로 11억 달러, 공익 사업체로부터 340만 달러의 벌금을 내도록 했다.

NGO들은 듀폰(DuPont), 쉘(Shell)과 같은 거대기업들에 대한 수많은 다른 법적 조치를 취했는데, 이 기업들은 수백만 달러를 지불했다. 피해 단체와 NGO는 민사소송을 통해 보상적 손해배상 및 징벌적 손해배상액을 모두 회수할 수 있다. 워싱턴 DC에 본부를 둔 환경 변호사 매튜 모리슨(Matthew Morrison)은 "역사적으로 (단속규제 등) 집행이 늦어질 때 민사 소송이 급증했다."고 말했다.

지속적인 캠페인 Sustained Campaigns

기업을 상대로 한 NGO 캠페인은 수년 동안 지속될 수 있다. 나이키의 아시아 공급자 저임금에 반대하는 캠페인은 여러 NGO와 언론 매체를 참여시켰고 10년 이상 지속되었다. 포레스트 에틱스(ForrestEthics)의 제품 카탈로그에 대한 빅토리아 시크릿의 용지 조달 정책에 반대하는 빅토리아의 '더러운' 시크릿 캠페인은 2년 동안 계속되었으며, CampusActivisism.org, Voice for Animals, Portland Independent Media Center, Treehugger 등이 참여했다. 그 캠페인은 그 회사가 카탈로그를 만들 때 재활용된 종이를 더 많이 사용하기

그만큼 중요하게 간주됨을 어필하고 싶은 의도된 오역이거나, 대기업 조직체계에 대한 몰이해에서 비롯된 것으로 보이는데, 이 책에서는 해당 기업의 크기나 업무영역을 감안하여 부서의 담당 임원, 전무, 부사장 등을 혼용하도록 함

로 동의했을 때에야 끝났다.

이런 이야기의 교훈은, 타깃 기업들이 캠페인이 빠르게 "힘이 다 떨어질" 것이라고 기대할 수 없다는 것이다. NGO들이 기업을 상대로 캠페인을 벌이기로 결정했을 때, 그들은 일반적으로 기금을 모으고 장기간에 걸쳐 준비한다. Rainforest Alliance의 SmartWood 프로그램 책임자였던 로버트 비어(Robert Beer)에 의하면, "그들[NGO]은 모두 다양한 방법을 가지고 있지만, (스스로 연쇄반응을 일으킬 수 있는) 비판적 질량을 가지고 있다. 그들은 특정 목적을 위한 자금을 확보하고, 그들이 이용할 수 있는 도구들을 어떻게 사용하는지 이해하는 데 있어서 꽤 정교하다. 나는 종종 기업들이 NGO들이 얼마나 세련된지를 인정하지 않는다고 생각한다. 그리고는 섣불리 볏짚을 지고 불구덩이로 들어가려 한다." 게다가, 캠페인은 보통 다른 여러 단체들이 십자군에 가담하면서 시간이 지나면서 더욱 심해진다.

환경운동가들은 또한 그들이 명시한 목표를 달성했다고 바로 멈추지 않는다. 진정한 지속가능성을 추구하는 과정에서 그들의 "골대"는 계속 움직이고 기업들에 대한 허들은 점점 더 높아진다. 그린피스 활동가인 톰 도월(Tom Dowall)은 "세계 유수의 전자회사들이 최악의 위험 물질을 단계적으로 폐기해야 하는 과제에 봉착한 후, 우리는 이제 그들에게 광물 공급의 개선과 공급망 전체에 사용되는 에너지 관리를 더 잘하라고 도전과제를 제시하고 있다."고 말했다.

회사 이해관계자가 개입할 때 WHEN COMPANY STAKEHOLDERS GET INVOLVED

외부 운동가들 만이 기업들이 환경 보호 정책을 고려하도록 동기를 부여하고 있는 것은 아니다. 비정부기구와 달리, 기업의 성공으로 재정적 이익을 보는 경제적 이해 당사자들, 즉 소비자, 유통업자, 소매업자, 종업원, 주주 모두는 회사가 실패하거나 성과 달성에 방해 받을 경우 위험을 부담한다. 이러한 자연스러운 제휴는 기업 경영자들에게 외부인의 주장보다 회사의 경제적 이해관계자들이 지속가능성 주장을 하는 경우 더 설득력을 가질 수 있다. 이들 내부자 중 일부는 NGO 공격, 규제 변화("점증하는 법적 규제" 섹션 참조), 환경 손상에 의한 소비자 반발("브랜드 홀더의 수중에 있는 버팀목" 참조)이 회사의 성공을 방해할 수 있다고 생각할 수 있다.

소비자: 무관심의 바다에서의 "녹색" 소수자들 Consumers: A "Green" Minority in a Sea of Apathy

환경 단체 등에 의한 조사에 의하면, 전 세계 소비자의 절반 이상과 미국 소비자의 절반 가까이가 지속 가능한 제품에 더 많은 비용을 지불할 것이라고 주장하고 있다. 그러나 2012년 당시 프록터 앤 갬블(P&G) CEO였던 로버트 맥도날드는 전체 소비자 중 15%만이 환경 친화적인 제품에 대해 실제로 더 많은 — 그것도 조금만 더 많은 - 비용을 지불할 의사가 있다고 시사했다. 한 평론가는 "녹색 마케터들은 이것을 오래 전부터 알고 있었다. 소비자는 사회적이고 환경적으로 우수한 제품에 대해 기꺼이 더 지불할 용의가 있다는 설문 조사를 일관되게 할 것이다. 그러나 유럽식량정보위원회(European Food Information Council) 2014년 연구에서는 소비자들이 지속가능성을 이해하면서도 이러한 이해가 아직 식품 선택의 변화로 이어지지는 않는다고 결론지었다.

한 코즈 마케팅[6] 대행사는 91%의 글로벌 소비자들이 가격과 품질을 고려할 때 좋은 명분과 연관된 브랜드로 바꿀 가능성이 높다고 주장하지만, 실제로는 다음과 같은 네 가지 이유로 브랜드를 바꾸지 않는 경우가 많다고 보고했다. 첫째, 소비자들은 다른 제품이 비교 가능하다고 생각하지 않을 수 있으며, 다른 구매 기준(예: 제품의 비용, 특징 및 성능 또는 소매업체의 위치와 서비스)이 환경 문제보다 더 중요한 경우가 많다. 둘째, 소비자들은 특히 복잡한 제품의 경우 익숙하지 않은 다른 브랜드나 소매업체로 전환할 때 비용이나 위험에 직면한다. 셋째, 바쁘고 수많은 미디어가 포화상태에 이른 세계에서 소비자들은 특정한 NGO 캠페인을 잘 알지 못할 수 있다.

---

[6] Cause Marketing. 친환경, 사회봉사 등 대의명분을 내세워 기업 이미지를 제고하는 마케팅

마지막으로, 일부 소비자들은 다른 사람들이 참여하기 바라면서 보이콧을 주장하는 반면, 그들은 항상 그렇듯이 같은 회사로부터 계속 구매하는 습관을 가지고 있다. 실제로 2010년까지 급성장한 뒤 2010년부터 2014년까지 친환경 가정용세제 및 세탁기 판매가 연평균 2%씩 감소했다.

비록 주류 소비자들이 대량으로 녹색 제품을 구입하지는 않았지만, 조사에 따르면, 밀레니얼세대(80년대와 1990년대에 태어난 세대)가 노년층 소비자들보다 지속 가능한 제품에 대해 기꺼이 지불할 가능성이 더 높은 것으로 나타났다. 2009년 월마트의 사장 겸 CEO인 마이크 듀크(Mike Duke)는 준비된 논평에서 "우리는 이것이 사라질 트렌드로 보지 않는다. 더 높은 고객 기대는 미래에도 영구적일 것이다."라고 말했다. 그러나, 소매업체의 판매 자료가 환경보호주의자들의 조사 자료를 입증할 때까지 기업들은 대규모의 변화나 환경 친화적인 제품의 운영비 부담에 대한 투자를 꺼릴 수 있다.

고객의 변화하는 요구 사항 Customers' Changing Demands

2009년까지만 해도, 명품 의류메이커인 Ralph Lauren은 나이키와 다른 의류 제조업자들을 상대로 벌이는 일종의 공공 비난 캠페인에 직면하지 않았다. 그러나 그 해 자사의 고객 소매업체 중 하나인 코울스(Kohl's)가 지속가능성 점수표를 모든 공급업체에 요구하면서 지속가능성 문제에 대한 압력에 직면했다. 코울스는 랄프 로렌에게 환경문제에 대해 구체적 질문을 했고, 이를 위해 랄프 로렌은 환경문제에 대한 최초의 내부회계를 수행해야 했다. 소매업자 코울스의 요구는 거기서 끝나지 않았다. 매년, 코울스는 점점 더 복잡하고 세부적인 점수표를 물었다. 그 결과, 랄프로렌은 그러한 요구를 충족시키기 위해 내부 감사에 박차를 가했다.

코울스는 2013년 이후 300개의 최고 공급업체의 지속가능성 관행과 개선 사항을 분기별로 측정하고 책임 있는 관행에 대해 매년 공급업체 원탁회의를 개최하고 있다. 코울스는 공급자들에게도 그러한 관행에 대해 물어보기도 했다. "우리는 현재 공급업체들에게 지속가능성 질문을 하는 상당한 규모의 그룹을 보유하고 있다. 존 포주트(John Fojut) 코울스 코퍼레이션(Kohl's Corporation) 기업 지속가능성 임원은 "이것이 우리가 도달하기 원하는 곳"이라고 말했다.

코울스의 공급자에 대한 요구는 소비자 행동에 대한 우려에서 비롯된다. Fojut 대변인은 "일부 기업들이 사회적 책임에 대한 소비자의 우려가 고조되는 것에 놀라듯이 다른 사람의 우선순위에 반응하고 적응해야 하는 대신에 우리는 앞서나가서 우리가 어떤 중요성과 어떤 발전을 원하느냐에 대해 함께 동의해야 한다."고 말했다.

내부의 관찰자 The Watchers from Inner

미국의 걸스카우트와 그들의 유명한 쿠키는 2007년 말 내부 인력 2명에게 조사를 받았다. 그 해 초, 11세 리안논 톰티셴(Rhiannon Tomtishen)과 12세의 매디슨 보르바(Madison Vorva)는 오랑우탄 서식지의 상실과 팜유 재배지의 성장 사이의 연관성을 우연히 발견하고 청동상[7]을 받고자 오랑우탄을 연구하고 있었다. 걸스카우트 메뉴에서 팜유를 제거한 후 판매를 시작하려던 그들은 팜유가 걸스카우트 쿠키에서 두 번째로 흔한 재료라는 사실을 알고 소름이 끼쳤다.

소녀들은 문제 인식을 높이기 위해 "프로젝트 오랑스(Project Orangs)"를 5년간 시작했다. 그러나 이들의 캠페인은 과자 판매를 담당했던 Girl Scout USA 아만다 호메이커(Amanda Hawmaker)의 반발에 부딪혔다. 호메이커는 팜유는 맛을 유지하고, 부서지는 것을 피하고, 쿠키 부패를 지연시키기 위해 필요하다고 주장했다. 레시피 변경은 판매를 위태롭게 할 수 있으며, 이는 결국 쿠키 판매로 자금을 대는 모든 캠프, 현장 여행, 자선 단체들을 위험에 빠뜨릴 수 있다.

초기 저항에도 불구하고, 그 소녀들은 몇 년간의 캠페인 끝에 어느 정도 진전을 이루었다. 2011년 가을, 걸스카우트 USA는 2012년 그린 팜 인증서를 구입하고(제5장 참조), 2015년까지 지속 가능한 팜유를 공급하기로 약속했다. 호메이커는 소녀들의 캠페인의 역할을

---

[7] Grade 4-5 (나이 10, 11 세 상당)에 해당하는 걸스카우트 단원이 받을 수 있는 최고의 상

인정하면서 "이 결정을 내리도록 우리를 몰아붙이거나 이 문제에 대해 우려를 표한 것은 우리의 소비자들이 아니다."라고 말했다. 걸스카우트 사례는 NGO들이 목표로 삼기를 주저할 수 있는 건전한 이미지를 가진 조직들 조차도 내부 회원들에 의한 캠페인에 취약하다는 것을 보여준다.

워터 게이트 사건의 마크펠트(Mark Felt), 미국 증권거래 위원회(SEC) 데이빗웨버(David Weber), 그리고 글락소스미스클라인(GlaxoSmithKline) 세릴 에커드(Cheryl Eckard) 같은 내부 고발자들은 지난 몇 년 동안 자신들의 조직 내에서 비윤리적 또는 범죄적 관행을 폭로한 많은 사람들 중 대표적 3명이다. 따라서 외부 조직으로부터 일부 공격이 발생하지만, 직원들이 자신의 조직의 행동이 못마땅하다고 믿는다면 각 조직의 일반 구성원들 내에 위험이 도사리고 있을 수 있다.

다음 세대 근로자들을 채용 Recruiting the Next Generation of Workers

젊은 세대들 사이에 환경 의식이 더 많이 보급된다는 것은 기업의 환경 평판이 인재 채용 능력에 영향을 미칠 수 있다는 것을 의미한다. "대학에서 채용할 때 차이가 나는 걸로 알고 있다. 사람들은 지속가능성에 대해 질문하고, 우리의 의뢰인들은 우리의 포장에 대해 이야기하기 때문에, 그것은 인재를 뽑는 것이다."라고 델컴퓨터(Dell)의 구매임원인 올리버 캠벨(Oliver Campbell)은 말했다. 러트거스 대학(Rutgers University)이 근로자 우선 순위를 조사한 결과, 2012년 대학생들 중 거의 절반(45%)이 "세계의 사회적 또는 환경적 변화를 꾀하는" 직업을 갖기 위해 15%의 더 높은 연봉을 포기할 것이라고 말한 것으로 나타났다. 당연히, 조사에 대한 그러한 반응은 실제 행동과 관련이 있을 수도 있고 그렇지 않을 수도 있지만, 가늠할 수 있는 지표일 수도 있다.

주주들이 친환경을 원할 때 When Shareholders Go Green

미국 뉴욕의 콘크리트 정글은 말레이시아와 인도네시아의 실제 정글과는 거리가 멀 수 있지만 뉴욕주 회계감사원장 토머스 디나폴리

(Thomas DiNapoli)는 삼림파괴를 줄이기 위해 기업들의 팜유 공급 활동을 바꾸고자 뉴욕주 공무원퇴직연금을 대표하여 캠페인을 벌여왔다. 2013년 디나폴리는 던킨 도너츠가 팜유 생산과 관련된 환경 문제를 해결하도록 요구하는 주주 결의안을 제출했다. 그는 던킨이 더 나은 보고, 지속 가능한 소싱, 공급자 준수, 그리고 삼림 벌채 일시 중단을 지원하기로 합의하자 그 결의안을 철회했다. 디나폴리는 2010년 Sara Lee Corporation, 2013년 J. M. Smucker Company로부터 비슷한 양보를 얻어냈다. 그는 "기업들이 기후변화를 촉진하는 환경관행과 관련된 위험을 해결하기 위한 조치를 취할 때 주주 가치가 향상된다."고 말했다. 뉴욕 주 공무원퇴직연금은 환경이나 사회적 이슈에 대해 우려하는 기관투자가의 수가 증가하고 있다. NGO 계열 및 종교 기관 투자자와 같은 일부 기관은 윤리적 이유("선한 일 하기(doing good)")로 환경 보호를 추진하고 있다. 다른 이들은 (지속할 수 없는 사업 관행의 인식된 위험과 비용의 감소와 같은) 재무적 우려에 의해 동기 부여될 수 있다.

최소한, 이러한 투자자들은 기업의 공급망에 도사리고 있는 잠재적 위험의 더 나은 공시를 추구한다; 행동주의 주주들이 추진하는 상위 5가지 환경 제안들은 모두 보고를 요구한다. 95조 달러의 자산을 운용중인 822개 기관 투자자를 대표하는 CDP[8]는 수천 개의 공기업이 탄소, 물, 폐기물 영향을 공개하고 이러한 영향을 줄이기 위한 노력을 보고하도록 유도했다(제3장 참조). 5년 동안 700개 기업을 대상으로 분석한 결과, 이들 투자자의 행동 중 얼마나 많은 것이 NGO의 활동에 의해 유발된 것인지는 불분명하지만, 기업의 환경적 위험은 NGO의 공격보다는 주주들의 환경적 결단에 의해 더 큰 영향을 받은 것으로 나타났다.

---

[8] Carbon Disclosure Program. 전 세계 주요 상장 기업(상위 500 대 FT500 글로벌 인덱스 기업)의 이산화탄소(CO_2) 또는 온실가스(greenhouse gases) 배출 정보와 쟁점에 관하여 장 · 단기적인 관점의 경영 전략을 요구 · 수집하여 연구 · 분석 · 평가하는 범세계적 비영리 기구. CDP 한국위원회에서 시가 총액 상위 200 대 기업의 환경 정보를 조사하고 있음.

커가는 규제 요구 사항 GROWING REGULATORY RESTRICTIONS

1776년 미국 연방 수립 이래 1963년까지 총 5개의 환경 보호법이 통과되었다. 이후 40년 동안 27개의 새로운 환경법이 제정되었는데, 기업 활동을 제한하는 산업안전보건법(OH&S, Occupational Health and Safety)이 포함되면서 그 수가 51개로 늘어났다. 새로운 법률의 제정을 가속화하는 것 이상으로, 기존 법률은 더욱 엄격해졌다. 예를 들어, 미국의 승용차 배기가스 배출한도는 1975년 마일당 3.1그램에서 2004년까지 0.07그램으로 98% 감소되어 크게 강화되었다.

규제 요건 Regulatory Requirements

2016년 현재 대부분의 선진국 정부들은 기업 활동에 대한 규제를 도입하고 강화했다. 이 규정들 중 많은 것들이 특정 대기, 물, 고체 폐기물 오염물질을 대상으로 한다. 인간이 만든 기후 변화에 대한 보고서는 정부들로 하여금 광범위한 자원으로부터 온실가스(GHG) 배출을 규제하기 시작하도록 동기를 부여했다. 온실 가스에는 화석 연료 연소로 인한 CO_2와 메탄, 이산화질소(비료에서 나옴), 냉매 및 열이 대기를 빠져나가는 것을 막는 데 CO_2 당량 효과가 있는 기타 가스와 같은 다른 가스가 포함된다. 2007년 미 연방대법원은 온실 가스 배출이 공공 보건과 복지를 위태롭게 한다는 과학적 연구 결과에 따라 기후변화를 일으키는 배출물은 청정대기법에 따른 EPA 규제 대상이라고 판결했다. EPA의 2009년 위험조사 결과는 이를 입증했으며 발전소, 산업 플랜트 및 자동차에 대한 추가적인 배출 규제로 이어졌다.

선진국뿐 아니라 개발도상국에서도 마찬가지로 규제강화 추세가 지속되고 있다. 이들 국가의 중산층이 갈수록 깨끗한 공기, 물, 음식뿐 아니라 자연환경 보존을 요구하고 있어, 규제가 늘고 시행이 엄격해지고 있다. 2014년 4월, 중국은 25년 만에 가장 큰 정책 변화로 만연한 공해 문제를 해결하기 시작했다. 심지어 중국 정부가 전기자동차에 대한 재원을 마련하기 위해 휘발유에 세금을 부과할 것이라는 추측도 있었다. 그러나 규정은 그 범위, 경직성 및 관련 비용에서 크게 다르다.

규제요구사항은 공개 요구, "부드러운" 요구 사항, 기업의 행동 유도를 위한 시장 메커니즘, 회사가 지속 가능성을 관리하는 방식에 영향을 미치는 "엄격한" 법률에 이르기까지 다양하다 (10 장 참조). 환경 규정은 소급 적용 할 수도 있다.

아버지의 죄 Sins of the Fathers

1940년대에 후커사(Hooker Chemicals and Plastics)는 Niagara Power and Development Company로부터 산업 폐기물을 뉴욕주 나이아가라폴스시에서(이하 나이아가라시) 완성되지 않은 운하에 버리는 허가를 받았다. 후커사는 인정된 당시의 법률적 관행을 이용하여 운하를 배수하고, 무거운 점토로 구획을 하였으며, 1940년대와 1950년대에 2만1천톤이 넘는 화학 폐기물을 그 안에 쏟아부었다. 그리고 나서 후커사는 더 많은 점토와 흙으로 매립지를 밀봉했다. 1953년 나이아가라시 교육 위원회는 이 매립지를 1달러에 구입했다. 후커사는 교육 위원회에 폐기물의 존재를 공개하고 그 토지에 대한 증빙서에 명시적인 면책 조항을 포함시켰다.

나이아가라시 교육 위원회는 땅에 무엇이 있는지 알고 있었음에도 불구하고, 그 후 토지의 일부에 초등학교를 짓고 주거 개발을 위해 나머지를 팔았다. 건설로 점토층 일부가 제거되고 폐수 구덩이의 흙벽이 깨졌다. 1960년대에 주민들은 냄새와 잔류물에 대해 불평하기 시작했는데, 특히 비가 온 후 수위가 높아지면 더욱 그러했다. 이 근처는 또한 화학물질이 뒷마당과 수영장으로 스며들면서 발생하는 폭발을 경험했다. 1892년 명명되기 시작한 러브운하(Love Canal)는 가장 악명 높은 미국 환경 재앙 중 하나가 되었다.

1970년대 후반 러브 운하의 테스트 결과 땅, 지하 배수 펌프 물, 실내 공기, 그리고 근처 개울에서 혼합독성물질이 발견되었다. 인근 200여 가구가 대피했다. 이후의 연구는 러브 운하 주민들, 특히 개발지내 습지 거주자들 사이에서 유산, 선천적 결함, 정신 질환, 기타 다양한 질병이 높은 비율로 발생했음을 보여주었다. 결국 정부는 이전 매립지 주변과 주변에 살던 총 950가구를 대피시키고 현장을 정리하기로 합의했다.

러브 운하와 다른 유사한 장소들은 1980년의 포괄적 환경 대응, 보상 및 책임법(CERCLA)의 통과를 촉발시켰다. 이 법은 EPA에 책임이 있는 당사자들이 정부에 대해 청소에 대한 비용을 지불, 수행 또는 변제하도록 강제하는 임무를 부여했다. 러브 운하 주민, 뉴욕 주, 연방정부는 후커사가 허가되고 제대로 공개된 덤프 장소를 정부에 판매한 지 15년 후인 1968년에 후커 케미컬을 매입한 옥시덴탈 석유에 대해 각각 소송을 제기했다.

많은 법률 학자들은 주요 책임 당사자들이 학교 이사회와 나이아가라시였다고 주장하는데, 이는 충분히 주의를 기울인 신중한 행위가 못되었다. 게다가, 옥시덴탈 케미컬의 주된 방어논리는 1940년대와 1950년대의 후커의 행동을 현재 독성 화학물질에 대해 알려진 것을 근거로 평가하는 것은 잘못된 것이라는 것이었다. 변호사들은 당시 후커사의 처리 기법이 '예술적 경지'라고 말했다. 회사의 수석 변호사 인 토마스 트루트(Thomas H. Truitt)는 "40년 전 사람들의 행동을 오늘날 기준으로 판단 할 수는 없다. 그들의 절반은 사라져서 아무것도 설명 할 수 없기 때문이다."고 말했다.

흥미롭게도 CERCLA[9]는 미국 헌법이 명시적으로 금지하는 소급적 또는 사후적 법률처럼 보인다. CERCLA의 소급적 측면의 합헌성을 검토했는데, 예를 들어 연방정부 대 Olin(1997년), 연방정부 대 Monsanto 사건(1988년) 등이 그것이다. 미국 법원은 "이 법령은 처벌이 아니라 변제 의무로서, 이 법령이 소급되지 않으며 따라서 위헌이 아니라는 것을 의미한다."고 그 논쟁을 피했다. 그러나 미국 대법원은 주정부가 법령을 정하는 경우 슈퍼펀드 법이 주법을 무시하지 않는다고 판결했다. 제척기간이 있는 법령(제한 규정보다 마감

---

[9] Comprehensive Environmental Response, Compensation, and Liability Act. 1980 년 제정된 포괄적 환경 대응, 보상 및 책임법. 보통 수퍼펀드(Superfund)라고 부름

일이 더 엄격한 법령)은 주에서 규정한 특정 기간이 지난 후에 행위자에 대한 법적 조치를 금지한다.

CERCLA는 2015년 현재, 소위 브라운필드(brownfield)[10] 현장에 계속 적용되고 있으며, 이는 과거의 산업적 용도에 의해 오염되고 있다. Occidental Petroleum은 해결을 위해 총 2억4천9백만 달러를 지불했다. EPA는 1990년부터 2015년까지 여러 기업으로부터 60억 달러 이상을 회수해 현재와 미래의 정화 작업에 자금을 지원했다.

다른 법률은 일부 주의사항에도 불구하고 유사한 소급적 측면을 가지고 있다. 유럽연합(EU)의 WEEE(Waste Electrical and Electronic Equipment Directive)는 지침 도입 후에 만들어진 내구연한 완료제품에 대해 개별적으로 책임지지만 도입 전 생산제품에 대해서도 포괄적으로 책임을 진다. CERCLA와 WEEE 모두 법의 문구를 지킨다고 해서 영향이 발견되거나 미래 법이 제정될 때 기업이 미래 책임으로부터 항상 자유로울 수는 없다는 것을 입증한다.

히브리 예언자 에제키엘(Ezekiel)은 "아들은 아버지가 지은 죄에 대한 벌을 받지 않을 것이다."이라고 말한 바 있다. 그러나 이러한 사례들은 기업들이 전임자들로 인해 입은 손해에 대한 책임을 물려받을 수 있다는 것을 보여준다. 더욱이 기존 법의 테두리 안에서 행동한다고 해도 미래의 부채에 대해 회사를 배상할 수는 없다. 이 두 이슈는 독특하게 광범위한 해석이 가능한 법적 위험을 야기한다.

취약점은 브랜드 소유자의 손에 VULNERABILITY IS IN THE HANDS OF THE BRAND HOLDER

2017년 3월 한 스톱앤샵(Stop & Shop) 슈퍼마켓에서 2리터짜리 코카콜라가 1.59달러에 판매돼 해당 유통업체 자체 브랜드 가격의 2배에 달했다. 비록 코카콜라의 비법이나 재료가 약간의 가격 프리미엄을 정당화할 수 있지만, 그 높은 가격은 코카콜라 브랜드에 대해 고객들이 느끼는 신뢰와 호의에서 비롯된다. 포브스에 따르면 코카

---

[10] 개발이 끝나거나 폐쇄된 산업단지로 환경오염 때문에 재개발 등 제약이 있는 곳을 말함

콜라의 브랜드 명은 2013년에 이 회사에 약 235억 달러의 매출기여를 했으며, 이 브랜드의 가치는 약 549억 달러라고 한다. 비즈니스위크는 Coca Cola, Disney, Apple, McDonald 브랜드 평판은 시가총액의 50% 이상을 기여한다고 추정했다. 내부적으로 이들 기업 중 상당수는 브랜드 가치에 대해 훨씬 더 높은 추정치를 내놓고 있다. 신뢰와 영업권상 약점은 이러한 회사들을 취약하게 만든다.

브랜드에 대한 소비자의 신뢰 상실로 인해 가치가 급락한 회사 사례는 많다. 2015년 9월 17일, 독일 메르켈 총리는 프랑크푸르트 자동차 쇼 개막식에서 폭스바겐(VW) 최고 경영진들과 사진을 찍었는데, 다음날 미국 EPA는 배기가스 부정행위에 대해 VW에 위반 통지를 발표했다. 회사의 시장가치는 짧은 시간에 45% 하락했다. EU 규제 기관이 EU 도시 오염 수준에 비해 국내 자동차 제조업체의 재무에 유리하도록 차량배기가스 테스트 조건을 조작할 수 있지만, 이러한 부정 행위의 사용은 "속임수"가 분노를 유발할 경우 제조업체의 목에 올가미가 될 수 있다.

장난감 제조업체 RC2가 페인트 납으로 인해 동사의 대표 상품 "토마스와 친구들" 열차 세트를 회수했을 때, 회사의 시장가치는 반으로 줄어들었다. 한 부모는 이렇게 썼다. "내가 당신네들 회사와 가졌던 신뢰는 사라졌다. 나는 어떤 교체도 원하지 않는다. 환불을 해달라. 당신 회사는 내 아이들을 위험에 빠뜨렸다."

위험한 포지션: 소비자와 맞서는 기업들 Risky Positions: Consumer - Facing Companies

2010년 4월 20일 오후 9시 45분, 카메론 인터내셔널(Cameron International)이 공급하는 가스급분출 방지기가 멕시코 만의 해저 유정 위에서 고장 났다. 유정 위 굴착기에 있던 할리버튼사(Halliburton) 직원이 당시 유정을 감시하는 대신 커피와 담배를 끓이고 있었다. 트랜스오션(Transocean) 소유의 시추 플랫폼에 도달했을 때 고압유와 가스가 파이프를 통해 상승하여 폭발하였다.

이 폭발로 11명의 인부들이 사망하고, 17명이 부상했으며, 85일 동안 텔레비전으로 방영되었으며, 그 동안 전 세계가 볼 수 있도록 2

억 갤런(7.6억 리터) 이상의 석유가 멕시코만에 쏟아졌다. 기름은 텍사스에서 플로리다까지 수천 마일이나 되는 해변과 습지, 그리고 취약한 생태계를 오염시켜 아직 완전히 파악되지 않은 환경적 피해를 초래했다. 어부들, 새우잡이들, 그리고 관광산업들은 수백만 달러의 사업과 지역사회의 영향을 잃었다.

사실 해당 유정은 MOEX Offshore, Andarko Petroleum, 그리고 British Petroleum(BP)이 공동으로 소유하고 있었다. 그러나 BP는 유정의 가장 큰 소유주였고, 전체 프로젝트 매니저였으며, 주유소를 운영하고 있어서 소비자들과 가장 맞닿아 있기 때문에 해당 재해와 관련된 가장 잘 알려진 회사였다. 딥워터 호라이즌(Deepwater Horizon)은 트랜스오션의 선박의 이름이었지만, 그 이름은 BP와 이 엄청난 환경 재앙과 동의어가 되었다. 이 이야기에서 사실 BP가 딥워터 호라이즌이 일으킨 재해에서 직접적인 잘못을 저지르지는 않았다는 것은 종종 간과된다.

MIT대 분석에 따르면, 단 한 번의 결정 또는 BP사가 폭발의 직접적인 원인을 제공하지는 않았다고 보고 있다. 예를 들어, 트랜스오션은 잘 관리되지 않은 장비를 사용하고 기본적인 안전 예방 조치도 무시한 직원들을 제공했다. 할리버튼은 조잡한 지침을 제시했고 나중에 그것의 과실을 숨기려고도 했다. 카메론 인터내셔널은 실패한 가스급분출 방지기를 공급했다. 결국 BP의 경영진들은 안전을 보장하는 대신에 시간과 돈을 절약하는 쪽에서 실수를 저질렀던 것이다. 재난의 진정한 환경 및 경제적 비용은 결코 알려지지 않을 수도 있지만, 그것은 분명히 BP에 큰 타격을 주었다. 2012년 회사는 유죄 선고의 일환으로 12억 6천만 달러의 범죄수수료를 포함한 45억 달러의 벌금을 지불하기로 합의했다. 이러한 유죄 인정의 결과로, US EPA는 "회사가 연방 업무 기준을 충족할 수 있다는 것을 EPA에 충분한 증거를 제공할 수 있을 때까지" 미국 정부 조달 계약을 금지했다. BP의 최종 손해액은 187억 달러였다. BP의 대중적 이미지는 완전히 회복되려면 매우 오랜 시간이 걸릴 수 있다. 재해 발생 후, 동사의 주가는 폭발 5일 전 최고 주당 60.57달러에서 2개월 후 14년 만에 최저치인 27.02달러로 폭락했다. 2014년까지 그 회사의 주가는 여전히 40달러대를 맴돌다가 2017년에는 30달러대로 떨어졌다.(2021년8월 현재 25.42달러) 미국 BP주유소 사업자들은(보고된 바에 따르면 10~40% 사이가) 브랜드 이름을 바꾸는 것이 손실된 판매량을 회복하는데 도움이 되는지에 대해 논의했다.

반면 BP에 서비스를 제공한 공급자들은 같은 시장가치 하락을 겪지 않았다. Cameron, Halliburton, Transocean, MOEX Offshore, Andarko는 단기적 재정적인 타격을 받았을 뿐이다. 실제로 할리버튼 주식은 2010년말까지 상승했고 2013년10월까지 주가는 재난 이전 최고치보다 50% 가까이 높은 가격에 도달했다. 소비자들은 Halliburton이나 Transocean을 직접적으로 보이콧할 수는 없다. B2B (Business to Business, 기업간 거래) 공간에서 비즈니스를 하는 기업들은 "무대의 뒤에" 있고 세간의 주목을 받지 못한다. 소비자보다 훨씬 더, 기업 고객들은 비용, 품질, 용량 및 기타 기본적인 운영 요인에 근거하여 구매 결정을 내린다. 많은 B2B 공급업체의 환경 관행은 2015년 MIT에서 한 B2B 임원이 발표한 대로 최소한의 규제 준수와 고객의 명시적 요건인 "더 이상은 안될 때"까지 고수하는 경향이 있다.

브랜드가 취약하다는 것은 NGO도 잘 알고 있다 Brands Are Vulnerable and NGOs Know It

기업 고객과 달리 소비자들은 대중매체나 행동주의 캠페인을 통해 더 감정적이고 쉽게 움직이는 경향이 있기 때문에 NGO들은 소비자 대상 기업의 브랜드 이미지를 손상시킬 수 있다. 그렇다면 2014년에 조사된 거의 1,000명에 달하는 공급망 임원들 중 81%가 기업의 사회적, 환경적 책임에 투자하는 동기로 브랜드 이미지 우려를 꼽은 것은 놀라운 일이 아니다. 공격을 미연에 방지하는 선제적 조치를 취하는 핵심 근거는 회사가 반응할 수 있기 전에 공격자가 움직이고 손상시킬 수 있는 속도다.

iGive.com 설립자 로버트 그로스핸들러(Robert Grosshandler)는 "정보화 시대에 고객은 정보에 더 많이 접근할 수 있다."고 말했다. "이들은 더 교육받은 사람들이다. 이들은 더 이상 먹는 음식이 어떻게 생산되는지 또는 그들의 아이팟이 어떻게 만들어지는지에 대해 궁금증을 숨기지 않는다. 그리고 소셜 미디어 같은 것들 때문에 마음이 있는 사람들은 서로를 더 쉽게 찾고, 그들의 발언권을 가지며, 그 결과의 변화를 가져온다. 전에 없던 수준의 투명성이 있다."

그러한 공격은 유명 기업을 대상으로 기부를 유치하려는 NGO의 목표를 위해 이루어지기도 한다. 회사 행동에 영향을 미치는 모든 유명한 Nike 또는 Nestlé를 대상으로 하는 행동주의 캠페인 말고도 대부분의 사람들이 거의 들어 본 적이 없고 신경도 쓰지 않고 구매 행동이나 NGO 기부에 거의 영향을 미치지 않는 많은 캠페인이 수백 가지나 있다. 이것이 그린피스와 같은 활동주의 조직이 매스컴의 관심을 늘리기 위해 이벤트적으로 감각적, 물리적 혼란에 의지하여 이목을 끄는 이유일 수 있다. 미디어의 변덕스러운 성격을 고려할 때, 이전에 무시되었던 일부 캠페인이 확산되어 언론의 관심, 새로운 규제 또는 투자 활동으로 이어질 가능성이 항상 존재한다.

섭취, 착용 그리고 주변품들? In Me, On Me, or Around Me?

2008년 '지속가능한 브랜드 회의'에서, 빌 모리세이(Bill Morrissey) 크로록스사(Clorox) 환경지속가능성 담당 임원은 "나의 환경"이 소비자를 위한 "전체 환경"보다 더 중요하다고 강조했다. 그리고 "나의 환경" 범주 내에, 소비자들이 "섭취물(in me)", "착용물(on me)," 또는 "주변품(around me)"으로 갈 수도 있다는 걸 고려할 것이다. 식품 제조사들은 화장품과 청소, 위생 제품 제조사보다 소비자의 더 철저한 감시에 직면하고 있다. 예를 들어, 미국에서 최근 유기농 및 "천연" 식품 판매의 성장이 설명 될 수 있는데, 이는 여전히 총 식품 판매에서 작은 부분이지만 매출이 2004년 대비 2014년 3배 이상 증가한 390억 달러이다. 그리고, 결국에 "개인용 제품"을 만드는 회사는 사무용품처럼 덜 개인적인 제품을 만드는 회사보다 더 취약하다.

보다 장기적 "환경" 문제와 관련된 소비자 인식은 공감에 달려 있다. NGO는 모피 동물이 비늘 도마뱀보다 환경적 이유를 더 잘 어필한다는 것을 알고 있다. 팜유 농장 개발을 위한 삼림 벌채는 인도네시아 열대 우림에서 수천 종의 독특한 식물, 곤충 및 동물을 위협하지만 그린피스는 오랑우탄을 선택하여 위협을 전형적으로 보여주었다. 그리고 세계야생생물기금(World Wildlife Fund)의 상징은 멸종 위기에 처한 달팽이 물고기[11]가 아닌 사랑스러운 팬더이다.

사느냐 죽느냐 (그리고 얼마나)? TO BE OR NOT TO BE (AND HOW MUCH)?

이 장의 사례들은 환경적 민감성을 위한 기업들의 동기는 다양하다는 것을 보여준다. 서로 다른 회사가 공급망의 서로 다른 분야에서 운영되고, 다양한 소비자 영역을 처리하며, 행동주의자의 공격에 대한 상이한 취약성에 직면하며, 다양한 규제 노출의 대상이 된다. 본서 전체에서 보듯이 환경 지속가능성이 거의 대부분 공급망 관리 이슈이기 때문에 공급망 관리에 중점을 두고 비즈니스에서 지속가능성의 역할에 대해 검토한다. PriceWaterhouseCooper사의 2013년 글로벌 공급망 설문조사에 따르면 공급망 임원의 3분의 2가 지속가능성이 글로벌 공급망 관리에 점점 더 중요한 역할을 할 것으로 보고 있다. 하지만 그 역할은 무엇인가?

비록 많은 회사들이 지속가능성을 높은 우선순위로 지지하고 있지만, 그 높은 우선순위는 품질, 비용, 서비스, 혁신, 그리고 성장과 같은 다른 높은 우선순위와 경쟁한다.

금속 정련의 어두운 면 The Dark Side of the Forge

호주 퍼스 서쪽의 유칼립투스 숲의 Darling 급경사면[12] 높은 곳에, 보크사이트로 알려진 알루미늄 기반 광물의 층을 호주의 상징적인 붉은 흙이 덮고 있다. 1961년 Alcoa는 이들 보크사이트 퇴적층을

---

[11] snail darter fish, 미국 테네시 강에서만 사는 희귀 물고기로 1978년 댐 건설로 인해 이슈가 된 바 있음
[12] 달링 레인지(Darling Range)라고도 하는 스완 해안 평원(Swan Coastal Plain)과 서 호주 퍼스(Perth) 동쪽에서 남북으로 뻗어 있는 낮은 절벽지대

상용화하기 위해 정부와 50년짜리 협약(약 7000km² 이상)을 체결했다. 그 후 회사는 그 알루미늄의 채굴, 정제, 제련, 가공 등을 처리하기 위해 호주 전역에 공급망을 구축했다. 2016년 2월, Alcoa는 호주 서부에서 10억톤의 보크사이트 채굴을 기념했다. 그러나 그 엄청난 양의 생산량은 알루미늄 생산의 모든 단계에 걸쳐 상당한 환경적 발자국을 가져왔다.

세계에서 두 번째로 큰 Alcoa의 헌틀리 광산은 수백 평방 킬로미터에 걸쳐 있는 광산의 절단면과 넓은 먼지투성이의 연결 도로들로 이루어진 거대한 거미줄이다. 매년 알코아는 600헥타르의 숲을 더 벌목하고 토지와 상부 퇴적층을 벗겨낸다. 그런 다음 상부 암석층을 뚫고 폭발시켜 보크사이트의 하부층을 발굴한다. 2층 높이의 대형 덤프트럭은 190톤의 광석을 중앙 암석 파쇄 시설로 운반한다. 초당 최대 1.7톤의 찌그러진 광석을 정제소까지 23.4km의 컨베이어 벨트를 타고 내려간다.

알코아의 보크사이트의 다음 정거장은 Darling 급경사면과 인도양 사이의 다른 녹색 평원에 있는 거대한 붉은 상처로 우주에서 보인다. Pinjarra 알루미나 정련소는 생 보크사이트를 뜨거운 가성 용액과 섞어 광석에서 산화알루미나(알루미나)를 화학적으로 합성, 추출한다. 다단계 과정에서 보크사이트 4t은 2t의 흰 알루미나 가루가 되어 결국 1t의 알루미늄으로 제련된다. 수백만 톤의 밝은 적색 폐기물 잔여물이 거의 3킬로미터, 가로 3킬로미터에 이르는 광대한 격납건물 벌판에 놓여 있다. 그러나 사파이어와 같은 분자구조를 가진 알루미나(산화알루미늄)는 알루미늄과는 다르다.

금속 거래상들은 농담으로 알루미늄을 "응고된 전기"라고 부른다. 전형적인 알루미늄 제련소에는 수백 개의 거대한 항아리가 줄 지어 있으며, 각각 알루미나와 빙정석 유동액의 화씨 1,800도 용융 혼합물을 통해 수십만 암페어의 전기가 공급된다. 이 모든 전기 비용은 너무 비싸서 알루미늄 제조업체들은 종종 수백만 톤의 알루미나를 보크사이트의 채굴원 근처에서 알루미늄을 녹이는 것보다 싼 전력 공급원으로 보내는 것이 더 저렴하다고 생각한다. 알코아의 50년 협정 중 하나는 멜버른 근처의 호주 남동부의 탄광을 위한 것이었다. 알코아는 이런 값싼 동력원에 가까운 곳에 포트 헨리 제련소를 건설했다. 여기에는 Anglesea 해변의 마을 근처에 있는 갈색 석탄의 노천 광산이 된 것도 포함되어 있었다. 알코아의 알루미늄 생산량이 증가함에 따라 Anglesea 탄광 부지에 석탄화력 발전소를 건설하여 이후 포트 헨리 제련소 전력 수요의 40%를 공급하였다.

보크사이트 광산, 알루미나 정련소 및 앵글세아 석탄과 같은 전력 생산과 관련된 토지에 대한 Alcoa의 발자국 외에도 Alcoa의 열, 전력 및 차량 연료 수요는 수백만 톤의 온실 가스 및 다른 오염 물질을 대기 중으로 배출하게 한다. 석탄, 특히 갈탄은 대부분의 다른 화석 연료보다 탄소 발자국이 더 높다. 게다가 Anglesea석탄의 매우 높은 황 함량은 발전소를 호주에서 세 번째로 큰 황 방출원으로 만들었다.

전력 및 운송에 미치는 영향을 넘어서더라도 알코아는 온실가스를 배출하지 않을 수 없다. 비록 회사가 모든 정련소, 제련소, 운송수단을 실질 탄소배출이 제로인 탄소중립원(예: 수력, 지열, 바이오 연료 또는 태양열)으로 바꾸었더라도, 알루미늄 제련은 여전히 알루미늄 1톤당 1.65톤 이상의 이산화탄소를 배출한다. 왜냐하면 전해 공정은 용융된 알루미나 혼합물로 전기를 전도하는데 필요한 큰 탄소 양극을 소비하기 때문이다. 또한, 빙정석 내의 탄소 양극(Anode)과 플루오라이드 화합물 사이의 화학반응은 PFC(Perfluorocarbon, 과불화탄소)를 생성한다. 조사 데이터에 따르면 많은 제련사가 알루미나 1톤당 1킬로그램의 PFC를 생산한다고 하지만, 이러한 특정 PFC는 온실가스로서 CO_2보다 6,500배에서 9,200배 더 강력하다.

이야기의 또 다른 면 The Other Side of the Story

알코아 최초의 지속가능성 책임자인 케빈 안톤(Kevin Anton)은 "우리는 추출산업이기 때문에 지속가능성이 최우선 과제와 중심에 있어야 한다"고 말했다. 이것은 회사에서 세 가지 범주의 실행계획으로 나타난다. 첫째, 알코아는 탄소 배출량, 에너지 효율성, 물효율, PFC

배출량을 개선하기 위해 노력해왔다. 알루미늄 가격의 약 40%는 제련소에서 소비하는 전기다.

알코아는 2005~2015년 사이 생산효율을 4.2% 향상시키고, 비용절감과 회사 온실가스 배출량 25.9% 감축을 이뤄냈다. 2011년에는 에너지 소비와 배출량을 줄이기 위해 650개 실행 계획을 추진하여 1억 달러의 비용을 절감하는 동시에 GHG 목표치를 달성하였다. PFC 배출은 포트의 알루미나 농도가 떨어지고 전기화학반응이 알루미늄 제조에서 용해된 탄소 양극과 불소 화합물 사이의 유해한 반응으로 바뀔 때 발생한다. 소위 양극 효과라고 불리는 이것의 더 나은 프로세스 제어는 알코아에게 금전적 이익과 GHG 배출량 감소를 가져다준다. 비용 절감과 환경영향 저감을 동시에 하는 모든 활동은 환경 효율성 실행계획으로 알려져 있다.

둘째, 10억톤의 광업 이정표를 축하하면서 Alcoa Mining의 개릿 딕슨(Garret Dixon) 회장은 "우리는 이 업적과 수십 년에 걸쳐 세계적으로 인정된 토양 재활 프로그램, 즉 자라 숲(jarrah forest) 생태계가 복원되는 것을 볼 수 있는 광업 프로세스에서 가장 중요한 부분을 자랑스럽게 생각한다."라고 말했다. Alcoa가 펴낸 호주 광업 역사 타임라인은 수십 가지 환경 완화, 성과 및 수상에 이르는 회사의 수십 년 간 진화하는 노력을 강조한다. 이 회사는 채굴 구덩이를 준비, 재구성 및 조경하여 새로 심은 숲의 건강을 향상시키는 기술을 발견했다. 새로운 광산 활동의 계절적 타이밍과 새로운 광산 현장에서 제거 된 표토(및 포함된 기본 종자)를 오래된 광산 현장으로 복구하기 위한 신중한 이동 프로그램을 개발했다. 환경 피해를 완화하고 NGO 공격, 지역사회 불승인 및 규제 제한을 모두 막을 수 있는 이러한 활동은 환경 위험 관리 실행계획의 예이다.

셋째, Alcoa는 산업 고객에게 알루미늄 (강철 무게의 1/3)을 사용하는 환경적 이점을 강조하고 마케팅한다. 예를 들어, Alcoa는 차량 중량을 10 % 줄이면 연비가 8 % 향상되기 때문에 강철의 환경적 대안으로 자동차 제조업체에 다양한 알루미늄 합금을 판매한다. 이 회사는 또한 알루미늄의 재활용 가능성을 선전하여 수명이 다한 폐기물을 줄이면서 동시에 여러 제품 수명 기간 동안 Alcoa의 1차 생산에 미치는 환경 영향을 완화시킨다. "친환경" 고객 세그먼트를 대상으로 하는 이러한 활동을 에코 세분화 실행계획(eco-segmentation initiatives)이라고 한다.

우선 순위 *Priorities*

하지만, 환경 영향을 완화하려는 알코아의 모든 노력을 위해, 그 회사는 생존 가능한 사업으로 남으려면 충분한 이윤을 내고 성장해야 한다. 그리고 알루미늄은 세계적인 상품이기 때문에, 알코아는 비용 경쟁력을 유지해야 하는데, 이것은 호주의 갈탄과 같은 값싼 전력을 전략의 한 요소로 사용한다는 것을 의미한다. 알코아가 CO_2 배출량 감축 노력에 대해 '친환경 조명'을 보고한 같은 해(2010년)에는 호주의 한 전력 생산업체와 저비용 갈탄 화력발전소와의 장기계약도 체결해 환경보호론자들에게 큰 충격을 주었다. 마크 웨이크햄(Mark Wakeham) 빅토리아 환경운동본부(현 CEO)는 "로이 양(Loy Yang)같은 발전소가 2036년에도 여전히 가동되고 있다면 기후변화 예방활동의 모든 것이 끝날 것"이라고 말했다. 이와 동시에 존 브럼비(John Brumby) 빅토리아주 총리는 이 거래가 "빅토리아인들의 일자리를 보장한다."고 논평했다. 이 성명은 환경운동이 직면하고 있는 깊은 긴장감 중 하나를 예시하고 있다. 산업은 소비자가 의존하는 상품을 제공할 뿐만 아니라 지역사회가 의존하는 직업도 제공한다.

전반적으로 알코아는 자신을 "좋은 회사들(good guys)" 중 하나로 인식하고 있으며, 기업의 책임과 지속가능성을 인정받은 기업의 다우존스 지속가능성 지수(DJSI) 15년 연속 등재 등 지속가능성과 관련된 많은 상을 인용하고 있다. 이 회사는 파리 기후변화협약을 지지하고 있으며, 버락 오바마 대통령의 각 산업별 환경문제 해결을 위한 기후 공약에 서명한 유명 기업 13곳(Apple, 월마트, GM, 코카콜라, UPS 포함)에 속했다. 알코아의 안톤(Anton)은 "제품 측면이 없었으면 영업권이 없었을 것"이라고 하며 "하지만 우리는 세상을 더 낫게 하고 운영하기 위한 사회적 면허증을 받는 것을 돕는 제품을 만든다."라고 말했다.

비즈니스 장애물 경주 The Business Steeplechase

이 책의 다른 여러 사례들 뿐만 아니라 알코아 사례도 실현가능하
려면 기업들이 세 가지 근본적인 장애물을 극복해야 한다는 것을
보여준다. 첫 번째 장애물은 시장이다. 알코아는 경쟁력을 갖추고
대상 고객들 사이에서 충분한 판매량을 확보해야 한다. 이는 고객이
원하는 제품과 서비스를 고객이 기꺼이 지불할 가격에 충분한 이윤
을 얻을 수 있는 비용 구조로 제공하는 것을 의미한다.

두 번째 장애물은 아주 명백하게 지켜야 하는 법규, 규제로, 알코아
가 공급자, 시설 또는 고객을 보유하고 있는 모든 지역에서 법적 조
치와 불법 행위 사이의 분명한 경계로 정의된다. 정부의 비난을 피
하기 위해 기업들은 종종 기업의 모든 측면을 망라하는 무수한 규
칙과 규정을 준수해야 한다.

세 번째, 그러나 덜 정의되어 있는 장애물은 "사업을 계속 운영할
수 있는 사회적 면허증"을 유지하는 것이다. 즉, 기업은 그 나라의
성문법과 더불어 지역사회의 불문율도 - 그러한 규범이 잘못 정의
되고 지속적으로 진화하는 것일지라도 - 반드시 준수해야 한다. 기
존 영업에 대한 항의와 신규 시설에 대한 저항은 지역사회, NGO
및 기타 활동주의 단체에서 발생할 수 있으며, 매출 손실, 단기적
성장제한, 투자자 의사결정, 장기적으로 회사의 기회를 제한할 수
있는 규제 등 사업적 영향을 초래할 수 있다.

골디락스와 3마리 곰[13] 관점에서의 지속가능성 Goldilocks and the Three Bearable Views on Sustainability

Kohl's사의 존 포주트(John Fojut)는 소매업체들이 지속가능성에 대해
생각하는 3가지 범주에 속한다는 것을 발견했다. 그는 "그들은 (지

---

[13] 동명의 영국 전래동화에서 유래된 것으로 "뜨겁지도 차갑지도 않은 먹기에 적당한(just right, not too hot and not too cold)" 수프, 즉 '적당한 경제'를 의미함

속가능성이) 핵심 가치 중 일부라고 생각하거나, 경쟁우위를 점하는 것으로 보거나, 그저 준수해야 할 것으로 보고 있다."고 말했다.

Seventh Generation, Patagonia 또는 Dr. Bronner's(11장 참조)와 같이 "친환경(green)" 핵심가치를 가진 기업의 경우, 환경 지속가능성과 재무성과는 자연스럽게 조화를 이루는데, 그들 고객은 책임감 있게 생산된 제품에 대해 더 지불을 하려고 하고, 경우에 따라 성능이 떨어지는 제품조차도 친환경을 원인으로 받아들일 수 있기 때문이다. 이와는 대조적으로, 대부분의 대형 회사들에게 이러한 전략은 제품 비용, 제품 성능 및 환경 영향의 균형에 대해 서로 다른 우선순위를 가진 고객들에 직면하거나, 환경 성과를 위해 재무 성과를 희생하기를 꺼리는 투자자들을 보유하고 있기 때문에 "너무 친환경(too green)"일 수 있다. 이러한 기업들은 많은 경쟁적 요구(예: 제품 혁신, 직원 혜택, 마케팅 및 확장 포함)에 대해 자원 및 경영진의 관심을 저울질하며 환경 실행계획을 추진할지 여부와 방법을 균형 있게 조정해야 한다. 이에 따라 이들 기업은 대부분 이익 증대, 리스크 완화, 시장점유율 획득 등 주주 성과 목표와 일치하는 환경 실행계획에 주력한다.

규모의 지속가능성 Sustainability at Scale

Walmart, Unilever, Nike, IKEA, Toyota, Starbucks 등 대기업들은 지속가능성을 대대적으로 실행할 때 상당한 도전에 직면한다. 예를 들어, 월마트는 지속 가능한 어업 관행을 촉진하는 데 적극적으로 참여하고 있다. 스탠포드 대학의 한 보고서는 2050년까지 어업 관행의 변화 없이 야생 해산물 공급원이 붕괴될 것이라고 예측했다. 2006년에, 월마트는 해산물 공급 체인 지속가능성을 보장하기 위해 2011년까지 해양관리위원회(Marine Stewardship Council, MSC)가 인증한 해산물을 구매할 것이라고 약속했다. 그러나 월마트는 곧 연간 7억 5천만 달러의 해산물 사업이 MSC 인증을 받은 해산물 공급업자들의 글로벌 역량을 크게 초과한다는 사실을 발견했다. 그럼에도 불구하고 월마트는 해산물 판매량을 제한하기를 원하지 않았는데, 그렇게 되면 다른 덜 지속 가능한 소매업자들에게 시장 점유율을 양보할 뿐이며, 이는 월마트나 어업자들에게도 이익이 되지 않을 것이기 때문이다.

월마트는 2011년 목표에서 타협하여 비 MSC 어장에서 생선을 구매하는 동시에, 과도한 어획을 줄이고 공급업체를 MSC 지침으로 운영할 목적으로 인증되지 않은 공급업체들이 어업개선프로젝트 (Fishery Improvement Projects, FIPS)에 참여할 수 있도록 장려했다. 그러나 진보는 더디기만 했다.

한 과학 연구에 따르면 개발 도상국 FIPS(어업개선프로젝트) 3개 중 2개에서 문제가 발견되었지만 연구자 중 한 사람은 "우리는 소매업체가 이러한 약속에서 벗어나지 않기를 바란다. 이는 긍정적인 단계이다." 라고 말했다.

월마트는 지속가능성컨소시엄(TSC)과 협력하고 주요 해산물 구매자, 공급업체, 환경단체, 학자들을 초청해 책임있는 수산관리(Responsible Fisheries Management, RFM)로 알려진 대체해산물인증프로그램 8가지 원칙을 수립했다. "알래스카 수산업이 MSC에서 RFM 프로그램으로 이동하고 싶을 때, 우리는 그러한 결정을 내릴 수 있는 권리를 존중했지만 여전히 어업에서 해산물을 지속 가능한 방식으로 공급하기로 한 우리의 결정을 존중해야 했다."고 월마트의 제프 라이스(Jeff Rice) 지속가능성 선임 책임자는 말했다. 실용주의와 이데올로기 사이의 그러한 논쟁은 이탈리아의 속담 il meglio è l'inimico del bene을 인용한 프랑스 철학자 볼테르를 기쁘게 했을 것이다. "완벽한 것은 좋은 것의 적이다.(The perfect is the enemy of the good)"

성배: 경제 성장이 증대하면서 환경 영향은 감소 The Holy Grail: More Economic Growth, Less Environmental Impact

Unilever CEO 폴 풀먼(Paul Polman)은 다음과 같이 약속했다. "우리의 새로운 비즈니스 모델은 환경 영향으로부터 성장을 분리할 것이다. 우리는 규모는 두 배로 늘리되, 환경에 미치는 전체적인 영향은 줄일 것이다. 소비자들은 그것을 요구하고 있지만, 정부는 그것을 전달할 능력이 없다. 새 비즈니스 모델은 사회를 위해 필요하며 우리 소비자들에게 활력을 준다. 그것은 비용을 줄이고 혁신을 증가시킨다." 단순한 효율성 향상은 제품 단위당 또는 매출 1달러당 자원 소비와 배출량을 감소시킬 것을 요구하지만, 진정한 지속 가능한 성장은 사업을 성장시키는 동안 회사 전체의 프로세스와 제품 포트폴리오에 걸쳐 환경 영향을 절대적으로 감소시킬 것을 필요로 한다.

경제 성장 (일자리 포함)과 환경 영향(감소)을 동시에 창출하는 데 있어 비즈니스 공급망의 이중적 역할은 환경 행동주의자들의 "수익 대 환경" 주장 오류를 강조한다. 환경보호주의자들의 이야기는 사람들을 고용하고, 특히 현대 산업이 제공할 수 있는 풍부한 것을 아직 즐기지 못한 수십억 사람들에게 개선된 생활수준을 전달하는데 있어서 기업과 그들의 공급망의 역할을 간과한다.

월마트가 보다 지속 가능한 해산물 구입을 위해 노력하는 동안 그린피스는 월마트가 충분한 일을 하고 있지 않다고 주장했고, 알래스카의 어부들과 주 관계자들은 월마트가 너무 많은 해산물을 주문하고 있다고 불평했다. 따라서 진정한 갈등은 "수익 대 환경(profits vs. planet)"이 아니라 "(몇몇) 사람들과 (다른) 사람들((some) people vs. (other) people)" 간에 있다. 거기에 도전이 있다. 심지어 가장 환경적으로 책임지는 회사들조차도 증가하는 수요를 충족시키고 그 과정에서 일자리를 제공하기 위해 공급망을 관리해야 한다.

다음 장에서는 기업이 어떻게 주주, 직원, 고객 및 지역사회가 주장하는 많은 경쟁적 우선순위를 환경 지속가능성과 수익성 있는 성장을 조화시키는 방식으로 다루고 있는지를 검토한다. 일부 환경 이니셔티브는 회사의 경제적 목표와 일치하기 때문에 수행된다. 따라서 재무 수익률이 회사의 최소기대 수익률을 초과할 때 비용절감 등 환경효율 실행계획을 추진한다. NGO, 미디어, 지역사회 또는 규제 공격의 위험을 줄이는 에코 리스크 이니셔티브는 다른 리스크 관리 및 보험 비용과 같은 방식으로 정당화될 수 있다. 마지막으로, 새로운 녹색 제품을 기꺼이 지불하고자 하는 시장 부문에게 제공하는 실행계획인 환경 세분화는 성장 기회 또는 향후 수요 변화나 새로운 규정에 의해 회사가 맹목적이지 않도록 하기 위한 실제 옵션으로 정당화된다.

대개 상대적으로 규모가 작은 일부 회사들은 그러한 고려를 넘어서 환경 지속가능성에 전념하고 있으며, 지속가능한 제품을 사기 위해 더 높은 가격을 지불하거나 심지어 품질에도 타협할 용의가 있는 시장 부문에 판매한다. 이 책은 이러한 기업들 중 몇몇 사례를 집중하여 설명하고 있는데, 그 이유는 그들이 미래에 강화된 규제나 고객 선호도의 변화를 가져올 경우 대규모 기업들의 미래 실천관행에 대한 통찰력을 제공할 수 있기 때문이다.

이 책에서는 경쟁과 불확실성에 뿌리를 둔 경제적 압력이 증대하는 시대에 환경적 압력에 의해 야기된 비즈니스 과제에 대해 논하고 있다. 기업들은 이윤 압박, 매출액 정체, 정치적 예측 불가능성, 그리고 수많은 긴박한 기업 압박과 같은 단기적 생존을 위한 도전처럼 성장기회 뿐만 아니라 지속가능성에 대한 장기적 투자를 평가하고 선택하고 관리할 수 있는 방법이 필요하다.

제2장 공급망 구조

THE STRUCTURE OF SUPPLY CHAINS

그린피스가 킷켓 초코바에 야자유를 사용하는 것과 관련하여 네슬레에 했던 공격은 현대 비즈니스의 보편적인 특징을 강조한다. 즉, 기업들은 원료, 정제된 재료, 부품, 그리고 조립품의 방대한 네트워크를 포함하는 광범위한 공급망들에 크게 의존하고 있다. 공급망(supply chain)이라는 용어는 원료를 추출해 정제하고 부품을 만들어 고객에게 납품하거나 소매상 선반에 유통되는 완성품으로 조립하는 비유적 선형 사슬을 말한다. 그것은 또한 관련된 돈과 정보를 다룰 뿐만 아니라 재료를 옮기고 저장하는 광범위한 중개자와 서비스 제공자들을 포함한다.

네슬레의 경우, 회사는 유통업자로부터 팜유를 구입하고, 유통업자는 정제업자-제분업자-중개인-팜농장순으로 연결되어 있다. 잠재적으로 환경적 영향을 미칠 수 있는 농장은 팜유 공급망 깊숙이 자리잡고 있다.

깔끔한 공급망 기업의 이미지는 실제 상황을 엄청나게 단순화한다. 공급망은 실제로 특정 성분의 많은 원인이 되는 업스트림[14]공급 업체와 동일한 성분에 의존하는 다양한 다운스트림[15] 고객을 포함하는 여러 방향으로 분기되는 네트워크이다. 예를 들어, 인도네시아 팜유의 40%는 소규모 농장에서 생산된다. 모든 규모의 수십만 야자 열매 생산자들은 불그스름한 야자 열매 기름과 옅은 황야자 알맹이 기름을 모두 뽑아내는 야자 기름 제분소로 한 무리의 트럭을 보낸

---

[14] 제품 생산에 필요한 원자재와 부품을 확보하고 이동시키는 것을 의미
[15] 만들어진 제품을 시장에 내놓기 위한 공급망을 의미

다. 다음으로 팜유 정제소는 불순물(탈검, 표백, 탈취)을 제거하고 원유의 여러 지방산 성분을 분리하여 다양한 용도로 사용한다. 말레이시아 팜유 정제소 협회는 14개의 서로 다른 표준화된 팜유 제품을 정의하고 있다. 다양한 정제된 팜유 제품들은 식용유와 지방을 생산하는 성분 제조사, 비누용 사포니화유, 바이오디젤용 에스테르화유, 그리고 수십 가지 다른 파생상품들을 생산한다.

각 단계에서 중간 상인들은 공급원을 통합하여 혼합하거나, 구매자를 기다리는 재고품을 축적하거나, 비축유 일부를 매각하거나, 대량 수량을 원거리 수요처로 운송할 수 있다. 들어오는 오일은 거대한 벌크 탱크로 흘러들어, 다음 층으로 보내지기 전에 이전의 일정량(Batch)과 함께 혼합된다. 각 단계마다, 많은 재배지로부터 나온 기름이 서로 섞이면서 원래의 팜유 재배지 위치는 점점 더 추적할 수 없게 된다. 팜유가 네슬레에 도달할 때쯤, 세계의 거의 모든 팜유 농장은 그 특정한 한 회분작업에 기여했을지도 모른다. 이러한 팜유 공급망의 복잡성은 네슬레가 그린피스의 공격에 효과적으로 대응하는데 어려움을 겪는 중요한 이유였다.

게다가, 킷켓 제품에만 15가지 성분이 붙어 있는데, 이것은 네슬레가 초콜릿, 밀가루, 우유와 우유 부산물, 식물성 지방, 그리고 다른 미량 성분을 제공하는 많은 독특한 공급망을 가지고 있다는 것을 의미한다. 또한 킷켓의 식물성 지방에는 야자 알맹이, 야자 열매, Shea[16], illipe[17], 망고 알맹이, kokum gurgi 또는 소금 등 7가지 다른 종류의 지방이 포함될 수 있다. 간식을 포장하는 데 사용되는 플라스틱 포장지와 판지 상자조차도 유정이나 숲으로 거슬러 올라가는 각각의 공급망에서 나온다.

거의 모든 제품에는 광부, 재배자, 공급자, 제조공장, 운송공장, 창고, 유통, 소매업자, 그리고 설계, 조달, 제조, 저장, 운송, 판매, 추적, 지불, 세관에 관련된 무수한 지원 회사들로 이루어진 복잡한 상

---

[16] 시어나무 열매 추출물로 상온에서 액상이 아니 고상으로 존재해 오일이 아닌 시어버터라고 불림. 클레오파트라가 피부미용을 위해 많이 발랐다고 알려짐
[17] 버터 대용으로 많이 쓰이는 쇼레아 스테노페라 나무 열매에서 나온 식물성 지방

호 연결 공급망이 있다. 다른 많은 원자재들(예: 화석 연료, 나무제품, 분쟁 광물, 천연 섬유, 곡물, 차, 커피, 코코아)은 세계 시장에서 구입, 처리, 판매되기 때문에 많은 출처로부터 수집된다. 비누 제조업자의 경우 공급 체인은 더욱 불투명하다. 샴푸와 치약 뿐만 아니라 비누의 일반적인 클렌징 성분인 로릴 황산나트륨은 야자 알맹이 오일, 코코넛 오일, 석유 또는 다양한 다른 기름으로 만들어질 수 있다. 따라서, 이것과 이와 유사한 성분들의 구매자들은 이 물질이 고도로 논쟁적인 팜유, 덜 논쟁적인 코코넛 오일, 고탄소 발자국 석유 또는 다른 기름으로 만들어졌는지도 모를 것이다.

과도한 단순화에도 불구하고 공급망이라는 개념은 기업이 경영과 지속가능성에 대해 두가지 방식으로 생각하는데 도움이 된다. 첫째, 더 많은 장소에서 더 많은 사람들이 재료에 대해 더 많은 작업을 수행하기 때문에, 그것은 원료에서 공급망을 따라 환경적 발자국과 충격을 축적하면서 발생하는 완제품으로의 일반적인 진행을 반영한다. 둘째로, 공급업체들이 제품을 만들어 고객에게 납품하는 제조업체들의 재료와 부품의 원천이 된다는 생각을 강조한다. 그 수준에서, 네트워크는 공급자들이 더 많은 공급자들을 공급망으로 끌어올 수 있고 고객들은 더 많은 고객들을 공급망으로 끌어내릴 수 있다는 점에서 사슬과 같다. (공급자 "업스트림"과 고객 "다운스트림"의 관점은 재료, 부품, 상품의 흐름과 같은 방향에 뿌리를 두고 있다.) 체인에 속한 각 기업의 계층은 최종 소비자에게 전달되는 제품 또는 서비스의 총 환경 영향에 기여한다.

공급망 위원회(SCC, Supply Chain Council)는 기업들이 서로 다른 제품, 지역 및 네트워크에 걸쳐 내부 비즈니스 프로세스를 설계할 수 있도록 공급망운영참조(SCOR, Supply Chain Operations Reference) 모델을 개발했다. 이 모델은 2013년 11번째 버전에서 각 공급망 내의 활동을 계획, 조달, 제조, 배송, 반환 및 활성화라는 6가지 뚜렷한 상위 수준(또는 "level-1") 프로세스 중 하나로 분류한다. 계획 및 활성화는 비즈니스 관리의 모든 작업과 기타 4가지 상위 프로세스를 포괄한다. 출처는 완제품에 들어가는 상류 공급망에서 재료와 부품을 조달하는 과정을 말한다. 제조는 소싱된 재료를 완제품으로 전환하는 과정이다. 배송은 고객 주문을 이행하는 입고, 유통 및 운송의 다운스트림 공급망 활동을 포함한다. 반품에는 불량품 취급, 수리, 원치 않는 제품 취급 절차가 포함된다.

제품의 생산, 영향의 생산 MAKING A PRODUCT, MAKING AN IMPACT

어떤 제품의 환경적 영향 대부분은 그것이 무엇으로 만들어졌는가와 어떻게 만들어졌는가에 달려있다. "제조" 프로세스는 제품의 구성 부품이 일련의 제조 작업을 통해 완제품으로 전환되는 단계이다.

자재명세서 파헤치기 Exploding the BOM

작은 장난감 풍력 터빈 (여러 나라의 풍경에서 볼 수 있는 Siemens 가 만든 거대 풍력 터빈의 어린이 장난감 버전)을 상상해 보자. 이 장난감을 만들 때 환경에 미치는 영향을 이해하는 첫 번째 단계는 제품의 단위를 만드는 데 필요한 모든 부품과 양을 나열한 BOM (Bill of Materials, 자재명세서)을 분석하는 것이다. 또한 BOM은 부품들이 조립품 및 하위 조립부품 측면에서 어떻게 상호 관련되는지에 대한 정보를 포함하고 있다. [그림 2.1]은 장난감의 BOM에 나열된 15개의 번호의 부품과 장난감을 만드는 데 필요한 각각의 제조 공정을 포함하는 15단계 프로세스 맵을 나타낸다. BOM의 각 부품은 재료, 에너지 및 물을 사용하여 제작된다. 이 공정은 또한 폐기물과 배출물을 포함할 수 있으므로 환경에 영향을 미칠 수 있다. 부품을 만들어 완성품으로 조립하는 기업 자체의 제조 공정이 공급망을 따라 누적된 총 환경영향을 가중시킬 것이다.

이 장난감 풍력 터빈에는 블레이드 조립체, 나셀 조립체(타워를 블레이드에 연결하는 상단 부분), 타워 조립체 등 세 가지 주요 조립체가 있다. 작업자들은 먼저 3개의 나무날개(Part #1)를 적당한 크기(공정1)로 자른 다음 (공정2)을 셸몰드[18](Part #2)로 성형한다. 이들은

---

[18] shell mold,대량생산에 적합한 정밀주조법의 일종

로터 허브(Part #3)를 성형하고 허브, 블레이드 및 샤프트(Part #4)를 결합하여 블레이드 어셈블리를 만든다. 두 번째 작업자 그룹은 플라스틱 기어박스(Part #5)를 형성하고, 제너레이터의 장착 구멍(Part #6)을 뚫고 부품을 함께 부착하여 나셀 어셈블리를 만든다. 그런 다음 블레이드 어셈블리와 나셀(Part #7)을 결합하여 상부 하우징 어셈블리(Part #8)를 만든다.

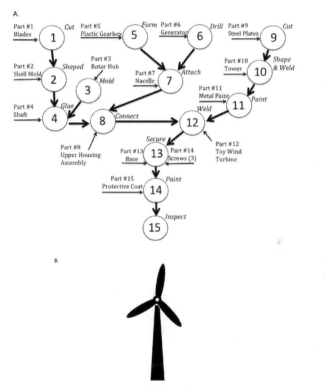

[그림 2.1] 장난감 풍력 터빈과 자재명세서

한편, 제3의 작업자 그룹은 철판을 자르고(Part #9), 그것들을 함께 타워에 용접하고(Part #10), 금속 페인트 코팅(Part #11)을 적용하여 장난감을 위한 작은 타워를 건설한다. 상부 하우징을 타워 상단에 용접하여 장난감을 만든다(Part #12). 마지막으로 3개의 나사(Part #14)를 사용하여 장난감을 베이스(Part #13)에 고정시킨다. 더 많은 페인트의 최종 보호 코팅(Part #15)은 완성된 장난감을 생산하며, 검사작업자는 이 장난감의 품질을 점검한다.

간접 재료와 그 영향 Indirect Materials and Impacts

이론적으로, BOM은 공급자로부터 구입하거나 제품에 들어가는 공장 내에서 만들어진 모든 부품과 재료들을 나열한다. 그러나 BOM은 실제로 제품을 만드는 과정에서 소비되거나 취급되는 부수적인 많은 재료들을 배제한다. 이러한 간접 재료에는 윤활제, 용제, 세정제, 필터 및 공장의 비품창고에 숨어 있고 제품제조에 사용되는 제조 소모품 집합체가 포함된다.

환경적 관점에서 볼 때, BOM에 나열되지 않은 가장 큰 두 가지 물질 범주는 에너지와 물이다. 제조 공정은 기계, 조명, 난방 및 냉각을 위한 전기를 소비한다. 일부 공정은 풍력 터빈 타워 부품을 화염으로 자르는 데 사용되는 아세틸렌 가스, 온수를 발생시키는 천연가스, 또는 공장의 지게차에 동력을 공급하기 위한 프로판 등의 연료를 소비할 수 있다. 이 공장은 부품을 세척하거나 화학적으로 부품을 처리하거나 산업 공정을 냉각시키기 위해 많은 양의 물을 사용할 수 있다.

따라서 BOM은 제조업의 환경 영향 계산을 위한 부분적인 근거만을 제공한다. 완제품의 출력 단위를 암묵적으로 명시하고 있지만, 다른 제조 산출물은 문서화하지 않는다. 간접 물질 뿐만 아니라 BOM의 각 항목은 온실 가스(GHG) 배출물, 폐수 및 기타 부산물을 포함할 수 있다. 도장이나 접착제와 같은 일부 제조 단계에서는 유독하거나 스모그를 유발하는 증기를 방출할 수 있다.

처음부터 완전히 새로 만들었는가? Did You Make It from Scratch?

1920년대에 포드의 리버 루즈(River Rouge)공장은 자동차 제조 과정 전체를 소유하고 관리하는 것으로 유명했다. 공장 단지의 한쪽 끝에 원자재들이 들어갔고, 완성된 자동차들이 다른 한쪽 끝에서 나왔다. 그 회사는 철광산, 석회석 채석장, 탄광, 고무공장, 삼림을 소유하고 있었다. 포드는 광산에서 발전소로 자재를 운송하기 위해 바지선과 철도를 소유하고 있었다. 그 회사는 자사의 철광석, 석회석, 석탄을 리버 루즈로 가져와서 철[19](Iron)과 강[20](Steel)을 녹였다. 포드는 유리를 만들기 위해 모래를, 타이어를 만들기 위해 생고무를 가져왔다. 포드는 그 공장과 10만 명의 근로자들을 공급하기 위해 자체 발전소를 현장에 설치하기도 했다. 포드의 1920년대 전략은 수직 계열화로 알려져 있는데, 회사는 공급망 전체에 걸쳐 생산 단계(때로는 물류 및 기타 서비스)의 다수를 소유하려고 노력한다. 리버루즈가 가동될 때 환경이 문제되었다면 포드는 매일 5,500톤의 석탄이나 매일 사용하는 5억 3,800만 갤런의 물을 포함한 그것의 전 과정의 영향을 기록할 수 있었을 것이다.

수직계열화(vertical integration)의 반대는 아웃소싱(outsourcing)이다. 즉, 회사가 이전에 만들고 만들 수 있는 자산과 노하우를 가지고 있었던 것조차도 부품 품목과 서비스에 외부 공급자를 사용하는 것이다. 비록 리버 루즈와 포드의 목표는 자급자족이었지만, 그 공장은 여전히 많은 전문 재료, 부품, 공급품들을 위해 6,000개 이상의 외부 공급자들에 의존했다. 포드는 때때로 자신의 능력을 보충하기 위해 외주했다. 예를 들어, 포드는 공업제품에서 처음으로 콩을 사용했다. 1935년까지 포드차 1대당 60파운드의 콩이 도색과 성형 플라스틱으로 들어갔다. 그 회사는 결국 6만 에이커의 콩 농장을 소유했지만, 이 농장들은 필요한 모든 콩의 극히 일부만 공급할 수 있었다. 그래서 포드는 이 원자재의 대부분을 외부 재배자들로부터 구입했다.

수십 년 동안 포드는 수직 계열화에서 벗어나 점점 더 많은 원자재

---

[19] 탄소량이 많아 단단하지만, 힘을 가하면 부서지는 상태
[20] 탄소량이 적어 약하지만, 힘을 가하면 변형이 가능한 상태

와 중간 부품 생산을 외부 공급자들에게 아웃소싱했다. 아웃소싱의 가장 큰 이유는 각 업종에서 규모의 경제와 특별한 노하우를 갖춘 전문 공급업체로부터 가능한 가장 경쟁력 있는 부품과 재료를 얻기 위해서이다. 예를 들어, 자동차 회사들은 만약 그들이 시장 세력에 노출되어 다른 회사에 부품을 판매한다면, 이들 부문이 더 경쟁력 있고 더 나은 규모를 가질 것이라는 의도로 포드의 Visteon[21] 과 GM의 델파이 같은 내부 부품 생산 부서를 분사한다.

21세기 초까지 대부분의 기업들이 그들의 "핵심 역량"에 초점을 맞추고 다른 기능들을 아웃소싱하면서 아웃소싱은 표준이 되었다. 그럼에도 불구하고, 어떤 회사들은 다른 회사들보다 아웃소싱이 적다. 예를 들어, 삼성은 프로세서, 메모리 칩, 카메라 칩, 그리고 그들이 조립하는 텔레비전, 스마트폰, 컴퓨터 제품들을 위한 디스플레이와 같은 많은 부품을 직접 만든다. 반대로, 시스코는 많은 제품에 들어가는 어떤 부품도 만들지 않는다. 실제로, Cisco와 Apple과 마이크로소프트와 같은 많은 다른 기술 회사들 뿐만 아니라 크리스찬 디올과 나이키 같은 의류 회사들은 제조의 거의 100%를 아웃소싱한 다음, 계약 제조업체들로부터 소매 포장으로 완제품을 구입한다. 아웃소싱이 높은 이러한 기업들은 일반적으로 자사 제품의 설계, 마케팅, 판매 및 공급망 관리만 담당한다.

아웃소싱은 변화하는 양과 기술 요구사항을 충족하기 위해 공급자를 선택하는 데 있어 더 큰 유연성을 제공하지만, 또한 기업들이 그러한 공급자가 구축한 프로세스에 대한 가시성과 통제력이 낮다는 점에서 불리하다. 아웃소싱의 환경적 영향은 공급자 손에 있다.

대부분의 회사가 공급 업체를 선택할 때 사용하는 전통적인 기준은 다음과 같다. (i) 부품, 자재 또는 서비스의 품질 및 공급 업체의 혁신에 대한 약속; (ii) 물품 또는 서비스의 전체 ("관부가세 포함") 비용; (iii) 회사가 요구하는 양을 공급할 수 있는 공급자의 능력; (iv) 주문 리드 타임 및 공급 업체의 응답성.

---

[21] 포드의 부품 자회사로 그 자체로 포춘 500 기업에 포함되는 대기업임

그러나 제1장에서 보듯이 공급업체의 부실한 환경 관행은 회사에 부정적인 영향을 미칠 수 있다. 결과적으로, 기업들은 공급자의 환경 관행을 평가하거나 특정 관행을 금지하기 시작했다(5장 참조). 그럼에도 불구하고, 공급업체가 차례로 자체 공급업체를 가진 2,3차 공급업체를 가지게 되면서 공급자들의 환경영향을 관리하는 것은 어려운 일이 될 수 있다. 첨단기술 브랜드명뿐만 아니라 많은 경우, 제품의 환경 영향의 가장 큰 부분은 원료를 생산하는 광산, 농장 및 유전의 공급망 내에서 발생한다.

소스를 고려하라 CONSIDER THE SOURCE

풍력 터빈 완구 제조업체가 수직 계열화되지 않는 한, 각 완구 부품은 각각 환경에 영향을 주는 하나 이상의 공급 업체에서 제공 한 것이다. 예를 들어, 블레이드의 나무는 지속 가능한 나무 농장이나 오래된 삼림에서 불법적으로 벌채한 나무에서 나온 것일 수 있다. 타워를 위한 강철은 재활용 강철 (낮은 영향) 또는 철광석 (높은 영향)으로 만들어진 버진강일 수있다. 이러한 공급 업체가 자체 부품에 대한 조달, 제조, 배송 프로세스를 수행 할 때 최종 제품에 누적되는 환경 영향이 발생한다. 일부 공급 업체는 석탄 화력 발전기로 전력을 공급받는 지역에 있는 반면 다른 공급 업체는 수력에 의존하여 공급 업체가 사용하는 전기의 탄소 발자국에 영향을 줄 수 있다. 공급 업체의 물리적 위치는 토지 사용 패턴, 물 가용성 및 법적 제도에도 영향을 줄 수 있다

다중 계층 공급자 네트워크 Multi-tier Supplier Networks
15개의 부품이 있는 단순한 장난감 풍력 터빈과는 대조적으로, 풀 사이즈 Siemens AG 풍력 터빈은 177개 국가 최소 6개 산업군의 제조업체로부터 8,000개 이상의 부품이 공급되고 있다. Siemens 터빈 날개의 제조에만 50~60개의 공급업체가 필요하고 4, 5개의 주요 단계가 필요하다. 풍력 터빈 제조는 전기기계, 전기, 반도체 및 기

타 종류의 부품 뿐만 아니라 다양한 금속, 중합체 및 기타 재료를 공급하는 공급망에 의존한다. 터빈에는 농산물도 들어있다: 농장이 재배한 balsa나무는 개별 거대한 날개의 경량코어를 형성한다.

Siemens 풍력 터빈 사업부에 부품을 직접 납품하는 400개 협력사는 Tier 1(발주회사와 직접 계약하는 업체) 공급업체로 알려져 있다. Siemens는 모든 Tier 1 공급업체를 선정하고 그들과 계약을 협상한다. 이러한 계약은 납품된 구성요소의 사양, 납품조건, 송장 및 지불 조건, 벌칙, 지적 재산권 조항, 보고 의무, 행동 규범 등을 공식화한다.

Tier 1 공급업체는 종종 그 자체로도 대규모 기업이다. 예를 들어 Siemens의 Tier 1 공급 업체 중 하나는 매년 160억 유로의 전기, 전자부품을 생산, 판매하는 160년 된 회사 바이드뮬러(Weidmüller)이다. 바이드뮬러만해도 매년 Siemens를 포함한 24,000명의 고객에게 30억 개 이상의 부품을 공급한다. 이 회사는 전세계 4,600명의 직원을 두고 7개의 생산 현장을 운영한다.

바이드뮬러의 각 부분에도 각각 고유의 BOM이 있다. 지멘스와 마찬가지로 바이드뮬러도 Tier 1 공급업체 네트워크를 보유하고 있으며, 제품 및 품질 사양, 지불 조건, 지적 재산권 및 행동 강령을 명시한 계약이 있다. 바이드뮬러의 Tier 1 공급업체는 지멘스의 "Tier 2" 공급업체라고 하며, 지멘스와 바이드뮬러의 직접 공급 업체 사이의 상업적 거리가 더 큼을 나타낸다. 지멘스의 풍력터빈의 경우 400개의 Tier 1 공급업체가 3,000개의 공급업체를 갖고 있는데 그들은 지멘스의 Tier 2 공급업체가 된다. 지멘스의 Tier 2 공급업체에 대한 직접 공급업체는 지멘스의 Tier 3 공급업체이다. 지멘스 풍력 터빈과 같이 복잡한 제품의 경우 광산, 유정, 농장 및 해양에서 추출된 원료에 도달하기 전에 Tier 4, Tier 5, Tier 6 공급 업체가 있을 수 있다. 공급망 거리가 원래 장비 제조업체에서 공급 업체의 더 깊은 계층으로 확장됨에 따라 회사는 일반적으로 이러한 심층 공급 업체의 정체성이나 원자재 원산지조차 알지 못한다.

또한 지멘스는 공장 자동화, 건축 기술 및 의료 기기에서 소비자 제품에 이르기까지 다양한 제품을 생산한다. 이 회사는 전 세계 190개국에서 37만명의 직원을 고용하고 있다. 모든 제품에 걸친 여러 공급망은 90,000개 이상의 Tier 1 공급 업체 및 수많은 deep tier 공급 업체에 걸쳐 있다.

회사, 제품 제공 및 BOM의 크기와 복잡성이 커짐에 따라 공급 업체가 동일한 제조업체의 Tier 1 및 Tier 2 공급 업체가 되는 경우는 드물지 않으며 때로는 두 업체 모두에게 알려지지 않는다. 또한 같은 업계의 대기업은 종종 공급자와 고객 모두에게 서비스를 제공하여 서로 구매하고 판매한다. 예를 들어, 지멘스는 공장에서 지멘스 공장자동화 제품을 사용하는 공급업체로부터 산업용 제품을 구입할 수 있다. 이러한 숨겨진 심층 공급망 관계는 일반적으로 재난이 발생할 때까지는 잠재해 있을 뿐 수면위로 부상하여 문제를 일으키지 않는다.

하청업체의 눈물 *Tears in the Deep Tiers*

2013년4월24일, 방글라데시에 있는 8층짜리 Rana Plaza 의류 공장이 붕괴되며 1,100구 이상의 시체가 운구되면서 끔찍한 이미지가 뉴스 보도로 가득 차게 되었다. 방글라데시 노벨상 수상자 무하마드 유누스(Muhammad Yunus)는 이 재난이 "국가로서의 실패의 상징"이라고 썼다. 라나 플라자는 개별적 사건이 아니었다. 이 재난 6개월 전, Tazreen Fashions 소유의 다른 방글라데시 의류 공장에서 발생한 화재로 인해 112명이 사망했다. 방글라데시에서의 이러한 사건은 일부 회사의 아웃소싱 된 글로벌 공급망 내에서 혐오스러운 상황에 대한 비극적인 인간의 얼굴을 드러냈다.

라나 플라자 잔해 밑에 묻힌 시체의 처참한 수색은 무너진 공장에서 만든 의복 주문의 배후에 서구의 회사들을 찾는 것이었다. 대부분의 기업은 전날 벽에 큰 균열이 생겼음에도 불구하고 직원들이 강제로 일해야 하는 구조적으로 건전하지 않은 건물에서 운영하는 공급 업체를 사용한 적이 없다고 부인했다. 이러한 부인에도 불구하고, 구조대원들은 J. C. Penney와 Walmart를 포함한 많은 주요 소매상들이 주문했던 의류들을 잔해 속에서 발견했다.

J. C. Penney는 자사가 그 건물의 세입자와 직접적인 관련이 없다고 주장했다. 그러나 J.C. Penney 대변인인 Daphne Avila는 회사가 "브랜드 파트너의 공급 기지를 파악하지 못한 것"이며 옷이 어디에서 만들어지고 있는지 더 잘 알지 못하게 했다는 점을 인정했다. "이것은 우리가 적극적으로 노력하고 있는 것"이라 덧붙였다.

반면 Walmart는 공급망에 대한 가시성과 통제력이 있다고 생각했다. 월마트는 자사의 정책을 위반하여 공급 업체가 2012년 라나 플라자 공장 중 하나에서 바지를 주문했다는 증거를 발견 한 후 캐나다 청바지 공급 업체인 Fame Jeans를 계약 해지했다. 월마트 대변인은 "공급 업체인 Fame Jeans는 Rana Plaza에 이전 생산품이 없다고 말했다. 우리 공급업체는 월마트 상품을 생산하는 모든 공장을 공개할 의무가 있다"고 말했다. 마찬가지로, Tazreen공장 화재의 경우 월마트는 자사가 고용한 감사원이 공장을 검사하고 Tazreen을 "높은 위험"이라고 선언한 후 승인된 공급 업체 목록에서 Tazreen Fashions를 금지했다. 그러나 월마트의 다른 공인 공급 업체 중 하나가 다른 공인 공급 업체와 하청 계약을 맺고 그 하청 업체가 작업을 Tazreen으로 옮겼다. 월마트는 해당 공급 업체와의 관계도 종료했다. 궁극적으로 Benetton, Mango, Bonmarché, Primark, The Children's Place 같은 유명 브랜드 회사는 공장 붕괴 업체의 현재 또는 과거 사용을 인정했다. 방글라데시에서는 근로자 안전만이 사회적 관심사도 아니었다. 프란치스코 교황은 방글라데시의 최저 임금이 한 달에 40달러에 불과하다는 것을 알았을 때, "이것은 노예 노동이라고 불린다." 고 말했다.

재난으로 인해 생기는 숨겨진 재료 The Hidden Ingredients of Disaster

그러나 회사가 심층 공급 업체를 통제하기 위한 조치를 취하더라도 공급망은 본질적으로 역동적이므로 규제 준수 위험에 항상 노출되어 있다. 2007년 7월 초 유럽 소매업체 테스트 결과 일부 마텔 (Mattel) 완구의 페인트 및 코팅에서 금지된 납 성분이 검출되었다.

마텔은 즉시 장난감 생산을 중단하고 원인을 조사하고 문제를 확인했으며, 2007년 8월 초 83가지 모델 백만여 개의 장난감을 리콜 했다고 발표했다. 후속 테스트에서 다른 납 오염 장난감이 발견되어 그 해 가을 다른 백만개를 리콜하게 만들었다. 회사는 또한 납 페인트에 대한 연방 금지규정을 위반행위에 대해 230만 달러의 벌금을 납부했다. 더 중요한 것은 이 사건으로 인해 소비자와 미디어의 눈에 브랜드가 오염되어 최악의 리콜 기간에 주식 가치가 25%나 하락했다는 점이다.

결함은 Mattel의 심층 공급망에서 발생했다. 회사의 중국 위탁 제조업체의 오랜 페인트 공급 업체는 페인트의 착색제 부족이 발생하자 인터넷을 통해 대체 공급 업체를 신속하게 찾아 내고 착색제가 무연이라는 가짜 인증서를 믿고 착색제를 사용했다. 페인트 공급 업체는 생산지연을 우려하여 새 착색제를 테스트하지 않았다. 그러나 노동자들은 새로운 페인트가 일반적인 배합과는 다른 냄새가 났다고 지적했다. Mattel CEO 로버트 에커트(Robert A. Eckert)는 "이 회사는 15년 동안 함께 일한 공급업체 공장이다. 그들은 우리의 규정을 이해하고, 우리의 프로그램을 이해하며, 그리고 무언가 잘못되었다. 그게 뼈아프다." 라고 말했다.

독성 테이터가 우유를 어떻게 망쳤는지 How Toxic Taters Spoiled the Milk

공급망의 깊고 상호 연결된 구조는 광범위한 오염 사고로 이어질 수 있다. 2004년 10월, 네덜란드 농장에서 우유를 정기적으로 테스트 한 결과 위험하고 엄격하게 규제되는 화학 물질인 높은 수준의 다이옥신이 발견되었다. 다이옥신은 매우 유독한 것으로 간주되어 단 1그램 만으로도 1,400만 리터 우유가 EU 안전한계를 초과하기에 충분하다.

초기에 당국은 화덕(furnace) 결함이 원인이라고 의심했는데 (불로 가열하여 이런 물질을 생성할 수 있으므로) 그러나 추가 조사 결과 마침내 실제 먼 원인인 젖소 사료가 발견 되었다. 구체적으로 조사에 따르면 2004년 8월 McCain Food Limited의 네덜란드 감자 가공

공장은 독일 점토 광산으로부터 많은 양의 점토를 받았다. 점토회사와 감자가공회사 모두에게 알려지지 않은 점토는 일부 종류의 점토에서 자연적으로 발생할 수 있는 다이옥신으로 오염되었다. McCain 공장은 점토로 물이 많은 slurry[22]를 만들어 고밀도의 고품질 감자에서 저품질 감자(진흙 혼합물에 떠 다니는)를 분리하는 데 사용했다. 아이러니하게도, 맥케인이 분리 공정에서 점토를 사용하기 시작한 이유는 이전의 해수 공정이 환경적인 이유로 법에 의해 금지되었기 때문이다. "다행스럽게도, 다이옥신은 감자 튀김과 다른 간식을 만드는 데 사용된 가공 감자를 오염시키지 않았지만 불행하게도, 다이옥신은 동물 사료로 전환 된 감자 껍질을 오염시켰다.

대부분의 회사에 공급 업체가 많으면 대부분의 공급 업체에도 많은 고객이 있다. 의심 할 여지없이 EU의 식품 추적성 규칙에는 모든 인간 식품 및 동물 사료 회사에 대한 "한 단계 전진 및 한 단계 후진"조항이 포함된다. 당국은 오염된 껍질을 네덜란드, 벨기에, 프랑스 및 독일의 동물성 식품 가공 업체를 통해 추적한 다음 오염된 사료를 200개 이상의 농장에서 추적했다. 양방향으로 빠른 감지 및 추적으로 다이옥신 오염 우유가 소비자에게 도달하지 못했다. 그러나 사실 이후 오염을 감지하는 것은 우유나 동물을 폐기하도록 강요 받은 농부들에게 냉정한 위안이었다.

지리적 위치, 위치, 그리고 위치 Location, Location, Location

야자유, 바나나, 커피, 코코아 같은 많은 농산물은 제한된 수의 국가에서 특정한 조건하에서만 자란다. 다른 농산물(예: 곡물, 콩, 목화, 가축 및 목재)은 지리적 범위가 더 넓을 수 있지만 여전히 적절한 지역의 물과 비료에 의존한다. 마찬가지로 희토류, 백금류 금속, 탄탈룸, 흑연 등 경제적으로 중요한 많은 광물들은 제한된 수의 현장에서만 발견될 수 있다. 이들 지역 중 상당수는 한편으로 야생동

---

[22] 수중에 부유물이 부유하여 진흙 모양의 현탁상인 것을 말하는데, 부유물 농도가 농도가 큰 slurry가 침전한 것을 슬러지(sludge)라고 부름

물과 생물다양성을 위해 토지를 보존하거나 또 다른 한편으로 농업, 광업을 위해 생산용 토지를 개발하는 등 극심한 사회적 경제적 긴장에 직면해 있다. 따라서 많은 공급망의 출발점 - 원료 생산자들 - 은 지리적 위치에 강하게 얽매여 있다.

이와는 대조적으로, 공급망 다운스트림에 있는 기업들은 제조와 유통 운영을 위해 지리적 위치를 선택할 수 있는 더 많은 유연성을 가지고 있다. 기업들은 원자재 공급에 가까운 생산 시설(예: 광산 근처의 제련소), 노동력 공급지(예: 저비용 또는 고숙련 지역), 수요의 중심(예: 주요 인구 중심지), 산업 클러스터 위치(기타 유사 제조업체와 가까운 곳) 또는 정부(예: 인센티브 및 규정 때문에) 영향을 받는 장소에 생산 시설을 배치할 수 있다. 비록 기업들은 이러한 결정을 경제적 근거(예: 토지, 노동, 지역 자재 및 운송 비용) 또는 전략적 근거(예: 새로운 시장을 개척하거나 규모의 경제 창출을 위해)에서 내리지만, 그 결정 또한 환경적 영향을 미친다.

각국은 기본 수준의 환경보호에 있어 매우 다양하며, 이는 해당국에 사업체가 있거나 공급업체가 있는 회사에 대해 좋게도 또는 나쁘게도 반영될 수 있다. 환경성과지수(The Environmental Performance Index)는 국가 차원의 환경 지속가능성을 측정하는 독립적인 척도다. 세계경제포럼(WEF)과 함께 예일대 환경법정책센터(Yale Center for Environmental Law & Policy)와 컬럼비아대 국제지구과학정보네트워크센터(IESIN)가 만들었다. 이 지수는 인간의 건강 보호와 생태계 보호를 동시에 측정한다. 전자는 측정 가능한 건강 영향, 공기 품질, 수질 청결, 위생 상태를 고려한다. 후자는 탄소 발자국, 농업, 숲, 물, 어업, 생물 다양성에 대한 영향을 고려한다. 20가지 지표는 규제 요인(예: 살충제 규제 및 서식지 보호)과 환경 결과(예: 임상식물 및 대기 품질 변화)를 모두 포함한다. 지수 편성자는 국가 순위를 매기고 10년 추세 데이터를 제공한다. 가장 최근 자료인 2020년 보고서에 따르면 1위 덴마크, 3위 스위스, 4위 영국, 5위 프랑스, 10위 독일, 12위 일본, 24위 미국, 28위 한국, 120위 중국, 꼴찌 180위 라이베리아 순이다.

운송: 여정의 풋프린트 DELIVERY: THE FOOTPRINTS OF A JOURNEY

Siemens 풍력 터빈의 블레이드 같은 75미터 길이 단일 부품은 원료부터 설비 장착까지 수천 혹은 수만 마일을 여행할 수 있다. 블레이드는 에콰도르에 있는 15~30m 높이의 balsa나무로 시작되는데, 4~6년 전에 심은 것이다. 나무를 자른 후, 목재는 여러 단계로 가공된다. 잘라내고 홈을 만들고 타일을 씌워 칼날 모양으로 조립한 다음 플라스틱 그물 층으로 코팅해야 한다. 결국 유럽, 인도, 태국에 있는 Siemens의 네 개의 블레이드 제조 시설 중 하나에 도착하게 된다. 반제품 블레이드는 최종 고객 위치, 제조 능력, 프로젝트 일정에 따라 스페인, 핀란드 또는 미국으로 추가 여행을 할 수 있다. 마지막으로 완성된 칼날모양의 블레이드가 설치 현장으로 이송되는데, 이는 세계 어느 곳이나 될 수 있다.

여정의 초기 부분은 표준 트럭, 철도 차량 및 운송 컨테이너를 이용할 수 있는 반면에, 여정의 마지막 단계는 보다 전문화된 운송에 의존한다. 각 설치 준비 블레이드는 75m(246피트)까지 뻗을 수 있다. 개별 날개의 하역, 하역, 운반은 도로 기반 수송의 한계를 시험하는 크레인과 중장비, 특수 트럭 등을 필요로 하는 물류상의 난제다. 여정의 매 단계마다 연료는 탱크에 들어가 엔진에서 연소되며, GHG와 다른 배출물은 배기 파이프에서 나온다.

빨간코의 GHG 배출자 루돌프 GHG, Rudolph the Red-Nosed GHG Emitter

크리스마스 전에 서둘러서, 만약 그것의 모델 풍력 터빈이 시즌의 필수 장난감이 된다면, 장난감 제조업자는 수요가 급증할 수도 있다. 이러한 막바지 주문은 장난감 제조업체가 갑자기 납품업체로부터 더 많은 부품을 주문하고, 그 부품들을 구입하고, 더 많은 장난감을 만들고, 휴일 전에 가게에 장난감을 배송해야 한다는 것을 의미한다. 만약 장난감 제조업자와 그 공급업자들이 사전에 충분한 경고를 받는다면, 그들은 그들의 상품을 전 세계 또는 전국에 효율적으로 배달하기 위해 해상 화물이나 철도 운송을 이용할 수 있다. 하지만 마감 직전에나 막판에 접수되는 주문은 창고업과 운송 활동을 자극한다. 만약 시간이 짧다면, 장난감 제조업자는 장난감이 "절대적으로, 무조건, 확실히 밤사이에 도착해야 한다."고 말하는 순간 (FedEx 모토처럼) 항공 화물로 바뀔 것이다.

통신비용이 급격히 줄고 물류 효율이 높아지면서 글로벌 무역과 긴 공급망도 가능해지고 있다. 전체적으로 무역관련 화물운송은 전 세계 온실가스 배출량의 7% 이상을 차지한다. 그러나 총 운송량은 상품이 운송되는 방식보다 환경에 미치는 영향을 덜 나타낼 수 있다. 예를 들어, 항공화물 배출량은 해상 화물보다 100배 이상(톤마일당 그램) GHG를 배출한다. 150톤의 항공화물이 5,000마일 거리를 570mph 속도로 비행하는데 필요한 동일한 양의 연료로 선박이라면 22mph로 48,000톤의 해상화물을 수송할 수 있다.

백홀(복화운송): 무화물 운행의 무거운 발자국 Backhaul: The Heavy Footprint of Empty Miles

배송하는 차량에 의해 연소된 연료를 집계하는 것은 쉽지만 운반물의 위치를 변경해야 하므로 탄소 발자국의 절반만을 나타낼 수도 있다. 트럭이 공급자에서 제조자에게 만재(물건을 가득 실음) 운행 후 다시 화물이 빈 상태로 공급자에게 돌아간다면, 이러한 "공화물 운행(empty miles)" 때문에 편도 운행의 총 발자국은 거의 두 배가 된다. 기업은 수익에 따른 화물을 운반하면서 차량이 출발지 또는 다른 픽업 지점으로 돌아가는 이른바 "백홀 하중(backhaul load)"을 파악하여 배송 비용과 발자국을 모두 줄일 수 있다. 이 경우 백홀 배출량은 백홀 수송의 일부로 계산된다.

화물 흐름의 전체적인 패턴은 거의 피할 수 없는 공화물 운행(공마일)을 만든다. 대부분의 경우, 광산이나 농장으로 가는 것보다 광산이나 농장에서 나오는 것에 더 많은 자재가 운송된다. 마찬가지로, 대부분의 소매점에서는 트럭들이 상품을 가득 싣고 와서 빈 채로 출발한다. 더욱이, 어떤 경우에는 특정 지역을 드나드는 흐름의 총 중량이 균형을 이루지만 사용되는 모드는 그렇지 않다. 예를 들어,

대부분의 제품이 트럭으로 플로리다 남부로 배달되지만, 플로리다에서 오는 대부분의 북행 화물(플로리다의 농산물이나 마이애미 항구에서 오는 수입품)은 철도로 이동한다. 결과는 북쪽으로 돌아오는 트럭의 경우 공화물 운행과 남쪽으로 가는 레일 위의 빈 컨테이너 이동이다. 7장에서는 이 문제에 대해 자세히 설명한다.

돈과 정보의 이동 Movements of Money and Information

자재가 공급망으로 흘러가는 동시에 소비자가 소매업자에게 지불하고, 소매업자가 유통업자에게, 유통업자가 제조업자에게, 제조업자가 공급자에게, 이런 방식으로 공장 작업자와 농부 또는 광산업자에게 돈이 공급망을 통해 흐르게 된다. 이 돈의 흐름과 그 공평성과 일관성은 모든 공급망의 중심에 있는 노동자와 지역사회의 복지에 기여한다. 공정무역(Fair Trade) 운동은 모든 노동자들, 특히 개발도상국 근로자들이 현대 세계 경제의 풍요로움을 공유하도록 보장하고자 한다. 이 운동은 생산 노동자와 농부들에게 더 높은 임금을 지불함으로써 사회 및 환경 기준의 개선을 옹호한다.

또 다른 핵심 공급망 흐름은 예측, 구매 주문, 배송 통지, 송장 및 기타 사업 및 운영 데이터의 형태로 이루어진 정보다. 정보는 양방향으로 흘러 공급망 전체의 활동을 조정한다. 제3장, 제5장, 제9장에서 보듯이 이러한 정보 흐름은 환경 지속가능성을 측정하고 있다. 공급망 관리자는 일반적으로 운영 및 전략적 가시성을 위해 노력한다. 작동 가시성에는 부품과 제품이 공급망을 통해 이동하거나 창고에서 재고로 대기할 때 어디에 있는지 파악하는 것이 포함된다. 관리자는 이러한 데이터를 사용하여 운영상의 문제를 감지하고, 계획의 실행을 관리하며, 수급 변동을 처리한다. 전략적 가시성에는 공급기지의 다년간 용량과 기술 로드맵에 대한 지식이 포함된다. 그것은 장기적인 제품, 서비스, 공급 네트워크 선택을 하는데 사용된다. 이와는 대조적으로 지속가능성은 이러한 공급 제품과 서비스의 환경적 영향 뿐만 아니라 제품을 만드는 데 필요한 재화와 서비스를 제공하는 데 관여하는 심층적인 공급자를 포함한 모든 공급자를 이해하는 환경 가시성을 요구한다. 기업은 환경 가시성을 이용하여 평가(제3장 참조)하고 영향을 관리한다. 또한 환경 가시성을 통해 투명성을 확보하는데, 투명성은 공급망 다운스트림에 있는 기업, 인증기관, NGO, 정부, 지속가능성을 중시하는 소비자 및 투자자를 포함한 외부인에게 회사가 환경에 미치는 영향과 위험을 어떻게 관리하고 있는지를 보여줄 수 있는 능력이다. 투명성은 기업과 소비자가 공급망 전반에 걸쳐 관련 정보에 접근할 수 있고 누가 제품과 부품을 만들고 취급하는지, 그리고 그들이 어떻게 제조, 저장, 운반, 취급되는지를 알 수 있다는 것을 의미한다.

소비자 그리고 그 이상 CONSUMERS AND BEYOND

아무리 연료 효율이 높은 자동차라도 공장에서 나온 후 운행 중 탄소 배출량은 이들 자동차의 제조 과정 배출량보다 3배 이상 많다. 많은 종류의 제품들은 전체 수명 주기 중 사용 단계(use phase) 동안 상당한 환경적 영향을 미친다. 사용 단계는 회사의 제품 및 서비스 사용과 관련된 고객의 모든 활동과 프로세스로 구성된다. 이들 중 가장 분명한 것은 자동차, 가전제품, HVAC(항온항습기 - 난방, 환기, 냉각장치) 장비, 컴퓨터 등 에너지 소모품이다. 샴푸, 세제, 세정제와 같은 제품들은 뜨거운 물을 사용하고 에너지와 물을 모두 소비하는 것뿐만 아니라 첨가제로 물을 오염시킨다. 8장에서는 이것에 대해 좀 더 자세히 논한다.

많은 가정용 제품(도료, 접착제, 강력한 세척제 등)의 라벨은   "환기가 잘 되는 지역에서 사용하라"고 경고한다. 이러한 제품의 높은 성능을 가능하게 하는 동일한 성분이 휘발성 및 부식성 화학 가스를 통해 공기를 오염시키고 사용자에게 해를 끼칠 수 있다. 유사한 경고는 우발적인 섭취나 피부와 눈과의 접촉을 포함한다.

공급망의 SCOR(공급망 운영 참조) 모델은 풍력터빈, 자동차 또는 샴푸의 소싱, 제조 및 공급과 같은 기업의 직접 통제 내의 활동에 초점을 맞춘다. 이와 같이, 이 모델은 지속가능성을 평가하고 관리하는 데 중요한 요소인 소비자의 사용 단계가 부족하다. SCOR에게는 이러한 것들이 "범위를 벗어난" 것처럼 보이지만, 환경적 영향이 있으며, 이러한 제품을 만드는 회사는 메시지와 마케팅 뿐만 아니라 제품의 설계와 서비스를 통해 그러한 영향에 영향을 미칠 수 있다.

유지보수: 수리 및 서비스 공급망 *Maintenance: Repair and Service Supply Chains*
유지보수는 지멘스의 역할과 그 환경적 영향이 풍력 터빈의 최종 설치로 끝나지 않는 한 가지 이유다. 지멘스는 터빈에 대해 5년 보증을 발급하거나 10년 또는 15년 서비스 계약에 동의할 수 있다. 보증과 서비스 계약을 이행하기 위해서는 오작동하거나 손상된 터빈을 수리하기 위해 필요한 많은 부품을 즉시 사용할 수 있어야 한다. 2013년 지멘스의 풍력 터빈 공급망 관리자인 아른드 허쉬버그 박사(Dr. Arnd Hirschberg)는 지멘스의 2.3메가와트 터빈 중 약 9,000개가 전 세계에서 사용 중이며, 각 터빈에 서비스를 하기 위해 부품을 비축하고 있는 것으로 추정했다. 이 회사는 다양한 풍력 터빈 모델을 지원하기 위해 25,000개의 서로 다른 부품을 보유하고 있으며, 부품당 1,500개의 서브 부품을 비축하고 있다. 이러한 부품의 제조, 저장 및 이동은 또한 공급망 관리와 풍력 터빈의 탄소 발자국을 계산하는 과제의 일부분이다. 완전한 환경평가는 제품이 납품된 후 공급망에 걸쳐 수백 개 추가 단계를 매핑해야 한다.
흥미롭게도, 일부 회사들은 그들의 사업 모델을 제품 판매에서 그들의 상품을 "서비스화(servicizing)"하는 것으로 바꾸었다. 고객에게 제품을 판매하는 대신, 회사는 제품의 기능을 서비스로서 제공한다. 예를 들어, 미쉐린(Michelin)은 트럭 운송 회사들에게 타이어에 대해 "마일 단위 지불" 서비스를 제공한다. 즉, 트럭 운송 회사는 트럭에 10만 마일 상당의 타이어 사용량을 살 수 있다. 미쉐린은 단순히 타이어를 배달하는 것 이상으로 발전했다. 또한 타이어를 설치, 유지, 교체 및 재활용하여 타이어가 항상 정상 작동하도록 보장한다. 그러한 약정은 미쉐린에게 더 많은 사업을 제공하고, 동시에 고정비용을 변동원가로 전환함으로써 운송 회사의 사업 위험을 감소시킨다. 이 사업 모델은 또한 트럭의 환경적 탄소 발자국을 줄여준다. 왜냐하면 타이어 제조업체가 최적의 상태로 유지한 양호한 팽창된 타이어는 수명이 길고 회전 저항이 적기 때문에 연료 소비량이 감소하고 타이어 교체량이 줄어들기 때문이다.

이러한 약정은 제조업체가 신뢰할 수 있는 제품을 제작할 수 있는 인센티브(제품 교체 감소로 인한 환경적 편익으로 이어질 수 있음)를 강하게 가지고 있을 뿐만 아니라 유지보수를 덜 하기 때문에 제조자와 고객 사이 더 나은 관계를 가능하게 한다. 이러한 비즈니스 모델로 전환한 회사에는 관리형 인쇄 서비스를 통한 제록스(Xerox), TotalCare 솔루션을 통한 Rolls Royce 항공기 엔진, 그리고 그 밖의 많은 회사들이 포함된다.

반품: 역공급망 Returns: The Reverse Supply Chain

SCOR 모델에서 반품 프로세스(return process)는 회사의 최종 운영 단계로, 제품의 오작동 확인, 포장 처리 결정, 제품 반품 승인 및 일정 수립, 반품 예약, 반품 수령, 반품 처리, 모든 당사자의 확인 및 지불을 위한 절차를 포함한다. 이러한 프로세스에는 일반적인 공급 업체-제조업체-소매 업체-소비자 체인의 반대 방향으로 상품이 이동하는 "역 물류(reverse logistics)"가 필요하다.

생산자 책임 재활용제도(EPR, extended producer responsibility)의 법적, 환경적 원칙은 잠재적으로 기업의 반품 프로세스의 양을 확대한다. 이 원칙 아래, 제품의 제조자는 자신이 만드는 모든 제품의 처리를 영구적으로 처리해야하는 사회적, 때로는 법적인 의무를 가진다. 예를 들어, EPR 지침은 포장, 배터리, 차량, 전기 및 전자 장비 등이다. 반품 프로세스에는 단순히 소비자에서 회사로 또는 폐품 관리를 위해 회사의 고용된 공급업체로의 제품을 옮기는 것 이상의 것이 포함된다. 또한, 회사가 중고이지만 사용 가능한 제품을 새로 꾸미거나 재 판매하거나, 제품을 분해하여 귀중한(또는 유해한) 물질을 추출할 경우, 지속 가능한 방식으로 재활용, 해독 또는 폐기할 수 있는 새로운 소스, 제조 및 배송 활동으로 이어진다. 7장에서는 이러한 역공급망 관리 활동에 대해 자세히 설명한다.

공급망 계획 및 관리 PLANNING AND MANAGING SUPPLY CHAINS

SCOR모델의 4가지 운영 공급망프로세스는 조달(Source), 제조(Make), 배송(Deliver) 및 반환(Return)이다. 계획 및 활성화 프로세스(Plan and Enable processes) 자체는 직접적인 환경 영향은 미미하지만, 해당 프로세스는 많은 공급망들의 지속가능성 측면에서 가장 중요한 지렛대가 될 수 있다. 자원을 소비하고 환경에 영향을 미치는 운영 프로세스의 성능을 계획하고 관리 가능하게 한다.

이러한 계획 과정에는 제품이 어떻게 조달, 제조, 배송 및 반환되어야 하는지에 대한 결정이 포함된다. 이는 제조된 상품의 설계, 재료 및 특징을 선택하고, 공급자와 서비스 제공자를 식별하며, 기대를 전달하는 것을 의미한다. 활성화 프로세스는 비즈니스의 전략적 계획에 맞추기 위해 비즈니스 규칙, 성과 지표, 재고 정책, 규제 준수 프로세스 및 위험 평가의 확립을 포함한다. 지리, 시장, 교통, 유통 전략의 관점에서 공급망의 일반적인 구조를 결정한다.

공급망 비즈니스 성과의 다섯가지 속성 Five Supply Chain Business
Performance Attributes

SCOR 모델은 프로세스 외에도 비용(cost), 자산활용도(asset utilization), 대응성(responsiveness), 신뢰성(reliability), 민첩성(agility) 등 5가지 높은 수준 특성을 인식한다. 첫 번째 두 가지는 내부용이며, 마지막 세 가지는 고객용 지표이다.

월마트와 같은 할인점들은 비용 효율을 통한 '매일 저렴한 가격'을 강조한다. 이를 달성하기 위해 회사는 변동비용을 최소화하고 조달, 납품, 매장 운영 및 기타 모든 공급망 관련 활동이 효율적으로 수행되도록 보장한다. 다른 기업들은 자산 활용을 강조한다. 예를 들어, 저가 항공사들은 저비용도 강조하지만 비싼 자산인 항공기의 활용도를 극대화함으로써 그렇게 한다. 그들은 높은 탑승률을 보장하기 위해 낮은 가격을 사용하고, 항공기의 수익 창출 시간을 극대화하기 위해 빠른 회전을 강조한다(활주로 대기시간 최소화). 많은 제조업체들은 재고를 최소화하기 위해 노력함으로써 도요타의 생산 시스템을 모델로 한 린생산방식[23](lean) 또는 적기공급생산(JIT) 원칙을 사용함으로써 재고에 묶여 있는 자본을 줄인다.

마지막 세 가지 지표는 고객 지향이며, 다양한 서비스 차원을 측정한다. 첫째, 응답성은 서비스의 시간 차원을 측정한다. 즉, 회사가 고객의 주문을 얼마나 빨리 생산하고 전달할 수 있는가를 측정한다. 예를 들어 아마존은 (자체 차량을 이용하는 것 외에) 인구 밀집지 근처에 재고를 배치하고 도시배송 및 택배 서비스와 협력함으로써 일부 도시에서 1시간 배달 서비스로 소비자 대응성의 경계를 추진하고 있다." 이와 마찬가지로 패스트푸드점은 고객이 도착하면 신속하게 주문된 음식을 제공할 수 있도록 고객의 요청을 예상하고 주문을 받기 전에 음식을 준비하는 경우가 많다.

둘째, 신뢰성은 제품과 납기의 확실성을 측정한다. 생명을 구하는 의료 제품 제조자들은 집중적인 품질 관리 프로세스를 가지고 있고, 종종 많은 양의 재고를 보유하고 있으며, 환자가 필수적인 치료를 받지 않거나 부정확하거나 결함이 있는 물품을 받지 않도록 정시 납품을 보장한다.

셋째, 유연성은 회사가 대량 또는 다양한 제품의 큰 변화를 처리 할 수 있는 능력을 측정한다. 찰스 다윈(Charles Darwin)은 다음과 같이 레온 매긴슨(Leon C. Megginson)의 말을 인용한다. "생존하는 종은 가장 강한 종도, 가장 똑똑한 것도 아니며, 가장 변화에 잘 적응할 수 있는 종이다." 그러한 회사는 종종 쓸모 없거나 변동성있는 수요를 처리하는 회사의 능력을 제한 할 수 있는 재고나 자산을 소유하지 않는 것이 좋다. 대신에, 이 회사들은 회사가 필요로 하는 만큼 적게 생산할 수 있는 다양한 아웃소싱 파트너 포트폴리오를 개발한다.

---

[23] 인력, 생산설비 등 생산능력을 필요한 만큼만 유지하면서 생산효율을 극대화하는 생산 시스템으로 재고와 과잉생산을 큰 폭으로 줄이는 효과가 있음. 이 생산방식을 창안한 도요타 자동차 이름을 따서 도요타 생산시스템(TPS: Toyota Production System)이라고도 함

공급망 환경 영향 메트릭스 Supply Chain Environmental Impact Metrics
지속가능성을 관리하려면 기업 내부 및 기업 이외의 환경적 영향, 즉 제품의 사용 및 폐기를 포함한 공급망 운영 영향을 설명하기 위한 추가적인 공급망 지표가 필요하다. 이를 위해 많은 기업이 재무 지표의 일부 또는 측정 및 보고에 추가하여 다양한 유형의 환경 영향 개선을 측정, 관리 및 보고한다.

이러한 노력을 지원하기 위해 SCOR model의 11번째 버전은 "특수 애플리케이션" 섹션에 "GreenSCOR"를 포함한다. GreenSCOR는 하위 프로세스 수준에서 측정하고 모델의 계획-조달-제조-배송-반환 가능 프레임워크에 통합할 수 있는 일련의 환경 지표로 구성된다. GreenSCOR는 각 level 1 프로세스와 관련된 탄소 배출량, 배출량 및 재활용에 대한 메트릭스를 사용하여 다음을 설명한다.

- 탄소 배출(CO_2e 톤)
- 대기오염물질 배출(오염물질별)
- 액체 폐기물 발생(갤런)
- 생성된 고체 폐기물(톤)
- 재활용 폐기물(모든 폐기물의 백분율)

그러나 GreenSCOR 지표는 환경 영향의 한 측면만을 측정하며, 공급망 프로세스의 환경적 영향을 미치는 산출물만 설명한다. SCOR 11번째 버전에 있는 GreenSCOR 버전은 희소하고 재생 불가능한 자원의 소비로 인한 영향을 무시한다. 따라서 SCOR 관련 영향 메트릭스의 보다 완전한 집합은 배출물과 소비 모두를 포함해야 한다. 공급망 소비 공간에 대한 지표는 다음을 포함할 수 있다.

- 광물 소비(톤, 재료별)
- 천연 제품 소비량(톤, 천연 제품별)
- 재활용수 사용량(갤런)

- 토지발자국(인간이 사용하는 토지 단위 면적 당 자연환경에 남기는 영향, 에이커)
- 재활용 투입물(모든 입력의 백분율)

당연히 배출물과 소비 영향은 모두 상대적인 환경 부담에 의해 가중될 수 있으며 특정 규제 또는 운영 면허에 대한 운영 허용오차에 대해 관리된다. GreenSCOR는 기업들이 미국 EPA가 추적하고 규제하는 주요 유형의 CO_x, NO_x, SO_x, 휘발성유기화합물(VOCs), 미립자 배출물을 추적할 수 있다고 제안한다. 물 및 토지 이용과 같은 소비 지표의 영향은 각각 지역적인 수준의 물 스트레스 또는 지역 서식지의 환경 민감도에 비례하여 판단할 수 있다.

총 영향 또는 유의미한 변경에 대한 메트릭스 Metrics for Total Impact or Meaningful Change

이러한 배출 및 소비 지표는 공급망 전체에서 총 수량으로 표현하거나 특정 지속가능성 목표에 대한 진행률을 측정하도록 수정할 수 있다. 많은 기업들이 총생산량에 대한 총 환경 영향을 정규화하기[24] 때문에 사업이 성장하더라도 진전상황을 입증할 수 있다. 예를 들어, 세계 최대의 맥주 양조업체인 AB InBev는 1리터의 맥주를 양조하는 데 필요한 물의 양을 측정하고 모든 양조 및 병입작업의 물효율성을 향상시키는 일을 한다. 코카콜라는 비슷한 지표를 사용한다. 영국의 소매업체 Marks & Spencer는 매장당 탄소 배출량을 측정하기로 했다. 이 지표는 운전자의 행동 변화, 화물 이동의 최소화, 비효율적인 차량의 교체, 그리고 저영향 연료 사용과 같은 탄소 배출량에 영향을 미치는 많은 기여 요인을 집계한다.

팜유 사용처럼 환경 침해에 대해 공격을 받고 있거나 공격을 두려워하고 있는 회사들은 그들이 구입하고 있는 지속 가능한 팜유량을 측정하는 지표와 목표를 수립하며, 일정 기간까지는 100% 준수한

---

[24] 환경영향을 총생산량 대비 일정한 수준으로 내재화 한다 라는 의미임

다는 목표를 가지고 있다. 판매량을 두 배로 늘리면서도 효과를 줄이겠다는 유니레버의 목표 등 공격적인 목표도 성과 측정에 적나라한 의미를 갖는다. 예를 들어, Unilever는 고체 폐기물 배출에 대한 진척도를 쓰레기 매립지 또는 제품 단위당 폐기물에 보내는 총 톤수가 아니라, "매립 폐기물 제로(zero waste-to landfill)" 목표를 달성한 공장의 비율 측면에서 측정한다. 이를 통해 공장 간 경쟁과 공장 경영자 간 '최상위 경쟁'을 만든다.

소비와 배출 패턴은 모든 공급망의 각 단계에서 발생한다. 기업은 자신들의 이름으로 환경에 무슨 일이 일어나고 있는지를 밝혀 냄으로써, 이러한 영향을 어떻게 해결할 지와 방법을 결정하기 시작할 수 있다.

제3장 영향 평가

IMPACT ASSESSMENT

2012년 국제환경보호단체 NGO Friends of the Earth는 인도네시아 Bangka섬의 주석 광업을 통해 Apple 및 Samsung과 같은 주요 전자 회사를 공격했다. 방카 섬은 자매 섬과 주변 해저와 함께 세계 주석 공급량의 약 3분의 1을 공급한다. NGO는 부드럽고 반짝이는 주석이 환경에서 매우 좋지 않아서 변색된 기록을 가지고 있음을 보여주었다. "섬의 광대한 지역은 황갈색 모래로 벗겨져 2012년 8월 블룸버그(Bloomberg) 기사에서 선언한 화성에서 지구로 반사된 이미지와 비슷하다. 또한, 해저에서 주석 광석을 수색하는 동안 불법 광부들은 디젤 펌프로 구동되는 수천 개의 떠 다니는 판자집을 만들어 해저에서 주석 광석을 준설했다. 섬의 광산 산업은 강을 오염시키고 이 지역 삼림의 65%와 산호초의 70%를 손상시켰다. 안전하지 않은 작업 조건, 깨끗한 물 부족 및 수백 년 된 어장의 손상으로 인해 섬 공동체는 피해를 입었다.

주석 공급망은 세계 주석시장에 관여하는 제련소, 중개업자 및 무수한 중개인들의 불투명한 참여와 얽힘으로 말 그대로 복잡한 도가니와 같다. Apple이나 Samsung 스마트폰 또는 기타 전자 제품의 주석이 방카섬에서 나온 것인지 아닌지는 아무도 모른다. 전자 제품 제조를 계약 제조업체에 아웃소싱하는 Apple 및 기타 여러 회사의 경우, 주석 광산은 공급망 관점에서 발주회사와는 최소 5차 이상 관계가 먼 공급업체 수준이지만, Friends of the Earth와 같은 NGO는 발주사, 원청사에 책임을 묻는다. 주석 기반 땜납은 지구상의 거의 모든 전자 제품에서 전기 부품을 회로 기판에 연결하며, 전자 제품 제조업체를 전세계 땜납 공급 업체, 주석 정제 장치, 주석 제련소,

주석 광석 구매자 및 광산에 연결한다.

NGO는 브랜드 기업이 자신의 행동 뿐만 아니라 모든 공급 업체의 행동에 대해서도 책임을 지도록 꼭 붙들고 있기 때문에 환경 지속 가능성은 무엇보다도 공급망 문제로 귀결된다. Friends of the Earth의 줄리안 커비(Julian Kirby)는 "Apple은 공급망 문제가 공장보다 먼저 시작된다는 것을 인식하기 시작했다. 다음 단계는 이 조사를 제품 및 포장에 사용되는 다른 원자재로 확장해야 한다."라고 말했다. 전자 산업의 주석은 경제의 큰 혼란을 겪는 유일한 심층(deep-tier) 지속 가능성(복잡하고 다양한 단계의 공급업체들까지도 제대로 환경적 지속가능성을 고려하고 있는지에 대한) 문제는 아니다. 팜유 재배 관행 (1장 참조)관련 네슬레에 대한 그린피스의 공격은 천연 오일에 의존하는 다른 식품, 화장품 및 클렌저 기업에도 유사하게 영향을 미친다. 불법 벌목은 목재, 골판지 또는 종이를 취급하는 모든 공급망, 특히 포장이 필요한 모든 제품에 영향을 줄 수 있다. 공격받는 기업은 종종 이러한 행동주의 행위를 불공평하고 근거 없는 것으로 간주한다. 왜냐하면 이러한 기업들은 일반적으로 문제가 있는 심층 공급업체와 직접적으로 연결되어 있지 않으며 그들이 누구인지조차 대부분의 경우 알 수 없기 때문이다. 그러나 많은 제조업체의 탄소 배출량에서 가장 큰 비중을 차지하는 것은 실제로 공급업체의 프로세스, 공급업체의 공급자 등의 업스트림 공급망에 있다. 예를 들어 필수재가 아닌 자유소비재(consumer discretionary products, 예: 의류, 자동차, 가전, 엔터테인먼트 제품 등)의 브랜드명 제조업체의 내부 운영에서 탄소 발자국은 이들 제품의 총 탄소 발자국의 5%에 불과하다고 CDP는 밝혔다. 따라서 회사나 제품을 대신하여 발생하는 환경 영향을 이해하고 판단하려면 "요람에서 무덤까지 (from cradle to grave)" 전체 공급망을 평가해야 한다.

탄소발자국 평가: 바나나의 호소 FOOTPRINT ASSESSMENT: THE BANANA'S APPEAL

바나나는 미국에서 가장 자주 구매되는 식료품이다. 그들은 또한 전 세계에서 인기가 있다. 2013년에는 전 세계적으로 1,700만 톤이 넘는 바나나가 수출되었다.

바나나가 하나의 "부품(part)"을 가지고 있고, 조립이 필요하지 않으며, 자체적인 "포장(packaging)"으로 나온다는 점을 고려하면 탄소발자국을 평가하기가 간단해 보인다. 게다가, 바나나는 추적하기 쉬운 주요 공급업자들이 있는 간단한 공급망을 가지고 있는 것처럼 보인다. 5대 바나나 수출국 중 4개국은 중남미의 따뜻하고 습한 기후 지역에 군집하고 있다. 에콰도르가 1위를 차지하며 코스타리카, 콜롬비아, 과테말라 순이다. 이들 4개국은 2011년 전 세계 바나나 수출량의 57%를 공급했다.

MIT대 CTL(트랜스포테이션, 로지스틱스 연구센터) 연구원들은 바나나 공급망의 온실가스(GHG) 배출량을 평가했을 때 이 간단한 제품이 복잡한 문제를 숨기고 있다는 것을 발견했다. MIT대 CTL은 치키타(Chiquita Brands International) 및 Shaw's Supermarkets와 몇 년 동안 파트너 관계를 맺어 Chiquita 농장에서 Shaw의 매장 진열대에 이르는 평균 바나나의 전체 탄소 발자국을 자세하게 조사하고 계산했다. 온실가스를 생성하고 $CO_2e(CO_2\ equivalent)$로 배출량을 추정한 각 공급망 활동을 연구원들은 문서화했다.

결과적으로 바나나는 자라는 것처럼 보이는 천연 제품이 아니라 바나나 재배 및 소매점 선반에 이르는 다양한 과정으로 인해 제조된 것이었다. 이러한 활동에는 다양한 생산 공정, 응용 화학 물질 및 운송이 포함된다.

바나나 재배하기 Making Bananas

원래 동남아시아가 원산지인 바나나와 그 재배는 MIT대 연구 대상이 된 Chiquita의 코스타리카 농장과 같은 많은 열대 지역으로 퍼져나갔다. 자연은 바나나를 만드는 데 세 가지 주요 성분인 이산화탄소, 물, 햇빛을 공급한다. 바나나는 자라면서 땅에서 물과 공기에서 이산화탄소를 제거한다. 각 바나나 식물이 성숙함에 따라 꽃이 피고 무거운 줄기에 매달려있는 50~150개의 바나나 클러스터가 생성된다. 사람들이 에너지가 풍부한 바나나를 먹고 신진 대사하면 흡수된 이산화탄소를 대기로 되돌려 보낸다. 언뜻 보기에 이 자연 탄소 순환은 바나나가 탄소 중립으로 보이게 한다. 그러나 바나나를 만드는데 공기, 물, 햇빛 이상이 필요하며, 바나나를 소비자에게 전달하는데 훨씬 더 많은 시간이 걸린다.

바나나를 재배하려면 비료와 같은 다른 투입물과 질소 및 칼륨과 같은 다량의 유기물 및 영양소와 함께 해충 방제 제품이 필요하다. 예를 들어, 코스타리카 농장은 반투명한 청색 살충제 백을 사용하여 바나나 클러스터를 덮으며, 과일이 성숙함에 따라 해충을 파괴할 수 있는 무수한 곤충과 해충으로부터 보호한다.

6피트, 7피트, 8피트 다발! Six-Foot, Seven-Foot, Eight-Foot Bunch!

바나나 클러스터가 적절한 성장단계에 도달하면 - 아직 녹색이지만, 숙성에 가까워지면 - 농장 노동자들은 그것을 잘라 분류소로 가져간다. 농장 내에서 바나나를 운반하기 위해, 일꾼들은 바나나를 머리 위로 지나가는 금속 선로에 매달고 수작업으로 긴 바나나 군집을 들판으로 끌어낸다. 농장 분류소에서는 노동자들이 손으로 그 군집을 슈퍼마켓 크기의 다발로 나눈다. 그런 다음 외관을 수작업으로 검사하고 크기별로 정렬한다. 외관상 결함이 있는 과일은 바나나 퓨레와 같은 제품으로 가공하기 위해 따로 둔다. 작업자들은 큰 물탱크에 남아 있는 과일을 깨끗이 씻은 다음, 보따리를 포장 공장으로 운반한다. 짐꾼들은 정렬되고 품질별로 구분된 바나나를 40파운드 박스에 싣고 각 팰릿에 48상자를 쌓는다.

재배 완료 시점에는 바나나 한 상자당 평균 4.8kg의 CO_2e(전체 탄소 발자국의 3분의 1 미만)만 배출됐다. 농장의 수작업이 많다는 것은 농장 차량의 전기와 연료 소비가 적다는 것을 의미한다. 이러한 재배작업은 바나나 한 상자의 탄소 발자국에 0.3kg의 CO_2e만을 기여한다. 농가에서 사용하는 화학 물질인 비료와 농약 등 생산에 2.6kg의 CO_2e가 배출된다. 질소 비료는 또한 이산화탄소보다 온실

가스로서 300배나 더 강력한 아산화질소를 배출하게 한다. 박스당 N_2O 몇 그램만 탈출하지만 CO_2e 0.8kg에 해당한다. 바나나의 푸른 플라스틱 해충보호백과 판지 상자를 제조하면 1.1kg의 CO_2e가 추가되어 18kg 박스당 총 4.8kg의 CO_2e가 발생한다. 그러나 바나나의 여정은 아직 끝나지 않았고, 이는 탄소 발자국 산정 회계가 완료되지 않았다는 것을 의미한다.

어서, 미스터 탤리 맨[25], 바나나에 대해서 나에게 말해줘 Come, Mister Tally Man, Tally Me Banana

생산라인이 끝날 무렵 노동자들은 1톤짜리 바나나를 트럭에 싣고, 이들을 카리브해의 코스타리카 항구인 Puerto Moin 동쪽으로 실어 나른다. 조기 숙성을 막기 위해 치키타는 여행의 일부 단계 동안 바나나를 냉장한다. 농장에서 항만까지 2시간 이상 걸리는 플랜테이션 여행은 냉장트럭이 필요하다. 2시간 이하의 여행은 냉장고를 필요로 하지 않기 때문에 탄소 발자국을 평가하기 위해서는 두 가지 유형의 여행에 대해 별도로 회계처리해야 한다. 왜냐하면 그들은 연료 소비와 누출로 인한 GHG 배출물 모두에서 서로 다른 양의 GHG를 생성하기 때문이다. 평균적으로, 농장에서 항구로 이동하는 것은 0.8 kg의 CO_2e를 더한다.

바나나가 일단 항구에 도착하면, 직원들은 그것들을 냉장 수송 용기에 싣는다. 이동 중에 바나나를 식히는 데 사용되는 냉매 가스는 0.9 kg의 CO_2e를 첨가한다. 각 40피트 컨테이너에는 3만 8천 파운드의 바나나 또는 960박스 이상의 20개의 팔레트가 들어 있다. 크레인은 수백 개의 바나나 용기를 작고 빠른 해양 선박 위에 싣는다. 항만에서의 운영은 0.3 kg의 CO_2e를 기여한다.

MIT 연구 프로젝트 당시 치키타는 소비자에게 신선도를 보장하기 위해 전용 해양선박인 "Great White Fleet"를 이용했다. 치키타가 사용하는 소형 선박은 대형 화물선보다 1톤당 더 많은 연료를 소비한

---

[25] 선적화물의 검수인을 말함

다. 게다가 치키타의 선박은 관례적으로 왕복(남행 백홀 트립)운행에 일부만 적재한다. 추가 비용에도 불구하고, 신선도에 대한 필요성은 해양 시스템의 요구 속도를 증가시켰다.

평균적으로 미국으로 향하는 바나나의 해양 선적은 공급망의 다른 단일 활동보다 많은 3.6kg의 CO_2e를 추가했다. 전체적으로 농장과 미국 항구 사이의 운송과 취급은 바나나 총 탄소 배출량의 약 1/3인 5.6kg의 이산화탄소를 차지했다. 평균적으로 바나나 한 상자가 북미 항구에 도착할 때쯤이면 10.4kg의 CO_2e가 축적된다. 그러나 여정은 아직 끝나지 않았다.

익은 바나나 배달하기 This Banana's Ripe for Delivery

북아메리카의 한 항구에서는 바나나 용기가 배에서 내려 치키타의 냉장유통센터 중 하나로 운송된다. 유통센터에서는 트럭 한 대씩을 싣고 있는 밀봉된 숙성실에 직원들이 과일 팔레트를 쌓아둔다. 전형적 물류 센터는 각각 다른 숙성 단계에 있는 6개의 방이 있다. 치키타는 바나나를 소매상들에게 보내기 직전에 방에 에틸렌 가스를 1 쿼트[26] 주입하여 바나나 숙성 과정을 다시 시작한다. 치키타는 에틸렌 가스에 노출되는 일수를 2일에서 5일 정도로 정밀하게 조절하여 소매 고객이 요구하는 진녹색/녹색/노란색 세 가지 색조 중 하나를 달성한다. 치키타는 열매를 숙성되지 않은 상태로 출하하고, 소매상들은 바나나를 자체 유통센터의 숙성실에 넣어두는 경우도 있다.

바나나가 소매업자가 원하는 색에 도달하면, 소매업자는 바나나를 매장으로 배달한다. 예를 들어, 매사추세츠 메추엔에 있는 보스턴권역 유통 센터에서 매일 수천 개 바나나 상자들이 Shaw의 소매 식료품점으로 향하는 여러 종류의 부패하기 쉬운 물건들을 트럭에 싣고 있다. 매년 100만 상자 이상의 바나나가 이 유통센터를 통과한다.

항구에서 유통망 및 소매점까지 운송하면 바나나 여행의 탄소 발자국에 평균 2.0kg의 CO_2e가 추가된다. 추가로 배출되는 배출물은 북

---

[26] 액량의 단위인데, 미국에서는 0.94 리터에 해당함

아메리카 항구, 숙성 센터, 그리고 유통 센터의 운영으로 인해 발생하는데, 이는 1.5kg의 CO₂e를 추가로 기여한다. 소비자들이 마침내 제품을 손에 넣는 소매점에서의 활동은 2.3kg의 이산화탄소를 더한다. 생산물을 보호하는 데 필요한 플라스틱과 판지를 폐기하면 최종 1.2kg의 CO₂e가 추가된다. 총 18kg 박스의 미국향 바나나의 최종 탄소 영향은 약 17kg이다. 이것은 바나나가 상점 선반까지 올라가는 평균 탄소 발자국이다.

숫자로 요약하기 *A Summary by the Numbers*

전 세계적으로 바나나 상자를 농장에서 소매점으로 옮기는 것은 환경 영향의 약 40%를 차지한다. 기타 영향력 있는 과정에는 치키타의 바나나 농장에서 멀리 떨어진 대형 제조 공장에서 일어나는 비료나 살충제 같은 화학 물질의 생산이 포함된다. [그림 3.1]은 미국에서 판매되는 치키타 바나나의 평균 박스의 누적 탄소 발자국을 주요 성분으로 나눈 것을 보여준다.

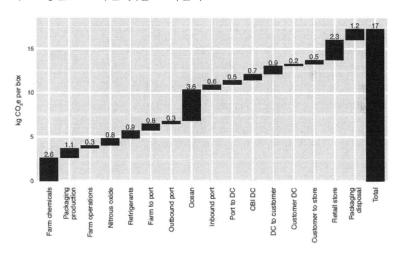

[그림 3.1] 미국에서 판매되는 바나나 상자의 탄소 발자국 분석.
출처: A 크레이그 "공급망 탄소 효율성 측정: 탄소 라벨 프레임워크" 2012년

범위 외 Out of Scope

마지막으로 MIT 분석이 포괄적이었던 만큼, 다루기 쉽도록 데이터 수집의 범위를 주요 행위자로 제한하였다. 그럼에도 불구하고 연구원들은 바나나를 재배하고 농장에서 소비자에게 전달하기 위해 필요한 16개의 주요 공급망 단계에서 56개의 주요 재료와 과정을 확인했다. 바나나 공급망은 비료, 물, 에너지, 차량, 포장, 그리고 바나나를 심고, 재배하고, 수확하고, 출하하는데 필요한 무수한 다른 성분들을 제공하는 훨씬 더 큰 글로벌 상업 및 산업 네트워크의 일부다. 이 과일의 탄소 영향은 농장에서 자라기 전 비료 공장, 산림, 제지공장, 탄광, 발전소에서 시작되었다.

환경 영향의 추정을 위해 설계된 전문 Life Cycle Assessment(LCA, 전과정평가) 소프트웨어를 사용하여 ["Life Cycle Analysis(전과정평가 (기능마비 포함))" 섹션 참조] 데이터 수집 단계의 원래 56개 재료와 프로세스는 전 세계에 걸쳐 궁극적으로 생산에 필요한 1,500개 이상의 공급망 활동을 포함하도록 확장되었다. 이 소프트웨어는 연구자들이 궁극적으로 바나나의 최종 탄소 발자국에 더해지는 이러한 공급망 프로세스와 재료 기여를 추적하는 데 도움을 주었고, 그 결과 가장 단순한 제품들조차도 공급망의 진정한 복잡성을 밝혀냈다. 이 소프트웨어를 사용하더라도, 평가에서는 바나나에 부착된 상징적인 치키타 스티커와 소비자들이 바나나를 집으로 가지고 갈 때 사용하는 플라스틱이나 종이 식료품 가방과 같은 많은 사소한 항목들이 제외되었다. 쇼핑객들이 상점을 오갈 때 배출되는 GHG의 바나나는 포함되지 않았다. 여기에는 바나나를 칵테일에 섞거나 빵으로 굽기 위해 소비자가 사용하는 전기의 발자국이 포함되지 않았으며, 버려진 바나나 또는 바나나 껍질의 부패로 인한 메탄 방출의 발자국은 포함되지 않았다. 비록 이러한 소매 후 발자국이 치키타와 Shaw's 슈퍼마켓의 통제를 벗어난다고 주장할 수 있지만, 정부와 마찬가지로 NGO가 때로는 무책임하게 사용되거나 사용 또는 처분 중에 큰 영향을 미칠 수 있는 제품 제조 책임을 온전히 기업에 지우는 것을 막지 못한다. 제7, 8, 9장에서는 이러한 제품 수명 주기의 후반 단계에서 영향을 줄이기 위해 기업이 운영, 제품 또는 시장에 주는 메시지를 다시 설계해야 하는 기회를 고려한다.

탄소발자국은 매우 다양할 수 있다 Your Footprints May Vary
앞 절에서 언급했듯이, 바나나보다 더 간단하게 평가할 수 있는 제품을 찾기가 힘들 것이다. 그러나, "단순한" 제품에 대한 탄소 발자국을 계산하는 것은 기본 공급망의 시간적, 지리적 변화에 의해 더욱 복잡하다. CO_2e 추정치 17kg은 코스타리카에서 치키타가 재배하여 미국에서 판매되는 바나나 한 상자 평균 탄소발자국이다.

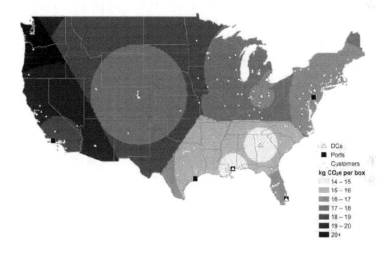

[그림 3.2] 미국 전역에서 판매되는 바나나 한 상자의 탄소 발자국
출처: A. Craig "공급망 탄소 효율성 측정: 탄소 라벨 프레임워크" 2012년 매사추세츠 공과대학교

실제로, 각각의 바나나 상자는 미국, 혹은 전 세계 어느 곳에서 과일을 파느냐에 따라 매우 다른 탄소 발자국을 가지고 있다. 예를 들

어, 코스타리카의 수출지와 가장 가까운 항구 근처의 뉴올리언스의 농장에서 판매되는 바나나는 상자당 14kg의 CO_2e의 탄소 발자국을 가지고 있다. 시애틀에서 판매되는 바나나는 더 긴 해양 항해, 더 낮은 왕복 이용률, 그리고 가장 가까운 물류 센터에서 먼 1,100 마일 이상의 운송과 함께 박스당 21kg의 탄소 발자국을 가지고 있었다. [그림 3.2]는 미국 전역의 국내 입국항, 유통센터 및 소매 고객들의 위치에 따라 치키타 바나나의 탄소 발자국 변화를 나타낸다. 동심원은 물류센터부터의 운전 거리를 반영하며, 다른 경계는 다른 물류센터의 서비스 영역을 반영한다.

치키타의 전 세계 운영에 대한 발자국은 네트워크에 전체에 거쳐 다양하다. 이 회사는 수백 개의 농장을 관리하고 미국 5개 항구와 유럽 8개 항구에서 바나나를 하역하는 6개의 해양 운송 서비스를 이용하고 있다. 이 회사는 또한 미국에 9개, 유럽에는 11개의 유통센터를 운영하고 있는데, 그 곳에서 수천 개의 소매점에 바나나를 유통하는 수백 개 소매 체인점에 바나나를 공급한다.

바나나는 수분이 중요하다 Water's the Matter with Bananas

탄소만이 관심있는 발자국이 아니다. 치키타는 탄소 발자국과 유사한 연구에서 바나나의 물 발자국[27]을 평가했다. 치키타의 평가에는 세 가지 범주의 물의 양에 대한 별도의 추정치가 포함되었다.

"녹색수(green water)"는 자연적으로 치키타 땅에 떨어지는 빗물이다. 대조적으로, "청색수(blue water)"는 호수, 강, 대수층과 같은 지표 수나 지하수에서 나오는 담수이다. 회사의 녹색 물 소비는 필연적으로 다른 다운스트림 사용자가 이용할 수있는 푸른 물의 사용량을 감소시킬 것이지만, 녹색물의 사용은 일반적으로 푸른 물보다 지속 가능한 것으로 간주된다. 마지막으로, "회색수(gray water)"는 푸른 물 공급원을 오염시키거나 일부 유형의 처리가 필요할 수있는 유출 또는

---

[27] water footprint. 제품의 생산·사용·폐기 전과정에서 얼마나 많은 물을 쓰는지 나타내는 환경 지표

하수로 방출되는 폐수이다. 세 가지 유형의 물 발자국은 농장, 산업 및 도시, 하류 습지 및 하구와 같은 하류 수자원 사용자에게 영향을 미친다.

바나나의 탄소 발자국과 마찬가지로 바나나의 물 발자국은 바나나 킬로그램 당 440에서 632리터 (53~76 gal/lb)까지 위치에 따라 크게 다르다. 코스타리카와 파나마의 농장은 물을 적게 사용하고 녹색 물만 사용한다. 온두라스와 과테말라의 사람들은 더 많은 물이 필요하고 인공 관개를 위해 푸른 물에 의존한다. 농작물에서 드물지 않은 패턴인 작물수(crop water)[28]는 전체 물 발자국의 94~99 %를 차지했다. 나머지는 바나나를 식히고 씻는 데 사용되는 공정 수이다. 이 수치 역시 세척 시스템 설계와 세척 수 재사용을 위한 재순환의 채택에 따라 바나나 킬로그램 당 1.6에서 35.6리터 사이에서 다양했다. Chiquita는 또한 물 발자국이 매년 강우량, 열, 습도 및 작물 수확량의 함수로 예측할 수없이 변한다고 언급했다.

탄소발자국 안쪽 영역과 탄소발자국 바깥 영역 *Inside Footprint versus Outside Footprint*

Chiquita는 많은 바나나 공급망을 소유하고 있지만 바나나의 총 탄소 발자국의 절반 미만을 차지한다. 이는 치키타의 "얕은" 공급망 (기본 계층 2개 포함)과 회사의 직접 통제로 인해 상대적으로 높은 수치이다. 많은 회사와 많은 공급망에서 공급망을 따르는 회사의 공급 업체와 고객은 평균적으로 회사의 운영보다 제품의 탄소 발자국에 3배나 많은 기여를 한다. 2장에서 언급했듯이 이 비율은 Cisco, Apple, Microsoft을 포함하여 제조 및 운송 활동을 아웃소싱하는 대부분의 의류 및 신발 회사에서 훨씬 더 크게 나타난다. 또한 이 장의 소개에서 알 수 있듯이 필수품이 아닌 자유소비재 제조 산업에서 회사 외부의 발자국은 회사 내부의 발자국 보다 평균 19배 더

---

[28] 작물이 증발을 통한 수분 손실을 충족시키기 위해 필요한 물의 양. 다시 말해, 다양한 작물들이 최적으로 자라기 위해 필요한 물의 양임

크다. 탄소 발자국 및 기타 환경 영향은 진정한 공급망의 속성이다. 탄소 발자국을 평가, 보고하기 위한 온실가스프로토콜(Greenhouse Gas Protocol)은 회사 내외의 이러한 발자국의 개념을 세 가지 범위의 집합으로 공식화한다. Scope 1 탄소 배출은 회사가 소유하거나 직접 관리하는 소스에서 발생하는 배출물이다. 예를 들면, 용해로, 보일러, 현장 발전소, 회사 차량에 의해 연소된 연료, 그리고 비료로부터의 N_2O이나 휘발성유기화합물(VOCs) 등의 비 CO_2 GHG 배출 등이 있다. Scope 2는 회사가 직접 사용하는 구매한 전기, 열 또는 증기에서 발생하는 간접 탄소 배출량을 포함한다. 이것들은 전기 전력망 전력과 다른 제3자 에너지원의 탄소 강도에 의존한다.

Scope 3은 구입한 재료와 부품의 생산, 외부 공급업체에 의한 서비스 제공(회사 소유가 아닌 차량에 의한 운송 등) 등 회사 자체의 운영 이외의 모든 것을 포함한다. 또한 고객 사용 및 처분도 포함한다. 수명 종료를 포함한 전체 공급망의 업스트림 및 다운스트림 부분을 모두 포함한다. 또한, Scope 3은 회사의 공장 장비, 사무실 건물, 회사가 제조하지 않은 차량 등 자본재의 탄소 발자국을 포함한다. 또한 출장, 직원 통근, 프랜차이즈(가맹점) 등의 항목과 회사 대차대조표(예: 타 회사 채권, 지분 상호(교차)소유)에 대한 투자의 탄소 발자국을 포함한다. 이 프로토콜은 기업 전체의 비교 평가와 보고를 용이하게 하기 위해 Scope 3 내에서 15개 범주의 배출물을 정의한다. Greenhouse Gas Protocol에 의한 세 가지 범위의 정의는 공급망 관점을 기반으로 하지 않는다. 특히 그러한 관점은 업스트림 영향을 다운스트림 영향과 분리할 수 있다. 이것들은 사실 Scope 3에서 소개되었다. 더욱이, 공급망 관점으로는 고정 비용 영향과 변동 비용 영향을 분리할 수 있지만, 프로토콜은 또한 회사의 내부 자본 비용 영향을 Scope 3으로 통합한다. 즉, 프로토콜은 Scope 3을 두루뭉술하게 만들어 기업의 고객들이 회사의 어떤 영향이 그들에게 영향을 미치는 지 이해하기 어렵게 만든다.

전과정평가 (기능마비 포함) LIFE CYCLE ANALYSIS (WITH PARALYSIS)

바나나의 탄소 발자국에 대한 평가는 전과정평가(LCA)의 한 예로서, LCA는 제품의 조달, 제조, 납품, 사용, 반품 또는 처분과 관련된 모든 투입과 산출에 대한 체계적인 평가다. 많은 소비자, 기업 및 정책 입안자들은 자신들이 선택한 환경적 영향에 대해 궁금해한다: "멀리서 운반되는 물건보다 현지에서 생산된 물건을 사는 것이 항상 더 나은가?"(5장 참조). "액체제품 플라스틱 파우치 리필이 전통적인 일회용 플라스틱 병보다 나은가?"(8장 참조). 바나나 발자국 분석의 복잡함은 이러한 간단한 질문들에도 간단한 해답이 거의 없으며, 단순화된 직관은 쉽게 부정확한 결론으로 이어질 수 있다는 것을 보여준다. 제품 공급망에 대한 종합적이고 체계적인 분석만이 궁극적으로 올바른 결정을 이끌어낼 수 있다.

LCA는 일반적으로 특정 영향을 이해하거나 완화하기 위한 전주곡으로서 환경 영향의 단일 범주(탄소 배출, 물 소비 또는 토지 사용 등)에 초점을 맞춘다. 기후 변화의 맥락에서, 가장 일반적인 LCA는 제품의 탄소 발자국을 추정한다. LCA는 1970년대 에너지 위기 기간과 1980년대에 이어온 환경적 관심이 고조되는 기간 동안 인기를 얻었다.

LCA는 제품 수명주기 관리(PLM, product life-cycle management)와는 몇 가지 측면에서 다르다. LCA는 단일 유닛 또는 제품의 특정 수량의 재료 및 환경적 투입과 산출에 관한 사항이다. LCA의 범위는 원자재, 부품, 완성품, 소비자 사용 및 고려 중인 장치의 처분까지 포괄한다. 이와는 대조적으로 PLM은 제품, 모델 또는 SKU[29](재고관리최소단위, stock-keeping unit)의 전반적 시기 및 관리에 관련이 있다. PLM의 범위는 R&D개념, 엔지니어링 설계, 공장 제조, 서비스 및 해당 유형 제품의 궁극적 노후화까지 포괄한다.

---

[29] 개별적인 상품에 대해 재고관리 목적으로 추적이 용이하도록 하기 위해 사용되는 식별 관리 코드를 의미함

Tesco의 탄소발자국 평가 방법 Tesco's Path to Footprint Assessment

1919년, 잭 코헨(Jack Cohen)은 런던 이스트 엔드의 한 노점에서 식료품을 팔기 시작했다. 5년 후, 그는 차 공급자인 T. E. Stockwell (Tea는 Tesco의 첫 번째 자체 브랜드 제품이었다)의 첫 세 개의 이니셜과 그의 성의 첫 두 글자를 사용하여 테스코(Tesco)를 설립했다. Tesco는 로열티 체계("그린 실드" 카드)와 같은 혁신으로 고객에 초점을 맞추고 소비자 구매 데이터를 활용하여 소비자 트렌드에 조기에 적응함으로써 영국 소매업의 정상에 올랐다. 이후 유기적으로 성장했고 인수를 통해 성장했으며, 영국 최대이자 세계 3위의 큰 소매상이 되었다.

그러나 Tesco는 2006년에 좋은 한 해를 보내지 못했다. 그 해에 회사는 방글라데시 공장 노동자들의 대우와 아동 노동의 사용을 포함한 두 가지 스캔들에 연루되었다. 게다가 2006년 전국소비자회의가 영국 8대 슈퍼마켓 체인의 환경 친화성을 평가했을 때, Tesco는 운송부문에서 "D", 폐기물부문에서 "C", 지속 가능한 농업부문에서 "C"로 총점 "D"를 받았다. 소비자들의 반발을 두려워한 Tesco는 서둘러 대응했다.

2007년 발간된 제4차 IPCC [30] 보고서에서 지구 기후가 온난화되고 있다고 언급된 것처럼, Tesco CEO 테리 리히(Terry Leahy)경은 Tesco가 판매한 5만~7만 개 제품 중 하나당 GHG 배출량 LCA에 기반한 탄소 발자국 라벨을 찾거나 개발하려는 계획으로 언론을 놀라게 했다. 리히경은 나중에 선택된 이해관계자들에게 준비한 연설에서 "지속가능성 이슈에 대해 Tesco가 문제의 일부로 묘사되는 경우가 너무 많다."고 말했다. "이것은 더 이상 잘못될 수 없다. 많은 사람들에게 접근하고 권한을 부여하려면, Tesco는 해결책의 큰 부분이지 문제가 아니다."라고 리히경은 덧붙였다.

---

[30] 기후변화에 관한 정부간 협의체(IPCC, Inter-governmental Panel on Climate Change). 기후변화와 관련된 전 지구적 위험을 평가하고 국제적 대책을 마련하기 위해 세계기상기구 (WMO)와 유엔환경계획(UNEP)이 1988년 공동 설립한 유엔 산하 협의체로 2007년 노벨 평화상을 수상함

소비자들은 새로운 욕구를 가지고 있다고 그는 주장했다. 그들은 더 환경 친화적인 구매 결정을 하는 것을 포함하여 더 지속 가능하게 살기를 원한다. Tesco의 LCA 기반 탄소 발자국 정보는 소비자들이 탄소 집약도가 낮은 제품을 선택함으로써 탄소 발자국을 줄일 수 있게 해줄 것이다. "비즈니스로서의 우리의 역할은 그들에게 이러한 변화를 성취할 수 있는 정보와 수단을 제공하는 것이다."라고 리히경은 말했다.

비슷한 시기에 월마트는 자사 제품의 전 등급에 대한 공급망의 탄소 발자국을 평가하기 위해 환경보호기금(EDF, Environmental Defense Fund)과 제휴했다. 마이크 듀크(Mike Duke) 월마트 사장 겸 최고경영자(CEO)는 이날 아칸소 주 벤튼빌에서 1500여 명의 협력사, 협력사, 지속가능경영 지도자들 앞에서 회의를 갖고 "세계적으로 지속가능한 제품 지수"를 개발하겠다는 계획을 발표했다. 듀크는 10만 개 이상의 공급업체가 만든 각 제품의 탄소 발자국을 문서화하는 것뿐만 아니라, 천연자원의 소비, 물질적 효율성, 그리고 그것이 사람과 사회에 미치는 영향에 대한 제품들을 평가하는 계획을 발표하면서 리히의 열정에 반향을 일으켰다.

두 선언은 리히의 선언 며칠 후 "Tesco와 월마트가 지구의 친구라면, 적이 남아 있을까?"라고 질문했던 가디언지의 환경평론가 조지 몬비오(George Monbiot)를 당황하게 만들었다. 그는 2007년 동일한 칼럼에서 "두 회사는 어느 정부보다 더 높은 기준을 고수하고 있다."고 언급했다.

Tesco는 자신의 말에 따라 제품의 탄소 발자국을 소비자에게 알려주는 번호가 적힌 검은색 발 모양의 로고를 디자인하여 소비자가 자신이 선택한 제품의 환경적 영향을 단순하고 직접적으로 확인할 수 있도록 했다.

그런 다음, 소비자들은 그 제품들을 비교하고, 원한다면, 대기에 탄소를 덜 주입할 수 있는 제품을 구입할 수 있다. 소비자들은 단순히 한 상표의 우유에서 다른 브랜드로 바꾸거나, 어쩌면 탄소 발자국이 더 낮은, 집에서 가까운 Cadbury[31] 제품을 선호해서 인도산 캐슈넛(cashews)을 포기할 수도 있다. 게다가, 제조업체들은 소비자들이 "친환경제품"을 더 선호하려는 것을 알아차리고 그들 자신의 탄소 발자국을 줄이기 위해 노력할 수 있고, 이로 인해 제조업체들 간의 경쟁이 더 지속가능해지고, 그로 인해 산업 전체의 탄소 배출량이 감소할 것이다. 게다가, 소비자들은 Tesco가 환경적으로 책임 있는 선택권을 소비자들에게 제공하는 선두주자로 인식하면서 Tesco의 상점에 몰려들 수도 있다.

한편, 카본 트러스트[32]는 자체적인 탄소 배출량 평가 서비스를 도입할 태세였다. 영국 NGO는 2001년 기업들이 탄소 발자국을 계산하고 이해하는 것을 돕는다는 주된 목표로 운영을 시작했다. 2007년 3월, 리히의 발표 후 몇 주 만에 카본 트러스트는 제품 포트폴리오에 탄소 인증 라벨을 추가했다.

---

[31] 동명의 영국 다국적 제과업체의 초콜릿 제품을 의미함
[32] 영국 정부가 2001년 설립한 친환경 제품 인증 비영리 기관으로 제품의 제조 이전 단계부터 생산까지 발생하는 탄소와 물 사용량이 환경에 미치는 영향을 측정해 '탄소 발자국'과 '물 발자국' 인증을 수여함

Carbon Trust foot printing 책임자인 마틴 배로우(Martin Barrow)에 따르면, Tesco가 발표 내용과 유사한 목표를 고려할 때, Carbon Trust 와 협력하는 것이 타당하다고 한다. Tesco와 카본 트러스트는 약 100개의 제품에 라벨을 붙이는 것으로 시작하기로 동의했다. 그는 "그 목표는 500개로 늘어났으며 그 후 서서히 확장하려는 의도였다 "고 말했다.

탄소발자국을 찍다 Footprints Take Footwork

각 제품의 블랙 풋 라벨에 번호를 부여하기 위해, 카본 트러스트는 PAS 2050 [33] 으로 알려진 LCA 표준을 개발하여 사용했는데, 이 표준은 제품 전체 수명 주기에 대한 세심한 조사를 요구한다. PAS 2050 매뉴얼은 단일 크로아상(croissant)의 간단한 예시로 평가 프로세스를 설명한다. 비록 기업들이 관련된 과정을 이해하는 것을 돕기 위한 의도였지만, 이 사례는 또한 이 과정이 얼마나 복잡하고 힘들 수 있는지 보여주었다.

크로아상 사례에는 투입, 산출, 변환, 저장, 운송 및 폐기물을 나타내는 25개의 상호 연결된 프로세스를 가진 여러 색의 플로우 차트가 포함되었다. 여기에는 소비자가 크로와상을 구입한 후 잠재적으로 가열 및 동결하는 것과 같은 세부 사항과 매립지에서 운송 및 분해하는 동안 포장에 의해 생성된 탄소가 포함되었다. 이 차트의 25개 박스는 각각 상당한 연구와 데이터 수집이 필요했다.

게다가, 첨부된 텍스트는 단순화된 차트에서 벗겨지기 쉬운 크루아상의 핵심 성분이자 패스트리(빵)의 탄소 발자국의 주요 원인인 버터를 완전히 생략했다고 인정했다. 버터를 포함하려면 버터 공장의 탄소 발자국, 우유를 생산하는 낙농장, 젖소에게 먹이를 주는 건초밭, 그리고 관련된 모든 운송, 취급 및 저장 과정에 대한 설명이 필요할 것이라고 가이드에서 설명했다. 이 젖소들은 영국이나 다른 나

---

[33] Publicly Available Specification. 주로 개별 회사, 정부부처 등 산업계 리더들에 의해 위임 받아 개발된 '공공활용표준' 혹은 '잠정국제표준'으로 ISO 직전 단계이며, 최대유효기간은 6 년.

라에 있을 수도 있고, 운송비와 낙농 작업 관행의 변화 모두에 (발자국이) 추가된다. 게다가, 만약 소들이 여름에 근처의 목초지를 풀을 뜯지만 겨울에 건초를 트럭으로 운반해야 한다면, 그 발자국은 연중 내내 달라질 수 있다.

요컨대, Tesco와 카본 트러스트가 동의한 것은 매장에 있는 모든 제품의 완전한 공급망을 매핑하고 이러한 공급망 내의 모든 공급자에 대한 데이터를 수집하는 것이었다. 이러한 공급 사슬은 테스코와 정기적으로 통신하는 테스코의 Tier 1 공급자에게만 국한되지 않았다. 테스코는 또한 보다 심층적인 공급자로부터 데이터를 수집하고 인터뷰할 필요가 있었다. 테스코의 기후 변화 책임자인 헬렌 플레밍(Helen Fleming)은 The Grocer에 블랙 풋 라벨에 부착될 단일 숫자를 계산하는 데 "최소한 수개월의 작업"이 걸렸다고 말했다.

첫 회차분, 그 다음은 대충 업데이트 *A First Batch, Then a Rough Patch*

2009년 8월 테스코의 선반에 첫 탄소 라벨이 부착된 제품들이 진열되었다." 매장 직원들은 진열대에 수직으로 돌출된 특수 디스플레이를 장착하여 라벨이 주목받도록 했다. 이에 수반되는 언론의 환호와 결합하여 테스코의 소비자에 대한 노력을 부각시켰다. 한편, 테스코 직원들과 카본 트러스트 컨설턴트들로 구성된 협력팀은 다음 탄소 라벨을 준비하기 위해 뒤에서 열심히 일했다.

표면적으로는 그 계획이 야심 차면서도 달성 가능한 것 같았다. 시장에 대한 통제가 현저한 거대하고 강력한 소매 체인은 존경받는 비영리 단체와 제휴하여 자사 고객들이 관심을 갖고 있다고 믿는 라벨링 계획을 추진했다. 그 프로젝트에 대한 틀이 존재했고, Tesco는 그것을 관철시킬 의지가 있는 것 같았다. 그러나, 뒤늦게 생각해보면, 그 계획은 어떤 희망적인 생각에 달려 있었다.

Tesco의 선반에 붙어 있는 탄소 라벨 제품의 수는 의도한 대로 가속되지 않았다. 1997년부터 테스코의 최고경영자(CEO)로 일하던 리히 회장은 2011년 3월 자리를 떠났다. 테스코는 1년 뒤 500개 제품에 대해서만 라벨을 붙이고 탄소 발자국 프로그램을 끝냈다. 이

체인은 연간 125개 제품만을 달성했다. 그 속도로 SKU 90,000개에 대해 모두 상점에서 라벨을 붙이는 데 700년 넘게 필요했을 것이다. 물론 그것은 그 오랜 세기동안 라벨이 붙은 상품들에 대해 테스코가 제품 분류에 아무런 변화를 주지 않았고, 테스코의 공급업체가 재료나 제조에 아무런 변화를 주지 않았다고 가정하고 있다.

월마트의 프로그램은 조금도 나아지지 않았다. 테스코의 라벨링 프로그램이 완화되기 시작하자 월마트의 라벨링 프로젝트도 조용히 사라졌다. 예를 들어, 2014년 지속가능성 지수에 관한 월마트 기업 페이지에는 환경 영향에 따른 제품 라벨링에 대한 언급이 없었다. 대신에, 그것은 지속가능성 컨소시엄과 협력하여 "제품에 대한 지속가능한 표준 개발"을 언급했다.

흥미롭게도, 테스코의 노력이 실패했음에도 불구하고, 친환경 이미지는 개선되었다. 카본 트러스트는 2009년 탄소 라벨이 부착된 신제품 출시와 동시에 식료품점에 탄소 트러스트 표준을 수여했다. 이상을 수여하면서, 카본 트러스트는 테스코가 "탄소 강도(carbon intensity)"를 줄이는 데 상당한 진전을 이루었다고 언급했다."

Tesco의 LCA 계획은 회사가 각 LCA에 필요한 노력을 너무 과소평가하고 소비자, 다른 소매업체 및 제품 제조업체의 반응을 과대평가했기 때문에 실패했다. 플레밍은 2012년 1월 'The Grocer' 와의 인터뷰에서 "우리는 다른 소매업체들도 이 일을 하기 위해 신속하게 움직일 것으로 기대했지만, 그렇게 되지 않았다."고 말했다. Tesco는 자사의 라벨 제도가 다른 회사로 하여금 그들의 제품에 라벨을 붙이도록 동기를 부여하는 방식으로 소비자 행동을 변화시키기를 바랐다. 그러나 소비자들은 라벨부착 상품이라고 해서 미부착 상품보다 더 많이 상품을 구입하지 않았다.

Chiquita의 예에서 알 수 있듯이, 각 제품의 환경 영향에 대한 정확한 LCA는 대량의 데이터와 광범위한 분석이 필요하다. 단일 풋프린트 평가에 대한 비용 추정치는 제품당 10,000달러에서 60,000달러까지 다양하며, LCA 기술과 데이터 수집이 저렴해지거나 다른 참가자들이 이 노력에 동참하지 않는 한 실용적이지 않다.

탄소배출권 비판자들이 라벨 명예 훼손자들이 되다 Carbon Critics Become Label Libelers

다른 사람들은 Tesco의 라벨이 충분하지 않다고 생각했고, 다시 말하지만, il meglio l'inimico del bene: "완벽한 것은 좋은 것의 적이다"를 보여주었다(1장 참조). 환경론자들은 크게 두 가지 이의를 제기했다. 첫째, 탄소 트러스트에서 사용하는 PAS 2050 방법론은 일부 주요 범주의 발자국을 제외한다. "티셔츠를 만들 때, 그것을 만드는 데 사용되는 기계들은 PAS 2050에서 고려되지 않지만, 이 기계는 엄청난 탄소 발자국을 가질 수 있다. 이 기계의 효율은 고려되지만, 기계를 생산하고 유지하는 것의 영향은 그렇지 않다." 라고 영국 요크 대학 스톡홀름 환경연구소(SEI) 존 배렛 박사(Dr. John Barrett)가 말했다. 둘째, "제품에 탄소 발자국이 적다고 해서 제품이 완전히 환경 친화적인 것은 아니다. 이 상품과 관련해 삼림 벌채, 물 사용, 사회적 영향의 다른 문제들이 있을 수 있다." 라고 Friends of the Earth 식품 운동가인 리차드 하이네스(Richard Hines)는 말했다.

빵상자 보다 더 크게 "BREGER than a BREADBOX"

기업들은 공급망의 모든 링크에 걸쳐 각 성분을 추적하는 과도한 비용 없이 대략적인 발자국을 평가할 수 있다. 보다 실용적인 접근 방식은 덜 엄격하지만 가장 높은 환경 영향과 함께 "핫스팟" 영역(예: 재료, 위치, 제품 또는 프로세스)을 발견하는 데 유용할 수 있다. 이러한 것은 완화 실행계획(mitigation initiative)이 가장 큰 차이를 만들거나 회사가 환경에 미치는 영향에 대해 공격을 받을 수 있는 가장 큰 취약성을 가지고 있는 영역이다. 예를 들어 두 가지 상표의 우유를 구별할 만큼 정밀하지는 않지만 큰 핫스팟을 식별, 실용적 행동을 할 수 있는 몇몇 기법이 발자국 추정치를 제공한다.

평가 가속화하기: 자재명세서의 핫 스팟 Accelerating Assessment: Hot Spots in the Bill of Materials

"당신이 마시는 아침 주스 한 잔이 지구 온난화에 얼마나 기여하는가?" 라고 그 해 초에 발표된 연구에 대해 2009년 1월 뉴욕 타임즈 기사에서 물었다. 펩시코(PepsiCo)는 컬럼비아 대학교 지구연구소(Earth Institute)와 협력, 펩시코의 트로피카나 퓨어 프리미엄 오렌지 주스 제품 20개의 환경적 발자국을 조사했다. 이 연구는 미국에서 판매되는 트로피카나 퓨어 프리미엄 오렌지 주스의 평균 64온스 박스가 1.7kg의 탄소 발자국을 초래한다고 결론지었다. 가장 큰 핫스팟인 이 영향의 35퍼센트는 오렌지를 재배하는 데 사용되는 비료에서 나왔다.

오렌지 주스 연구는 매우 성공적이어서 펩시코 임원들이 회사 전체의 모든 제품에 대해 반복하기를 원했을 정도이다. 그러나 컬럼비아 대학교와 펩시코는 세부적인 LCA를 시도하는 대신에 다시 제휴하여 완전한 LCA의 철저함과 펩시코에 필요한 속도 및 비용의 균형을 이루는 새로운 LCA에 대한 "빠른" 접근방식을 만들었다. 이 기법은 펩시의 경우 1,137개 제품별로 BOM(Bill of Materials)을 회사 ERP(Enterprise Resource Planning) 시스템에서 가져옴으로써 시작된다. 그런 다음, 물질 데이터와 재료 및 공정에 대해 알려진 배출 계수를 일치시켜 배출 인자 추정치의 표준 데이터 구조를 채운다. 또한 데이터 구조에는 각 재료와 공정에 대한 배출 계수의 정확도 추정치가 포함된다. 쉽게 구할 수 있는 배출계수가 없는 재료나 공정에 대해서는, 가격, 중량, 밀도, 유형 등의 특성에 근거해 탄소 영향을 추정하는 "포괄적(generic)" 모델을 개발했다. 시스템에 포함된 "포괄적" 추정치는 특정 데이터에 기초한 추정치만큼 정확하지 않기 때문에 분석가들은 "포괄적" 재료가 제품의 최종 탄소 발자국에 상당한 기여를 할 가능성이 있을 때마다 추가 평가를 할 것이다. 즉, 회사는 정확성이 전체 발자국 추정치에 차이를 만든다면 정확성에 노력을 기울일 것이다.

Earth Institute 연구팀에 따르면, 이 빠른 탄소 배출 절차를 통해

PepsiCo는 전체 포트폴리오에서 탄소 "핫스팟"을 식별할 수 있었다. 왜냐하면 "접근 방식은 필요한 비 자동화된 투입물 수를 약 1,000배까지 감소시키기 때문이다." 이 시스템의 또 다른 이점은 설탕의 탄소 발자국이든 경량용기의 채택이든 입력의 중앙 탄소배출 데이터베이스 업데이트가 이 물질을 사용하는 모든 제품에 전파된다는 것이다.

또한 전문화된 소프트웨어 애플리케이션은 사전작업 평가 속도를 높일 수 있다. SimaPro와 GaBi와 같은 애플리케이션은 기존의 LCA 연구를 여러 소스에서 추출하는 ecoinvent와 같은 데이터베이스로 미리 프로그래밍 되어 있다. 그러한 LCA 소프트웨어를 사용하면 더 빠른 통찰력을 얻을 수 있지만, 애플리케이션은 연구된 프로세스, 회사 또는 공급자 위치에 특정되지 않은 일반적인 데이터 세트에 의존한다. 이는 오류 한계를 증가시키지만, 특히 "규모 순서(order of magnitude)" 결정의 측면에서 정보에 입각한 의사결정에 대한 선택권을 제공할 수 있다.

빠른 사전작업을 통해 평가 시간과 노력을 줄이고 결과적으로 광범위한 제품 포트폴리오에 걸친 분석을 가능하게 되지만, 여전히 개발하려면 상당한 기술적 지식, 시간 및 노력이 필요하다. 다른 접근방식은 훨씬 더 적은 전문지식을 사용하여 조직 내에서 훨씬 더 접근하기 쉬운 정보, 즉 자금 흐름에 의존해야 한다.

돈을 따라가세요 Follow the Money

병에 담은 주스 음료와 과일 스낵을 생산하는 매사추세츠주 Ocean Spray는 경제적 입출력 수명주기 평가(EIO-LCA)라고 불리는 변형 LCA를 사용하여 전체 공급망 배출량을 평가했다. EIO-LCA는 바나나 및 Tesco 사례에 사용되는 (많은 시간과 노력을 요하는) 힘든 LCA의 유형에 대한 대안을 제공한다. EIO-LCA는 데이터 집약도가 낮지만 여러 가지 면에서 훨씬 더 완벽할 수 있다.

EIO-LCA는 노벨상을 수상한 경제학자 와실리 레온티에프(Wassily Leontief) 업적을 바탕으로 경제를 분야별로 나누고 무역 데이터를 이용해 각 분야 간의 의존도를 추적했다." 예를 들어, 치키타 바나나는 농장의 화학약품, 상자용 판지, 운송용 트럭 및 기타 수많은 재료와 같은 입력물을 필요로 하는데, 각각 개별적 영역이나 산업체로부터 제공된다. 그 입력물들은 다시 다른 부문으로부터 오는 트럭 제조에 필요한 강철과 전기와 같은 그들만의 투입물을 가지고 있다. 따라서 각 산업 부문은 다른 부문의 투입물로 구매하는 상품의 상대적인 양으로 특징지을 수 있다. 이러한 관계는 공급망에서 추적될 때 상호의존성을 복잡하게 만든다. 예를 들어 트럭 제조자는 트럭을 만들기 위해 강철을 구매할 수 있고, 강철 제조자는 강철을 운송하기 위해 트럭을 구입할 수 있다. 레온티에프는 한 부문에서 생산한 1달러의 생산량이 공급망을 통해 업스트림되는 동안, 경제의 다른 부문으로부터 투입된 달러들의 분율에 어떻게 의존하는지 계산하는 수학적 경제 입력 산출 모델을 개발했다.

EIO-LCA는 부문 수준의 환경 영향 데이터를 사용하여 레온티에프의 작업을 확장한다. 이 환경 데이터는 경제의 각 부문에서 소비되는 달러 당 환경 영향을 추정하기 위해 원래의 레온티에프 EIO 모델과 결합된다. 카네기 멜론 대학교는 비영리적 사용을 위한 무료 버전의 EIO-LCA 모델을 온라인으로 제공하고 기본 데이터와 방법을 허가한다.

Ocean Spray의 경우, EIO-LCA를 사용하면 ERP 시스템의 금융 거래 기록만 사용하여 전체 업스트림 공급망의 탄소 발자국을 추정할 수 있었다. Ocean Spray는 MIT 연구원들과 함께 1년 동안 모든 금융 거래에 대한 데이터를 수집했다. 여기에는 공급자와의 40만 건 이상의 거래가 포함되었으며, 각 거래는 EIO-LCA 모델에 표시된 500개 경제 분야 중 하나에 일치하게 분류되었다. 거래의 부문 데이터와 달러 가치는 모든 업스트림 활동의 탄소 발자국을 대략적으로 추정하기에 충분했다.

EIO-LCA는 세 가지 이유로 Tesco와 Chiquita가 사용하는 전통적인 LCA보다 더 포괄적일 수 있다. 첫째, 공급자가 LCA 관련 데이터에 대한 요청에 대한 응답을 거부하는 경우와 같이 가시성 부족으로 인해 LCA가 놓칠 수 있는 공급망 깊이의 환경 영향을 자동으로 집계한다. 둘째, BOM데이터 뿐만 아니라 ERP데이터를 사용할 때 간접 자재 및 간접 활동과 같은 회사 영향을 더 많이 포함한다. 마지막으로, 자재수량 데이터 대신 비용 데이터를 사용하는 것은, EIO-LCA가 자본장비 비용을 공급자와 서비스 제공자의 가격에 상각한다고 가정할 때 자본장비의 풋 프린트를 포함한다는 것을 의미한다. 그러나 EIO-LCA는 경제 입력 출력 데이터가 산업 부문 간의 총 상호작용만을 추적하고 특정 부문의 모든 제품이 달러당 동일한 환경 영향을 미친다고 가정한다는 점에서 심층 LCA 분석보다 정확성이 떨어진다. 예를 들어, 화석연료 디젤과 바이오디젤은 둘 다 "연료" 부문에서 나온다고 간주될 경우 달러당 동일한 영향을 할당 받을 수 있다. 실제로 달러당 환경 영향이 현저하게 다른 밀접하게 관련된 물질을 반영하기 위해 새로운 부문이 만들어질 필요가 있다. EIO-LCA 방법의 또 다른 단점은 소비자 사용 및 처분과 같은 다운스트림 활동을 배제한다는 것이다.

좀 더 완벽한 평가를 얻기 위해, Ocean Spray는 EIO-LCA 접근방식을 자체 운영 및 유통, 사용 및 처분과 같은 다운스트림 활동에 대한 전통적인 프로세스 기반 LCA와 결합했다. Ocean Spray는 전체 배출량의 71%가 구매 제품과 투입물(즉, 업스트림 공급망)에서 발생하며 업계평균과 일치한다고 결론지었다. 또 다른 17퍼센트는 Ocean Spray 판매 제품의 유통, 사용, 처분과 관련된 다운스트림 배출물에서 나왔다. 11%만이 Ocean Spray의 자체 작업에서 발생했다. EIO-LCA는 이전 섹션에서 설명한 단순화된 접근방식과 마찬가지로 상당한 환경적 스트레스를 유발하고 개선을 위해 추가로 연구할 수 있는 프로세스를 정확히 파악하는 데 도움이 될 수 있다. 결합된 접근법을 하이브리드(hybrid) LCA라고 부르기도 한다. 그것은 초기 선별에 더 빠르고 넓은 EIO-LCA를 사용한 다음 MIT대(치키타 바나나)나 Tesco의 노력과 같이 표준 프로세스 기반 LCA를 사용하여 높은 영향을 받는 영역에 대한 보다 상세한 연구에 의존한다.

실시간 전과정평가(LCA) Real-Time LCA

치키타와 Tesco 사례와 같은 초기 LCA는 수행하는 데 수개월이 걸렸고, 이로 인해 유용성과 재무적 타당성에 한계가 있었다. 이 LCA들은 비용이 너무 많이 들고 완성될 때쯤 에는 시대에 뒤떨어졌다. Danone[34]의 쟝 마크 라구뜨(Jean-Marc Lagoutte) CIO는 "기존 솔루션은 각 제품에 대해 전체 제품 수명 주기 동안 IT 운영 시스템에 탄소 배출량 측정을 통합하는 것을 허용하지 않는다."고 말했다. 동시에 LCA 관련 데이터(발표된 분석, 지속가능성 공급업체 데이터베이스 및 CDP 공시)가 증가하면서 LCA에서 사용할 수 있는 환경 영향 데이터의 가용성이 높아졌다.

Danone, 소프트웨어사 SAP, 제3자 전문가들은 BOM과 거래 ERP 데이터, 공급업체 조사 데이터 및 배출 요인 데이터를 다양한 소스에서 신속하고(상대적으로) 저렴하게 Danone 제품의 엔드투엔드 LCA[35]를 추정하는 소프트웨어 시스템을 개발했다. 이 회사들은 사용된 특정 방법론(EIO-LCA 또는 펩시코의 "Fast LCA"와 유사한 단순화를 포함할 것으로 추정됨)이나 그 정확성(알 수 없음)을 상세히 기술하지 않는다.

Danone의 각 국가 사업부에는 연2회 이 LCA를 수행하는 데 부분적으로 책임이 있는 탄소 마스터가 있다. 다논은 이 시스템을 이용해 회사 매출의 70%를 차지하는 3만5000여 개 제품의 엔드 투 엔드 발자국을 평가해 왔다. "이러한 분석을 IT 인프라의 일부로 함으로써 의사결정을 위한 귀중한 통찰력을 얻을 수 있으며, 이는 회사 전체의 변화를 위한 촉매제가 됩니다."라고 다논 네이처 부사장인 미리엄 코헌 웰그린(Myriam Cohen-Welgryn)은 말했다. 비록 근사치를 사용하면 절대 배출 수준의 정확한 추정을 막을 수 있지만 SAP은 이 툴이 "트렌드 및 순위별 배출 활동과 공급업체의 발자국을 강조하여 개선의 기회를 식별하는 데 도움이 될 수 있다"고 말한다.

---

[34] 프랑스 파리에 본사를 둔 매출 236 억 유로의 세계최대 낙농업체. 볼빅, 에비앙 등 생수 브랜드도 보유하고 있으며,미국에서는 발음상 상표표기를 Dannon 과 Danone 으로 이원화 하고 있음
[35] 제품의 시작부터 끝까지를 LCA 대상으로 포함한다는 의미임

Danone 자회사였던 스토니필드팜(Stonyfield Farm Inc., 유기농 유제품 생산업체)은 이 시스템의 새로운 용도를 발견했다. 즉, 회사의 요구르트 제품의 LCA의 일상적인 변화를 분석하는 것이다. 이 시스템으로 스토니필드는 개별 생산 주문의 엔드 투 엔드 발자국을 자동으로 추정한다고 주장한다. 스토니필드의 지속가능성 혁신 담당 임원인 우드 터너(Wood Turner)는 "이제 우리는 제품의 모든 성분의 기후 영향을 즉각적으로 이해할 수 있게 되었으며, 이는 우리 모두가 영향을 줄이는 쪽으로 빠르게 반응하고 지속적으로 낮은 영향을 주는 요구르트를 만드는 방법에 대한 접근방식을 조정할 수 있게 되었다"고 말했다. 그러나 방법이 정확하다고 해서 정확한 평가가 가능한지는 명확하지 않다.

공급업체 설문을 통한 데이터 수집 Collecting Data via Supplier Surveys

2012년 프랑스 화장품 회사인 로레알(L'Oréal)은 2020년까지 제품당 폐기물과 물 사용량뿐만 아니라 회사의 절대 탄소 배출량을 2005년 기준에서 60%까지 줄일 것이라고 약속했다. 그러한 감축을 달성하기 위해서는 회사는 자체 운영과 공급자의 영향을 모두 이해할 필요가 있었으며, 이러한 영향과 관련된 데이터를 수집하고 평가하기 위한 통일된 접근방식이 필요했다. 미구엘 카스텔라노스(Miguel Castellanos) EHS책임자는 "우리는 하나의 스코어카드를 사용하며 이 스코어카드는 로레알과 CDP가 개발했다."고 말했다.

CDP는 2000년에 설립된, 영국에 기반을 둔 비영리 단체로, 세계에서 가장 큰 기업들에게 탄소 배출량을 공개하고 이 영향을 완화하기 위해 취하고 있는 조치를 공유하도록 요청하는 것이다. 2002년 CDP가 첫 설문지를 발송했을 때, 접촉한 500개 회사 중 221개가 응답했다. 2015년까지 참여 기업은 4,500개로 늘어나 세계 30대 증권거래소 시가총액의 50% 이상을 차지했다. 이러한 증가의 일부는 기업들에 대한 CDP 설문지의 응답에 대한 기관 투자자들의 요구에서 비롯되었다. 2014년에는 자산 92조 달러 이상을 차지하는 767개 이상의 기관 투자자들이 CDP의 정보 요청의 배후에 있었다.

로레알(L'Oréal)은 초기 응답자였고 2008년에 더 나아가기로 결정했다. 로레알은 CDP의 공급망 프로그램에 참여하여 대기업이나 상장기업이 아니어서 CDP에 배출량을 보고하지 않을 수도 있는 공급업체를 장려 하였다. 카스텔라노스는 2013년까지 CDP 기반 설문지를 173개 공급업체에 보냈으며 이 중 152개 업체가 응답했다고 밝혔다. 같은 해, 동사는 물의 사용량을 조사하는 새로운 로레알/CDP 점수표를 동사 공급업체 중 17개 업체에 보냈고, 그들 중 15개사가 응답했다.

CDP의 표준화된 보고 시스템을 사용하면 공급업체가 모든 고객에게 동일한 형식으로 동일한 정보를 제공할 수 있다. 17페이지짜리 2014년 종합 CDP 설문지는 기후변화에 대한 관리, 전략, 정책 및 커뮤니케이션에 관한 86개의 질문을 포함하고 있으며, 복수의 고객과 이해관계자들의 질문을 다루기 위해 조정되었다. 또한, 모든 응답자가 GHG 배출량을 일관되게 계산하도록 하기 위해, CDP 설문지는 이 장의 앞부분에서 언급한 온실 가스 프로토콜이라는 또 다른 수준의 표준화를 활용한다.

사용단계 및 사용 후 단계에서의 평가 ASSESSMENT IN THE USE AND POST-USE PHASES

에너지 효율적인 건물을 설계하는 건축가는 에너지 사용을 최소화하고 따라서 거주자가 사용하는 건물의 탄소 발자국을 최소화하는데 도움이 되는 구조 재료, 창문, 단열재, 조명 및 설비에 대한 많은 선택권을 가지고 있다. 많은 제품 범주에서, 몇 가지 간단한 측정 지표는 이 사용 단계 발자국에 대한 좋은 추정치를 제공한다. 조명을 예로 들면, 같은 밝기의 경쟁 제품의 와트수는 탄소 발자국에 대한 뛰어난 추정치를 제공한다. 즉, 더 높은 와트수 옵션은 더 많은 전기를 소비하며, 대부분의 장소에서 더 많은 화석 연료를 태우는 것을 의미한다.

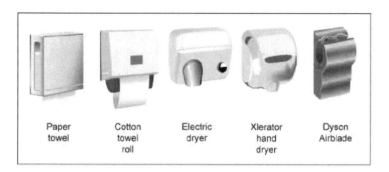

|Paper towel|Cotton towel roll|Electric dryer|Xlerator hand dryer|Dyson Airblade|

[그림 3.3] MIT대 LCA 연구에서 비교한 손 건조기

일회용 종이 타월, 재사용 가능한 면직물 롤, 온풍 전기 건조기, 엑셀의 Xlerator, 다이슨의 에어 블레이드([그림 3.3] 참조)와 같은 여러 다른 종류의 옵션 때문에 욕실에서 대체 손건조 시스템의 발자국을 평가하는 것은 조명을 평가하는 것보다 어렵다. 첫 번째 두 가지 방법은 화장실에서 전기를 사용하지 않지만 일회용 또는 재사용 가능한 재료를 조달해야 한다. 중간 옵션은 어디에나 있는 구형 전기 건조기이며 친숙한 기준을 제시하기 위해 추가되었다. 마지막 두 옵션은 와트수가 비슷하므로 세심한 분석 없이는 선택을 명확하게 할 수 없다.

손 건조기에서의 탄소 발자국 평가 Assessing the Footprint of Drying Hands

Airblade 제조사인 다이슨은 자사의 제품이 총 수명주기 탄소 발자국 면에서 다른 네 가지 옵션보다 우월하다고 믿었다. 이러한 주장을 정당화하기 위해, 회사는 MIT 재료 시스템 연구소에 의뢰하여 에어블레이드와 다른 네 가지 일반적인 손건조 시스템을 사용하여 제조, 서비스 및 사용 단계 발자국에 대한 신중하고 독립적인 평가를 의뢰했다. 2011년 MIT대는 "손건조 시스템의 라이프 사이클 평가"라는 제목의 평가를 발표하였다. 이 연구의 결과, 가디언지는 2011년 11월 "종이타월은 손바닥을 말리는 가장 덜 친환경적 방법"

이라고 선언했다.

이 평가 수행은 일련의 중요한 질문으로 시작되었다. 사용 구성 요소, 소비자가 각 제품을 어떻게 사용할 것인가, 각 사용의 영향은 무엇인가, 그리고 총 사용량은 얼마인가? 사용 단계 평가는 어려울 수 있다. 예를 들어, 업스트림 발자국은 수백 또는 수천의 공급자를 포함하지만, 다운스트림 측면은 수억 명의 소비자를 포함할 수 있다. 먼저, 연구원들은 사용 단위를 한 쌍의 건조된 손으로 선택했다. 그러나 이 선택은 "건조"란 무엇인가에 대한 의문을 불러 일으켰다. 독립 표준 기구인 NSF 인터내셔널은 손을 실내 온도 환경에서 0.1 g 이하의 잔여 수분을 보유했을 때 "건조"로 정의했다. 다음으로, 연구원들은 다섯 가지 방법 각각을 어떻게 사용하여 손을 말렸는지를 추정해야 했다. 연구원들은 이전 연구들에서 나온 다양한 자료를 이용하여, 평균적으로 화장실 방문객들이 손을 말리기 위해 종이 타월 두 개 또는 면 타월 한 개를 사용한다는 것을 알아냈다. 전기 열풍식 손건조기는 사용자의 손에 있는 물을 증발시키는데 31초가 걸린다. Xlerator와 Airblade는 모두 사용자의 손에서 물방울을 분출하기 위해 고속의 공기 흐름을 사용한다. 에어블레이드는 엑슬러레이터와는 달리 시속 400마일의 공기 흐름을 좁은 시트, 즉 날개로 집중시킨다. 이 파격적 디자인은 사용자가 에어 블레이드를 통해 손을 위로 끌어당길 것을 요구한다. 엑슬러레이터 핸드 드라이어는 20초가 필요했지만 에어블레이드는 한 쌍의 손을 말리는 데 12초밖에 걸리지 않았다. 이는 다른 전기건조기에 비해 상당히 개선된 것이다. 다른 선택들을 공정하게 비교할 수 있게 하기 위해, 연구원들은 추가 사용 차원을 추정해야 했다. 즉, 각 방법은 일생 동안 몇 번의 손을 말릴 것인가? 연구진은 상용 전기건조기의 경우 통상 5년 보증을 35만 번 사용하는 제품의 추정 수명으로 활용했다. 이러한 사용량 추정치를 적용하여 각 방법의 입력 값과 그 환경 영향을 측정하는 것이 다음 단계였다. 손 건조기의 경우, 이는 기계를 제조하고 작동시키는 데 사용되는 모든 재료의 철저한 목록을 구성하는 것을 의미했다. 금속, 플라스틱, 접착제, 전자 부품, 기계가 배송되는 포장에 이르는 모든 재료가 그것이다.

각 방법에는 서로 다른 사용 발자국 문제가 있었다. 종이 타올은 일정한 양의 종이를 필요로 했는데, 이것은 재활용된 내용물을 포함할 수도 있고, 그들은 또한 쓰레기통과 빈 라이너 백[36]을 매일 교체해야 했다. 면 롤 타월은 교체 전 평균 103회 사용되었으나, 사용 후 매번 수건을 씻기 위해 표백제, 녹말, 뜨거운 물을 소비하였다. 일회용 수건과 재사용 가능한 수건의 경우, 수건 납품 중 소비되는 연료가 환경 영향의 큰 부분을 차지했다. 강력한 구조와 첨단 전자장치를 갖춘 에어블레이드 기계 자체는 종이 타월 디스펜서의 단순한 판금 박스에 비해 제조 과정에서 초기 탄소 배출량이 높았다.

전기 손 건조기의 세 가지 유형의 경우, 탄소 배출량의 가장 큰 비율은 사용 중 소비되는 전기에서 나왔다(Airblade 90의 경우 91% 이상). 다이슨이 예상했던 대로 이 제품이 다른 모든 제품보다 우수한 성능을 보인다. 다이슨 에어블레이드는 경쟁사보다 짧은 시간 동안 전기를 사용할 뿐만 아니라, 가동할 때 전기를 덜 사용했다. 에어블레이드는 12초 동안 1,400와트를 기록했다. Xlerator는 21초 동안 1,500와트를 그리고 1.5초의 절반 출력 선회감소(spin-down)를 보였다. 이 전통적인 핸드 드라이어는 31초 주기 동안 2,300와트를 사용했는데, 이는 에어블레이드가 사용하는 총 에너지의 거의 5배[37]이다.

궁극적으로, 이 연구는 에어블레이드가 실제로 평균 탄소 영향이 가장 낮다는 것을 발견했다. 연구에 따르면 플라스틱 몸체 모델의 사용당 탄소 발자국은 4.19g CO_2e에 불과했고, 알루미늄 몸체 모델은 사용당 약간 더 많은 4.44g을 생성했을 뿐이다. Xlerator는 사용량당 7.85g의 탄소 발자국을 가지고 있었다. 면 롤 타올은 사용당 10.2g, 종이 타올은 사용당 14.6g, 전통적인 온풍 전기 건조기는 사용당 17.2g을 생성했다.

---

[36] 일정량이 차면 묶어 버리기 위해 쓰레기통안에 대는 비닐 백
[37] 실제로는 4.22 배임

바나나 LCA와 마찬가지로, 평균 수치는 전체 이야기를 말해주지 않는다. 이론적으로, 이러한 선택의 순위는 숫자의 값(예: 전기의 탄소 발자국, 손을 말리는 데 소요된 시간, 기기의 수명 동안 건조된 손의 수)이 다를 경우 달라질 수 있다. 이 가능성을 시험하기 위해, 연구원들은 또한 광범위한 시나리오에서 손 건조 시스템을 비교하는 몬테카를로 시뮬레이션[38](Monte Carlo simulation)을 사용하여 민감도 분석을 수행했다. 그들은 에어블레이드가 시나리오의 86%에서 Xlerator보다 환경적으로 우수하며 시뮬레이션 시나리오의 98% 이상에서 나머지 3개의 건조 시스템보다 우수하다는 것을 발견했다. Tesco의 블랙 풋 탄소 라벨링 프로젝트의 경우처럼, 핸드 드라이어 LCA는 상당한 노력이 필요했다. 연구팀은 대략 10개월간의 연구 끝에 이것과 관련된 결론에 도달했다. 그 보고서는 외부 전문가 패널의 중요한 검토를 거쳤으며, 최종 보고서에는 피드백이 포함되었다. 최종 평가 보고서는 113페이지에 걸쳐 42개의 차트, 48개의 표, 40페이지의 부록, 3페이지의 참고문헌을 작성했다. Dyson은 아주 철저한 평가를 주장했다. 우수한 지속가능성에 대한 강력한 주장은 회의적인 환경론자들로부터 편견이나 환경파괴 의혹을 이끌어낼 수 있기 때문이다. (9장 참조). 이 보고서의 저자 중 한 명인 제레미 그레고리는 "Dyson은 이 보고서가 어떤 경우에도 충분히 방어될 정도로 탄탄하기를 바랐다."고 말했다.

독이 든 제품: 독성 평가 The Poisoned Product: Assessing Toxicity
폴리카보네이트(Polycarbonate)는 1898년에 발명되었으나 1953년까지 상용화되지 않은 투명한 열가소성 중합체다. 이것은 단단하고 산산조각이 나지 않는 강도와 열과 화염에 대한 내성으로 유명하다. 그 결과 폴리카보네이트는 유리나 다른 플라스틱보다 안전한 선택으로 아기 우유병부터 블루레이 디스크까지 다양한 제품에 이상적이다. 연간 약 10억 킬로그램의 폴리카보네이트가 생산된다. 그러

---

[38] 불확실한 상황 하에서의 의사결정을 위해 주사위, 난수 등 확률적 시스템을 이용한 모의실험

나 폴리카보네이트가 이러한 제품의 사용자들을 물리적으로 해칠 가능성은 낮지만, 플라스틱이 화학적으로 그들을 해칠 수 있는지는 덜 명확하다. 폴리카보네이트는 제조 공정에서 나온 비스페놀 A(bisphenol A, BPA)의 흔적을 포함할 수 있으며 플라스틱이 열화(劣化)되거나 열, 세정제 또는 기타 물질에 노출될 때 BPA를 방출할 수 있다. BPA는 또한 음식 캔과 금전등록기 영수증 등 많은 종류의 종이에서도 발견된다.

BPA는 인체에서 여성 호르몬인 에스트로겐처럼 작용하기 때문에 매우 논란이 많은 화학물질이다. 따라서 태아, 아기, 어린이에서 생식기관의 발달에 영향을 미칠 수 있고 성인 남녀의 생식능력에 영향을 주며 일부 암의 진행에 영향을 미칠 수 있다. 따라서 내분비 교란물질로 분류되어 왔다. 연구에 따르면 이러한 종류의 상품을 취급하는 사람들(예: 소매금융업자)은 혈액 속에 감지 가능한 BPA 수치를 축적한다.

미국과 EU를 포함한 여러 정부들은 식품 관련 제품에 BPA를 일부 제한하고 있지만 그 사용을 완전히 금지하지는 않았다. 예를 들어, BPA는 (미국, EU, 그리고 다른 많은 국가에서) 젖병과 sippy 컵[39]에서 금지되었다." 그럼에도, 천연자원보호위원회(Natural Resources Defense Council)와 미국공익연구그룹(US Public Interest Research Group)과 같은 소비자 활동 단체들은 이러한 규제들이 충분히 진행되지 않았다고 생각하고 기업들에게 BPA를 완전히 사용하는 것을 중단하라고 압박하고 있다.

BPA는 널리 쓰이지만 논란의 여지가 있는 화학 물질의 한 예에 불과하다. 각 산업에는 규제기관과 NGO에 우려를 불러일으키는 대단히 어려운 언어로 명명되어 있는 화학약품들이 있다. 공급망에 있는 이러한 잠재적 독성 물질은 식물, 동물 및 인체의 건강에 영향을 미칠 수 있다. 독소에는 공기 중 배출물(예: 석탄 화력발전소의 수은, 디젤 엔진 트럭의 입자, 해양 화물선에서 나오는 유황 배출물), 폐

---

[39] 텀블러 모양의 소형 커피 머신

수(예: 세척제, 세척수 오염물, 용매, 하천의 부영양화를 유발시키는 성분, 살충제 유출) 및 고체 폐기물(예: 전자, 금속, 플라스틱)이 포함된다.

목표 설정: 평가에서 투입까지 GOAL SETTING: FROM ASSESSMENT TO COMMITMENT

기업의 환경 영향 평가는 다양한 목적으로 사용된다. 로레알은 평가를 사용하여 목표에 대한 기준을 정의한 다음 해당 기준에 대한 진행상황을 측정하는데 사용했다. PepsiCo는 회사의 활동 영역, 공급망 위치 또는 특히 환경에 큰 영향을 미치는 제품 등 "핫스팟"을 식별하여 개선 노력의 우선순위를 정했다. Tesco는 소비자들이 지속가능한 선택을 할 수 있도록 탄소 발자국의 투명성을 만드는데 평가를 사용했다. Dyson은 자사 제품의 지속가능성에 대한 강력한 주장을 하기 위해 평가를 활용했다. 따라서 평가는 개선(4장~8장에서 상세 설명), 지속가능성 노력 관리(10장) 및 회사의 지속가능성에 관한 메시지(9장)의 일부 조합을 지원한다. 이러한 평가 사용에는 측정된 영향이 중요하다는 가정이 내포되어 있다.

중요도: 나에게 중요한지, 아니면 당신에게 중요한지? Materiality: Does It Matter to Me or to You?

세계에서 가장 큰 화학 회사 BASF는 많은 다양한 유형과 장소에서 상당한 환경적 영향을 미친다. 지속가능성을 가장 효과적으로 개선하기 위해, BASF는 지속가능성의 어떤 측면이 회사 및 다양한 이해관계자들에게 가장 중요한지 알 필요가 있다. 이 질문에 답하기 위해, 회사는 매년 중요도 평가를 수행한다. 일련의 워크숍과 인터뷰를 통해, 회사는 많은 잠재적 영향 목록을 38개의 주제에 맞게 작성했다. 다음으로 전 세계 350여 명의 외부 이해관계자와 90여 명의 내부 전문가를 대상으로 설문조사를 실시했다. 회사는 [그림 3.4]와 같이 38개 주제와 BASF 및 외부 이해관계자의 관련성에 대한 데이터를 수집했다.

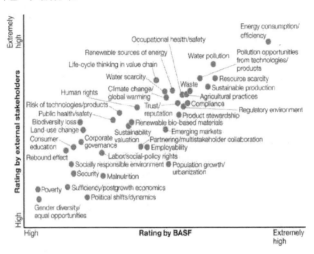

[그림 3.4] BASF 환경 중요도 평가

회사마다 그들의 공급망 전체에 걸쳐 다양한 유형의 환경 영향에 대해 걱정한다. Apple, Tesco, Chiquita 회사들은 탄소 배출량에 초점을 맞추고 있다. Coca-Cola, AB InBev, Nestlé 같은 회사들은 특히 가뭄이 잘 드는 지역에서 물 소비량을 걱정하고 있다. 그리고 농산물을 사용하는 많은 회사들은 팜유, 면화 또는 커피의 재배와 같은 그들의 토지 이용에 영향을 고려한다. 대표적인 북미 해산물 가공업체인 Chicken of the Sea는 15가지 주제를 살펴보며 내부와 외부 이해관계자의 평가를 사용한다. 각 주제는 중요성 측면에서 -10과 +10 사이에 위치하여 [그림 3.5]에 표시된 것과 유사한 차트로 이어졌다. 중요성 평가는 회사가 중요한 문제에 집중하고 회사나 이해관계자에게 중요한 의미 있는 목표를 설정하는 데 도움이 된다.

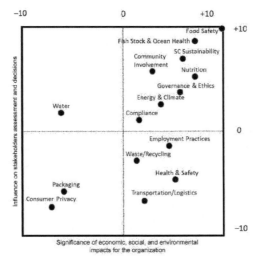

[그림3.5] 글로벌 해산물 가공업체의 중요성 평가 차트 Chicken of the Sea's materiality assessment

숫자에 의한, 숫자를 위한 *By the Numbers, For the Numbers*
BASF의 중요성 평가[그림 3.4]에서 회사와 외부 이해관계자 모두가 가장 높게 평가한 문제는 에너지 소비 또는 효율성이었다. 따라서, BASF 지속가능성의 주요 초점은 비용 절감을 위해 소비되는 자원의 양을 줄이고 환경 영향을 줄이는 환경 효율성 목표다. 여기에는 생산공정 에너지효율을 35% 향상시키고 2002년 기준 대비 판매 톤당 GHG 배출량을 40% 줄이겠다는 2020년 목표가 포함된다.
기업은 각각의 환경 영향과 비용 요소를 다루기 위해 여러 수치 감소 목표를 정의할 수 있다. 예를 들어, 2013년에 장난감 제조업체인 Hasbro는 2020년까지 달성해야 할 네 가지 수치 목표를 2012년 기준에서 측정했다. 네 가지 목표는 소유/운영 시설에서의 글로벌 Scope 1 및 Scope 2 GHG 배출량을 20% 낮추고, 에너지 소비량을 25% 절감, 물 소비를 15% 절감하며, 매립 폐기물 배출을 50% 감축하는 것이었다. 잘 구성된 환경 목표는 지속가능성의 일부 치수

(예: 탄소 배출량), 범위(예: 소유/운영 시설), 목표 값(예: 기준치 대비 20% 감소), 기간(예: 2012년부터 2020년까지)을 포함한다. 경우에 따라, 환경 목표는 전체 감축보다는 효율성 목표를 정의할 수 있다. 예를 들어, 제2장에서 언급했듯이, AB InBev와 코카콜라는 각각 1리터의 맥주나 탄산음료를 생산하는 데 필요한 물의 양을 의미하는 물 효율 측면에서 물 지속가능성의 목표를 정의한다.

리스크를 줄이기 위한 절대 목표 Absolute Goals to Reduce Risks

중요성 평가의 다른 이슈들은 외부 이해관계자들에게 큰 관심사가 될 수 있지만 기업에는 제공하는 직접적인 이익은 제한적이다. 그럼에도 불구하고 NGO의 행동, 규제, 지역사회 거부 또는 소비자 불매운동으로 인해 발생하는 명성, 수요 또는 공급 중단의 위험은 이러한 위험을 완화하고 관리하기 위해 기업이 더 높은 비용을 부담하도록 동기를 부여할 수 있다. 환경 위험 완화 목표 및 실행계획에는 삼림 벌채, 유해 폐기물 덤핑 및 비선호 물질에 의한 오염과 같은 NGO 및 미디어의 주의를 끌 수 있는 활동에 대한 코드화, 구현 및 제한강요 등이 포함된다. 이러한 실행계획에는 제품 소싱, 제조, 사용 또는 처분과 관련된 알려진 또는 의심되는 독소를 제거하기 위한 설계 변경도 포함될 수 있다.

이러한 환경적 위험은 종종 기업들이 돌고래 안전 참치[40](dolphin-safe tuna)에 대한 Chicken of the Sea's의 약속, 수프 캔의 라이닝에서 BPA를 없애려는 Campbell의 목표, 항생제 없이 사육된 닭으로 바꾸겠다는 McDonald의 발표와 같이 일정 기간 내에 절대적인 목표에 전념하게 한다. 코카콜라는 사용하는 모든 물을 대체하는 작업에 전념하고 있다. 월마트, P&G와 제너럴 모터스 같은 다른 기업들은 "폐기물 제로" 목표를 갖고 있다. 이들 기업들은 위험의 기본 개념을 설명하고 소비자, NGO, 또는 규제 당국에 독성 물질이나 환경적으로 유해한 활동을 허용되어야 한다고 설득하기 보다는 논쟁의 여지

---

[40] 돌고래의 서식을 방해하지 않는 방식으로 잡은 참치

가 있는 투입 또는 활동을 제거하겠다고 약속한다. 절대 목표를 향한 진전을 측정하기 위해 회사는 일반적으로 판매된 제품의 백분율 또는 문제의 목표를 달성한 시설의 백분율을 평가한다.

세그먼트 별 중요성 Materiality to a Segment

중요성 평가는 시장의 하위집합이 특정 속성에 매우 관심을 갖고 이러한 속성을 제공하는 제품을 선호하거나 기꺼이 비용을 지불할 수 있다는 것을 깨닫게 할 수 있다. 예를 들어, BASF의 평가[그림 3.4]는 오염 통제, 재생 가능한 바이오 기반 재료 및 농업 지속가능성과 같은 이슈에 대한 이해관계자의 관심에 주목했다. 이것들은 모두 BASF가 특정 제품군과 혁신을 통해 다룰 수 있는 사안들이다. 그 결과 에너지 효율적이고 독성이 없으며, 지속 가능하게 재배되고 유기농이거나 바이오 기반 또는 재활용 재료로 포장된 하나 이상의 지속가능성과 관련된 속성을 가진 제품을 설계하고 판매하는 에코 세분화 실행계획(eco-segmentation initiative)이 있다. 이러한 제품의 더 높은 비용은 일반적으로 친환경 고객들이 기꺼이 지불하고자 하는 프리미엄 가격이 된다.

다른 기업들은 장기적 위험 관리의 일환으로 에코 세분화 실행계획을 사용한다. 대형 소비재 업체인 P&G의 Tide Coldwater 세탁 세제 및 Pampers Cruiser 기저귀 제공으로 친환경 제품과 관련된 기술과 시장을 이해할 수 있게 됐다. 이러한 지식을 바탕으로 기업은 소비자의 선호도가 바뀌거나 규제가 그러한 제품을 요구할 때 신속하게 대응할 수 있다.

인증 받기 Getting Certified

"만약 농업과 어업에 근본적인 변화가 없다면, 우리는 10년~20년 안에 들어갈 만한 사업을 갖지 못할 것이다." 라고 Unilever 전 회장인 안토니 버그만(Antony Burgmans)은 말하며, "생선도 생선튀김(fish sticks)도 모두 사라질 것" 이라고 덧붙였다. 유니레버는 해양자원 상태에 대한 심층 평가를 통해 1996년 세계보존기구인 WWF와 협력하여 지속가능한 해산물을 위한 최초의 인증기관인 해양관리협의회 (MSC, Marine Stewardship Council)를 설립하였다.

환경 위험 완화 및 환경 세분화 실행 계획 모두 회사의 조치 또는 제품 속성에 대한 독립적인 증거를 제공하기 위한 인증을 포함할 수 있다. (인증 및 라벨에 대한 자세한 내용은 9장 참조)

탄소 배출량, 물 사용 및 에너지와 같은 환경 영향은 소비량이나 배출량의 수치적 감소를 통해 쉽게 측정 및 관리하는 반면에, 일부 범주의 영향은 비 정량적 요소가 강하다. 농업, 자연, 식품 등 많은 범주의 경우, 얼마나 많은 자원을 수확하느냐 보다 어떻게 자원을 수확하느냐 하는 방법이 더 중요할 수 있다. 따라서 목표는 줄여야 할 양이 아니라 구현해야 할 복잡한 일련의 관행이나 성과 지표로 코드화할 수 있다. 예를 들어, MSC 인증은 대상 어종의 지속 가능한 수확 수준, 다른 해산물 종과 해양 서식지의 환경 훼손 방지, 어업 관리와 관련된 31개 성과 지표에 대해 충분히 높은 점수를 요구한다. 팜유, 면화, 커피, 코코아, 쇠고기, 삼림 제품과 같은 농작물에 대한 인증에는 토지 이용, 물 사용, 농약, 비료, 수확, 폐기물 관리 등과 관련된 관행이 포함된다. 이러한 인증은 농지, 산림, 해양의 미래 생산성을 보장하기 위한 것이다.

피드백 루프: 평가, 목표 및 개선 사항 *Feedback Loops: Assessments, Goals, and Improvements*

기업은 소비자 사용 및 수명 만료 단계를 포함하여 제품의 공급망의 업스트림과 다운 스트림 둘 다를 깊이 들여다봄으로써, 환경 영향이 가장 큰 곳(그리고 과도한 환경 영향 비난에 가장 취약한 곳)을 평가할 수 있다. 이러한 평가는 회사의 환경적 영향을 줄이거나 지속가능성 속성을 제공하는 제품을 판매할 기회를 강조할 수 있다. 유니레버는 자사 제품의 공급망과 수명주기에 걸쳐 탄소 발자국이 매우 불균일하게 나뉘어져 있다고 판단했다. 평균적으로 유니레버 제품은 원료 29%, 제조 2%, 물류 2%, 소매 5%, 소비자 사용 62%, 제품 폐기 1% 미만이다. 그러한 평가는 기업이 환경에 미치는 영향의 위치와 크기를 결정하여 의미 있는 지속가능성 실행 계획을 설계하는 데 도움이 된다.

평가와 목표 정의는 기업 환경여정의 첫 번째 단계이다. 지속가능성 실행 계획은 기업의 공급망의 모든 단계에서 이루어질 수 있다. 이러한 활동은 제품 설계 뿐만 아니라 조달, 제조, 유통 및 반환의 SCOR 모델 프레임워크의 네 가지 운영 프로세스를 사용하여 다음 장에서 논의된다. Danone의 연 2회 수행하는 LCA와 같은 정기적인 재평가에서는 경영, 공개 및 마케팅 목적을 위한 회사의 목표 달성을 향한 진행상황을 추적한다.

제4장 더 적은 비용으로 제품 만들기

MAKING WITH LESS TAKING

1642년 영국의 의사 토마스 브라운 경이 쓴 것처럼, "자선(charity)은 가정에서 시작된다." 마찬가지로, 지속가능성 또한 가정에서 시작되며, 많은 기업들이 내면을 보고 초기 지속가능성 실행 계획의 셀프 개선에 집중한다. 노스캐롤라이나주 윌슨(Wilson)에 위치한 브리지스톤(Bridgestone)의 승용차 및 경트럭 타이어 공장 책임자인 마이클 다르(Michael Darr)는 "지속 가능한 제조 관행을 개발하고 구현하는 것은 오늘날 사업을 하는 데 필수적인 부분"이라고 말했다.

대부분의 경우, 이러한 초기 노력은 회사의 경제적 목표와 일치한다. 따라서 "제조" 프로세스의 개선은 에너지, 물 및 기타 투입물의 사용량(따라서 비용)을 줄이는 것을 포함하여 환경 효율성 고려사항에 의해 동기를 부여 받는다. 이러한 계획과 기타 실행 계획은 또한 제품이나 배출물의 독성을 줄이거나 제거하는 것과 같은 환경 위험 완화 고려사항에 의해 동기가 부여될 수 있으며, 이 중 하나가 회사에 값비싼 부채를 발생시키거나 NGO의 비판과 공격을 불러올 수 있다. 본 장에서는 제품 자체의 변경(8장 참조), 원료와 부품의 변경(5장 참조), 폐기물의 변경(7장 참조)보다는 기업의 기존제품 제조 공정의 지속가능성 개선을 강조한다.

화염의 길들임부터 부끄러움까지 FROM THE TAMING OF FLAME TO THE SHAMING OF FLAME

활활 타오르는 불길은 그 앞에 있는 모든 것을 소비하는 길들이지 않은 두려움이 되거나 추운 겨울 밤 환호성을 자아내는 위로의 빛과 따뜻함의 원천이 될 수 있다. 적어도 50만년 전에 인류는 점점 더 많은 응용분야에서 이 화학적인 과정을 활용하기 위해 불을 지폈다. 수세기 동안의 혁신을 통해 고로(高爐) 내부의 불의 기적, 피스톤, 제트기와 발전소의 터빈을 이용하게 되었다. 석탄, 석유, 천연가스 등 풍부한 화석연료가 발견되면서 에너지를 값싸고 풍부하게 만들어 산업과 교통의 현대세계를 부채질했다.

유정탑이 원유를 추출하기 위해 땅속 깊숙이 구멍을 뚫자 굴뚝, 배기관 등이 하늘로 솟아올랐다. 초기 원유산업의 밝은 화염으로 인한 방출은 그 경관에 어두운 그림자를 드리웠고 산업혁명이후 환경법이 연쇄적으로 생겼다. 규정에 대응하여, 기술자들은 더 많은 연료를 유용한 열로 변환할 수 있도록 하는 더 효율적인 연소 시스템을 설계하였다. 그들은 또한 배기 가스에서 오염물질을 제거하기 위해 촉매변환기, 집진기, 스크러버와 같은 다수의 배기 시스템 부가물들을 추가했다.

공기와 연료 사이의 이 강력한 자연 반응인 연소에 대해 인류가 온갖 통제를 발휘했지만 가장 기본적인 부산물인 이산화탄소를 억제하지 못했다. 매일, 거의 1억 톤의 이산화탄소가 자동차, 공장, 발전소, 그리고 다른 자원들의 화석 연료의 연소로부터 대기로 유입된다. 이러한 배출량은 초과 CO_2를 흡수하기 위한 초목 및 기타 자연지질 화학적 용량을 초과하여 1960년과 2016년 사이 대기 중 이산화탄소가 27% 증가하였다. 대다수의 과학자들은(그러나, 결코 전부는 아니다) 이러한 배출물들이 농업과 생태계의 생존 가능성을 위협할 수 있는 중대한 기후변화에 기여해왔으며, 그 원인이 될 것이라고 믿고 있다.

공급망은 제조와 운송 모두에서 에너지 소비를 통해 이산화탄소의 대기 축적에 중요한 역할을 한다. 미국에서 산업응용 분야는 전체 에너지의 약 3분의 1을 소비한다. 전 세계적으로, 산업은 전체 에너지의 절반을 소비한다. 그러한 이유로, 많은 친환경 공급망 계획들은 에너지 효율의 향상과 에너지 자원의 탄소강도 감소에 초점을 맞추고 있다. 제3장에 기술된 온실가스 규약에 따르면, 이는 대체로

Scope 1과 Scope 2 배출에 대한 개선이다. 미국 에너지부(DOE)에 따르면, "에너지 효율은 기후 변화에 대처하고, 우리가 숨쉬는 공기를 정화하며, 기업의 경쟁력을 향상시키고, 소비자를 위한 에너지 비용을 줄이는 가장 쉽고 비용 효율적인 방법 중 하나"이다.

탄소발자국을 낮추기 위한 4단계 *Four Steps to Lower Footprints*

2006년, Siemens는 내부 에너지 효율에 대해 "매우 독일적인" 4단계 접근법을 시행하기 시작했다. 그 과정은 개선을 위한 부지를 선정하는 것으로 시작하여 "에너지 상태 점검"을 거쳐 계속한 다음 에너지 사용량 분석으로 넘어가고, 해당 Siemens 시설과 지멘스 기업 본부 간의 성능 개선 계약 이행으로 끝난다. 이러한 평가, 개선 주기는 대체로 환경효율성 실행계획이다.

바이에른 공장 중 한 곳에 지멘스는 190만 유로를 새로운 에너지 효율적인 장비와 프로세스에 투입했다. 이 프로그램은 공장 에너지 사용을 20% 줄이고 탄소 배출량을 연간 2,700톤(mt, metric-ton) 이상 줄였다. 물론 한 공장에서 2700톤을 줄인 것은 2013년 지멘스가 배출한 이산화탄소 273만7000mt에 비하면 무시할 수 있는 수준으로 화석연료 360억mt의 2013년 전지구 탄소 배출량과 비교하면 극소량이다. 이 계획은 지멘스의 수만 개의 공급업자들의 배출량을 줄이는 데 아무런 도움이 되지 않는다. 그리고 지멘스에는 탄소를 더 배출하는 방식으로 회사 제품을 사용하는 수천 명의 비즈니스 고객이 있다. 그러나 바이에른 공장 개선은 지멘스가 취한 수백 건의 계획 중 하나에 불과했다.

예를 들어, 지멘스는 뉴캐슬의 공장에서 기존 건물 자동화 확대, 난방 시스템에 대한 측정 및 제어 기술의 현대화, 에너지 효율적 조명 설치 등 3가지 범주로 13개의 개별 실행계획을 정의했다. 지멘스는 전 세계 298개 주요 생산 및 제조 공장에서 4단계 에너지 절약 공정을 구현했다. 그 결과 2010~2014년 전체 에너지 효율을 11%, CO_2 효율(CO_2 배출량 단위당 아웃풋)을 20% 향상시켰다.

이러한 예들은 지속가능성이 "만능 해결책"이 아니라 광범위하게 구현된 프로세스라는 것을 보여준다. 환경 영향을 줄이면 여러 지점의 개입이 필요하다. 다른 말로 하면, 골프치는 사람은 다 알듯이, "한 번의 타격으로 그린에 도달하지 못한다."라고 하는 것이다. 모든 실행 계획을 철저히 문서화하기보다는 기업이 추구하는 실행계획의 종류를 예시하는 이 책에서 개략적으로 설명한 많은 사례들이 그러한 경우다.

게다가, 이러한 작은 변화들 중 많은 것들은 환경 효율적이며, 따라서 그것들은 회사의 투자 수익률을 충족시키기 때문에 재정적으로 정당화된다. 바이에른 공장의 실행 계획은 4년 반 만에 거의 70만 유로의 연간 절감액을 달성했다. 뉴캐슬 공장의 개선은 27%의 내부 수익률(IRR)을 제공했다. 또한 각 미미한 성공 사례(및 영향 감소에 대한 누적 효과)는 진행 중인 진행 상황을 입증함으로써 환경 위험 완화에 기여한다.

미국 에너지부(DOE)가 2006년 제조업체가 사용하는 증기 또는 공정 난방 시스템에 대한 에너지 절약 평가 200건을 대상으로 실시한 연구에 따르면, 에너지 관리에서 모범 사례를 구현하거나 시스템을 적절히 업그레이드하는 경우 이 연구의 평균 회사가 천연 가스에만 연간 240만 달러를 절약할 수 있는 것으로 나타났다. 우수한 에너지 성능에 관심이 있는 기업은 ISO 50001 인증을 추진할 수 있는데, 이는 산업용 에너지 관리 시스템의 요건을 규정한 국제 표준이다. 미국 에너지부(DOE)는 ISO 50001과 DOE의 우수 에너지 성능(SEP, Superior Energy Performance) 인증을 모두 획득한 기업들은 일반적으로 SEP 구현 후 18개월 이내에 에너지 비용에서 10%를 절감한다고 주장한다. 물론 그러한 연구는 각 환경 개선을 기업이 할 수 있는 다른 가능한 효율성 투자 또는 최저기대 수익률과 비교하여 테스트하지는 않는다.

각 산업 과정의 효율성을 향상시키는 것 외에, 회사들은 더 체계적인 해결책을 추구할 수 있다.

동시공급, 공동제작, 통합 프로세스 *Cogeneration, Coproduction, and Verbund*
거의 모든 공장을 방문하면 냉수, 온수, 증기, 천연가스, 전기를 운반하는 모든 크기의 파이프, 덕트 및 도관을 볼 수 있다. 제조 공정에는 재료, 중간 제품, 완제품의 다양한 가열 및 냉각 사이클이 필요한 경우가 많다. 공장의 많은 에너지는 이러한 모든 산업 공정에 알맞은 온도에 도달하고 유지함으로써 소비된다. 그러나, 이러한 프로세스들 중 다수는 한 시스템이 뜨거운 물질을 식히기 위해 에너지를 소비하는 반면 다른 시스템은 차가운 물질을 따뜻하게 하기 위해 에너지를 소비하는 등 중복된 노력을 하고 있다. 더욱이, 발전소의 냉각탑과 냉각지는 이러한 모든 산업용 냉난방 시스템을 가동하기 위해 생성된 "폐열(wasted)"의 시각적 증거를 제공한다.

이러한 시스템 적인 에너지 낭비를 줄이기 위해 유니레버는 유럽의 열병합발전 프로그램에 약 2,800만 유로를 투자했다. Combined heat and power 라고도 불리는 열병합발전(Cogeneration)은 전력생산과 열 의존 제조 시스템을 의도적으로 공동 배치하는 것이다. 열병합 발전으로, 유니레버는 기존의 발전소가 필요로 하는 것보다 연료에 잠재되어 있는 총 에너지를 더 많이 포착하고 별도의 보일러가 필요하지 않게 된다. 이 프로그램은 환경적, 경제적 측면에서 모두 의미가 있었다. 6만톤의 CO_2 배출량을 줄이고 연간 약 천만 유로를 절약했다. 전체적으로 열병합발전소는 일반 발전소에 비해 20~60% 효율적일 수 있다. "그래서 우리는 기본적으로 훨씬 더 깨끗한 에너지 생산을 가지고 있고, 그것은 비용을 절감 할 수 있다."고 유니레버 환경 엔지니어링 매니저 토니 더니지(Tony Dunnage)는 말했다.

독일의 거대 화학 생산업체인 BASF는 열병합 발전 뒤에 있는 생태 효율성 원리를 화학제품과 농산물 산업과 같은 상당한 양의 부산물을 생산하는 다른 제조 공정으로 확장했다. BASF는 제품 및 부산물의 현장 전반적 관리에서 전체적인 환경 효율성 관행을 사용하는데,

이를 '결합', '연계', '그룹화'라는 뜻의 독일어 단어인 Verbund[41] 라고 부른다. BASF의 6개 페어분트 사이트 중 가장 큰 곳은 독일 루드비히샤펜에 있는 본사 옆에 있다. 이 사이트는 10평방킬로미터 캠퍼스에 2750킬로미터의 파이프라인으로 연결된 160개의 생산 시설을 통합하고 있다. BASF는 웹사이트를 통해 "우리 사이트에서는 생산 공장, 에너지 및 폐기물 흐름, 물류, 현장 인프라가 모두 통합되어 있다."고 주장한다. 이 전략은 BASF사의 비용을 연간 3억 유로이상 절약한다.

Cogeneration과 페어분트는 일반적인 SCOR 다이어그램에 표시된 선형 단계보다 더 복잡한 공급망을 활용한다. 요약된 사이트는 각 단계별로 복수의 투입물(예: 다양한 원료와 온수)을 소비하고 복수의 산출물(예: 의도한 제품, 가치있는 부산물, 냉수)을 생성할 수 있는 그물망이다. 이 그물 안에서, 한 생산 시설에서 나온 부산물 화학물질이 두 번째 설비에 핵심 성분을 제공할 수 있고, 두 번째 설비는 첫 번째 설비에 전력을 공급하는 데 사용되는 부산물 열을 생산한다. 페어분트를 사용하면, 모든 생산단위는 잠재적으로 모든 생산단위의 공급자와 고객이 될 수 있다. 이러한 전체적 비전은 순환 경제에서도 발견된다. 즉, 물질이 환경에서 지속적으로 순환하는 생태과학에서 차용한 지속가능성 개념이다(7장 참조).

열병합과 페어분트는 비용 효율성을 높이기 위해 규모와 폭이 모두 커야 한다. 더 작고 더 전문화된 화학공장은 일반적으로 너무 적은 양으로 부산물을 생산하므로 경제적으로 판매하거나 더 정제할 수 없기 때문에 일반적으로 연료로 연소되거나 버려진다. 그러나, 서로의 부산물을 공급할 수 있는 여러 개의 대형 생산시설을 통합함으로써, 부산물의 양이 저장과 추가 가공의 정당성을 입증하기에 충분할 정도로 커서, 이후 제조 단계의 비용을 절감하고, 부산물 처리 비용을 절감한다. 그러나 가장 효율적인 시스템조차도 여전히 제조

---

[41] 한 공정에서 생산한 제품과 남은 원자재가 다음 공정 원자재로 사용되도록 하는 바스프 특유의 생산 네트워크에서 비롯된 용어로, 효율적이고 통합된 프로세스

공정을 추진하기 위해 에너지가 필요하며, 이는 이러한 에너지원의 탄소 강도를 최소화하는 문제를 제기한다.

풍력이 답이다 (그리고 태양광이다) The Answer Is Blowing in the Wind (and Shining in the Sky)

2016년부터 멕시코 중부 고온건조한 평원을 휩쓴 바람은 제너럴 모터스(GM)가 자동차를 만드는 데 도움을 주고 있다. 이 회사는 Enel Green Power와 GM의 멕시코 공장 4곳을 공급하기 위해 34메가와트 풍력 발전소를 건설하기로 계약을 맺었다. 이 새로운 풍력 발전소는 회사의 북미 전력 수요의 약 3%를 차지하고 있으며 GM의 탄소 배출량을 연간 4만 톤 가까이 감소시킨다.

"멕시코의 전통적 전력 가격이 미국보다 약 3분의 1 더 비싸기 때문에 좋은 사업 사례도 있다."고 GM의 재생 에너지 글로벌 매니저인 롭 트렐켈트(Rob Threlkeld)는 말했다. GM은 환경적 혜택 외에도 멕시코의 전기요금보다 연간 약 200만 달러를 절약하게 된다. "우리 공장을 가동하기 위해 더 많은 재생 에너지를 사용하는 것은 우리가 비용을 절감하고, 위험을 최소화하며, 더 적은 탄소 발자국을 남길 수 있도록 도와준다."라고 GM 글로벌 제조담당 부사장 짐 델루카(Jim DeLuca)는 말했다.

다시 말하지만, 그러한 감소는 사소한 것이지만(차량 제조와 조립은 차량의 에너지 사용과 탄소 배출의 총 수명주기 값의 4%에 불과하다), 그것은 자동차 제조업체가 시험하고 있는 많은 잠재적 재생 에너지 기술들 중 하나의 노력일 뿐이다. 예를 들어, GM 오하이오 공장 중 두 개에는 멀티 메가와트 옥상 태양열 집열판 집합체가 있다. "태양광에 이상적 위치를 생각할 때 중서부 지역을 자주 생각하지는 않지만, 비용을 절감하고 전력요금을 증가시킴으로써 Lordstown이나 Toledo 같은 장소가 만들어져서 GM의 태양열 발전 사용을 확대하게 되었다." 라고 Threlkeld가 말했다. GM은 전체 에너지의 12%를 재생에너지에서 얻을 수 있을 것으로 기대하고 있다. 전체적으로

GM은 2010년부터 2015년 사이에 탄소 집약도[42]가 14% 감소했다고 주장했다. 그럼에도 불구하고 일부 기업들은 100% 재생 에너지를 목표로 하고 있다.

Apple은 한 종류의 평판 제품(flat-panel product)에 전력을 공급하기 위해 다른 종류의 평판 제품을 사용한다. 한편 애플은 아이폰, 아이패드, 아이맥 등을 위해 매년 수억 개의 발광 다이오드(led) 디스플레이 패널을 구입한다. 반면 2015년에는 First Solar의 "California Flats Solar Project"로 빛을 흡수하는 태양전지판에 8억4800만달러를 투자하겠다고 공약했다. 이 약속은 애플이 캘리포니아와 애리조나주 태양열 시설에 투자한 30억 달러 중 일부다. 이 태양열 패널은 애플 사용자들의 디스플레이 패널을 앱, 지도, 비디오, 메시지 및 기타 데이터로 채우는데 사용하는 에너지 소비 데이터 센터에 전력을 공급할 것이다.

애플은 자체 사업에서 100% 재생 에너지에 도달하려는 의도로 매우 적극적으로 재생 에너지를 추구해 왔다. 2010년 애플은 기업, 소매, 데이터센터 설비의 16%를 재생 에너지로부터 공급받았다. GM과 마찬가지로 애플은 태양열, 풍력, 마이크로 하이드로, 바이오가스 연료 전지, 지열원을 포함한 다양한 재생 에너지들을 개발했다. 불과 4년 후, 애플사의 전세계 사업에서 재생 에너지 사용 비율은 87%로 증가했다.

심지어 그린피스는 애플의 100% 청정에너지 사용을 향한 진전을 인정하기도 했다. NGO는 에너지 투명성, 에너지 공약 및 부지 정책, 에너지 효율 및 완화, 재생 에너지 배치와 옹호 등 그린피스 스코어카드의 4가지 차원에 대해 애플사에 A 등급을 매겼다. 게리 쿡(Gary Cook) 그린피스 정보기술(IT) 수석 애널리스트는 "100%의 재생가능 전력을 갖췄다고 말하는 것도 중요하지만 애플이 지난 2년 동안 보여준 놀라운 속도와 무결성으로 그 약속을 이행하는 것은 상당히

---

[42] 소비한 에너지에서 발생된 CO_2 량을 총에너지 소비량으로 나눈 값으로 TC/TOE 로 표기. 탄소집약도가 높다는 것은 석탄 등 탄소함유량이 높은 에너지 사용비율이 높다는 의미임

다른 일"이라고 말했다.

쓰레기에서 컨버터블 스포츠카까지 *From Rubbish to Roadsters*

쓰레기 매립장이나 하수처리장에서 나는 썩는 냄새도 바이오 연료를 사용함으로써 탄소집약도를 줄일 수 있는 기회의 냄새가 될 수 있다. 많은 회사들은 바이오매스 폐기물(예: 음식물 쓰레기, 농업 폐기물, 종이, 목재 폐기물)을 메탄으로 전환하여 연료로 사용한다. 사우스캐롤라이나 주 스파르탄부르크에 있는 BMW USA는 자동차 생산 과정에서 바이오매스 폐기물을 크게 배출하지는 않지만 자동차 공장은 대형 시립 쓰레기 매립장 근처에 위치해 있다. 부패 쓰레기는 메탄과 다른 다양한 악취 가스들을 배출한다. 1999년, BMW는 이 공장에서 에너지 집약적인 운영을 위해 이 가스를 수확하기로 결정했다. 공장 내 단일 최대 에너지 사용자인 BMW의 도장공장은 스프레이 부스 공기 가열용 천연가스, 페인트 경화 오븐, 재생열 산화제(페인트 연기를 연소시키는 오염방지 장치) 및 에너지 센터 보일러를 태운다.

그 프로젝트는 몇 가지 자본 설비 투자와 수정이 필요했다. 먼저 이 자동차 회사는 매립지에서 공장까지 9.5마일 길이의 12인치 파이프라인을 건설했다. 이 파이프는 쓰레기 매립지의 쓰레기가 점차 부패함에따라 발생하는 가스를 공급한다. 매립가스(LFG)는 순수한 메탄이 아니기 때문에 화석연료 천연가스보다 발열량이 낮다. 필요한 양의 에너지를 전달하는 데 필요한 더 많은 양의 가스를 수용하기 위해, 프로젝트는 더 큰 파이프, 노즐 믹서, 점화 튜브 및 송풍기 등과 같은 공장의 많은 시스템에 대한 변경을 요구하였다. BMW는 LFG와 일반 천연가스를 필요에 따라 쉽게 전환할 수 있는 제어장치도 추가했다.

2006년 현재 BMW Spartanburg는 LFG로부터 에너지의 63%를 얻어냈다. BMW는 당초 예상 절감액으로부터 3년 이내 투자회수가 가능하다는 계산에 근거하여 이 프로젝트를 정당화했다. 실제 절감액은 당초 예상치를 초과했다. 이 프로젝트는 또한 BMW의 탄소 배출량을 연간 1만7천톤으로 감소시킨다. 미국 환경보호국은 2013년 BMW에게 Green Power Leadership Award을 수여했다. BMW에게 메탄은 해결책이었지만 다른 회사들에게는 메탄이 문제가 될 수 있다.

발굽 자국의 탄소발자국 The Footprints of Hoof Prints

유기농 요구르트 제조회사인 Stonyfield Farm이 1990년대 첫 LCA를 했을 때 연료 연소 트럭과 전력 소모가 많은 공장이 이 회사의 탄소 발자국의 가장 큰 원천이 아니라는 사실을 알고 충격을 받았다. 오히려 스토니필드를 위해 풀과 유기농 곡물을 건강한 우유로 만드는 사랑받는 소들은 방대한 장으로부터 각각의 미생물 소화 부산물로 메탄을 배출한다. 메탄은 강력한 온실가스로 CO_2의 30배에 달하는 장기 열포획 능력을 가지고 있다. 보통의 소는 대개 패밀리 카의 발자국과 맞먹는 충분한 양의 메탄을 배출한다.

많은 우유 생산자들은 이 중요한 핫스팟을 알고 있으며, 일부는 그것을 완화시키기 위한 조치를 취하고 있다. 예를 들어, Aurora Organic Dairy는 가축 사료를 기르기 위해 토지를 확보하기 시작했다. 이를 통해 사료의 종류와 품질을 관리하여 유기적 기준을 유지하고 비용을 관리할 수 있게 되었다. 이 사료는 소의 장내 배출량에 직접적인 영향을 미친다. 이 배출물은 회사 온실가스 배출량의 78%를 차지한다. 오로라는 제3자를 대체하는 우유 가공 능력도 획득했다. 유제품의 탄소 발자국을 줄이는 것 외에도, 공급망에 걸친 제어로 회사는 "가장 뛰어난 추적가능성, 가장 일관된 표준 및 사용 가능한 최고 품질"을 얻을 수 있다.

냉방 가스의 온실 효과를 감소시키기 Reducing the Hothouse Effects of Chilling Gases

더운 여름날에 우유와 다른 음식을 차갑게 유지하는 것은 소비되는 에너지 이상의 숨겨진 환경적 영향을 미친다. 아이러니하게도 냉장고가 오싹한 묘기를 펼칠 수 있는 가장 인기 있고 "안전한" 기체들은 환경적으로 문제가 있다. 20세기 대부분 동안, 냉매 시스템은 클로로플루오로카본(CFCs)에 의존했다. 왜냐하면 이 가스들은 에너지 효율적이고, 불연성이었으며, 암모니아와 같은 이전의 냉장고에 비해 독성이 훨씬 낮았기 때문이다.

문제는 CFC 냉매가 설치, 유지보수, 수리, 폐기, 심지어 작동 중에도 장비의 불완전한 밀폐로 인해 불가피하게 대기 중으로 누출될 때 발생한다. 냉각과 다른 많은 소비자, 상업적, 산업적 용도로 가치를 인정받게 하는 CFC의 불활성성은 100년 이상 대기 중에 있을 수 있다는 것을 의미한다. CFCs는 대기권 높이에서 서서히 분해되면서, 지구 표면을 자외선을 손상시키는 오존층을 공격하는 염소를 방출한다.

20세기 후반에, 환경론자들과 당시 정부들은 CFC를 포함한 염소와 브롬화 탄화수소가 지구 대기의 오존층을 파괴하고 있다는 것을 인정했다. 현재까지 가장 성공적인 환경 조약으로 여겨지는 1989년 UN이 중재한 몬트리올 의정서는 CFC를 포함한 광범위한 오존 파괴 물질에 대한 전 세계적인 규제를 요구했다. 전 세계 정부는 CFC의 제조와 CFC에 의존하는 장비의 사용을 꾸준히 단계적으로 폐지하는 규정을 제정했다. 이에 대해 많은 기업들은 오존층 파괴를 하지 않으면서도 화학적으로는 유사하다는 이유로 수소화불화탄소(HFC)에 의존했다.

불행하게도, CFCs와 심지어 HFCs는 또 다른 환경 문제를 야기시킨다; 1톤의 HFCs는 1만 4천 톤의 CO_2에 영향을 미칠 수 있다. 비록 HFC가 오존층에 더 좋지만, 그것들은 강력한 온실 가스다. 따라서, 운동가들은 HFC의 단계적 폐지를 요구하기 시작했다.

2000년 그린피스는 코카콜라가 자판기와 소매 냉장고에 HFC를 사용한 것을 놓고 목표로 삼았다. 코카콜라의 탄소 발자국의 40%를 냉장고가 차지하였다. 그린피스는 녹는 빙산에 떠 있는 곰을 보여줌으로써 코카콜라의 상징적인 북극곰 광고를 패러디 했고, 코카콜라의 독특한 필기체를 사용하여 "기후를 즐기라"고 썼다. NGO는 특히 친환경 올림픽이라고 일컬어졌던 2000년 시드니 올림픽에 대한 코카콜라의 후원을 목표로 삼았다.

코카콜라는 다른 기술들을 테스트하기 시작했고 2002년에 첫 번째 HFC 없는 기계를 출시했지만 그것의 해결책은 언뜻 보기에 직관에 어긋나는 것처럼 보였다. 코카콜라는 실제로 이산화탄소를 냉매로 선택했다. "우리는 불을 이용한 화재 진압에 대해 이야기합니다,"라고 코카콜라의 에너지, 기후변화 대응 책임자인 브라이언 제이콥 (Bryan Jacob)은 말했다. "제대로 적용한다면 CO_2는 기후 변화의 해결책이 될 수 있다."라고 그는 덧붙였다. 이산화탄소는 불연성이고, 비교적 비독성이며, 비교적 저렴하고, 쉽게 구할 수 있으며, 직접 배출의 99%를 제거하는 자연적인 대안이다. 코카콜라는 대기 중으로 배출되었을 이산화탄소를 사용하여 냉각 시스템에 남아 있는 기간 동안 온실 가스를 분리한다. 실제로 HFCs의 증가하는 위협을 열거한 문서에서 그린피스 자체는 HFCs에 대한 자연 대체로서 CO_2를 사용할 것을 권고하고 있다.

2014년까지 코카콜라는 전 세계에 100만대의 HFC미사용 장치를 무상으로 설치했으며 유럽과 일본은 설치 시장의 선두주자가 되었다. 제프 시브라이트(Jeff Seabright) 코카콜라 환경 및 물 담당 임원은 "지난 10년 동안 우리는 냉각기를 환경에 더 좋게 만들기 위해 1억 달러 이상을 투자했다."고 말했다. 그는 "지속 가능한 냉장고를 기후 보호와 에너지 관리 노력의 초석으로 삼았다."고 덧붙였다. 여전히, 코카콜라와 보틀링 파트너들은 전세계에 대략 천만대의 HFC 냉각기와 자동판매기를 가지고 있었다. 2016년 10월 15일 르완다의 수도 키갈리에서 약 200개국이 만나 HFC의 사용을 줄이기 위한 몬트리올 의정서 개정을 준비했다.

줄일 수 없다면 상쇄시켜라 If You Can't Reduce 'Em, Offset 'Em

어떤 영향은 거의 피할 수 없다. 이륙하는 동안 에어버스 A380은 매초 3갤런(3.79리터)의 제트 연료를 소비하며 859,000파운드 무게의 제트 항공기를 하늘로 날려보낸다. 비록 항공사들이 새로운 항공기, 더 나은 엔진, 그리고 운영상의 개선을 통해 비행 연료 효율을 향상시키고 있지만, 이러한 개선은 기껏해야 미미한 수준이다. 기체와 엔진 설계에 대한 공학적인 한계 뿐만 아니라 기류 물리학도 항공기 연료 소비의 더 큰 감소를 방해한다.

더 나은 기술이나 경영으로 자체적인 온실가스 배출량을 제거할 수 없는 경우, 제3자에 비용을 지불하는 "카본 오프셋(Carbon offset, 탄소배출량 상쇄제도)"을 구입해 배출량을 "아웃소싱"해 배출량을 상쇄할 수 있다. 카본 오프셋 인증기관들은 아프리카에 나무를 심거나 브라질에 수력 발전 프로젝트를 후원하는 등 탄소를 흡수하거나 감소시키는 전 세계 프로젝트에 자금을 대는 데 기업들에게서 모은 돈을 쓴다. 이 프로젝트를 통한 탄소배출 감소는 지불기관으로 이전되고 자기네 배출을 상쇄할 수 있다고 주장된다.

카본 오프셋은 소위 청정 개발 메커니즘을 통해 기후 변화에 관한 1997년 교토의정서의 필수적인 부분이 되었다. 정부 규제나 공공 공약이 탄소배출 감소를 요구하지만 기술적 또는 경제적 장애가 직접적인 준수를 방해할 경우, 카본 오프셋은 기업에게 준수할 수 있는 실행 가능한 방법을 제공한다. 오프셋을 사용하는 것의 순효과는 기업이 직접 그것을 하는 데 필요한 것보다 더 싼 비용으로 지구의 대기에 추가된 총 탄소가 감소하는 점이다. 탄소 배출량은 비용 압력과 환경 압력 간의 균형을 유지하는데 도움이 된다. 공정, 기계, 또는 재료의 변경에 의해 회사가 자체의 탄소 발자국을 줄이는 것이 너무 비싸다면, 회사는 사실상 제3자에게 다른 곳에서 더 낮은 비용으로 그에 상응하는 탄소 발자국 감소를 달성하도록 지불한다. 일부 회사들은 그들의 "친환경" 고객 부문에 대한 서비스로서 그들의 고객들에게 오프셋을 제공한다. 예를 들어 글로벌 물류기업 UPS는 "탄소 중립" 배송을 제공한다. 회사는 각 배송의 탄소 영향을 추산하고 소비자들에게 카본 오프셋 수수료를 지불할 수 있는 선택권을 준다. 이 카본 오프셋을 판매하는 회사는 그 수입을 산림개간, 폐수처리 등과 같은 탄소감소 프로젝트에 지불하기 위해 사용한다. 비슷하게, 루프트한자, 에어프랑스, 유나이티드 항공과 같은 항공사들은, 무엇보다도, 승객들이 카본 오프셋을 구매할 수 있도록 한다. 비록 잘 의도된, 탄소 배출권과 오프셋은 오염 원인자들이 실제로 이루지 못하고, 지속 가능성의 외관을 구매할 수 있다는 비난을 받아왔다. 남의 집을 청소하는 데 돈을 지불하는 것은 자기 집을 청소하는 것과 같지 않다는 것은 비평가들의 주문이다. 에코 여행 회사인 Responsible Travel 사는 2002년부터 고객을 위한 상계 패키지를 제공하기 시작했다. 회사측은 2009년 이 프로그램을 취소했는데, 이는 고객이 전용기를 띄우거나 헬리콥터 투어를 하는 등 본질적으로 파괴적인 활동을 하는 동안 고객들에게 선의를 느끼게 할 수 있기 때문이라고 말했다. 저스틴 프랜시스(Justin Francis) 공동창업자겸 대표이사는 뉴욕 타임스와의 인터뷰에서 " 해당 프로그램은 '걱정하지 마, 배출량을 상쇄할 수 있어'라는 메시지였다."고 말했다. "하지만 정말로 공중에서 시드니를 볼 필요는 없잖아? 그리고, 당신은 상업용 여객기를 타고 여행할 수 있으니깐."

불완전함에도 불구하고, 탄소 상쇄 자금지원 프로젝트들은 긍정적인 효과를 가져올 수 있다. 영국 NGO Climatecare.org에 따르면, 영국의 보험회사인 Aviva Plc는 탄소 배출량을 상쇄하고, 음식을 조리하거나 물을 청소하면서 연료를 덜 태울 수 있는 기술을 제공함으로써 케냐와 인도의 20만 명의 삶을 개선했다고 한다. 미국 NGO Conservation International에 따르면, 탄소 배출로 자금을 지원하는 나무 심기 프로젝트는 탄소 감축을 넘어서는 일련의 긍정적인 효과를 가지고 있다고 한다. "물 공급의 유지와 규제, 토양 침식 방지, 벌 등 곤충보호, 중요한 비목재 임산물 제공 등이 여기에 포함된다."

졸졸 흐르는 냇가를 위한 목소리 A VOICE FOR THE BABBLING BROOK

수정처럼 맑은 물보다 더 보편적인 천연자원이 될 수 있는 것은 무엇인가? 하늘에서 자연적으로 떨어져 땅 위에 웅덩이가 쌓이고, 대수층 깊숙이 축적되며, 바다로 가는 도중에 끊임없이 강으로 흘러가 거기서 기화하여 그 주기를 새롭게 시작한다. 물이 풍부해 보이지만, 그것은 보이는 것보다 많이 부족하다. 지구 표면의 71%가 물로 덮여 있지만, 그 중 97.5%는 부식성 소금물로 식수, 농업, 또는 대부분의 산업 공정에 사용할 수 없다. 게다가, 남아있는 신선한 물의 3분의 2 이상이 빙하, 빙하, 영구 동토층에 갇혀 있다." 세계보건기구(WHO) 2016 보고서에 따르면 2015년 6억6300만 명이 안전한 식수에 접근하지 못해 매년 50만 명이 오염된 식수를 소비해 숨지는 것으로 나타났다.

물의 역설은 두 가지 의미에서 모두 값을 매길 수 없다는 점이다. 즉, 생명체에게 필수적이면서도, 많은 장소에 있는 사용자들이 합법적으로 호수, 강, 대수층에서 무제한의 물을 퍼 올리거나 다른 곳으로 돌릴 수 있다는 점에서 종종 비싼 자원으로 간주된다. Global Water Intelligence 발행인인 Christopher Gasson에 따르면, "예전에는, 물은 무료 원자재로 취급되었다." 하지만 이는 변하고 있다.

제프 시브라이트(Jeff Seabright) 코카콜라 환경 및 수자원 담당 부사장은 "청정에너지가 BP에 있듯이 물은 코카콜라에게 있다. 우리가 이 문제를 다루지 못하면 그 문제가 우리를 좌지우지 할 것이다"고 말했다. Gasson은 "세계적으로 물의 한계비용은 증가하고 있다. 이제 기업들은 이것이 그들의 브랜드, 신뢰도, 신용등급, 그리고 보험비용을 손상시킬 수 있다는 것을 깨닫고 있다. 그것은 발전기나 석유화학 회사 만큼 컴퓨터 칩 메이커와 식품 회사에도 적용된다.

수자원 책임이 존재하는 곳 The Locality of Liquid Liabilities

발생 장소에 관계없이 전 지구적인 영향을 미치는 온실가스 배출과 달리, 물 부족(또는 풍부함)은 지역적 이슈다 (지역마다 심각 수준이 다르다). 예를 들어, 브라질은 세계에서 가장 큰 열대우림과 강인 아마존의 본거지로서 "물의 사우디 아라비아"로 불렸다. 마찬가지로, 대규모 물 공급에서 남쪽으로 1,000km 떨어진 곳에, 상파울루 대도시 지역의 2천만 명 그리고 브라질의 산업 생산의 40%가 심각한 물 부족에 직면해 있다. 마찬가지로 인도에서도 물은 세계 인구의 20%를 차지하는 인도인들이 총 재생 가능한 담수 자원의 4%밖에 가지고 있지 않기 때문에 오랫동안 "성패를 좌우하는" 사회적, 경제적, 정치적 이슈였다. 고온건조한 지역의 농장과 사람들은 서늘한 지역보다 더 많은 물을 필요로 한다.

물을 줄이는 많은 방법 The Many Ways of Reducing Water

코카콜라, AB인베브, 네슬레 등 많은 기업이 "사용 용수" 대 "생산품"의 비율인 수효율(water efficiency)을 측정하고 관리한다. 코카콜라와 같은 회사가 병에 든 음료를 만든다는 점을 감안하면, 생산한 음료 1리터 당 1리터 이하의 물을 절대 사용할 수 없기 때문에, 생산 과정과 시설 내에서 다른 물 소비 분야를 살펴본다. 시럽과 음료를 병에 담는 공장의 물 발자국을 줄이는 것이 그 전략의 핵심 부분이다. 예를 들어, 회사는 병과 공장에 대한 청소 프로세스에서 상당한 효율성 개선 기회를 발견하였다. 물을 적게 들이고 병을 닦는 스프레이 노즐 디자인을 새롭게 개발했다. 이 회사는 또한 첨단 핸드 드라이어에 사용되는 것과 마찬가지로 공기분사를 사용하여 병 속의 더럽고 비눗물을 제거하기 위해 공기세정 시스템을 시행했다.

마찬가지로, 수효율은 AB InBev의 물 관리 노력의 초점이다. 2002년에는 음료 1리터당 6.48리터의 물이 필요했다. 그 후, 폐수증기 응축, 공장 청소 및 기타 비 제품 사용에 처리된 폐수를 재사용하는 등, 양조장에서의 다양한 물 절약 실행 계획을 실시했다. 2014년 말까지 AB InBev는 1리터당 3.2리터의 비율을 달성했는데, 이는 회사가 주어진 양의 물에서 2배의 맥주를 생산할 수 있다는 것을 의미한다.

피터 브라벡 네슬레 회장은 파이낸셜타임스와의 인터뷰에서 "오일이 바닥나기 훨씬 전에 물이 바닥날 것"이라고 말했다. 네슬레 공장 중 38%가 물부족지역에 위치하고 있어 2013년 8월 현재 500개에 가까운 물절약 프로젝트를 추진하게 됐다. 이러한 실행계획은 2010년 1톤당 3.29m^{3}에서 2012년까지 2.89m^{3}로 회사 전체의 물 소비량을 10% 줄였다. 이러한 노력의 대부분은 심각한 물 스트레스를 받거나 네슬레 물 취수 상당 부분을 차지하는 31개의 높은 우선순위 제조 시설에 초점을 맞추었다.

수압을 증발시키는 우유 짜기 Milking Milk to Evaporate Water Stress

에너지와 달리 물은 종종 산업 공정에서 소비되기 보다는 차용된다. 예를 들어, 멕시코에서 네슬레는 증발된 우유와 다른 유제품을 만들기 위해 새로운 "Cero Agua"(제로 워터) 공장을 세웠다. 공장은 평균 88%의 물로 이루어진 젖소 우유로 시작한다. 그 공장은 증발한 우유에서 나오는 증기를 응축하고 그 물을 회수함으로써 하루에 160만리터의 물을 확보할 수 있다. 그 후 회수된 물은 두 번 사용된다. 첫째, 그것은 증발기를 청소하는 데 사용된다. 그런 다음, 공장에서 다른 청소 활동과 바닥에 물을 주기 위해 두 번째로 수집, 정제, 재활용한다. 이 물 회수 및 재활용 과정은 그 지역의 희박한 지하수를 두드릴 필요성을 없애 준다. 또한 물은 소모품보다는 여러 번 활용하는 자산이 될 수 있음을 보여준다.

마찬가지로, 물부족(water-stressed) 국가인 스페인에 있는 네슬레 La Penilla 캔디 공장도 대량으로 물사용이 필요한 곳이다. 이 공장은 1톤당 72세제곱미터(또는 72미터톤)의 물을 사용했는데, 이는 회사 전체의 평균보다 20배가 넘는 물 소비량이다. 이 회사는 물을 재활용하는 냉각탑 3개가 새로 설치된 폐쇄 루프 냉장 시스템을 설치하는 등 여러 프로젝트에 100만 유로를 투자했다. 이 회사는 또한 필요한 장비 진공을 더 잘 달성하기 위해 우유 증발기로 흐르는 물의 조절을 개선했다. 마지막으로, 훈련도 도움이 되었다. 이베리아 지역의 라몬 몽세라트(Ramon Montserrat) 엔지니어링·포장 서비스 책임자는 "처음에는 특정 방식으로 일하는데 익숙한 사업자의 습관을 바꾸는 것이 어려웠다."고 설명했다. 이 공장은 신기술과 공정 개선, 직원 재교육의 결과 에너지 효율이나 온실가스 배출량에 영향을 주지 않고 물 소비량을 60%나 줄였다.

코카콜라는 또한 세척수의 재사용을 통해 물 사용을 줄였다. 예를 들어, 세척수는 상자와 바닥을 청소하는데 사용될 수 있다. 회수된 세척수는 맴브레인 생물반응기 내 생물학적 처리, 초정밀화, 역삼투, 오존처리, 자외선 소독 등 기존 기술을 이용해 세심하게 처리한다. 그 밖의 물 절감 조치로는 수냉 시스템의 개선, 누수 시 신속한 수리, 습윤 윤활유 교체 등이 포함되었다.

품질 및 수량에 관하여 Of Quality and Quantity

유입수(incoming water) 수질도 일부 공정의 수효율에 영향을 미친다. 위스콘신 주 리틀 추트에 있는 네슬레 USA 피자 사업부 공장에서는 시의 급수가 경수(hard)였고 알칼리성이었다. 회사는 에너지 효율이 떨어지는 광물 퇴적물이 쌓이지 않도록 냉각 시스템을 통해 많은 양의 물을 흘려보내야 했다. 이 문제를 해결하기 위해, 2012년 네슬레는 4개의 주요 암모니아 냉동 콘덴서에 대한 물 전처리 시스템과 새로운 제어 시스템에 투자했다. 네슬레에 따르면, 이 시스템은 연간 740만 갤런의 물을 절약하고 하수구 배출을 줄인다. 알고 보니 위스콘신 주의 낮은 시 용수 비용때문에 이 노력으로 용수구입비용과 배출비용을 겨우 5만 달러 절감된 것으로 나타났다.

피자 사업부 프로젝트는 같은 해 네슬레에서 진행한 489개의 물 절약 프로젝트 중 하나에 불과했지만, 총 17억 갤런의 물을 절약하고 그 해 네슬레 전체 물 취수를 4.5% 줄이는 데 기여했다. 네슬레 피자 부서 유틸리티 담당자 Louis Miller는 "네슬레에서 지속가능한 목표 중 하나는 운영 전반에 걸쳐 지속적으로 수질을 개선하고 물 취수를 줄이는 것"이라고 말했다. 이러한 절수 실행계획은 회사가 브랜드와 회사의 사회적 면허 리스크를 관리하는 데 도움이 된다.

양조장에서 일어나는 일은 거기에만 머물지 않는다. What Happens In the Brewery Doesn't Stay In the Brewery

AB InBev의 자체 물 효율성 개선은 맥주의 수명 주기 물 발자국 중 가장 큰 핫스팟을 다루지 않는다. 양조장에서 맥주 1리터당 소비되는 물 3.2리터 외에 재배되는 보리는 맥주 1리터당 평균 298리터의 물을 소비한다. 이 물의 85%가 녹색수[43]임에도 불구하고, 이 회

---

[43] 농산물, 원예와 관련이 있는 물로서 토양의 뿌리 영역에 저장되고 증발, 발생 또는 식물에 의해 통합되는 강수량으로 인한 물

사는 물 사용량을 개선하기 위해 농부들과 협력하고 있다(5장 참조). 동시에, AB InBev는 맥주 1리터 당 농업용수 소비량에 간접적으로, 그러나 상당한 영향을 미치는 사내 생산 효율성에 대해 연구한다. 이 회사는 양조 공정 후 남은 발효 당분의 비율인 소위 추출 손실을 줄이기 위해 노력하고 있다.

추출 손실은 양조업자가 일정량의 맥주를 생산하기 위해 더 많은 물발자국(high-water-footprint)의 곡물을 구입해야 한다는 것을 의미한다. 2002년 인베브의 추출물 손실은 8%에 가까웠는데, 이는 이론적 양조 효율 한계보다 8% 더 많은 곡물을 사들여야 한다는 뜻이다. 회사는 130개 AB InBev 사업장에서 수백 개의 다른 주요 성과 지표와 함께 추출 손실을 벤치마킹했으며, 선도적 위치의 모범 사례를 사용하여 성능 목표와 뒤쳐진 지역들에 대한 개선 사항을 설정했다. 2013년까지 이 회사는 이러한 손실을 3%로 줄였는데, 이는 맥주 1리터당 15리터의 물 사용량 절감을 의미한다. 이 예는 공급망의 한 부분(예: 보리를 재배하기 위해 소비되는 관개수)의 핫스팟이 공급망의 다른 부분(예: 공급된 보리의 제품 수율을 개선하는 맥주)에서 강화될 수 있음을 보여준다.

제조 비효율성은 폐수 독성을 의미한다 Manufacturing Inefficiency Means Wastewater Toxicity

AB InBev 추출물 손실은 인베브의 물 발자국 중 9%에 불과했음에도 불구하고 회색수[44] 배출량에 또 다른 중요한 영향을 미쳤다. 추출 손실은 양조장의 폐수에 남아있는 당분이 더 많이 함유되어 있다는 것을 의미하며, 이것은 폐수를 더욱 환경적인 위협으로 만든다. 방류된 폐수의 당분은 처리식물에서 박테리아가 자라게 하고, 만약 이 폐기물이 강, 호수, 바다로 방출된다면, 성장 중인 박테리아는 물에서 산소를 빼내 잠재적으로 물고기와 여러 동물들을 죽게 한다. 추출물 손실을 8%에서 3%로 줄이면 이들 폐당류의 3분의 2가 제

---

[44] 수질기준을 충족하기 위해 오염물을 정화하는데 필요한 담수의 양. 중수도 라고도 함

거된다. 폐수에서 당분의 양을 더 줄이기 위해 AB InBev는 양조 공정에서 나오는 유출물을 두 가지 목적을 위해 생물 처리 시스템을 통해 처리한다. 첫째, 물에서 이러한 불순물을 제거하여 회사의 폐수가 수질 기준에 부합하도록 함으로써 폐수와 관련된 위험과 비용을 줄인다. 둘째, 바이오 처리 시스템은 이 장의 앞부분 BMW 사례에서 설명한 것처럼 연료 운용을 돕는 바이오가스를 생산하여 에너지 비용과 음료 제조 업체의 탄소 발자국을 모두 줄인다.

모두에게 음료 한 잔씩 돌리기 *A Round of Drinks on the House*

2015년 5월 오클라호마와 텍사스에 집중호우가 쏟아지면서 5년 만의 가뭄이 반전됐지만, 흙탕물이 도시 상수도 체계를 훼손하고 일부 지역사회에 식수 부족을 초래했다. 이에 대해 AB인베브 자회사인 안호이저 부시(Anheuser-Busch)는 미국 적십자사에 제공한 식수 5만 캔을 생산하기 위해 조지아 주의 Cartersville 양조장에서 맥주 생산을 중단했다. "1년에 몇 차례씩 비상구호용수 캔을 생산하는 카터스빌 양조장의 롭 하스(Rob Haas) 매니저는 "우리가 적시에 할 수 있는 매우 독보적인 위치에 있다."라고 말했다. 그 회사는 허리케인 카트리나, 샌디, 하비 이후에 같은 일을 했다. 피터 크래머(Peter Kraemer) 구매 담당 임원은 "구제 인력과 현지 주민들은 안전하고 깨끗한 식수를 필요로 하고 있고, 안호이저부시는 비상 식수를 대량 생산해 출하하는 독특한 위치에 있다."고 말했다. 그는 "우리 지역 배급업자들은 가장 어려운 지역사회를 식별하고 미국 적십자사와 같은 구호 단체와 협력하여 물이 필요한 곳에 도달하도록 돕는다."고 덧붙였다. 이 5만개 규모 캔 운영은 2012년 허리케인 샌디를 위해 Anheuser - Busch가 생산한 식수 캔 100만 개 중 극히 일부에 불과했고, 2005년 허리케인 카트리나와 리타가 걸프 해안을 황폐화 시켰을 때 이 회사가 구호기관에 기증한 940만 개의 캔 중 극히 일부였다. 1988년부터 안호이저부시는 각종 자연재해에 대응해 7천3백만 캔 이상의 신선한 식수를 포장해 기증했다고 보고했다." 이러한 자선행위는 환경적 지속 가능성보다 사회적 책임을 더 잘 보여주는 사례지만,

이는 회사가 지역 자원, 특히 물에 대한 접근을 유지할 수 있도록 보장하는 Anheuser-Busch의 광범위한 기업 책임 전략의 일부분이다. Anheuser-Busch와 그 모기업인 AB InBev는 매년 390억 갤런 이상의 물을 소비하고 있으며, 이로 인해 회사는 지역사회와 정부의 협력에 크게 의존하고 있다. 그러므로 양조업자의 중요성 평가에서 물 관리 업무는 주요 항목이다.

마찬가지로 코카콜라의 물 관리 및 보충 노력에는 유역 보호, 사람들의 안전한 물 접근성 향상, 물 사용자 교육, 모든 사람의 물 효율 개선을 돕기 위한 382개 이상의 공동체 물 프로젝트가 포함되어 있다. 코카콜라의 물 접근은 지역사회의 물 접근에 달려있다. 코카콜라의 네빌 이스델 대표는 "보틀링 공장 주변의 지역사회가 번창하지 않고 지속 가능하지 않다면 우리의 사업은 미래에 지속 가능하지 않을 것"이라고 말했다. 2007년 코카콜라의 수자원 보존을 위한 전 세계적인 실행계획을 발표하면서 이 CEO는 "기본적으로 우리가 사용하는 모든 물방울을 자연으로 되돌리겠다는 공약"이라고 덧붙였다. 이 회사는 2015년에 물 중립[45]이라는 2020년 목표를 달성했다. 그러나 이 회사의 노력은 음료 제조, 병, 음식 서비스에서의 물 사용만을 포함한다. 그것들은 설탕과 같은 재료의 재배와 생산에까지 확장되지 않는다.

공짜 점심이란 없다 (대부분의 경우) No Free Lunch (Mostly)

중국의 31개 성시 중 11개는 세계은행의 물 부족의 정의를 충족한다. 이러한 부족에 대응하여 중국은 공랭식 발전소(air-cooled power plants)를 건설하기 시작했다. 2012년 말 현재 이들 공장은 중국 화력발전용량의 14%를 차지하고 있다. 그 해에, 같은 공장은 베이징의 연간 총 물 사용량의 약 60%에 해당하는 물 소비를 효과적으로 피했다. 불행히도 공랭식 설비는 수냉식 설비에 비해 열역학적 효율

---

[45] 제품생산과정에서 소비한 물의 양만큼을 자연에 돌려주어 결과적으로 물을 사용하지 않는 효과를 만드는 개념

이 낮고 수천만 톤의 CO_2를 더 배출한다.

마찬가지로 담수화(desalination, 바닷물의 염분 제거)는 물과 에너지 사이의 또 다른 직접적인 절충을 제공한다. 바닷물에 접근할 수 있는 장소는 에너지를 사용하여 신선한 물을 만들 수 있다. 전세계 담수화의 절반은 신선한 물이 부족하고 석유가 풍부한 페르시아만에서 일어난다. "담수화는 많은 전력을 필요로 한다. 우리는 이곳에서 생산되는 담수 100만 갤런(약 378만리터)당 약 4톤의 탄소가 배출되는 것으로 추정하고 있다." 라고 두바이 탄소 센터(Dubai Carbon Centre of Excellence) Ivano Iannelli 대표가 말했다. 런던 동부 Beckton의 담수화 공장은 담수화에 대한 높은 에너지 수요를 감안할 때 런던 식당들의 재활용된 지방과 기름을 포함한 바이오 디젤로 운영될 뿐만 아니라, 지속적인 운영이 아닌 비상 백업 시스템으로 운영되도록 설계되어 있다.

가장 성공적이고 에너지 효율적인 담수화 공장 중 일부는 이스라엘에 있다. 2005년부터 2016년까지 건설된 3개 공장은 이스라엘의 물 상황을 극심한 부족에서 메마른 중동지역의 잉여수로 반전시켰다. 이스라엘의 IDE 테크놀로지스사는 이전의 공장들보다 훨씬 적은 에너지를 필요로 하는 혁신적 새로운 공정을 이용, 세계에서 가장 큰 담수화 공장 중 일부를 건설했다. 2017년에는 미국 캘리포니아, 인도, 베네수엘라, 멕시코에 담수화 공장을 건설했다. IDE Technologies와 같은 기술 혁신은 환경 노력과 경제 개발에서 거의 논의되지 않는 측면을 지적한다. 탄소 포집, 인공 광합성, 태양지질 공학, 비용 효율적인 재생 에너지, 현대 원자력, 그리고 다른 진보와 같은 기술적 발전은 현재의 환경 계산법을 바꿀 수 있다. 13장에서는 인간의 소비와 환경 파괴를 연계하는 것으로 보이는 가정을 뒷받침하기 위한 기술혁신의 가능성에 대해 논한다.

담수화 플랜트는 더 높은 탄소 발자국과 낮은 물 발자국을 교환하는 반면, 몇 가지 상황에서는 이 두 발자국이 시너지적 관계를 맺을 수 있다. 예를 들어 세척 과정에서 세척수의 양을 줄이면 해당 물을 가열하는 데 사용되는 에너지 소비량도 줄어든다. AB InBev의 추출물 손실 및 기타 유사한 폐수처리 실행계획 사례는 또한 탄소와 물 영향 사이의 긍정적인 결합을 보여준다: 유출물을 바이오가스로 변환하면 회사의 회색 물 발자국과 탄소 발자국이 모두 완화된다.

해독하는 공장들 FACTORIES GO TO DETOX

내뿜는 매캐한 연기, 유출액으로 변색된 시냇물, 거품 투성이 강물, 그리고 죽은 물고기와 골격만 남은 나무의 냄새나는 풍경이 산업화된 지구의 환경보호주의자의 디스토피아(dystopia, 현대 사회의 부정적 측면이 극단화한 암울한 미래상)를 이루고 있다. 현실은 산업 폐기물의 거품이 이는 웅덩이에서 터져 나오는 돌연변이처럼 할리우드 진부한 이야기만큼 나쁘지는 않을지 모르지만 금속, 플라스틱, 의류, 그리고 종이를 만드는 데 사용되는 많은 산업 공정들은 유해 중금속 혼합물, 부식성 산, 발암성 용매, 독성 부산물을 포함한다. 많은 산업의 제조업자들은 독소를 줄이거나 없애기 위해 제조 자산이나 공정을 바꾸기 시작하고 있다. 그러나 이러한 변화는 전환 효율성, 비용, 제품 성능 및 고객 수용에 영향을 미칠 수 있다.

표백에 대한 무서운 이야기 The Frightening Story of Brightening

모든 사무실의 밝은 백지와 많은 제품의 소비재 소매 포장과 관련된 화이트 코팅된 카드 용지는 그 내부에 해로운 골격을 숨기고 있다. 천연 갈색 목재 펄프를 표백하는 데 자주 사용되는 화학 물질은 독성이 있다. 과거 종이 공장에서는 옅은 황록색 부식성 기체인 염소를 이용해 일반적으로 생나무 과육을 표백했다. 불행히도, 그 과정은 상당한 양의 다이옥신을 생산했다. 다이옥신은 현존하는 가장 독성이 강한 오염물질 중 하나이다. 종이 제조 슬러지, 폐수 유출물 및 종이 자체는 다이옥신과 AOX("나무 펄프에 있는 여러 다양한 유기 화합물의 잠재적인 독성 염화 부산물"의 광범위한 제품군) 모두를 포함할 수 있다. 다이옥신은 심지어 염소 표백된 종이 용기에 저장되어 있는 우유와 같은 식품에 침투할 수도 있다. 염화 AOX (흡수성 유기할로겐)는 1976년부터 유럽위원회의 독성 물질 목록(black list)에 올라 있다.

이론적으로, 제지회사들은 갈색 펄프 흰색을 표백하기 위해 광범위한 산화제를 사용할 수도 있고, 또는 고객들이 표백되지 않은 종이를 받아들이도록 설득할 수도 있다. 환경론자들은 다이옥신이나 AOX 부산물을 생성하지 않는 "완전히 염소 없는"(TCF) 용지를 만들기 위해 산소, 오존, 과산화수소를 사용하는 무표백지 또는 제조법 변경 등을 주장했다. 그러나 제지업을 염소가 없는 화학 공정으로 전환하려면 상당한 자본 지출, 가동정지 기간, 직원교육이 필요하다. 특히 유럽의 일부 제지회사들은 TCF 제지법을 사용하여 새로운 공장을 지었다. 예를 들어, 스웨덴의 선구적인 목재 펄프 제조업체인 Södra Cell은 Zero Chlorine Pulp를 개발하였고, 이 용지를 추가 비용을 지불할 의사가 있는 친환경 회사들에게 팔았다. 대부분의 제지업체들은 소위 "무염소(ECF)"라고 불리는 저비용 제조 공정을 채택했다. 이 과정은 이산화염소를 사용하는데, 이것은 실제로 더 강한 표백제다. ECF는 다이옥신을 "미검출" 수준으로 줄이고, 유출량에서 AOX를 80~90% 감소시킨다. ECF 종이의 낮은 비용과 뛰어난 밝기로 인해 2012년 현재 세계 종이 시장의 93%를 점유하게 되었다. 심지어 Södra는 ECF에 대한 시장의 수요가 그들이 새로운 공장에서 염소 이산화물 제조방법을 사용하게끔 동기를 부여했다고 언급했다. 그러나 그린피스와 CorpWatch는 ECF가 염소가 없는 것처럼 들리지만 그렇지 않기 때문에 경보를 울렸다. 그린피스는 낮은 AOX에 대한 데이터가 오해의 소지가 있다고 지적했다. 왜냐하면 그것은 주로 북유럽 국가에 위치한 가장 현대적인 소위 ECF 비중이 적은 공장(ECF-light plants)에서 선택적으로 채택되었기 때문이다. 도덕적인 것은, 기업 제조 공정의 부분적 개선은, 환경 성과 측면에서, 여전히 회사를 비판에 취약하게 만들 수 있다는 것이다.

많은 다른 산업에 종사하는 제조업체들은 제조 과정에서 유해 성분이나 부산물 같은 유사한 문제에 직면해 있다. 예를 들어 알루미늄을 만들거나 재처리, 사용하는 회사는 특별한 취급이나 폐기가 필요한 유독성 슬러지를 만드는 경우가 많다. 반도체 업체들은 불소함유 폐기물에 문제가 있는데, 이는 일본 Oki Electric Industry로 하여금 화학물질을 제거하기 위한 2단계 화학 응고 과정을 개발하도록 자극하게 되었다. 독성 오염의 상위 20개 원인으로는 광산과 살충제가 있는데, 이것은 금속이나 농산물에 의존하는 모든 회사의 공급망에 해로운 발자국을 남긴다. 독성 오염의 주요 원인으로는 무두질, 의복 염색 뿐만 아니라 의약품, 세정제, 부식 방지 코팅 제조도 포함된다.

낭비를 하지 않으면 부족을 못 느낀다 Waste Not, Want Not

앞 절에서 언급된 기업들은 제조 폐기물 흐름의 독성을 감소시켰지만, 다른 기업들은 애초에 폐기물 흐름의 총량(및 비용)을 줄이는 데 초점을 맞췄다. 이 회사들은 두 가지 주요 접근법을 활용했다: 낭비를 피하고 재활용 하는 것이다. 유니레버 Tony Dunnage는 "폐기물 처리장에서 얻을 수 있는 가장 큰 절약은 애초에 발생시키지 않는 것"이라며 "소비를 줄이면 효율이 높아진다."고 말했다. 우리가 더 효율적이 되면, 우리는 더 비용 효과적이 된다.

두 번째 전략은 회사 내부 또는 외부 계약업체를 통해 불가피한 폐기물을 재사용하거나 재활용한다. 일반적으로 각 폐자재, 부산물 또는 비규격 제품은 여러 가지 용도가 있을 수 있으며, 이로 인해 기업들은 생성되는 양을 처리할 수 있는 가장 높은 가치의 용도를 찾게 된다. 부분적으로, BASF의 다각적 전략은 판매 가능한 재료로의 추가 재처리를 정당화하기 위해 부산물 생산 규모의 충분한 경제를 창출함으로써 부산물 재사용 문제를 해결한다.

2007년 P&G는 비용 절감과 재사용, 재활용 및 에너지 낭비 발생 기회를 증가시키기 위해 전세계 현장의 폐기물 흐름을 관리하는 GARP(Global Asset Recovery Purchases) 그룹을 만들었다. 해결책이 나오기 시작했다. 여성위생용품을 만드는 P&G 부다페스트 공장은 잉여 재료를 시멘트 가마(cement kiln) 만드는데 팔기 시작했고, 질레트의 잉여 면도 폼 소재는 상업용 잔디 재배 기업에 팔렸으며, US

Pampers의 스크랩은 커버 충전재로, 멕시코의 화장지 슬러지는 저렴한 지붕 타일로 전환되었다. 폐기물 감소를 위한 노력으로 규격외 제품의 새로운 판매 기회가 발견되었다: 규격외 아기 물티슈는 수의사에게 동물 치료를 위해 팔리고 규격외 세제는 세차장에 팔린다. P&G의 글로벌 제품 지속가능성 공급 선두주자 James McCall에 따르면, GARP 프로그램(2007년~2012년)의 첫 5년 동안 P&G는 추가로 10억 달러를 더 벌어들였다.

잉여식품이나 폐식품은 훨씬 더 많은 도전과 기회를 제공한다. Marks & Spencer는 유통기간이 짧은 제품을 정리하기 위해 하루 최대 3회까지 가격을 낮춰 매장 내 음식물 낭비를 줄인다. 팔리지 않고 먹을 수 있는 음식은 종종 자선단체에 기부된다. 또 다른 예로 Tesco는 2017년2월 중 대형 딸기 박스를 매장에 소개하고 가격을 낮췄다. 예상치 못한 따뜻한 기간 동안 딸기가 넘쳐나고, 많은 양의 딸기를 옮기면서 유통업체는 농장의 음식물 낭비를 피할 수 있었다. 2016년 프랑스는 슈퍼마켓과 대부분의 식료품점에서 음식물쓰레기를 금지하여 식품 소매상들이 식품 은행과 다른 자선단체에 기부하도록 강요했다. 불행하게도, 책임 우려와 물류난의 결과로, 미국 식품 소매상들은 470억 달러 상당의 음식을 내놓았는데, 대부분은 상태가 양호하고 먹을 수 있었다. 이는 1996년 에머슨 착한 사마리아인 식품법(Emerson Good Samaritan Food Act), 일부 세금 공제, 2008년 연방 식품 기부법 등의 제한적 책임 보호를 통해 식량 기부를 장려하는 기존의 미국 법에도 불구하고 마찬가지이다.

전반적으로, 독성 물질을 제거하거나 효율성을 향상시키거나 폐기물의 가치를 찾기 위한 프로그램은 폐기용으로 보내지는 물질의 양을 현저하게 줄이고 동시에 비용을 절감할 수 있다. 유니레버 Dunnage는 이 책의 인터뷰에서 "전 세계적으로 우리 사이트의 절반 이상(대략 130여개 정도)이 매립용 비유해폐기물 배출이 전혀 없다."고 밝혔다. "중대한 자본 투자 없이, 폐기물 제로 프로그램을 통해 7천만 유로가 넘는 비용을 절감했다." 2012년까지 유니레버는 2008년 전체 생산 폐기물의 절반으로 줄였고, 2014년에는 모든 제조 작업에서 매립 폐기물이 전혀 발생하지 않았다. 2015년에는 다른 활동으로 인한 낭비가 전혀 발생하지 않았다. 폐기물을 폐기하기 전에 원래 구입하거나 제조해야 했기 때문에 폐기물의 양을 줄이면 조달 및 운영 측면의 비용도 절감된다.

유독성 폐기물에서 와트까지 From Toxic Waste to Watts

BMW가 에너지를 생산하기 위해 인근 지역사회 매립지에서 나오는 가스를 사용하는 반면(이 장 앞부분 논의 참조), 다른 회사들은 값비싼 산업 폐기물을 귀중한 에너지로 바꾸는 방법을 찾아냈다. Ragú and Bertolli 브랜드로 파스타 소스를 생산하는 켄터키주 유니레버 Owensboro 시설에서는 음식물 쓰레기를 퇴비 처리하거나 비료를 혼합하거나 혐기성 소화(Anaerobic digesters) 과정을 통해 바이오 가스로 전환한다. 혐기성 소화조는 또한 Ben & Jerry 아이스크림 생산에서, 예를 들어 청키 멍키(Chunky Monkey) 맛에서 체리 가르시아(Cherry Garcia) 맛으로 바꿀 때 발생하는 일일 쓰레기를 줄이기 위해 사용된다.

마찬가지로, 많은 산업용 도장 시스템은 페인트를 액화하는데 사용되는 용매로부터 대량의 휘발성유기화합물(VOC, volatile organic compounds)을 생성한다. 과거에 기업들은 일반적으로 도장장에서 연기를 추출하여 휘발성유기화합물을 산화시키는 환원(저감) 소각로를 통해 통과시킴으로써 이 오염원을 감소시켰다. 그러나 이 소각로는 천연가스를 필요로 하고 이산화탄소를 배출한다.

Ford는 페인트 박스에서 휘발성유기화합물(VOCs)을 뽑아 VOCs을 농축한 뒤 발전기에 부착된 스털링 엔진에서 연소시키는 매연-연료전환(F2F) 시스템을 만들었다. 이 시스템은 가스를 산화시키기 위해 천연가스를 소비하는 대신 전기를 생산하고 기존 소각로에 비해 탄소배출을 88% 줄인다. 포드사는 F2F수명주기 비용이 전통적 VOC 완화시스템 비용의 20-35%라고 추정했다. 이 시스템을 통해 포드는 비용절감 뿐만 아니라 2003년 미국 EPA Clean Air Excellence 상을 수상했다.

포드는 시스템의 규모를 늘리고 다른 곳에 설치하면서 개선을 계속했다. 첫 번째 파일럿 설치로 5kW가 생산되는 반면에, Ford의 캐나다 Oakville 공장의 시스템은 결국 300kW를 생산할 것이다. 오크빌은 스털링 엔진을 연료전지로 대체해 산화질소 배출을 제거하는 3세대 시스템을 사용할 예정이다. "오크빌 설치 설비는 연료 전지에 사용하기 위해 자동차 시설에서 배출물을 수확하는 세계 최초의 설비입니다,"라고 Ford 자동차 회사의 제조 장비 기술 전문가인 Kit Edgeworth는 말했다. "이는 가장 친환경적인 기술이며 전통적으로 업계에서 가장 큰 환경 문제에 대한 완벽한 해결책을 제공한다."

프린팅을 통한 제조 Manufacturing by Printing

2016년 제너럴일렉트릭(GE)은 적층제조방식[46] (method of additive manufacturing)인 3D 프린팅으로 제조한 제트엔진 부품을 최초로 제조·판매하기 시작했다. 3D 프린터는 잉크 층 대신 폴리머, 도자기, 금속 또는 시멘트 층을 프린팅하여 제품을 제조한다. 레이어 위에 레이어를 여러 번 프린팅 함으로써 프린터는 디지털 계획에 따라 천천히 3D 개체를 구축한다.

Philippe Cochet GE 생산성 담당 최고 책임자는 MIT대 CTL을 방문하면서 적층 제조를 규모 있게 사용함으로써 회사가 얻을 수 있는 이점을 설명했다. GE의 차세대 LEAP 제트엔진은 3D 프린팅된 연료 노즐이 특징이다. 연료 노즐은 2016년 서비스를 시작한 엔진에 장착된다. 금속으로 프린팅한 연료 노즐은 교체한 노즐보다 상당히 가볍고 여러 배 더 강하다. 공급망 관리 관점에서 중요한 것은 그것이 단일 부품이라는 것이다. 19개 공급사로부터 19개 부품을 조달, 수령, 조립하는 대신에, 새로운 노즐은 한 번에 프린팅된다. 2020년까지 GE는 연간 4만 개의 연료 노즐을 프린팅할 계획이라고 했다.

새로운 노즐은 정확하고 복잡한 사양을 만들 수 있을 뿐만 아니라, 이 기술은 많은 환경적 이익을 약속하는데, 이는 주로 제조 공정 중

---

[46] 재료를 한 번에 한층 씩 겹겹이 쌓아서 고체 구조물을 제조하는 방식

폐기물 감소에 기인한다. 반면에 전통적 절삭가공은 큰 블록의 재료에서 시작하여 불필요한 재료를 잘라내거나, 제련하거나, 드릴로 제거하여 폐기물을 만든다. 적층 제조는 최종 품목의 층을 만드는 데 필요한 최소량의 재료를 소비하면서 그 대상을 형성한다. 게다가, 3D 프린팅은 설계자들에게 총 재료가 덜 필요한 특이한 속이 빈 부품을 만들 수 있는 훨씬 더 많은 자유를 준다; GE의 새 제트 노즐은 이전 모델보다 25% 가볍고 내구성이 5배나 더 좋다. 마지막으로, 기술이 성숙되면 부품을 디지털 파일로 조립 또는 소비 지점에서 더 가까운 제조 시설로 "보낼 수 있어" 운송 영향도 줄일 수 있다. 3D 프린팅 기술은 아직 최대 잠재력을 발휘하지 못하지만, 제조 공정에서 재료 소비량, 에너지 소비량, 폐기물을 줄일 수 있는 기술 중 하나이다.

기업 바깥에 있는 지속가능성 Sustainability Outside the Four Walls

2015년 그린피스가 청정에너지를 수용한 Apple을 찬양하던 같은 시기에 [이 장 앞부분의 '풍력이 답이다(그리고 태양광이다)'란 부분을 참조] 온라인 조사보고기관인 'Truthout'은 높은 CO_2 배출량 때문에 애플을 비난하고 있었다. 두 NGO가 회사에 대해 그렇게 정반대의 결론에 도달할 수 있다는 것은 기업 클레임과 공급망에 관한 중요한 사실을 밝혀준다. 그린피스의 분석은 애플이 소유한 건물, 데이터센터, 소매점 등 애플의 내부 운영에 초점을 맞췄다. 이것들은 회사의 Scope 1과 Scope 2 배출물이었다.

이와는 대조적으로, Truthout은 전체적 접근법을 취했고 애플 제품의 제조와 사용과 관련된 상류 및 하류 공급망에서의 배출물이라는 분석에 Scope 3 배출물을 포함시켰다. 예를 들어, 애플의 양대 중국 공급업체인 폭스콘(Foxconn)과 Unimicron은 직원들의 자살로 이어지는 개탄스러운 근무 조건 뿐만 아니라, 강과 지하수를 공장 화학물질로 오염시켰다는 비난을 받았다. NGO는 애플의 라이프 사이클 탄소 배출량 중 대다수(72.5%)가 공급사 운영에 있는 것으로 추정했다. 이것은 놀랍지 않다. 앞서 언급했듯이, 애플은 컴퓨터, 아이폰,

아이패드 등 애플 제품을 생산하지 않는다; 그들은 주로 중국에서 계약하는 공급자들에게 모든 제조를 아웃소싱 한다.

Truthout은 또한 Apple 제품이 제조 과정에서 뿐만 아니라 사용 중에도 높은 탄소발자국을 남긴다고 주장한다. Apple은 에너지 효율적인 데이터 센터를 만들었지만, 소비자들은 페이스북, 구글, 삼성, 트위터, 그리고 에너지 집약적이고 비 Apple 서버에서 실행되는 수백만 개의 다른 웹사이트와 서비스에 연결된 앱을 사용한다. Truthout은 Apple의 자체 보고서를 사용하여 Apple 자체의 시설은 회사의 라이프 사이클 배출량의 1.2%를 차지하는 것으로 추산하고 있다.

많은 회사들에게 있어, 회사 자체의 탄소 발자국, 물 발자국, 그리고 독성 배출물은 제품 생산의 전체 영향의 작은 부분이다. 더욱이 팜유, 주석, 종이 등 각종 물질에 대한 NGO 공격 사례(1장, 3장 참조)가 보여주듯, 천연자원을 추출해 처리하는 심층 공급업체의 소유 영역 밖에 많은 환경적 위험이 도사리고 있다. 마지막으로 녹색 세그먼트 소비자들이 추구하는 많은 제품 속성(예: 유기, 천연 성분, 재활용, 무독성, 재생 에너지)은 공급망에 따라 다르다. 따라서, 이러한 핫스팟을 보고, 많은 기업들은 환경 지속가능성 노력의 초점을 그들의 공급자에게까지 확장한다.

제5장 지속가능한 소싱의 마법

THE SORCERY OF SUSTAINABLE SOURCING

코카콜라는 음료 1리터 생산 당 물소비량을 2.2리터로 줄이려는 노력을 자랑스러워 할지도 모른다. 한편, 유럽 공급망 깊숙한 곳에 있는 사탕무(sugar beet) 농부들은 코카콜라 리터당 28리터의 물을 소비하고 있다. 제4장 말미에 언급된 바와 같이, 대부분의 기업에 있어서 라이프 사이클 환경 영향과 위험은 회사 내부가 아닌 외부에서 발생한다. 중요한 환경적 영향은 종종 원자재 재배, 수확 또는 채굴을 하는 공급망의 가장 깊은 계층에서 발생한다.

환경 영향, 효율성 및 위험에서 공급자의 주요 역할에 대한 인식을 통해 많은 기업들이 업스트림 공급망을 검토하게 되었다. 일반적으로 기업은 비용, 리드 타임, 용량, 재무적 영향, 품질, 신뢰성 등 많은 기준에 따라 공급업체를 선정하고 관리한다. 환경운동이 일어나면서 많은 기업들이 지속가능성을 조달 결정과 공급자 관리의 또 다른 요인으로 포함시키기 시작했다. 당연하게도, 다른 성과 차원과 마찬가지로, 기업들은 공급업체의 환경적 행동에 할당하는 가중치가 크게 다르다.

제1장에서 언급한 바와 같이, 많은 상품들이 중개자, 하위 공급자 및 브로커의 네트워크를 통해 흐르기 때문에 브랜드 소유주들은 그들의 심층 공급자를 통제하지 못하거나 심지어 제대로 알지 못하는 경우도 있다. 더욱이 각 심층 공급자는 많은 다른 기업 및 때로는 많은 산업에도 자재를 공급할 가능성이 높으며, 이는 통제 기회를 더욱 희석시킨다. 코카콜라는 재배자들과 직접적인 관계가 없다. 예를 들어, EU에서, 회사는 다양한 설탕 정제소들로부터 설탕을 구입

하고, 그 정제소들은 수천의 사탕무 재배자들로부터 사탕무를 구입한다. 게다가, 다른 지역에서 코카콜라는 다양한 농업 공급망(사탕무, 사탕수수)을 이용하여 여러 설탕 공급자들로부터 설탕을 구입한다. 비록 회사가 먼 곳의 공급자의 이름을 알고 있다고 하더라도, 그것은 일반적으로 그 공급자와 비즈니스 관계가 없기 때문에 프로세스에 직접적인 영향을 미칠 수 없다.

공급망에서 약한 지속가능성 연계 THE SUSTAINABILITY WEAK LINKS IN THE CHAIN

제2장에서 언급한 바와 같이, Siemens 풍력 터빈 사업부는 400개 이상의 Tier 1 공급 업체로부터 구매하는데, 이들은 Siemens로 봐서 Tier 2 공급 업체인 3,000개 이상의 자체 공급 업체로부터 구매한다. 여러 업종에 걸쳐 수만~수십만 개 공급업체를 통해 종종 구매하는 대형 제조업체들이 전 세계에 퍼져 있는 것이 대표적이다. 포드 자동차회사는 약 1,500개의 Tier 1 공급업체와 수만 개의 더 심층 공급업체를 보유하고 있다. 위탁 제조업체인 Flex는 1만4000개의 Tier 1 공급업체로부터 70만 개의 부품을 조달하고 있다. 그리고, 월마트는 그들의 매대에 다양한 상품들을 진열하기 위해 6만개 이상의 Tier 1 공급업체를 가지고 있다.

영향의 한계 The Limit of Influence

GRI(Global Reporting Initiative)는 지속가능성 보고서를 위한 독립적인 표준이다. GRI는 기업의 환경 보고 경계를 정의하여 회사가 재무적 통제나 영향력을 행사하는 공급망 파트너, 주로 Tier 1 공급업체만을 포함한다. 기업이 업스트림 업체나 다운스트림 업체에 대한 영향력이 없다면, 그 기업의 영향은 회사의 영향 보고서에서 제외된다. 지배력이나 영향력은 기업이 데이터를 획득할 가능성이 높고 기업이 통제하거나 영향을 미칠 수 있는 기업의 규정준수를 기대하기 때문에 실질적인 경계를 정의한다.

그럼에도 불구하고 네슬레에 대한 그린피스의 공격(1장 참조)이나 3장에서 기술한 Apple, 삼성, 기타 스마트폰 제조사들에 대한 Friends of the Earth의 공격은 해당 기업이 지속가능성에 대한 개선 부족에 대한 핑계로 공급업체에 대한 영향력의 부족을 드는 것을 NGO들이 받아들이지 않는다는 것을 여실히 보여준다. 그리고 그것이 불공평하게 보여도, 이러한 NGO들의 "No excuse" 전술은 그들의 장기적인 목표를 뒷받침한다. 만약 기업들이 통제나 영향력을 회피함으로써 공급망의 지속가능성 문제에 대한 책임을 회피할 수 있다면, 그들은 "영향력을 아웃소싱"하고 싶은 유혹을 받을 수도 있다. LCA의 맥락 안에서, 아무리 간접적이든 회사의 영향권 밖이든, 모든 재료나 서비스의 원천은 기업의 광범위한 환경 영향의 일부분이다. 상세한 LCA의 높은 비용을 고려할 때, 기업들은 일반적으로 가장 큰 환경 영향을 미치는 공급자와 프로세스 지표, 소위 상류 공급망의 핫스팟을 찾아 노력의 우선 순위를 정한다.

위험한 비즈니스 찾기 Looking for Risky Business

예를 들어, HP Inc.는 네 가지 리스크 범주를 사용하여 공급업체들 사이에서 몇 가지 유형의 환경 리스크 지표를 고려한다. 첫 번째 지표는 지리적 위치인데, 그 이유는 국가별로 규제 수준과 환경법 집행의 엄격성이 다르기 때문이다. 예를 들어, 국가 리스크는 제2장에서 설명한 Yale Center for Environmental Law & Policy의 환경 성과 지수를 통해 추정할 수 있다. 둘째, HP는 공급자가 수행한 프로세스의 본질적인 지속가능성 리스크를 고려한다. 중공업, 화학물질 집약적 전환, 노동 집약적 조립 및 재활용 분야의 공급업체들은 컨설팅 서비스 및 소프트웨어 라이센스 분야보다 더 높은 환경 영향을 미칠 가능성이 높다. 셋째, 공급자의 HP와의 관계는 발생할 수 있는 리스크에 영향을 미친다. 즉, 새로운 공급자, 대량 공급자 및 HP-로고 브랜드 상품의 공급자는 더 위험하다고 간주된다. 넷째, 감사, 언론 기사, 외부 이해관계자(NGO) 보고서, 사건, 사고 등의 이력 정보를 활용하여 각 공급업체의 리스크에 대한 평가를 조정한다. HP

는 600개 협력업체의 1000개 공장 중 160개 협력사의 300개 공장을 리스크가 높은 것으로 파악했다. 이들 공급업체는 회사의 사회 및 환경 책임(SER, social and environmental responsibility) 프로그램의 초점이 되었다.

기업들은 또한 자연 재해, 공급자 파산, 노동 파업, 정치적 불안정과 같은 사건에서 발생하는 다른 종류의 공급자 리스크에 대해서도 우려하고 있다. 단일 부품의 공급이 중단되면 공장에서 모든 생산이 중단될 수 있다. 이러한 유형의 공급업체 중단 리스크를 완화하기 위한 주요 전략 중 하나는 지속적인 공급을 보장하기 위해 여러 공급업체로부터 조달하는 것이다. 아이러니하게도, 이것은 실제로 회사의 브랜드에 대한 환경적 리스크를 증가시킨다. 추가된 각각의 공급자는 NGO나 기자들의 먹이감이 될 수 있는 "악당"의 기회를 제공할 수 있기 때문이다. 이런 경우 그 영향의 결과를 겪게 되는 것은 대부분 먼 공급업체가 아니라 브랜드 소유 기업이다. 이러한 리스크의 균형을 맞추기 위해, 기업들은 보증된 여러 조달원을 사용하고, 동시에 브랜드를 손상시키는 PR 악몽의 가능성을 줄이기 위해 공급자 행동에 영향을 미치는 조치를 취한다.

공개는 논의와 완화를 낳는다 DISCLOSURE BEGETS DISCUSSION AND MITIGATION

탄소배출량 관리를 위한 첫 번째 단계는 배출량을 측정하는 것이다. 비즈니스에서는 측정되는 것은 관리되기 때문이다. 영국 금융서비스국 의장인 아데어 터너(Adair Turner)경은 "탄소공개프로젝트(CDP)는 기업들이 이러한 측정과 관리의 길에 첫발을 내딛도록 장려하는 데 결정적인 역할을 했다."고 말했다. CDP는 전략적인 계획에서 "우리의 변화 이론은 측정, 투명성, 책임감이 기업과 투자 세계에 긍정적인 변화를 몰고 온다는 것이다.

공급망 투명성을 위한 명확한 경로 *A Clear Path to Supply Chain Transparency*
CDP의 증가는 주식 투자자들의 기업 실적에 대한 환경 리스크 우
려와 기업이 그러한 리스크를 평가하고 공개하도록 만들려는 투자
자들의 욕구를 반영한다. 3장에서 언급한 바와 같이 CDP는 2015년
에 4,500개의 대기업에 의한 보고를 이끌어냈고, 공개 질문의 범위
는 탄소 배출, 물 발자국, 기후 변화 효과에 대한 대응, 임업 문제
등으로 확대되었다.

CDP 적용범위의 많은 성장은 CDP의 공급망 프로그램에서 비롯되
었는데, 참여 기업들은 이 프로그램에 참여하고 그들의 환경 영향도
공개하기 위해 공급업체를 모집하기 시작했다. 2016년 말 현재
CDP의 공급망 프로그램은 총 조달비 2조7000억 달러의 89개 대기
업과 함께 운영됐다. 2015년 CDP의 공급망 프로그램에 추가된 신
규 회원 9명 중 Lego Group, Kellogg Company, Toyota Motor
Corporation, Volkswagen 등 3분의 2가 2014년 자체 고객으로부터
이 프로그램에 참여해 환경 영향 등을 공개하라는 요구를 받았다.
그들은 결국 비슷한 기준에 맞춰 자체 공급업체를 보유하겠다는 것
이다.

그럼에도 불구하고 모든 공급자가 참여할 의사가 있는 것은 아니다.
참가 기업 7,879개 공급업체 중 절반 가까이가 2015년 고객의 기
후변화 설문지에 응답하지 못했다. 공급업체들은 공개된 정보가 가
격 할인요구나 공급자의 중재를 위해 사용될 것을 우려하여 자신의
(공급자) 업무를 너무 면밀히 검토하려는 고객들을 의심하고 있을
수 있다.

공급업체 공개부터 조달 결정, 그리고 공급업체 관리까지 *From Supplier*
Disclosure to Sourcing Decisions to Supplier Management
공급업체의 환경 영향에 대한 데이터를 공개하면 기업이 총 탄소
배출량 측면에서 명백하지 않은 경우 정보를 제공하도록 유도할 수
있다. 예를 들어, 만약 영국 회사가 종이 공급자들에게 그들의 탄소
발자국을 공개하라고 요구한다면, 그 회사는 재활용된 종이의 공급

자가 스웨덴의 비재생 종이의 공급자보다 더 높은 탄소 발자국을 가지고 있다는 것을 알고 놀랄지도 모른다. 두 공급자의 공시는 석탄 집약적인 영국 전력망에 대한 영국 공급자의 의존이 그 공급자에게 종이를 제조하기 위해 원자력 및 수력발전 에너지에 더 많이 의존하는 스웨덴 공급자에 비해 훨씬 더 높은 탄소 집약도를 제공한다는 것을 밝혀줄 것이다. 따라서, 이 경우 더 먼 공급자를 사용하면 더 많은 운송을 필요로 하지만 총 탄소배출량은 줄일 수 있다. 이와 유사하게, 스웨덴의 한 식품 회사는 운송 시 탄소 발자국이 높다는 것은 지역 공급자들이 더 먼 공급자들보다 더 낮은 발자국을 가지고 있다는 것을 의미한다고 가정할 수 있다. 그러나 공급자들에게 그들의 발자국을 공개하라고 요구하는 것은 스웨덴산 토마토 공급자가 스페인산 공급자보다 더 나쁜 발자국을 가지고 있다는 것을 드러낼지도 모른다. 스페인 토마토는 열린 들판에서 재배되지만 스웨덴산 토마토는 화석 연료로 가열된 온실에서 재배되기 때문에 토마토 킬로그램 당 에너지 소비량이 10배 이상 증가하기 때문이다.

일부 기업은 영향을 공개하고 이를 완화하기 위해 노력하는 공급업체의 조달을 선호하는 점진적 목표를 설정한다. 예를 들어 2014년 CDP 보고서에 따르면 AT&T는 "2015년 말까지 전략적 공급 업체와의 공급망 지출의 대부분을 자체 온실가스 배출량을 추적하고 구체적인 온실가스 목표를 가진 공급 업체들과 함께 하는 목표를 수립했다."고 말했다. AT&T는 일정보다 1년 앞서 목표를 달성했음을 보고했다. 보다 광범위한 CDP 프로그램 내에서, 배출 목표를 설정하던 CDP 회원사들에 대한 공급자 비율은 2012년 39%에서 2013년 44%, 2014년 48%로 증가했다.

기업의 조달 및 공급자관리 정책에서 지속가능성에 대한 강조는 기업마다, 이슈마다 다르다. 예를 들어, 로레알에서, 주요 공급자 점수의 20%는 기후변화 영향에 대한 성과에 기초한다. 월마트에서는 구매자의 실적 평가의 5%가 지속가능성과 연계되어 있어 구매자에게 구매결정을 조정하고 공급자가 지속가능성을 개선하도록 장려할 수 있는 인센티브를 제공한다고 말했다. 그러나 월마트는 2장의 방글라데시 참사에서 언급된 바와 같이 무관용 임계점(zero-tolerance thresholds)도 가지고 있다.

점점 더 많은 회사가 엄격한 요건(예: "무관용" 금지)과 부드러운 정량적 기대(예: 예상 최저 점수를 가진 스코어카드)의 조합을 포함하는 공급자 "행동 강령(codes of conduct)"을 보유하게 되었다. 예를 들어 AT&T는 공급업체가 2015년 74%, 2014년 63%의 평균 점수를 달성할 것이라는 2017년 목표를 두고 균형 잡힌 기업시민 및 지속가능성 점수표(balanced Citizenship and Sustainability Scorecard)를 작성하도록 요청하고 있다.

표준과 점검 STANDARDS AND CHECKMARKS

두개의 나무 판자는 따뜻한 황금색과 풍부한 나뭇결의 자연스러운 아름다움으로 동일해 보일 수 있다. 이들은 동일한 엔지니어링 사양을 가질 수 있으며 가능한 모든 품질 보증 시험에 합격할 수 있다. 그러나 한 나무 판자는 지속 가능한 나무 농장에서 조심스럽게 수확되었을 것이고 다른 한 나무 판자는 어떤 나라의 국립공원 땅에서 불법적으로 벌목되었을지도 모른다. 대체로 지속가능성은 구매자의 수령장소에서 테스트할 수 있는 제품이 무엇인지에 대한 것이 아니라 공급자의 현장 프로세스를 감시하고 통제해야만 관리할 수 있는 제품 제조 방법에 관한 것이다. "숨겨진 신뢰도 속성"으로 알려진 이러한 제품 검증 속성은 환경 세분화 및 환경 위험 완화에 매우 중요하며, 기업이 소비자 및 기타 이해관계자들과 의사 소통하는 방법에 중요한 역할을 한다(9장 참조). 공급자의 행동에 대한 기대를 설정하기 위해, 많은 회사는 공급자의 행동강령을 제정하고, 공급자의 규정 준수를 높이기 위해 감사, 시행 및 인센티브 메커니즘을 구현한다.

월마트 리 스콧(Lee Scott) CEO는 베이징에서 열린 공급업체 회의에서 "초과근무와 노동 연령에 따라 속임수를 쓰거나, 강에 폐기물과 화학물질을 버리거나, 세금을 내지 않거나 계약을 존중하지 않는 기업은 결국 제품의 질을 속일 것"이라고 전망했다.

이케아 웨이 아니면 하이웨이 It's IWAY or the Highway

IKEA는 목재, 직물, 폼, 금속 등을 회사의 대표상품인 가구 키트로
변환하는 1,000개 이상의 공급업체가 참여하는 글로벌 네트워크에
의존하고 있다. 80여 년의 가정용 가구 비용 절감 역사에서 1980년
대 동독에서 정치범 노동을 일삼았다는 폭로와 1990년대 불법 벌
목과 삼림파괴로 회사의 명성은 더럽혀졌다.

2000년 IKEA는 "가정용 가구구매에 관한 IKEA Way", 즉 "IWAY"라
고 하는 포괄적인 공급자 행동강령을 만들었다. IWAY는 특정 품질,
시간 및 비용변수 내에서 특정 재료의 공급을 관리하는 기본 공급
자 계약의 조건을 초과하는 추가 요건을 규정한다. 이러한 요구사항
은 다양한 환경적, 사회적 의무를 포함한다. 예를 들어, 그들은 무
두질, 염색, 표면 처리, 프린팅 공정과 같은 생산 공정에서 처리되
지 않은 폐수의 직접적인 방출을 엄격하게 금지하고 있다. IWAY 환
경 표준은 옥외 대기 오염, 옥외 소음 공해, 토양 및 수질 오염물질
유출, 토양 오염, 에너지 절감, 화학 처리, 유해/비유해 폐기물 및
실내 작업 환경을 다룬다. 당연히 IWAY는 아동 노동, 강제 노동,
근로자 임금, 근로 시간 및 근로 조건과 관련된 많은 사회적 책임
요건도 포함한다.

이 회사는 5년(2005년까지) 내에 100% 준수를 추구했지만 진전이
없었다. 2009년에 동사는 2012년까지 모든 공급업체가 완전한 준
수를 달성할 수 있도록 하는 새로운 엄격한 3년 목표를 발표했다.
마감 시한이 지났을 때, 약 1,100개의 공급업체 중 75개 업체가 여
전히 요구 조건을 충족시키지 못했다. 그 공급자들은 즉시 계약 해
지되었다. IKEA의 지속가능경영 책임자인 제넷 스켈모스(Jeanette
Skjelmose)는 "해당 업체들과는 매우 관계가 좋았다. 그들 대부분은
행동강령의 99%를 이행했지만 중요한 건 100% 준수였다. 그러니
까 그들이 한 가지 질문만 놓쳐도 우리는 '미안해. "우리는 당신과
계약을 끝내야 해." 라고 했다며, 그녀가 이 책을 위한 인터뷰에서

열변을 토했다.

신규 공급업체는 완전한 준수를 위해 1년의 유예기간을 부여 받지만, 그 기간이 지나면 이들 공급업체도 100% 준수를 해야 한다. 예를 들어, "와이어, 케이블, 금속, 플라스틱 부품"을 제공하는 중국 기업인 Xiamen Hung's Enterprise Co.는 1년 반 동안 IKEA의 요구 조건의 92.6%에 도달하기 위해 노력했고 2009년에 자격을 갖춘 공급업체가 되었다. 그러나 일단 사업이 수주되면 해당 회사는 계약을 시작한 지 1년 이내에 완전한 IWAY 코드를 충족시킬 것으로 기대되었다. 2013년 말, Hung's Enterprise는 18개의 협력사를 웹사이트에 올렸는데, IKEA는 그중 하나가 아니었다.

IKEA는 기존 공급업체에 어느 정도 유연성을 제공하지만, 그리 많지 않다. 공급업체가 IWAY 품목을 우연히 발견하면 2주 내에 문제 해결 계획을 수립해야 한다. IKEA는 계획서에 공급자가 수행할 조치, 책임자 및 공급업체 준수 시기에 대한 설명을 포함하도록 요구한다. 위반사항에 따라 공급업체가 시정하는 데 최대 90일이 소요될 수 있다. Skjelmose에 따르면, 공급업체가 그렇게 하지 않을 경우, IKEA는 계약 종료 시점에 공급업체와 단계적으로 해지할 것이다. 단, 이 위반이 8가지 핵심 IWAY 요건(심각한 환경 오염, 심각한 보건 또는 안전 위험, 아동 노동, 강제 및 노예 노동(forced and bonded labor), 사업 윤리, 근로 시간, 임금, 근로자의 사고 보험 포함) 중 하나를 포함하는 경우, IKEA는 위반 사항을 시정하기 위해 최대 90일까지 공급자에게도 제공하지만, 그 기간 중 IKEA는 공급자로부터 어떤 납품도 받지 않을 것이다.

감시견 풀어 놓기 Unleash the Watch Dogs of Wariness

Kelly Deng 중국 IKEA 선임심사원은 IWAY가 공급업체가 실제로 운영하는 방식인지 확인하는 최전선에 있다. 일반적으로 일주일에 두 번 그녀와 동료는 IKEA의 공급자 또는 보조 공급자 중 한 업체를 예고 없는 현장 심사(on-site audit)로 놀라게 할 것이다. 이들은 임의로 시설을 방문해 근로자들을 인터뷰하는데, 그것은 IKEA의 계약조건이기도 하다. Skjelmose는 "만약 그들이 우리의 접근을 거부한다면, 우리는 그것이 IWAY 규범에 위배되는 것으로 간주한다."고 설명했다. 우리는 그것을 업무위반으로 분류하고 그 공급자의 주문을 즉시 중단한다." Deng은 "이 같은 엄격한 처벌의 결과로 좀처럼 거절당하지 않았다."고 덧붙였다.

납품업체가 IWAY 위반 사실을 숨기려 한다면 Deng은 서류 뭉치를 들고 급하게 지나치는 노동자를 보는 등 무엇을 찾아야 할지를 알고 있다. 그녀는 공장 관리자들이 때때로 기록을 위조하여 정확한 기록을 건물 밖으로 밀반출하기 위해 직원을 보낼 수도 있다고 말했다.

IKEA 심사원은 일반적으로 각 사이트에서 이틀을 근무한다. 극단적인 경우 심사원은 하루 일찍 도착하거나 하루 늦게 도착하여 시설에서 "잠복"하고 IKEA의 환경 관행, 최대 허용 근무 시간 및 최소 휴식 요일에 대한 지침 위반을 찾는다.

IKEA의 심사는 많은 제3자 심사(third-party auditors)와는 다르다. 감사업체는 1,000명 이상의 직원을 고용할 수 있는 공장을 심사하기 위해 단 하루를 심사원에게 주는 것으로 비용을 낮게 유지한다. 때때로 이러한 심사원들은 미국 OSHA[47]의 조사관이 되기 위해 필요한 3년간의 훈련과 비교해(무척 짧은) 5일 정도 교육을 받았다. 일부 심사원은 공장 관리자가 며칠 전에 알고 있는 검사 체크리스트만 작성한다(많은 경우 공장관리자가 위반 사실을 숨기도록 경고함). 이와는 대조적으로 IKEA에는 80명의 상근 심사원이 있는데, 그들은 공급업체와 보조 공급업체 감사만 전담한다. Deng에 따르면 대표적인 IKEA 심사원은 5년째 근무 중이다. Deng 자신은 IKEA에서 7년 이상의 감사 경력을 가지고 있다. Skjelmose는 "우리는 2년마다 모든 공급업체를 감사하지만 아시아와 같은 위험지역에서는 심사가 더 빈번하다."고 말했다. 이 회사는 공급업체가 보조 공급업체의 시

---

[47] 미국 직업안전보건법(OSHA Act)에 따라 설립된 노동부 산하 기관으로 안전프로그램 실시, 안전보건관련 기준설정, 벌과금 산정 등을 담당함.

설명, 주소, GPS 좌표를 공개하도록 요구하고 있다. 그녀는 "예고 없이 갈 수 있어야 하기 때문에 우리는 그것을 가질 필요가 있다."고 덧붙였다.

IKEA는 자체 직원 외에도 제3자 심사원을 고용하여 IKEA 자체 감사를 "검증(verify)"하고 "보정(calibrate)"한다. IKEA는 또한 가장 유능한 선임 심사원으로 구성된 특별 "준수 감시 그룹"을 구성했다. 이러한 전문 심사원은 다른 심사원이 모든 지역의 공급업체 운영 표준의 통일성을 보장하기 위해 업무를 완료한 후 공급업체의 시설을 샘플링 감사한다. Skjelmose는 이를 전반적으로 "경찰을 감시하는 경찰"이라고 말했다.

IKEA의 첨단 심사 시스템이 공급망에서 일부 사회적, 환경적 위반을 방지했을 가능성이 높지 않지만, 이 회사는 2012년 러시아에 있는 아주 오래된 숲의 벌목을 둘러싸고 세계 산림 연합(Global Forest Coalition)으로부터 비난을 받았다. 마찬가지로, 2013년에 IKEA는 유럽을 집어삼킨 유명한 미트볼에 쇠고기 대신 말과 돼지고기를 포함한 것으로 밝혀진 악명 높은 "말고기 스캔들[48](horsemeat scandal)" 의 많은 유럽 회사들 중 하나이다. 비직접 재료와 서비스의 많은 공급자 외에 1,000개 이상의 제조 공급자로 이루어진 광범위한 제국을 운영하는 것은 IKEA가 때때로 비틀거릴 것이라는 것을 의미한다. 그러나 Deng은 심사원으로 재직하는 동안 방문한 공장의 환경적, 사회적 여건이 크게 개선됐다고 주장한다.

하나를 위한 모두, 모두를 위한 하나 *All for One (Code) and One (Code) for All (Suppliers)*
아마도 사실이 아니지 싶은 이야기는 한 조사관이 공급업체를 방문해서 벽에 있는 수직 슬라이더에 장착된 모든 소화기를 발견했다는

---

[48] 매년 6 만 마리 이상 말이 도축되는 유럽에서 2013 년 1 월 영국과 아일랜드의 폴란드산 말고기 혼입 '소고기 햄버거' 판매사건 이후 2 월 스웨덴 냉동식품업체 핀두스의 '쇠고기 파스타'에서 말고기가 검출된 사건. 도축된 원산지는 루마니아, 제조·유통과정에 프랑스, 네덜란드, 스웨덴까지 연루됨. 이케아는 매장마다 마련해 놓은 값싸고 질 좋은 카페테리아로도 유명한데, 총 매출액의 5%인 13 억 유로가 식품 매출이었으며, 미트볼은 인기 메뉴 중 하나였음. 2 월 체코 국립수의국이 스웨덴에서 생산돼 체코 이케아 매장으로 공급된 냉동 미트볼 제품에서 말고기 성분이 발견됐다고 발표함에 따라, 이케아는 유럽 21 개국에서 미트볼 판매를 중단함

것이다. 조사관이 이런 이상한 관행을 문의하자 납품업체는 한 고객사은 소화기를 바닥에서 2피트 떨어진 곳에 장착할 것을, 두 번째 고객사은 3피트 높이를, 세 번째 고객사은 4피트 높이의 설치 지점을 요구한다고 답했다. 이 슬라이더는 공급업체가 각 고객 검사관에 맞는 높이로 소화기를 빠르게 이동할 수 있게 해준다.

IKEA가 내부적으로 개발한 IWAY와 같은 독점적 코드(규정, 강령)는 회사가 공급자에 대한 충분한 영향력과 감사와 보고를 위해 중요한 자원을 전용할 수 있는 능력이 있는 한, 코드의 작성자에게 상당히 잘 작용할 수 있다. 그러나, 회사의 행동 강령의 궁극적인 성공은 그 코드가 포함된 계약에 서명하고 이를 준수하려는 공급자들의 의지에 달려 있다. 그러나 대부분의 공급업체는 많은 고객사와 거래하고 있으며, 각각의 독점적 행동 코드는 많은 코드와 관련된 구현, 보고 및 감사로 인해 간접 비용과 비효율성을 더한다. 전자제품과 같은 산업의 경우 수많은 제품 제조 회사들이 수많은 부품 제조업체들로부터 크고 작은 양의 부품을 거래하는데, 이러한 상황에서 공급업체들이 고객사들이 제시하는 다양한 규정을 다 준수하고 실행해야만 한다면, 독점적인 행동 규범과 상당한 비용을 묵인할 동기가 거의 없다. 이 경우 F&C 자산운용사의 클라우디아 크루스(Claudia Kruse) 수석 애널리스트는 "산업 협력이 기준을 높이는 가장 효과적인 방법"이라고 말했다.

예를 들어 전자산업시민연합(Electronic Industry Citizenship Coalition, EICC)은 "테크놀로지 산업의 공통적이고 협력적 행동 규범"을 구현하기 위해 2004년에 결성되었다. EICC는 전자제조업체, 소프트웨어 업체, 정보통신기술(ICT) 업체, 계약노동을 포함한 제조업 서비스업체 등으로 구성돼 있다. 이 조직은 연간 매출 약 3조 달러, 직접 고용 550만 달러 규모의 전자업체 100여 개로 구성될 정도로 성장했다. 2015년 현재 EICC 공급업체 행동 코드는 버전 5.0으로 진화했으며 13개 언어로 제공되었다.

EICC 강령은 노동, 안전보건, 환경, 윤리 및 관리 시스템에 관한 구체적인 지침을 포함하고 있다. EICC 회원인 Flex가 새로운 공급업체를 서명할 때, 4페이지 분량의 Flex 구매 계약서에는 공급업체가 "전자산업 행동강령 준수를 준수한다."고 명시되어 있는 짧은 "사회적 책임" 조항만 포함되어 있다. Flex의 새로운 공급업체가 다른 EICC 회원에게도 부품을 판매하고 이미 EICC를 준수하고 있는 한 Flex 계약 준수는 Flex가 독자적 행동 코드를 가지고 있는 경우보다 훨씬 쉽다.

업계 공유 행동강령 외에도 EICC의 VAP(Validated Assessment Process)는 심사 노력을 표준화하고 모아서 공급업체와 고객 회사 모두에 대한 감사 비용을 절감한다. VAP는 "정보기술 공급망 내 노동, 윤리, 보건, 안전 및 환경 조건의 위험 식별과 개선 추진에 대한 기업들에 대한 확신을 제공한다." EICC 프로그램은 심사 지침, 심사원 교육, 심사 검토 및 품질 관리를 관리하며, 9개 회사의 수백 명의 심사인이 20개 이상의 국가에서 VAP 프로토콜을 실행한다. EICC-ON 웹사이트 플랫폼은 회원들이 심사, 자체 평가 설문지 및 공급업체의 시정 조치와 같은 공급업체 지속가능성 데이터를 관리하고 공유할 수 있도록 돕는다.

최대 공익 또는 최소 공통분모 Greater Common Good or Lowest Common Denominator?

행동 규범에 대한 업계표준은 성과지표를 표준화하고 심사 프로세스 간접비를 줄임으로써 공급망 지속가능경영에 참여하는 기업의 수를 증가시킬 수 있다. 이러한 표준은 지속가능성 관행에 대한 비판을 방어하기 위해 표준 준수를 인용할 수 있다는 점에서 기업의 환경 위험 목표를 충족할 수 있다. 그러나 환경론자들은 업계 표준이 두 가지 이유로 개별 기업이 만들 수 있는 것에 비해 취약한 기준을 만들 수도 있다고 주장한다. 첫째, 표준이 회원들에 의해 규제된다면, 지속가능성이 뒤쳐져 더 발전된 관행의 채택을 방해할 수 있다. 둘째로, 한 산업이 복수의 표준기구를 가지고 있다면, 그들은 가장 쉽고, 가장 비용이 적게 들고, 가장 덜 엄격한 코드를 제공하여 회원 회사를 위해 경쟁할 수 있다. NGO들은 "산업협회가 매우 조심스럽게 움직이며 가장 낮은 공통분모 합의로 운영되고 있다."라 며 EICC를 비판한다.

엄격하지 않은 표준은 고객 및 공급업체가 실질적으로 개선하지 않고 지속 가능하다고 주장할 수 있는 "체크박스 사고방식(checkbox mentality)"을 만든다. 그러나 산업 표준은 더 많은 기업과 더 많은 공급자들이 환경 문제를 고려하도록 유도하는 데 성공적이었다. 기업이 환경 지속가능성의 진전을 주장하고 행동주의자들이 실천 부족을 한탄하는 이런 상황을 각각 '그린워싱(greenwashing)'과 '블랙워싱(blackwashing)'이라 부르기도 한다. 전자는 지속가능성에 대한 기업의 과장된 주장을, 후자는 환경파괴에 대한 운동가의 비난에 대한 과장된 주장을 가리킨다. 두 문제는 모두 9장에서 논의된다.

공급망으로 더 높은 표준 밀어 올리기 Pushing Higher Standards out into the Supply Chain

IKEA와 EICC는 모두 Tier 1 공급업체가 행동강령을 Tier 2와 그 후단까지 밀어붙일 것으로 기대하고 있다. IKEA는 자사의 Tier 1 공급업체가 생산 재료의 Tier 2 공급업체와 IWAY를 전달하고 Tier 2 공급업체가 IWAY 규칙의 수용을 인정하는 문서에 서명할 것으로 기대하고 있다. EICC는 공급업체가 "공급업자에게 [EICC] 코드 요건을 전달하고 공급업체가 법규 준수를 감시하기 위한 프로세스를 가져야 한다"고 명시하고 있으며, 따라서 EICC가 항상 보조 공급업체를 감사하는 것은 아니지만, OEM에게 Tier 2 공급업체의 준수평가에 어느 정도 확신을 준다.

흥미롭게도, IKEA는 Tier 1 공급업체가 전기, 연료, 사무 자재, 간접 자재 및 자본 장비와 같은 간접 품목의 Tier 2 공급업체에 IWAY를 밀어줄 것으로 예상하지 않는다. 이러한 면제규정은 IKEA가 주로 환경 위험 관리 우려에 의해 동기 부여되었으며, Tier 2 공급업체 범주의 이슈에 대해서는 공격의 초점이 될 가능성이 낮다고 믿는 것으로 보인다. 실제로, 간접 재료의 Tier 1 공급업체들 조차도 IWAY의 경량버전에서 작동하는 것처럼 보인다. 그 이유는 아마도 그러한 공급자들이 위반에 걸릴 경우에 대체하기가 더 쉽기 때문일 것이다. 마찬가지로 HP는 심층 공급자에게 직접 행동강령을 강요하려고 하지 않는다. HP의 공급망 사회 및 환경 책임 담당 글로벌 프로그램 매니저인 보니 가디너(Bonnie Nixon Gardiner)는 "공급업체의 서브업체는 제한된 자원, 직원 및 자금을 보유하고 있는 경향이 있다는 것을 인식해야 한다."고 조언했다. "그러므로 Tier 1 공급업체와 긴밀히 협력하여 공급망을 통해 모범사례 정보를 확산시키고 (Tier 2 이하) 공급업체를 감사하고 개선하기 위한 노력을 지원하는 것이 중요하다."라고 그녀는 덧붙였다.

감사에서 조정으로 From Audits to Alignment

50개국의 900개 공장을 대상으로 한 MIT대의 대규모 연구 결과, 현지 공급업자에 대한 거대 다국적 기업의 영향력, 심사를 통해 수집된 정보, 미준수에 대한 벌칙 등으로 정의되는 전통적인 컴플라이언스 모델은 그다지 효과적이지 않은 것으로 나타났다. 위협과 심사는 지속적인 개선의 협력 관계보다는 최소 효율성 준수에 초점을 맞춘 적대적 관계를 유도하는 경향이 있다. 심사 사고방식의 결과, 공급자는 "지속가능성을 소유한다"거나, 사전 예방적으로 되거나, 자체 운영을 점검하거나, 지속가능성 문제를 공개하거나, 자발적으로 교정할 필요성을 느끼지 못할 수 있다. 공급업자들은 최소한으로 할 것이지만, 더 이상은 하지 않는다.

게다가, 개발도상국의 공장들은 문제를 숨기거나 감사 과정을 전복시키는 데 능숙해졌다. 예를 들어, 2006년 블룸버그 보고서는 가장 큰 고객이 월마트였던 중국의 펜과 연필 공급자인 Ningbo Beifa Group의 이야기를 상세히 다루고 있다. 그 공급자는 월마트의 노동 검사에 세 번이나 불합격했었다. 만약 공급업체가 다가오는 4차 감사에 실패했다면 월마트는 회사의 계약을 파기했을 것이고, 이로 인해 공급업자에게 엄청난 결과를 초래했을 것이다. 납품업체는 문제를 바로잡기 보다는 상하이 기업 책임경영&컨설팅에 5천 달러를 지불했는데, 이 회사는 Beifa에게 기록을 위조하는 방법을 가르치고 월마트 사찰단의 질문에 어떻게 답해야 하는지에 대해 매니저들에게 지도했다. 베이파는 4차 감사에 합격했다. 명백히, 많은 중국 공장들은 심사원을 속이고 그들의 질문에 어떻게 대답해야 하는지를 직원들에게 훈련시키기 위해 이중 장부들을 보관하고 있다.

비즈니스 손실이나 규정 준수에 드는 높은 비용을 감안할 때, 규정을 준수하지 않은 공급업자는 위반을 무시하도록 심사원에게 뇌물을 주고 싶어질 수 있다. 중국의 한 납품업체 대표는 "심사업체는 공장을 해칠 힘이 있어 많은 수뢰(뇌물을 받는 일)가 계속되고 있다"고 평했다. 기업 자체 감사팀조차도 납품업체 공장이 있는 지역사회에서 직원들을 끌어 모으기 때문에 부패할 수 있다. 마지막으로, 아시아 공급자들의 '체면손상'에 대한 두려움은 적발되지 않기 위해 무슨 짓이든 해야 한다는 압박감을 증폭시킨다. 결과적으로, 일부 회사들은 공급자들이 지속가능성을 받아들이도록 장려하는 긍정적인 동기를 찾는다.

공급업체가 환경 보호를 할 수 있도록 돕기 HELPING SUPPLIERS HELP THE ENVIRONMENT

제프 윌리엄스(Jeff Williams) Apple 운영담당 부사장은 "감사 및 시정조치가 필수적이지만 변화의 가장 큰 기회는 직원들에 대한 권한 부여와 교육에서 온다고 믿는다."고 말했다. 앞 절에서 언급된 MIT의 대규모 연구는 구매자와 공급자 사이의 협력이 감사와 제재 전략보다 더 효과적이라는 것을 보여주었다. NGO 공격의 매력적인 표적이 되는 브랜드 소유 기업의 큰 규모와 넉넉한 자금 사정은 이러한 회사들이 자기네 공급자의 지속가능성을 향상시키기 위해 그들의 자원을 빌려줄 수 있게 한다. 이러한 기업은 자체적인 환경 영향을 줄인 후(제4장 참조), 학습한 내용을 공급업체로 이전할 수 있다. 이러한 환경 조율 구상은 지속가능성 실행계획의 업스트림을 확산시키고 회사의 직접적인 관리 하에 있지 않은 심층 핫스팟을 다루기 위한 것이다.

감사자에서 조언자로 From Auditors to Advisors

MIT 연구의 일부 결과에 근거하여 나이키는 2009년에 정기적인 컴플라이언스 감사 외에 인센티브에 초점을 맞추어 프로젝트 리와이어(Project Rewire)[49]를 시작했다. 공급업체들은 품질, 정시 납품, 비용, 지속가능성에 따라 보상을 받았다. 이 네 가지 구성요소는 제조업 지수에서 동등하게 계량되어 공급업체를 금, 은, 동, 노랑 또는 빨강으로 채점한다. 2013년 나이키 786개 계약업체 중 68%가 동으로 평가됐다. 가장 높은 성과를 거둔 공급업체는 폐기물 및 에너지 관리와 같은 환경 효율성 문제(비용 절감과 지속가능성 개선)에 대한 교육을 받는다. 그 목표는 공급업체가 불이행에 대한 처벌을 강요하는 대신 스스로 관행을 개선하기 위해 협력하고 동기를 부여하는 것이다.

공급업체와의 협력은 지속가능성에 대한 책임의 일부를 감사 프로세스에서 공급업체로 옮기고 공급업체와 고객 목표를 조정한다. Levi Strauss & Co.는 공급자들과 목표를 맞추기 위해 공급자들과 "거래"를 했다. 공급자가 문제를 사전에 공개하면, Levi Strauss는 이를 위반으로 간주하지 않고 대신 공급자와 협력하여 문제를 해결한다. 그러나 납품업체가 기록을 위조하다 적발될 경우 Levi Strauss & Co.는 이를 이른바 '무관용 위반'으로 기록하고 있다. 리바이스의 경우, 무관용 위반에 대한 처벌은 다른 회사들보다 엄격하지 않다; 리바이스는 그러한 위반이 두 세번 반복된 후에만 공급업체를 종료한다.

행동규범 및 감사는 시간 경과에 따른 목표를 설정하고 정보를 수집하는 데 사용될 수 있다. 그 정보는 공급업체의 공장 관리자와 함께 문제를 가장 잘 해결할 수 있는 방법에 대해 협력하여 검사관의 역할을 집행자(enforcer)에서 자문(Advisor)으로 전환하기 위한 기초를 형성한다." 아시아의 Levi Strauss 공급자인 Luen Tai Holding은 Levi Strauss 접근법이 잘 작동한다는 것을 발견한다. 그러나 그들은 대

---

[49] 프로젝트명이긴 하지만, 우리 식으로 이해하자면 '재설계 프로젝트'로 명명할 수 있음

부분의 다른 고객들은 여전히 협력적인 문제 해결보다는 감사와 제재 모델을 사용한다는 점에 주목한다.

우리 회사에게 효과가 있다면, 공급업체들에게도 효과가 있을 것이다 If It Works for Us, It Will Work for Our Suppliers

2009년 Siemens가 298개 공장에서 에너지 절약을 위한 사내 방법론을 개발하여 성공적으로 적용한 후(제4장 참조) 지속가능성 최고 책임자 바바라 쿡스(Barbara Kux)는 에너지 효율 프로그램을 협력업체와 공유하기로 결정했다. 지멘스는 자사의 공급망이 회사 자체의 탄소 발자국의 대략 두 배 정도라고 추정했다. 2009년 UN 지속가능성 정상회담에 대비해, Kux는 회사의 상위 30개 공급업체와 4단계 방법의 모든 세부 사항을 공유하고 각 공급업체가 자체 시설에 동일한 접근 방식을 적용할 것을 제안했다. 6개 업체는 그렇게 했다. 회의 며칠 전, 그들 중 한 명은 지멘스의 평가 방법론을 이용하여 12%의 에너지 절약 가능성을 확인할 수 있었다.

초기 결과에 고무된 지멘스는 온라인 포털을 통해 모든 공급자에게 에너지 절감 평가 방법론을 개방했다. "나는 그것을 '그린 구글(green google)'이라고 부른다. 쿡스는 "공급업체는 미국이나 인도에서 로그인해 데이터를 연결한 뒤 예비 결과를 얻을 수 있다."고 말했다. 이 도구는 지속가능성이 비용을 낮추어 이익을 얻을 수 있다는 것을 공급자들에게 보여준다.

일부 지멘스 공급업체는 지멘스의 에너지절감 평가 툴을 사용하고 권장 변경사항을 구현한 후 즉시 절감 효과를 보았다. 예를 들어, 독일에 본사를 두고 있는 45억 유로의 케이블 및 활용 회사인 Leoni AG는 지멘스 도구에 의해 권장되는 에너지 절약 실행계획을 통해 연간 800톤의 CO_2 배출량을 줄일 수 있었다. 그 결과 연간 에너지 비용도 25만 유로 이상 절감되었다. 전체적으로 관련 공급업체의 80%가 9~20%의 잠재적 에너지 효율 개선 효과를 발견하였다. 지멘스는 2013년 초 현재 1,000개 이상의 공급업체가 이 프로그램에 참여하여 평균 10%의 잠재적 에너지 효율 개선을 확인했다고 보고했다.

지멘스에게는 공급자를 참여시키는 것은 일석 삼조였다. 첫째, 지멘스 제품은 지멘스와 그 공급자 모두의 환경 효율이 높아짐에 따라 탄소 배출량이 감소할 것이다. 탄소 절약량은 적었지만, 그들은 지멘스의 환경 기록을 깨는데 도움을 주었다. 둘째, 에너지 소비의 어떠한 형태의 감소도 전체 체인에 걸쳐 비용 절감을 가져왔다. 마지막으로, 공장 기술, 전력 공급 장치, 설비 시스템 및 재생 에너지 시스템과 같은 환경 지속가능성을 지원하는 제품을 제공하는 회사로서, 지멘스의 공급자들도 고객이 될 수 있다: Siemens 제품은 종종 평가 도구의 일부로 권장된다.

공급업체 교육 및 지원 Supplier Education and Assistance

Siemens는 자체적인 친환경 제조 방법론을 공급자와 공유한 반면, Apple은 환경 및 사회적 책임 문제에 대해 공급자의 근로자와 관리자들에게 가르칠 수 있는 다양한 교육 시스템을 개발했다. 2013년 Apple은 전 세계적으로 유자격 EHS 전문인력 부족 문제를 해결하기 위해 3개 대학과 협력하여 18개월짜리 환경보건안전(EHS) 아카데미를 개발했다. 2014년 Apple은 협력사 직원 230만 명 이상을 대상으로 Apple의 행동강령과 노동자의 권리를 교육했다고 발표했다. SEED(Supplier Employee Education and Development) 프로그램은 iMac 컴퓨터, iPad 태블릿, 교육 소프트웨어, 비디오 회의 시스템 등을 갖춘 23개 시설의 48개 강의실로 확대되었다. 2008년 이후 납품업체 직원 140만명 이상이 자기 개발을 위해 무료로 강좌를 수강했고, 일부 근로자는 이 프로그램을 통해 대학 학위까지 받았다.

물과 관련된 문제에 대해, Apple은 공급자들이 회사의 청정수 프로그램의 일환으로 그들의 영향을 줄이도록 돕는데 더 적극적인 역할을 하고 있다. "Apple은 일련의 정기적인 평가를 통해 수도계량계 설치 전략, 물 절약 인식 캠페인, 폐수 재생 시스템, 적절한 우수로를 개발하는데 도움을 주었다. 그 결과, 우리는 담수의 10%를 절약하게 되었다."라고 오스트리아 레오밴 지역의 AT&S의 BU 모바일 기기 & 서브스트레이츠 유닛의 콜린 리(Colin Li) EHS 및 지속가능성 책임자가 말했다. Apple은 2013년 시범 운영된 이 프로그램이 13개의 초기 공급 시설에서 2015년 265개로 성장했다고 보고했다.

지구: 궁극적인 대체 불가능한 단일 공급원 EARTH: THE
ULTIMATE SOLE-SOURCE SUPPLIER

1972년 로마 클럽의 '성장의 한계'는 현재의 성장 추세가 계속된다면, "이 행성의 성장은 앞으로 100년 안에 한계에 이를 것이다. 가장 가능성 있는 결과는 인구와 산업 능력의 갑작스럽고 통제할 수 없는 감소."라고 결론지었다. 2014년 호주 연구는 이 책에서 추적한 요소 (인구 증가, 산업화, 오염, 식량 생산 및 자원 고갈)는 실제 통계와 매우 밀접하게 일치한다고 결론을 내렸다. 비록 본래의 책(그리고 최근의 연구)은 논란의 여지가 있지만, 궁극적으로 지구는 모든 제품의 유일한 공급원이나 기본 공급자이며 식품, 의료, 포장재 등과 같은 산업군에서 전형적으로 "Tier 1 또는 2" 공급자이다. 사업과 사회에 미치는 잠재적 환경 위험이 지속 불가능한 농업 및 공업용 관행이 생태계 시스템의 물 부족, 오염, 종 손실, 침식, 가뭄과 기후 조건을 통해 생태시스템 붕괴로 이어질 수 있다는 것이다. 이 위협은 주요 농산물 공급업체의 환경관행을 개선하도록 동기를 부여한다.

AB InBev의 전세계 농업 개발 관리자인 존 로저스(John Rogers)는 "우리는 전세계의 맥아와 보리의 거의 4분의 1을 구입하고 사용하는데 책임이 있다."고 말했다. 그 회사는 총 100만헥타르를 경작하는 2만여명의 재배자로부터 보리를 구매한다. "우리는 결과적으로 많은 경험과 전문 지식을 보유하고 있으며, 그 경험과 전문 지식을 공급망, 재배자에게 제공하여 농장 수준에서 그 가치를 창출할 수 있기를 정말로 원한다." 그는 덧붙였다.

이 회사는 대학 연구자와 사내 농업 경제학자 35명을 사용하여 농작물 수확량 문제를 이해하고 농민을 교육한다. 이 회사는 온라인 시스템(SmartBarley.com)을 만들어 2,400명의 참여 재배 농가가 전 세계의 다른 재배 농가와 비교하여 40개의 농업 지표에 대한 성과를 익명으로 비교할 수 있다. 이 프로그램은 지속 가능성 외에도 관개, 비료 및 기타 효율성 관행의 생산성을 농부의 경제적 목표와 일치시키는 데 중점을 둔다.

둘을 위한 차 *Tea for Two*

1895년에 윌리엄과 제임스 레버(William and James Lever)형제는 레버 브라더스를 설립했다. 영국의 비위생적인 환경에서 나온 광범위한 콜레라는 그 형제들이 값싸고 미리 포장된 비누를 대중들에게 판매함으로써 구식 비누 산업을 변화시키도록 동기를 부여했다. 현재 유니레버로 알려진 이 회사는 글리세린과 식물성 기름으로 비누를 만들어 햇빛 비누로 브랜드화했다. 생산은 빠르게 확대되었고, (가격이 낮아져서) 수입에 관계없이 모든 사람들이 비누를 쉽게 사용할 수 있게 됨으로써 위생을 향상시키고 유럽 전역의 질병을 줄이는 데 도움이 되었다.

유니레버가 성장함에 따라, 공중보건 향상을 위한 윌리엄 레버의 철학은 회사의 사명을 규정했다. "착한 경영으로 좋은 성과를 낸다 (doing well by doing good)"라는 모토는 유니레버가 다각화된 세계 소비자 패키지 상품 거대 기업으로 성장함에 따라 지속 가능한 공급망 관행을 개발하게 만들었다. 1세기 이상 지난 후, 그 사명 중심의 내부 문화와 회사의 윤리적 뿌리가 CEO인 폴 풀먼(Paul Polman)과 최고 공급망 책임자인 피에르 지그몬디(Pier Luigi Sigismondi)가 사업 전반의 환경 지속가능성을 향한 여정에 도움을 주었다." 이러한 리더십은 회사의 글로벌하고 복잡한 공급망 전반에 걸쳐 야심찬 약속에 반영되었다. 2010년에 유니레버는 2020년까지 모든 농산물을 지속 가능하게 공급하겠다고 약속했다. 유니레버의 차 공급망은 많은 원료들 중 하나만 소싱하는 회사의 전체적인 접근 방식을 보여준다. 차는 세계에서 두 번째로 인기 있는 음료다; 이 산업은 45개국에서 거의 500만 헥타르의 차 농장을 경작하는 1,300만명의 사람들을 고용하고 있다. 립톤, PG Tips, 그리고 다른 여러 차 브랜드의 소유주인 유니레버는 가장 가까운 경쟁사의 3배 크기인 12%의 세계 시장 점유율로 차 시장을 주도하고 있다.

유니레버는 전 세계적으로 차의 약 90%를 공급자로부터 직접 구입하거나 오픈마켓 경매를 통해 구입한다. 이 차는 75만개의 소규모 소유자의 차 농장과 더 큰 차 농장의 조합에서 나온다. 2006년 유니레버는 Rainforest Alliance와 제휴해 차 인증 과정을 개발했고, 2015년까지 레인포레스트 얼라이언스가 인증한 재배자로부터 모든 립톤 차를 조달하는 데 성공했다고 발표했다. 또한 네덜란드에 본부를 둔 지속 가능한 무역 실행계획, 케냐 차 개발청 등과 제휴하여 농가에 다양한 지속 가능한 관행을 가르치기 위해 현장학교의 공동 자금을 조달하였다. 이러한 관행은 밭에 식물의 잔해를 남겨둠으로써 수분 보유와 토양의 질을 향상시키고, 차 잎을 덮고 말리는 재생 가능한 연료원으로 빠르게 자라는 유칼립투스 나무를 심도록 농부들을 설득하는 것을 포함했다. 유니레버의 지속가능성 책임자인 게일 클린트워스(Gail Klintworth)는 2007년부터 2012년 사이 학교들이 레인포레스트 얼라이언스 인증을 받기 위해 45만명의 농부들을 훈련시켰다고 보고했다.

Unilever가 농부들에게 가르치는 향상된 재배 관행은 케냐와 탄자니아의 자체 찻집에서의 연구에서 나온 것이다. 이 회사의 케냐 Kericho 농장은 헥타르[50]당 3.5~4톤으로 세계에서 가장 높은 수확량을 기록했다. 탄자니아에 있는 이 회사의 토지는 헥타르 당 3톤의 수확량을 달성했는데 비해 전국적으로는 헥타르 당 평균 2톤이었다. 유니레버는 또한 더 지속 가능한 차 품종을 배양하기 위한 유전자 연구를 추진하고 있다. "더 적은 땅에서 차를 더 많이 재배할 수 있고, 가뭄과 기후 변화에 대한 내성을 높이는 동시에 농약의 필요성을 더욱 줄일 수 있는 능력이 이 프로젝트에 필수적입니다,"라고 Unilever's Refreshment category의 연구 개발 담당 수석 부사장인

---

[50] 1 헥타르(ha)는 10,000 ㎡(약 3,025 평 상당)

Clive Gristwood는 말했다.

12만 공급업체를 매핑 Mapping 120,000 Suppliers

"커피 농부들은 우리에게 매우 중요하다. 우리는 그들을 얼굴 없는 공급망인 상품으로 보지 않는다. 오히려 그들은 우리가 아는, 우리가 그들의 가족을 알고 있는 사람들이다."라고 스타벅스의 윤리적 소싱 책임자 켈리 구드존(Kelly Goodejohn)이 말했다. 스타벅스의 "우리가 봉사하는 지역 사회에 긍정적인 영향을 미치겠다."는 비전은 고객들을 넘어 공급망의 가장 먼 곳까지 확대되며 커피를 재배하는 12만명 이상의 농부들에게 까지 확대된다. 스타벅스는 고객들에게 지구상에서 가장 좋은 커피를 팔겠다고 약속할 뿐만 아니라, 환경 영향을 줄인 농장에서 커피를 재배하고, 선별하고, 가공하는 사람들이 공정하게 대접받을 것이라고 약속한다.

스타벅스는 환경적, 사회적 지속 가능한 커피를 사도록 하기 위해 1999년 'Conservation International'과 제휴하여 커피 공급망과 연계한 환경, 사회, 경제 가이드라인인 'Coffee and Farmer Equity (C.A.F.E)' 프로그램을 개발했다. 스타벅스는 모든 지리정보 추출, 소유주와 노동자의 신원, 조경과 생물 다양성을 포함한 농업 관행에 대한 정보 등 각 농민에 대한 정보를 수집하여 농민들이 기준을 충족하도록 보장한다. 스타벅스 공급업체가 되기 위해서는 농부들과 커피 가공업체들이 일련의 필수적 관행과 함께 C.A.F.E 스코어카드에서 농부들에게 높은 점수를 주는 충분한 수의 선택적 관행을 수행해야 한다. 더 많은 선택적 관행을 수행함으로써 더 높은 점수를 획득한 농부들은 "우선적인" 공급자가 될 수 있고, 그 다음에는 더 나아진 가격과 계약 조건을 제공받는 "전략적인" 공급자가 될수 있다. 점진적 개선에 대한 이러한 긍정적인 인센티브는 IWAY 또는 EICC 행동강령과 같은 의무 지향 접근법과 대조를 이룬다. 이 프로그램들은 이 장의 앞부분에서 언급된 Levi의 접근법이나 나이키 "Rewire" 프로그램에 더 가깝다. 이 프로그램들은 또한 의무사항과 인센티브를 혼합한다.

C.A.F.E.는 단순한 스코어카드 이상의 것으로, 물에서 최소 5미터 떨어진 완충지대, 가파른 경사면의 침식을 줄이기 위한 벤치 테라스, 질소 고정 지피작물[51]사용, 보존가치가 높은 영역 보호 등 200여 가지의 구체적인 우수 관행을 전달한다. C.A.F.E. 점수표 항목 중 거의 3분의2가 환경 문제와 관련이 있고, 나머지는 근로 조건, 근로자 권리와 급여, 아동 노동 등 사회적 책임 문제에 초점을 맞추고 있다.

이 회사는 25개의 심사 및 검증 기관을 고용하여 각 농장에 대한 정보를 수집하고 있다. 캘리포니아주 오클랜드에 있는 SES Global Services는 검증 프로세스의 품질과 무결성을 관리한다. 스타벅스 구드존(Goodejohn)은 "그들은 제3자를 감독하는 제2자 역할을 한다"고 설명했다. 이러한 감사 결과는 일반적으로 개선 노력으로 이어진다. 그러나 일부 관행은 금지 살충제 사용, 자연림 차단, 아동 노동 등 무관용 규정에 의해 지배되고 있다. 이러한 관행으로 인해 스타벅스는 즉시 선적을 거부하게 되고 위반하는 커피콩 공급자와의 계약을 취소할 수 있다.

구드존은 "이 같은 심사 지표들은 스타벅스가 윤리적으로 소싱된 커피(2013년 95%에 도달)의 목표를 향해 진보를 측정하게 한다."면서 "최근 5%에서 농장 정보를 얻는 것은 우리의 공급망이 끊임없이 변화하기 때문에 어려운 일이다. 하지만 100% 목표 달성에 대한 우리의 약속이며 계속해서 노력하고 있다."라고 말했다. 또한 이 감사는 커피의 품질을 보증하고 Unilever와 마찬가지로 스타벅스의 지속가능성 목표를 주요 제품 품질 목표와 일치시키는 데 도움이 된다. 2015년 스타벅스는 커피의 99%를 윤리적으로 소싱해 실질적 최고 목표에 도달했다.

스타벅스는 자체 운영에서 시스템을 개발하고 구현했을 뿐만 아니라 재배자, 제분업체 또는 커피 회사가 사용할 수 있도록 시스템을 공개하기로 결정했다. "진짜 오픈 소스 방식으로 프로그램을 설계한 것이다. C.A.F.E.의 어떤 행동도 비밀스럽거나 이용 불가능하지 않다.

---

[51] 콩과 식물 등 맨 땅의 표면을 덮어 비료의 유출을 막거나 토양의 침식을 막기 위하여 재배되는 작물

사실, 우리는 이 프로그램이 스타벅스의 독점적인 프로그램이 되는 것을 의도적으로 원하지 않았다. 왜냐하면 우리는 이 프로그램이 농부들에게 혜택을 줄 수 있는 모범 사례들을 실제로 보여주었다고 느꼈기 때문이다."라고 구드존이 말했다. "우리는 이것이 다른 사람들, 다른 커피 회사들에게 오픈 소스가 되기를 원했다."

99% 윤리적으로 소싱된 이정표를 달성한 후 스타벅스는 다른 업계 선두주자들과 함께 세계 최초로 지속 가능한 농산물을 만들기 위한 NGO Conservation International가 주도하는 실천 요청 Sustainable Coffee Challenge의 창립 멤버가 되었다.

상품의 복잡성 THE COMPLEXITIES OF COMMODITIES

지구 적도 부근의 많은 나라에서는 눈부신 햇빛과 많은 강우량때문에 울창하고 신비로운 열대우림에 수천 종의 엄청난 생물종이 다양하게 번성하고 있다. 모든 녹색 식물들은 하늘을 향해 뻗어 있고 상상할 수 있는 모든 색깔의 꽃과 과일을 생산한다. 곤충은 윙윙거리고, 새들은 펄럭이고, 동물들은 이 원시림의 높은 가지에 있는 잎사귀를 바스락거리며 지나간다.

사람들과 회사들 모두 식량, 농산품, 광물, 그리고 증가하고 있는 수십억 인구의 일자리에 대한 증가하는 요구를 충족시키기 위해 이 고도로 생산적인 땅을 탐하는 것은 놀랄 일도 아니다. 매년 많은 농부들은 730만 헥타르의 숲을 허물고, 그것을 야자유, 콩, 다른 작물, 또는 목초지로 대체한다. 자연 환경과 경제 환경 사이의 싸움은 한쪽은 환경주의자 (주로 NGO를 통해)와 다른 한편으로는 소비자와 노동자 (주로 회사를 통해)로 구성된 부대가 서로 대항하는 것이다.

당신에게는 좋고, 환경에는 나쁜가? Good for You, Bad for the Environment?

열대야자 나무의 과일과 알갱이에서 추출한 팜유는 단것과 구운 식품에서부터 비누와 화장품, 바이오 디젤에 이르기까지 모든 것에 사용되는 식물성 기름이다. 2006년 미국 식품의약국(FDA)이 동맥경화 트랜스지방산을 식품 라벨에 표시하도록 요구하면서 인기와 소비가 급증했다. 팜유는 콩기름과 같은 대체 식품보다 생산 비용이 저렴했기 때문에 트랜스 지방의 선도적인 대체품으로 빠르게 확인되었다. 그것은 적어도 환경측면에서 하나의 중요한 척도인 식물성 기름의 새로운 공급을 위해 필요한 신규개간 토지면적 측면에서 우수하다. 팜유는 콩, 해바라기, 또는 유채와 같은 다른 흔한 기름 종자들보다 10분의 1에서 4분의 1의 땅만을 필요로 한다.

2002년과 2014년 사이에 팜유 수요가 두 배로 증가했을 때, 공급자들은 알맞은 기후를 가진 지역에서 넓은 땅을 찾았다. 말레이시아의 최대 팜유 생산업체 중 하나인 시메 다비 베르하드(Sime Darby Berhad)의 선임 임원 모하드 살렘 카일라니(Mohd Salem Kailany)에 따르면 이 기후대는 적도 북쪽이나 남쪽으로 7도 정도 뻗어 있다. 카일라니는 2014년 MIT대 교통물류센터를 방문해 팜유 이야기를 들려줬다. 증가하는 수요를 충족시키기 위해 팜유 재배업자들은 특히 말레이시아와 인도네시아에서 대규모로 열대 우림을 개간하기 시작했다. 이 두 나라는 세계 팜유의 85%를 공급하게 되었다. 그러나 지구 한가운데를 휘감고 있는 이 기후대에는 카리스마 넘치는 오랑우탄을 포함한 수천 종의 독특한 동식물이 있다.

숲을 청소하기 위해 농부들은 나무를 모두 베어내어 불에 태웠다. (벌목, 소각이라고 알려진 관습) 이 과정은 토양 침식을 일으키고 공기와 물을 오염시키는 것 외에 많은 열대 종의 자연서식지를 파괴한다. 특히 대량의 GHG를 방출하는 탄소가 풍부한 삼림과 이탄습지(peatlands)의 연소가 특별한 관심사다. Yale과 Stanford 대학의 공동 연구는 팜유 재배지의 확장이 캐나다의 2012년 화석 연료 배출량보다 많은 6억1천5백만톤 이상의 이산화탄소 대기 배출에 기여할 것이라고 추정했다. 전반적으로, 전세계 삼림 벌채는 전 인류의 전체 탄소 발자국 중 약 6~17%를 차지한다.

네슬레가 계약을 취소하지만 그게 도움이 될까? Nestle Cancels Contracts, but Does That Help?

그린피스가 2010년 네슬레에 행한 공격(1장 참조)은 그린피스 팜유 캠페인의 일환이었다. 인도네시아 대기업 시나르마스그룹(Sinar Mas)의 팜유 계열사인 골든아그리리소스(GAR)가 생산해 판매한 팜유 바이어인 주요 소비자 브랜드를 대거 타깃으로 삼았다. 그린피스는 또 삼림파괴와 연계된 시나르마스의 또 다른 자회사인 아시아펄프앤페이퍼(APP)의 종이를 사용하고 있는 유명 브랜드 회사들을 공격했다. 그 결과 시나르마스(Sinar Mas Group)는 12개월도 안 돼 네슬레, 유니레버, 크래프트, 버거킹 등 유명 고객들을 잃었다.

그럼에도 불구하고, 이 고객들의 손실은 시나르마스에게 엄청난 재정적인 영향을 끼치지 않았고 두가지 이유로 그린피스를 만족시키는 데는 거의 도움이 되지 않았다. 첫째, 네슬레는 시나르마스의 수입의 1% 미만을 차지했고 유니레버는 세계 최대의 팜유 구매자임에도 불구하고 시나르 마스 매출의 4%에 불과했다. 그린피스 캠페인의 영향력이 제한적인 아시아, 특히 중국과 인도의 구매자들은 시나르 마스의 매출에서 89%를 차지했다.

둘째, 네슬레 등의 시나르마스 계약이 취소된 것은 시나르마스의 팜유가 이들 서방 기업들로의 흐름을 중단했다는 것을 의미하지는 않았다. 네슬레가 시나르마스를 끊은 후 그린피스는 네슬레의 공급망을 지도화하여 시나르마스의 팜유가 여전히 다른 팜유 공급업자들을 통해 네슬레 제품에 침투하고 있다는 사실을 발견했다. 시나르마스 플랜테이션의 팜유는 식물성 오일 산업의 다른 가공업체, 정제업체 및 성분 제조업체에게 판매되고 있었다. 그린피스는 "네슬레가 카길(Cargill)과 APP 같은 다른 공급업체를 통해 시나르마스 팜유와 시나르마스 펄프, 종이 제품을 계속 사용하고 있기 때문에 이러한 취소로도 열대우림은 사실상 휴식할 수 없었다."고 말했다. 포레스트 트러스트(TFT)의 스콧 포인턴(Scott Poynton)에 따르면 네슬레는 어떤 벌크 오일회사로부터 오일을 사들였는지는 알 수 있었지만, 그 오일이 어디서 나오는지는 알 수 없었다고 한다.

시나르 마스가 (부분적으로는) 새사람이 되다 Sinar Mas Turns Over a (Partial) New Leaf

시나르 마스는 위에서 언급한 고객들의 손실을 견뎌낼 수 있었지만, 이들 서방 주요 기업들의 공개, 불매운동, 불리한 보도자료 등은 당혹스러운 일이었다. 게다가, 이러한 조치는 팜유 생산업자들이 야기하는 환경 피해에 정부, 언론, 그리고 지역사회 관심을 집중시켰다. 이에 따라 시나르 마스 팜유사업부 GAR는 행동 하기로 결정했다.

2011년 초, GAR은 팜유 재배업자를 위한 최초의 "숲 보존 정책"을 발표했다. 이 정책의 원칙에는 1차림, 고탄소 저장삼림 또는 이탄습지[52]에 대한 개발이 포함되지 않았으며, 모든 팜유는 지속가능한 팜유에 대한 RSPO(Roundtable on Sustainable Palm Oil) 원칙과 기준에 의해 인증받기로 합의했다(다음 섹션 참조). GAR은 보존 목표를 최대로 달성하기 위해 그린피스 및 TFT와 협력하여 고탄소 저장삼림 지역을 식별했다. 그 결과 그린피스는 GAR의 개혁이 진보적이며 팜유 산업에 앞장섰다고 칭찬했다. 네슬레, 유니레버, 버거킹이 고객으로 다시 돌아왔다.

GAR의 과감한 약속에도 불구하고, 또 다른 시나르마스 자회사인 APP는 GAR의 예를 따르지 않았다. GAR이 약속을 한 지 3년 후, APP는 인도네시아 리아우(Riau)에서 멸종위기에 처한 열대우림을 불법으로 벌목한 혐의로 기소되었다. 그린피스에 따르면 APP는 "종이 및 포장재에 대한 광범위한 삼림 벌채를 담당하고 있는 GAR의 실행 계획이 앞으로 나아갈 길이라는 것을 깨닫지 못하는 것 같다"고 말했다. APP의 관행에 대한 반란이 전 세계적으로 계속되고 있음에도 불구하고, 그들의 약속과 발표는 글로 쓸 만한 가치가 없다.

RSPO가 어려운 관행을 깨다 The RSPO Cracks a Tough Nut

네슬레와 다른 많은 기업들은 어떤 회사도 단독으로 국제 농업 관행을 변화시킬 수 없으며 팜유와 그 파생상품의 복잡한 공급망 전

---

[52] 유기물이 잘 분해되지 않고 토양층이 쌓여 있는 습지로 완전히 탄화할 정도로 오래되지는 않은 석탄의 일종인 이탄이 쌓여있음

체에 투명성을 제공할 수 없다는 것을 깨달았다. 대신 주요 팜유 공급자 및 구매자와 업계 단체, NGO 연합이 모여 지속 가능한 팜유에 대한 라운드테이블(RSPO)을 구성하였다. 라운드테이블은 2001년 세계야생생물기금(WWF)의 발상으로 식용유와 식용지방을 개발하는 AAK UK Ltd.와 슈퍼마켓 체인인 미그로스(Migros), 그리고 유니레버에 의해 시작되었다. 2013년 RSPO 회원국은 전 세계 팜유 생산량의 약 40%를 차지했으며, 까르푸, 유니레버, 월마트, 네슬레, 존슨앤존슨, P&G 등 몇몇 회원사는 RSPO 인증 지속가능한 팜유만을 공급하기로 약속했다.

지속가능한 팜유 농업을 촉진하고 시장참여자의 불투명한 거미줄 문제를 극복하기 위해 RSPO는 "그린팜(GreenPalm)" 인증 프로그램을 개발하였다. 그린팜은 팜유 과일 재배에 대한 RSPO의 지속가능성 기준에 부합하는 농가에 톤당 1개의 인증서를 발급한다. 지속가능한 팜유에 관심이 있는 회사들은 그 회사의 오픈마켓인 팜유 구매의 일부, 때로는 모든 것을 다루기 위해 그린팜 인증서에 입찰한다. 회사가 인증서 수령 농장에 지불한 돈은 증명서 수령 농장에 가서, 지속 가능한 관행만 사용하는 농민들의 비용을 부담하고, 다른 농장들이 지속 가능한 생산으로 활용하거나 전환하기 위한 재정적 인센티브를 창출한다.

그러나 그린팜 인증서를 구입할 때, 기업은 특정 지속가능 농장에서 직접 특정 톤의 지속가능한 팜유를 구입하지 않는다. 그린팜은 전세계 공급에 상당량의 지속가능한 팜유가 추가될 것이라고 보장하고 있지만, 이 프로그램은 기업이 받은 특정 팜유가 지속가능한 공급원으로부터 나왔다는 것을 확실히 하기 위해 별도의 공급망을 만들지 않는다. 따라서, 그린팜 접근법은 소비자 브랜드 회사들이 그들의 제품에 있는 기름에 대해 할 수 있는 주장을 제한한다. 그러나, RSPO는 또한 지속 가능하게 생산된 팜유만을 사용하는 회사에 대한 인증을 제공한다. 그러한 인증은 농산물 선적분의 세부내역을 추적할 수 있는 체계 또는 분리 공급망을 필요로 하며, 이것은 비용을 상당히 증가시킬 수 있다. 그린팜은 바람이나 태양열 농장을 에너지

구매자와 연결하기 위해 별도의 전력망 비용을 들이지 않고 재생 에너지를 구매하는 데 사용되는 "예약과 청구(book and claim)" 시스템 으로 알려진 것을 예로 든다. 탄소배출권과 유사하지만 팜유에 대해 서도 상쇄 시스템으로 볼 수 있다.

때로는 RSPO로도 존중받지 못한다 Sometimes RSPO Gets No R-E-S-P-E-C-T

EICC 및 상쇄 관행과 마찬가지로, NGO들은 RSPO가 충분히 추진되 지 못한 것에 대해 비판한다. 2013년 RSPO의 원칙과 기준의 재검 토와 제안된 표준의 갱신에 따라 WWF는, "... 검토가 강력하고, 엄 격하며, 명확한 성능 기준을 수용하지 못했기 때문에... 불행하게도 팜유의 생산자나 사용자가 생산에 의해 책임감 있게 행동하고 있는 지 확인하는 것은 더 이상 불가능하다"고 언급했다. WWF는 이 프 로그램이 RSPO 인증농장의 온실가스 배출과 살충제 사용규제와 같 은 이슈에 대해 더욱 엄격해지기를 원했다. 한 NGO는 "업계 협회는 가장 민첩한 회원들만큼만 빨리 움직일 수 있다."고 안타까워했다. 이에 대해, 기존의 기준을 강화하기 위한 다른 시책들이 형성되었다. 예를 들어, 뉴 브리튼 팜유, WWF, 그린피스를 포함한 회원들로 구 성된 팜유 혁신 그룹은, 원료의 지속가능성에 대한 더 높은 수준의 추적가능성과 신뢰성을 달성하기 위해 RSPO를 넘어 야심찬 기준을 세우는 것을 목표로 한다.

동시에, 인도네시아 정부는 특히 소규모 팜유 농부들을 위한 환경적, 경제적 문제의 균형을 맞추기 위해 자체 인증 프로그램인 인도네시 아 지속 가능한 팜유(ISPO)을 만들었다. 인도네시아 팜유 생산업체 들에 의해 널리 채택되지 않고 자발적인 RSPO와 달리, ISPO 규칙은 이들 생산국들에게 필수적이다. 그러나 ISPO 표준은 RSPO 표준보 다 훨씬 덜 엄격하고 준수 모니터링 및 시행 메커니즘이 엄격하지 않을 수 있다.

그러나 RSPO의 인증은 일부 NGO들이 주장하는 것만큼 약하지는 않다. RSPO가 자회사의 인도네시아 삼림 벌채 개입을 막지 못한 혐 의를 받고 있는 말레이시아의 대형 팜유 생산업체 겸 무역업자 IOI

그룹에 대한 지속가능성 증명서를 중단하자 많은 기업들이 이 회사와의 거래를 중단했다. 이들 기업에는 Unilever, Nestlé, Kellogg, Mars 등 평판에 민감한 소비자 브랜드가 포함됐다. Archer Daniels Midland, Louis Dreyfus Company, 심지어 GAR와 같은 다른 팜유 중개업체들도 포함되어 있었다. 그 뉴스는 IOI그룹의 주가를 15퍼센트나 떨어뜨렸고 그 회사는 신용등급 강등 위협을 받았다. GAR 대변인은 "우리가 본 것은 구매 부문과 금융 부문의 강력하고 신속한 반응"이라고 말했다.

전반적으로, RSPO는 가장 널리 인정받는 팜유 지속가능성의 노력을 유지하고 있으며, NGO뿐만 아니라 기업들에게 업계 전반의 실행계획을 조정하고 지속 가능한 팜유 생산을 장려하기 위한 실행 가능한 금융 메커니즘을 관리하는 장소를 제공한다. WWF 조차도 업데이트에 대한 NGO의 자체 비판에도 불구하고 업데이트된 RSPO 표준을 승인할 것을 권고했다.

농업: 하기 싫어하는 업이지만 누군가는 유지해야 한다 Agriculture: It's a Dirty Job, but Someone Has to Sustain It

특히 농산물은 공급망의 소비자와 조달 측면 모두에서 중요한 환경 문제에 직면해 있다. 소비자 "섭취(in me), 착용(on me), 주변품(around me) 측면에서 (1장 참조)에서 그 제품들은 종종 "섭취(in me)" 상품이다. 즉 사람들이 가장 아끼고 먹는 음식이다. 동시에, 차, 커피, 팜유, 그리고 다른 농산물들은 중간자들로 가득 찬 불투명한 업스트림 공급망을 가지고 있고, 너무 자주 좋지 않은 사회적, 환경적 관행으로 얼룩져 있다. 게다가 농산물은 수십만 개의 영세농장에서 조달되는 경우가 많은데, 이는 거대하고 체계적인 기업들이 공급의 대부분을 제공하는 광업이나 석유 탐사 같은 많은 산업 부문과는 대조적이다.

기업이 이러한 심층적인 환경 문제를 어떻게 처리하느냐의 핵심 요인은 회사 제품의 성분 우선 순위에서 비롯된다. 커피콩과 찻잎은 스타벅스와 유니레버가 만든 각각의 음료의 주요 성분이다. 그리고,

AB InBev와 보리 농가의 관계와 마찬가지로, 이러한 브랜드 소유의 회사들은 그들의 공급자들로부터 각각의 상품들의 주요 구매자들, 때로는 유일한 구매자들이다. 그러므로 그들은 지속 가능성뿐만 아니라 제품의 품질과 생산성까지 이유로 자사 제품의 주요 성분의 심층 재배자들과 강한 관계를 형성할 수 있다. 공급자들은 차례로 듣고 있다. 스타벅스와 유니레버가 노력한 결과는 환경적, 사회적 개선 뿐만 아니라 농부들의 수확량을 증가시켰을 뿐만 아니라 더 좋은 품질의 커피 원두와 찻잎도 증가시켰다.

커피나 차와는 대조적으로, 야자 기름은 네슬레와 유니레버 같은 회사들의 작은 재료일 것이다; 그것은 그들이 그들의 제품에 사용할 수 있는 많은 가능한 식물성 기름들 중 하나에 불과하다. 게다가 네슬레와 유니레버는 시나르마스와 같은 대형 팜유 공급사의 핵심 고객이 아니다. 1차 재료 공급 사슬과 2차 재료 공급 사슬의 차이는 네슬레와 유니레버가 야자유 재배업자들의 환경적 영향을 통제하는 데 지렛대를 덜 준다. Unilever는 더 지속 가능한 팜유에 대한 강한 열망을 가지고 있을지 모르지만, 회사는 우리의 발전이 우리가 기대했던 것보다 더 느렸음을 인정하며, 추적가능성과 변혁을 추진하기 위한 이 여정이 쉽지 않다는 것을 강조한다.

업스트림 공급 체인의 환경 영향을 통제하는 것만큼이나, 다운스트림 공급 체인을 통제하는 것은 훨씬 더 어려워 보인다. 어떤 제품이 회사의 울타리, 경계(four walls)를 떠나는 순간, 회사는 기업 고객, 유통업자, 소매업자, 그리고 소비자들이 그것을 어떻게 처리하고, 사용하거나, 처분하는지에 대해 참견할 수 없다. 그럼에도 불구하고 제품의 총 환경 영향은 수명 주기의 이러한 다운스트림 단계도 포함한다. 제품의 사용 단계에서 다운스트림 영향을 줄이는 것은 특히 어려울 수 있다. 여기에는 제품 재설계(8장), 구매 및 사용 습관 변경 설득(9장), 재사용, 재활용 또는 폐기 처리를 위한 역공급망 구축(7장) 등이 일부 조합되어 있다.

제6장 더 많은 이동, 더 적은 배출
MOVING MORE, EMITTING LESS

미국 상점에서 구입할 수 있는 케냐 커피, 이집트 면 시트, 독일 강철 칼, 칠레산 농어, 플로리다 오렌지 주스, 뉴질랜드산 사과, 피지 워터는 공급자와 미국 소비자 사이의 엄청난 거리를 예시하고 있다. 사실, 미국 의류 신발 협회(AAFA)는 미국이 모든 의류 품목의 거의 98퍼센트를 수입한다고 추정한다. 하지만 전세계 의류와 수많은 다양한 제품들의 "Made in..." 라벨은 속칭 빙산의 일각에 불과하다. 독일제 강철 칼은 러시아 천연가스로 가열된 용광로에서 가공된 브라질산 철광석, 카자흐스탄 크롬, 중국 몰리브덴, 남아프리카산 바나듐으로 만들어질지도 모른다.

더 많은 짐 싣기 PUTTING THE GO IN CARGO

단순한 티셔츠도 쉽게 운송품이 되어 1만 마일 이상을 이동할 수 있다. 이 셔츠는 신장 우루무치 부근의 중국 서부에서 재배되는 면화로 시작될 수도 있다. 그리고 나서 면화는 상하이에 있는 의류 제조 클러스터까지 약 2,400마일을 여행할 것이다. 거기서 셔츠로 가득 찬 선적 컨테이너는 로스엔젤레스까지 6,500마일 정도 해상 화물선을 타고 갈 것이다. 로스엔젤레스에서는 트럭에 실려 있는 셔츠가 임페리얼 밸리, 시카고 또는 동부 해안에 있는 셔츠 제조자 유통센터로 갈 수 있다. 이 셔츠는 제조업체의 유통 센터에서 소매점의 유통센터까지 수백 마일을 이동한 다음 소매점의 매장까지 수백 마일을 더 이동하게 된다.

그리고, 이것은 셔츠의 운송경로를 단순화한 버전에 불과하다. 좀 더 복잡한 의복에는 여러 나라에서 온 다양한 천연 섬유와 인공 섬유를 선적하고, 한 나라에서 섬유를 직조하고, 다른 나라에서 재단하고, 또 다른 나라에서 재봉하는 것이 포함된다. 단추, 지퍼, 바느질 실, 염료는 다른 나라에서 올지도 모른다. 일부 상품들은 노련한 여행자만큼 많은 여권 스탬프를 가지고 있고 자주 날아다니는 마일리지를 가질 수 있다. 실제로 로스앤젤레스에서 중국으로 떠나는 단일 최대 수출품이 원면(미가공 면화)이라는 점을 감안할 때, 자신의 면으로 만든 텍사스 목화 재배업자 티셔츠는 밭에서 중국 공장으로 갔다가 다시 돌아오기 위해 거의 2만 마일을 여행했을지도 모른다. 전 세계 수천척의 배, 수백척의 항공 화물선, 수백만대의 철도 자동차와 트럭은 연간 18조 8천억 달러의 세계 상품 거래를 하고 있으며 내국 무역에서는 더 많은 것을 운반한다. 이렇게 바삐 운행하는 차량을 주의 깊게 살펴보면 엔진에서 나오는, 뜨겁고 이산화탄소가 풍부한 배기 가스의 숨길 수 없는 희미한 반짝임이 드러난다. 세계 경제포럼(WEF) 추산에 따르면 전세계 탄소 배출량 중 5.5%는 물류와 화물 운송에서 나온다. 그 중 절반 이상은 육로 화물 운송에서 나온다.

특정 제품의 공급망에서 자재 이동의 영향 중 가장 큰 비중은 운송업체, 상품의 발신인 또는 수취인이면서 운송 세부 사항을 지시하는 하주(shipper)의 결정에 달려 있다. 환경 영향은 덜하지만, 운송선박의 운영자인 운송업자들의(carrier) 결정에도 달려 있다. 하주들은 그 상품으로부터 혜택을 보는 소유자인 공급자, 제조자, 유통업자, 소매업자들이다. 그들은 얼마나 많이 선적되는지, 어디로 운송되는지, 어떻게 배송되는지, 언제 출발지에서 픽업할 수 있는지, 그리고 언제 그것이 목적지로 배송되어야 하는지를 결정한다. 운송업자들은 운송수단, 출발지에서 목적지로 운송되는 화물의 이동, 차량의 운행 조건, 그리고 차량에 투입되는 연료를 관리한다. 그들은 화물을 옮겨 하주들의 지시에 따라 배달한다. 어떤 경우에는 제조자나 소매업자가 자체적인 트럭 운송단을 운영하는 경우와 같이, 같은 회사가 하주와 운송업자의 역할을 모두 맡기도 한다.

환경방위기금(EDF)의 제이슨 매더스(Jason Mathers) 프로그램 매니저는 "화물 운송 공간의 가장 큰 측면[53] 중 하나이며, 오늘날 화물 운송이 탄소 감축을 위해 특히 적합한 이유 중 하나는 비용과 탄소감축 간에 좋은 시너지 효과가 있기 때문"이라고 말했다. 연소연료는 운송에서 환경영향의 주요한 원천이자 운송경제에서 지배적인 비용 요인이다. 따라서 친환경 교통망은 더 저렴한 교통망이므로 연료절약 실행 계획을 통해 쉽게 환경효율을 높일 수 있다.

빠른 운송수단이 더 많은 탄소발자국을 Fleet Fleets Have a Heavy Footprint

선박 화물의 1만 마일의 여정은 한 걸음으로 시작하지만, 그 여정의 탄소 발자국은 특히 2장에서 언급한 것처럼 화물이 얼마나 빨리 움직이는지에 대한 하주의 지시사항에 달려 있다. 미국 NGO 천연자원보호협의회(NRDC,[54] Natural Resources Defense Council)는 중국 면화 재배지역에서 미국 콜로라도 주 덴버의 소비자에게 면, 티셔츠를 배송하기 위한 의류 제조업자의 가상적인 선택을 상세히 설명함으로써 이러한 운송 결정의 상당한 영향을 보여주었다. 와이셔츠 제조자는 중국 내 육로 여행에 트럭이나 철도를 선택하고, 태평양을 건너 LA로 가는 항공 또는 해양 운송을 선택한 다음, 덴버로 가는 육로 여행에 트럭이나 철도를 선택할 수 있다. 이러한 시나리오를 바탕으로 NRDC는 트럭-항공-트럭 옵션은 약 일주일밖에 걸리지 않지만, 철도-선박-철도 옵션은 4,5주가 걸린다고 계산하였다. 그러나 전자는 후자의 35배에 달하는 탄소발자국을 가지고 있다.

차량배기가스 배출은 차량 모델과 작동 조건에 따라 크게 다르지만, 더 빠른 운송 모드는 일반적으로 훨씬 더 많은 양의 연료를 사용하고 훨씬 더 높은 탄소 발자국을 가진다. 500mph의 항공 화물은 65mph 트럭보다 톤마일 당 약 10배 많은 CO_2를 방출하고, 트럭은

---

[53] ISO14001 에서는 측면을 "결정된 적용범위 내에서 내부활동과 외주 등을 통틀어 발생하는 환경영향 요인들을 파악관리 하는 것"이라고 정의함

[54] Natural Resources Defense Council. 1970 년 설립된 미국 뉴욕에 위치한 비영리 국제 환경보호 시민단체로 전세계 240 만명의 회원과 워싱턴 D.C., 샌프란시스코, 로스앤젤레스, 시카고, 베이징에도 사무소가 있음.

20mph의 해양 화물선보다 톤마일 당 약 10배 더 많은 CO_2를 방출한다. 탄소 발자국 차이 외에도, 다양한 모드들은 다른 유형의 환경 영향에서도 다르다. 해상 화물은 황 배출량이 높고, 디젤 트럭과 철도 엔진은 먼지입자를 더 많이 방출하며, 제트 엔진은 질소산화물(NO_X) 배출량이 더 높다.

운송업자들은 더 빠른 모드에서 느린 모드로 전환함으로써 그들의 운송 발자국과 비용을 줄일 수 있다. 예를 들어, 컨티넨탈 의류 사는 "항공화물 금지" 정책을 시행함으로써 일부 제품의 온실가스(GHG) 배출량을 90% 감축했다. 마찬가지로 2008년에 Levi Strauss는 항공과 트럭 운송을 줄이고 더 많은 해양과 철도를 이용하도록 국제 운송 경로를 변경했다. 비록 이 정책이 비용에 대한 우려에 의해 추진되었지만, 많은 경로변경은 또한 GHG 배출량을 50-60% 감소시켰다. JB Hunt는 미국의 가장 큰 자동차 운송 회사 중 하나로, 철도로 갈아타는 트럭 한 대당 연료 200갤런과 탄소 배출량 2톤을 절약할 수 있을 것으로 추산하고 있다. 2011년 유나이티드 파슬 서비스(UPS)는 일부 운송량을 항공에서 지상으로 이동시켜 배출량을 200만 메트릭톤 이상 절감했고, 트럭에서 철도까지 물량을 이동시켜 배출량을 80만 메트릭톤 이상 절약했다.

피지워터사는 비용과 탄소 발자국을 모두 줄이기 위해 유통 패턴을 바꿨다. 이 회사는 로스엔젤레스로 물을 운송하고 미국 동부 주요 인구밀집지로 운송하는 대신 파나마 운하를 거쳐 필라델피아 항구로 가는 해양 운송을 이용했다. 이 새로운 루트는 배출량을 33% 줄이는 동시에 비용을 42% 절감했다. 새로운 항로는 유통단계 전체 소요시간(리드타임)을 약 2주 늘렸으나, 생수에 대한 수요가 비교적 예측 가능하기 때문에 재고가 크게 증가하거나 고객 서비스 수준이 저하되지 않았다. 이 회사는 또한 보다 효율적인 운송을 위해 사각형 병 디자인을 사용한다.

빠르지 않지만 안정적인 방법이 저비용 저탄소 경쟁에서 이긴다 Slow and Steady Wins the Race to Low Cost and Low Carbon

운송업자들은 또한 그들의 차량을 운영하는 방법을 변경함으로써 환경에 영향을 미칠 수 있다. 2008년 벙커유 가격이 두 배가 되었을 때, 선박 회사들은 평소의 정격 속도보다 낮은 속도로 선박을 운항하면서 "느린 항행"을 시작했다. 속도와 항력 사이의 비선형적 관계는 이러한 선박의 속도를 늦추면 소유주들이 상당한 비용을 절약하고 온실가스 배출을 줄일 수 있다는 것을 의미한다. 예를 들어, 20노트[55]가 아닌 18노트로 12,000TEU(20피트 등가 단위) 컨테이너 선을 운용하면 하루 여행의 거의 30%의 연료 소비를 줄일 수 있다. 물론, 해상에서의 더 많은 시간을 소비하는 것은 이러한 절약의 일부를 상쇄한다. 상하이항에서 로테르담항까지 가는 데는 20노트로 25일이 걸리는 데 비해 18노트로 28일이 걸려 노동력과 자산 활용 비용이 12% 증가했으며, 운송업자의 재고 운반 비용도 증가했다. 그것은 또한 여행 시간을 늘려 연료 소모일수에 12%를 더해주며, 이로 인해 여행에 필요한 22%의 연료를 절약하게 된다. 연료비가 높을수록 연료 절약량은 더 긴 여행 시간의 추가 비용을 정당화한다. 2011년 후반까지 조사 대상 해운사 중 75%가 느린 항행을 구현했다.

속도와 연료 효율 관계는 트럭에도 적용된다. 트럭 속도를 75mph 대신 65mph로 제한하면 여행 중 연료가 15% 절약된다. 이로 인해 리처드 닉슨 미국 대통령은 1973년 유가 급등과 공급 차질 동안 고속도로 속도 제한을 제안하게 되었다. 후속 법은 트럭과 자동차 속도를 55mph로 제한했고[56], 전체적인 연료 절약으로 이어졌다. 2006년에 Staples사의 물류 운영 책임자인 마이크 파예트(Mike Payette)는 사무용품 소매점 배송 트럭의 연료, 비용, 배출량을 줄이

---

[55] 선박의 속력을 나타내는 단위로 1 knot 는 선박이 1 시간에 1 해리 혹은 마일(nautical mile), 즉 1852m 를 진행하는 속력임. 지구 위도 45°에서의 1'에 해당하는 해면상의 거리가 1 해리이므로 해도 사용이 편리하기 때문에 . 선박의 속력은 노트 단위로 나타냄

[56] 사고 감소, 에너지 절약, 공해 감소 효과가 있었지만, 자동차 안전장치 발전, 무연휘발유 사용, 연비 향상 등 이유로 1987 년 연방법으로 65mph(105km/h)로 상향 후 1995 년 각 주별 제한속도를 자유화함. 현재는 대부분 주가 70mph.

는 방법을 조사했다. 그는 최고 속도를 시속 60마일로 제한하기 위해 배송 트럭의 제어 소프트웨어를 바꾸고 45일 동안 연료 소비를 감시했는데, 평균 연비가 8.5mpg에서 10.4mpg로 올라 연료 소비량이 20% 가까이 줄었다는 사실을 발견했다. 이 소매업체는 또한, 추가 공기역학적 노즈콘(nosecone)을 테스트했지만, 트럭에 속도 제한 장치가 있을 경우 개선효과가 미미했다.

Staples은 차량의 엔진 관리 소프트웨어만 바꾸면 되기 때문에 차량의 최고 속도를 바꾸는 것은 매우 저렴했다. 파예트는 그가 전국을 돌아다니며 개인적으로 각 차량에 새 코드를 업로드하는 데 트럭당 7달러밖에 들지 않는다고 추정했다. Staples의 절감 효과는 즉각적이었고, 연간 300만 달러의 연료 절감 효과가 있었다. 유럽과 일본의 연구 결과에 따르면, 더 느린 속도로 잃어버린 시간이 연료 차단으로 상쇄되었기 때문에 Staples은 운전자 생산성 저하도 겪지 않았다.

탄소발자국을 줄이기 위한 시간 투여 *Adding Time to Subtract Footprint*

Ralph Lauren 글로벌 물류를 담당하는 선임 임원인 러스 로커토(Russ LoCurto)는 "공급망에 여유 일정이 있다면 우리는 정말로 더 환경 친화적일 수 있다."고 말했다. 아시아 공장에서 미국으로의 느린 항해는 항공 화물을 이용한 약 48시간의 여행에 비해 몇 주가 더 걸릴 수 있다. 해상 운송은 운송 비용과 배기가스를 상당히 줄일 수 있지만, 리드타임과 진행 중인 재고 운반 비용에 몇 주를 더한다(운송 중에). 해양 운송에 소요되는 리드 타임이 추가되면 회사는 향후 판매를 더 잘 예측해야 한다. 이러한 예측은 불가피하게 항공 화물 운송을 계획하는 데 사용될 수 있는 단기적인 예측보다 덜 정확하다. 장기 예측의 정확도가 낮다는 것은 회사가 더 높은 판매 손실 위험을 받아들이거나, 더 높은 안전재고 비용을 견뎌야 한다는 것을 의미한다.

Ralph Lauren은 자사의 매장 상품보충 프로세스의 상당 부분을 항공화물 대신 해상운송으로 바꾸는 데 생태 효율적인 노력을 집중했다. 핵심은 과도한 재고 위험을 감수하지 않고 느린 모드에 의해 어떤 제품이 전송될 수 있는지를 결정하기 위해 수요 변동성에 따라 제품을 분류하는 것이 핵심이었다. 예를 들어 회사의 시그니처인 폴로 셔츠와 같은 주요 제품은 일년 내내 판매되며, 상대적으로 수요가 안정적이며, 금방 유행에 뒤떨어지지 않는다. 결과적으로, 랄프 로렌은 장기간에 걸쳐 충분한 정확도로 그러한 품목에 대한 수요를 예측할 수 있다; 공급망에 몇 주를 더하는 것은 판매 손실이나 쓸모 없는 재고의 위험을 거의 증가시키지 않았다. 이 세계적인 패션 회사는 아시아 공장들과 협력하여 더 긴 해양 운송 납기를 이들 주요 제품의 생산 일정에 포함시켰다.

이와는 대조적으로, 계절적 또는 "패스트 패션(fast fashion)" 의류 판매는 소비자들의 변덕을 경험하여, 장기 예측을 큰 오류에 노출시키고, 짧은 판매 기간 동안 과잉재고나 매출 손실로 인한 높은 잠재적 비용을 초래한다. 따라서, 회사는 계속해서 이러한 의류를 판매 시즌에 최대한 가깝게 만들어 발송하고 필요에 따라 항공 화물을 이용하였다. 2009년에서 2015년 사이에 랄프 로렌은 전 세계 항공 화물 비중을 43% 줄여서, 회사 자체 운영의 거의 절반에 해당하는 탄소를 줄였다.

많은 다른 회사들은 같은 기간 동안 더 느린 운송 모드로 전환했다. 그러나 다른 모드들 간에, 특히 느린 모드로 화물을 이동시키는 것은 또한 그들이 제 시간에 도착하도록 선적물이 제 시간에 출발하도록 하기 위해 사업자와 운송 제공자들 간의 조정을 필요로 한다. 이를 위해 유니레버는 2009년 유럽 35개국의 화물 이동을 관리하는 '컨트롤 타워'를 구현했다. 이 시스템은 고객 서비스(customer service), 탄소 배출량(carbon footprint), 비용(cost) 등 "3C"에 대한 완벽한 운영 가시성을 제공하는 종단간 운송 관리 시스템을 중심으로 구축되었다. 더 느린 모드로 배달 시간을 관리하는 예로는 나폴리 인근의 카이바노 공장에서 북이탈리아의 파르마 유통 거점으로 아이스크림을 배달하는 유니레버의 "그린 익스프레스" 열차를 들 수 있다. Unilever, Trenitalia, 이탈리아 환경부의 이러한 협력은 매년 3,500대의 트럭을 도로에서 벗어나게 하지만 긴밀한 조정이 필요하다. "우리는 물류 네트워크를 더 잘 관리할 수 있는 규모와 능력을 갖추고 있으며, 유럽에서는 트럭 다섯 대 중 한 대를 도로에서 떼어 내면서 서비스 비용을 개선할 수 있다."고 유럽 공급망 선임 임원인 닐 험프리(Neil Humphrey)가 말했다.

마일(거리)과 톤(무게) 줄이기 Taking Out Miles and Tons

배송업체는 속도를 변경하여 톤마일(ton-miles)의 탄소 강도를 바꾸는 것 외에, 로컬 소싱을 통해 톤마일 방정식의 "마일" 부분을 변화시킬 수 있다. 이것은 특히 음식의 경우, 여러 NGO와 환경 활동주의자들에 의해 "식품 마일리지(food mileage)"라는 개념이 대중화되었다. Whole Foods, Walmart 그리고 다른 소매상들은 전형적으로 같은 주에 있는 공급자들로부터 또는 가게로부터 100에서 200마일 정도 떨어진 곳에 있는 공급자들로부터 "현지 구매(buying local)" 프로그램을 가지고 있다. 홀푸드 등은 교통비와 배출량 절감 외에도 지역 구매를 지역 중소기업을 지원하는 사회적 책임전략으로 보고 있다.

그러나 로컬 소싱을 한다고 해서 항상 제품의 총 수명주기 탄소 발자국이 감소되는 건 아니다. 제5장에서 언급한 바와 같이, 지역 전력망의 탄소 강도 또는 지역 기후에서의 에너지 집약적 생산 기법(예: 천연가스 가열 온실)의 필요성은 운송 감소로 인한 환경 영향 절감을 상쇄할 수 있다. 한 연구에 따르면 영국으로 11,000마일을 운송한 뉴질랜드 양고기는 영국산 양고기의 1/4에 불과한 탄소발자국을 차지한다는 사실이 밝혀졌는데, 이는 두 지역에서 일반적으로 양에게 제공하는 먹이의 차이 때문이라고 한다. 낮은 품질의 영국 목초지는 뉴질랜드의 클로버가 풍부한 목초지와는 달리 보충 사료가 필요했기 때문이다. 유제품과 과일 제품에서도 비슷한 결과가 나왔다. 로컬 소싱은 좋은 선택일 수도 있고 그렇지 않을 수도 있다. 전과정 수명주기분석(LCA)을 통해서만 확실히 알수 있다(3장 참조).

회사들은 또한 톤 마일 방정식의 "톤" 부분을 바꿀 수 있다. 일부 제품의 경우, 품목의 대부분은 거의 모든 위치에서 쉽게 공급될 수 있는 물 또는 기타 재료일 수 있다. 예를 들어, 많은 음료 제조업자들은 농축된 시럽을 제조하고, 그 시럽은 지역 보틀러(재료를 병에 담는 공장)들의 네트워크로 운송되어 재구성 후 소매 판매를 한다. 그럼에도 불구하고, 이 전략은 전 지구적인 CO_2 배출 감소와 지역적인 물 소비 증가 사이의 절충을 포함할 수 있다. 코카콜라와 네슬레와 같은 회사들은 물을 많이 마시는 장소에 보틀링 설비를 배치한다는 비난을 받아왔다. 하지만 이 전략은 무겁고 채워진 음료수 병들의 톤 마일을 줄임으로써 회사들의 탄소 발자국을 줄여준다. 8장에서는 물을 첨가하지 않도록 회사가 제품을 재설계한 드라이 샴푸 사례를 설명한다.

더 적은 탄소발자국을 위해 더 채워라 FOR LESS FOOTPRINT, FILL MORE

전세계 수백만 대의 운송 컨테이너, 철도 차량, 트럭이 빈 채로 이동하는 것은 전체 수명 주기 영향의 상당 부분을 차지한다. 대부분의 경우 공차운송도 많은 양의 연료를 소비한다(40톤 트랙터 트레일러의 경우 트럭만재 시 연료 소비량의 약 2/3). 대부분의 경우, 차량들은 화물을 가득 싣지 않는다. EU의 통계에 따르면 트럭은 전체 시간의 24%는 비어 있고 57%만 가득 차 있다고 한다. 운송업자와 운송업자 모두 환경 뿐만 아니라, 저활용 차량의 비용을 부담하고 있다. 다시 말해, 운송에 있어서 환경 비용이 늘면 재무 비용도 늘어난다.

공허한 느낌 피하기 Avoiding That Empty Feeling

제2장에서 언급한 바와 같이, 단순한 공급망 모델은 공급자로부터 제조자, 유통자, 그리고 마지막으로 소매업자에게 흘러가는 수많은 제품에 초점을 맞추고 있다. 그러나 이 화물을 공급망으로 운반했던 트럭, 컨테이너, 철도차량, 그리고 다른 차량들은 다음 짐을 싣기 위해 되돌아와야 한다. 종종, 그것들은 비어 있다. 많은 지역에서, 매우 적은 화물들이 소매점에서 공급자에게 되돌아온다. 빈 마일(空화물)을 줄이는 것은 목적지 근처에서 트럭 여행의 원래 출발지 근

처까지 우연히 반대 방향으로 가고 있는 운송물인 "백홀 화물"이라고 부르는 것을 찾는 것을 의미한다.

이 문제에 직면한 소매업체 메이시스(Macy's)와 화물운송기업인 슈나이더 내셔널(Schneider National)은 자발적 산업간 상업 솔루션 협회 VICS(Voluntary Interindustry Commerce Solutions)에 가입했다. "시스템이 작동하는 방법은 소매업체들이 빈 마일을 표시하는 것이다."라고 협회 회장 겸 최고 경영자인 조 안드라스키(Joe Andraski)가 말했다. "다른 사람들은 그러한 움직임이 언제 있는지 검토하고 선적 요구 사항과 일치시킬 수 있다." VICS 프로그램과 같은 다른 프로그램들은 하주(및 운송업자)가 한 화물의 하차지점이 다른 하주 화물의 픽업 포인트에 가까운 경우를 식별하여 트럭이 다음 화물을 얻기 위해 기다리거나 먼 거리를 이동할 필요가 없도록 돕는다. VICS는 하주와 트럭 운전자를 위해 유사한 서비스를 제공하는 수십 개의 온라인 매칭 애플리케이션(Uber Freight 포함) 중 하나이다. 하주들은 가용 적재물 현황을 올릴 수 있고, 트럭 운전자들은 이용 가능한 트럭을 올릴 수 있으며, 양측은 가까운 매칭 지점을 검색하거나 경쟁적인 가격에 차량에 화물을 매칭하는 경매에 참여할 수 있다.

메이시스의 경우, VICS 프로그램을 이용하여 21%의 빈 마일을 없애고 연간 약 175만 달러를 절약했다. Schneider National의 스티브 매티스(Steve Matheys) 최고행정책임자는 "VICS 서비스로 빈 마일을 채우는 것은 경제에도 좋고, 환경에도 좋고, 이를 어떻게 활용하고 효과적으로 활용할 수 있는지 아는 기업에도 좋다"고 말했다. "빈 마일리지 서비스는 일상적인 비즈니스 운영의 환경영향을 제한할 수 있는 기회를 만들어 준다,"라고 Macy의 물류 운영 책임자인 케빈 로카시오(Kevin Locascio)는 덧붙였다.

두 과일 제품이 밤새 지나가다 Two Fruit Products Pass in the Night

2011년 Ocean Spray는 플로리다주 레이크 랜드에 크랜베리 주스 제품을 위해 유통센터를 새로 오픈했다. 이 센터는 플로리다, 조지아, 앨라배마, 사우스캐롤라이나 전역의 고객들에게 서비스를 제공하고 있으며, 1100마일 떨어진 뉴저지 주 보든타운에서 온 제품들을 갖추고 있다. 오션스프레이는 북부 크랜베리 재배지에서 남부 고객들에게 제품을 이동시키기 위해 장거리 트럭을 이용하고 있었다. 새로운 유통센터가 문을 연 직후, 제3자 물류제공업체(3PL) Wheels Clipper가 아이디어를 가지고 Ocean Spray에 접근했다. 3PL은 일반적으로 통합 운송, 창고보관, 유통 및 관련 정보 기술 등 일련의 공급망 관리 서비스를 제공한다. Wheels Clipper는 CSX[57] 철도를 이용하여 플로리다에서 뉴저지로 냉장 오렌지 주스 제품들의 이동을 관리하고 있었다. 오션스프레이 시설이 CSX 터미널에서 65마일도 안 되는 거리에 있다는 것을 알아차린 이 물류업체는 빈 오렌지 주스 철도용 박스카를 이용해 크랜베리 주스 제품을 뉴저지에서 플로리다로 옮기겠다고 제안했다. 이러한 변화로 인해 오션스프레이는 운송비 40%, 이산화탄소 배출량 65% 이상을 절약할 수 있을 것이다. 그러나 이 제안은 세 가지 큰 장애물에 직면했다. 첫째, 오션스프레이는 이미 장거리 트럭 운송을 위해 또 다른 제3자 물류 제공업체와 협력하고 있었다. 도로와 철도를 이동하려면 기존 제공자와의 계약을 변경해야 한다. 둘째, 오션스프레이는 네트워크의 해당 구간에서 철도를 사용한 적이 없다. 철도 박스카는 일반 트럭 트레일러보다 두 배나 많은 팔레트를 보유하고, 하루나 이틀의 추가 이동 시간이 필요하다. 이렇게 하려면 Ocean Spray가 더 거친 레일 주행 중 제품의 무결성을 보장하는 것 외에 운송 파견 및 재고 계획 관행을 변경해야 한다. 셋째, Wheels Clipper는 오션스프레이의 경쟁사 중 하나인 Tropicana사를 위해 오렌지 주스 제품을 옮기고 있었다. 이 협정이 효과를 거두기 위해서는 경쟁업체들이 물류 서비스 제공자를 공유해야 하고, 선적 시기와 규모를 계획하기 위해 자주 커뮤니케이션 해야 할 것이다. 또한 빈 박스카에 경쟁사의 제품을 적재할 준비가 되었을 때 그들은 서로에게 알려야 할 것이다.

장애물에도 불구하고, 오션 스프레이는 비용절감을 무시할 수 없었

---

[57] 주로 미국 내 20개 주와 캐나다에서 철도운송시스템을 운영 중인 화물운송기업

다. 2011년 2월 오션스프레이는 공동작업에 합의했다. 12개월 만에 1만1500톤을 트럭에서 철도로 운송했다. 그 전환은 대략 616대의 트럭 운송을 308대의 박스카로 바꾸었다. 크랜베리는 CSX 터미널로 운송하기 위해 20% 더 이동해야 했지만 탄소 배출량은 기존 수준의 3분의1에도 미치지 못했다. 모든 관계자가 혜택을 입었다. Ocean Spray, Tropicana는 둘 다 (빈 백홀 이동을 피했다) 운송 비용과 환경 영향을 모두 줄였다. Ocean Spray사 지속가능성 노력을 이끌고 있는 크리스틴 영(Kristine Young)은 "[프로그램]을 통해 작업하는 데 시간이 좀 걸렸지만 큰 성공을 거뒀다. 내부적으로, 우리는 어떻게 철도 이용이 가능한 장소에서 다른 대용량 차선을 [식별]할 수 있는지에 대해 이야기한다.

통합: 비용 절감과 탄소 절약 Consolidation: Saving Costs, Saving Carbon

자동차 화물 운송의 경우, 출발지와 목적지 사이의 가능한 최단 경로(트럭로드, truckload, TL 또는 전세화물 이동)를 짐을 가득 적재한 트럭이 이동하는 것이 가장 비용 효율적이자 환경 효율적이다. 그러나 운송업자들은 종종 화물이 트럭에 채워지지 않는 상황에 직면하게 되는데, 이는 그들에게 세 가지 대안 중 하나를 고려하게 한다. 첫째, 트럭을 부분적으로 가득 채워 보낼 수 있지만, 그렇게 되면 톤 마일 당 더 높은 운송 비용(및 더 높은 탄소 배출량)이 발생할 수 있다. 둘째로, 그들은 트럭을 채울 충분한 화물이 목적지로 갈 때까지 기다릴 수 있지만, 그렇게 되면 운송업자의 고객에 대한 서비스 수준이 저하되고, 재고 운송 비용이 증가하며, 부패하거나 시간에 민감한 상품의 경우 불가능할 수 있다. 셋째로, 그들은 다른 원산지 및/또는 목적지가 다른 운송을 합치는 통합 또는 "milk run"[58] 방식을 사용하여 경로의 일부에서 트럭의 용량을 공유하여 운송 비용과 탄소 발자국을 줄일 수 있다.

---

[58] 우유회사가 매일 축산 농가를 돌면서 원유를 수집하듯이 구입처가 여러 거래처를 순회하며 제품을 모으는 방식임

때때로 운송업체는 여러 공급업체로부터 자재를 수집하거나 여러 고객에게 상품을 인도하는 늘 정해진 일정운행 방식을 만들어 화물 자체를 통합할 수도 있지만, 그 전략은 운송업체들의 운송 패턴에 달려 있다. 소규모 운송의 확산과 트럭 만재를 위한 경제적 인센티브는 미국에서 LTL[59](less-than-truckload) 혹은 유럽의 "혼재수송"을 낳았다. 이 운송업체들은 운송을 받아 같은 방향으로 향하는 운송업자들을 풀 트럭으로 통합한 다음, 소형 트럭들이 최종 목적지로 운송을 하는 목적지에 도착할 때까지 일련의 허브 터미널을 통해 운송을 인계한다. 글로벌 운송회사(UPS, FedEx, DHL, USPS 등)는 도시 집화 및 배송을 취급하는 소형 차량, 시외 이동을 취급하는 대형 차량, 소포의 분류, 통합 및 분리를 처리하는 허브 네트워크를 갖춘 유사한 모델을 사용한다.

"직접"(TL 등)과 "통합"(LTL 등) 운송업체 사이의 이분법은 컨테이너선, 항공 화물선, 철도 등 모든 운송 모드에서 존재한다. 여객 수송에서도 택시 서비스(Uber, Lyft 등)와 도시 대중교통 서비스를 한 편으로는 구별할 수 있다. 전자는 일반적으로 출발지에서 목적지까지 한 명의 승객을 직접 데려가는 반면, 후자는 동일한 차량에 여러 명의 승객을 통합한다. 또한 통합을 통해 허브 간의 이동을 위해 더 크고 연료 효율이 높은 차량을 사용할 수 있다. 통합 운송은 직항으로 비행하는 대신 허브 공항에서 비행기를 변경 한 모든 항공사 여행객에게 고통스러울 정도로 친숙하다. (이 때문에 세계에서 가장 바쁜 공항에 대한 말이 나오게 되었다: "내가 죽으면 내가 천국에 갈지 지옥에 갈지 확신할 수 없지만 확실히 애틀랜타에서 비행기를 갈아탈 것이다.") 물론, 통합이 비용 효율적이고 빈번한 서비스를 가능하게 한다는 것이 상쇄효과이다. 따라서 LTL(혼적)운영은 운송의 이동 거리, 이동 시간 및 처리 비용을 증가시키는 반면, 더 빈번한 출발, 더 높은 이용률 및 더 낮은 비용(소규모 운송의 경우)으로

---

[59] 트럭부하 이하 적재. 혼적이라고 함. 반대되는 개념은 TL(Truck Load)로 전세화물 혹은 독차 화물이라고 함

보상한다. 또 소형 화물을 출발지에서 목적지까지 직접 운반하기 위해 대형 트럭을 보내는 것에 비해 발송물당 탄소 배출량이 적다.

불행히도 부분 적재된 트럭 운송에 있어 빈 공간의 상당 부분은 업계의 가격 책정 구조 덕분이다. TL 운송업체 간의 경쟁은 운송업체가 트럭의 3분의 1만 채울 수 있는 하중을 가지고 있더라도 LTL 운송업체를 이용하는 것보다 전용 트럭으로 운송하는 것이 더 저렴해 운송한 톤당 탄소 발자국이 더 커진다.

요구르트 배달에서 탄소 배출 줄이기 Taking Carbon out of Yogurt Deliveries

부패할 수 있거나 시간에 민감한 제품의 공급업체들은 완전한 운송을 위해 그들의 출하를 지연시킬 수 없다. 그 제품들은 소량 주문의 다빈도(high-frequency) 출하를 필요로 한다. 이것이 Stonyfield Farm이 직면한 딜레마였다. 이 회사는 "환경적이고 사회적으로 책임 있는 사업도 수익을 낼 수 있는 모델로 서비스한다."는 전제하에 설립되었다.

스토니필드(Stonyfield)가 총 탄소 발자국을 조사했을 때, 최종 제품의 운송이(대략 6%) 우유운송(약 80%)과 포장(약 11%)에 이어 세 번째로 많은 기여를 했다는 것을 발견했다. 스토니필드는 우유운송과 포장 작업을 하면서 외주량, 배송 경위, 행선지를 꼼꼼히 분석했다. 이 자료를 수집하기 위해 스토니필드의 전용 차량을 운영하고 스토니필드가 이용하는 30대 대여차량을 관리하는 Ryder Logistics에 의존했다. 스토니필드의 물류담당 책임자인 라이언 보첼리(Ryan Boccelli)는 "6개월간의 데이터를 검토함으로써 LTL(혼재화물) 네트워크를 TL(전세화물) 네트워크로 통합할 수 있는 중요한 기회를 실현했다."고 말했다.

회사는 LTL 네트워크의 Hub And Spoke 이동을 목적지 지역의 멀티 스톱(milk run) 배송을 사용하여 보다 직접적인 TL(전세화물)이동으로 대체했다. 스토니필드는 탄소를 공제하는 시간도 추가했다. (출장 시) 풀트럭 적재가 가능토록 고객 최소 주문 규모를 마련하고 48시간 전에 주문 수정 통지를 요구하기 시작했다고 밝혔다. 보첼리는 탄소 배출량을 줄이기 위해 "트럭 밖에서도 생각하기 시작했다"고 말했다. 2009년 스토니필드는 매주 냉장 철도차량 서비스인 Railex를 이용해 태평양 연안 북서부에 제품을 선적하기 시작했다.

스토니필드의 다면적 노력은 탄소 발자국에 영향을 미치는 많은 운송 관련 지표를 개선했다. 스토니필드는 대형 트레일러를 요구하고 사실상 트럭 적재량보다 적은 이동을 제거함으로써 2007년과 2008년 사이에 트럭 적재량을 13% 줄였다. 짐을 통합하고, 주문 후 인도 총소요 시간을 늘리고, 경로를 변경함으로써 스토니필드의 운송은 2008년에 빈 마일을 15% 줄였다. 2009년 미국 EPA는 스토니필드 팜에 "스마트웨이 우수상"을 수여했다. 보첼리는 2006년부터 2010년까지 스토니필드와 그 운송회사들이 유출 운송량으로 인한 배출을 56% 줄였다고 말했다.

글로벌 불균형 - 글로벌 기회 Global Imbalance - Global Opportunity

빈 마일 문제의 상당 부분은 생산지역과 소비지역 간의 오랜 불균형에서 발생한다. 예를 들어 중국과 미국의 무역 불균형은 상품으로 가득 찬 컨테이너가 상하이에서 로스앤젤레스로 이동하지만 화물이 거의 다른 방향으로 이동하지 않아 빈 컨테이너의 반환을 필요로 한다. 화물의 양적 불균형은 운송 비용의 불균형을 초래한다: 화물 컨테이너를 로스엔젤레스에서 상하이로 다시 운송하는 비용은 상하이에서 로스앤젤레스로 컨테이너를 운송하는 비용의 반이 될 수 있다. 반송 여행 시 컨테이너나 차량이 비어 있을 것이라는 것을 아는 운송회사는 일반적으로 백홀(복화운송) 공간을 대폭 할인된 가격에 제공하고, 반송 화물이 거의 없는 목적지의 헤드홀 화물(수출화물을 의미)에 대한 프리미엄을 요구한다.

이것은 아시아행 화물 운송을 가진 회사들이 이러한 저가 백홀 컨테이너를 사용하는 방법을 찾도록 동기를 부여한다. 예를 들어, 곡물이나 석유 종자와 같은 농산물은 전통적으로 벌크선을 통해 운송되어 왔다. 이제 미국 대 아시아 농업 수출의 작지만 증가되는 양은 컨테이너를 통해 이루어진다. 티셔츠를 가져온 컨테이너는 다음 번

셔츠 선적을 위해 생면화를 가지고 갈지도 모른다. 농산물의 컨테이너화의 추가적인 이점은 각 용기 크기의 배치별로 원산지의 정체성을 보존함으로써 원재료의 정확한 출처에 대한 가시성을 향상시킨다는 것이다.

친환경 운송수단 사용하기 DRIVING GREENER VEHICLES

일반적으로, 하주들은 운송 모드 선택에 영향을 미치는 운송 중 최대 허용 시간, 대략적인 거리(소싱 결정 및 네트워크 구조를 통해)를 관리한다. 그러나 운송업자들은 하주가 정의한 출발지와 목적지 사이의 이러한 구매 이동의 효율성을 통제한다. 차량 선택, 연료 선택, 차량 유지 관리, 운전자 행동 및 경로 지정은 모두 주어진 화물 이동의 환경적 영향에 영향을 미칠 수 있다.

UPS, 비즈니스 목표를 충족하고 덤으로 지속 가능성을 얻다 UPS Meets Business Goals – With a Sustainability Bonus

UPS는 비용 절감 실행계획에 대한 지속적인 집중의 일환으로 에너지 사용을 줄이려고 오랫동안 노력해 왔다. 예를 들어, (차량 우측도로 운행 국가에서) 좌회전을 하는 데 수반되는 지연 및 엔진 공회전 비용을 평가한 후, 2003년에 운송경로 소프트웨어를 다시 설계하여 픽업 및 배송 경로 레이아웃에 시계방향 편향을 두어 우회전 횟수를 증가시켰다. 이 변경으로 인해 이후 트래픽을 기다리는 동안 공회전을 줄이고 보다 빠른 운송경로 완성을 이끌었다. 2007년 내부 추정에 따르면, 이 정책으로 회사는 310만 갤런(3.785리터에 해당)의 연료와 3만 2천 톤의 탄소 배출량을 절약했다.

비정부기구들이 UPS의 환경 영향 평가를 권장하고 있음에도 불구하고, 위 단락에서 언급된 "좌회전 감소" 정책과 같은 회사의 가장 중요한 효율성 실행계획 중 많은 부분이 재정적인 이유로 채택되었다. UPS의 지속가능성 책임자인 스콧 위커(Scott Wicker)는 "몇 년 전 까지만 해도 비용절감 때문에 에너지 절약에 초점이 맞춰져 있었는데,

이제는 비용 절감과 함께 탄소발자국을 줄이기 때문에 에너지 절감을 한다. 지속가능성 그룹은 정말로 우리가 하고 있는 일에 더 많은 초점을 맞춘다."고 말했다.

더 높은 수준의 고객 서비스를 제공하기 위해 다른 UPS 혁신이 시행되었다. 예를 들어 UPS '나의 선택'(My Choice)은 UPS 고객이 직접 배송을 관리할 수 있는 온라인 서비스다. 이 서비스를 통해 고객은 배송 일정을 재조정하고, 다른 주소로 경로를 변경하고, 운전자가 패키지를 이웃집에게 맡기거나, 패키지를 UPS 고객 센터에 보관할 수 있도록 권한을 부여할 수 있다. 높은 고객 서비스를 제공하는 동시에, 이 프로그램은 여러 번의 배송 시도를 피할 수 있으므로 비용을 절감하고 회사의 탄소 배출량을 줄일 수 있다.

운전자 개선을 통한 운행 개선 *Driving Improvement by Improving Drivers*

미국 트럭 운송 협회(ATA)는 트럭 엔진 운행 시간의 30~50%가 화물 운송에 아무런 도움이 되지 않는 것으로 추정하고 있다. 네슬레의 Poland Spring[60] 생수 회사에서는, 몇 가지 간단한 조치만으로 2007년에서 2009년 사이에 공회전 시간을 70퍼센트 줄였다. 폴란드 스프링의 크리스 매케나(Chris McKenna) 운송 총괄책임자는 "정밀한 규칙을 만들 필요가 없었다."고 말했다. "우리는 단지 제안을 했고 운전자들에게 그들 자신의 최선의 판단을 사용하라고 요구했다." 이 회사는 휴게실에 65명의 운전기사 순위를 게시하기도 했다. "인간의 본성상 아무도 그 순위에서 꼴찌를 하고 싶어하지 않는다."라고 McKenna가 덧붙였다. 더 많은 인센티브를 제공하기 위해, 그 회사는 상위 10개 운전자들에게 상품권을 주었다. 코카콜라, AT&T, FedEx와 같은 회사들은 운전자들에게 그들의 운송대에서 연료 소비를 줄이도록 가르친다. 그들은 또한 운전자들에게 더 나은 운전 행위를 위해 인정, 특권을 부여하고 때로는 돈을 지불한다. 코카콜라

---

[60] 미국 Maine 주에서 생산되는 생수브랜드로 한때 시장점유율 미국 1 위였고, 현재는 4 위권임. 1992 년 네슬레에 인수되었다가 2021 년 3 월 사모펀드에 매각됨

등의 경우, 운전자의 행동의 개선으로 인해 도로 사고 건수의 현저한 감소라는 2차적 결과가 있었다.

많은 운송대가 차량에 장착된 센서와 텔레매틱스 장치를 이용해 연료 소비량, 차량 활동, 엔진 성능, 운전자 행동 등을 지속적으로 측정하고 있다." 차량 텔레매틱스는 잘못된 기어를 사용하거나 브레이크를 세게 밟는 등의 운전자의 행동에 대한 데이터를 수집할 수 있다. "UPS의 텔레매틱스 플랫폼은 연료 효율 성능에 대한 피드백을 실시간으로 제공하고 개선 방법을 제안한다." UPS는 운전자당 엔진 공회전 시간을 2011년 122분에서 2012년 48분으로 줄여 25만 갤런의 연료를 절약한 것으로 추정하고 있다. 이 책의 다른 예와 마찬가지로, 그러한 절약은 UPS의 총 연료 소비량 중 극히 일부에 불과하지만, 기업들이 집단적으로 상당한 감축을 초래할 수 있는 많은 작은 변화를 구현하는 일반적인 패턴의 일부분이다. 전체적으로 UPS는 계획대비 3년 앞선 2016년 목표 배출량(2007년 기준 대비 10% 감축)을 달성했다. 다른 회사들은 BNSF와 다른 철도에서의 기관차의 자동 정지 사용과 같은 공회전 제어 기술을 채택하고 있다. 이 기술은 공회전 중에 자동 정지/시동 시스템을 사용하는 승용차에까지 적용되었다.

스마트하게 이동하기 *Move It the SmartWay*

2004년 미국 EPA는 운송 산업의 연비를 개선하기 위해 SmartWay 프로그램을 만들었다. 이 프로그램은 운영 벤치마킹 도구 개발, 테스트, 장비 검증 및 차량 환경 순위를 포함한 다양한 활동을 포함한다. 참가 단체로는 해운사(소매업자, 제조업체, 유통업자)와 운송업자(트럭 회사, 철도, 화물 항공사)는 물론 물류 서비스 제공업체와 정부기관이 있다. 이 프로그램은 15개의 자동차 운송업체에서 시작되었고, 이후 10년 동안 3,000개 이상의 운송업체와 나이키, 홀푸드, 치키타와 같은 600개 이상의 회사들을 포함하도록 성장했다.

SmartWay의 핵심은 환경 영향을 평가할 수 있는 도구를 제공하는 것이다. 운송업자(및 하주)는 동종 업체들과 비교하여 시간 경과에 따른 진행 상황을 측정할 수 있다. EPA는 파트너 안내서에서 "운송사들은 사용 연료량, 주행거리, 트럭 및 엔진 연식, 화물 적재량 등 정보를 수집하여 화물의 환경 성과를 계산하기 위해 보고 툴에 입력한다."고 설명한다. 또한, 특정 기술 사양을 충족하는 트랙터나 트레일러의 운영자는 SmartWay 캐리어로서 인증될 수 있다.

다음으로 EPA는 6개의 측정지표를 사용해 각 부문과 모드 범주 내에서 모든 평가된 운송업체의 순위를 매긴다. 비록 SmartWay는 정보를 확인하지 않지만 - 운송 편대 수준에서만 운송데이터를 수집 - 순위를 매길 때 무작위로 추출 검사를 한다. 하주가 운송업체를 선정할 때 사용할 수 있도록 순위가 발표된다. 일부 하주들은 인증된 상위권 업체들과 비즈니스를 늘리고자 하기 때문에 운송업체들에게 그들의 연료효율 순위를 측정, 공개, 공유할 뿐 아니라 마켓 인센티브를 제공한다.

2006년부터 Chiquita는 SmartWay 파트너가 되었고 2012년 지속가능성 보고서에서 SmartWay 인증 트럭은 북미 지역에서 주행 마일의 95%를 처리한다고 자랑했다. 아나 루시아 알론조(Ana Lucia Alonzo) 치키타 지속가능성 담당 책임자는 "우리는 스마트웨이를 위해 최선을 다하고 있다."고 말했다. 마찬가지로 스토니필드 농장도 표준 트럭보다 최대 20% 더 효율적일 수 있는 인증트럭을 활용하여 효율적인 스마트웨이 운송업체를 통해 화물의 100%를 운송하는 등 이 프로그램에 전념했다.

EPA SmartWay Transport Partnership 보도 자료는 2014년 3월 19일 10주년 기념식에서 이 프로그램이 트럭 운송에 사용되는 디젤 연료의 1.4퍼센트를 절약하고, 그에 상응하는 연료 비용과 탄소 배출량을 절감한 것으로 추정했다. 미국의 주요 트럭 운송차량을 철저히 연구한 결과 가장 빨리 채택된 연료 절약 기술로는 트레일러에 스커트를 추가하고, 합성 트랜스미션 오일을 사용하며, 속도 제한 장치를 설치하는 것이 포함되었다. 평균적으로, 이 모든 기술의 사용은 연료 소비를 10% 이상 줄였다.

본인에게 맞는 일을 맺어주기 *Horses for Courses*

GHG 프로토콜은 차량 유형 및 작동 조건에서 계산한 톤 마일당 평균 CO_2 배출량에 대한 EPA 추정치에 기초한 매우 단순한 트럭배출 모델을 사용한다(EPA는 이 배출 인자에 대해 0.297kg CO_2e/ ton-마일 사용). 이 총 배출량 추정 모델에서 총 배출량은 단순히 출하 중량, 거리 및 배출량 인자의 산물이다. 그러나 이러한 간단한 모델을 사용하면 특정 차량을 운송 크기, 주행 조건, 정체, 지형 및 고도 등 특정 조건에 맞춰 조정할 때와 같은 일부 배기 가스 배출 감소 기회에 대해 잘못된 결과를 얻을 수 있다.

스웨덴 NGO인 교통수단 네트워크(NTM, Network for Transport Measures)는 모든 운송 모드에 대해 더 높은 충실도의 표준화된 계산을 개발하는 것을 목표로 한다. NTM이 계산하여 제안한 연료 소비 계수는 차량, 조건 및 연료에 따라 더 구체적이다. 예를 들어 해수면과 표고가 같은 고속도로에서 주행하는 40톤 트럭-트레일러 조합은 비어 있을 경우 0.226리터/km의 속도로 디젤 연료를 소비하는 것으로 추정된다. 이 수치는 화물의 양이 가득 차면서 0.360리터/km의 비율로 올라간다. 14톤짜리 소형 트럭은 고속도로에서 빈 채로 운전하면 0.165리터/km, 가득 차면 0.201리터를 소비한다.

NTM의 모델은 연료가 빈상태의 소비 인자와 연료가 가득찬 상태의 소비 인자가 모델링된 특정 트럭에 의존하는 지점에서는 (빈 트럭의 무게로 시작하는) 하중에 따라 연료 소비량이 선형적으로 증가한다고 추정한다. 그런 다음 배출량은 그래프에서 킬로미터당 연료 소비량, 연료 인자(예: 디젤 연소량 리터당 CO_2e 2.68kg) 및 킬로미터 단위로 이동하는 거리로 계산된다.

운송회사들은 NTM과 같은 배출 모델을 사용하여 연료 비용과 배출량을 모두 최소화하는 운송 이동을 계획할 수 있다. 예를 들어, MIT 대 교통 및 물류 센터의 연구원들은 양식화된 예시를 사용하여, 이동 중에 가장 무거운 화물이 운송될 수 있도록 일련의 우유 배달 과정을 재순차하는 방법을 보여주었다. 이 계획은 여정의 나머지 기간 동안 연료 소비를 줄인다.

이 연구원들은 또한 멕시코의 DHL과 협력하여 도시 지역의 올바른 배송 경로에 적합한 장비를 배정했다. 장비 가용성, 납품 시기, 기타 여러 요인의 제약에도 불구하고 실제 테스트에서 배출량을 3% 줄였다. 비록 작지만, 그 결과는 기준과 비교했을 때 차량 12대의 배기가스를 제거하는 것과 같았다.

캘리포니아대학 리버사이드 캠퍼스(Univ. of California, Riverside)연구원들은 트럭 운송을 위한 보다 포괄적인 연료 소비와 CO_2 배출 모델을 개발했다. 이 모델은 엔진 성능(마찰, 엔진 변위 및 견인력 포함), 차량의 중량, 속도, 가속도, 중력, 도로 경사 등을 고려하여 가장 세부적인 모델 중 하나이다. 이러한 모든 요인을 고려할 때, 위에서 언급한 MIT대 연구는 도로 경사의 영향이 우세할 수 있으며, 평탄한 도로를 가정하여 거리, 속도, 무게만을 계산하는 것이 중요한 요소를 결여하고 있다는 것을 보여주었다. 실제로 일부 도로 경사면의 경우 경사도에 의해 유발되는 CO_2 배출량이 속도에서 발생하는 배출량 기여량보다 상당히 크다.

적시에 적합한 전원 공급원 The Right Power Source at the Right Time

많은 화물 차량에서 공회전 엔진은 실내 온도를 유지하거나, 계속 증가하는 차량의 전자 장치에 동력을 공급하거나, 출발 준비를 지원하거나, 엔진의 추운 날씨 손상을 방지하는 데 도움이 된다. 불행하게도, 이들 차량의 대형 주 엔진은 특히 연료의 추출된 에너지의 거의 대부분이 대형 엔진의 내부 마찰을 극복하는데 소모되는 공회전 속도에서 비효율적이다. 월마트 등이 사용하는 한 가지 해결책은 장거리 트럭에 보조 동력 장치(APU)를 추가하는 것이다. APU는 매우 작은 디젤 엔진, 발전기, 에어컨 컴프레서를 포함하는 컴팩트 시스템이다. 이러한 장치는 제1차 세계대전 이후 비행기에서 유지 보수 작업 중 및 기타 non-flight 요건에 따라 비행기의 전원을 공급하기 위해 사용되어 왔다. 로키 마운틴 연구소에 따르면, APU를 월마트의 트럭에 추가하면 연간 약 1천만 갤런의 연료가 절약된다고 한다. EPA는 장거리 트럭은 APU를 사용, 연료비와 배출량을 평균 8% 절약할 수 있을 것으로 추정하고 있다.

엔진 공회전 및 APU의 대안은 해양 세계에서 사용되는 용어인 "해안 전력(shore power)"이다. 이 방법으로, 선박은 지역 전기 그리드에 연결되고 모든 내장 엔진을 정지시킨다. 항구 지역의 배기가스와 오염을 줄이기 위해, 해양 화물선은 도킹하는 동안 해안 전력을 사용할 수 있도록 준비될 수 있다. 그러나 이 기술은 선박과 인프라 모두에 대한 공동 투자가 필요하다. 캘리포니아 롱비치 항구는 2억 달러를 투자하여 해안 전력망을 설치하였다. 이 항구는 또한 2020년에 80%에 이를 것을 목표로 해 해안 전력을 이용하여 항구에 서비스를 제공하는 선박의 비율을 증가시키는 데 전념하고 있다(본 챕터의 마지막 부분 참조).

컨테이너선에 해안 전력을 추가하는 것은 50만 달러에서 200만 달러 사이의 비용이 든다. 해안 전력 또한 비용이 많이 든다. 예를 들어, 오클랜드 항구에서 3일간 전기사용 비용은 1만9천달러가 든다. 대형선사 머스크 라인(Maersk Line) 환경 및 지속가능성 책임자인 리 킨드버그(Lee Kindberg)에 따르면, 해안 전력은 선박의 항구 체류시간을 최대 13시간까지 지연시킬 수 있다고 한다. 이러한 비용과 지연 때문에, 운송업체들은 그들 운송단의 일부만 개조했다; 2014년 싱가포르에 본사를 둔 APL은 컨테이너 수송 선단의 3분의 1에 해안 전력을 추가했다. 개조된 선박의 수를 제한하면 해양 운송회사의 자본을 절약할 수 있지만, 그것은 운영비가 추가된다. 일부 선박을 해안 전력에 맞게 개조하는 것과 이를 필요로 하는 일부 항만과 그렇지 않은 항만들을 결합하는 것은 선사 운영의 유연성을 제한한다. 모든 선박이 모든 항구를 방문할 수 있는 것은 아니기 때문에, 선박 일정이 제약되어, 선사의 최적 비용 및 서비스 일정 운영 능력이 감소된다("선박의 황산화물 배출 길들이기" 섹션 참조).

미래의 월마트 첨단차량체험 *The WAVE of the Future*

장기적으로 엔진과 차량의 혁신은 효율성과 배출량 감소를 추가로 약속한다. 2014년 초 제막식을 위해 월마트 첨단차량체험(WAVE,

Walmart Advanced Vehicle Experience) 콘셉트 트럭이 피터빌트 모터스 공장에서 현지 공항으로 몰리면서 차량 통행이 중단됐다. 엘리자베스 프레트하임(Elizabeth Fretheim) 월마트 물류 사업전략 및 지속가능성 담당 책임자는 "사람들은 말 그대로 도로에서 차를 몰고 나와 사진을 찍으려 했고, 그 앞에서 사진을 찍을 수 있도록 우리가 멈추기를 원했다."고 말했다. 좁은 도끼 모양의 운전실은 전형적인 장거리 트럭의 다목적 박스와는 전혀 다르게 보이는 눈물방울 줄무늬의 베이스 위에 걸터앉은 채 운전석을 중앙에 배치했다.

트럭 위의 매끈한 스포츠카처럼 경사진 곡선과 진보된 장치들은 모두 100% 실용적이다 - 전형적인 무딘 앞트럭이 만들어내는 연료흡입항력을 피하기 위해 고안되었다. 차량의 탄소 섬유 트레일러는 무게를 4,000파운드 줄여 트럭이 합법적으로 더 많은 화물을 운송 할 수 있게 한다. 운전석 아래에 배터리-전기 하이브리드 구동계에 전원을 공급하는 특허 받은 마이크로 터빈이 있다. 공랭식 마이크로 터빈은 기존의 라디에이터의 무게와 저항을 없애고 천연 가스에서 바이오 디젤에 이르기까지 거의 모든 연료로 효율적으로 작동될 수 있다. 그 개발 노력은 22개 협력업체의 혁신을 하나의 시범 차량으로 묶었다. 월마트는 WAVE가 배터리, 하이브리드 드라이브 트레인을 대체할 때 긴 노선에 비해 연비 55% 증가 가능을 추정했다.

캡스톤 터빈(Capstone turbine)사의 사장 겸 CEO인 대런 제이미슨(Darren R. Jamison)은 "월마트가 미래의 트럭을 찾고 있다고 말했다."고 말했다. 그들은 내년에 기술이 어떻게 나올지 원치 않았다." 월마트의 프레트하임(Fretheim)은 다음과 같이 설명했다: "이것은 그 회사에게 박스 밖에서 생각할 수 있는 자격증을 주었다. 그것은 우리에게 자신감을 주었고... 보다 과감한 혁신을 추구할 수 있는 독창성과 흥미를 주었다." 트레이시 로서(Tracy Rosser) 월마트 물류담당 선임 임원은 "미래 혁신에 대해 지속적으로 협력하고 차량효율성을 새롭고 다른 방식으로 대담하게 바라보도록 도전하는 것이 중요하다."고 덧붙였다. 더그 맥밀런(Doug McMillon) 월마트 CEO는 "이는 결코 성공하지 못할 수도 있지만 새로운 기술과 새로운 접근법을 테스트할 수 있게 해줄 것"이라고 말했다.

현재 구상 중인 많은 다른 혁신들은 연료 소비를 줄일 수 있는 잠재성을 가지고 있으며, 그에 따라 비용과 탄소 배출량을 줄일 수 있다. 여기에는 엔진과 브레이크의 고속 전자 제어를 사용하여 1대 이상의 트럭이 선도 차량에 매우 가깝게 따라가는 군집운행이 포함된다. 시험 결과 군집운행은 후행 차량의 연료비를 약 8% 절감하고, 트레일러 뒤쪽의 항력 감소로 인해 선도 차량조차도 연비가 5%까지 상승할 것으로 추정했다. 자율 트럭에서 정점을 찍는 추가적인 기술 개발은 "항상 최적의" 운전으로 연료 절약으로 이어질 수 있다. 항공물류에서, 보잉은 기존 767기종을 대체하는 787항공기를 연료 효율이 20% 더 높도록 개발했다. 경량 소재(복합재 50%, 알루미늄 20% 포함), 새 엔진, 경량 배터리 및 전기 동력 시스템(엔진에서 고압 공기를 빼내고 비행기의 추력을 빼앗는 공압 시스템 대신)을 사용함으로써 비용절감을 얻을 수 있다.

큰 차량에 더 가벼운 탄소발자국 Bigger Vehicles Have Lighter Footprints

Maersk Line의 CEO인 아이빈드 콜딩(Eivind Kolding)는 "오늘날 우리가 직면한 가장 큰 도전 중 하나는 늘어나는 인구에 대한 요구를 충족시키는 동시에 지구에 미칠 영향을 최소화하는 것"이라고 말했다. Maersk는 운송 탄소 발자국과 운영 비용의 경우 더 큰 것이 역설적으로 더 낮기 때문에 (당시) 가장 큰 컨테이너선을 설계했다. 당시 연료비는 높고 상승하여 연료소비를 줄일 수 있는 강력한 동기부여를 하였다. 머스크는 이를 트리플E(Triple-E)라고 칭하며 "규모의 경제, 에너지 효율, 환경 개선"을 줄인 말이다. 축구장 4개 면적의 선체가 있는 트리플-E는 1만8000TEU급 컨테이너를 운반할 수 있으며, 컨테이너 용량당 연료 소비량은 이미 거대한 1만3100TEU급 선박보다 35%나 적다.

트리플-E에 관한 모든 것은 거대하다. 2개의 엔진이 지름 9.8m의 70t 프로펠러 2대에 총 8만6000마력을 전달한다. 각각의 거대한 910톤 엔진은 마찰을 줄이는 74 rpm에서 주행거리가 3.4m인 움직이는 8개의 롱보어 실린더[61]를 가지고 있다. 매시간 1,800갤런의 벙커 오일이 쏟아져 나오면서, 배는 높은 탄소 발자국이 높은 것처럼 보인다. 그러나 1톤 마일 단위로 볼 때, 완전 적재된 배는 당시 가장 연료 효율이 높은 트럭들 중 비해 10배 이상 연료효율이 높다. 한 척당 1억 9천만 달러인 트리플-E와 같은 배는 연비와 배출량을 9퍼센트 향상시키는 1천만 달러의 열 회수 시스템처럼 최신 에너지 절약 장비에 투자할만 하다. 그 배는 출발부터 22노트의 효율적인 저속 증기를 위해 설계되었다. 해군 설계사 트로엘스 포스보그 (Troels Posborg)는 "트리플E 함정의 최고 속도가 낮아 선체 형태에 상당한 영향을 미친다."고 말했다. "갑판 아래에 더 큰 용량을 가진 선박을 건조할 수 있다는 뜻이지요." 그 결과 연료 소비량이 감소하고 화물 용량이 증가하였다. 트리플-E는 머스크의 이전 세대인 1만 4770TEU E급 선박보다 총 엔진 출력이 적지만 화물을 22% 더 실을 수 있다. Triple-E는 2013년 3월 데뷔한 이후 오랫동안 최대 컨테이너선 왕관을 유지하지는 못했는데, 2014년 12월, China Shipping이 19,000 TEU CSCL Globe를 진수했기 때문이다.

다른 방식도 대형 차량을 선호한다. 대형 트레일러, 더블 트레일러, 트리플 트레일러를 갖춘 트럭은 소형 트럭에 비해 톤 마일 당 20~32%의 절감 효과를 제공한다. 그리고 미국과 EU의 철도는 더 긴 열차의 효율성과 다른 운영 성능상 이점을 고려하고 있다. 비록 그들의 잠재력은 유망하지만, 앞서 언급했듯이, 대형 차량은 그들의 쾡한 공간용량에 가득 차야만 톤 마일 당 더 낮은 풋 프린트 약속을 이행한다. 보스턴컨설팅 운송사업부문 글로벌 책임자 울릭 샌더스(Ulrik Sanders)는 "단순한 논리인데 더 큰 것이 좋다."고 말했다.

새로 등장하는 표준? An Emerging Standard?

위에서 언급한 바와 같이, 하주(제조업자, 공급자, 유통업자 등)는

---

[61] 상대적으로 피스톤의 지름이 큰 엔진. 엔진형태는 실린더 내경(보어)와 행정(스토로크) 비율로 구분하는데, 보어가 길면 상대적으로 고속회전에 유리함

자사 제품의 탄소 배출량에 영향을 미치는 가장 중요한 변수를 결정한다. 그들은 출발지와 목적지, 선적 규모, 시기, 그리고 사용할 운송업자를 결정한다. 불행하게도, 운송 온실가스 배출량을 추적하는 것은 운송형태, 국가 및 프로그램에 걸친 여러 가지 방법론을 포함한다.

통합된 방법론을 제공하기 위해, 유럽 기반의 비영리 단체인 스마트 화물 센터는 세계 물류 배출 위원회(GLEC)를 소집했다. GLEC는 다중 모듈 공급망 전반에 걸친 방법론을 개발했다. 이 방법론은 모든 운송 모드를 포함하며 각 모드(항공, 내륙 수로, 해상, 철도, 도로 및 환적 센터)의 기존 방법론과 표준을 결합한다. 모드 고유의 많은 방법론들은 또한 SmartWay 프로세스를 포함한다. GLEC는 기업 배출 데이터에 대한 온실가스 프로토콜의 Scope 1, 2, 3의 프레임워크를 고수하여 총계가 부분의 합계와 일치하도록 보장한다. 예를 들어, 운송 회사 자체의 Scope 1과 Scope 2 배출물은 운송 회사 서비스를 이용하는 하주 또는 물류 서비스 제공 업체(LSP)의 Scope 3 배출물의 일부분이다. 이 범위 지정 프레임워크는 하주들이 일관된 배출량 정보를 바탕으로 운송을 선택할 수 있게 해준다.

오늘 사용하는 연료가, 내일의 온실가스로 FUEL TODAY, GREENHOUSE GAS TOMORROW

하주와 운송업자는 모드 선택, 컨베이어 이용, 경로 설정 및 연료 절약형 차량 특징의 개선 외에도, 다른 연료를 선택함으로써 탄소 및 배출물 발자국을 줄일 수 있다. 예를 들어 UPS는 2014년 현재 압축천연가스, 액화천연가스, 프로판, 전기로 구동되는 차량을 포함해 5000대 이상의 대체연료 차량을 보유하고 있다. 2017년까지 UPS는 지상차량의 12%를 재생가능한 연료로 전력화할 계획이었다. 연료 공급 가능성과 가격 뿐만 아니라 지역 요건이 운송업체의 선택을 결정한다. UPS의 지속가능성 책임자인 론다 클라크(Rhonda Clark)는 "세계가 변화하고 성장함에 따라 혼잡, 기후 변화 및 대기질에 대한 구체적인 기대를 가지고 있다"고 말했다. UPS는 연료 가격이 높은 지역에서 단거리 도시 배송에 전기 자동차를 사용하는 등 새로운 차량 솔루션을 계속 시도하고 있다.

탄소 발자국의 탄소 발자국 The Carbon Footprint of a Carbon Footprint

화학 및 열역학의 법칙은 다양한 종류의 연료로부터 시간당 1킬로와트의 에너지를 생산하는 데 필요한 가장 낮은 CO_2 배출량에 대한 제한을 규정한다. 이런 관점에서 보면 천연가스는 디젤보다, 디젤은 석탄보다 월등하다. 하지만 화학이 모든 것을 말해주는 것은 아니다. 일부 연료는 연료가 탱크에 들어가기 전에 숨겨진 온실가스 배출물을 포함한다. 이론적으로, 천연가스 발전소는 석탄대비 절반이하의 이산화탄소를 배출한다. 실제로 천연가스는 그 자체로 강력한 GHG 이다: 천연가스의 추출, 정제, 전달 및 사용 중에 소량의 비율이라도 빠져나간다면 탄소 발자국의 편익은 부정될 수 있다.

마찬가지로, 환경론자들은 화석연료 추출기술이 일반적으로 프래킹으로 더 알려진 향상된 수압 파쇄에 대해 걱정한다. 그린피스와 같은 NGO들은 탄소, 물 사용, 오염, 건강 효과, 그리고 프래킹 유정에 주입되는 비밀 화학물질의 문제에 대해 "엄청난 우려"를 표명했다. 적절하게 관리되는 수압 파쇄 유정이 안전하다는 미국 EPA의 선언에도 불구하고, 유정 운영의 주요 요소가 EPA의 감독으로부터 면제되기 때문에 NGO의 항의는 계속된다. 그러나 NGO들은 미국이나 다른 나라들이 프래킹[62]으로 얻는 정치적, 안보적, 경제적 이익을 고려하지 않는다.

선박의 황산화물 배출 길들이기 Taming the Brimstone Beasts of Maritime Emissions

배나 트럭의 배기관에서 뿜어져 나오는 그을린 검은 연기는 다양한 차량에서 배출되는 CO_2 외에 다른 오염물질을 생생하게 보여준다.

---

[62] hydraulic fracturing 의 줄임말로 물, 화학제품, 모래 등을 혼합한 물질을 고압으로 분사, 바위를 파쇄해 석유와 가스를 분리해 내는 공법을 말하지만, 이 문단에서는 셰일가스 생산을 의미함

디젤과 벙커 오일과 같은 더 무거운 화석 연료의 일반적인 오염물질인 황화합물은 차량 엔진 내부에서 연소하여 황산화물(SO_X)을 형성한다. 고온 차량의 효율적 엔진은 대기 질소를 질소산화물(NO_X)로 변환하기도 한다. SO_X와 NO_X는 모두 심각한 호흡기 자극제로서 산성비의 원인이며 지구 온난화에 큰 기여를 하고 있으며 대기 오염물질로 규제되고 있다. 전세계 약 9만척의 해양선박이 연간 약 2천만 톤의 SO_X를 방출한다. 이것은 전 세계 9억 대 이상의 자동차들의 SO_X 배출량의 250배이다. 사실, 이코노미스트는 세계에서 가장 큰 배들 중 15척만으로도 모든 차들보다 더 많은 SO_X와 NO_X를 배출한다고 보도했다. 석탄 화력발전소와 광석 제련소, 정유공장, 화학공장 등 일부 제조공정에서도 SO_X와 NO_X가 배출된다.

MARPOL ("해양오염(marine pollution)"의 줄임말) 협약은 유엔 국제해사기구(IMO)에 의해 만들어지는 국제 규정의 확대 세트가 되고 있다. 1973년에 채택되어 1978년에 프로토콜을 통해 발효되어 1983년에 발효된 MARPOL은 일련의 Annex를 통해 석유, 유해 액체 물질, 유해 물질, 선박 하수, 쓰레기에 의한 해양 오염을 다루고 있다. 2008년 IMO는 바다를 항해하는 선박의 황산화물 및 질소 배기가스 배출에 관한 엄격한 기준을 제정하는 MARPOL Annex VI를 채택했다. 2015년1월 이후 선박은 지정된 배출통제 구역에서 황 함유량이 1,000ppm(백만 당 부품) 이상인 연료를 더 이상 사용할 수 없었다.(이전 제한치는 10,000ppm이었다) 2017년2월 EU는 2021년부터 배출권 거래제도에 선박운송을 포함시키기로 결정했으며, 이를 준수하려면 값비싼 선박을 개조해야 한다. 트럭 운송과 철도와 같은 다른 교통수단은 유황에 대한 지방정부의 규제와 유사하거나 훨씬 더 엄격하여 15ppm 미만의 초저황 연료를 의무화하고 있다.

일부 해양 배출규제구역(ECAs)에서 운영하는 경우, MARPOL과 지역 규정 모두 훨씬 엄격한 제한을 규정한다. 안타깝게도 해양가스유(MGO) 등 저황등급 해양연료는 운영연료비를 50% 증가시켜 상시 사용에는 비경제적이다. 또한 저황 연료는 고황 연료용으로 설계된 구형 연료 취급 시스템과 엔진에 많은 안전성과 신뢰성 위험을 야기한다. 아이러니하게도, 유럽 ECAs의 저황 배출 추진은 트럭 운송보다 연료 효율이 높은 단거리 선적을 더 비싸게 함으로써 전반적인 오염을 야기할 수 있다.

노-올-라운 바이오 연료 A-maize-ing Biofuel

새로운 엔진을 장착한 신차에 대한 투자가 필요없이 탄소중립과 즉시 사용가능성을 약속하는 연료보다 더 좋은 것은 무엇인가? 약 8740만 에이커[63]에 달하는 미국 농지에서 밝은 햇빛의 광선이 밝은 노란색 옥수수 알갱이로 변한다. 옥수수를 수확한 후에, 거대한 공장들은 곡물을 분쇄하고, 옥수수 전분을 설탕으로 바꾼 다음, 설탕을 에탄올로 변환시킨다. 에탄올은 많은 종류의 엔진에서 석유에서 추출한 휘발유의 재생 가능한 연료로 사용될 수 있다. 전 세계적으로, 에탄올 제조업자들이 가장 많이 사용하는 사료용품은 옥수수와 사탕수수다. 그러나 항공기 제트 엔진 뿐만 아니라 트럭, 철도 기관차, 해양 선박 등에 사용되는 디젤 엔진은 더 무거운 연료에 의존하며 에탄올 대신 다른 바이오 연료를 사용해야 한다.

얼핏 보면 에탄올과 같은 바이오 연료는 가솔린 기반 운송의 탄소 발자국 문제에 대한 완벽한 해결책으로 보인다. 바이오 연료를 태울 때 방출되는 이산화탄소의 양은 이들 식물의 성장기 동안 공기 중에서 없어졌기 때문에 이론적으로 바이오 연료는 탄소중립이 될 수 있다. 그러나 실제로 바이오 연료의 생산은 GHG 방출 에너지원(예: 전기 동력, 보일러용 천연 가스, 화석 연료 차량)에 의존하며, 메탄이나 질소 비료 배출과 같은 다른 GHG를 생성한다. 더욱이 IPCC에 의한 라이프 사이클 평가는 옥수수 기반 에탄올이 식품 공급 위험을 증가시킨다고 결론지었다. 승용차 한 대에 25갤런(약 94.6리터)의 가스탱크를 채우는 데 필요한 옥수수는 하루 동안 거의 400명의 배를 채울 수 있었다. 요컨대, 화석연료에 대한 생물연료의 진정한 대체는 전세계 12억대의 차량이 식량, 토지, 물을 놓고 사람과 야생

---

[63] 1acre 는 4,047 ㎡이므로 3,537 억 ㎡, 1,072 억 평에 해당함

동물들과 경쟁한다는 것을 의미한다.

에탄올과 바이오디젤은 농업폐기물, 갈린 풀, 목재 등 먹을 수 없는 식물 재료에서 추출한 셀룰로오스에서도 합성할 수 있어 배고픈 사람과 목마른 차량 간의 경쟁을 완화시킨다. 비록 셀룰로오스 바이오 연료가 더 풍부한 공급 범위를 누리고 있지만, 심각한 기술적 장애로 인해 업계는 기대에 크게 뒤처지게 되었다. 2007년 미국은 5억 갤런의 셀룰로오스 바이오 연료를 2012년에 생산하도록 의무화했지만, 2016년 1차 시기까지만 해도 연간 4백만 갤런의 비율로 생산하고 있었다.

그럼에도 불구하고 기업들은 이러한 연료를 계속 추구하고 있다. FedEx는 2017년부터 Red Rock Biofuel사가 남은 목재 바이오매스에서 만든 셀룰로오스식 재생 제트 연료(회사 항공기에 의해 사용되는 연간 총 11억4000만 갤런 중)를 연간 300만 갤런씩 구입할 계획이다. Fulcrum Bio Energy의 목표는 훨씬 더 높다. 동사는 유나이티드 항공과 장기 계약을 맺고, 5개 허브 공항의 화석 연료 비용보다 적은 비용으로 도시 폐기물로부터 바이오 연료를 생산하기로 했다. 궁극적으로, 이 시스템은 연간 총 1억8천만 갤런의 제트 연료를 생산할 수 있다. "대체연료에 투자하는 것은 환경에 좋을 뿐만 아니라, 바이오 연료가 미래의 유가 변동성과 탄소 규제에 대비할 수 있는 잠재력을 가지고 있기 때문에 우리 회사에게는 현명한 조치이다,"라고 Brett Hart 유나이티드 항공 수석 부사장 및 법률고문은 말했다.

2005년부터 미국 정부는 미국의 교통 시스템을 재생 가능한 연료로 이동시키기 위한 입법 및 규제적 추진에 착수했다. 60개 이상의 국가들이 마치 십자군원정처럼 신성한 목적을 가지고 시작했는데, 이 모두가 에너지 안보를 개선하고 GHG의 대기권 순 방출을 줄이려는 두 가지 목표를 가지고 있었다. 이 계획의 미국 버전을 지지하기 위해, 입법자들은 재생 가능한 연료요건에 동의하고, 재생가능한 에너지 창업을 지원하며, 국내 옥수수 에탄올에 보조금을 지급했다.

에탄올 셔플 *The Ethanol Shuffle*

2011년 미국과 브라질의 시장 상황과 정부 정책의 결합으로 미국 기업들은 옥수수에 기반한 에탄올을 브라질 시장에, 브라질 기업들은 설탕에 기반한 에탄올을 미국 시장에 판매하는 변칙적인 상황이 발생했다.

브라질산 사탕수수는 발효 전 옥수수 녹말을 설탕으로 바꾸는 단계가 추가돼 미국산 덴트 옥수수(일반적으로 공업용과 동물 사료용으로 재배되는 밭 옥수수)보다 더 효과적으로 에탄올로 전환된다. 미 EPA에 따르면 설탕 에탄올은 기존 휘발유보다 61% 낮은 배출량을 보였다. 이와는 대조적으로, EPA는 옥수수 에탄올이 표준 가솔린대비 -48%에서 +5% 배출된다는 것을 발견했다. 이것은 EPA가 사탕수수 기반 에탄올을 옥수수 기반 에탄올과 달리 첨단 바이오 연료로 분류했다는 것을 의미한다. 따라서, 옥수수 기반 에탄올에 씌운 2010년 캡(상한)을 유지하지 않았다. 그 결과, 미국의 공급자들은 브라질로부터 설탕 기반 에탄올을 구입하기 시작했다. 2011년 7월과 10월 사이에 미국 연료 공급자들은 브라질산 에탄올 약 4천만 갤런을 구입했다. 한편, 브라질은 국내 에탄올 부족에 직면했고(부분적으로는 시장 연료 수출로 인한) 미국산 옥수수 에탄올 1억2천3백만 갤런을 수입했다. 따라서, 미국 옥수수 에탄올 육성 정책의 결과로, 그 연료의 1갤런당 45센트의 세금 공제를 통해 이익을 얻었으며, 사실상 5천5백만 달러의 미국 세금을 브라질의 가스 탱크에 이전시켰다.

제프 쿠퍼 재생연료협회 연구분석 임원은 "이 이상한 현상을 에탄올 셔플"이라고 명명했다. 쿠퍼는 "브라질행 미국 옥수수 에탄올을 가득 실은 유조차가 LA나 마이애미로 가는 사탕수수 에탄올을 가득 실은 유조선을 카리브해 선적 루트를 따라 지나가는 아이러니한 모습을 그려보라."고 말했다. 에탄올 프로듀서 잡지에 실렸다. "기억하라, 이 모든 것이 GHG 배출량을 줄인다는 명목으로 행해지고 있다는 것을. 그러나 그 셔플의 진짜 GHG 의미는 무엇인가? 그리고 경제적 영향은 무엇인가?"

이러한 어리석음을 인정함에도 불구하고, 미국의 정치적 고려는 정책을 수정하려는 어떠한 시도도 막고 있다. 왜냐하면 에탄올 정책은 옥수수를 생산하는 국가들에게 이득이 되어왔기 때문이다. 예를 들어, 에탄올 생산은 2002년 이후 아이오와 주 경제에 약 200억 달러를 더해주었고 주 농지의 가치를 세 배로 높였다. 결과적으로, 상황을 바로잡기 위한 의회의 노력은 수포로 돌아갔다.

전기의 미래로 향한 플러그인 Plugging Into an Electric Future

Frito-Lay, Coca Cola 및 Duane Reade 같은 회사들은 주로 도시 배달용 단거리 전기트럭에 투자했다. UPS와 FedEx와 같은 대형 트럭 운송단 운영자들은 전기차를 시험적으로만 채택하거나 정부 보조금이 이들 차량의 추가 자본비용을 완화하는 경우에만 채택했다.

전기 자동차는 배기가스 제로 운송의 가능성을 제공하지만, 차량 소유자가 배출제로 소스로부터 차량을 재충전할 경우에만 가능하다. 그렇지 않으면, 전기화는 단순히 인구 중심에서 운영되는 도시 차량으로부터 잠재적으로 멀리 떨어진 발전소로 배기가스를 이동시킨다. 따라서 노르웨이의 전기자동차는 국가 전력의 95%가 재생 가능한 수력 전기로부터 나오기 때문에 거의 0에 가까운 배출량을 가질 수 있지만, 폴란드를 운행하는 동일한 차량은 폴란드 전력의 85%가 고탄소 방출 석탄에서 발생하기 때문에 상당한 배출량을 가지고 있다. 그러나 장기적으로 고정 발전소는 이동 오염원(차량)보다 효율을 높이고, 오염을 통제하며, 탄소를 격리시킬 수 있는 비용 효율적인 기회를 갖게 된다. 흥미롭게도, 프래킹(수압파쇄법)은 천연가스로부터 오는 전기 비율을 증가시켜 실제로 미국의 전기 자동차의 탄소 발자국을 줄이는데 도움을 주었다.

불행하게도, 배터리의 높은 비용과 낮은 에너지 밀도로 인해 전기자동차는 해양, 항공 화물 또는 장거리 트럭 운송을 포함한 대부분의 장거리 화물 운송에 적합하지 않다. 유럽, 일본 등지의 장거리 열차는 선로 위를 달리는 전선에 의해 공급되는 전기로 운행되는 경우가 많다. 2016년 Siemens는 LA, 롱비치 항만 등 다량 트럭 노선에 전차급전방식 기술을 접목한 전기트럭 컨셉을 시험했다.

그을음이 소송을 낳는다: 항구의 녹색화 SOOT BEGETS
LAWSUITS: THE GREENING OF A PORT

매일, 많은 배들이 정박하기 위해 로스엔젤레스와 롱비치(LA/LB)의 항구로 미끄러지듯 들어온다. 두꺼운 케이블이 배를 부두로 묶고 나면, 긴 팔을 가진 캔틸레버 크레인은 배의 갑판에서 길이 20피트와 40피트짜리 컨테이너 수천개를 들어내 철도차량과 트럭에 싣고 미국 전역에 화물을 분배하는 과정을 시작한다. 2013년에는 LA/LB 복합항만단지가 세계에서 9번째로 붐비는 컨테이너 항구로 선정되었다. 이 항구는 화물을 수송하는 것 외에도 로스앤젤레스 지역에 100만개 일자리를 제공하고 현지 지역에서 170억달러 이상의 직간접적인 매출을 창출한다. 이 두 항구는 합쳐서 미국의 들어오는 화물 컨테이너의 20%를 취급하고 있다. 그러나, 항만 단지와 유사한 대규모 물류 클러스터에 근접해 살고 있는 주민들이 이러한 대규모 경제를 위해 지불해야 할 환경적 대가가 있다. 그것은 환경운동가들이 이러한 항구에 집중하게 만든다.

물류 클러스터: 글로벌하게는 좋지만, 해당 지역에는 안 좋은 Logistics Clusters: Globally Good, Locally Bad

로스앤젤레스/롱비치 항만 단지의 규모는 우연이 아니다. 운송의 경제, 즉 대형 차량의 비용 효율과 통합 흐름은 바퀴살모양(Hub-spoke) 네트워크로 이어지는 경우가 많다. 대부분의 경우, 그러한 허브는 역구내 조차장, 항구 또는 공항과 같은 운송형태 변경 터미널 주변에서 개발된다. 그 허브에서의 자연적인 활동들은 물류 클러스터로 성장하기 위해 더 많은 물류와 다른 산업 활동을 끌어들인다. 물류 클러스터들은 상하이, 싱가포르, 로테르담, 멤피스, 상파울루 그리고 전 세계 수백개의 다양한 지역에서 발견된다.

이러한 클러스터는 허브간 화물 흐름이 높기 때문에 4가지 이유로 글로벌 물류비용 효율을 향상시키고 환경 발자국을 줄인다. 첫째, 그러한 허브로 들어오고 나가는 흐름이 많을수록 더 큰 운송 수단을 사용할 수 있게 하여 톤 마일 당 CO_2를 직접적으로 감소시킨다. 둘째로, 그러한 운송은 더 많이 채워질 가능성이 높으며, 용량 활용도가 향상되어, 다시 1톤 마일 당 탄소 발자국을 감소시킨다. 셋째, 대량의 화물은 클러스터로 공급되는 모든 원점에서 클러스터에서 화물을 받는 모든 목적지까지 비용 효율적인(및 환경 효율적인) 서비스의 빈도를 증가시킨다. 서비스 빈도가 높으면 일정 지연이 줄어들고, 운송업자들은 철도나 중간 기종 같은 더 느리고, 비용이 적게 드는, 더 낮은 기종 운송수단으로 전환할 수 있다. 넷째, 클러스터 위치 내에 여러 운송 모드가 존재하면 운송의 일부는 마감일이 빠르기 때문에 배송업체가 전체 배송물을 더 빠른 모드로 보내는 대신 운송을 느리고 빠른 모드로 세분화할 수 있다.

독일과 같은 일부 정부는 더 많은 화물을 트럭에서 철도로 이동하기 위해 물류 클러스터의 개발을 장려하고 지원한다(주로 복합 운송을 이용함). 철도 운송은 트럭 운송의 탄소 발자국의 약 1/3에서 1/2을 생산한다.

그러나, 로스앤젤레스 유역의 물류 클러스터가 화물 이동의 지구적 환경 영향을 감소시키더라도, 그것은 지역적 영향을 증가시킨다. 벌집에 드나드는 수많은 벌들처럼 매년 방문하는 많은 배들과 항구에서 일하는 수천대의 트럭들로 인해 검은 디젤 배기가스 구름이 생긴다. 2011년 로스앤젤레스 항구와 롱비치 항구는 컨테이너 1420만TEU를 포함해 모두 5,364척의 선박 호출전화를 처리했다. 항구에 매일 하역하는 16척의 외국 선박은 평균적으로 약 100만대 차량분의 배기가스를 생산하는데 이는 유튜브 영상에서 NRDC에 의해 증명되었다.

이 항구의 활동은 사우스 코스트 분지 대기질 관리구역의 대기 질 저하에 기여했는데, 이 지역은 미국에서 지속적으로 최악의 수준에 머물러 왔다. 롱비치 항구의 환경 담당자인 밥 칸터(Bob Kanter)는 "선박, 화물 취급 장비, 트럭, 열차는 모두 대기 질 저하와 이와 관련된 건강 영향의 원인이 되었다"고 말했다. 미국으로 입항하는 (inbound) 컨테이너 트래픽의 20퍼센트를 처리하는 한 지역이 해당 트래픽과 관련된 국가 배출량의 20퍼센트를 차지한다는 것이다. 뉴욕 다음으로 거주인구가 많은 지역 영향을 받은 지역사회는 항구의 규모가 커짐에 따라 주목을 받았다.

항만 오염에 역행하는 조수 The Tide Turns Against Port Pollution

항구가 LA분지 시민들에게 미치는 환경 영향에 대한 우려는 행동주의자들과 정부 양측 모두에게 자극을 주었다. 1998년 캘리포니아 대기자원위원회는 디젤배기가 "독성 대기오염물질"이며 발암물질이라고 선언했다. 이 판결로 NRDC는 인근 LA카운티 주민들을 대표해 2001년 항만을 상대로 소송을 제기할 수 있는 법적 지렛대를 제공했다. 크리스 캐넌 로스앤젤레스 항만 환경관리국장은 "성장 제안이 나오기 시작하면서 NRDC가 계산을 시작했고, 잠재적 건강 위험이 커질 것으로 봤다"고 말했다. "그들은 기본적으로 우리를 말리고 '잠깐만, 당신네들은 계획이 없군요. 계속 성장해서 이 모든 돈을 버는 동안 당신들이 결국 그 부담을 떠안아야 해요.'라고 했다."

2002년, 3명의 심사위원단은 로스앤젤레스 항이 중국 해운회사를 위한 컨테이너 터미널을 추가로 건설하려는 계획을 중단시켰다. 이 소송은 이미 위험에 처한 항구의 디젤 배기가스 배출과 추가 터미널 건설이 이 문제를 악화시킬 것이라고 주장했다. 항소법원은 이에 동의했고 판사들은 즉시 모든 항만 확장 계획을 중단시켰다. 정치적 압력과 지역사회의 반발에 대응하여, 근처 라이벌인 롱비치 항구도 2003년에 환경 프로그램을 탐구하기 시작했다.

이상한 나쁜 동료들: 경쟁 항구와 NGO 간의 제휴 Strange Bedfellows: Partnering Between Rival Ports and NGOs

RSPO(5장 참조)와 같은 업계 협회의 경우처럼, 항구와 지역사회가 직면하고 있는 과제를 해결하려면 경쟁자와 적군 간의 협력이 필요했다. 로스엔젤레스 항구와 롱비치는 선박 교통을 위해 경쟁한다.

그러나 NGO와 규제당국의 압력에 대응하여, 두 항구는 오염을 줄이기 위한 그들의 독자적인 노력을 중단했다. 2006년에 그들은 청정 트럭 프로그램과 청정 공기 행동계획을 만들기 위해 서로 NGO, 규제 기관과 제휴했다. "우리는 항상 대기질 규제 기관과 다소 갈등을 빚었다."... 칸터는 "아무에게도 도움이 되지 않았다. 그래서, 우리는 기본적으로 올리브 가지를 내밀면서, "우리는 여기서 같은 목표를 염두에 두고 있어요... 어떻게 하면 협력적으로 일을 할 수 있을까요?"라고 말했다. 그는 "이번 계획은 두 경쟁기업간의 전례 없는 협력 뿐 아니라 NGO와 감독기구와의 이례적인 협력관계를 의미했다"고 덧붙였다.

NRDC는 환경 프로그램을 개발하는 동안 항구의 유일한 동맹은 아니었다. 이 항구는 또한 미국 서해안 공동 작업 구역청과 남해안 대기 질 관리 구역청으로부터 지원을 받았다. 항구들의 역량이나 전문지식이 부족한 곳에서, 이 단체들은 항구들의 미래 성장을 동시에 계획하면서 오염 감소 프로그램을 개발하는 것을 도왔다. 2013년 남해안 대기질 관리구역청은 항만들이 스스로 제시한 목표를 놓쳤을 경우에만 적용되는 규정을 개발하는 데 일조했다. West Coast Collaborative는 항만 및 항만 관련 배출물 감소를 위한 새로운 기술에 관한 일련의 웨비나를 개최함으로써 도움을 주었다.

롱비치 항구는 환경단체와 강력한 관계를 발전시켰다. "우리는 대화를 걸어보고 약속을 잘 지킨다는 것을 보여줘야 했는데... 그래서 우리는 환경공동체로부터 신뢰를 얻었고, 그들을 참여시키고 그들과의 관계를 바탕으로 계속 발전해 왔다."라고 Kanter가 말했다. 비록 항구는 이전의 공격자들과 좋은 협력 관계를 형성하고 다른 협력자들을 승선시켰지만, 그 관계의 길이 항상 순탄하지는 않았다. 2008년, NRDC와 안전환경연합은 롱비치 항구가 환경에 미치는 영향을 충분히 빠르게 줄이지 못했다며 소송을 제기할 것이라고 위협했다. 칸터는 "항상 의견이 일치하지는 않지만, 우리가 발견한 것 중 하나는 우리가 무엇을 하고 있는지, 우리의 과제가 무엇인지 그들에게 교육할 필요가 있다는 것"이라고 말했다. 교육 측면은 과소

평가될 수 없다. 우리는 매달 주요 환경단체 대표들과 몇몇 소규모 환경단체 대표들을 만난다. 그 결과, 우리에게 정치적 압력으로 이어지곤 했던 저항은 상당히 후퇴했다."

공기청정 행동 계획 Clean Air Action Plan

2003년 가처분 결정에 따라, 로스엔젤레스 항은 2011년까지 항만 운영에서 디젤 배기가스 배출량을 50% 감축하기 위해 5천만 달러를 배정했다. 이를 위해 항만과 주정부, 항공당국, 항만과 함께 일하던 기업들이 수억 달러를 추가로 공해저감 프로그램에 투자했다. 또한 이 프로그램에는 선박의 배기가스를 줄이기 위한 지침과 인센티브가 포함되었다. 항구는 해안에 접근할 때 배들에게 시속 12해리(약 22km) 이하로 늦추도록 요청했다. 접안한 후, 그 배들은 해안전력을 이용했다.

항만은 운송업자들에게 지속가능성 프로그램에 대한 몇가지 적합성 준수 인센티브를 제공했다. 예를 들어, 항구로 천천히 들어오는 배들은 접안 요금을 50%까지 인하했다. 또한, 항구는 새로운 지침을 가장 잘 준수하는 회사들을 공개적으로 인정하기 위해 그린 플래그상을 제정했다. 롱비치 항의 칸터씨에 따르면 수상업체들은 이를 마케팅 자료로 활용하기 시작했다. 2013년 중반까지, 방문 선박 99퍼센트가 롱비치 항만 정책을 준수했다. 그럼에도 불구하고, LA/LB 항구의 가장 큰 실행 계획은 독립적으로 소유되고 운영되었던 항구의 트럭 운송단의 전면적인 정비에 중점을 두었다.

클린 트럭 프로그램 Clean Truck Program

2008년 항만들은 매일 화물을 항구로 실어나르는 낡고 "더러운" 디젤 선박 트럭 선단을 개조하기 위해 클린 트럭 프로그램을 시작했다. 당시 로스앤젤레스 항만에서만 약 1만6000대의 트럭이 운행했다고 크리스 캐넌(Chris Cannon)이 밝혔다. 그 트럭들은 평균수령이 11년이었고, 그들 중 다수는 새 차를 살 여유가 거의 없는 작은 소유주 운영자들에 의해 최소한의 유지보수로 운행되었다.

항구들은 낡고 더러운 트럭에서 더 친환경적인 트럭으로의 전환을 장려하기 위해 "당근과 채찍" 접근법을 사용했다. 2008년에 항구는 5년 이상 된 트랙터 트레일러에 의해 픽업되는 모든 TEU에 대해 35달러의 추가 요금을 추가했다. 이 프로그램은 항만 경계 내에서 운행하는 모든 대형 트럭에 대해 2007년 EPA 배출 표준을 준수하도록 의무화했다. 이 항구는 운전자가 새 차량을 구입할 수 있도록 최대 2만 달러의 보조금을 지급한다. 로스엔젤레스 항구는 총 4천 1백 6십만 달러의 보조금을 지급했다. 이 항구는 2012년에 5년 이상 된 차량을 전면 금지할 계획이었지만 그럴 필요가 없었다. 민간 항공사들은 요금과 인센티브에 너무 빨리 반응하여 2010년 말 이전에 16,000대의 트럭 전체를 업데이트했다.

그 의무들은 몇몇 계약직 운전자들을 파산시켰고, 실직으로 인한 지역사회의 불안으로 이어졌다. 칸터는 "솔직히 사업하지 말았어야 할 사람들(민간 트럭)이 있었다."고 말했다. 그 운전자들 중 일부는 항구에 대한 소송에서 승소하지 못했다. 결국, 로스엔젤레스 항구를 고소했던 바로 그 기관인 NRDC는 항구의 클린트럭 프로그램에 대한 법적 방어를 제공했다.

결과, 그러나 최종 결과는 아님 Results, but Not the Final Results

클린트럭 프로그램은 두 항구에서 트럭 관련 디젤 배기가스 배출량을 계획설계자들이 약속했던 것보다 더 빠른 2010년까지 80% 이상 줄였다. 크리스토퍼 패튼(Christopher Patton) LA항 환경관리 담당 부국장은 "청정공기 이니셔티브에 대한 초기목표를 세웠으며 5, 6년 대신 4년 만에 그 목표를 바로잡았다."고 말했다. 2012년까지 이 항구의 총 선박, 트럭, 기타 배출량은 약 76% 감소했다. 그 항만은 청정공기 이니셔티브에 거의 1억달러를 투자했다. 캐넌에 따르면 항구에서 일하는 민간기업들은 주로 대체트럭에 10억달러를 투자했다. "그렇지만 우리는 도착했다고는 하지 않아요. 우리는 '베이 와이드 스탠더드'라고 불리는 장기 대기 질 목표를 가지고 있는데, 이것은 우리가 여전히 충족시켜야 하거든요,"라고 패튼은 선언했다. 이 기준에는 2023년까지 NO와 NO_2의 항만 관련 배출량 59%, SO_X 92%, 디젤 미립자 77% 감축 등이 포함된다.

이러한 새로운 목표를 달성하기 위해, 두 항구는 노력을 계속했다. 2010년 항구는 하이브리드 전기 예인선을 주문했다. 2012년 로스엔젤레스 항은 보다 깨끗하고 효율적인 선박을 이용하는 운송업체에 대해 항만당 1,250달러의 재정적 인센티브를 발표했다. 같은 해 롱비치 항구는 항만에서 전기 자동차를 시험했다. 항구는 Siemens와 협력하여 20마일도 떨어지지 않은 철도 조차장에 연결되는 "많이 사용되고 비교적 짧은 트럭 노선"에서 가공선을 통해 동력 트럭에 전기를 공급하는 "e-highway"를 시험하고 있다.

항만 지도자들은 그들이 NRDC 및 다른 기관들과 무 분규 파트너십을 맺고 있다는 착각에 빠져 있지 않다. 캐넌은 "그들은 할 일이 있고, 항상 우리를 계속 몰아붙이는 것"이라며 "그들은 우리를 밀어내는 일을 잘 해냈다. 우리가 한 가지 목표나 요건을 충족시킬 때마다, 그들은 우리가 목표를 올리기를 원했고, 우리는 그것에 대해 점진적으로 대응해 왔다. 그게 항상 그렇지는 않을지도 모르지만, 그들은 우리를 우리의 명시적인 목표인 제로 배출 항만이 되는 방향으로 점점 더 밀어붙여 왔다. 쉽지 않겠지만 우리는 이러한 도전을 환영한다."

친환경 항만, 월드 투어: 다음 단계로의 도약 Green Ports, World Tour: Taking It to the Next Step

LA/LB 항구가 환경 영향을 줄이기 위한 노력을 하고 있는 것과 거의 동시에, 세계의 다른 항구도 같은 시도를 하고 있었다. 국제항만협회(IAPH)는 지역 항만단체와 협의해 2008년 로스앤젤레스 연차 총회에서 항만 환경 실행 계획을 지원하는 메커니즘을 만들었다. 이 회의에 이어 55개 회원항이 C40 세계 항만 기후 선언에 서명했으며, 이 선언은 탄소 배출량을 공동으로 줄이겠다고 약속했다. 로스엔젤레스와 롱비치의 항구는 최초의 서명자들 중 일부였다.

세계 항만 기후 실행계획(WPCI)에 따라, 회원 항구는 육상의 전력

공급 작업 그룹, 지속가능성 요건을 갖춘 임대 계약 템플릿, 탄소
발자국을 만드는 작업 그룹 등 다양한 환경 실행계획을 시범 실시
하였다. 제럴딘 크나츠 전 로스앤젤레스 항만운영사 상무는 IAPH
대표 재임 중 WPCI 초대 의장을 지냈다. 예를 들어, 로스엔젤레스
항은 2008년 WPCI 로스앤젤레스 심포지엄에서 GHG의 재고를 회
계처리하기 위한 방법론을 제시했으며 탄소 발자국을 만드는 작업
그룹의 활동적인 일원이다.

WPCI는 또 2008년 국제해사기구(IOC)의 현재 배출기준보다 대기
배출량을 줄이는 데 더 좋은 성과를 내는 선박을 분류하기 위해 내
놓은 환경선박지수(ESI, Environmental Ship Index)도 관리한다. WPCI의
일원으로서 로스엔젤레스 항은 ESI를 채택하고 2012년 독자적인 인
센티브 프로그램을 도입하여 한 단계 더 나아가기까지 했다. "ESI는
로스엔젤레스 항구에 정박하는 모든 선박이 이용할 수 있는 자발적
인 프로그램입니다,"라고 ESI 프로그램을 이끄는 환경 전문가 카터
앳킨스는 말했다. "운영 관행을 통해 규제 이전과 그 이상의 항만 지
역의 배출량을 줄이고, 녹색 기술에 투자하며, 가장 깨끗한 배로 로
스앤젤레스 항구로 입항하는 사업자에게 보상한다.

제7장 끝이 좋으면 모든 게 좋은 법이다

ALL'S WELL THAT ENDS WELL

많은 기업들은 자사 제품의 소싱, 제조 및 납품의 영향을 줄이는 데 지속가능성 노력을 집중하고 있다. 이 접근법은 고객이 제품을 소유하는 지점인 "게이트(gate)"까지 제품의 원산지와 취급에 중점을 두는 관점에서 공급망의 이른바 요람에서 게이트(cradle-to-gate) 단계를 대상으로 한다. 그러나, 앞 장에서 언급했듯이, 가장 큰 환경 영향의 일부는 제품 수명 끝 부분에서 발생한다.

2008년 CBS의 탐사전문기자 스콧 펠리(Scott Pelley)는 중국 남동부 산터우시 기유(Guiyu)진[64]을 방문, 5500여명의 가족 작업장에서 폐기된 폐전자제품을 취급하고 있는 드넓은 지역 안에서 지구 종말 이후에서나 볼 수 있는 진정한 황무지를 발견했다. 펠리는 소름이 끼쳤다. 납과 다이옥신으로 오염된 매캐한 연기가 공중으로 떠내려갔다. 산과 화학물질통은 손으로 휘젓고 플라스틱 부품에서 금속을 떼어냈다. 연기가 자욱한 불은 낡은 회로판의 땜납을 녹였다. 소각장들은 PC와 다른 가전제품의 금속 프레임에 부착된 플라스틱을 태워버렸다. 인근 배수 참호는 중금속을 지역 하천과 강으로 운반했다. 기유진에 대한 대기질 연구결과 납과 다른 대기 오염물질수치가 높은 것이 확인되었는데, 이는 신경, 호흡기, 뼈 질환의 발병 위험을 증가시킨다고 알려져 있다.

기유진은 세계에서 가장 큰 전자 폐기물(e-waste) 재활용 시설 지역 중 하나이다. 하지만 이런 위험한 전자 폐기물 처리 센터가 운영되는 나라는 중국 뿐만이 아니다. 이러한 억제되지 않은 재활용 활동

---

[64] 镇. 성급-지급-현급-향급으로 구성된 중국의 지방행정단위 중 향급 행정구역의 하나

은 인도, 나이지리아, 가나, 아이보리 코스트, 베냉, 라이베리아를 포함한 많은 개발도상국에서 이루어진다.

개발도상국의 많은 지역에서 목격되고 있는 위험한 재활용 관행이 재활용이라는 녹색 이미지를 손상시켰다. 게다가, 이러한 전자 폐기물 재활용 소굴의 내장 제품 부품 찌꺼기들의 이미지는 종종 HP, IBM, Epson, Dell, Apple, Sun, NEC, LG, 그리고 모토로라와 같은 인기 있는 전자 브랜드의 이름판을 보여주었다. 방치된 폐기물 처리로 인한 환경 손상은 정부와 환경 운동가들로부터 더 많은 정밀 조사를 이끌어냈고, 이로 인해 소비자들이 제품을 사용한 후 제품에 어떤 일이 일어나는지에 대한 사업상의 관심을 증가시켰다.

수명만료 제품, 스크랩과 폐기물을 관리한다고 해서 항상 비용이 증가하는 건 아니다. 어떤 경우에는 보다 저렴한 재료, 공급 보안, 폐기 비용 절감, 부채 회피 등을 통해 사업 기회를 제공할 수 있다. 예를 들어 재생 알루미늄은 더 많은 알루미늄 광산과 제련소에 투자하지 않고도 더 많은 알루미늄 캔을 만드는 방법을 제공한다. 게다가, 버진(virgin) 알루미늄에 드는 비용 대부분은 광석을 금속으로 녹이는 데 사용되는 에너지에 있다. 알루미늄 협회에 따르면 재활용 재료로 만든 맥주 캔은 버진 재료로 만든 캔보다 95% 적은 에너지를 필요로 한다.

제품의 사후적 영향 THE AFTERLIFE OF PRODUCTS

새로운 Primark 의류 매장의 개장은 유행을 타는 사람들을 위한 쇼핑 열풍을 불러일으킨다. Primark는 누구나 패셔니스타가 될 수 있을 정도로 저렴한 가격에 트렌디한 옷을 전문적으로 판매한다. 그 결과 공급망의 업스트림(조달, 생산)과 다운스트림(유통, 소비) 양쪽 끝에 환경적 영향을 미치는 초고속 패션 소매업이다.

Primark 매장에서의 광란의 소비는 납품업체에서 생산 열풍에 의해 뒷받침된다. 업스트림 쪽에서 보면, Primark의 낮은 비용은 대부분 개발도상국들에서 공급자들이 서구 기준에 의해 개탄스러운 조건하에서 근로자들에게 수고비를 지불한다는 것을 의미한다(제2장의 라나 플라자 건물 붕괴; 그 잔해 속에서 Primark 물품들이 발견되었다는 내용 참조). 다운스트림 쪽에서는 Primark 등이 시행하는 패스트패션 소매 모델도 소비자들에게 많은 양의 의류를 구매하고 몇 번 사용 후 값싼 상품을 버리도록 권장하고 있다. 그러나 바겐세일 의류만이 버려진 옷들의 원천은 아니다. 일부 고급 브랜드 소유주들은 자사 브랜드를 표시하거나 할인점 채널을 통해 판매하거나 기부하는 것보다 잉여재고를 없애는 것을 선호한다. 이런 행동들은 매년 210억 파운드의 의류를 매립지에 보낸다.

전 세계 인구가 증가하고 풍요로워짐에 따라 고체 폐기물은 온실가스를 포함한 다른 환경오염 물질보다 빠르게 증가한다. 지난 세기에 폐기물 발생률이 10배나 증가했다. 전형적인 미국 거주자들은 50년 전에 비해 두 배나 많은 물건을 사용하고 버리는 반면, 1인당 GHG 배출량은 실제로 지난 50년 동안 약간 떨어졌다. 보통 사람들은 쓰레기를 "눈에 보이지 않으면 곧 잊혀지는(out of sight, out of mind)" 것으로 취급하지만, 문제는 점점 더 가시화되고 있다. 예를 들어, 2013년에 뉴욕주 롱아일랜드 아이슬립(Islip)지역에 과도하게 매립된 매립지에서 나온 6백만 파운드의 쓰레기를 실은 바지선이 5개월 동안 대서양 주변을 목적 없이 떠다녔다. 6개 주와 3개 국가로부터 거절당한 후, 그것은 결국 뉴스에 나왔고, 그리고 그것이 시작되었던 바로 그 자리로 되돌아갔다. 그리고 북태평양 해상에는 "공해상에 떠다니는 쓰레기장"인 그레이트 퍼시픽 쓰레기장(GPGP)[65]이 수백 마일이나 펼쳐져 있다. 플라스틱 가방, 병 등 생물분해성이 없는 소재와 타이어, 컴퓨터 부품 등 다른 제품으로 구성됐다. 치명적인 양의 해상부유 쓰레기를 먹고 죽은 바다새와 고래사체 때문에 육지가 보이지 않을 수도 있다.

---

[65] 1990년대 초반 처음 발견된 하와이와 미국 캘리포니아주 사이에 퍼져 있는 거대 쓰레기 섬으로, 바람과 해류의 영향으로 북미와 중남미, 아시아에서 배출된 쓰레기가 모여든 곳임. 비영리 연구단체 오션클린업파운데이션의 2018년 3월 공식 발표자료에 따르면, GPGP의 규모는 점점 커져 60만 평방 마일(약 155만㎢, 남한 면적의 약 15배)에 달하며, 섬을 이루고 있는 플라스틱 쓰레기의 개수는 약 1조 8000억 개에 이름. Great Pacific Garbage Patch

일부 업체는 재활용 재료를 더 많이 사용하고 있지만, 대부분의 공급 체인은 '선형(linear)'으로 남아 있으며, 대부분의 제품은 쓰레기 매립장이나 소각장에 들어가게 된다. 2013년 미국인들은 약 2억5천 4백만 톤의 도시 고형 폐기물을 생산했는데, 이는 하루에 1인당 약 4.4파운드의 쓰레기를 배출한 것이다. 재활용률은 1970년 8%에서 2018년 35%로 증가했지만 미국은 여전히 독일(67%)과 한국(62%), 이탈리아(55%)에 뒤졌다. 정부의 중요한 노력과 프로그램들은 소비자의 행동을 바꾸고 재활용을 장려하려고 시도하고 있다. 예를 들어 EU는 2020년까지 50%의 재활용률을 목표로 하고 있는데, 주로 스페인(30%), 폴란드(29%), 슬로바키아(11%) 등 뒤처져 있던 나라들의 재활용률을 높이는 데 초점을 맞추고 있다.

네가 만들었으니 네가 처리해! You Made It, You Dispose of It!

토마스 린드크비스트(Thomas Lindhqvist)는 1990년 룬드대학교(Lund University)에서 공학 물리학(Engineering Physics) 석사과정을 밟고 있던 중 스웨덴 환경부에 제출한 보고서에서 급진적인 아이디어를 내놓았다. 그는 제품의 생산과 판매로 이익을 본 단체들도 그 폐기 비용에 대해 책임을 져야 한다고 권고했다. 수명 만료 제품을 자치단체에 처분하는 데 따른 영향을 포기하거나 통제되지 않는 투기를 하는 대신 제조자는 폐기 작업이나 비용을 직간접적으로 처리할 것으로 예상된다. 이러한 EPR[66]의 개념은 제조업체 환경책임을 "요람에서 게이트(cradle-to-gate)"에서 "요람에서 무덤까지(cradle-to-grave)"로 확대한다.

EU의 전자 폐기물은 2005년 연간 900만t에서 2020년에는 연간 1200만t으로 늘어났다. 전 세계적으로 2012년의 총량은 5천만 톤이었다. 잔존가치와 매립될 경우 유독성 위험 때문에 전자쓰레기는

---

[66] 생산자책임재활용제도(Extended Producer Responsibility, EPR)란 재활용 촉진을 위해 제품·포장재 생산자에게 재활용 의무를 부과하는 제도임. 생산업체가 제품을 생산할 때 재활용 가능 소재로 만들고 사용 후 발생하는 폐기물의 재활용까지도 책임지도록 함. 판매한 제품과 포장재를 직접 또는 위탁해 회수·재활용하거나 재활용 의무율 만큼 분담금을 지불하는 방식이며, 전자제품과 포장재가 대표적임

종종 EU국가들에서 중국 산터우 기유진의 통제되지 않은 처리와 같은 장면들이 펼쳐지는 개발도상국으로 수출된다.

전자폐기물의 유해 처리를 제한하기 위해, EU는 2006년 성과기반 EPR 규제인 WEEE[67]지침을 도입했다. EU는 "새로운 제품을 판매할 때 소비자로부터 WEEE를 1대1로 받아들일 수 있도록 유통업자에게 권한을 부여한다. 단, 회원국은 대체 절차가 소비자들에게 그만큼 편리하다는 것을 보여줄 수 있다면 이 요구 조건으로부터 벗어날 수 있다."

다른 관할권역에서도 비슷한 규칙을 시행하고 있다. 2013년 캘리포 니아에서는 카펫, 페인트, 수은 온도계에 대한 EPR 규제가 시행되 었다. 캐나다, 일본, 그리고 몇몇 다른 나라들은 포장, 배터리 및 위험 물질에 EPR을 요구한다. 2010년 브라질은 EPR원칙과 WEEE 규정을 바탕으로 자체 개발한 국가 고형 폐기물 정책(NSWP)을 도입했다. 브라질 정책은 살충제, 배터리, 타이어, 전구, 유해 폐기물 및 관련 포장, 윤활유 및 그 포장, 전자제품 및 부품에 적용된다.

제품 수명 종료 영향 평가 Assessing End-of-Life Impacts

소비자 제품의 영향을 평가하는 회사들은 이러한 상품의 가능한 운명을 조사함으로써 시작할 수 있다. 제품은 매립지에 묻히거나, 땅에 흩어져 있거나, 바다에 버려지거나, 소각되거나, 다른 제품으로 재활용될 수 있다. 가장 큰 관심사는 폐기물이 사람, 야생동물, 땅, 그리고 물에 미칠 수 있는 잠재적인 독성 효과들이다. 독성 평가에는 특정 품목의 제조업체 지정 BOM(자재명세서) 내역 뿐만 아니라 폐기물 처리 중 발생할 수 있는 부산물이 포함된다. 예를 들어, 매립지에서 음식물과 목재 섬유의 부패는 메탄, 강력한 GHG를 발생시킬 수 있다. 금속, 염료, 그리고 제품의 화학물질은 분해되어 지하수에 침투할 수 있다. PVC(폴리비닐클로라이드)로 만든 것과 같은

---

[67] Waste Electrical and Electronic Equipment, 2005년 부터 시행된 EU의 폐가전제품 의무재활용 규제

일부 제품은 자극성 입자와 독성이 강한 다이옥신을 방출할 수 있다. 가장 우려되는 것은 수은, 납, 카드뮴과 같은 중금속인데, 이것은 특히 어린이들에게 영구적인 신경학적 손상을 일으킬 수 있다. 다른 우려로는 비소, 베릴륨, 코발트, 6가 크롬, 니켈, 그리고 많은 위험한 석유화학 화합물과 같은 발암물질이 있다.

세가지 R: 감소, 재사용, 재활용 *The Three R's: Reduce, Reuse, Recycle*

많은 캔, 병, 패키지의 현재 어디서나 볼 수 있는 아이콘은 수명이 다한 제품에서 발생하는 폐기물의 양을 줄이기 위한 기업 전략의 주요 범주를 암시한다.

뫼비우스 삼각형 화살표인 재활용 기호는 소비자들에게 3R(감소reduce, 재사용reuse, 재활용recycle)을 따르도록 장려한다. 미국 EPA의 "고형 폐기물 관리 계층구조"는 환경 편익에 따라 세 개의 R을 분류한다. 체계의 맨 윗부분은 감소로, 종종 2차 시장, 공유, 그리고 기업이 사전 소유의 제품을 리퍼브하고 재판매하는 역공급 체인을 수반하는 회사 제품의 수명을 연장하는 방법이다. 또한 제품 구성요소의 재사용도 포함한다. 마지막으로, 재활용은 역공급 체인을 필요로 하는데, 이 체인은 사용한 제품을 분해할 수 있는 시설로 이동시키고 그 구성품을 다른 제품으로 재처리하는 구성 원료로 재처리한다. 재활용 부품으로 만든 제품은 종종 "친환경 고객"에게 판매된다. 세가지 R중 어느 것도 가능하지 않을 경우, 수명을 다한 제품은 에너지를 회수하기 위해 태우거나 매립지에서 폐기물로 처리되어 추가 처리 비용이 발생할 수 있다.

다시 해봐, 철수씨 PLAY IT AGAIN, SAM

자동차는 시장에서 가장 많이 재사용되는 소비재 제품일 수 있으며, 어떻게 제품의 수명이 재판매(resale)를 통해 연장될 수 있는지를 보여준다. 미국에서는 중고차 판매가 신차 판매량을 앞지르는 데 평균적으로 자동차는 전체 수명주기 중 3명의 소유자가 있다. 부품 공급자, 부품 소매업자, 서비스 제공자, 딜러 및 중고차 평가자의 전체 산업이 이 큰 시장에 서비스를 제공한다. 자동차 제조업체들은 제조업체에서 인증한 차량 판매뿐만 아니라 인증된 부품의 공급망을 관리함으로써 재판매를 지원하기도 한다. 쉽게 판매되고 재사용되는 그 밖의 내구재로는 트럭, 항공기, 전자제품, 기구, 도구 등이 있다.

재사용: 자연적인 2차 시장 Reuse: Natural Secondary Markets

멜버른 306가구를 대상으로 한 RMIT(로열멜버른공과대학) 조사 결과 소비자들은 중고 가구재를 버리는 것보다 다양한 종류의 중고 가구재를 판매, 증여 또는 기부하는 경우가 많다고 한다. 중고 재판매 채널은 중고 소매점, 온라인 교환/리셀러 웹사이트(이베이, 신문 광고, 특수 간행물 등)에 있는 전통적인 품목들을 포함했다. 연구자들은 또한 상당수의 상품이 자선단체에 기부되거나 가족이나 친구들에게 선물되었다는 것을 발견했다. 그리고 호주인들만이 그들이 사용한 중고용품을 최대한 활용하려는 충동이 있는 것은 아니다.

지역 거래소가 있고 수수료가 없는 크레이그리스트(Craigslist)는 보잘 것없이 시작해서 중고품 거래 및 판매 시장의 주요 주역으로 성장했다. 1995년 크레이그 뉴마크(Craig Newmark)가 설립한 이 회사는 샌프란시스코 주변의 이벤트를 나열한 무료 이메일 뉴스레터로 시작했다. 누구나 직업, 전자제품, 개인 교제에 이르기까지 모든 것을 찾거나 제공하는 다양한 카테고리에 걸쳐 무료 비밀 광고를 올릴 수 있는 웹사이트로 발전했다. 크레이그리스트는 창설 이후 20년 동안 대부분의 주요 도시들로 확장되었다. 2013년에 이 사이트는 매일 150만 건 이상의 새로운 게시물을 선보였고, 광고의 약 3분의 2가 "판매용(for sale)"이다. 이러한 게시물들은 일반적으로 구매자들을 같은 지역, 도시 또는 동네의 판매자들과 연결시켜 대면 거래로 이어지며, 모든 사람들이 대규모 구매자 풀에 접근할 수 있고 거래 수수료 없이 중고 물품을 광고하고 판매하는 방법을 제공한다.

쓰레기 더미에서 금덩이 찾기 *Finding Gold in the Garbage*

기업들은 구식 기술의 재사용을 지원함으로써 급변하는 기술 제품을 활용할 수 있다. 예를 들어, 스마트폰은 빠르게 진화하며, 일부 소비자들은 최신의 가장 훌륭한 모델만을 원한다. 실제로 미국에서만 매년 1억대 이상의 휴대전화가 폐기되고 있다. 하지만, 비록 얼리 어답터들은 작년 모델을 꺼릴 수도 있지만, 많은 소비자들은 가격이 맞다면 구형 모델을 꺼리지 않는다. 2011년 샌디에이고의 ecoATM, LLC는 소비자들이 중고폰, 태블릿 또는 MP3 플레이어를 되팔고 즉시 현금을 받을 수 있는 쇼핑몰과 다른 소매점에 키오스크를 설치하기 시작했다. 이 거래는 몇분 밖에 걸리지 않으며 2014년 9월까지 미국 전역에 1100개의 키오스크를 설치했다.

키오스크는 기계의 영상인식과 기계 학습 알고리즘을 사용하여 기기의 모델과 상태를 파악한 다음, 가격에 이미 동의한 업계 구매자와 즉시 매칭시킨다. ecoATM의 설립자 마크 볼스(Mark Bowles)는 "폭 8열, 깊이 4,000줄의 스프레드시트를 상상하라."고 말했다. "그리고 나서 8개의 가격 매트릭스로 4,000개의 셀을 살펴본 다음, 원하는 셀 중 하나에 미리 입찰하는 거다. ...그 전유물에서 최고가를 기록하게 되면 그 셀에서 승리하게 되는 거다."

그러나 ecoATM은 아무에게도 팔지 않는다. 볼스는 ecoATM이 구매자들에게 적절한 전자제품 폐기 관행을 선별하는 것은 물론, "좋은 사업 파트너"가 될 수 있다고 설명했다. 회사는 장치를 도난당한 경우 사법 기관이 복구할 시간을 주기 위해 장치를 30일 동안 보유한다. 일단 그 기간이 지나면, 구매자는 합의된 금액을 지불 결제하고 ecoATM은 전화기를 보낸다. 한편, 전화기를 파는 고객은 이미 30

일 전에 이미 현금을 받을 수 있는 구조이다.

ecoATM만이 이 시장에서 유일한 플레이어는 아니다. ReCellular는 수거 드라이브에서 휴대폰을 재활용하기 시작했고 나중에 우편으로 개별 전화를 다시 구입하는 것으로 확대되었다. 2012년에는 520만 대의 휴대전화를 재판매하거나 재활용했는데, 이는 2007년 210만 대에서 늘어난 것이다. 2013년에는 미국 내에서 ReCellular 주식의 약 60%가 팔렸다. 게다가, 특히 베스트바이(Best Buy)와 아마존의 대형 소매상들은 리퍼폰(refurbished phones) 판매를 시작했고, 재활용 사업 기회에 합류했다. 스마트폰 업계의 주류 업체들도 재활용과 재사용에 참여하고 있다. 예를 들어 Apple과 버라이존 모두 스마트폰용 환매 서비스를 운영하고 있다.

전기 자동차 배터리가 제2의 전성기를 맞다 Electric Car Batteries Get Their Second Wind

누군가가 "가장 오래된 배터리를 주세요."라는 전화를 받으면 어리둥절 할 것이다. 그러나 공급자와 고객들은 제너럴 모터스의 배터리 수명주기 관리 책임자인 파블로 발렌시아(Pablo Valencia)로부터 그가 미국 최대 전력회사인 듀크 에너지와 스위스 전력 기술 대기업 ABB 와 연계하여 새로운 확장 재사용 개념을 시험하고자 했을 때 그 말을 들었다. 발렌시아는 오래된 제품은 원래 사용했던 것과 같은 방식으로 사용할 필요가 없다는 것을 깨달았다. 전기 및 하이브리드 차는 차량 가속을 위한 높은 출력과 높은 전력용량 때문에 고성능의 배터리를 필요로 한다. ABB 에너지 저장 모듈 사업 개발 책임자인 알렉산드라 굿슨(Alexandra Goodson)은 "자동차에서는 즉각적이면서도 오래 갈 수 있는 전력을 원한다."고 말했다. 안타깝게도 배터리가 노후화되면서 출력과 전력용량 성능이 저하되는데, 마치 자동차의 엔진과 연료 탱크가 모두 줄어드는 것 같다. 그러나 배터리가 더 이상 차량 내에서 만족스러운 전력 및 범위를 제공할 수 없더라도 여전히 다른 애플리케이션을 위한 상당한 양의 전기를 저장하고 전달할 수 있다. GM의 박스형 자동차(boxy) 데모 부서는 5개의 오래된 Chevy Volt 배터리로 구성된 클러스터가 최대 2시간 동안 미국 일반 가정 3-5개에 전력을 공급할 수 있을 만큼 충분한 벽면 콘센트 전기를 저장하고 공급할 수 있다는 것을 보여주었다.

이 개념은 국가 전력망의 다가오는 문제에 대한 해결책의 일부일 수 있다. 즉, 전기 수요와 각각의 공급 사이의 불일치, 풍력 태양열과 같은 재생 가능 에너지의 채택이 증가함에 따른 예측 불가능한 공급이 추가되고, 전기 자동차의 재충전은 수요에 새로운 급증을 더한다. "바람은 전력망 운영자에게 악몽이다."라고 GM의 글로벌 에너지 시스템 및 인프라 상용화 담당 책임자인 브리타 그로스(Britta Gross)가 말했다. "어느 쪽으로도 바람이, 사흘 동안 불지 않는다. 게다가, 전기 자동차가 인기를 끌면, 수천만 명의 통근자들이 태양열 발전량이 밤에 감소하는 것과 거의 동시에, 퇴근 후에 그들의 차량에 플러그를 꽂게 될 것이다." 대부분의 전력망은 그러한 급속한 전환을 다루도록 설계되지 않았다. Duke Energy의 신기술 담당 수석 프로젝트 매니저인 댄 소우더(Dan Sowder)는 "전력 저장이 이를 완화하는 데 도움이 될 수 있다."고 말했다.

GM만이 중고 전기차 배터리 2차 시장을 조사하는 유일한 자동차 회사는 아니다. Nissan North America, ABB, 4R Energy, and Sumitomo Corporation of America는 오래된 닛산 전기차 LEAF모델 배터리를 이용한 그리드 스토리지 시스템을 구축하고 있다. 게다가, Green Charge Networks 같은 신생 기업은 유통업체 세븐일레븐과 월그린과 같은 상업적 사용자들이 단가가 쌀 때 전력망 전기를 구입하여 충전하고 단가가 비쌀 때 자신들의 설비를 끌 수 있게 하는 자동차 배터리 패키지를 팔고 있다.

처분 비용에서 재사용 가능한 자산으로 From Cost of Disposal to Reusable Assets

매일, 스바루[68]의 인디애나 공장은 작은 임시 황동 러그 너트(lug

---

[68] 매출 2.8 조원 상당의 일본 최대 운송장비 업체로 과거 GM 이 최대주주였던 시절 사명은 후지중공업(FHI)이었다가 2005 년 토요다 자동차가 최대주주로 변경됨

nuts)로 고정되어 있는 트럭 한 대분 물량의 바퀴를 받는다. 과거에 스바루는 1년에 약 33,000파운드의 너트를 버렸다. 그러나, 그것의 폐기물 감소 프로그램의 일환으로, 스바루는 러그 너트를 수집하고 반환하기 시작했고, 휠 공급업체와 직접 협력하여 더 이상 사용할 수 없을 때까지 이를 재사용하기 시작했으며, 그 시점에서 그것들은 황동 재료로 재활용된다.

포장에 사용되는 부수적인 재료도 재사용을 위한 기회를 제공할 수 있다. Subaru는 일본에서 인디애나로 가는 여정에서 섬세한 부품들을 완충하는 데 사용되는 스티로폼을 반환하여 향후 운송에서 다시 사용할 수 있도록 한다. 5번의 재활용 사이클 후에 스티로폼은 일본에서 처리되는데 그중 85%가 재생된다. 소모품을 자산으로 변환함으로써 사이클 타임은 지속가능성 지표의 일부가 된다. 즉, 이러한 자산의 회수(포장, 러그 너트, 스티로폼 등)가 빠를수록 그 활용도는 높고 시스템 내 소모품의 수는 적어진다.

일회용품을 재사용 가능한 자산으로 전환하기 위한 스바루의 작업은 고체 폐기물을 줄이기 위한 광범위한 프로그램의 일환이었다. 인디애나 주 Subaru자동차 안전 및 환경 준수 매니저인 데니스 쿠건(Denise Coogan)은 "사람들은 여전히 환경 친화적인 데 너무 많은 돈이 든다고 생각한다."고 말했다. "그건 낡은 생각이다. 낭비란 돈이고, 낭비되는 시간이고, 낭비되는 물질이다. 첫 해에는 재정적으로 비용이 들지만, 그 고비를 넘기면 [금전적 이득]이 기하급수적으로 상승하는 것을 볼 수 있다."

재사용 가능 용기의 이점은 훨씬 더 커질 수 있다. 예를 들어, 오피스디포(Office Depot)는 일부 제품을 판지 상자 대신 재사용 가능한 플라스틱 토트(totes)로 배달한다. 추정치에 따르면 재사용 가능한 플라스틱 용기의 유효 수명은 5년에서 20년이며, 연간 4회에서 25회 사용된다.

재활용: 역 공급망 RECYCLING: THE REVERSE SUPPLY CHAIN

한 회사의 제품이 더 이상 다른 고객에 의해 재사용될 수 없을 때, 수명이 다한 제품의 처리 계층구조상 다음 단계는 그 제품의 구성 재료를 재활용하는 것이다. 미국 EPA에 따르면 재활용은 "분리, 수집, 처리, 마케팅, 궁극적으로는 폐기되었을 재료를 사용하는 것"을 포함한다. 재사용을 위한 공급망은 재사용 가능한 제품을 한 고객에서 다른 고객으로 보낼 경로를 선택하는 데 비교적 간단 할 수 있지만, 재활용을 위한 공급망은 훨씬 더 깊어 원료를 취급하는 더 깊은 공급망 계층으로 되돌아 갈 수 있다.

또 다른 큰 역류 흐름은 새로운 제품의 소비자 수익이며, 이는 항상 소매업체와 제조업체에게 도전 과제이다. "반품을 받으면, 당신은 시간을 거슬러 일을 해야 한다." FedEx Supply chain으로 리브랜딩한 GENCO의 영업, 전략, 커뮤니케이션 임원 라이언 캘리(Ryan Kelly)는 "제품이 저장되어 있고 더 많은 터치 포인트를 받을수록, 더 적은 가치를 얻을 수 있다."고 말했다. 회사들은 반품된 물품의 손상 여부를 평가하여 필요에 따라 재판매를 위해 재조립해야 하며, 때로는 적절한 처리를 위해 다시 제조자에게 배송해야 한다. 소비자들이 온라인 구매를 소매업자의 지역 상점에 반환할 수 있을 것으로 기대하는 전미 채널 소매업의 성장과 함께 수익처리도 악화되었다. 온라인 구매 수익률이 매장 내 구매율(18~25% 대 8~12%)보다 높을 뿐만 아니라, 지역 상점은 반품된 상품을 취급하지 않을 수도 있다.

다운스트림이 업스트림 되는 곳 Where Downstream Becomes Upstream

소매업자들은 많은 제품의 상업적 공급망의 (다운스트림) 끝인 반면에, 그들은 또한 수명이 다한 제품에 대한 재활용 공급망에서 (업스트림) 시작점이 될 수 있다. 예를 들어, Staples는 새로운 토너와 잉크 카트리지들을 판매하고 또한 가게에서 사용된 토너와 잉크 카트리지에 편리한 재활용 수거함을 제공한다. 재활용을 장려하기 위해, 소매점은 더 많은 프린터 카트리지 구매에 사용할 수 있는 카트리지 당 2달러의 보상(일부 제한 포함)을 제공한다. 그 결과는 73%의 재활용률이다. Staples처럼, 다른 소매업자들은 소비자들이 그들의 가게를 방문하도록 장려하기 위해 재활용을 장려한다. 예를 들어, 일부 Best Buy 프로그램은 재활용된 상품에 대한 대가로 상품권을 제공하는 반면, Office Depot에서 잉크와 토너 카트리지를 재활용하는 고객은 상품 할인에 대한 보상 점수를 받는다.

Staples은 사용된 카트리지들을 축적하고 통합하여 트럭의 귀로화물 용량을 이용하여 그것들을 (및 기타 재활용품) 유통 센터로 다시 운반한다. 일부 카트리지는 원래 제조자에게 돌아가고 다른 카트리지들은 Staples의 e-Stewards 인증 재활용 파트너에게 돌아간다. (e-Stewards는 개인, 기관, 기업, NGO 및 정부기관이 "전자 폐기물 재활용 및 재조립에 대해 안전하고 윤리적이며 전 세계적으로 책임 있는 기준을 유지하는" 글로벌 조직이다.) 2014년 현재 Staples은 연간 6천3백만 카트리지를 재활용하고 있다.

다운스트림이 업스트림이 되는 곳은 소매점만이 아니다. OEM은 우편, 선불 택배 서비스 또는 기타 고객 서비스 프로그램을 이용하여 자체적인 직접 수거 프로그램을 가지고 있는 경우도 있다. 예를 들어 HP 프린터 카트리지에는 사용된 카트리지를 그 안에 넣고 HP 처리 센터로 (무료) 발송하라는 지침이 포함된 특수한 작고 튼튼한 봉투가 함께 나온다. IBM은 기업 고객으로부터 오래된 IBM 장비를 수집하고 폐기된 장비의 재사용, 재활용 및 안전한 폐기를 결합한 GARS (Global Asset Recovery Services)라는 서비스를 운영한다.

일부 지역사회 및 일부 자재의 경우 재활용 공급망의 수거 단계는 현지 고체 폐기물 수집 프로세스에 통합된다. 이러한 가정 및 지역 비즈니스 재활용 프로그램은 재활용 유리, 금속 캔, 플라스틱 용기, 종이 및 골판지 공급망의 핵심 부분이다.

수명완료품 재활용의 첫 번째 긍정적인 결과는 폐기물 흐름의 양을 감소시키는 것이다. 기업 제품의 자연재활용 속도는 수거가 용이하고 재활용 가능한 원료를 회수하는 비용, 회수된 원재료의 가치 등에 따라 달라진다. 실제 재활용률은 소재(알루미늄 캔의 55%, 납산 배터리의 98%가 재활용됨)와 국가별로 다르다(플라스틱 폐기물의 재활용률은 일본 77%, 미국 20%). 재활용할 수 없는 것은 결국 소각되거나 매립되거나 바다로 떠내려간다.

재활용품 수집을 위한 새로운 공급망 파트너 New Supply Chain Partners for Collecting Recyclables

자체 유통매장망이 부족한 Dell은 2000개의 아웃렛 자선 단체인 Goodwill 인더스트리와 손잡고 전자제품 폐기물 수집 창구를 만들었다. Dell-Goodwill 제휴 하에, 소비자들은 미국 전역의 Goodwill의 기부 사이트에 컴퓨터와 다른 기술 제품들, 심지어 비 Dell사 제품도 폐기할 수 있다. 기증된 전자제품은 세가지 방법 중 하나로 취급된다. 첫째, Goodwill은 아직 수명이 남아 있는 모든 최신 기기를 개조하고 재판매한다. 둘째, 컴퓨터의 모듈적 특성은 메모리, 저장, 주변 카드와 같은 부품이 다른 PC에서 사용되도록 판매될 수 있다는 것을 의미한다. 셋째, 달리 사용할 수 없는 물건이나 부품은 Dell에 의해 세심하게 재활용된다.

Dell과 Goodwill의 제휴는 두 회사의 사회적 책임 목표에도 도움이 된다. 기부금 증가는 PC 정비와 기술개발을 통해 장애인을 돕는다는 Goodwill의 사명을 뒷받침한다. 또한, 프로그램은 Goodwill 고객들이 비교적 현대적이고 기능적인 기술을 저렴한 가격에 구입할 수 있도록 해준다.

Dell은 고객들로부터 전자 폐기물을 수집하기 위해 두 개의 다른 프로그램을 사용하는데, 이것은 한 회사가 재사용과 재활용을 극대화하기 위해 여러 개의 수거 과정을 사용하는 일반적인 패턴이다. 구체적으로, 회사는 무료 메일 수신 프로그램에서 FedEx와 협력한다. 선의의 제휴는 어떤 소비자로부터든 어떤 종류의 컴퓨터도 받아들이는 반면에, 메일 수신 프로그램은 그들이 새로운 Dell 컴퓨터를 살 때 다 쓴 Dell 컴퓨터를 보내거나 비 Dell 컴퓨터를 교환할 수 있는 Dell 고객들로 제한된다. Dell은 대기업 고객을 위해 조직 시스템 수집, 재판매, 재사용 및 재활용을 관리하는 자산 재판매 및 재활용

서비스 장치를 운영하고 있다. 2020년 목표가 20억 파운드인 Dell 은 2015년 말 이미 14억2천만 파운드의 전자폐기물을 재활용했다.

아시아-미국-아시아 루프 The Asia-America-Asia Loop

관측자들은 왜 로스앤젤레스 항구의 일부 구간이 녹슨 쇠더미가 무성한 폐차장처럼 보이는지 의아해 할 것이다. 알고 보면, 항구의 이 구불구불한 코너는 세계 역공급망의 핵심 고리로서, 재활용이 가능한 소재와 수명완료 제품을 소비량이 많은 지역(미국 등)에서 원료의 생산과 수요가 많은 지역(예: 중국)으로 옮기는 것이다. 로스앤젤레스에서 중국으로 수출되는 10대 수출품 중 구리, 종이 또는 종이판, 알루미늄, 철 또는 철강 등 4개 품목은 재활용 가능한 소재다. 스크랩 소재는 로스앤젤레스 세관에서 한국, 대만, 독일, 말레이시아, 베트남으로 수출하는 상위 10위권이다. 이 재료들은 재처리기, 부품제조기, 제품제조기 등으로 해외로 흘러간다. 이러한 역공급 망은 항구의 낮은 "백홀요금[69](backhaul rates)"으로, 그렇지 않았더라면 반송여정에서 비어서 갈 컨테이너 공간을 채운다.

리프로세싱: 낡은 재료에 새 생명 불어넣기 REPROCESSING: A NEW LIFE FOR OLD INGREDIENTS

수거 후, 기업 재활용 공급망의 다음 단계는 폐기물과 수명이 다한 재료를 신제품의 초기 재료에 재처리하는 것이다. 본질적으로 재처리는 재활용이라는 역공급망이 180도 회전하여 제조, 유통, 소매의 전방 공급 사슬과 연결되는 스위치백 턴이다. 많은 종류의 고철 금속과 플라스틱은 쉽게 재용해될 수 있고 직접 원료로 재사용될 수 있다. 다른 물질들은 더 복잡한 재처리단계를 필요로 한다. 예를 들어, 전자 폐기물은 "혼합, 볼트, 나사, 스냅, 접착 또는 납땜"되는 여러 가지 다른 물질을 포함하고 있다. 독성이 있는 물질은 비독성 물

---

[69] 선박이 A 에서 B 로 화물을 운송하고 귀로에 B 에서 A 로 이동할 때 화물이 없다면 어차피 공선상태로 돌아가게 되는데, 최소한의 요금을 받고 화물을 싣고 갈 때의 요금을 말함

질에 부착되어 있어 재활용을 위한 물질의 분리가 어렵다. 적절한 기술 없이 전자 폐기물로부터 물질을 분리하려고 하면 납, 카드뮴, 수은과 같은 중금속을 공기 중으로 방출할 수 있는데, 이것은 앞에서 보았던 중국 기유진과 개발도상국의 수많은 미확인 장소에서 일어나는 일이다.

최소한 한 가지 종류의 재료(플라스틱)의 경우 제품 디자인에 대한 작은 변화로 재처리가 훨씬 쉬워졌다. 대부분의 플라스틱 조각에 제조업체는 코드번호도 포함된 "3R" 재활용 삼각형을 추가했다. 코드 번호 1부터 6까지는 해당 물체가 일반적으로 재활용될 수 있는 매우 일반적인 6개의 합성수지(resins) 중 하나로 만들어지는 것으로 식별한다(모든 커뮤니티 재활용 프로그램이 모든 유형을 수용하는 것은 아님). 재활용 세계에서 "7"은 불운한 숫자다; "기타 재활용 가능한 플라스틱"에 대한 포괄 코드이다. 코드 번호는 플라스틱을 종류별로 분류하는 것을 돕고 재활용 플라스틱의 순도를 보장한다.

낡은 기술이 새로운 기술 되는 방법 How Old Technology Becomes New Technology

Dell과 Goodwill의 제휴는 컴퓨터 제조업체에게 재활용 가능한 플라스틱을 공급해 준다. Dell은 Goodwill에서 수집한 전자제품에서 나오는 플라스틱을 분리, 분류, 검사한 다음 특정 유형의 재활용 플라스틱을 공급자인 Wistron Corporation으로 배송한다. 위스트론(Wistron)은 수거된 플라스틱을 잘게 쪼개서 버진 플라스틱과 혼합하여 필요한 구조적 완전성을 달성한다(2015년 혼합물은 내용물의 35%가 재활용이었음). 그리고 나서 그것은 플라스틱을 Dell의 새부품으로 성형한다. 2015년 말까지 Dell은 16개의 디스플레이 모델과 3개의 데스크톱 모델이 재활용 플라스틱으로 만들어졌다고 보고했다. 위스트론의 사이먼 린 회장 겸 최고경영자(CEO)는 "이번 실행계획은 천연자원에 대한 의존도를 줄이고, 수명이 다한 전자제품의 가치를 확대하기 위한 것"이라고 말했다.

HP는 Staples, Office Depot, Office Max, 월마트 매장 등 소매점의 드롭 오프 지점에서 수집한 프린터 카트리지를 앞에서 언급한 대로 소비자로부터 직접 우편으로 받은 것들과 마찬가지로 재활용한다. HP는 반환된 프린터 카트리지들을 분해할 복구 공장에 보낸다. 그런 다음, 플라스틱 부분을 잘게 쪼개서 캐나다 퀘벡 주 한 시설로 보내는데, 그 시설에서 버려진 음료수 병 조각과 섞어서 다음 카트리지 한 묶음의 원료를 만든다. 이 재활용 수지는 아시아와 유럽에 있는 HP의 카트리지 제조 공장으로 보내진다. 2013년 4월 현재 2억 8천만개 카트리지가 재활용되어 주요 폐기물 흐름이 감소하고 새로운 카트리지에 대한 새 재료의 필요성이 감소되었다.

2010년에 HP는 카트리지 재활용 프로그램에 대한 독립적인 라이프 사이클 평가를 의뢰했다. 분석은 사용된 카트리지와 다른 재활용 플라스틱의 수집, 운반, 처리와 석유 추출 및 가공과 버진 플라스틱의 생산에 미치는 영향을 비교했다. 연구는 재활용이 독성을 12퍼센트 감소시키는 것에서부터 탄소 발자국과 물 사용을 각각 33퍼센트와 89퍼센트 감소시키는 것에 이르기까지 연구에서 다루는 12개 차원에 영향을 덜 미친다는 것을 발견했다.

Dell과 HP는 이와 같은 프로그램을 통해 폐기와 신소재 수요를 모두 줄이면서 폐쇄 루프 공급망을 만들기 시작했다. Dell의 폐쇄 루프 사이클은 버진 플라스틱에 비해 탄소 배출을 11퍼센트나 줄였다. 이상적으로, 수명이 다 된 제품들은 끝없이 초기 생활 상품으로 유통될 수 있는데, 이것은 영국 환경 경제학자 피어스와 터너(Pearce and Turner)가 말하는 순환경제[70](circular economy) 를 만들어낸다. 예를 들어 HP는 카트리지 중 일부가 10회까지 재활용된 것으로 추정하고 있다.

수많은 중고 의류를 수많은 새로운 장소로 보내다 Tons of Old Clothing Can Go to Tons of New Places

휴대폰 2차 시장은 최근의 발명품이지만 의류와 같은 일부 재활용

---

[70] 자원채취-대량생산-폐기의 기존 선형 경제의 대안으로 자원 절약과 재활용을 통해 지속 가능성을 추가하는 경제모델

시장은 수세대에 걸쳐 존재해왔으며 성숙한 재사용, 재활용 시스템의 더 복잡한 공급망을 보여준다. 미국 Goodwill과 구세군, 영국의 Oxfam과 스콥(Scope)와 같은 가게들은 오랫동안 그들의 가게에서 재판매될 옷의 기부를 받아왔다. 새 옷 가격이 떨어지고 패션 유행이 가속화되자, 서구 소비자들은 새 옷을 더 많이 구입하고 중고품 가게에 더 많은 헌 옷을 기부했지만, 이 가게들은 기부된 옷의 극히 일부만 현지에서 팔 수 있다. 엘리자베스 클라인(Elizabeth Kline)은 자신의 2012년 저서 오버드레스를 통해 다음과 같이 설명하고 있다. 뉴욕 퀸시 스트리트 구세군에서만 매일 6톤의 팔리지 않는 옷을 방출하고, 그 양은 휴가철에 증가한다.

후드티부터 오트 쿠튀르(고급 맞춤복)까지 모든 것이 이 기부 상자에 나타난다. 중고 옷 흐름에서 가치를 끌어내기 위해, 중고품 가게 운영자들은 그 옷을 판매가능성에 따라 분리한다. 가장 좋은 옷은 빈티지 스타일을 전문으로 하는 부티크로 간다. 중간 급 물품은 그 조직의 중고품 가게에 간다. 그러나 대부분의 의류, 약 80%는 국내 개인이 아닌 세계적인 중개업자와 가공업자에게 톤 단위로 판매되고 있다.

볼티모어의 Mac Recycling 같은 재처리업자는 중고품 가게에서 구입하여 매주 80톤의 옷을 유럽, 아프리카, 아시아, 남미, 중앙아메리카로 운송한다. 일단 그곳에 가면, 여전히 사용할 수 있는 옷이 다시 팔린다. 때로는 약간의 수선을 하기도 한다. 예를 들어 인도에서는 옷을 파는 사람들이 신축성 있는 허리춤을 잘라내고 옆면에 서랍과 아디다스 스타일의 흰 줄무늬를 추가함으로써 "많은 미국 여성들의 나일론 바지"를 남성 노동자 바지로 바꾼다."

낮은 품질의 조각들은 산업 용도를 위해 닦는 천으로 "다운 사이클" 되거나 카펫, 자동차나 가정용 절연체, 또는 베개 속을 위한 섬유로 조각된다. 구매자들은 이 버려진 옷들을 위해 톤당 78달러밖에 지불하지 않는다. 마지막으로 약 1~3%가 전기를 생산하는 연료가 된다. 각 단계에서 재활용된 물질을 분리하면 그 가치를 극대화할 수 있다. 동시에, 그것은 재활용 재료의 각 세그먼트에 대해 더 비싸고,

큰 영향을 미치는 버진 제품이나 원재료에 대한 수요를 대체한다.

업사이클링 재활용: 잿더미에서의 고통 처리 Upcycling: Handling a Pain In the Ash

석탄 화력발전소 내부의 불더미로부터 숨막히는 미세먼지 구름, 소위 플라이애쉬[71](fly ash)가 공중으로 떠 올랐다. 규제로 인해 금지될 때까지, 플라이애쉬는 굴뚝 위로 날아올라 공중을 미립자로 채웠고, 석탄화력 중공업 관계자들의 치명적인 호흡기 질환에 큰 역할을 했다. 전기 집진기의 등장은 공기 중 입자를 잡아낼 수 있게 했지만, 또 다른 문제를 일으켰다. 그것은 축적되는 수톤의 미세한 회색 분말을 어떻게 처리해야 하는 가이다. 미국의 석탄 화력 발전소는 매년 약 7천 5백만 톤의 플라이애쉬를 생산한다.

석탄화력발전소에 관한 한 플라이애쉬는 마이너스 가치를 지닌 유해 폐기물이다. 쓰레기 매립지에 저장, 운반, 매립하는 것은 비용이 많이 드는 성가신 일이다. 플라이애쉬는 지반과 지표수를 오염시킬 수 있는 다양한 중금속을 상당량 함유하고 있다. 2010년에는 31개 석탄재 처리장이 미국 14개 주의 오염된 지하수, 습지, 개울, 강과 연계되었다. 2008년 12월 테네시주 킹스턴에 있는 테네시밸리 당국 발전소에서 플라이애쉬 방지용 연못이 뚫렸을 때 정화 비용은 10억 달러가 넘었다.

그럼에도 불구하고, 플라이애쉬 처리는 환경적 책임을 가치 있는 것으로 전환하는 예가 될 수 있다. 용광로 안에서 일어나는 고온의 화학반응은 시멘트가마 안에서 일어나는 고온 화학반응과 다르지 않다. 석탄의 종류와 처리에 따라 플라이애쉬는 그 자체로 시멘트 재질로 사용하거나 콘크리트 필러로 사용할 수 있다. 2010년 기준, 미국의 플라이애쉬 약 절반이 시멘트나 다른 유사한 용도로 사용되었다. 예를 들어, 세라테크社는 석탄 화력발전소에서 나온 플라이애쉬를 시멘트의 1차 투입물(최대 95%)으로 재사용하고 있다.

---

[71] 미분탄(微粉炭)을 연소하는 보일러의 연도(煙道) 가스에서 집진기로 채취한 석탄재를 말하는데, 콘크리트의 혼화재로 사용 가능함

플라이애쉬는 시멘트 산업에도 환경적인 이득이다. 표준 공정으로 1톤의 시멘트를 생산하면 약 1톤의 CO_2 배출이 발생한다. "무료" 폐기물 제품으로서 플라이애쉬는 무시할 수 있는 추가 에너지만을 필요로 하므로, 시멘트를 만들기 위해 GHG 배출량이 거의 증가하지 않는다. 전력 연구소의 의회 증언에 따르면, 매년 이러한 플라이애쉬를 사용하는 것은 약 1,100만톤의 CO_2, 320억 갤런[72]의 물, 5100만 입방 야드[73] 의 매립 공간을 절약한다.

다운사이클: 발 밑에서 현장까지 Downcycling: From Foot to Field

많은 경우에, 오래된 제품이나 부품을 같은 종류의 새로운 제품으로 재활용하는 것은 경제적이지도 않고 심지어 실현 가능하지도 않다. 한 가지 대안은 수명이 다한 고가치 상품을 저가치 상품으로 재활용하는 다운사이클링이다. 예를 들어, 전 세계 45만개 이상의 장소에서, 새로운 나이키 신발을 신는 사람들이 오래된 나이키 신발로 만들어진 운동장에서 놀고 경쟁하는 특이한 방식으로 새로운 나이키를 만난다. 1993년 나이키는 중고 운동화 뿐만 아니라 구두 닦는 과정에서 남은 미세조각을 회수하기 위한 Reuse-A-Shoe 프로그램에 데뷔했다. 나이키는 회수된 신발을 나이키 그라인드(Nike Grind)라고 불리는 재료로 얇게 썰고 잘게 조각하여 고성능 테니스장과 농구장, 러닝트랙, 그리고 다른 운동장 표면처리용 마무리제로 쓸 수 있게 팔았다. 2013년까지 이 프로그램은 2800만 켤레의 신발과 3만6000톤의 미세조각을 회수해 전 세계의 경기장을 덮었다.

2010년 의류 소매업체인 Gap은 고지대 면화를 대표하는 연구 마케팅 회사인 Cotton사와 제휴하여 "Recycle Your Blues" 캠페인을 시작했다. 이 캠페인은 소비자들에게 Gap의 1,000개 참가 매장에 그들의 오래된 청바지를 기증하도록 장려했다. 참여 소비자들은 새로운 Gap청바지를 살 때 30%를 할인 받을 수 있고, 그 오래 된 청바

---

[72] 약 1,210억 리터
[73] 약 389억 리터

지는 UltraTouch™ 천연 면 섬유 주택 단열재로 변환되었다. 코튼사는 소외된 지역사회와 허리케인 카트리나 재건 노력과 같은 특별한 주택 사업에 재료를 기증했다. Gap은 2006년과 2010년 사이에, 청바지 36만개를 모아 700개 이상의 주택에 사용가능한 섬유 단열재를 만드는데 사용했다.

BTU는 없는 것보다 낫다 - 궁극의 다운사이클링 BTUs Are Better Than Nothing - The Ultimate Downcycling

덴마크 98개 지방 자치 단체는 전국 29개 쓰레기 소각로에서 가정용 난방과 전기를 공급받는다. 예를 들어, 코펜하겐 북부의 부유한 교외지역 호르홀름(Hørsholm) 지역주민들은 신중히 설계되고 관리되는 소각로 전력의 20퍼센트와 열의 80%를 공급받는다. 모르텐 슬로트베드(Morten Slotved) 시장은 "유권자들은 난방 비용 감소가 주택 가치를 높이기 때문에 좋아한다."고 말했다. 호르홀름 지역 쓰레기 중 약 3분의 1(34%)은 소각 에너지생산 시설로 간다.

미 EPA와 노스캐롤라이나 주립대학의 2009년 연구에 따르면, 리사이클링이 불가능한 도시 폐기물의 경우, 잘 관리된 폐기물 에너지화 플랜트는 가장 환경 친화적인 목적지로 매립지보다 더 낫다고 한다. 그러한 플랜트들은 복잡한 일련의 과정과 필터를 사용하여 염산, 황산화물, 질소산화물, 중금속과 같은 매연 오염물질을 제거하거나 중화시킨다. 덴마크 최대 폐기물 에너지화 플랜트의 이바르 그린 폴슨(Ivar Green-Paulsen) 매니저는 "위험 요소들은 매립지에 있는 것처럼 분산되지 않고 집중되어 신중하게 처리된다."고 말했다.

식품과 농업 폐기물, 종이, 목재, 하수 등 유기물 비율이 높은 폐기물은 생물학적으로 재생 가능한 천연가스(RNG)로 소화될 수 있으며, 이는 결국 물류, 제조, 전력 생산에 사용될 수 있다. 예를 들어, 2015년에 UPS는 새크라멘토, 프레스노, 로스앤젤레스의 주유소에서 RNG를 사용하기 시작했다. 이 운송사는 연간 약 150만 갤런의 RNG를 사용하여 캘리포니아에 있는 거의 400대의 UPS 압축 천연가스(CNG) 차량에 연료를 공급하고 텍사스에서 연간 50만 갤런을 사용할 계획이다. 캘리포니아 바이오에너지협회에 따르면 캘리포니아 주는 주 디젤 수요의 4분의3을 대체할 RNG를 만들기에 충분한 바이오매스 폐기물이 있다.

좋은 것과 완벽한 것 The Good and the Perfect

앞의 3개 하위섹션은 폐기물이 되거나, 폐기하기 어렵거나, 환경적 재난으로 이어질 수 있는 물질을 사용하여 환경적 영향을 줄이는 방법을 예시하였다. 플라이애쉬는 시멘트를 만드는데 사용될 수 있고 오래된 나이키 신발은 Nike Grind[74]에 사용될 수 있으며, 가공하기 어려운 폐기물을 에너지원으로 사용할 수 있다. 그럼에도 불구하고, 이러한 각각의 경우(그리고 다른 많은 경우)에서 환경보호론자들의 불만을 유발한다. 예를 들어, 운동화와 청바지의 다운사이클링 사례는, 새로운 운동화나 청바지의 제조를 위해 버진 자재를 추출하는 환경영향을 줄이는 데 아무런 도움이 되지 않기 때문에 여전히 환경보호론자들은 불만이다.

그러한 불평은 완벽주의자의 투덜거림으로 보이고 "완벽한 것이 좋은 것의 적"의 또 다른 사례이다(1장 참조). 그 대신에, 그러한 비판은 중간 해결책이 장기적 해결책을 지연시킬 것이라는 우려를 반영할 수 있다. 1톤 정도의 플라이애쉬는 콘크리트를 만들 때 1톤의 CO_2를 방출할 필요가 없어질 수 있지만, 그 1톤의 플라이애쉬는 석탄 연소에서 생성된 20~30톤의 CO_2와 연관되어 있다. "어떤 의미에서는 이 폐자재를 다 쓰고 있는 것이다. 지속가능한 건물 연구 센터 미네소타 대학의 대니얼 헨딘(Daniel Handeen) 연구원은 "또 다른 방법으로, 석탄을 연료로 사용하는 것을 정당화하고 있다."고 말했다.

환경론자들은 또한 에너지를 생산하기 위해 쓰레기를 태우는 것을 비판한다. 로라 하이트(Laura Haight) 뉴욕 공익연구 그룹(NYK Public Interest Research Group) 선임연구원은 "소각장은 정말 악마 같은 존재" 라며 "우리의 우선순위는 쓰레기 제로화인데, 폐기물 에너지 플랜

---

[74] 나이키가 개발한 재활용 소재 컬렉션으로 나이키 운동화 및 인조잔디 등에 사용 가능

트를 건설하면 (쓰레기를 계속 배출해) 이를 먹여 살려야 한다."고
말했다.

이다 아우켄(Ida Auken) 덴마크 환경부 장관은 "덴마크에서 엄청난
양의 쓰레기를 소각한다. 더 많은 재활용과 더 나은 재활용을 통해
정부가 더 많은 것을 얻을 수 있는 쓰레기"라고 말했다.

재활용의 상위 시장 The Market Upside of Recycling

MIT대의 플래티넘 시장 조사에 따르면 재활용은 원자재 공급의 기
반을 더하여 재료 비용, 가격 변동성 및 가용성 위험을 감소시킨다
고 한다. 재활용 재료 공급업체는 희토류 원소수출에 대한 중국의
금지령과 기타 자원 민족주의의 경우와 같이 1차 공급원의 지정학
에서 분리된 널리 퍼진 2차 공급원을 제공한다. 게다가, 많은 재료
의 경우, 재활용은 1차 추출과 정제보다 에너지를 덜 소비한다. 이
것은 원재료 가격을 변덕스러운 에너지 가격과 상관없이 안정화 시
킬 수 있다. 마지막으로, 수요가 급증하고 1차 공급량이 부족한 시
기에는 재활용업자들이 보다 신속하게 공급용량을 늘릴 수 있기 때
문에, 가격 급등 기간을 단축시킨다.

일부 회사들은 고부가가치 재료를 재활용하여 사업을 운영했다. 벨
기에 화학회사인 솔베이그룹은 2012년 프랑스에 희토류 금속 재활
용 공장 2곳을 열어 중고 전구, 배터리, 자석 등에서 원료를 추출했
다. 프랑스 Veolia사는 2013년 인광 분말에서 희토류 원소를 회수
하기 위한 재활용시설을 매사추세츠 주에 열어 형광등, 배터리, 컴
퓨터, 전자제품, 수은 함유 폐기물에서 추출했다.

리사이클링의 불안전하고 변덕스러운 물량 Recycling's Volatile Volumes

재활용 비즈니스의 단점은 그것의 경제적 생존가능성이 원재료의
단가에 매우 민감하다는 것이다. 2014년 하반기 유가가 급락하자
제조업체가 기술적 이유로 선호하는 버진 플라스틱은 재활용 플라
스틱보다 가격이 저렴해졌고 재활용 플라스틱 수요도 급감했다. "사
람들은 친환경제품에 대해 더 높은 가격을 지불하려 하지 않는다,"

라고 플라스틱병 제조업체인 Measom Freer 안네 프리어(Anne Freer)는 말했다. "우리는 가능한 한 재활용품을 많이 사용하려고 노력하지만, 그것은 정말로 가격대로 귀결된다." 지자체와 플라스틱 재활용업자에게 수익원이었던 것은 공장과 다른 자산들이 활용도가 낮아지면서 돈을 잃게 되었다.

Waste Management Inc CEO인 데이비드 스타이너(David Steiner)는 "유가가 50달러일때 플라스틱 재활용을 하는 사람은 누구나 폐업한다."고 말했다. "재활용 산업의 많은 사람들은 간신히 목숨을 부지한다."고 플라스틱 재활용 업체인 CK그룹 마케팅 책임자인 크리스 콜리어(Chris Collier)는 말했다. 2015년 독일 재활용업체 2곳과 영국 대형 재활용업체 1곳이 부도를 냈고 Waste Management사 등 다른 업체들도 재활용 투자를 줄이고 있다. TerraCycle Inc. 공동 설립자이자 CEO인 Tom Szaky는 "무엇이 재활용되는가 안되는가는 결국 석유와 직접 연관되어 있다."고 말했다.

정부가 폐기물에 돈을 지불할 때 WHEN GOVERNMENTS MAKE WASTE PAY

경우에 따라서는 수명이 다한 재료가 그 수집, 분리, 재처리를 위한 시장이 자연스럽게 형성될 정도로 많은 가치를 담고 있는 경우도 있다. 예를 들어 구리개발협회(Copper Development Association Inc.)에 따르면 구리는 세계에서 가장 재사용이 용이한 자원이다. 채굴 광석에서 제련된 순수한 버진 구리와 비교하여, 재활용된 구리는 이전의 사용과 가공으로 약간의 오염만 초래하기 때문에 그 가치의 95%를 유지한다. 신제품에 사용되는 구리의 거의 4분의3은 재활용된 물질에서 나온다. 사실 오래된 구리는 너무나 귀중하고 쉽게 재활용되어 도둑들은 발전소의 송전선은 물론 빈집에서 구리 파이프와 철사를 훔친다. 미국 에너지부는 구리 도난이 매년 미국 기업에 거의 10억 달러의 손실을 입힌다고 추정한다.

그럼에도 불구하고 모든 단종제품과 소비 후 자재가 재무 기준에만 근거하여 수집과 재활용을 정당화하기에 충분한 가치를 가지고 있는 것은 아니다. 일부 재료는 수집 비용이나 분리 비용이 높거나 재활용 재료 가치가 낮아 자연 재활용 시장이 형성되지 못하고 수명이 다한 폐기물이 누적된다. 만약 그 폐기물이 환경에 위협이 된다면, 정부는 그 제품의 처리를 규제할 수 있다.

산산조각난 취약한 애프터 마켓 *A Fragile Aftermarket Shattered*

가격 사이클이 재활용에 관련된 회사들에게 일시적 침체를 야기할 수 있는 반면에, 제품 기술의 변화는 영구적 중단을 야기할 수 있다. 약 50년 동안 거의 모든 텔레비전과 컴퓨터 모니터는 이미지를 표시하기 위해 음극선관(CRT)을 사용했다. 당시 기술을 고려할 때 위험한 X선 방사선으로부터 시청자를 보호하는 납 함유 유리가 유리관을 환경적으로 위험하게 만들었다. CRT는 최대 8파운드의 납을 튜브[75]에 포함할 수 있다. 납 독성 때문에 미국 EPA는 1976년 자원 보존 및 복구법에서 폐기된 CRT를 유해 폐기물로 분류하여 다른 전자 폐기물보다 엄격한 지침을 적용했다. 처음에는 2004년까지만 해도 CRT 처리업자가 재활용된 CRT 유리를 새로운 CRT 텔레비전과 모니터를 생산하는 기업에 톤당 200달러까지 팔 수 있었기 때문에 이 법은 큰 부담이 되지 않았다.

그러나 21세기 초 10년 동안 얇은 평면 디스플레이는 텔레비전과 컴퓨터 시장에서 부피가 큰 CRT를 빠르게 대체했다. 기술의 빠른 전환은 유독성 폐기물 문제를 야기했다. 평면 디스플레이가 TV와 모니터 시장을 지배하기 시작하면서 CRT 재활용은 더욱 어려워졌다. 새로운 디스플레이는 CRT의 납 유리를 사용하지 않았기 때문이다. 전환 과정에서 EPA는 미국인들이 약 110만 톤의 CRT 텔레비전과 모니터를 폐기했으며 이 중 재활용된 CRT 텔레비전은 20만 톤 미만이라고 추정했다. 2013년까지 (매각으로) t당 200달러를 벌어들였던 같은 업체는 같은 물질을 처리하기 위해 톤당 200달러 이상을

---

[75] 과거 모든 TV 는 음극선관(CRT, Cathode-Ray Tube)기반이었으므로 튜브는 TV 를 의미한다. 이 용법이 현재에도 쓰인 게 대표적으로 유튜브임

지불해야 했다.[76]

폐CRT 수집 업체들은 재활용 납 함유 유리를 시장이 없는 상황에서 그것들을 비축하는 데 의지했다. 2012년 캘리포니아 독성 물질 통제부의 두 조사관의 일상적인 조사 결과 축구장 크기의 창고가 처리되지 않은 CRT로 9피트 높이로 가득 차 있는 것을 발견했다. 2013년 콜로라도와 애리조나 검사관들은 버려진 창고에서 CRT와 CRT 유리가 함께 들어있는 비슷한 장면을 발견했다. 2013년 9월 미국 CRT 유리 관리라는 제목의 보고서는 약 33만톤의 CRT 유리가 미국 시설에 보관되어 있다고 추정했다.

이러한 시장 실패에 대응하여, 미국 규제 당국은 EU의 확대 생산자 책임 규제 원칙(EPR; 이 장 앞부분의 "당신이 만들었으니, 당신이 폐기하라!" 섹션을 참조) 선례를 따랐다. 그들은 새로운 디스플레이 제조업체들로 하여금 오래된 디스플레이를 재활용하는 데 드는 재정적 부담을 짊어지게 했다. 예를 들어, Maine주에서는 폐기된 CRT 취급업자들에게 CRT 생산자로부터 비용을 받아내도록 요청한다. 주 제38호 법령에 따르면 "적어도 통합업자는 제조자에게 취급, 운송 및 재활용 비용을 청구해야 한다." 2013 년 이전까지 전반을 아우르는 연방법이 없는 상황에서도 미국 22개 주에서는 제조업체가 제품을 오래 전에 판매했거나 퇴출된 경쟁 업체가 판매 한 경우에도 제품 폐기 비용을 지불하도록 요구했다. 이러한 미국 법의 정신은 1980년 포괄적 환경대응, 보상 및 책임법과 유사했다(제1장 참조). 이 법은 EPA가 산업용지의 특히 오염된 부분을 책임지는 역사적 당사자들의 후계 법인들을 식별하고 정화 비용을 지불하도록 강제할 수 있도록 허용했다. 그러한 "사후(after the fact)" 정부 조치는 법에 근거하지 않고 편의에 입각한 EPR의 한 버전이다. 제품이 수명이 다한 지 오래된 후에 발견되는 환경 영향에 대한 개방형 책임의 잠재성은 새로운 재료와 기술이 무죄임이 입증될 때까지 해를 입힌

---

[76] 환경규제 강화로 납 함유 CRT 재활용이 불가해지면서 Salvage 라는 재활용 공정처리가 불가능해지고, 매각수익 대신 처분비용이 발생한 것임

것으로 추정된다는 예방 원칙과 같이 보다 보수적인 환경 위험 관리 실행계획으로 기업을 유도할 수 있다.

고치거나 아니면 세금 매기기 *Fix it or Tax it*

때로는 가장 작은 에너지 제품인 배터리의 경우와 마찬가지로, 작은 것이 큰 문제를 일으킬 수 있다. 수명이 다하면 배터리는 쓸모없고, 독성이 있는 불행한 조합이 된다. 배터리의 복잡한 화학성분은 분리하기가 어렵고 비용이 많이 들 수 있으며, 아무런 처리없이 매립지에 버리는 건 독성 화학물질을 환경으로 방출할 수 있다. 배터리를 재활용하는 것은 쓰레기 매립지에 묻어두는 것보다 최소 10배 이상 비용이 든다. 배터리 폐기물의 유독성 때문에 많은 정부들이 재활용을 강제하기 위해 소비자수준에서 그들의 폐기를 규제해 왔다. 예를 들어 캘리포니아는 가정용 쓰레기에 배터리를 폐기하는 것을 금지하고 있지만 캘리포니아 사람들은 구입하는 배터리의 5% 미만을 재활용한다.

벨기에 정부는 새 배터리에 높은 환경세를 부과하겠다는 위협을 이용하여 배터리 제조업체들이 오래된 배터리를 회수하고 폐기하도록 설득했다. 800명의 비영리 단체인 Bebat는 배터리 수집과 재활용을 담당하고 있다. 이 프로그램은 각 배터리의 비용에 약 15~25센트를 더하지만, 그 비용은 배터리 제조업체들이 정부의 계속 증가하는 재활용률 목표를 달성하지 못할 경우 지불하게 될 위협적인 환경세 비용의 약 4분의1에 불과하다. Bebat는 수요율을 달성하기 위해 시장, 사진관, 보석상, 학교, 시 정부 소재지 등 2만4000여 곳에 밝은 녹색 수거함을 설치해 소비자들에게 편리한 배터리 수거지점을 제공했다. 이 컨소시엄은 또한 대다수 소비자들이 재활용 프로그램에 대해 알 수 있도록 하기 위해 공공 정보 캠페인에 돈을 지불했다. 2015년 현재 벨기에인들은 약 56%의 배터리를 재활용했다.

좋은 보증금이 잘못된 처리를 막는다 *A Good Deposit Avoids a Bad Disposal*

1차 세계대전 전에는 대부분 음료수 용기가 유리로 만들어져서 버리기에는 너무 가치가 있었다. 대신 빈 병을 동네 양조장이나 동네 술병, 우유 배달원에게 돌려주고 청소와 재충전을 하는 폐쇄 루프 공급망의 일부였다. 전쟁이 끝난 후, 음료 회사들은, 특히 선진국에서는 일회용 병, 캔으로 전환하기 시작했다. 한 음료업체는 심지어 이런 광고를 내보냈다. "캔에서 바로 마셔라: 반납할 데가 없다."

코카콜라 회사는 1969년 최초의 환경적 LCA 중 하나를 수행한 후 유리병에서 플라스틱 용기로의 전환으로 더욱 "편안해졌다". (8장 참조). 새 용기의 저렴한 대량 생산으로 사용된 용기의 수집, 세척 및 재충전의 필요성이 없어졌다. 그러나 생성된 폐기물은 다른 이야기였다. 일회용 용기에 대한 제조사의 관심은 손님이 음료를 구입하는 즉시 끝났고, 용기에 대한 고객의 관심은 다 마시고 비는 순간 끝났다. 대부분 소비자들은 그저 길가에 빈 것을 던져 놓았다.

그 결과 버몬트 주민들은 쓰레기 더미를 불쾌하게 여겨 1953년 주정부는 4년간 재충전할 수 없는 음료 용기를 금지했다. 맥주업계의 로비를 받은 후, 이 금지령은 만료되었지만 버몬트 주와 다른 많은 주 의원들은 여전히 해결책을 모색하고 있다. 1972년 버몬트는 캘리포니아, 미시간, 오리건주에 이어 11개 주 중 처음으로 보증금을 제정하는 법안을 통과시켰고, 이에 따라 빈 용기를 회수하고 반환하는 재정적 인센티브를 창출했다.

빈용기는 일회용이었지만 판매자들은 어쩔 수 없이 각 병이나 캔에 몇 센트의 추가 요금을 부과해야 했다. 국가는 그 돈을 모아 컨테이너를 반환하는 개인에게 지불함으로써 빈 병과 캔 시장을 만들었다. 누구든지 수거 및 구난 센터에서 보증금을 청구할 수 있었고, 그 후에 컨테이너를 재활용 스트림에 투입했다. 가난한 사람들과 노숙자들이 저축할 돈을 벌기 위해 버려진 컨테이너를 수거하는 경우도 있었다. 다른 경우에는, 보증금을 회수하고 재활용 공장에 부가가치 서비스를 제공하기 위해 도매업자들이 생겨났다.

전반적으로 보증금 의무는 효과가 있었다. 법이 제정된 후 1992년 캘리포니아 주에서 판매된 대상 음료 용기 중 82%가 재활용되었다. 이러한 프로그램을 위해 로비를 하고 있는 컨테이너 재활용 연구소에 따르면, 상점에 빈용기 반납장소가 필요한 10개 주(캘리포니아에는 수천 개의 특별한 반납 장소가 있다)의 평균 유리 용기 재활용률은 63%에 달하고 보증금제를 도입하지 않은 주는 24%라고 한다. 게다가 빈용기는 나머지 폐기물 흐름과 분리되어 보관되기 때문에, 보증금제 도입 주에서 재활용품 오염 수준은 문제가 되지 않는다.

연결고리 끊기 CLOSING THE LOOP

환경론자들은 "재활용"을 꿈꾼다: 쓰레기 속의 모든 물질을 회수하고 재활용한다. [그림 7.1]은 "순환 경제"의 개념을 강조하면서 양식화된 공급망과 제품 또는 그 구성 요소가 공급망으로 다시 돌아갈 수 있는 다양한 "후향 경로(backwards paths)"를 보여준다.

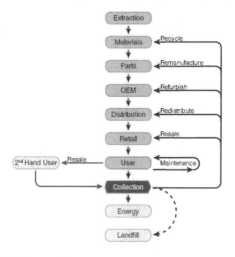

[그림 7.1] 순환 경제 circular economy

이론적으로 완벽한 폐쇄 루프(인구 증가 없음, 1인당 소비 증가 없음, 제품 혁신 없음)는 새로운 상품의 생산과 판매가 지구의 천연자원을 추가로 채굴하거나 수확할 필요가 없음을 의미한다. 또한 경제는 쓰레기나 오염을 매립지, 수로, 또는 공기에 더하지 않을 것이다. 모든 폐기물과 소비재 자재는 공급자, 제조자, 그리고 다음 세대의 소비자에게 끊임없이 순환될 것이다. 폐쇄적 루프 또는 순환 경제하에서, "요람에서 무덤까지" 공급망 관리 개념은 "요람에서 요람까지"로 형성될 것이다.

높은 회수율의 리사이클링 High Recovery-Rate Recycling

세계 최대 자동차 배터리 공급사 Johnson Controls International는 헨리 Ford가 모델 T를 선보이기 4년 전 1904년 첫 배터리를 재활용했다. 2015년까지 이 회사는 북미에서 판매한 자동차용 납산 배터리의 97% 이상을 재활용했다. 반환된 수명종료 배터리에서 99%의 원료를 효율적으로 회수하고 80%의 재활용 원료를 담은 납산 배터리를 새로 만들 수 있다.

존슨 컨트롤스는 배터리 최종 사용자와 직접적 관계가 없는 소매업체, 자동차 상점, 고물상 등과 긴밀한 사업 관계를 맺고 지속적으로 폐배터리를 공급받았다. 그 회사는 새 배터리를 납품할 때마다 낡은 배터리를 수거하도록 최적화된 역물류 운영을 했다. 회사의 역물류 및 재활용 시스템은 북미, 남미, 유럽(ecosteps®로 알려진 곳)에 잘 구축되어 있으며, 중국 등 다른 나라의 책임 있는 재활용 시스템을 구현하거나 확장하는 데 필요한 경제 및 시장 상황을 파악하기 위해 노력하고 있다.

존슨 컨트롤스의 폐쇄 루프 전략의 핵심 부분은 납 뿐만 아니라 배터리의 다른 재료들을 재활용하여 수집 비용을 더 많은 재활용 성분들에 분산시키는 것이다. 예를 들어, Johnson Controls는 새 하우징을 만들기 위해 배터리의 플라스틱 하우징을 재활용한다. 또한 배터리 내부의 산성 액체 전해액을 재활용하여 새 배터리에 재사용하거나 세제 및 유리 제조업체에 공급한다.

재활용 배터리로부터 납 소요량의 80~90%를 공급하여 세계 시장에서의 납 가격 변동성으로부터 회사를 보호했다. 2000년과 2010년 사이 납 가격은 톤당 500달러에서 최고 톤당 4000달러까지 올랐다. 재활용품 가격은 2차 납 제련소에 대한 환경기준이 점점 엄격해짐에 따라 상승하고 있지만 변동성이 덜하다. 실제로 2012년 존슨컨트롤스는 이러한 새로운 규정을 충족시키는 데 필요한 투자를 이유로 북미 지역 납산 배터리 가격의 8% 인상을 발표했다. 이와 동시에 미국산 납을 공급받으면 중국, 호주, 페루 등 해외 선도 생산국에 대한 의존도가 낮아져 존슨컨트롤스의 환율 변동성도 차단된다.

도시 폐기물 흐름: 연결고리를 끊는 마지막 방어선 Municipal Waste Streams: The Final Frontier of Closing the Loop

월마트는 2020년까지 판매될 포장과 제품에 30억 파운드의 재활용 플라스틱을 사용하는 것을 목표로 하고 있지만 장애물에 직면해 있다. "문제는 공급이다,"라고 월마트 제품 지속가능성의 책임자인 롭 카플란(Rob Kaplan)은 설명했다. 마찬가지로 코카콜라는 2015년 컨테이너에 최소한 25%의 재활용 플라스틱을 사용하겠다는 목표를 가지고 있었지만, 공급 부족과 높은 비용 때문에 목표를 하향 조정해야 했다. 소비 후 플라스틱 공급이 제한적인 것은 순환 경제의 공급 기반에 있어 낙후된 계층인 도시 폐기물 흐름에서 오기 때문이다. 도시 쓰레기 수거는 너무 분산되고 단절되어 있어 월마트나 코카콜라 둘 다 쓰레기 수거업계를 쉽게 바꿀 수는 없다.

도시 지역의 재활용품 공급망 성장을 장려하기 위해 월마트, 코카콜라, P&G, 골드만삭스 등 9개 기업의 컨소시엄이 1억달러 규모의 폐쇄 루프[77] 펀드를 만들었다. 그 펀드는 더 많은 재활용 기반시설과 서비스를 개발하기 위해 지방자치단체와 민간 단체에 무이자 대출을 제공한다. 이러한 융자는 폐기물 처리업자와 처리업자가 매립지로 보내는 자재 중 일부를 줄이고(따라서 매립지 사용료로 지불하는 양을 줄임) 재활용 원자재 판매로 인한 수익을 증가시키는 데 도움이 된다. 동시에, 그 결과, 재활용 원재료의 공급이 증가하게 되면

---

[77] 제조 공정에서 나온 폐기물을 처리해서 재활용하는 시스템

컨소시엄 회사들은 더 많은 재활용 컨텐츠의 제품을 제공할 수 있게 될 것이다.

직접적 제휴의 또 다른 예로, 킴벌리 클라크 브라질법인은 Suzano 시 시장실과 협력하여 넝마주이를 참여시켰다. 이 회사는 지역 폐기물 수거인들을 위한 교육을 제공하고 수거된 재활용 재료로 플라스틱 시트를 만드는 압출기를 설치했다. 이 시트는 까르푸를 위한 쓰레기 수거소 건설을 포함한 많은 다양한 사업 용도에 사용된다. 킴벌리 클라크의 2010 지속가능성 보고서에 따르면, "이 프로그램은 사회적 어필이 되고 공급망에 더 낮은 비용을 제공하는 고형 폐기물 역물류 시스템의 실현 가능성을 보여준다. 모든 당사자는 이 시스템을 통해 소비 후 단계에 대한 책임을 지게 되는데, 이 시스템은 환경으로부터 폐기물을 제거하고 환경적으로 건전한 목적지로 향하게 한다.

탄소 수집 및 저장을 통해 온실가스라는 야수 길들이기 Taming the Greenhouse Gas Beast with Carbon Capture and Storage

네덜란드의 로테르담 항은 기후변화의 주요 원인 중 하나인 이산화탄소를 차단하는 유럽의 주요 거점이 될 계획이다. 2007년, 로테르담 시와 자치구, Rijnmond 중앙환경서비스국, DCMR 및 항구 사업 협회 델탈린크스(Deltalinqs)가 로테르담 기후 실행계획(RCI)을 설립하였다. 로테르담 주변의 산업 및 물류 클러스터를 기반으로 하는 RCI는 파이프, 바지선, 원양항해 선박과 연계된 CO_2 생산자, CO_2 고객 및 저장 설비의 통합 공급망을 개발하는 것을 목표로 한다. 궁극적으로, RCI는 로테르담, 암스테르담, 앤트워프, 독일의 루르 계곡에서 CO_2를 수집하여 다양한 CO_2 적용과 격리 시설에 가스를 공급하는 허브로 변모시키려 한다.

예를 들어, 네덜란드의 온실 운영자들은 이산화탄소를 발생시키기 위해 일상적으로 천연가스를 연소시켜 온실 안 식물의 증가율과 수확량을 증가시킨다. 로테르담의 초기 프로젝트 중 하나는 발전소, 정유공장, 바이오 에탄올 공장에서 CO_2를 획득한 다음, 로테르담 북쪽의 온실 농업자에게 판매하는 것이었다. 이 프로젝트는 또한 네덜란드 서부 온실 농업 지역을 지나가게 된 버려진 송유관을 재사용했다. 2011년 현재 이 지역 온실의 3분의1에 CO_2를 공급하고, CO_2 공급사 확대를 도모하고 있다.

로테르담은 CO_2 허브를 관리하기 위해 배나 연안 파이프라인이 원격 격리 또는 적용 장소로 CO_2를 가져갈 수 있는 기간망 파이프라인과 항만구역 CO_2 적재시설을 포함한 물류 인프라를 개발하고 있다. 이러한 원격 적용은 더 많은 화석 연료를 추출하는 데 도움을 주기 위해 포획된 CO_2의 사용을 포함한다. 개선된 오일 회수라고 불리는, 그것은 유전의 저유조에 CO_2를 주입하는 것을 포함하는데, CO_2 주입은 오일을 수집정에 몰아주고 단기 추출률과 회수가능한 총 저유량의 장기 비율을 증가시킨다. 기름과 함께 돌아오는 모든 이산화탄소는 주입 장소로 재활용될 수 있다.

이산화탄소를 격리시킬 수 있는 가장 좋은 장소들 중 하나는 천연가스와 석유를 수천만 년 동안 지하에 가두었던 것과 같은 깊고 불침투성 암반 성상이라는 것이 적합해 보인다. "물론, 여러분은 장소를 신중하게 골라야 한다,"라고 Stanford 에너지 자원 공학 교수이자 Stanford 지구 기후에너지 프로젝트 책임자 샐리 벤슨은 말했다. "그러나 이런 종류의 장소를 찾는 것은 불가능해 보이지 않는다."

루핑의 한계 Limits of Looping

2차 원자재 공급원에 접근하기 위해, EPR(생산자책임 재활용)규제 동향에 대응하거나, 최종 고객과 더 깊은 관계를 맺거나, 또는 환경 영향을 줄이기 위해 자원순환시스템을 완성하고자 하는 기업들은 자원순환시스템의 특정 한계에 직면한다. 비록 오래된 제품에서 회수된 재료로 새로운 제품을 만드는 것이 이론상으로는 간단해 보이지만, 많은 실질적 장애물들이 이를 방해한다. 예를 들어 평균 휴대전화에는 금, 은, 백금 등 고부가가치 금속이 16달러어치 들어 있지만, 현재 제련기 기반의 재활용 공정은 이들 성분 중 3달러어치만을 회수할 수 있다.

폐자재 오염이나 불순물이 재활용을 제한하는 경우도 있다. 특히 도시 폐기물 흐름은 종종 회수된 물질의 가치를 제한하는 오염 문제를 야기한다. 노스캐롤라이나 재활용시설 운영자인 ReCommunity 제임스 데블린(James Devlin)은 "우리는 오염된 기저귀와 죽은 동물들을 줄지어 태운다."고 불평했다. 일부 투명 플라스틱의 경우 오염도가 0.0025%에서 0.1%에 불과하더라도 재활용 플라스틱이 뿌옇게 될 수 있다. 고철, 알루미늄과 같은 상대적으로 오염되지 않은 재료의 경우에도 다른 알루미늄 합금이 다른 합금의 오염물질처럼 작용하면서 순도가 문제가 되고 있다. 그 결과 알루미늄 제조업체는 재활용된 금속을 버진 금속으로 희석하거나, 그것은 완전한 순환성을 방해하는데, 더 높은 등급의 알루미늄(예: 항공기 및 전자 부품)을 낮은 등급(예: 엔진 블록)으로 재활용하는 다운 사이클을 사용하거나, 합금을 물리적으로 분리하거나 불순물을 제거하기 위해 더 비싼 재활용 공정 비용을 지불해야 한다.

때때로 녹색 전략은 공급망의 다른 곳에서 부정적인 결과를 초래할 수 있고 순환성을 방해할 수 있다. 예를 들어, 재료 사용과 다른 환경적 영향을 줄이는 경량 병용기들은 플라스틱 병이 종이와 판지 포장보다 무겁다는 가정 하에 고안된 일부 재활용자들의 분리 시스템을 속일 수 있다. PLA[78]와 같은 일부 지속 가능한 플라스틱은 현재 기술로 전혀 재활용할 수 없다. 재활용은 또한 환경에 영향을 미친다. 아이러니하게도, 유리병을 재사용하는 것은 코카콜라의 물 발자국을 악화시킨다. 개발도상국에서는 재생 가능한 유리병들이 부피의 많은 부분을 차지하고 있는데, 그 이유는 회수된 병을 세심하게 청소하는 것이 많은 양의 물을 필요로 하기 때문이다.

재활용은 또한 사회적, 규제적 도전에 직면해 있다. 문화적, 사회적 규범은 때때로 소비 습관과 시장 저항, 그리고 폐기물을 픽업 포인트와 재활용 센터로 가져오는 거래 마찰의 형태로 장벽을 만든다.

---

[78] poly lactic acid. 생물유래 폴리젖산.옥수수 전분에서 추출한 중합체의 일종으로 생분해성과 생물호환성이 뛰어나며 무독성이어서 인체 직접 사용 가능함.미생물에 의해 100% 분해됨

앞서 언급했듯이, 일본은 77퍼센트의 플라스틱 쓰레기를 재활용하는 반면, 미국인들은 플라스틱의 20퍼센트만 재활용한다. 규제 정책은 또한 재활용에 예상치 못한(그리고 의도하지 않은) 결과를 초래할 수 있다. 예를 들어, 미국 독성물질 관리법(TSCA)은 규제준수 부담을 유발하여 기업들이 전자 폐기물을 재활용하려고 시도하지 못하게 한다.

다른 경우에는 관련 없는 규정이 폐쇄적 재활용(closed-loop recycling)을 방해할 수 있다. 팀 브룩스 레고(LEGO) 환경 지속가능성 담당 선임 책임자는 "순환 경제를 자세히 살펴봤으며 앞으로도 그럴 것"이라고 말했다. 서류상 레고의 장난감 블록은 폐쇄 루프 시스템을 개발하기에 완벽한 제품처럼 보인다. 블록은 대부분 단일물질: ABS(아크릴로니트릴 부타디엔 스티렌)로 만들어진다. 또한 레고 블록은 풍부하여 지구상 1인당 평균 90개가 보급되어 있고, 내구성도 있다. 그러나 장난감 산업은 재활용의 사용을 매우 제한적으로 만드는 엄격한 건강 및 안전 문제로 규제되고 있다.

수명 시작 솔루션을 통한 수명 만료 영향 End-of-Life Impacts Through Beginning-of-Life Solutions

재활용은, 심지어 폐쇄루프 재활용(closed-loop recycling) 조차도, 모든 환경적 영향을 제거할 수는 없다. 신제품의 재료 발자국과 수명이 다한 제품의 재료를 회수하는 경제성에 대한 많은 도전은 제품 설계 중 내린 결정에서 비롯된다. 세심한 설계와 엔지니어링은 소싱, 제조 및 납품 과정에서 환경에 미치는 영향을 더욱 줄일 수 있을 뿐만 아니라 제품이 궁극적으로 소비자에 의해 사용될 때 미치는 영향을 줄일 수 있다.

제8장 그린 디자인하기

GREEN BY DESIGN

로버트 케네디 상원의원은 조지 버나드 쇼를 빗대어 말했다. "어떤 사람들은 사물을 있는 그대로 보고 '왜?'라고 말한다. 나는 결코 없었던 것을 꿈꾸며 '왜 안돼?'라고 말한다."

점진적 지속가능성 실행계획에서 환경적 영향을 상당한 수준으로 감소시키는 실행계획으로 전환하려면 제품 자체를 변경해야 하며, 때로는 광범위한 변화를 수반하기도 한다. 재료의 종류, 재료의 양, 제조 기술과 같은 설계 요소를 변경해야 한다. "디자이너는 모든 것의 시작이며, 우리가 디자이너에게 더 나은 선택을 하도록 교육할 수 있다면, 그들은 산업 전체의 변화관리요원이 될 수 있다,"라고 나이키사의 지속 가능한 사업과 혁신 담당임원인 한나 존스(Hannah Jones)는 말했다. 환경을 고려한 설계와 엔지니어링은 제품의 소싱, 제조, 사용 및 폐기로 인한 영향을 줄일 수 있다.

디자인은 본질적으로 비용, 제품 특징, 제품 성능, 품질 및 제조 가능성 같은 경쟁 목표들 간의 절충을 포함한다. 20세기 말부터 많은 제품 디자이너와 엔지니어들은 원자재의 발자국, 배출량, 폐기물 및 독소를 줄임으로써 환경영향을 억제한다는 추가적인 목표를 달성해야 했다. "지속 가능한 디자인 철학"의 저자인 제이슨 맥레넌(Jason McLennan)에 따르면, 목표는 "능숙하고 민감한 디자인을 통해 부정적인 환경영향을 완전히 없애는 것"이라고 한다.

이러한 추가 목표는 다른 사업 목표와 상충하는 것은 말할 것도 없고 심지어 다른 지속가능성 목표 사이의 상충효과(trade-offs)를 포함할 수도 있다. 새로운 바이오 플라스틱은 제품을 만들 때 탄소 발자국을 줄일 수 있지만 플라스틱을 재활용할 수 없다면 폐기물을 증가시킬 수 있다. 새롭고 더 효율적 자동차는 1갤런의 연료로 더 멀리 갈 수 있고 더 적은 배출량을 배출할 수 있지만 제조 과정에서 더 많은 에너지를 소비하는 더 높은 환경 발자국 합금을 조달해야 한다. 세제에서 잠재적인 독성 성분을 제거하면 세척 성능이 저하되고 소비자가 동일한 수준의 위생과 청결을 달성하기 위해 온수 또는 세제를 더 많이 사용하게 될 수 있다.

재료 대체와 재설계 MATERIAL SUBSTITUTION AND REDESIGN

설계 엔지니어는 설계 및 제조 프로세스의 점진적 조정에서 훨씬 더 큰 변형에 이르기까지 지속가능성을 개선하기 위해 가능한 설계 다양성 스펙트럼 중에서 선택할 수 있다. 점진적 디자인 변화의 예로는 Aquafina 상표 생수를 위한 펩시코의 얇은 병이 있다. 그 결과 병들은 원료를 덜 썼고, 생산과 운송에 필요한 에너지도 더 적게 들었고, 생산 비용도 더 적게 들었다. 이 과정에서 브랜드 자산을 확보하기 위해 이 병을 'Eco-Fina' 브랜드로 홍보하고 환경절약을 알리는 홍보 캠페인을 벌였다. 기타 점진적인 설계 변경에는 사용된 재료와 기술적 특성(예: 기존 석유 기반 플라스틱 대신 재활용 플라스틱 또는 바이오 플라스틱 사용)의 약간의 차이를 수용하기 위해 실제 설계 및 제조 공정의 사소한 변경만 포함될 수 있다.

보다 복잡한 변경은 유사한 설계를 유지하면서도 다른 제조 방법(예: 플라스틱 vs 유리 병)을 필요로 하는 재료를 대체할 수 있다. 보잉 787에 복합재를 사용하기로 한 보잉의 결정과 2015년형 F150 트럭에 알루미늄 차체를 사용하기로 한 Ford의 결정처럼, 많은 경우에 재료 변경에 대한 결정은 공급망과 제조과정에 전면적인 변화를 수반할 수 있다.

마지막으로, 일부 변경은 제품을 만드는 데 사용되는 재료, 설계 및 제조 기술과 프로세스(예: 일체형 직조 제품 대 멀티 피스 조립 제품 또는 복잡한 3D 프린팅 엔진 부품)의 완전한 변환을 요구한다. 더 큰 설계변화(예: 자동차의 내연 엔진에서 배터리 - 전기 구동 동력전달장치로의 이동)는 차량 및 제조업체의 공급망의 중요 부분 뿐만 아니라 사용 중 제품을 지원하는 인프라(즉, 새로운 전국 충전소 네트워크)에 대한 변경을 필요로 할 수 있다.

재료 차이 만들기 Making a Material Difference

지속가능성을 위한 많은 설계 노력은 자원 효율성과 제품 전체 수명주기 발자국을 최소화하는 데 초점을 맞추고 있다. 여기에는 선택한 재료를 소싱하는 환경적 영향과 공급망에 따른 제조 프로세스 뿐만 아니라 제품 사용 단계의 발자국도 포함된다. 따라서 기업들은 수명 주기 평가(LCA)를 사용하여 예상 재료와 설계 선택이 공급망의 여러 부분 및 제품수명주기의 단계에 어떻게 영향을 미치는지 추정한다. 1960년대에 코카콜라 회사는 자체 병을 제조할 것인가 말 것인가에 대한 문제에 직면했고, 따라서 다른 종류의 병 재료에 내재된 장단점을 알 필요가 있었다. 코카콜라의 패키징 관리자인 해리 티즐리(Harry Teasley)는 일반적으로 1969년에 유리병과 플라스틱 병의 환경적 영향을 비교했을 때 최초의 LCA를 수행한 것으로 인정받고 있다. 이 연구는 수명주기 영향을 포함하고 궁극적으로 통념을 뒤엎는 연구였다.

그 당시, 많은 사람들은 유리가 더 "자연적(natural)"이기 때문에 (즉, 더 적은 처리 단계를 필요로 하므로) 더 지속 가능한 물질이라고 가정했다. 그러나 병의 전체 수명주기를 조사한 결과 플라스틱 병은 가벼워서 병 제조업자에서 코카콜라, 코카콜라에서 소매업자로 운반하는 데 에너지가 덜 필요하다는 사실을 알게 되었다. 게다가, 코카콜라는 플라스틱 병을 사내에서 생산할 수 있어, 수송 거리를 줄일 수 있었다. 중요한 것은, 플라스틱 또한 그 당시에 재활용이 더 쉬웠다는 것이다. 결과적으로, 코카콜라는 플라스틱이 실제로 환경에 더 좋을 것이라고 결론지었다.

환경 친화적 설계 변경의 또 다른 범주는 위험을 완화하거나 보다 식별력 있는 소비자에게 어필할 수 있는 제품을 만들기 위해 제품과 공급망에서 독성 물질을 제거하는 데 초점을 맞추고 있다. 예를 들어 애플은 2015년 아이폰6, 아이패드 에어2, 맥북 등 주요 제품에서 PVC, 브롬화탄소, 프탈레이트, 베릴륨, 수은, 납, 비소를 제거했다고 발표했다.

Considered의 재료들...Considered의 디자인 Materials Considered... Designs Considered

나이키는 예를들어 고무, 플라스틱, 폼, 직물, 접착제 등 약 16,000 가지 다른 재료를 사용하는데, 이 모든 재료는 서로 상호작용하고 제조대안에 영향을 미친다. 이 회사는 매년 9억 켤레의 제품을 생산하고 납품하기 위해 1,500개의 글로벌 공급사로부터 이 재료들을 공급받고 있다. 이 의류 제조업체의 자재 공급망은 이 회사 온실가스 배출량의 56%, 전체 물 소비량의 83%를 차지한다. 복잡한 재료 선택과 디자인 결정을 돕기 위해 나이키는 공급업체의 재료와 관련된 제조 공정에 대한 데이터를 수집했고, 대부분의 제품을 구성하는 많은 재료에 대해 LCA를 수행했다. 회사는 이 정보를 이용하여 2005년 출시된 나이키 "Considered" 라인[79]으로 이어진 재료 평가 도구 (MAT, Material Assessment Tool)를 작성했다.

MAT는 나이키 신발 제조에 사용되는 모든 재료의 점수를 매기고 환경 발자국을 기준으로 순위를 매기는 소프트웨어 애플리케이션이다. MAT는 설계자가 제안된 제품 설계를 분석하고 에너지 소비, 직물 처리의 영향, 용제 사용 및 해당 재료 사용에 따른 고체 폐기물의 양에 대해 등급을 매길 수 있도록 돕는다. 특정 신발 디자인은 (MAT를 통해 채점한 바와 같이) 포인트를 얻을 수 있고, 독성 접착제의 사용을 없애고, 폐기물을 최소화하거나, 더 환경적으로 지속 가능한 재료를 통합함으로써 'Considered Awards'[80]을 받을 수 있다. 위험한 화학 물질의 사용을 확인하고 피하려는 나이키의 노력은 2020년까지 전세계 공급망에서 그러한 화학 물질의 모든 방출을 제거하려는 목표의 일부분이다.

---

[79] Richard Clarke 가 개발한 나이키의 지속가능 제품군이 컨시더드 라인임
[80] 나이키에서 친환경 제품인 Considered 라인에 기여한 공로로 받는 상

2008년까지 이 회사는 브랜드가치 손실(1장 참조) 상당부분을 되찾았고, 킴벌리-클라크, 레고 등 수많은 업체들을 덮친 일종의 환경 공격에도 영향이 퇴색되지 않고 남아 있었다. 그해 나이키는 Considered 프로세스를 이용하여 디자인된 에어 조던 신발 23번째 에디션을 출시했다. 재활용 재료를 포함시키고 용제 사용을 최소화하면서 신발은 필요한 모든 성능 특성을 충족하거나 초과한다. 농구 슈퍼스타이자 나이키의 대변인[81]인 마이클 조던은 신발의 친환경성에 감격해 "내 신발은 모두 이렇게 만들어졌으면 좋겠다."고 말했다. 나이키는 또한 재료 자체를 재설계하기 위해 노력하고 있다. 한나 존스(Hannah Jones) 나이키 지속가능한 사업과 혁신 담당임원은 "낡은 것을 교체하기 위해서 우리는 새로운 기술과 새로운 화학, 새로운 재료가 필요로 한다."고 말했다. 2013년에 나이키는 (신재료) 출시 서밋을 주최했다. 이 모임은 NASA, 국제연합 개발기구(US Agency for International Development), 미 국무부와 함께 기업, 학계, NGO의 150명의 재료 과학자들을 모았다. 참가자들은 재료와 공정의 지속가능성을 향상시키기 위한 촉진 조치들에 집중하였다.

신발 냄새를 맡아라 Smell This Shoe

(환경)영향을 줄이는 설계 선택은 제품 대부분의 변경을 넘어 제조 공정의 변경과 환경에 영향을 미치는 미량 성분의 제거를 포함할 수 있다. 1999년에는 아디다스 신발 한 켤레를 제조할 때 신발의 부분들을 함께 접합하는 데 사용되는 프라이머(애벌칠재료)와 접착제로부터 휘발성유기화합물(VOCs) 140g을 방출했다. VOCs은 근로자들에게 유독할 수 있고 스모그의 원인이 될 수 있으며 온실가스의 역할을 할 수 있다. 그 "새 신발 냄새"는 환경에 좋지 않다. 휘발성유기화합물(VOC)을 줄이기 위해 수성 프라이머와 반응성 고온용융 접착제 등 본딩과 시멘트시스템을 이용한 혁신적인 제조법을 개발했다. 2014년 현재 한쌍당 휘발성유기화합물(VOC) 함량은 17.5g

---

[81] 조던은 나이키의 종신계약 모델임

으로 90% 가까이 줄었다.

디자인 재설계 Redesigning Design

수천 년 동안 구두 제작자들은 가죽, 모피, 천, 고무, 플라스틱과 같은 평평한 재료의 무늬를 잘라낸 다음, 그 평평한 조각들을 함께 힘겹게 못질하거나 꿰매거나 접착하여 신발의 3차원 모양을 형성함으로써 신발을 디자인하고 제조했다. 2012년에 나이키는 신발의 디자인과 제조공정에서 급격한 변화를 실행하기 위해 이러한 오래된 패러다임을 넘어섰다.

예를 들어, 이 회사는 37개의 신발을 조립하는 대신에 Considered 기술을 대체하는 새로운 신발 제조 시스템을 개발했다. 플라이니트 (Flyknit)라고 불리는 이 신발은 단 두 조각으로 신발을 만든다. 나이키는 양말 제조에 사용되는 것과 동일한 기술을 채택하여 신발의 윗부분 전체를 하나의 형태에 맞는 조각으로 뜨개질했고, 그 다음 한 조각의 사출성형 고무바닥에 부착되었다. "이것으로 더 이상 자르고 꿰매는 일은 없다. 1979년 신발 디자이너로 입사했던 마크 파커(Mark Parker) 나이키 CEO는 "가장 노동집약적 신발 제조 공정은 그림에서 사라졌다."고 말했다. 전반적으로, 디자인과 제조에 대한 새로운 접근법은 전통적 신발 조립 공정에 자주 사용되는 자주 논의되는 수동 노동력의 50%를 제거한다. 절단실 바닥에 남아 있는 작은 조각들도 모두 사라졌다. 나이키는 플라이니트가 에어 페가수스(제품명)보다 66% 더 적은 폐기물을 발생시킨다고 말한다.

플라이니트 디자인 프로세스는 전통적인 신발 디자인에 비해 매우 다른 기술을 요구한다. 전통적 접근방식으로 디자이너들은 미학, 편안함, 그리고 성능이라는 목표를 달성하기 위해 다양한 종류의 재료들을 선택했다. 반대로 플라이니트를 사용하면 설계자는 특수한 소프트웨어를 사용하여 짜임새의 패턴과 밀도를 선택하여 기술적 성능, 편안함, 미학을 달성한다. 복잡한 색상의 무늬는 전통적인 신발을 위해 많은 다른 색깔의 조각들을 필요로 하는 반면에, 플라이니트의 미적 패턴은 거의 무제한이다. 여러 가지 색의 실을 엮고 신발

표면에 어떤 색깔의 실이 나타나는지 세심하게 조절하면 거의 모든 무늬를 만들 수 있다. 나이키의 성공에도 불구하고, 겉보기에는 간단해 보이는 많은 재료 대체가 어려울 수 있다.

환경 영향을 낮추기 위해 성능 희생하기 Sacrificing Performance for Lower Impact

인산염은 많은 산업 과정, 소비자 제품, 농업 비료에서 중요한 역할을 한다. 세제를 만드는 사람들은 수십 년 동안 유리용기를 티끌 하나 없이 쓰기 위해 인산염을 사용해 왔다. 그러나 폐수의 인산염은 부영양화(강, 호수, 해양에서의 녹조 과대 증식)를 야기할 수 있다. 어떤 경우에는 녹조가 너무 과도하게 증식하여 물속의 산소를 모두 제거하고 수생 생물을 질식 시키는 경우도 있다. 2006년, 워싱턴 주 주지사 크리스틴 그레고어(Christine Gregoire)는 설거지 세제에 인산염을 금지하는 최초의 주법에 서명했다. 2010년까지 미국 17개 주의 입법부는 유사한 법안을 통과시켰다.

확산되는 금지의 물결은 설거지 세제 제조업체들로 하여금 그들의 제품을 재설계하도록 강요했지만, 최초의 인산염 없는 신제품은 구식보다 훨씬 덜 효과적이었다. 한 고객은 P&G의 새처방으로 다시 제조된 캐스케이드[82] 초기 버전을 사용한 뒤 온라인 리뷰에서 "이 제품은 설거지 세제로 사용하기 위해 만든 제품 중 최악의 제품이다!"라고 썼다. P&G 소비자들은 효능이 떨어지는 세제와 이 세제가 금지 이전에 완성되지 않았다는 사실에 화가 났다. 그들은 수생생물을 위해 효능을 희생할 준비가 되어 있지 않았다. 게다가, 재설계된 세제의 초기 의도하지 않은 결과 중 하나는 소비자들이 식기세척기를 몇 번이고 작동시켜 에너지와 물을 낭비한다는 것이었다.

세제 제조업체들은 그 문제를 계속 연구했다. Cascade의 수잔 바바 (Susan Baba) 대변인은 P&G가 고객 불만사항에 대응해 일부 제품의 비인산염 제조법을 수정했다고 밝혔다. 더 많은 것을 알게 되면서, 우리는 실험실에서 본 것보다 훨씬 더 많은 변화가 있다는 것을 알

---

[82] P&G 의 세제 브랜드

게 되었다."라고 그녀는 말했다. 그녀가 덧붙인 주요 문제점 중 하나는 인산염이 스스로 달성한 성과에 걸맞게 서너가지의 대체 성분을 사용해야 한다는 것이라고 덧붙였다. 그 후 몇 년에 걸쳐, 식기세제 제조업체들은 결국 문제를 해결했다(몇 년 전에 인산염을 제거했던 세탁 세제와 마찬가지로).

다른 분야에서는, 지속 가능한 솔루션이 시장 선도기업들에게 뒤쳐진다. 대부분 천연 가재도구는 화학제품만큼 성능이 뛰어나지만, 모두 그런 것은 아니다. 예를 들어, 이 책을 만든 MIT대 지속 가능한 공급망(Sustainable Supply Chains)[83] 프로젝트에 관련된 연구원의 개인적인 경험을 들어보자. 그녀에게 있어서, 일류 회사가 만든 "친환경" 기저귀는 프록터 앤 갬블의 팸퍼스나 킴벌리 클라크의 하기스만큼 (흡수·누출 면에서) 좋은 효과를 거두지 못했다. 또 다른 경우, 나(저자)와 내 아내는 집에서 만약 가족들이 "친환경" 식기세척 비누를 계속 사용해야 한다면, 미래의 저녁 식사는 종이 접시에 제공되는 미리 준비된 음식으로 구성될 것이라는 이야기도 나눴다. 마지막으로 나의 아내는 고질적인 싱크대 막힘 현상에 그린 고블러[84]라는 배관 세정제품을 써보았다. 싱크대는 그린 고블러 몇 갑을 사용해도 효과가 없어서 결국 표준 화학 화합물을 붓고 나서야 막힘이 해결되었다.

재료가 안전한가, 그렇지 않은가? Safer Ingredients or Not?

다른 제품 재설계는 상충되는 안전 데이터와 복잡한 과학적 주장을 일반 청중에게 전달하는 문제에 의해 좌우될 수 있다. 2009년 세븐스 제너레이션은 1,4-dioxane을 제품에서 제거하겠다는 약속의 일

---

[83] https://sustainable.mit.edu/ MIT 트랜스포테이션, 로지스틱스 센터(CTL)에서 2018 년 출범했고 해당 프로그램은 연구 결과를 실제 환경에 연결하여 기업과 이해관계자들이 공급망을 글로벌 지속 가능한 개발 목표에 도달하는 데 활용할 수 있도록 하는 것을 목표로 함. 이를 통해 공급망 영향의 가시성을 개선하고 환경 영향을 줄이는 전략을 개발하여 기업이 이해관계자 우려를 더 잘 해결할 수 있도록 연구 및 교육, 조사활동을 하고 있음

[84] Green Gobbler. 배수구 분해세제 등으로 유명한 미국 세제 브랜드. 광고 문구가 "마침내 파워가 친환경을 만나다"임

환으로 개량된 식기 세척액을 발표했다. 미국 EPA는 1,4-dioxane을 발암물질로 분류하고 있다." 이 약속의 일환으로 세븐스 제너레이션은 자사 제품에서 로릴 에테르 황산나트륨(SLES)에서 로릴 황산나트륨(SLS)으로 전환하기로 결정했다. SLES와 SLS는 둘 다 계면활성제로서 SLES를 사용하기에 안전한 것으로 간주되지만 생산 과정에서 1,4-dioxane에 오염될 수 있다.

SLS로의 전환은 SLS 자체가 발암물질이라고 믿었던 많은 세븐스제너레이션 고객들에게 우려를 불러일으켰다. 미국 암 연구소의 SLS에 관한 구체적 설명을 포함하여 과학데이터에 대한 회사의 설명과 언급에도 불구하고 소비자들은 Seventh Generation사에게 자사 제품에서 SLS를 제거해 줄 것을 계속해서 요구했다. 회사나 이런 상황에 처한 다른 회사의 딜레마는 만약 충분한 소비자들이 어떤 제품이 해롭다고 믿는다면, 회사는 그 요청에 대한 과학적 근거가 없더라도 그것을 바꿀 수밖에 없을지도 모른다는 것이다.

이와 유사한 고려로 미국 거대 식품회사인 General Mills Inc는 Cheerios 시리얼에 유전자 변형 유기체(GMO)가 없을 것이라고 발표했다. 이 회사는 GMO 작물이 사람이나 환경에 유해하지 않다는 수백 개의 과학 연구들의 합의에도 불구하고 이 조치를 취했다.

사실, 그 회사가 GMO 식품이 해롭다고 믿는 것은 아닌 것 같다; 제네럴 밀스의 다른 어떤 제품도 GMO가 없는 것은 아니다. 대신 GMO가 유해하다고 생각하는 소비자층을 이 문제에 대한 판단을 내리지 않고 사로잡겠다는 것이다. 이 회사의 GMO프리 제품은 과학적 견해(88%의 과학자가 GMO가 먹어도 안전하다고 답함)와 여론(미국 성인의 37%만이 그렇게 말한다)의 차이를 다루고 있다.

친환경 제품군 설계 Designing a Green Product Line

많은 회사들이 영향을 줄이기 위해 기존 제품을 재설계하는 반면, 다른 회사들은 환경 친화적인 특성을 가진 완전히 새로운 제품군을 만든다. 2012년 Walgreens는 출시 당시 "국내 최초로 유해 화학물질 없는 접근성 높고 저렴한 브랜드"라고 주장한 홈제품의 "Ology"

브랜드를 발표했다." 제품 라인에는 아기 돌봄, 개인 돌봄, 집 청소 용품 및 종이 제품이 포함되었다.

Office Depot는 이와 유사하게 "Office Depot Green"을 출시했는데, 여기에는 재활용 컨텐츠가 다량 포함되어 있다. 나이키 Considered 라인과 Flyknit 라인은 물론 PUMA의 "InCycle" 라인도 같은 전략에 따라 개발된 제품의 예로서 환경 친화적 고객들에게 어필하고 그러한 제품의 시장 잠재력을 테스트하기 위해 "녹색" 제품 라인을 출시하는 동시에 회사 명성을 빛냈다. 12장에서는 녹색 상품에 대한 투자의 그러한 환경 세분화 전략의 과제에 대해 좀 더 깊이 탐구한다.

제품 포트폴리오 수명 주기 관리 Managing the Product Portfolio Life Cycles

BASF 지속가능성담당 책임자 샬린 월워렌(Charlene Wall-Warren)은 "밸류체인은 매우 복잡하다."고 말했다. "대안 해결책과 제품을 시장에 출시하기 위해 필요한 사항을 고려하지 않고 한 가지 재료를 제거한다면, 대중의 인식에 대응하는 리스크를 감수해야 하며, 전반적으로 최상의 결과를 얻지 못할 수도 있다"고 말했다. 지속가능성의 관점에서 볼 때 지속가능성 전략 담당 임원인 더크 뵈스테(Dirk Voeste)는 이러한 복잡한 문제를 해결하기 위해 "우리 고객의 요구를 지원하는 보다 지속 가능한 솔루션으로 전체 포트폴리오를 체계적으로 전환하기 위한 프로세스를 개발했다."고 말했다.

BASF 지속 가능한 솔루션 운영 방식은 제품의 지속가능성 속성을 "Accelerator", "Performer", "Transitioner", "Challenged"의 4단계로 분류한다. BASF는 2014년 기준 6만개 제품, 애플리케이션 조합 매출의 23%를 환경 선도단계 제품(Environmental Accelerators)으로 분류했다. 2020년까지 '선도단계' 제품 매출의 28%를 달성하는 데 공을 들이고 있다. BASF에 따르면 이들 제품의 마진은 회사 평균보다 평균 10% 이상 높다. BASF 매출의 74%는 BASF 내부 지속가능성 기준을 충족하는 "Performer" 제품에서 나온다. 매출의 2.6%를 차지하는 "Transitioner" 제품은 BASF가 알려진 솔루션을 구현 과정에 지속가능성 문제가 있다. "Challenged" 제품(0.3%)은 솔루션 없는 지속

가능성 문제를 안고 있다. (역자주: "Accelerator"는 선도단계, "Performer" 본격수행단계, "Transitioner" 전환 단계, "Challenged" 걸음마 단계 혹은 차질 단계 정도로 구분하는게 자연스러워 보임) 이러한 분류는 지속가능성을 향상시킨다. 예를 들어, BASF는 종이에 기름이 배지 않게 하는 폴리 플루오르화 코팅제를 만들었다. EU 규제 당국은 일반적으로 이러한 화합물을 안전하다고 인정했지만, 불소화 탄화수소(예: 오존층에 대한 CFC 위협 및 아웃도어 의류에 사용되는 것과 같은 내수성 물질의 잠재적 독성)로 인해 이러한 화합물이 잠재적 지속가능성 위험으로 간주된다. BASF는 이러한 화학물질이 향후 언젠가 금지될 수 있을 것으로 예상했지만, 이 회사는 이 용도에 대해 알려진 대안이 없었다. 이에 따라 폴리플루오린 코팅제를 'Challenged'로 분류하고 대안을 마련하기 위한 연구 프로그램을 시작했다. 그 결과는 단지 하나의 새로운 대안이 아니라 두 가지였다: 재활용 가능한 물질과 생분해 가능한 물질. 이들 신제품은 폴리플루오린 코팅의 잠재적 독성 문제를 제거했을 뿐만 아니라, 내지방용지[85]의 폐기물 재활용과정 영향을 개선했기 때문에 "선도 단계"로 분류되었다.

BASF의 지속가능전략책임자 안드레아 키셔러(Andreas Kicherer)는 "오직 환경 측면만 다루는 지속 가능한 솔루션을 개발하는 것만으로는 충분치 않다. 그것은 또한 대안이 될 수 있고 사회적 요구를 충족할 수 있어야 한다."고 말했다. 샬린 월워렌(Charlene Wall-Warren)은 지속가능 솔루션 위원회의 목표와 이론적 근거를 다음과 같이 설명했다: "장기적으로 기업들은 가장 높은 성장과 더 수익성 있는 솔루션이 될 제품을 시장에 출시할 수 있게 되기 원한다. [지속가능성 솔루션 조향(Sustainability Solutions Steering)]에는 4년이 걸렸다. 결국, 회사는 장기적으로 지속가능성을 가능한 체계적 방법으로 고려해야 하는 사업사례에 대해 매우 좋은 시각을 제시하고 비즈니스 사례를 검증했다."

---

[85] 기름이 배지 않는 종이

운송을 위한 설계: 패키징 DESIGN FOR DELIVERY: PACKAGING

"큰 박스에 공허함이 가득 채워진 이 작은 물건의 사진을 우리 회장님이 전해주었어요." Staples의 공급망 지속가능성 담당 이사인 신시아 윌킨슨(Cynthia Wilkinson)은 말했다.

소비자 불만에 대한 블로그인 Consumerist는 Staples.com에서 형광펜, 펜, 테이프 및 작은 타자기 수정액 병을 포함하여 사무용품을 주문한 회사원에 대한 2012년8월 이야기를 공유했다. 타자기 수정액은 잔여분 주문 2시간 이내에 매우 큰 상자에 왔다. 그 블로그는 Staples 배송부서가 빈 것처럼 소리가 들리는 에어쿠션으로 큰 상자를 가득 채웠다는 것을 풍자했다.

Consumerist 또한 아마존과 Macy's처럼 다른 전자상거래 기업들로부터 민망할 정도로 낭비적인 포장에 대해서도 비슷한 재미 있는 고객 이야기들을 집필하였다. "그것은 우리의 북미 배송 비지니스의 고객들에게 가장 많이 언급되는 댓글,"이라고 윌킨슨은 말했다.

큰 상자, 그리고 작은 상품들 Big Boxes and Small Items

Staples는 미국의 5대 인터넷 소매업체 중 하나로 온라인 주문을 전달하기 위해 상당한 금액을 포장에 소비한다. 이 회사는 2013년 매일 65만100만개의 패키지를 발송했다. 윌킨슨은 "매출액 10달러나 11달러 중 1달러는 포장과 관련이 있다."고 말했다. "그러니까 250억 달러 짜리 기업을 보면 25억 달러라는 겁니다. 그것은 많은 돈과 가치가 있죠."

그 점을 염두에 두고 윌킨슨은 'packsize'라는 새로운 기술을 창고에 도입했다. Packsize International LLC는 주문형 맞춤형 박스를 생산하는 장비를 만든다. 각 기계는 지정된 설계 수만큼 시간당 300 상자를 만들 수 있다. 뉴저지 주 스테이플스 세코커스(Staples's Secaucus)에는 5대의 팩사이즈 기계를 설치하고 100개의 박스 크기로 프로그래밍했다. 전문 소프트웨어는 각 발송물에 대해 최고의 맞춤 제작 상자를 계산한다. 이 기계는 대량 판지로 모양을 잘라 상자 모양으로 접은 다음 주문을 선택하는 작업자에게 컨베이어 네트워크를 통해 전송한다. 이 시설은 소량의 다른 제품을 통합하는 브레이크팩 주문의 30%를 포함해 하루 4만건을 출하한다. 여기가 바로 팩사이즈 기계가 가장 가치 있는 곳이다.

Staples는 2011년 시범시행 과정에서 박스당 사용되는 평균 마분지를 15% 이상 줄였다. 공기충전재 사용이 거의 60% 감소했다. 게다가, 상자가 작을수록 트럭활용도가 향상된다. 윌킨슨은 새로운 시스템이 이행센터에서 고객에게 운송비용을 약 8% 절감했다고 말했다. 또한 창고 보관 공간을 절약했다: 주문형 상자용 골판지는 이전 크기의 박스에 필요한 공간의 20% 미만이면 된다.

Staples는 2013년 3월까지 이 프로그램을 35개의 미국내 물류포장센터 중 15곳으로 확대했다. 윌킨슨은 "환경영향은 환상적"이고 "골판지 비용 또한 환상적"이라며 "고객 만족도 변화는 상당했다"고 말했다. "그러니까 분명히 승리야." 윌킨슨은 추가 장비와 훈련에도 불구하고 팩사이즈 기계를 설치하는 것은 인건비에 큰 영향을 미치지 않는다고 말했다. 윌킨슨은 이 프로그램의 투자수익률(ROI)에 대해서는 언급하지 않았지만, 회사의 ROI가 Staples 글로벌 기준에 부합한다면 프로그램을 확장하지 못했을 것이라고 말했다. 그러나 배송된 제품을 둘러싸는 데 사용되는 상자의 크기를 최소화하는 것은 첫 번째(내부) 단계에 불과하다.

독립적 노력부터 조정된 노력까지 From Independent to Coordinated Efforts

포장재료(및 관련 환경 영향)는 많은 회사의 공급망의 업스트림과 다운스트림 양쪽에 걸쳐 여러 산업에 걸쳐 있다. Walmart는 공급망 소매점에서 2006년에 포장 점수표를 발행하여 제조업체들이 포장의 환경적 영향을 줄이도록 장려했다. 이에 Dorel Industries의 청소년용품 브랜드 Cosco는 유아용 카시트의 부피 큰 박스를 없애고 대신 투명한 비닐봉지에 담아 출하했다. 그 변화로 포장재 부피가 줄어들었을 뿐만 아니라, 카시트는 이제 쌓을 수 있게 되어 운송비와 입고 비용도 크게 절감되었다. 다른 유아용 자동차시트 제조업체들도 이 변화를 따랐다. 이러한 노력을 통해 월마트는 2013년4월까지 전사적 포장을 5% 줄이겠다는 목표를 달성했다.

제프 베조스(Jeff Bezos) 아마존 CEO는 "우리 모두는 거의 뚫릴 수 없는 포장에서 제품을 제거하려고 하는 좌절감을 경험했다." 온라인 소매업자는 점포 내 도난(예: 대형, 열기 어려운 무거운 플라스틱 양쪽개폐형 잠금장치, 일명 클램쉘)을 방지하거나 소매 디스플레이(예: 과도한 크기의 랙행거 포장)를 용이하게 하기 위해 설계된 전통적 소비재 포장이 전자 상거래에 부적절하고 바람직하지 않다는 걸 깨달았다. 패키지변경은 Philips Oral Healthcare와 같은 공급업체와 협력하여 제품의 클램쉘을 재설계하는 것을 의미했다. 베조스는 "개방이 용이하고 제품을 보호하고 폐기물을 줄이는 무결함 포장(Frustration-Free Packaging) 설계를 위해 제조업체와 고객 모두 협력해왔다."고 말했다.

아마존은 2008년에 무결함 포장 프로그램을 도입했다. 과도한 포장재를 제거함으로써 프로그램 시작 5년 동안 2,470만 파운드[86] 자재를 제거했으며, 고객들로부터 부정적 피드백이 73% 감소했다고 응답했다. 필립스에게는 Amazon.com에서 더 나은 리뷰를 받는 것이 중요한 판매 포인트였다. Philips Oral Healthcare사의 선임 소비자 마케팅 매니저인 스티븐 청(Stephen Cheung)에 따르면, "그것은 제품이 문제일 필요가 없었으며, 포장을 푸는 경험이었다. 당신은 가위와 칼을 가져와야 한다."

2004년 환경 NGO인 GreenBlue는 미국 EPA 자금 지원을 받아 다우케미칼, 나이키, 스타벅스 등 9개 기업 파트너와 함께 지속 가능한 포장연합(Sustainable Packaging Coalition, SPC)을 결성했다. 지속가능한 포장이 가능하도록 COMPASS(comparative packaging assessment, 비교포장평가)라는 도구를 SPC는 개발하여 설계자에게 환경 지표의 두 가지 범주, 즉 소비 메트릭스(화석 연료, 물, 광물 및 생물 자원)와 배출 메트릭스(온실 가스, 인적 영향, 수생 독성)를 제공한다.

---

[86] 미국 질량기준으로 1 파운드(lb)는 0.454kg 에 해당됨

SPC는 평가도구를 제공하는 것 외에도 구매자와 공급자 사이의 공급망 전반에 걸친 참여를 촉진하며, 공유포장 산업 혁신을 지원한다. 개별포장 저감 노력이 환경 효율성 실행계획(제조업체에게 비용 절감 제공)일 수 있지만, 이러한 대규모 연합은 다양한 기업들이 상호 재무환경적 편익을 위해 지속 가능성 노력을 조정하는 환경 조정으로 이어지는 다중 기업 조정의 예다.

시장 규칙 The Market Rules

천연생활용품 회사인 세븐스 제너레이션(Seventh Generation)사는 회사의 식기세척제와 손세탁 제품의 포장 재설계 문제와 관련해 난관에 봉착했다. 한 대형 유통업체는 이 제품들에 대한 리필 파우치를 제공해야 한다는 새로운 요구사항을 회사에 알렸다. 언뜻 보면 파우치는 환경적 승리처럼 보인다. Seventh Generation사의 제품 지속 가능성과 신뢰성 담당책임자인 마틴 울프(Martin Wolf)에 따르면 소비자들은 플라스틱 디스펜서 병을 다시 채우고 사용하는 것이 매번 일회용 플라스틱 용기를 교체하는 것보다 환경적으로 더 낫다고 생각한다. 파우치의 주된 환경적 이점은, 제품 온스 당, 파우치는 1회용 플라스틱 용기의 1/3을 사용한다는 것이다: 36온스를 함유하고 있는 파우치는 단지 25온스만을 수용하는 기존의 1회용 플라스틱 병이 1.6온스를 사용하는데 비해 훨씬 적은 0.7온스 정도의 플라스틱이 필요하다. 또한 파우치는 유연하여 단단한 플라스틱 용기에 비해 운반과 취급이 용이하다.

울프가 두 종류의 포장을 비교하는 LCA를 했을 때, 그는 놀랐다. 리필의 모든 친환경 외관에 대해, 파우치는 높은 환경영향을 준다. 그것들은 전형적으로 75%의 버진 재료와 25%의 생물 기반 재료로 만들어진다. 재활용될 수 없고 수명이 다한 후 매립된다. 이와는 대조적으로, 전통적 플라스틱 용기는 100%의 사용 후 소비자 재활용 물질(postconsumer recycled, PCR)로 만들어질 수 있으며, 미국에서는 재활용률이 약 30%에 불과하지만, 이 병들은 재활용될 수 있다. Seventh Generation의 분석 결과, 이러한 물질원 및 재활용 시나리오에서는 PCR 소재의 57% 이상의 1회용 용기가 더 많은 양의 물질을 사용함에도 불구하고 더 나은 환경적 선택임을 알게 되었다. 세븐스 제너레이션은 이미 57%가 넘는 소비자 재활용(postconsumer recycled, PCR) 재료로 만든 병에 대부분 제품을 판매하기 때문에(때로는 100%까지도) 최상의 환경적 결정은 쉬웠다: 파우치를 사용하지 말라.

LCA 결과에도 불구하고, 마케팅 팀은 소매상들 요구와 소비자들의 인식을 충족시키기 위해 파우치를 제공하기로 결정했다. 세븐스 제너레이션 제품은 다른 주요 CPG 경쟁업체들과 함께 전시되고 있으며, 회사는 그러한 인식이 잘못된 것일지라도 세븐스 제너레이션이 덜 친환경적이라는 소비자 인식에 대해 위험을 감수할 생각은 없었다. 이 결정은 녹색 기업들 조차도 환경적 영향이 더 높더라도 시장의 힘과 소비자들의 인식에 굴복한다는 것을 보여준다.

농축된 제품들, 더 작은 탄소발자국... 더 작은 선반 공간 Concentrated Products, Smaller Footprints ... Smaller Shelf Space

1987년 Kao Corporation은 일본 도시 소비자를 겨냥한 농축 세탁 분말을 선보였다. 카오의 목표 소비자 중 많은 수가 작은 아파트에 살고 있고 식료품을 집으로 가지고 오기 위해 대중교통에 의존한다. 이러한 이유로, 일본 소비자들은 운반할 수 있는 가볍고 보관할 수 있는 작은 세탁세제를 원했다; 카오는 이에 응했다.

이 회사는 새롭게 발견된 바이오 효소를 기반으로 네 배의 효능이 갖도록 Attack이라는 이름의 신제품을 설계했다. 당시 분말세제의 대표 상자무게는 4.1kg이었다. 성능이 높아지면서 카오는 같은 수의 세탁물을 1.5kg에 불과한 상자에 넣고 공간의 4분의1을 차지할 수 있었다. 카오는 "한 손에 쉽게 옮길 수 있는 크기"라는 슬로건을 내건 마케팅 캠페인을 통해 일본 소비자들에게 줄어든 무게와 크기를 홍보했다.

시장에서 공격이 승리했다. 도입에 앞서 카오와 일본 내 경쟁사인 라이온은 각각 세제 시장의 약 30%를 점유하고 있었다. Attack 제품 도입 2년 후인 1989년에, 카오의 시장 점유율은 50% 이상 상승하였다. 농축된 공식은 심지어 공급망 비용과 환경적 영향을 줄였다 (당시 카오의 초점이 아니었지만). 그러나 이와 같이 제품 크기, 제조, 외관 및 용도에 대한 중요한 변경은 그러한 실질적 결과에 필요한 것으로 상상하는 것보다 훨씬 어려울 수 있다.

역시 카오의 새로운 채택에 따라 일본에 농축 배합을 채택했던 프록터앤갬블(P&G)은 같은 개념을 미국 시장으로 이전하려 했다. 1990년에는 농축된 Tide Ultra 분말을 선보였고, 1992년에는 액상 Tide Ultra를 선보였다. 다른 미국 세제 제조업체들도 Tide Ultra와 경쟁하기 위해 세탁물 한 더미당 4분의 1컵(반 컵에서 아래로)의 세제를 필요로 하는 배합을 도입했다.

농축 세제 선택이 증가하고 있음에도 불구하고 미국인들은 일본 소비자들이 가지고 있는 방식대로 세제를 수용하지 않았다. 몇 년간의 엇갈린 결과, 농축세제 판매는 1994년까지 30퍼센트 감소했다. 미국 쇼핑객들은 비록 그것이 전통적인 비농축식 제품들과 똑같이 같은 양을 세탁했더라도, 분명히 작은상자나 병에 같은 가격을 지불하기를 꺼려했다. 더 나쁜 것은, 농축된 제품들이 진열 공간을 덜 차지하기 때문에 한눈에 상품이 눈에 띄지 않는 불리함을 겪었고, 이는 대형박스, 비집중 경쟁 제품에 비해 소비자들에게 덜 눈에 띄게 만들었다. 많은 세제 브랜드와 소매업체들은 조용히 농축된 버전의 제품판매를 줄였다. 그 결과, 농축세제는 2005년까지 미국 시장에서 단지 호기심에 불과했다.

그 해 월마트는 지속가능성을 위한 대대적인 추진을 시작했고 공급자들에게 포장을 줄일 것을 요청했다. 소매업자들은 2005년10월 유니레버의 3배 농축형 제품인 "All: Small and Mighty"를 판매에 유리한 진열대에 선보이며 월마트와 샘스 클럽 점포에서 시연을 했다. P&G는 월마트의 포장 축소 요구에 대응하여 유니레버와 경쟁하기 위해 모든 세제 브랜드의 농축제조법을 개발하였고, 2008년 말까지 모든 세제 브랜드를 농축제품으로 대체하였다. 액체 세탁 세제를 2배 농축 제품으로 재설계하여 포장을 22~43% 줄였다. 그러나 이 같은 전환은 훨씬 더 많은 수익을 냈다. 환경 지속가능성을 위한 P&G 제품설계 책임자인 캐시 클레페이(Kathy Claffey)에 따르면, 이 회사는 이전 제품 5천병에 비해 배가 많은 농축 새제품 약 1만 병을 배달 트럭에 적재할 수 있었고, 이는 연간 500만 갤런의 디젤 연료를 포함하여 연간 6만대 트럭 적재량을 절약하는 결과를 낳았다고 한다.

규모와 시장 지배력을 과시하면서 거대 유통업체 월마트는 2008년 5월까지 비농축 세제의 비축을 중단할 것이라고 발표했다. 이러한 움직임은 이러한 추세를 견고히 했고 월마트가 감소된 포장의 목표를 향해 이러한 진전을 활용하도록 했다. 맷 키슬러(Matt Kistler) 월마트 지속가능성 선임임원은 "이 변화를 통해 물소비량이 4억 갤런 감소하고 연간 9500만 파운드 이상의 플라스틱수지와 1억2500만 파운드 이상의 판지를 절약할 수 있을 것"이라고 말했다. "그리고 월마트의 큰 구매력 덕분에 경쟁업체들도 변화를 기대하고 있다."

농축된 세제는 분명히 공급망에 있는 모든 사람들에게 실행 가능하고 환경 효율적인 대안이었다. 그럼에도 불구하고, 진열 공간과 소비자 오해에 대한 경쟁은 어떤 브랜드도 그 길을 이끌지 못하게 하는 동기를 유발했다. 월마트가 모든 공급업자의 손을 들어주고서야 비로소 월마트의 소매 경쟁업체를 포함한 전체 세제공급 체인이 재정적, 환경적 이익을 챙겼다. 이것도 '선택 편집(choice editing)'의 한 예다. 월마트는 소비자들에게 두 가지 종류의 상품 중 하나를 선택할 수 있는 기회를 주지 않았다. 시장에서 지속가능성이 떨어지는 선택지를 없애 고객들의 손을 들어줬다.

바이오 소재의 버섯 The Mushrooming of Biomaterials

Dell의 포장 및 포장 엔지니어링 조달 담당자인 올리버 캠벨(Oliver Campbell)은 "고객의 말을 듣기 시작했을 때 소셜 미디어가 큰 역할을 해서 너무 큰 상자 몇 개에 대해 두들겨 맞았다."고 말했다. Dell은 보다 지속 가능한 포장 설계를 위해 "3C"라고하는 것을 구현했다: Cube(포장크기 감소), Contents(구성요소 인식) 및 Curb(원치 않는 재료 또는 프로세스 제한). 보다 악성 포장재료의 유형 중 하나는 컴퓨터, 전자제품 및 기타 고부가가치 제품들을 완충하는 맞춤 성형 폼 삽입물이다. 이러한 맞춤형 삽입물은 화석 연료로부터 나오고, 포름알데히드나 스틸렌과 같은 잠재적 독성 물질에 의존하며, 강력한 온실가스인 폼 팽창 추진제 가스에 의존하며, 바람에 날리거나 부유성 쓰레기가 되기 쉬운 부피가 크고 재생 불가능한 폐기물을 발생시킨다는 점에서 여러 수준에서 높은 환경적 영향을 미친다.

2009년 Dell은 포장재에 대한 대체 공급원을 탐색하기 시작했다. "나는 뉴욕 주 북부에 있는 시골 핑거호수(Finger Lakes) 농가에서 자랐다. 농업 경험으로 돌아가 농업에서 얻을 수 있는 아이디어가 있는지 생각하기 시작했다. 가끔씩 대자연이 몇 가지 속임수를 갖고 있다"고 캠벨은 말했다.

Dell이 시도한 개념 중 하나는 바이오 소재 회사인 Ecovative Design LLC가 개발한 "버섯" 포장이었다. Ecovative Design은 옥수수 줄기와 같은 농업 폐기물을 가져다가 원하는 폼 쿠션 모양으로 성형하고, 그 물체에 고유 품종의 버섯 포자를 접종한다. 곰팡이는 폐기물을 섭취하며 성장하여 그 물질을 소비하고, 서로 맞물리는 흰 섬유 덩어리를 남긴다. 덩어리를 가열하면 곰팡이가 죽고 물체는 건조되어 정확히 원하는 모양의 가벼운 쿠션을 만든다. 버섯포장은 완전히 생분해성이며 폴리에틸렌폼 같은 기존 포장재에 비해 에너지 사용량과 온실가스 배출량을 90% 이상 줄인다.

Dell은 2013년에 PowerEdge R710서버를 출시하며 새로운 기술을 시험한 결과, 이 패키지가 폴리에틸렌 폼보다 진동감쇠 효과가 크다는 것을 발견했다. 캠벨은 "바이오 매직"이라며 "제품이 그곳에 안전하게 도착하는지 전체 공급망을 테스트했다."고 말했다. 그리고 그것이 가장 중요한 고려사항이다. 만약 그것이 손상된 상태로 도착한다면 그것은 가장 지속 가능하지 않은 해결책이 될 것이기 때문이다."라고 그는 덧붙였다. 소재가 잘 작동하는 것 같았지만, Dell은 버섯성장 과정의 자동화 부족을 우려해서 Ecovative의 프로세스가 경쟁력 있는 가격으로 Dell의 규모에 대한 요구를 일관되게 충족시킬 수 있을 것인지 의심했다.

Ecovative는 규모를 확대하기 위해 bubble wrap과 air pillows 같은 전통적 포장재 제조업체인 78억 달러 규모의 Sealed Air사에 그 기술을 사용 허가했다. Sealed Air는 2009년 금융위기 때 문을 닫았던 아이오와 주 Cedar Rapides 식품 플라스틱 랩 공장을 다시 열었다. 아이오와 지역은 많은 양의 농업 폐기물을 즉시 이용할 수 있게 해주며, 그 회사는 농부들로부터 옥수수 줄기를 미리 구입했다. "그들이 옥수수를 수확할 준비가 되었을 때, 그들은 이전에 폐기물이라고 여겨졌던 것에서 두 번째 가치흐름을 얻게 될 것입니다,"라고 Sealed Air의 커뮤니케이션 책임자인 Sam Harrington은 말했다. Sealed Air는 또한 이 재료의 제조를 유럽으로 확대할 계획이었다. 지속 가능한 솔루션을 확장하는 데 있어 때때로 인정을 덜 받는 어려움은 12장에서 더 자세히 논의된다.

다른 많은 혁신과 마찬가지로, 이 개념을 시장에 출시하는 것은 혁신적 디자인 회사(Ecovative), 규모를 제공할수 있는 제조사(Sealed Air), 그리고 새로운 아이디어를 구현할 준비가 된 OEM(Dell) 사이의 파트너십을 필요로 했다. 이 제휴에 들어가기 전에 Ecovative와 Dell은 서로를 조사했다. Dell의 Campbell은 "일반적으로 조달 시 공급업체를 인터뷰하고 있다. 그러나 그 회의에서 그가 우리를 인터뷰하고 있다는 것이 매우 명백해졌다. 그 당시 그는 기술 분야의 여러 다른 회사들과 이야기를 나누고 있었고, 누구와 제휴할 것인지 알아내려고 했기 때문에 그렇게 하고 있었던 것이다."라고 말했다.

사용의 영향 감소시키기 LOWERING THE IMPACT OF USE

전 세계적으로, 산업부문은 제품생산 및 서비스 제공과 관련된 모든 에너지 소비량의 절반을 차지한다. 나머지 절반은 소비자와 조직이 이러한 제품과 서비스를 사용할 때 발생한다. 일단 소비자의 손에 들어가면 가전제품, 조명, 공구, 자동차 같은 제품은 전력을 소비하고, 물을 사용하거나 연료를 태우거나, 독성 물질을 환경에 방출한다. 이러한 많은 제품에서, 사용 단계는 제품의 환경 영향의 대부분을 책임진다. 1970년대 에너지 위기와 그에 따른 에너지 가격 쇼크의 여파로, 규제기관들은 제품성능 규정 뿐만 아니라 공시를 요구하기 시작했다. 미국에서는 자동차용 기업평균연비(CAFE, Corporate Average Fuel Economy) 표준, 에어컨용 계절에너지 효율비(SEER, Seasonal Energy Efficiency Ratio) 표준, 전구용 에너지 독립보안법(EISA, Energy Independence and Security Act) 표준 등과 같은 규제로 인해 에너지 효율 수준이 높아져야 한다.

적은 리소스로 더 많은 작업 수행 Do More with Less

미국의 가전제품은 주거용 에너지 소비량의 60퍼센트 이상과 국내 총 에너지 소비량의 13퍼센트를 차지한다. 최소 효율성 표준의 증가와 효율성 라벨링 의무화(9장 참조)로 인해 소비자들은 많은 가전제품의 더 효율적 버전을 구매할 수 있고 종종 구매할 수 있다. 예를 들어, 2010년에 만들어진 평균 냉장고는 20% 더 크지만 1972년에 만들어진 냉장고 전기의 4분의 1을 사용한다. 가전업체들은 단열재 개선, 압축기 및 모터 효율 개선, 온도조절 개선 등을 추가했다.

마찬가지로, 새로운 고효율 세탁기는 적은 양의 물을 사용하는데, 이것은 물 절약 뿐만 아니라 물을 덜 데워 에너지 절약으로도 이어진다. 규제 효율 표준은 또한 세탁기와 건조기의 사용 단계 영향간 결합을 반영하여 설계자로 하여금 더 많은 습기를 제거하고 건조기의 에너지 소비를 줄이기 위해 세탁기의 스핀 사이클 속도를 증가시키도록 동기를 부여한다. 가전업체들도 실적에 희생된 적이 없다. Consumer Reports에 따르면, 세탁기 청소 성능은 에너지와 물의 효율이 높아졌음에도 불구하고 실제로 향상되었다고 한다.

무어의 법칙(Moore's law)에 의해 예측된 반도체 칩 회로 크기가 계속 작아지기 때문에 에너지 효율성도 계속해서 향상된다. 소형 칩은 와트당 더 많은 연산속도를 제공하며, 개선된 것은 컴퓨터칩만이 아니다. 평면 디스플레이는 이전 세대의 부피 큰 CRT 모니터보다 전력

사용량이 1/3에서 1/2정도 적다. 더 효율적이고 더 작은 스위칭 전력공급 장치는 부피가 크고 비효율적인 철심 변압기를 대체했다. 솔리드스테이트 스토리지 드라이브(SSD)는 에너지 집약적이고 회전하는 하드디스크 드라이브(HDD)의 디스크원판을 대체했다. 많은 기술 메이커는 강력한 자체서비스 사용단계 효율성 장려책을 가지고 있다. 에너지 효율이 높아지면 얇고 가벼운 전화기, 태블릿 또는 랩톱의 경우 더 높은 성능으로 배터리 수명을 연장할 수 있을 뿐 아니라, 기업 소비자에게는 전력 소모가 많은 데이터센터 제품에 대한 에너지 효율성을 제공한다. 그 결과 500와트 데스크톱 PC가 50와트 노트북과 5와트 태블릿 및 스마트폰으로 진화했다.

저비용의 에너지 효율적인 프로세서와 센서는 많은 산업의 설계자들이 더 효율적인 제품을 만들 수 있도록 한다. 예를 들어, 세탁기는 기계 안의 옷의 양을 감지하고 그 일을 하기에 알맞은 물만 첨가할 수 있다. 의류건조기의 습도센서는 필요 이상으로 오래 작동하지 않고도 빨래가 건조되도록 보장한다. 식기세척기는 배수된 물에서 잔존하는 음식물 찌꺼기를 감지하고 그에 따라 세척 및 헹굼 주기를 조절할 수 있다.

자동차 산업에서도 비슷한 이득이 명백하다; 자동차는 현재 공기 흐름, 연료 흐름, 온도, 전력 및 배출물을 감시하기 위해 광범위한 센서를 사용한다. 엔진관리 컴퓨터는 엔진작동의 모든 측면을 주의 깊게 조절한다. 그 결과 자동차 제조업체들은 이제 자동차 중량과 연료 소비를 줄이는 비교적 작은 엔진을 설계하고 생산할 수 있게 되었는데, 이 엔진은 좋은 연료 효율과 매우 낮은 수준의 오염물질 배출로 매우 높은 출력을 제공한다. 1975년부터 2013년까지 미국의 자동차와 경트럭의 평균 엔진출력은 68%(137hp에서 230hp로) 증가한 반면 평균 연비는 거의 두 배(5.56 *km/l* 에서 10.2 km/l 로) 증가했다.

효율성을 위해 설계된 제품 사용하기 Using Products Designed for Efficiency
일부 설계 변경은 고객 행동이나 다운스트림 공급망 프로세스를 변경할 필요가 없다. 에너지 효율이 높은 냉장고나 컴퓨터는 그것이 대체한 저효율 모델과 성능 및 작동 지침이 동일할 수 있다. 단지 에너지를 덜 사용할 뿐이다. 냉수 세제와 같은 다른 것들은 다른 방법으로도 익숙한 방식으로 약간의 변화를 수반할 수 있다. 마지막으로 전기 차량과 같은 일부 변경은 두 가지 행동 변화(예: 차량 운행 범위 관리 및 충전소 찾기 학습)뿐만 아니라 수반되는 소비자 투자(예: 가정에 충전 시설 설치) 모두를 요구할 수 있다.

기업들은 효율적 다운스트림 사용을 위해 제품을 설계하는 것 외에도, 소비자들에게 영향을 주고 환경적으로 책임지는 신제품의 편익과 효능, 그리고 지속 가능한 방식으로 제품을 사용하는 방법에 대해 교육해야 할 수도 있다. 예를 들어 드라이 샴푸는 모발과 두피에서 과다한 기름을 흡수하여 습식 모발 세척 사이에 더 긴 기간을 허용하는 특수 제작된 스프레이 또는 분말이다. Unilever는 드라이 샴푸가 습식 샴푸 시간의 60%만으로 같은 효과를 볼 수 있다고 주장한다. 소비자들은, 분명히 드라이 샴푸가 동일 효능, 가치, 매력을 갖고 있다고 믿지 않는다: 단지 세계시장 점유율은 3%에 불과하다. (내 사무실의 한 직원이 제품을 사용해보고 머리를 감은 것처럼 보이게 했지만 이전보다 두피가 더 나빠졌다고 보고했다). 9장에서는 기업들이 소비자로 하여금 지속 가능한 제품을 사용하도록 장려하는 방법에 대해 보다 자세히 설명한다.

다운스트림 그린을 위한 제품출시 Rolling Out Products for Downstream Green

부품 및 원자재 공급자는 최종 제품의 사용 단계 에너지 효율을 개선하기 위해 제품을 재설계할 수 있다. 예를 들어, 미쉐린은 타이어의 수명주기 영향을 이해하기 위해 2001, 2003, 2009, 2010년에 LCA를 실시했다. 2012년 보고서에서 미쉐린은 "표준 40,000km를 주행한 결과, 자동차 타이어의 건강 및 환경 영향의 92% 이상이 사용 중에 발생하며, 주로 구름저항[87]의 결과"라고 말했다. 미쉐린에 따르면 이 보고서는 표준 60만km 주행의 경우 이 비율이 트럭 타이어의 95%까지 올라간다고 밝혔다. 회전 저항은 트럭 연료 소비량의 최대 35 %를 차지한다.

그 결과, Michelin은 자사 제품의 롤링 효율성 개선을 설계하는 데 대부분의 환경적 노력을 집중하였다. 그러한 개발 중 하나인 미쉐린 X1 타이어는 연료 효율이 10% 향상되는 결과를 낳았다. 이러한 타이어는 미쉐린의 직접적(Scope 1 또는 Scope 2) 환경 영향이나 그 비용을 줄이지 않는다. 또한 그들은 Michelin의 고객인 자동차 제조업체 비용과 직접적 영향을 개선하지 않는다. 대신, 타이어의 사용단계 연료비용 절감과 환경적 혜택은 미쉐린의 고객인 차량의 구매자와 운영자에게 발생한다. 결과적으로, 연료 효율 개선은 자동차 회사의 제품 지속가능성 주장과 규제 준수에 기여한다(예: 자동차의 연료 효율을 위해 6장에서 언급된 SmartWay 트럭 운송대 효율성 또는 US CAFE 표준).

공급업체들은 또한 고객사가 환경영향이 낮거나 친환경 제품을 만들 수 있도록 하는 새로운 재료와 구성요소를 만든다. 예를 들어, BASF는 태양전지생산에 사용되는 화학 물질, 풍력 터빈용 코팅, 고성능 단열 폼, 아산화질소 오염물질 분해촉매, 저탄소 발자국 콘크리트용 첨가제, 바이오디젤 생산을 위한 촉매, 효율 증대용 연료 첨가제와 같은 거의 40가지 새로운 화합물 및 기타 많은 것을 개발했다. "우리는 기후변화 대응을 위한 혁신적인 제품을 제공함으로써 고객들이 탄소 발자국을 줄일 수 있도록 돕는다."라고 회사는 탄소공개프로젝트(CDP) 애플리케이션에서 말했다. 이들 제품은 2013년 BASF에 67억 유로 매출(BASF그룹 매출의 약 9%)을 벌어다 주었다. 2005년 5월9일 제너럴 일렉트릭 회장 겸 CEO 제프 이멜트는 새로운 환경실행계획을 발표했다. "Ecomagination"은 보다 깨끗하고 효

---

[87] 자동차가 노상을 달릴 때 바퀴의 구름으로 인해 생기는 저항인데, 타이어의 변형, 노면의 굴곡, 노면의 충격, 각 부 베어링의 마찰 등이 원인임

율적인 에너지원, 배출량 감소 및 풍부한 깨끗한 물 공급원과 같은 문제를 해결하려는 GE의 약속이다."라고 Immelt는 말했다. "그리고 우리는 이를 통해 돈을 벌 계획이다. 점점 더 비즈니스에서 '친환경'은 돈이 된다. 에코매지네이션은 미래에 관한 것이다." GE의 Ecomagination 이니셔티브에는 기관차, 제트 엔진 및 발전소를 위한 새로운 고효율 전력 시스템이 포함된다.

GE는 2013년 현재 온실가스 배출량이 34% 감소하고 자체 운영에서 담수사용이 47% 감소하는 것 외에 Ecomagination 프로그램이 1600억달러 이상의 수익을 창출했다고 주장했다. 마찬가지로 지멘스는 풍력터빈과 같은 재생 에너지 제품을 대량으로 판매한다. 지멘스는 2013년 인터뷰에서 지속가능성과 관련된 제품들이 323억유로의 누적 수익을 발생시켰고, 3억7천7백만미터톤의 탄소 배출량을 절약했다고 보고했다.

그러나, 이러한 지속가능성을 지원하는 많은 제품들의 미래 생존가능성은 잠재적으로 변덕스러운 정부 정책에 달려 있다. 재설계된 많은 제품들이 환경효율의 정당성을 가지고 있지만, 재생에너지원, 저배출 차량, 바이오 연료와 같은 다른 제품들은 정부 규제에 의해 만들어진 상당한 보조금이나 경제적 왜곡에 의존할 수 있다. 일론 머스크 기업(테슬라와 솔라시티)은 테슬라가 판매할 수 있는 보조금, 세제혜택, 공장건설, 할인된 대출, 환경 크레딧 등 정부지원으로 49억 달러로 추정되는 혜택을 받았다. 많은 주에서 카풀 차선을 이용할 수 있고, 차량 충전을 위한 전기 요금을 줄이는 것 외에, 테슬라 차량 구매자는 소득공제 7,500달러와 다양한 주별 추가 세액공제를 받는다. 예를 들어, 루이지애나에서는 6,900달러에서 9,500달러 사이이다. 화석연료 가격이 낮게 유지되고 규제당국이 환경 문제에 대한 입장을 바꾼다면 에너지절약 제품에 대한 수요는 줄어들 수 있다. 2017년4월1일, 홍콩 정부는 전기자동차에 대한 모든 세금 감면 혜택을 삭감했다. 테슬라차량 판매량이 0대로 떨어져 정부지원에 대한 민감성을 보여줬다. 더욱이, 많은 경우 지속가능성 주장은 타협이라고는 없는 LCA의 깐깐한 기준을 통과할 수 없다.

전체 LCA The Full LCA

1997년 도요타가 프리우스 하이브리드 자동차를 일본에 선보인 이후, 세계적으로 점점 더 많은 운전자들이 기존 휘발유 차량을 연료 효율이 높은 이 새로운 운송수단으로 바꾸었다. 대부분의 주행 조건에서 하이브리드 자동차는 배터리구동 전기 모터와 소형 가솔린 엔진을 발전기와 결합함으로써 표준 엔진보다 더 높은 연비를 달성한다. 소프트웨어는 가솔린 엔진이 대부분 최적 속도와 부하로 작동하도록 함으로써 연료 효율을 극대화하기 위해 두 개의 모터, 발전기, 변속기, 배터리를 관리한다. 하이브리드와 전기차는 비슷한 크기의 전통적 가솔린 자동차보다 훨씬 더 비싸다. 예를 들어, 2017년형 재래식 혼다 어코드는 도시와 고속도로 주행에서 EPA에 의해 갤런당 29마일로 평가되었다. 이에 비해 하이브리드 혼다 어코드는 갤런당 47마일(약 19.98km/l)을 달성했지만 가격은 7250달러 더 들었다.

이러한 자동차가 소비자와 지구 환경을 절약하는 친환경적인지의 여부는 기름값과 운전 습관에 달려 있다. 재정적으로 이득이 되려면, 혼다 하이브리드 구매자는, 가스가 갤런 당 3달러라면 적어도 17만 7천 마일을 운전해야 할 것이고, 가스가 갤런 당 2달러라면 26만 5천 마일을 운전해야 할 것인데, 이것은 이 글을 쓰는 당시 미국의 대략적인 연료 가격이었다. 그러나 만약 소비자들이 주로 고속도로에서 차를 운전한다면, 심지어 갤런당 3달러의 휘발유를 가지고도 이 구간에서의 주행 거리는 297,000마일로 증가한다. 그리고 만약 소비자가 더 비싼 차를 사기 위해 대출을 사용했다면, 그들은 그 차의 수명이 다해도 결코 이득이 되지 않을 수도 있다. 많은 미국인들은 그러한 차량을 선택했지만, 그러한 선택은 눈에 보이는 것보다 환경 친화적이지 않을 수도 있다.

2007년 뉴스 헤드라인들은 "탱크 대 하이브리드: 프리우스보다 환경에 더 좋은 허머가 가능한가?"그리고 "프리우스는 환경 피해에 있어서 허머를 능가한다."고 선언했다. CNW 리서치 마케팅이 실시한

"Dust to Dust"라는 제목의 LCA는 프리우스가 4배 더 높은 연비를 가졌음에도 불구하고 환경운동의 선봉인 프리우스 수명주기 영향이 허머를 능가했다고 주장했다. 그 회사의 평가는 각 자동차의 전체 수명주기 영향을 설명하려고 시도했다. 하이브리드 차량을 제조하려면 2개의 엔진, 화학적으로 복잡한 배터리 및 많은 추가 첨단 부품이 필요하며, 기존 차량 제조보다 훨씬 더 높은 탄소 배출량을 생성한다. 그러나, 이 연구는 많은 의심스러운 가정을 포함하고 있었으며, 그 결과에 의문을 제기하는 모순을 가지고 있었다. 그것은 또한 다른 연구들과 모순되었다.

여러 후속 연구에서 그 문제의 복잡성을 밝혀냈다. 예를 들어, 게이오 대학 연구원들이 도요타 데이터를 사용하여 실시한 상세한 LCA는 전기자동차가 주행하는 수명 및 차량이 주행하는 국가에 따라 최선이 될 수도 있고 아닐 수도 있다는 결론을 내렸다. 일본에서는 10년간 운행한 엔진배기량 1500cc의 하이브리드 차량이 일본의 원자력 의존도로 인해 연간 35,700km 이후 가장 친환경적인 선택이 되었다(이 연구는 대부분 원전을 정지시킨 2011년 후쿠시마 재앙 이전에 수행됨). 인도에서는 전력망이 석탄에 기반을 두기 때문에 전기자동차를 연간 193,000km 이상 주행하지 않는 한 (가솔린차보다) 더 반환경적 선택이 되었다. 다른 연구들은 배터리 크기가 환경에 미치는 영향에 대한 역할을 강조하였다: 큰 배터리를 가진 플러그인 전기자동차는 자동차의 짧은 주행 동안 거의 완전히 사용되지 않는 무거운 배터리를 운반하기 때문에 생산에 더 큰 영향을 미치고 사용 중 활용도가 떨어지게 된다. 그럼에도 불구하고, 원 연구논문, 논란 및 후속 연구는 LCA에 근거한 비교의 중요성에 대한 언론의 의식을 높였다.

재래식 차량의 경우에도 연료 효율 - 사용 단계 충격 감소 추세는 공급원과 제조 단계에 더 큰 영향을 미쳤다. 예를 들어, F-150 픽업 트럭의 연비를 개선하기 위해 Ford가 널리 사용하는 경량 알루미늄은 기존 강철보다 7배나 많은 에너지를 생산해야 한다. 또한 1995년 미국 자동차의 사용 단계 중 탄소 배출량은 제조 단계의 배출량보다 8배 더 컸다. 그러나 테슬라 모델S의 사용단계 탄소 영향은 제조 단계의 2배에 불과하다. 이러한 예들은 "공짜 점심은 없다."는 통념을 강조한다. 즉, 사용 단계에서 환경 영향을 줄이려는 급진적인 새로운 설계는 다른 공급망 단계에서 더 높은 환경 영향을 요구할 수 있다.

물리학은 불가항력적이다. *Physics Is an Implacable Foe*

제품 성능 및 환경 영향의 많은 설계 절충안은 우주의 기본 물리학이나 80%가 질소인 지구 대기의 화학 작용에서 발생한다. 연료 효율적인 디젤과 제트 엔진을 만드는 고압과 고온은 엔진 배기구에 매캐한 질소산화물(NO_x)을 발생시킨다. NO_x 가스는 인체 호흡계를 손상시키고, GHG이며, 스모그와 산성비의 원인이 된다. 유럽에서 자동차들에 대한 강력한 NO_x 배출 신규 규제와 더 엄격한 미국 규제 때문에 자동차 회사들은 이러한 배출량을 줄이기 위해 복잡한 시스템을 추가해야만 했다.

비록 이 신차들이 실험실에서 엄격한 배기가스 배출 시험을 통과했지만, 나중에 조사된 결과 모든 자동차회사들이 실제로 배기가스 배출량을 줄이는 데 성공하지는 못했다는 것이 입증되었다. 2013년부터 국제청정교통협의회(ICCT)의 존 게르만(John German) 선임연구원은 디젤 폭스바겐(VW) Jetta와 Passat차의 배출량을 실험했다. 그는 EU가 미국에 맞도록 디젤 배출 기준을 강화할 수 있도록 저배출이 가능하다는 것을 보여주고 싶었다. 그러나 그는 실험실이 아닌 실제 운전 조건에서 디젤엔진 VW 제타가 허용 배출량의 35~40배를 배출해 대형트럭보다 더 나쁘다는 사실을 발견했다. 독일은 미국 EPA에 보고서를 제출했다.

추가 조사 결과 테스트에서 결함이 발견되지 않았지만, 대신 VW에서 대규모 사기가 드러났다. 이 자동차 회사의 엔지니어들은 정상 운전조건에서 배기가스 배출 기술을 새로운 요구사항에 맞출 수 없었고, 그들은 부정행위에 의지했다. 그들은 실험실의 시험 조건(차량이 동력계로 운행되고 조향 휠이 움직이지 않을 때)을 감지하기 위해 엔진 관리 소프트웨어를 다시 작성했고, 운전자가 원하지는 않지만 시험을 통과할 수 있는 방법으로 시험 중 엔진의 성능을 재조명했다. VW는 2009년부터 2015년까지 미국에서 50만 대, 유럽에서 600만대 등 약 1100만대의 차량에 이 '차단장치' 소프트웨어를 설치했다. 그 결과로 발생한 스캔들로 인해 VW그룹 CEO는 사임하고 몇몇 다른 최고 경영자들은 정직당했다. 주식가치가 3분의 1 이상 떨어졌다. 회사는 2016년 초 기준 전 세계 자동차 소유주와 주주들의 수십 건의 소송 뿐만 아니라 미국 법원에서 480억 달러 이상의 벌금에 처해질 위기에 직면해 있다. 예를 들어, 한국은 모든 VW 자동차의 판매를 금지했고, VW 임원을 기소했으며, 이 회사에 수백만 달러의 벌금을 부과했다. 마찬가지로 미국은 VW 간부들에 대한 형사 기소를 추진해왔다.

리사이클링을 위한 설계 DESIGN FOR RECYCLING

영국 외무성 기후변화 특별대표 데이비드 킹(David King)경은 "20세기 선형경제는 지상에서 물질을 꺼내 상품으로 만든 뒤 다시 땅에 넣는 데 바탕을 두고 있었다."고 말했다. 이 서클을 깨기 위해, 재활용을 위해 제품을 디자인하는 회사들은 종종 단순한 재료나 제품의 변화를 넘어서는 경우가 많다. 이 장의 많은 예와 같이, 이들 회사는 공급망을 따라 그들의 사업 관계의 요소도 바꾼다. 재활용의 경우, 이러한 변화들 중 많은 것은 고객이나 다운스트림 상의 다른 파트너들을 포함하므로 회사는 그들의 재활용 가능한 제품이 실제로 재활용되는지 보장할 수 있다.

제품 해체 및 파트너십 구축하기 Dismantling Products and Building Partnerships

허먼 밀러(Herman Miller Company)는 재료 선택과 디자인 결정 모두를 통해 재활용성을 염두에 두고 "Mirra" 의자를 디자인했다. 의자에 사용된 플라스틱, 알루미늄, 강철, 폼의 96%를 모두 재활용할 수 있으며, 의자 설계자들은 의자를 분해하기 쉽게 만드는 데 주력했다.

허먼 밀러는 수명을 다하여 의자를 분해하는 단계별 지침서를 제공하여 재활용업자들이 가능한 한 많은 재활용 가능한 물질을 수거할 수 있게 한다. 이것은 또한 자연스럽게 사용자가 마모되면서 부품을 쉽게 교체할 수 있게 해주므로 의자의 추정 수명이 12년 연장된다. 허먼 밀러의 재설계 및 리엔지니어링 노력은 가치나 품질을 희생시키지 않고 제품의 환경적 영향을 줄이겠다는 목표에 의해 이루어졌다. 새롭게 디자인된 이 의자는 2003년과 2004년에 6개의 상을 수상함으로써 그 회사의 브랜드를 성장시키는 데 도움이 되었다.

이 루프를 완전히 닫기 위해 허먼 밀러는 가구 해체 전문회사인 그린 스탠더드(Green Standards)와 제휴하여 "rePurpose"프로그램을 통해 고객에게 서비스를 적극적으로 제공하고 있다. 이 프로그램에는 종이 클립에서 복사기 기계에 이르기까지 허먼 밀러가 판매하지 않는 제품의 폐기관리도 포함되어 있다.

재활용을 위한 제품 및 공급망 설계의 또 다른 예로 사무가구 회사 Steelcase, 재료 디자이너 Designtex, 섬유 제조업체 Victor, 재활용 섬유 제조업체 Unifi 등 4개사가 연합하여 폐쇄루프공급망을 위해 완전히 설계된 스틸케이스 가구용 커버인 루프 투 루프(Loop to Loop)를 출시했다. 이 2년간 협력은 섬유혁신 외에도, 재활용 섬유가 차세대 직물용 실로 거듭날 수 있도록 하기 위해 Unifi의 재활용 시설에 대한 자본 투자를 포함했다. 그러나 재활용을 위한 제품 디자인은 단지 이야기의 일부일 뿐이다.

판매 주기의 일부로서 제품 수명 주기 Product Life Cycle as Part of the Sales Cycle

모든 재활용 실행계획의 핵심 주체는 고객이며, 이는 판매와 재활용이 연관되어 있음을 의미한다. 서버, 클라우드컴퓨팅, 가상화 및 기타 컴퓨터 제품 및 서비스의 글로벌 공급자 EMC Corporation도 모든 설치에서 장비복구 서비스를 제공한다. 2012년에는 1만t의 폐기물을 수거해 이 중 7.5%를 재공급(refurbished)하거나 재판매하고 90.1%를 재활용했다. 약 2.2%의 폐기물이 에너지로 전환되었고 0.2%는 매립지로 보내졌다.

전자제품에 사용되는 재료의 복잡한 조합이 재활용을 어렵게 하기 때문에 전자산업에서는 90.1%의 재활용률은 거의 전례가 없는 수치이다. EMC에 따르면, 회사는 처음부터 그렇게 디자인했기때문에 높은 재활용률을 달성했다. "진정하게 효과적인 테이크백 및 전자 폐기물 프로그램은 제품 디자인에서 시작된다."라고 회사는 말했다. "제품이 분해하기 쉬울수록 책임감 있는 방법으로 회수, 재활용, 폐기하기가 쉬워진다."

이 회사는 재활용 프로그램을 고객에 대한 보안과 EMC판매 증가라는 두 가지 중요한 비즈니스 이익에 연계할 수 있었다. 첫째, 서버와 스토리지 장치를 다시 가져가는 것이 고객데이터 보안을 보장했다. EMC는 이전장비에 대한 모든 데이터가 영구적으로 파괴될 것을 보장했다. EMC는 단순히 데이터를 전자적으로 지우고 장치를 재판매하는 대신 모든 데이터 저장장치를 폐기하고 부품을 재활용했다. 둘째, 재활용 프로그램은 실제로 판매량을 늘렸다. EMC 글로벌 제품 회수 및 전자 폐기물 부문의 수석 프로그램 매니저인 에즈라 벤자민(Ezra Benjamin)은 말했다. "우리가 회수 및 폐기 과정을 판매의 일부로 간주한다는 것을 알면 놀랄 것이다. 자동차 대리점에서와 마찬가지로 고객은 새 장비를 구입할 때 오래된 장비를 교환한다. 그래서, 판매할 때마다 중고전자제품이 다시 EMC로 회수된다. 그러면 고객은 새 장비에 대한 할인을 받고 EMC는 기존 장비에서 경제적 가치를 회복 할 수 있다." 벤자민은 브랜드 평판과 윤리적 관행도 결정을 내리지만 사업상 이익이 훨씬 내부적으로 처분하기 쉽게 만들었다고 덧붙였다.

제품수명주기 소유권 Cradle-to-Cradle Ownership
카펫 제조회사인 "Interface"는 업계 최초로 완전한 카펫 폐기물 재활용 시스템을 만들어 냈다. 레이 엔더슨(Ray Anderson)이 1974 년 회사를 설립했을 때 그는 지속 가능성을 염두에 두지 않았다. 그리고, 20년동안 전통적 방식으로 회사를 운영하고 나서, 1994년, 폴 호켄(Paul Hawken)의 The Ecology of Commerce를 읽고 깨달음을 얻었다. Anderson은 회사의 환경적 유산에 자신의 사업을 다시 집중하기로 결정했는데, 그것은 수익성이 높고 무엇이 남을 것인지 의식하는 사업을 개발하는 것을 목표로 한다. 그는 심지어 Mid-Course Correction: Toward a Sustainable Enterprise라는 책을 썼는데, 이 책은 Interface를 리메이크하려는 그의 노력을 자세히 설명했다.

Anderson이 회사를 변모시킨 세가지 새로운 핵심 요소 중 첫 번째는 폐기물을 줄이기 위한 카펫 패턴 및 설치 방법의 혁신적 설계였다. 기존의 롤형 또는 "광장형" 카펫 대신 인터페이스 설계 모듈식 정사각형 카펫 타일이다. 카펫 타일은 새롭거나 독특하지 않았지만 Interface는 타일이 어떤 방향으로도 설치할 수 있도록 카펫 패턴을 무작위로 지정했다. 인터페이스의 설계 선택들이 급격히 카펫 폐기율을 줄였다.

전통적 광폭 카펫을 설치하는 회사는 설치자가 넓은 재료롤에서 필요한 이상한 크기의 덩어리를 잘라 내기 때문에 재료의 12~15%를 버린다. 이 불량률은 카펫 타일의 경우 3-4%로, 무작위 타일의 경우 1-2%로 떨어진다.

둘째, 재활용성을 확보하기 위해, 회사는 재활용 소재로 카펫을 만들 뿐만 아니라 카펫 자체의 짜임, 소재도 쉽게 재활용할 수 있도록 설계한다. Interface는 복구된 카펫의 각 정사각형을 새로운 카펫 사각형으로 재활용하는 전문 시설로 가져간다. 오래된 카펫 섬유가 새로운 카펫 섬유가 된다. 낡은 카펫 안감은 새로운 카펫 안감이 된다.

셋째, 재활용 가능한 카펫이 재활용되도록 하기 위해, Interface는 자사의 사업 모델을 카펫 판매에서 "서비스화(servicizing)" 모델로 변경함으로써 허먼 밀러와 EMC를 한 단계 뛰어넘었다. 이 모델에서는 Interface가 고객에게 카펫을 판매하지 않는다. 그 대신 카펫의 임대, 설치, 유지보수, 업그레이드, 재활용 등을 포함하는 서비스를 제공한다. 고객이 구매하는 것은 카펫이 아니라 마루깔개이다. 서비스 기간 동안 Interface는 무작위 패턴 타일 설계를 이용하여 마모되거나 손상된 타일을 선택적으로 교체할 수 있다. 임대차계약이 끝날 때, Interface가 카펫을 뜯어내고 복구한다. 이 비즈니스 모델은

Interface가 제품 수명주기를 완전히 제어할 수 있도록 한다.

본 장과 다른 장에서 보여주는 사례에서 알 수 있듯이, 지속가능성 실행계획은 제품과 그 속성 및 제품의 유효수명, 그리고 이후 처리 방법에 복잡한 영향을 미칠 수 있다. 기업이 고객 등에게 이러한 복잡성을 어떻게 알리는지가 다음 장의 초점이다.

제9장 해야 할 일을 하라:
지속가능성 커뮤니케이션

TALKING THE WALK:
COMMUNICATING SUSTAINABILITY

Whole Foods 공동 CEO인 월터 로브(Walter Robb)는 Fortune과의 인터뷰에서 "항간의 말을 들어보면 파는 음식이라는 게 다 거기서 거기지 다를 게 뭐가 있냐 라는 거야. 하지만 나는 차이점을 전달하고 그 차액을 팔고 싶어." 라고 말했다. 제3장에서 논의한 바와 같이 환경 관련 이니셔티브의 사업적 근거는 환경효율성(eco-efficiency, 즉, 천연자원을 보존하여 비용을 절약), 환경위험완화(eco-risk mitigation, 환경 행동주의자들의 공격 대응 및 극단적 규제에 대한 정치적 압력 감소 등), 환경세분화(eco-segmentation, 녹색소비자에게 녹색제품 판매)에 이르기까지 다양하다. 또한 이러한 모든 이니셔티브(계획)의 근거에는 지속가능성을 중시하는 투자자들의 투자 유치가 포함될 수 있다.

친환경 고객과 친환경 투자자를 유치하고 NGO와 규제기관의 공격을 피하려면 회사의 지속가능성 노력과 그 결과에 대해 외부 이해관계자들이 잘 알고 있어야 회사의 브랜드와 평판에 도움이 된다.

기업들은 여러 잠재고객들에게 다가갈 수 있도록 다양한 채널을 통해 다양한 지속 가능성 계획과 성과를 전달한다. 구매 시점에 소비자에게 다가가기 위해, 회사들은 표면적으로 지속 가능한 제품들과 다른 것들을 구별하고 "환경을 위해 무언가를 하고 있다."는 이유로 소비자들이 윤리를 느낄 수 있도록 고안된 제품 라벨을 사용한다. 관련 마케팅 노력은 소비자들에게 회사의 지속 가능한 소싱, 제조 및 운송 전략 뿐만 아니라 제품의 지속 가능한 사용과 폐기에 대해 교육할 수 있다. 기업들은 환경 보고서나 공개 표준을 사용하여 투자자, NGO, 미디어 및 규제기관에 환경 영향 감소 계획의 목표, 노력 및 결과에 대해 알려준다.

이러한 종류의 커뮤니케이션은 양날의 검이 될 수 있다. 기업의 친환경 주장은 환경 지속 가능성 노력의 사업적 가치를 얻는 데 도움을 주지만 그만큼 회의론자와 감시자들의 조사도 증가시킬 수 있다. '언행일치(walk the talk)'를 강조하는 시대적 훈계는 '말을 관리하는 자'(판매, 마케팅, 홍보, 투자관계, 대정부 로비, 고위 경영진)와 '실천을 관리하는 자'(제조, 조달, 공급망 관리자 등) 사이에 신중한 조율이 필요하다는 것을 시사한다.

매우 다양한 라벨들 LABELS: MILEAGE MAY VARY

Guardian지는 2014년 기사에서 이제 상자 안에 여러 복잡한 내용들이 가득 담긴 세상이기 때문에 달걀 하나 사는 단순한 일에서조차 소비자들이 혼란스러워 함을 보여주었다. "케이지 없이 키웠나? 방목했나? 마음대로 돌아다니나? 풀을 먹여 키웠나? 풀만 먹였나, 아니면 통곡물 사료? 무균, 생체역학, 호르몬 프리, 무방사능, 천연, 유기 또는 저온 살균?"

기업들은 소비자의 환경적 관심이 시장점유율 향상이나 환경친화적 상품이라고 판매되는 제품의 책정가를 올릴 수 있다는 것을 알아차리자, 제품에 대한 친환경 주장(또는 겉으로 친환경주장으로 보이는)이라는 라벨을 붙이기 시작했다. 여기에는 "천연, 재활용 가능", "생물 분해 가능, 에너지 효율적" 등이 포함되었다. 다양한 주장이 쏟아져 나왔고, 이로 인해 소비자 혼란과 라벨 뒤의 진실성에 대한 의구심이 생겨났다.

혼란을 해소하기 위해 국제표준화기구(ISO)는 라벨의 세 가지 유형(Type)의 클레임 또는 로고에 대한 표준을 다음과 같이 정의했다.

- 유형(Type) I: 수명주기 고려사항을 기반으로 한 일련의 환경

기준 충족과 연계된 제3자 로고
- 유형 II: 자사 제품에 대한 기업의 자기 선언적 주장(오해 소지가 없는 용어 및 정확하고 검증된 데이터 사용)
- 유형 III: LCA에 근거하여 적격한 제3자가 제시하고, 동일 또는 다른 제3자가 검증한 기준에 근거한 환경 데이터

첫 번째 두 가지 유형의 클레임은 지금 큰 고민 없이 물건을 사는 소비자들을 목표로 하고 있고, 세 번째 유형은 로고로 표현할 수 없지만 기업간 교환에 사용되는 데이터 세트로 표현될 수 있다. 그럼에도 불구하고, ISO가 정의한 라벨 표시 기준에 부합하더라도 소비자들 사이에서 잘못된 정보와 혼란이 야기가 되곤 한다.

소비자 혼란? *Consumer Confusion?*
제3장에서는 Tesco의 탄소라벨 이야기를 들려주었다. 탄소 라벨이 부착된 첫번째 제품은 2009년 8월에 성황리에 매장에 진열되었다. 출시와 함께 Tesco는 고객의 탄소 인식을 조사했다. 비록 절반만이 "탄소 발자국"이라는 문구의 의미를 이해했지만, 이는 전년도 유사한 설문 조사에서 발견된 32% 비율보다 크게 증가한 것으로 나타났다. 이 조사는 또한 용어를 이해하고 있는 응답자 절반이 탄소 발자국이 낮은 제품을 구매하기 위해 쇼핑 패턴을 변경할 것이라고 결론을 내렸다. 이는 전년도 35%에서 증가한 것이다.
New York Times 제임스 칸터(James Kanter)는 레이블 신상품 출시 및 여론조사 결과를 언급한 "Green Blog" 게시물에서 그러한 레이블이 고객을 혼란스럽게 할 것이라는 우려를 지적했다. Tesco는 성명에서 그 걱정을 일축했지만, 안타깝게도 한 설문 조사에 따르면 소비자가 쇼핑습관을 바꿀 계획이 있더라도 30~40 %는 더 높은 탄소 발자국 수치가 더 좋다고 잘못 생각했다.
"칩 한 봉지에 75g의 탄소가 포함되어 있다는 것은 무엇을 의미하는가?" 2008년3월6일 BusinessWeek 기사에서 Climate Group의 CEO 스티브 하워드(Steve Howard)에게 물었다. "나는 환경 물리학 박

사학위를 가지고 있을 뿐 그것은 나에게 의미가 없다." 절대 숫자는 직관적인 의미가 없을 뿐만 아니라 더 지속 가능해지기 위해 어떤 제조업체가 가장 열심히 일하고 있는지 통찰력을 제공하지 않는다. 이 문제는 테스코 제품 1% 미만이 라벨링 된 후 2012년에 끝난 테스코의 2009 라벨링 노력 이후로 줄어들지 않았다.

2013년 조사 결과에 따르면 소비자들의 70%는 기업들이 사회적 책임 계획에 대해 이야기 할 때 사용하는 메시지에 혼란스러워 했다. "이 정보는 매우 복잡하므로 소비자를 위한 단순한 라벨로 축소하는 것은 대단히 어려운 일이다." 환경보호기금 전무인 엘리자베스 스터켄(Elizabeth Sturcken)이 말했다.

라벨 매니아 Label Mania

기업이 자체적인 지속가능성 주장과 라벨(ISO Type II)을 발행할 경우 자사제품을 평가하는 기업의 동기와 편견에 대한 자연스러운 회의론에 직면하게 된다. 실제로 조사대상 소비자 중 46%만이 브랜드가 자신의 환경 메시지를 통해 진실을 말할 것으로 믿는다고 답했다. 이와는 대조적으로 독립적 제3자(ISO Type I 라벨), 특히 잘 알려져 있고 신뢰할 수 있는 자들은 표준, 인증 및 감사를 제공하고 소비자 회의론을 극복함으로써 기업의 "친환경" 메시지를 검증하는 데 도움이 될 수 있다. 결과적으로, 많은 환경 단체들은 광범위한 지속가능성 속성을 위한 환경 라벨을 만들었다.

그러나, 제3자 라벨에 대한 이러한 경향은 지속 가능하지 않은 수준으로 성장했을 수 있다. Ecolabel Index 서비스의 2014년 편집본에서는 정부 기관, 선도적인 NGO, 기업 및 소규모 지역 비영리 단체들을 포함한 다양한 그룹의 458개 이상의 에코 라벨이 발견되었다. 라벨이 과다한 이유 중 하나는 대부분 라벨이 좁은 지역, 카테고리별 또는 이슈 별 범위를 가지고 있기 때문이다. 프랑스 정부는 다른 시장에서 다국적 기업들이 프랑스 라벨을 사용하는 것을 방해하지는 않지만, 탄소 관련 라벨을 자국 국경 내에서 팔려고 하는 제품에만 적용한다. 탄소 트러스트는 프랑스 라벨보다 더 세계적인 것일 수 있지만, 여전히 탄소 배출에만 초점을 맞추고 있다. Marine Stewardship Council은 해산물만을 인증한다. 특히, AvoGreen 라벨처럼 아보카도 재배과정 "통합해충관리"에만 초점을 맞춘 라벨은 특히 좁다.

잠재적 혼란을 가중시키기 위해, 심지어 제3자 발행 라벨까지 포함하여 모든 라벨이 동등하게 생성되는 것은 아니다. Ecolabel Index의 cocreator인 Anastasia O'Rourke는 다른 라벨에서 엄격하게 요구하는 광범위한 변화를 문서화했다. 일부에게는 제품이나 회사가 수십 개 또는 수백 개의 사소하지 않은 약관을 준수해야 하는 포괄적 표준의 엄격한 현장 검증을 통과해야 한다고 요구한다. 나머지들에게는, '돈을 보내면, 우리는 [라벨]을 줄 것이다.'라고 그녀가 말했다. "그건 좀 과장된 말이지만, 많이 과장된 건 아니다." 실제로 2010년 TerraChoice 보고서는 온라인에서 15달러에 구입한 녹색 라벨을 보여준다고 주장한다.

유기농이 맛이 없을 때 When "Organic" Leaves a Bad Taste in the Mouth

2010년 캘리포니아 대학의 연구에 따르면, 유기농 또는 생체역학적 포도 재배 기준을 준수하면서도 와인을 "유기농"이라고 표기하지 않은(인증을 받았음에도 불구하고) 와인은 평균 13%의 가격 프리미엄을 가지고 있는 것으로 나타났다. 이와는 대조적으로, "유기농" 라벨을 병에 부착하고 인증을 받은 와인은, 유기농 와인의 품질이 낮다는 와인 소비자들의 믿음 때문에, 평균보다 20% 낮은 가격으로 와인을 제공해야 했다. 유기농 재배 포도를 사용하는 와인과 다른 유기농 와인은 와인에 아황산염 방부제를 첨가하지 않기 때문일 것이다. 결과적으로, 그들은 시간이 지남에 따라 덜 안정적이며, 노화되면서 잠재적으로 질이 떨어질 수 있다.

에코라벨은 심지어 특정 소비자 그룹들 사이에서 매출 감소를 야기할 수 있다. 미국 국립과학아카데미(National Academy of Science)가 발간한 2012년 연구에서는 개당 1.50달러인 소형 형광등(CFL) 전구와 개당 0.50달러인 백열 전구의 매출을 비교하였다. 만약 CFL 전구가 "환경보호" 라벨을 부착했다면, 고객들은 정치적으로 온건하거나 보수적이라고 자인하는 것은 구매할 가능성이 낮았다. 만약 CFL 전구들이 환경 라벨이 없다면, 보수와 진보도 비슷한 비율로 전구들을 구입했다. 이 연구는 경제적 인센티브가 장기적으로 돈을 절약하기 때문에 소비자들이 CFL전구를 구입하도록 유도할 가능성이 높다고 결론지었다. 그러나, 환경 메시지는 이 효과를 약화시킬 수 있다. 정부에 대한 신뢰가 떨어지는 경향이 있는 정치적으로 온건하고 보수적인 개인들은 환경메시지의 목적이 값비싼 전구의 다른 성능 차원에 대한 불충분함을 감추기 위한 것이라고 생각할 수 있다.

라벨의 경제적 효과 제한 Limited Economic Effects of Labels

중국의 커피를 마시는 사람들을 조사한 결과, 소비자들은 공정거래 커피라고 적힌 한 잔에 평균 22%의 프리미엄을 지불할 용의가 있는 것으로 나타났다. 현실적으로 이러한 조사는 라벨의 영향을 과대평가할 수 있다. 서베이 참가자는 서베이 설계자가 응답하기를 원하거나 진보적이고 배려하는 것처럼 보이기를 원하는 방식으로 응답하는 경향이 있다. 이와는 대조적으로 실제 제품 판매 실험의 데이터는 지속 가능성 라벨에 대한 프리미엄을 낮추고 때로는 프리미엄(또는 위의 예와 같이 마이너스 프리미엄)이 없는 것을 보여준다. 영국 연구원들은 수십 개의 지표 변수를 바탕으로 한 보통의 최소제곱모델(ordinary least squares model)을 사용했으며, 이미 시중에 나와있는 공정무역 커피 프리미엄은 11%에 불과하다는 것을 발견했다. 26개 식료품점을 대상으로 한 뉴 잉글랜드의 연구에 따르면 친환경 라벨이 매출과 가격 프리미엄에 서로 다른 영향을 끼친 것으로 나타났다. 이전에 라벨이 붙어 있지 않은 커피 품종 두 개에 공정거래 라벨을 붙였을 때(한 개는 10.99달러에, 다른 한 개는 파운드 당 11.99달러에 팔렸다) 두 종류 모두 판매량이 약 10% 증가했다. 두 커피의 가격이 파운드당 1달러 인상되었을 때, 더 비싼 커피 판매량은 여전히 증가했지만, 더 낮은 가격의 커피 판매량은 약 30% 감소했다. 이것은 부유한 소비자들이 지속 가능한 제품에 대해 기꺼이 프리미엄을 지불하는 반면, 보다 검소한 소비자들은 더 많은 비용을 지불하도록 유도하기 보다는 오직 동일 가격 제품들 중 최종결정요인(tiebreaker)로만 지속가능성 속성을 사용할 수 있음을 암시한다.

라벨의 효과는 제품의 종류에 따라 달라질 수 있다. 덴마크와 미국 연구원들은 4년 간의 덴마크소비자 구매데이터를 사용하여 Nordic Swan 라벨이 화장지에 대해 10-17%의 가격 프리미엄을 가능하게 했지만, 노르딕 스완 라벨이 부착된 종이 수건에 대해서는 더 높은 가격을 지불할 의사가 없다는 것을 발견했다. 한가지 가능한 설명은 화장지가 소비자 신체에 더 가깝게 접촉하고 있고 환경라벨은 더 높은 안전성과 독소의 부족을 나타낼 수 있으며, 이것은 종이타월보다 화장지의 경우 더 중요할 수 있다는 것이다. 즉, 화장지는 종이타올에 비해 "밀접사용 개인용품"이라는 요소가 강했다(1장 참조).

유럽식량정보협의회(EUFIC) 2014년 연구결과, 유럽 소비자들은 지속가능성을 중시하고 다양한 생태 라벨을 이해하지만, 그러한 라벨은 식품 선택에 미치는 영향은 미미하다고 결론지었다. 식품 라벨 정보의 자체 보고된 사용량 조사 결과, 환경영향 정보는 16개 항목 중 14위를 차지했다. 식품 선택에 대한 컨조인트 분석[88]은 영양적 특성과 가격이 소비자 선택 행동을 지배한다는 것을 보여주는 라벨 사용 결과를 확증했다. 다시 한번 말하지만, 1장에서 언급된 "in me, 섭취/ on me, 착용/ around me, 주변물"의 틀에 비추어 보면 놀랄 일이 아니다. 이 연구는 다음과 같이 결론지었다: "지속가능성에 대한 소비자의 이해는 아직 음식 선택을 촉진하는 것으로 해석되지 않는다." 즉, 소비자들은 지속 가능성에 대해 관심이 있다고 주장하지만, 다른 제품 속성에 대해 훨씬 더 신경을 쓴다.

이러한 사례들은 소비자들이 지속 가능성의 가치를 평가하는 방법에 있어서 기업과 크게 다르지 않을 수 있음을 시사한다. 10장에서 논의된 기업의 지속 가능성 ROI(투자자본수익률) 계산은 많은 기업

---

[88] conjoint analysis, 구체적 소비자행동 요인 측정방법의 하나로 어떤 제품 또는 서비스가 갖고 있는 속성 하나하나에 고객이 부여하는 가치를 추정하여 고객이 어떤 제품을 선택할지 예측하는 기법

의 지속가능성 실행계획이 무엇보다도 투자에 대한 최소한의 수익률을 통과하면서 비용을 정당화할 수 있을 만큼 가치 있어야 함을 의미한다. 기업 지속가능성 경영진과의 비공식적인 논의결과를 보면 지속가능성이 본질적으로 가치 있는 속성으로서가 아니라 가장 헌신적인 녹색 기업과 소비자를 제외한 모든 기업 의사결정에 있어서는 더 큰 승자결정문제 역할을 한다는 것을 시사한다.

존슨앤존슨 수석 제품 담당자 케이스 서터(Keith Sutter)는 "에코 라벨이 주류 소비자들에게 반드시 큰 영향을 미치는 것은 아니다. … [그리고] 솔직히 말해서, 수백 개 에코라벨 대부분은 거의 무의미하다."고 말했다. 정확하고 포괄적인 녹색 라벨링에 필요한 환경 속성의 엄격한 측정에 대한 혼란, 무관련성 및 높은 비용 때문에 일부 라벨은 효과가 의심스러운 투자가 된다. 이러한 문제는 지속 가능성 라벨에 전달되는 정보종류와 라벨링의 독특한 경제학에서 비롯된다.

라벨의 끈적끈적한 진실 THE STICKY TRUTH ABOUT LABELS

모든 대형 식료품점 어딘 가에는 요구르트 코너가 있다. 밝은 라벨과 매력적인 과일 이미지, 행복한 소, 또는 과일 덩어리가 레이스된 크림 스푼이 담긴 깨끗한 흰 우유 항아리 배열. 라벨은 브랜드 이름과 슬로건 뿐만 아니라 "유기농", "살충제 무사용(no pesticides)", "무호르몬", "인공색소 무첨가"와 같은 단어들을 즐겨 쓴다. 라벨은 또한 영양, 성분, 알레르기 물질에 대한 사실적인 자료를 제시한다. 이상적이라면, 이러한 라벨의 여러 요소는 소비자가 다양한 선택 항목 중에서, 현명하고 정보에 입각한 구매를 하는 데 도움이 될 것이다. 실제 세계에서, 라벨의 많은 요소들은 단순히 소비자들이 특정한 요구르트를 구매하도록 유도하기 위한 것이다.

객관적 정보와 주관적 유혹 사이의 이러한 긴장감은 많은 환경속성 (예를 들어 탄소 배출, 물 사용, 토지 사용, 독소, 재활용)에 영향을 미친다. 2014년 Nielsen이 60개국 3만 명의 소비자를 대상으로 실시한 설문조사에 따르면 응답자 52%가 구매 결정이 부분적으로 포장에 의존한다고 답한 것으로 나타났다. 이들은 브랜드가 사회적, 환경적 긍정적인 영향을 미치도록 구매하기 전에 라벨을 먼저 확인한다. 이러한 설문 응답은 암시적일 수도 있고 그렇지 않을 수도 있다. 소비자 구매 행동에 대한 라벨의 혼합 효과는 소비자가 라벨을 사용하는 방법이 정확히 간단하지 않을 수 있음을 보여준다.

라벨이 전달하는 것 What a Label Conveys

요구르트 라벨에서 발견되는 다양한 텍스트와 그래픽 요소는, 정보를 제공하거나 유인하기 위해 것이든, 소비자들이 구매 결정을 안내하기 위해 사용할 수 있는 제품 속성에 대한 네 가지 범주의 정보를 보여준다. 이러한 범주는 소비자가 라벨의 진실성을 확인할 수 있는 정도에 따라 다르다.

처음이자 가장 간단한 것은 요거트의 무게와 가격, 포장의 형태와 같은 검색 속성(search attributes)이다. 검색 속성은 소비자들이 제품을 구매하거나 사용하지 않고도 매장에서 개인적으로 평가할 수 있는 명백한 유형 속성이다.

경험 속성(experience attributes)은 소비자가 구매하기 전까지는 확인할 수 없는 주장이다. 여기에는 요구르트의 명시된 맛, 크림 같은 질감, 그리고 첨가된 과일이 바닥에 있는지 또는 섞였는지 여부가 포함된다. 소비자들은 아침 이슬로 반짝이고 있는 크고 통통한 빨간 딸기의 이미지와 몇 개의 보잘것없는 그레이 핑크 조각이 담긴 요구르트 컵 사이에서 실망스러운 불일치를 경험할 수 있다. 이 경험은 라벨의 다른 주장에 대한 소비자 신뢰를 조성하거나 떨어뜨리는 데 도움이 될 수 있다.

내재된 신뢰 속성(intrinsic credence attributes)에는 요구르트 성분, 열량, 단백질 함량이 제품에 내재되어 있지만 일반 소비자가 쉽게 평가할 수 없는 성분 등이 포함되어 있다. 전문 장비나 실험실에 접근할 수 있는 사람만이 이러한 속성을 확인할 수 있다. 소비자가 라벨에 대해 신뢰해야 하고 시험하기 어려운 클레임에 대해 제조업체의 공급망이 제공했다고 믿어야 하기 때문에 신뢰 속성이라고 불린다.

환경과 관련된 본질적인 신뢰 속성은 팜유(바삭바삭한 그라놀라 스프링클 한 묶음에 포함된)나 요거트 내 농약성분과 같은 논란의 여지가 있는 성분들의 존재를 포함할 수 있다.

마지막 범주는 숨겨진 신뢰 속성(hidden credence attributes)이며, 여기에는 제품을 만들고 시장에 출시하는 것과 관련된 거의 모든 환경 영향 청구서가 포함된다. 대부분은 언급되어 있지만, 일부는 암시될 수 있다. 예를 들어, 경쟁자의 젖소가 소변과 거름을 냄새 맡는 어둡고 붐비는 헛간에서 살 수 있다는 것을 암시하는 푸른 하늘 아래 푸른 목초지의 행복한 소들의 이미지 같은 경우이다. 이 책에서 논의된 환경 지속가능성의 거의 모든 측면은 숨겨진 신뢰 속성의 예들이다. 여기에는 온실가스 배출량, 물 사용량, 공급업체의 환경 기록, 지속 가능한 농업, 지역 소싱, 호르몬이 없는 소, 삼림 벌채 등이 포함된다.

숨겨진 신뢰 속성은 제품 자체의 어떤 테스트도 밝힐 수 없는 제품의 이력 또는 입증과 관련된 요소들이다. 이러한 속성은 매우 비용이 많이 들거나, 어렵거나, (많은 경우) 획득이 불가능한 공급망에서 제품의 소싱, 처리 및 이동에 대한 상세하고 신뢰할 수 있는 이력 기록을 가진 사람에 의해서만 검증될 수 있다. 또한, 라벨에 대한 소비자의 신뢰의 정도는 환경 효율성 실행계획을 쉽게 정당화할 수 있는 수준을 넘어 지속가능성에 대한 기업의 투자 동기에 영향을 미친다.

불량품은 친환경이 아니다: 신뢰에 대한 저주받은 경제 Lemons Are Not Green: The Cursed Economics of Credence

특히, 숨겨진 신뢰 다양성의 지속가능성 속성은 중고차의 품질 속성과 마찬가지로 불행한 경제적 역동성을 겪는다. 조지 아켈로프(George Akerlof)는 소비자와 판매자가 제품에 대해 알 수 있는 정보

(예: 중고차가 결함 있는 "레몬"[89] 인지 아니면 고품질 자동차인지)의 비대칭성이 그 제품의 시장 진화에 어떻게 영향을 미치는지를 보여줌으로써 노벨 경제학상을 받았다. 신뢰할 수 있는 품목별 정보가 없다면, 잠재 고객들은 "평균" 성과에 대해서만 지불하게 될 것이다. 그러나 그 가격은 레몬에 대한 과대 지불을 하게 되고, 레몬 구매자들에게는 매력적이지 않게 되고, 고품질 자동차에 대한 과소 지불을 하게 되어, 시장은 고품질 자동차의 예비 판매자들에게 매력적이지 않게 될 것이다. 소비자들이 제품의 품질을 추정하지 못하는 것은 궁극적으로 고품질 제품의 판매자들이 시장을 떠나게 하거나 품질 수준을 낮추게 할 것이다. 이러한 고품질 공급의 침식은 평균 품질 수준을 떨어뜨려 추가적 가격 하락과 잠재적 하향 곡선으로 이어진다. 극단적으로 말하면, 이러한 현상은 공급자와 소비자가 모두 시장에서 빠져나가고 가격과 품질 수준이 하락함에 따라 전체 시장을 손상시킬 수 있다.

지속가능성의 맥락에서, 소비자들이 친환경제품을 중시하더라도, 어떤 제품이 주장된 환경적 품질(예: 낮은 탄소 배출량, 지속 가능한 농업, 바이오 연료 하이브리드 트럭을 통한 운송 또는 재활용 물질로 만들어진 포장)을 가지고 있다고 확신할 수 없다면, 그들은 그러한 주장을 하는 제품에 대해 더 선호하거나 더 지불하는 것을 꺼릴 것이다. 반면 제조업체도 친환경 제품 프리미엄이나 추가 시장 점유율을 확보할 수 없다면 개발, 조달, 제조에 투자하는 것을 꺼릴 것이다. 마찬가지로, 그들은 제품의 녹색 자격 증명을 전달하는 엄격한 LCA나 다른 인증에 투자하지 않을 것이다. 즉, 소비자들이 레몬(또는 비 녹색 제품)을 구분해 낼 수 없다면, 곧 그리고 결국 레몬과 비녹색 제품이 시장에서 우세할 것이다.

중고차 시장에서의 아켈로프 효과에 대응하기 위해, 고품질 공급자들은 보증서를 제공하고, 제품 테스트를 허용하며, 신뢰할 수 있는

---

[89] 불량품을 의미하는데, 판매자보다 제품에 대한 정보가 적은 소비자들이 속아서 살 가능성을 우려해 싼값만 지불하려 하고, 이로 인해 저급품만 유통되는 시장을 레몬마켓이라고 하며, 대표적인 것이 중고차 시장이다.

출처의 제품 리뷰에 의존하거나, 신뢰할 수 있는 제3자 정품인증[90]을 구할 수 있다. 환경 속성의 경우 보증 및 제품 테스트는 숨겨진 신용 속성의 상태를 보장할 수 없다. 따라서, 아켈로프 저주의 대상이 되지 않고 환경적 특성을 전달하기 위해서는, 기업들은 소비자들이 신뢰하고 동시에 신뢰성이 떨어지는 라벨과 쉽게 구별할 수 있는 라벨을 사용할 필요가 있다.

효과를 내는 라벨 LABELS THAT WORK

PUMA그룹의 기업 지속가능성 책임자 스테판 사이델(Stefan Seidel)에 따르면, 마케팅은 지속가능성 때문에 난관에 봉착했다. "우리의 마케팅 동료들은 '이봐, 우리는 지속가능한 제품들을 위해 이런 훌륭한 것들을 가지고 있지만, 너무 많은 뒤섞인 메시지들 때문에 소비자들에게 효율적 방법으로 그것들을 전달할 수 없어.'라고 말한다." 일단 지속 가능한 제품이나 프로세스가 개발되면, 회사가 경제적으로 구현할 수 있고 소비자들이 인식하고 신뢰하며 가치를 인식할 수 있는 라벨을 찾는 것이 과제이다.

인증 받기 너무 쉬운 인증 마크 A Simple Seal of Approval
유니레버의 공급망관리 책임자 피에르 시지몬디(Pier Sigismondi)는 "차 한 상자에 레인포레스트 얼라이언스 로고를 붙이면 사람들은 좋은 농업 관행을 통해 재배된다고 믿고 있다."고 말했다. 신뢰할 수 있는 제3자 인장이 환경 및 사회적으로 책임 있는 프로세스를 사용하여 제품을 재배하고 수확했음을 소비자에게 보장한다. 시지몬디는 "결국에는 고급 찻잎을 얻을 수 있기 때문에 우리는 이를 사업상의 관심사로 보고 있다."고 덧붙였다. 그 회사는 전 세계 마케팅 캠페인에 차 지속가능성 노력을 특색으로 하고 있다. 영국에서, 이것은 PG Tips의 시장점유율을 1.8포인트 증가시켰다. 그 회사는 비록

---

[90] 2020년 현대자동차의 중고차시장 진출관련 논쟁 참조

프랑스에서의 좀 더 조용한 캠페인이 매출을 올리지는 못했지만 호주와 이탈리아에서도 비슷한 상승세를 보였다.

이러한 상승에 힘입어, 다른 차 브랜드들은 레인포레스트 얼라이언스 인증을 받기 위해 움직였다. 이에 따라 NGO는 2011년 2015년까지 세계 차 수확량의 25%를 인증할 것으로 추산했다. 기업 지속가능성 실행계획은 레인포레스트 얼라이언스 인증의 급속한 성장을 부분적으로 쉽게 인식되는 라벨과 간단한 바이너리[91] 메시징에 기인했다. 즉, 제품은 인증을 받았거나 못 받은 것으로 구분된다. Rainforest Alliance는 상표화 된 로고 사용에 엄격한 제한을 두어 라벨의 브랜드의 신뢰도를 보장한다. 기업의 제품 인증을 받아야 할 뿐만 아니라, 회사들은 레인포레스트 얼라이언스 개구리 인장의 각 특정 용도에 대한 승인을 신청해야 한다.

아기피부관리 제품인 Natusan라인의 Nordic Swan 라벨을 확보한 Johnson & Johnson의 지속가능성 부문 수석 제품 책임자인 케이스 수터(Keith Sutter)에 따르면 스칸디나비아에서는 노르딕 스완 엠블럼이 소비자들에게 잘 인식되고 존경 받고 있다고 한다. 노르딕 스완 라벨은 대부분의 인증보다 더 많은 시간과 노력을 필요로 한다." 노

---

[91] binary.인증받음/못받음 2 가지 중 하나를 표시하는 이진법 메시징

르딕스완 라벨에 고려되려면 Natusan과 같은 위생제품 브랜드는 53개의 질문에 답하고 지원 문서를 제공해야 한다. 인증 절차에는 또한 현장점검과 시간에 따른 요구사항 증가도 포함된다. 라벨은 숫자 정보를 전달하지 않는다. 대신, 라벨의 존재는 어떤 제품이 노르딕스완이 정한 녹색 표준을 충족, 유지한다는 것을 나타낸다.

1992년 EPA는 가전제품에 "에너지스타"라는 라벨을 도입했다. 에너지스타 제품 라벨링 담당자 앤 베일리(Ann Bailey)는 "최고의 실적을 확인하고 소비자들을 자신들에게로 인도하는 것"이라고 말했다. 각 기기 카테고리에 대해 에너지스타 프로그램은 주기적으로 시장의 일반적인 에너지 효율범위를 재평가하고 각 카테고리 제품 중 50% 미만이 특정 시간에 에너지스타 로고를 적용할 수 있도록 임계값을 재설정한다. 자발적 에너지스타 라벨을 위해 자사 제품을 고려하는 데 관심 있는 회사들은 평가를 위해 EPA에 적절한 자료를 제출한다. 에너지스타는 도입 이후 냉장고, 식기세척기, 램프, 개인용 컴퓨터, 프린터, 난방보일러 등 60여개 제품군으로 확대됐다. 2012년 EPA는 미국인의 80% 가까이가 20년 된 라벨에 대해 알고 있었고 미국 가정 4분의3이 가전제품을 구입하는 데 사용했다고 주장했다.

Rainforest Alliance와 Nordic Swan 씰과 마찬가지로 Energy Star는 단순한 바이너리 레이블이며, 성능의 등급을 구분하지 않는다. 이 세 가지 모두 간단하고 신뢰할 수 있으며 다양한 제품에서 사용할 수 있어 상대적으로 높은 가시성을 달성한다.

숫자 라벨 *Numerical Labels*

숫자만 (CO_2e gram) 있는 Tesco의 블랙 풋 탄소 라벨과 비교할 때

EPA의 차량 연비 라벨은 자동차 탄소 발자국과 관련된 7개 이상의 숫자로 매우 복잡하다. 그럼에도 불구하고, 이 라벨은 세 가지 주요 이유로 성공적이다. 첫째, 정부가 위임한 라벨은 보편적이며 1975년부터 잘 정착되어 있다. 소비자들은 휴대하는 물건의 극히 일부만 라벨로 표시한 Tesco의 경우와는 달리 어떤 차량이든 다른 차량과도 쉽게 비교할 수 있다. 둘째, 이 라벨은 대기 중으로 방출되는 CO_2 그램(gram)과 같은 추상적 숫자보다는 구매자의 비용 및 절약 측면에서 환경 영향을 두드러지게 표현한다. 마지막으로, 라벨은 자동차 회사 자체, 즉 익숙하지 않은 제3자가 아닌, 정부에 의해 정의되고 관리된다.

연비 라벨은 최근 몇 년 동안 더욱 정교해졌다. 의회 명령에 따라, EPA는 자동차회사들에게 질소산화물, 입자 물질, 일산화탄소, 포름알데히드와 같은 다른 오염물질을 측정하도록 요구하기 시작했다. EPA는 이러한 측정을 감사하고 자체적 방식으로 두가지 수치 등급을 계산한다. 하나는 GHG용이고, 하나는 스모그용이다(1~10등급). 미국 가전매장을 걷다 보면 가전제품 연비 라벨이 아날로그로 드러난다. EPA의 바이너리 에너지스타 라벨과 달리 연방무역위원회의 밝은 노란색 "에너지가이드" 라벨은 필수사항이다. 그것은 소비자들에게 그 모델의 추정 연간 운영비용과 그 모델의 연간 비용이 유사

한 용량과 기능을 가진 경쟁 제품의 비용범위와 어떻게 비교되는지를 그래픽으로 묘사하는 것을 제공한다. Energy Guide 라벨은 냉장고, 에어컨, 세탁기, 건조기, 온수기와 같은 많은 종류의 가전제품에서 찾을 수 있다. 전체적으로, EnergyGuide 라벨이 적용되는 가전제품 범주는 주택용 에너지 소비량 60퍼센트 이상과 미국 전체 에너지 소비량의 13퍼센트를 차지한다.

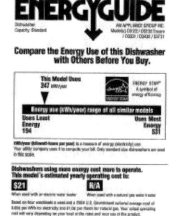

신뢰할 수 있는 신뢰 마크 Trustworthy Trust-Marks

인식 외에 신뢰는 소비자가 구매결정을 내리는 동안 환경 라벨 평가와 이후 기업의 환경 라벨 실행계획 투자 평가를 하는데 큰 역할을 한다. 신뢰할 수 있도록, Rainforest Alliance와 Nordic Swan은 현장 검사를 포함한 엄격한 프로세스를 사용한다.

Energy Star와 EnergyGuide 프로그램은 일반적으로 편향이 없는 것으로 인식되는 정부기관 지원을 받기 때문에 성공적이다. 그런 점에서 라벨링에 대한 기업의 대정부 로비는 미국 농무부의 유기적 라벨링 지침의 경우와 마찬가지로 이러한 신뢰를 떨어뜨릴 수 있다. USDA National Organic Program 마일스 맥에보이(Miles McEvoy)는 "유기농의 성공이 확대됨에 따라, 더 큰 규모의 식품 회사들이 참여했고 무엇이 유기농이고 무엇이 유기농인지 아닌지에 대해 상당한 논란이 있었다."고 인정한다. 국립 유기농 표준 위원회의 투표와 함께 유기 인증을 규제하는 법률은 기업들이 USDA 인증 유기농 제품에 합성 성분을 사용할 수 있도록 허용했다. 이에 대해 패트릭 리히(Patrick Leahy) 버몬트 주 상원의원은 이 같은 트렌드가 "우리가 한 모든 것을 앗아갈 수 있다." 그리고 "만약 브랜드, 유기농 라벨, 프로그램을 보호하지 않으면 하루아침에 사라질 수 있다."고 덧붙였다.

라벨 특성 Label Characteristics
앞의 예는 다음과 같이 유효 라벨이 최소한 5개의 기본 기준을 충족해야 한다는 것을 시사한다.

- 신뢰성(Trustworthy): 소비자가 정보가 정확하다고 믿어야 함
- 의미심장(Meaningful): 소비자가 소중하게 여기고 알고 싶어하는 제품의 일부 특성을 명확히 전달
- 간단하고 이해하기 쉬운 내용(Simple and understandable): 소비자들은 이를 인식하고 이해해야 한다(이것이 복잡한 일련의 기준과 계산에 기초할 수 있지만 라벨 자체는 간단해야 함)
- 충분한 범위(Sufficiently broad): 소비자가 해당 라벨과 제품을 쉽게 검색하고 비교할 수 있도록 광범위한 적용범위
- 적절성(Affordable): 연속적으로 측정, 획득, 확인 및 업데이트하기 비교적 쉬움

Tesco와 월마트의 환경 발자국 라벨 작성 시도 사례는 세계 최대 소매업체들조차도 비용감당 면에서 실패했음을 보여준다. 합법적인 탄소 라벨로 이어지는 완전한 제품 LCA는 개발하기에 너무 어렵고 비용이 많이 든다. 레인포레스트 얼라이언스와 노르딕 스완 라벨은 공급망 전체에 대한 개방형 분석보다는 미리 정의된 설문지를 사용하기 때문에 효과가 있다.

클레임 할 것이냐 안 할 것이냐 *To Claim or Not to Claim*

일부 신뢰 속성(숨김 또는 내재 모두)의 경우 정부는 의무적 측정, 공시 및 라벨링 요구사항을 부과한다. 따라서, 미국 정부는 예를 들어 자동차 연료 효율과 배출 라벨, 그리고 식품에 대한 영양 정보를 의무화하고 있다. 그럼에도 불구하고, 생태 라벨 대부분은 (Type I 이든 Type II이든) 자발적이다.

2012년 Apple은 개인용 컴퓨터의 주요 표준으로 간주되고 EPA 친환경전자제품분과(GEC)가 관리하는 전자제품 환경평가 툴(EPEAT, Electronic Product Environmental Assessment Tool)에서 자사 제품을 모두 삭제하기로 했다. 승인된 "친환경" 전자제품을 모아 놓은 EPEAT는 환경적으로 지속가능한 재료, 공정을 사용하는 전자제품에 대한 정보를 평가하고 보고한다." 이 도구는 28가지 환경성과 기준에 따라 컴퓨터를 평가하고 제품이 충분한 수의 기준을 충족할 경우 Bronze, Silver 또는 Gold 지정을 수여한다. Apple은 EPEAT의 조치가 시대에 뒤떨어진 조치라고 느꼈고, 독성물질 제거 등 중요한 기준은 포함되지 않았다. 이에 따라 Apple은 40개 골드급 인증 제품이 상장됐는데도 EPEAT 기준을 훨씬 초과했다며 모두 명단에서 삭제했다.

지속 가능한 위생, 청소용품 제조업체인 세븐스 제너레이션 같이 특별한 친환경 브랜드의 경우 라벨링은 두가지 과제를 제시한다. 첫째는, 어떤 인증이든 실제로는 기업들이 더 잘하고 있음에도 불구하고 소비자들이 기업들이 더 이상 그렇게 하지 않는다고 믿게 할 수 있다는 점이다. 마틴 울프 세븐스 제너레이션 제품 지속가능성 및 진정성 담당 책임자는 "두 제품이 선반 위에 있는데, 한 제품은 기준을 충족하고 다른 제품이 크게 초과하면 소비자는 알 수 없다"고 말했다. 두 번째 도전 과제는 압도적으로 다양한 에코 라벨과 제품 포장 공간의 제한적인 가용성이다. Dave Rapaport 전 세븐스 제너레이션 공공인식 수석 책임자는 "이 모든 로고가 새겨진 NASCAR[92] 처럼 보이는 것을 원하지 않을 것"이라고 말했다. 선언문, 라벨 및 로고

---

[92] 세계 3 대 자동차 대회인 NASCAR 에 출전한 차량처럼 광고가 외관에 덕지덕지 붙은 모양을 의미

를 제한하면 불필요한 낭장판을 줄일 수 있다. 따라서 유기농부터 바이오 기반, 지속가능한 팜유 사용 등 많은 인증기준을 초과함에도 불구하고 포장에 에코라벨의 사용을 제한하고 있다.

유기 와인과 CFL 전구 라벨의 연구에서 도출한 결론 중 하나는 지속 가능한 조치 수행, 인증 획득 및 라벨링은 세 가지 개별적 비용 편익 분석을 사용하여 평가할 수 있는 세 가지 단계라는 것이다. 지속가능성 실행계획 자체는 비용 효율성, 일부 위험 감소 또는 인적 자원 편익에 근거하여 정당화될 수 있다(제10장 참조). 인증은 지속 가능성 보고서 및 회사 웹사이트에서 전달되어 NGO 공격이나 부담 스러운 규제 조치의 위험을 더욱 줄일 수 있다. 제품 자체에 에코라 벨을 적용하는 마지막 단계는 라벨이 녹색 소비자에게 제품의 만족 도를 충분히 향상시키고 주류 소비자에게 부정적인 의미를 주지 않 는 경우에만 부가가치를 제공할 수 있다.

고객의 교육 수준: 더 많이 알수록... CUSTOMER EDUCATION: THE MORE YOU KNOW ...

Tesco의 사례는 지속가능성이 복잡한 이야기가 될 수 있다는 것을 보여준다. 때때로 제품 라벨에 있는 사용 가능한 공간이 너무 작거 나 너무 드물어서 회사가 홍보하고자 하는 모든 것을 전달할 수 없 는 경우도 있다. 환경 문제는 스토니필드 농장, 파타고니아, 세븐스 제너레이션과 같은 기업들에게 있어 최전방과 중심이다. 이들 기업 은 지속가능성을 대의명분으로 믿는 직원과 이를 위해 기꺼이 돈을 내겠다는 고객을 끌어 모으고 있다. 그 회사들은 광범위하고 개인적 인 이야기를 가지고 있다. 그리고 그 이야기는 제품 라벨에 있는 몇 개의 단어 또는 간단한 그래픽으로 요약될 수 없다. 이들 회사는 공 급망 전반의 환경적 진보, 실수와 잘못, 그리고 모든 것에 대해 투 명해지기로 약속하고 있다. 그것은 이 정도와 정보의 깊이를 중시하 는 소비자들에게 풍부한 정보를 전달하는 것을 의미한다.

투명성: 보시는 대로입니다 Transparency: What You See Is What You Get

"고객들은 투명성에 대해 더 많이 듣고 싶어한다. 맥도날드 돈 톰슨 (Don Thompson) 사장은 2013년10월 실적발표에서 "고객들은 음식의 유래와 원산지에 대해 듣고 싶어한다"고 말했다. 2012년부터 뉴스 보도는 가공육(processed meat) 산업에 사용되는 "기계적으로 분리된 고기"라고 불리는 성분을 강조했지만, 비방자들에 의해 "핑크 슬라임"으로 언급되었다. 한 소비자가 맥도날드에 맥너겟에 이것을 사용했느냐고 물었을 때, 이 회사는 단순히 "아니오"라고 말하는 것 이상을 했다. 공급자 중 하나인 Cargill사[93]의 시설 안에서 맥너겟 제조 과정을 상세히 담은 비디오를 만들었다. 제마 라요(Gema Rayo) 맥도날드 대변인은 "이번 비디오는 닭 가슴살과 약간의 양념, 맛과 결합제 용도의 천연 스킨을 사용해서 맥너겟을 만들었다는 사실을 밝히는 데 목적이 있다."고 말했다.

다른 업체들도 자발적으로 자사 제품에 들어 있는 성분 정보를 추가로 공개하기 시작했다. 예를 들어, Clorox는 웹사이트를 사용하여 "그린웍스(Green Works)" 세척제 제품군에 있는 재료의 종류를 요약한다. 에탄올이나 알킬 폴리글루코사이드와 같은 실제 성분을 나열하는 경우도 있다. 또 어떤 경우에는 "보존성분"이나 "에센셜 오일이 들어간 향기"와 같은 성분 종류만 나열한다. 클로록스는 주류 세척제 제품군에 같은 수준의 공시를 적용하지 않았다. 예를 들어 2013년 말 클로록스 클린업 클리너+블리치 웹페이지에는 "성분&안전" 코너가 포함됐지만, 제품을 안전하게 사용하는 방법에 전적으로 초점을 맞추고 제품 성분을 공개하지 않았다.

당신 아이템의 이야기 The Story of Your Item

맥도날드와 클로록스는 사용되는 재료 종류와 제조 공정에 대한 일반적인 정보와 이야기를 제공하는 반면에, 어떤 회사들은 일반적인 정보를 넘어 매우 구체적인 분석을 제공한다. 2008년에 베리 생산

---

[93] 1865년 설립되어 미국 미니애폴리스에 거점을 둔 메이저 식품생산, 곡물유통사

업체인 Driscoll's는 새로운 프로그램인 "Follow Us to the Farm"을 도입하여 소비자들이 베리를 재배하기 위해 특정 농장과 수확기일까지 추적할 수 있게 했다. 드리스콜스 베리의 각 조개껍질 용기에는 호기심 많은 소비자들이 회사 웹사이트에 들어갈 수 있는 16자리 코드가 붙어 있다. "식량 안전은 우리의 베리를 재배하는 사업에서 가장 중요한 사항이며, 클렘쉘-레벨의 traceability[94]는 우리 제품과 서비스의 무결성, 일관성 및 품질을 보장하기 위한 우리의 기존 실행계획에 자연스럽게 확장된 것이다,"라고 Driscoll's 회장 겸 CEO인 Miles Reiter는 말했다.

다른 회사들은 스마트폰이 스캔할 수 있는 점의 사각형 패턴인 QR코드를 사용하여 소비자를 태그 패턴으로 인코딩 된 웹 사이트로 직접 이동시킨다. 태국 테스코 로터스 하이퍼마켓은 미리 포장된 과일과 채소, 육류 80%에 QR코드 태그를 붙였다. Tesco Lotus의 거래법 및 기술 책임자인 Pornpen Nartpiriyarat는 "고객들이 그들의 음식이 어디에서 왔는지 정확히 볼 수 있게 하고, 그들의 식단의 균형을 맞추기 위해 영양 정보와 조리법 아이디어도 볼 수 있게 해준다."고 말했다. Tesco 시스템은 동물과 농산물의 추적가능성을 요구하는 태국 정부의 표준에 의해 촉진되었다.

회사들은 또한 소비자와 농부 또는 어부들 사이의 사회적 연결을 만들기 위해 이러한 traceability라벨을 사용한다. NGO들은 이와 같은 기술을 사용한다. Buycott.com은 제품 라벨을 스캔하여 소비자에게 회사의 소유권과 소비자가 앱에서 바로 참여하겠다고 약속 할 수 있는 보이콧 캠페인(집단적 조직적 불매운동)을 알리는 앱을 제공한다.

찬물 용해 세제가 오히려 냉대를 받다 Cold-Water Detergents Get the Cold Shoulder

세탁물 세탁 시 발생하는 에너지 소비량과 온실가스 배출량의 약 3/4는 소비자가 물을 데울 때 발생한다. 그 때문에 P&G의 기업

---

[94] RFID 등을 이용하여 제조이력과 유통과정을 실시간으로 파악할 수 있는 시스템

GHG 배출량에 가장 큰 부분을 차지하는 요인은 세탁 시 사용되는 에너지다. 이 영향을 줄이기 위해 P&G는 2005년 Tide Coldwater를 개발, 세탁물의 70%를 비교적 차가운 물에서 처리한다는 2020년 목표를 세웠다. 다른 제조업체들도 경쟁에 참여했다. 예를 들어, 헨켈(Henkel)은 Purex ColdWater Ultraconcentrated를 출시했다.

그러나 소비자들은 쉽게 확신하지 못하고 있다. 타이드 콜드워터 판매는 P&G가 시장 선두주자 임에도 불구하고 정체되었다. 타이드 콜드워터는 2005년에 매장 진열대에 등장했지만 온수 세탁 비율은 6년 후에도 크게 변하지 않았다; 타이드 콜드워터는 지금까지 가장 많이 팔린 냉수 세제였으며 2011년 기준으로 미국과 캐나다에서 2억1천만 달러의 매출을 기록했지만 일반 Tide는 냉수제품보다 거의 8배나 팔렸다.

실제로 열 에너지는 기계적 에너지, 화학 물질과 함께 옷을 청소하는 세 가지 비밀 중 하나이다. 열 에너지를 덜 사용하기 위해 제조업체는 새로운 화학 물질과 효소를 사용했다. 그러나 대부분의 소비자들, 심지어 환경에 민감한 독일인들조차도 확신하지 못했다. "소비자에게 물을 때, 그들은 현재 에너지 절약의 즉각적 이점을 보지 못하고 있습니다."라고 Persil, Purex브랜드로 냉수용 세제를 판매하는 독일 Henkel 연구개발 임원 Thomas Müeller-Kirschbaum은 말했다. 채택을 늘리기 위해 P&G와 다른 회사는 소비자교육 활동을 공동으로 시작했다. 여기에는 세탁세제 패키지의 "30℃"(30℃ = 86°F) 아이콘 (유럽 평균 세탁 온도는 41℃ = 106°F), 업계 주도의 "I prefer 30℃" 소비자교육 캠페인, 새 세탁기로 냉수 세척의 이점에 대한 지침을 포함하는 가전 제품 제조업체와의 파트너십이 포함되었다.

소매상과 의류제조 업체들도 참여했다. 예를 들어 월마트는 의류 라벨의 거의 4분의3을 "따뜻한" 또는 "뜨거운" 대신 "차가운 세탁기"라고 표시하도록 변경했으며 Levi Strauss CEO Chip Bergh도 청바지 세척을 자주 하지 말라고, 심지어 절대 세탁하지 말라고도 또는, 가끔은 얼려서 세균을 죽이라고 격려했다. (이는 사실이 아닐 수 있다. 냉동 청바지는 세균을 휴면상태로 만들 수 있지만 죽이지는 못한다)

Berg는 2014년 5월 Fortune 컨퍼런스에서 "1년간 한 번도 세탁하지 않는" 회사의 아이콘인 501청바지를 입고 이 성명을 발표했다. 그 노력은 천천히 소비자 행동을 변화시킬 수 있다. P&G에 따르면 전체적으로 2010년과 2014년 사이에 냉수로 세척된 기계 부하는 전 세계적으로 38%에서 53%로 증가했다(유럽 주도).

P&G는 호텔과 같은 재정적으로 신경을 쓰는 기관 고객들에게 환경 효율성 실행계획으로서 냉수세탁 개념을 판매하는 데 더 쉬울 수 있다. 회사는 거의 중성인 pH세제, 직물연화제, 표백제, 화이트니스 강화제 등 4가지 제품으로 구성된 "Tide Professional Coldwater Laundry System"을 출시했다. 회사는 평균 150실 규모의 호텔의 경우 이 제품이 물 사용량을 40%, 에너지 사용량을 75%, 린넨 대체물을 15%까지 줄일 수 있다고 주장한다. 이 세탁시스템은 2015 Silver Edison Green Award를 수상했는데, 이 상은 탄소 배출량을 줄이고 '녹색 칼라'[95] 일자리를 창출하려는 조직의 노력을 인정한다.

더 시원한 샤워 메시지 Cooler Shower Message

영국에 본사를 둔 멀티 드럭스토어 체인 부츠(Boots)가 샴푸 수명주기 영향을 평가했을 때, 소비자 사용 단계 중 전체 환경영향의 93%가 물을 데우는 데 사용되는 에너지에서 발생한 것으로 나타났다. 2007년에 출시된 87개 새로운 포장에는 "당신도 도울 수 있습니다. 차가운 물을 사용하여 머리를 감으면 CO_2 배출량을 줄이고 에너지 비용을 줄이며 실제로 머리에 더 좋습니다."라는 Carbon Trust 라벨

---

[95] green collar, 화이트 칼라, 블루 칼라에 대응되는 친환경 일자리를 의미

이 포함되어 있다. 부츠는 최선의 노력에도 불구하고 카본 트러스트 라벨에 대한 소비자 인지도가 거의 없었고, 부츠 드러스토어는 샴푸 광고가 행동 변화를 야기하는지 여부를 가늠할 수 없었다. 고객 중 28퍼센트만이 탄소 트러스트 라벨이 기후 변화와 연관되어 있다는 것을 알고 있는 것 같았다. 게다가 조사 대상자의 거의 절반이 전혀 다른 상표인 공정무역과 혼동했다.

소비자 행동을 바꾸기 위한 다른 기업의 노력들로는 웹사이트에 크라우드 소싱된(crowd-sourced, 대중들의 참여를 통해 솔루션을 얻는 방법) 아이디어를 요청, 게시하는 유니레버의 "Project Sunlight"가 있다. 이런 아이디어에는 샤워 시간을 단축하는 것("두 곡 부르기" 도전), 재활용에 대한 제안, 머리카락 말릴 때 드라이어기 쓰지 않기 등이 포함된다. 마찬가지로, 리바이스는 청바지에 태그를 달아, 소비자들에게 세탁기를 차갑게 하고, 가능하면 그늘에서 말리고, 다 쓴 청바지는 기부하도록 격려한다.

기업 지속가능경영 보고서 CORPORATE SUSTAINABILITY REPORTS

BASF의 2014년 연차보고서는 지속가능성 커뮤니케이션의 또 다른 주요 카테고리, 즉 회사 성과에 대한 환경 및 사회적 지표를 이해관계자에게 매년 보고하는 것을 보여준다. 본 보고서의 주요 대상자(및 동기)는 투자자(환경 리스크 우려를 완화하고 사회적 책임 있는 투자자를 유인하기 위한 것), NGO(행동주의 대응) 및 정부(중대 규제를 미연에 방지하는 것)를 포함한다. 일부 기업은 "환경적 지속가능성"이나 "기업의 사회적 책임(CSR)" 보고서를 별도로 발표하지만, BASF는 재무, 환경, 사회적 책임 보고를 하나의 문서에 통합한다(One Report). 회사는 같은 청중을 가지고 있기 때문에, "지속가능성이 BASF의 장기적 성공에 어떤 기여를 하고, 회사로서 직원, 주주, 사업 파트너, 이웃, 그리고 대중에게 어떻게 가치를 창출하는가를 제시할 수 있다.

수치화된 지속가능성 *Sustainability by the Numbers*

BASF는 연차보고가 시작될 무렵, 다양한 금융, 사회, 환경 성과 지표(전년 대비 백분율 변화 포함)의 "한 눈에 보이는" 숫자표를 제시한다. 이 데이터에는 15가지 환경 지속가능성 지표가 포함되어 있다. 발표된 소비 지표에는 에너지 사용량, 에너지 효율성, 총 물 소비량, 식수 소비량이 포함된다. GHG, 기타 대기오염물질, 용존 질소, 용존 중금속, 용존 유기물질의 총배출량을 별도 항목으로 보고하고 있다. 다른 지표는 배출가스 감사, 유출, 폐기물 및 환경 보호에 대한 지출을 포함한다.

BASF의 276쪽짜리 보고서 대부분은 지속가능성 이슈에 대한 논의를 회사의 활동, 재정 및 경영 이슈에 대한 프레젠테이션으로 통합하고 있다. 이 보고서는 BASF가 2020년 20개의 상위 목표를 달성한 과정을 제시하며, 이 중 9개는 지속가능성과 관련이 있다. 또한 이 보고서는 회사와 이해관계자에게 중요한 환경영향에 대한 BASF의 중요성 분석을 자세히 설명한다(3장 참조). 마지막으로 보고서는 S&P 글로벌 브로드 마켓 지수(Global Broad Market Index) 2,500대 기업 중 지속가능성 평가에서 상위 10% 기업을 열거하는 Dow Jones Sustainability World Enlarged Index에 14회 연속 편입되는 등 BASF의 지속가능성이 한 해 동안 높게 평가되고 있음을 언급한다.

8장에서 언급했듯이, BASF의 많은 보고서는 고객과 그들의 제품의 지속가능성을 향상시키는 제품을 생산하기 위한 회사의 노력에 초점을 맞추고 있다. 보다 일반적으로, BASF 보고서는 지속가능성에 영향을 미치는 제품을 이해하기 위해 지속가능한 솔루션 운영 방법을 사용하여 "60,000개 이상의 애플리케이션에서 우리 제품에 대해 수행한 엄격한 분석"을 설명한다.

외부 공시 *Going Public*

2015년 현재 일부 국가만이 지속가능성 보고를 의무화했다. 예를 들어 프랑스는 Grenelle II Act 225조에서 종업원 500명 이상인 프랑스기업에 대해 제3자 검증 환경, 사회, 지배구조 지표를 연차보고서에 포함하도록 했다. 적극적으로 시행되지는 않았지만, Grenelle II Act는 이해관계자들에 의한 법적조치의 근거로 활용할 수 있다. 비슷한 정책을 가진 다른 나라들로는 덴마크, 남아프리카공화국, 그리고 중국이 있다. 대부분 국가에서는 상장기업(public companies) 재무보고와 달리 지속가능성 노력과 성과보고는 아직 자발적으로 작성, 공시되고 있다.

BASF는 연례보고서에서 탄소배출권 리더십 지수(CDLI, Carbon Disclosure Leadership Index) 100점 만점을 언급하며 공개에 자부심을 갖고 있다. 더욱이, BASF의 연간 보고서는 지속가능성을 전담하는 웹사이트의 한 섹션에서 지속가능성 이슈에 대한 보다 상세한 보고를 위한 관문일 뿐이다. 공개적으로 밝힌 목표는 모두 외부 이해관계자에게 내부 약속을 알리고 이러한 목표를 달성하도록 회사에 대한 외부 압력을 강화한다.

UPS사의 글로벌 플랜트 엔지니어링 및 지속가능성 담당 임원인 스콧 위커(Scott Wicker)에 따르면 UPS에서 공개적으로 발표된 목표를 달성하라는 이러한 압력은 환영할 만하다고 한다. UPS는 엔지니어링 문화가 자랑스러운 조직이어서, 측정기준은 회사의 기본이다. 다른 얼리 어댑터들과 함께, 이 글로벌 물류 회사는 2003년부터 환경개선사항을 공개하기 시작했다. UPS 지속가능성 커뮤니케이션 매니저 리넷 맥엔티어(Lynnette McIntire)에 따르면, 이것은 자연스런 조치였다고 한다. 리넷은 "우리는 지속가능성 보고가 중요하다는 것을 인식하고 이를 할 수 있다는 것을 깨달았다."고 말했다.

표준화된 지속가능성 보고 Standardized Sustainability Reporting

두 회사의 지속가능성 보고서를 비교하는 것은 이러한 보고서의 현재 한계와 이를 읽은 이해관계자들이 직면하고 있는 과제를 강조한다. 투자자용 재무보고서는 보고서의 구조와 개별 항목의 의미에 대해 잘 규정되고, 규제당국이 승인한 국제회계기준을 준수하고 있는 반면에, 지속가능성보고는 표준화되지 않는다. 사실, 경쟁하는 많은 제3자들은 서로 다른 지속가능성 보고 프레임워크를 제공한다.

2013년 지속가능경영 임원을 대상으로 한 설문조사에서 3대 보고 프레임워크는 CDP(구 탄소공개프로젝트, 현 탄소공개프로그램), GRI(Global Reporting Initiative), DJSI(Dow Jones Sustainability Index)로 나타났다. 예를 들어, CDP는 2014년 5,000개의 회사가 그것의 틀에 따라 보고하고 있다고 주장했고, 그 시점에 보고에 참여하는 공급업체 수를 늘리는데 집중했다. 감사, 세무 및 자문 서비스 법인 KPMG가 실시한 2011년 조사에 따르면, GRI 표준은 포춘 글로벌 250개 기업의 80%가 사용하고 있었다. BASF와 다른 많은 기업들은 종종 고객의 특정 프레임워크 사용 의무에 대응하여 둘 이상의 프레임워크에 따라 보고한다. CDP와 GRI는 서로 다른 두가지 틀에 따른 보고와 관련된 노력의 중복을 줄이기 위해 두가지를 일치시키는 지침을 발표했으며, DJSI는 이번 조사에서 CDP의 질문을 기후변화 부분에 사용할 것이라고 발표했다.

진실 또는 결과 (때로는 양자 모두) TRUTH OR CONSEQUENCES (SOMETIMES BOTH)

오스카 와일드는 "진실은 거의 순수하지 않고, 결코 단순하지 않다."고 썼다. 그린워싱(greenwashing)이라는 용어는 선택적 또는 기만적 주장이나 메시지를 통해 제품이나 기업 환경적 성과를 오도하는 홍보를 말한다. "그린워싱"이라는 용어에 대한 빠른 온라인 검색은 그들의 제품이나 기업 활동의 지속가능성을 잘못 전달하거나 과대평가한 회사들을 공격하는 언론인, 운동가, NGO, 블로거들의 꾸준한 흐름을 보여준다. Sunlight의 Green Clean 세탁비누(세척 성분이 석유화학 제품의 38%임에도 불구하고 "식물성 세정성분"을 약속), Upper Canada의 Eco Collection 목욕장갑(대나무섬유를 부드럽게 하기 위해 가혹한 화학처리 사용), Eco Solutions의 Organic Melt 얼음 제거제 (오해 소지가 있는 라벨은 그것이 97% 미네랄 암염이라는 사실을 숨긴다.) 등이 그 사례이다. "이는 정말로 그린워시의 쓰나미 같은 것이다."라고 Ecoholic[96] 칼럼니스트이자 저자 아드리아 바질 (Adria Vasil)은 말했다. 그린워싱의 확산, 즉 적어도 그린워싱의 주장은 88%의 소비자들이 기업의 사회적 책임 노력에 대해 긍정적 정보는 공유하지만 부정적 정보는 보류한다 생각하는 이유일 것이다. 비정부기구와 언론인들은 회사가 허위 주장을 할 때뿐만 아니라(실제 오해 소지가 있는 광고에 대해 소송, 벌금을 부과할 수도 있다) 기업들을 그린워싱[97]이라고 공격한다. 비록 그 주장이 사실이지만 회사가 지속가능성의 다른 차원에 미치지 못한다고 하더라도, NGO 들은 회사가 행동의 좋은 면과 나쁜 면 모두에 대해 편견을 갖지 않고 투명하지 않음으로써 손해를 입힌다고 주장할 수도 있다. 한 회사는 탄소 배출량을 줄이면서도 지역 하천과 강을 유독성 폐기물로 오염시킬 수 있다. 다른 회사는 숲과 서식지의 미미한 보호만 하는 반면에 환경라벨 인증을 주장할 수도 있다. 또 다른 회사는 다른 성분의 환경적 영향을 무시하면서 제품의 한 성분의 환경적 편익을 선언할 수 있다. 환경에 대해 느슨하게 하는 것 만으로는 그린 워싱에 해당하지 않는다는 점에 유의한다. 오히려 환경 성과가 취약함에도 (더 우수한 것처럼) 스핀을 더 넣는 것이 그린워싱의 본질이다.

"죄인들"을 폭로하는 것 Outing the "Sinners"

2007년 생수제조업체 피지워터(Fiji Water)는 탄소 배출량 120%를 상쇄해 '탄소 음성(carbon negative)'이 될 계획을 발표했다. 이듬해 Conservation International 지도 아래 250에이커[98]의 열대우림을 탄소 상쇄물로 심었다고 보고했다. 회사 보도자료에서는 심은 나무가 30년 동안 자라야 120%의 상쇄를 달성할 수 있다고 밝혔으나, 상쇄의 장기적 특성에 대한 자세한 설명은 브랜드 상표에 나와 있지 않았다. 피지워터는 비영리 환경보존국제협회가 탄소 배출권 품질

---

[96] 에코 중독을 주제로 하는 책 시리즈
[97] 기업이 실제로는 환경에 위해 되는 물질을 배출하면서 친환경적 이미지 광고 등을 통해 '녹색' 이미지로 포장하는 것
[98] 약 101 만 m²

을 보증하고 컨설팅 회사인 ICF 인터내셔널이 매년 배출량 데이터를 검증한다고 말했다. 그럼에도 환경보호론자들은 피지워터의 미래 탄소배출권 사용을 비난했다. 피지워터는 2010년 캘리포니아 집단소송에서 "탄소 음성"이라는 주장에 대한 소송으로 인해 환경적 주장을 철회할 수밖에 없었다.

2011년 피지워터는 라벨을 잘못 붙였다는 이유로 또다시 공격을 받았다. Ayana Hill은 샌프란시스코의 캘리포니아 제1항소법원에서 피지 생수 병에 걸린 작은 녹색 잎의 모습이 제3자 인증이라고 믿게 했다고 주장했다. 그녀는 이 상징이 피지가 다른 경쟁자들보다 환경적으로 우월하다고 주장하는 것처럼 보이게 만들었다고 주장했는데, 사실 그 상징은 무의미했다. 피지는 앞서 언급한 '탄소 음성' 라벨 소송에서도 그랬듯이 조용히 소송을 해결하고 병에서 잎을 떼어냈다.

SC 존슨(SC Johnson & Son Inc)은 또한 회사 내부에서 "Greenlist" 로고를 만들고 관리한 것이 소비자들로 하여금 로고가 신뢰할 수 있는 제3자에 의해 발행된 것으로 믿게 만들었다고 주장하는 두 건의 소송을 해결했다. 2001년 SC존슨이 만든 그린리스트는 화학물질을 0~3등급으로 평가했고, 3등급은 환경에 가장 적합했다. 2008년에 SC Johnson은 Windex 유리세정기에 그린리스트 로고를 추가했다. 몇 달 안에, 그 회사를 상대로 한 두 건의 민사 소송 중 첫 번째 소송이 제기되었다. 한 원고는 그와 다른 고객들이 그린리스트로 표시된 윈덱스에 대해 "잘못 표현"하지 않은 유사한 제품보다 50%의 프리미엄을 지불했다고 언급했다. 소송은 그린리스트 성분 자체의 환경적 특성을 공격한 것이 아니라 그린리스트가 환경적 주장에 대한 독립적인 평가자라는 인식된 오해에 초점을 맞췄다는 점에 주목한다. 이에 따른 합의의 일환으로 SC존슨은 원고에게 공개되지 않은 금액을 지불하고 제품에서 로고를 삭제했지만 회사는 여전히 이 목록을 홍보 자료로 사용하고 있다.

PepsiCo가 Naked 브랜드의 주스를 인수한 후, 그 회사는 계속해서 "all natural"이라고 광고했다. 게다가, 그것은 "세계에서 가장 신선하고 순수한 제품"으로 판매했다. 2011년 고소인들은 (라벨의 "all natural" 언어와 상충되는) 유전자 변형 성분 외에, 음료에 산화아연, 아스코르브산, 칼슘 판토테네이트 등이 들어 있다고 주장하며 회사를 상대로 집단소송을 제기했다. 2013년 7월 펩시코는 9백만 달러를 지불하고 주스에 "all natural" 표기를 중단하면서 이 사건을 해결하기로 합의했다.

불가능한 탐구 The Impossible Quest

미국 연방무역위원회(FTC)는 친환경 주장의 허위 진술을 막기 위해 1992년 Green Guides와 2012년 업데이트를 발표했다. 그린 가이드는 "마케터들이 불공정하거나 기만적 환경 마케팅 주장을 피하도록 돕기 위해 고안되었다. FTC가 마케팅과 상표권 주장을 명확히 하기 위해 최선의 노력을 다했음에도 불구하고, Green Guides는 실제로 이러한 주장을 규정하는 데 있어서 복잡성과 혼란을 악화시켰을 수도 있다.

그린 가이드는 제품의 가상적인 사례와 잠재적으로 오해의 소지가 있는 레이블을 사용하여 허용 가능한 관행과 허용 불가능한 관행을 설명한다. 하나의 샘플 시나리오에서, 그들은 신뢰할 수 있는 제3자 기관이 지정한 "환경 승인"이라는 레이블이 붙은 창문 클리너를 그 조직이 정의한 35개의 환경 지표를 통과시킨 것에 근거하여 설명한다. 그러나 레이블은 특정 자격요건 없이 제품이 환경에 확실히 더 좋다는 것을 암시하기 때문에 소비자들에게 오해를 살 수 있다. 대신 FTC는 레이블에 "거의 모든 제품이 환경에 영향을 준다. 평가 한 속성에 대한 자세한 내용은 [이 제품을 설명하는 웹 사이트]를 참조하시오."와 같은 조정 언어를 포함해야 한다고 주장했다. 물론 그런 세부사항들은 너무 길고 복잡한 레이블을 만들 수도 있다.

2010년 FTC의 그린 가이드 초안을 검토한 후 EPA는 이 정의에 따라 EPA 자체 레이블인 "Design for the Environment" 가 소비자에게 오해를 불러일으키고 공격의 대상이 될 것이라고 지적했다. 두 개의 연방 기관이 오해의 소지가 있는 주장을 구성하는 것에 대해 갈등을 겪고 있는 가운데, 허용 가능한 레이블과 허용할 수 없는 레이블의 경계선은 여전히 불명확하며, 따라서 환경 정보의 의사소통은 모호함과 위험으로 가득 차 있다.

녹색 그룹: 붉은 이빨과 발톱 *Green Groups: Red In Tooth and Claw*

환경 비정부기구(NGO)들은 인류를 위해 싸우고 있다는 이미지를 투영하고 싶지만, 인증 공간에서 언론의 관심, 기부금, 자원봉사자, 시장점유율 등을 놓고도 서로 경쟁한다. Rainforest Alliance와 Fair Trade는 둘 다 차, 커피, 바나나 같은 상품에 대한 인증을 제공한다. 비록 둘 다 농부들과 농업이 직면하고 있는 사회적, 환경적 문제들을 해결한다고 주장하지만, 이 둘은 환경적 라벨 인증을 원하는 회사들을 위해 경쟁한다. NGO들은 또한 각자의 인증에 대한 일부 세부사항에 대해 동의하지 않는다. Fair Trade는 Rainforest Alliance가 생산자들에게 공정한 가격과 노동자들의 임금 인상을 의무화하지 않았다고 공격한다. Rainforest Alliance는 그들의 프로토콜을 따르는 농장들이 토지 이용 영향을 줄이고 소규모 소유주 농장의 수익과 수익성을 증가시키는 더 높은 수확량을 누린다는 연구를 인용했다. EDF[99]가 Walmart와 제휴했을 때 (10 장 참조) 다른 NGO가 이를 공격했다. 이것은 서로 다른 NGO 전략 윤리와 효과에 대한 정당한 불일치, 예를 들어 기업 내부로부터의 효과적인 변화를 목적으로 하는 EDF와 Walmart와의 협력 전략과 기업에게 변화를 강제하는 목적을 가진 외부 전략으로부터 오는 그린피스의 공격을 비교할 수 있다. 그러나 이러한 불일치는 다른 NGO보다 녹색 활동에서 "더 친환경적"이거나 더 효과적인 것처럼 보임으로써 지지자들과 점수를 매기는 환경극장(environmental theater) 일 수도 있다. 지속 가능성의 다양한 차원 (탄소, 물, 독소, 생물 다양성, 폐기물 등)으로 인해 거의 모든 기업과 심지어 모든 NGO가 일부 차원에서 인식 된 단점으로 인해 공격받을 수 있다. 활동가, NGO 및 언론인에 대한 인센

---

[99] 1967 년 워싱턴 DC 에 설립된 환경문제에 대한 실용적 장기적 솔루션을 추구하는 NGO

티브와 함께 현대 제품 및 글로벌 공급망의 복잡성으로 인해 브랜드 보유자의 모든 노력에 관계없이 누군가가 공급망 어딘가에서 문제를 발견한다고 주장하는 것은 피할 수 없다.

테라초이스의 공포 Terrorized by TerraChoice

2010년, 환경 컨설팅 및 마케팅 회사인 TerraChoice는 영어와 프랑스어로 출판된 "그린워싱의 죄악들(The Sins of Greenwashing)"이라는 제목의 널리 배포되고 흔히 인용되는 보고서의 제3판을 발표했다. 그 회사는 5,300개 제품에 대한 1만2천 건의 클레임을 문서화하고, 테라초이스에서 정의한 7가지 환경마케팅 기준에 대해 각각의 클레임을 평가함으로써 그린워싱 사례를 찾았다. 만약 클레임이 기준 중 하나에 불합격할 경우, "증거 없는 죄(Sin of No Proof)" 또는 "부적절한 죄(Sin of Irrelevance)"과 같은 7개의 "죄" 중 하나로 분류되었다. 놀라운 결과는 테라초이스가 95퍼센트의 제품이 평가에 불합격하고 그 방법론에 근거하여 그린워싱에 유죄라는 것을 알아냈다는 점이다.

그러나, 그린워싱 회사들을 유죄로 판결하려는 테라초이스의 경주에서, 테라초이스 역시 많은 동일한 "죄"에 대해 유죄가 되었다. 테라초이스는 회사의 잘못에 대한 증거("증거 없는 죄")를 제시하지 않았고, 그들은 어쨌든 법을 위반했음에도 불구하고("무관한 죄") 기만적 주장("사소한 죄")을 조롱했으며, 보고서는 제품을 더 많은 정보나 식별없이 "죄인(sinners)"으로 분류했다. 더욱이 보고서에 수록된 모든 테라초이스의 주장은 편견 없는 외부 데이터보다는 테라초이스 자체 연구원들의 의견에 기초했다. 이런 결함 등은 환경보고 웹사이트 GreenBiz Joel Makower의 논평에서 지적됐다. 그는 테라초이스가 제품을 그린워싱 유죄로 분류하는 방법에 대한 검증되지 않은 주관적 조치만 제공했다고 언급했다. 기업들은 때때로 환경 지속 가능성을 과장하지만, 환경단체들은 환경적 불법행위와 그린워싱이라는 외침을 과장하기도 한다. EMC의 기업 지속가능성 최고 책임자인 캐드린 윙클러(Kathrin Winkler) 부사장은 "당신이 그러든 아니든, 그린 워싱(greenwashing)으로 기소될 것"이라고 말했다.

블랙워시 *Blackwash*

2015년 초, 바이럴 영상(viral video, 온라인에서 입소문을 얻은 영상)이 인터넷을 휩쓸었다. 'Kill the K-Cup'은 Keurig의 K-Cup[100]커피 주전자가 비우며 지구를 파괴하는 모습을 그린 종말론적인 2분30초짜리 영화였다. 이 비디오는 트위터에서 "KillTheKCup" 해시태그(#)를 만들어냈고 사람들이 창 밖으로 자신의 멀쩡한 기계를 던지거나 야구 방망이로 때리는 모방 비디오로 이어졌다. 이 비디오는 연간 90억개의 버려진 K-cups 생산이 세계를 10.5배 둘러싸게 된다는 등 상기된 통계적 사실에 의존했다. 그러나 이 통계는 지구가 너무 커서 90억개의 K-cups이 지구상 14에이커(1에이커는 약 4,050평방미터에 해당)당 겨우 1개에 불과하다는 것을 깨닫지 못하는 시청자의 수치에 의존했다.

Mother Jones에 실린 기사는 표준 드립 커피 메이커가 실제로 K-cup보다 환경적으로 더 나쁘다는 것을 깨닫지 못한 채 단순히 평범한 커피를 만든다는 이유로 K-cup 사용자들을 조롱했다. Drip 커피 메이커는 커피를 따뜻하게 유지하기 위해 종종 몇 시간 동안 켜 두기 때문에 컵당 더 많은 에너지와 물을 필요로 하고, 일반적으로 주전자의 10~15%까지 버려진다. 더 나쁜 것은, 드립 커피 메이커는 K-Cup보다 커피 맛을 내는 데 덜 효율적이어서, 한 잔에 더 많은 커피가루가 필요하다. 커피 재배와 커피 제조 전체 라이프사이클을 고려할 때, 커피가 소비자에게 전달되기 전의 보이지 않는 공급 체인은 쓰레기통에 있는 K-cups의 눈에 보이는 더미보다 더 중요하다. 드립 커피 제조업체들은 한 잔당 더 많은 커피가루를 요구할 때 커피 재배지의 삼림 벌채, 물 사용, 살충제 유출, 전세계 커피콩 운송으로 인한 탄소 배출 등 커피가 자라는 민감한 생태계에 더 큰 영향을 미친다. 흥미롭게도, 한 LCA는 인스턴트 커피 공장이 맛을 매우 효율적으로 추출하고, 말린 커피 크리스탈은 커피콩보다 선적하

---

[100] 드립 방식으로 추출하는 캡슐 머신 중 하나

기 더 가볍고, 냄비에 남은 오래된 커피의 낭비를 피할 수 있는 편의성이 컵마다 다르기 때문에 인스턴트 커피의 탄소 발자국이 가장 낮다는 것을 발견했다.

K-cups에 대한 공격은 "블랙워시(Blackwash)"라고 불릴 수 있는데, 그린워시(Greenwash)의 반대편이다. 즉, 실제로 환경적인 영향을 덜 받고 제품을 판매하고 있는 회사들을 공격하거나, 제품과 운영이 미치는 영향이 작고 미미하다고 공격한다. 이것은 또한 킷켓에 대한 그린피스 공격 당시 네슬레의 제조를 담당했던 호세 로페즈(José Lopez)의 불만이었다. 제1장에서 언급했듯이, 그의 논평은 "간식 속에서 야자유를 찾으려면 '현미경으로 봐야 할 것'이었다."

아이러니컬하게도 Biotropica지에 발표된 2009년 논문에 따르면 "기업과 환경단체 모두의 잘못된 정보 캠페인은 생물다양성을 보존하고 환경 저하를 줄이려는 노력을 저해할 것"이라고 말하고 있다. 경쟁적이고 지나치게 과장된 주장과 반론은 회사와 NGO 모두에 대한 소비자의 신뢰를 잠식하여 지속가능성에 대한 모든 유형의 숨겨진 신빙성 주장을 해석할 수 있는 소비자의 능력을 방해한다. 이러한 불신은 아켈로프 효과[101](Akerlof effect)를 초래할 수 있으며, 이는 환경 영향을 축소하기 위한 기업들의 동기를 감소시킬 수 있다.

실천궁행 춤 The Dance of Walk and Talk

Diageo Plc [102]의 경험은 문제제기와 실제수행, 또는 "실천궁행(walking the talk)" 사이의 어려운 상호작용을 보여준다. 2008년에 디아지오는 탄소 배출량과 폐수량 50% 감축 등 8개 환경 목표를 발표했다. 그러나 마감일이 도래했을 때 디아지오는 탄소배출량 33.3퍼센트 감소와 폐수량 45.3퍼센트 감소에 그쳤으며, 다른 다섯 가지 목표에 대한 목표를 달성하지 못했다. Friends of the Earth 스코틀랜드 지부는 그 회사가 "엄청나게" 실패했다고 비난했다. 디아지오

---

[101] 2001년 노벨경제학상 수상자 조지 아켈로프(George A. Akerlof)의 '레몬시장론'에서 차용
[102] 조니 워커, 기네스 맥주, 수정방 등 브랜드를 보유한 영국 다국적 주류업체

는 이러한 것들이 "도전적 목표(stretch goals)"였고 지속가능성이 "여정(journey)"이라고 말해 기업 전문용어를 사용했다는 비난을 더 받았다."

그렇더라도, 디아지오는 야심찬 목표에는 못 미쳤음에도 불구하고 환경적 영향을 줄였다. 데이비드 크로프트(David Croft) 디아지오 글로벌 지속가능성 책임자는 "지금 뿐만 아니라 미래의 세계를 위해 필요한 곳에 대한 실질적 기여를 하기 위해 목표를 설정했다"고 말했다. 디아지오가 탄소 및 폐수 농도를 25% 감축한다는 목표를 세웠다면 이를 초과했다는 찬사를 받았을 것이다.

환경단체, 언론인, 전문가들에 의한 이런 종류의 비판은 지속가능성 목표를 정의하는데 있어서 기업을 더 보수적으로 만든다. HP의 모든 제품군에서 사회적, 환경적 책임 정책을 담당하는 셸리짐머(Shelley Zimmer)는, "우리는 여전히 우리가 할 수 있는 것보다 훨씬 더 적게 말한다. 그린워싱에 대한 우려와 지나친 약속을 원하지 않는 것이 항상 있다."고 말했다.

궁극적으로, 그린워싱으로 비난을 받는 것을 피하기 위해, 기업 활동은 커뮤니케이션에 제한을 두어야 한다. 월마트가 주요 지속가능성 추진에 나섰을 때 CEO 리 스콧 주니어(H. Lee Scott Jr.)는 "우리 이야기를 더 잘 할 수 있는 문제가 아니었다. 우리는 더 나은 이야기를 만들어야 했다."고 말했다.

제10장 지속가능성 관리

MANAGING SUSTAINABILITY

1884년 마이클 마크스(Michael Marks)가 리즈 바자회에서 첫 노점을 열었을 때, 그의 성공적인 슬로건은 "가격은 묻지 마, 엄청 저렴해"였다. 그러나 그의 진정한 성공은 1894년 톰 스펜서(Tom Spencer)와 제휴한 후에 이루어졌다. 막스 앤 스펜서(M&S)는 카운터 뒤가 아닌 트레이에 재고품을 진열하고 협력업체로부터 직접 구매하고 품질을 강조하며 영국 상품을 세인트 마이클 브랜드로 판매하는 등 지속적인 소매 혁신에 힘입어 급성장했다.

불행하게도, 110년이 지난 지금, 그 빛나는 역사는 주가 73퍼센트 하락과 경쟁 소매업체인 필립 그린의 달갑지 않은 매수 제의를 막을 수 없었다. 이사회는 회사를 매각하기보다는 스튜어트 로즈 경(Sir Stuart Rose)을 M&S의 새 CEO로 임명했다. 로즈가 회사의 운명을 뒤집는 주요 전략 중 하나는 성장하고 있는 환경 운동에 맞춰 지속가능성 리더로 만드는 것이었다. 2006년 여름, 그는 앨 고어 전 미국 부통령의 영화 "불편한 진실"을 보기 위해 100명의 고위 간부들을 데리고 갔다. 로즈의 말에 따르면 간부들의 발언은 한마디로 "정말 환상적이었어! 우리가 어떻게 할 수 있을까?" 였다.

M&S의 경우, 이는 소매업체의 많은 환경적 영향을 완화하기 위해 고안된 100개 이상의 다양한 이니셔티브가 포함된 여정의 시작에 불과했다. 다른 많은 비즈니스 이니셔티브와 마찬가지로, 지속가능성 프로젝트는 무수한 "변화 관리" 과제에 직면해 있다. 이러한 사업은 내부 이해관계자들 간의 조정, 경쟁 목표의 균형 조정, 자금 조달의 정당화, 기업 문화에 영향을 미친다. 게다가, 많은 환경 프로젝트들은 외부 공급망 요소들을 포함하고 있어, 이것은 도전 과제만 추가될 뿐이다. 다른 기업의 실행계획과 마찬가지로, 퍼즐의 중

요한 부분은 모멘텀을 유지하는 동시에 대내외적인 변화에 대처하는 것이다.

지속가능성으로 가는 기업의 길 AN ORGANIZATION'S PATH TO
SUSTAINABILITY

기원전 6세기 중국의 철학자 노자는 "천리길도 한걸음부터" 라고 말하였다. 지속가능성 노력은 품질, 혁신, 다양성 또는 다른 기업 목표를 타겟으로 하는 다른 노력과 마찬가지로 긴 여정이다. 이 여정을 수행하는 조직에 있어서 목적지, 운항 및 도중에 수행하는 조치에 대한 결정을 내리는 것을 의미한다. 그러나 여행을 시작하려는 동기(1장 참조), 시작점 및 그 첫 번째 단계의 방향(4장에서 8장)은 유사한 최종 목표를 공유하더라도 기업마다 현저하게 다를 수 있다. 기업의 지속가능성 노력에 대한 자극은 CEO의 확신, 조직 전환에 대한 열망, 회사를 공격하는 입소문난 영상, 고객의 새로운 의무사항 또는 녹색 경쟁자의 성공 등 그 어떤 것이라도 될 수 있다.

경영진의 그린 리더십 Green from the Top

2001년 더그 코난트(Doug Conant)가 캠벨 수프사의 신임 CEO 겸 사장을 맡았을 때, 그의 첫 번째 목표는 그 회사를 형편없는 실적에서 강한 경쟁자로, 그리고 나서 선도적인 기업으로 바꾸는 것이었다. 우선, 코난트는 상위 350명의 기업 리더들 중 300명을 자발적, 비자발적으로 내보내면서 80억 달러 규모의 회사를 재정비했다. 처음에, 혼란은 투자자들을 놀라게 했고, 주가는 코난트의 임기 초 33.56달러에서 2003년 5월까지 20.40달러로 떨어졌다. 그러나 새로운 경영 구조가 자리를 잡고 실적이 개선되면서 2007년까지 주가가 41.88달러까지 올랐다. 그럼에도 불구하고, 코난트는 145년 된 이 회사의 전환된 유산에 아직 만족하지 못했다.

M&S의 스튜어트 로즈 경처럼, 코난트는 다음 주요한 회사 전환은 지속가능성을 몇 명의 직원들의 내부 고민에서 벗어나 전체 직원

참여를 촉진하는 본격적인 기업 프로그램으로 전환하는 데 초점을 맞추기로 결정했다. 그는 환경 영향에 대한 주요한 내부 평가를 주도할 적임자를 모집하는 것으로 시작했다. 그 사람은 데이브 스탕기스(Dave Stangis)였는데, 그는 2008년에 캠벨의 첫 번째 사회적 책임 담당 임원이 되었다. 그 회사는 크고 대담한 출발을 보였고, 2008년 기준 대비 2020년까지 전체 제품 포트폴리오의 물과 GHG 발자국을 50% 줄이겠다고 약속했다.

스탕기스는 이사회와 CEO의 지원을 받아 공급망, 조달, 농업 등 기능 분야를 담당하는 고위 간부로 구성된 지속가능성 리더십 팀을 만들었다. 이 팀은 "지속가능성 2020 계획"을 수립하고 회사 전체에 걸쳐 이를 추진했다. 농사프로세스 개선, 공장운영 효율성, 재생 에너지, 폐기물 감소, 재활용, 지속가능한 포장, 물류 개선 등과 같은 분야에서 공급망 전반에서 수십 개 이니셔티브가 수행되었다. 2008년에서 2015년 사이에, 이러한 노력들은 GHG 배출량을 23%, 그리고 식품 1톤 당 물 사용량을 24% 감소시켰다. 이 다양한 이니셔티브는 또한 제조 네트워크를 통해 4천3백만 달러 이상을 절감했다.

캠벨이 이처럼 많은 다각적인 이니셔티브를 이행한 비결은 회사를 변화시키는 동안 코난트의 지속적인 지원이었다. "사람들이 너무 많은 방향에서 밀고 당기는 오늘날과 같은 환경에서 CSR이나 지속가능성 노력으로 견인력을 얻으려면 먼저 앞장서야 한다. 최고 경영자는 그것을 우선순위로 삼아야 한다." 라고 코난트는 말했다.

모든 기업 프로젝트에 대한 고위 임원 지지의 중요성은 많은 기업들 전체에 반영되어 왔다. EMC 캐더린 윙클러(Kathrin Winkler)는 "혁신적인 변화를 위해서는 CEO의 적극적인 리더십이 필요하다." 라고 동의한다. 그녀는 EMC 경영진의 지원이 없었다면 지속가능성 이니셔티브가 비즈니스 운영에 의해 완전히 수용되지 않았을 것이라고 주장한다. 그럼에도 불구하고, 최고 경영진의 지원이 대규모 변화에 중요할 수 있는 만큼, 많은 조직은 최고 경영진의 반대나 양면성에도 불구하고, 때로는 아래에서 위로 지속가능성 여정을 시작한다. 실제로 2010년 이코노미스트의 조사에 따르면 지속가능성 노력의

54%만이 경영진에서 온 것으로 나타났다.

풀뿌리로부터의 녹색 노력 *Green Grassroots Efforts*

2007년 온라인상거래기업 이베이의 환경 친화적 직원 40여 명이 이 회사 산호세 본사 구내식당에서 피자를 나눠 먹으며 '그린팀'을 시작하기로 했다. 재활용 쓰레기통, 태양광전지판 설치, LEED(에너지 및 환경 설계 리더십)[103]를 통한 건물 인증, 친환경 통근 선택 장려 등 제한된 이니셔티브를 추진하면서 이들의 노력은 고위 경영진에 의해 대부분 눈에 띄지 않았다. 그린팀은 당시 CEO인 멕 휘트먼(Meg Whitman)의 지원 없이 운영되었다. eBay의 글로벌 환경 담당 책임자인 로리 듀발(Lori Duvall)에 따르면, 이니셔티브는 [휘트먼의 것]이 아니었다. 휘트먼은 2010년 캘리포니아 주지사 선거운동에서 실패한 후 과도한 환경 규제에 반대하는 입장이었다.

2008년 휘트먼이 은퇴한 뒤 그린팀은 회사 조달부서가 실리콘밸리의 심장부인 산호세에 가장 큰 상업용 태양광 전지판을 설치하도록 설득했다. 존 도나호(John Donahoe)는 eBay의 CEO가 되었고, 이베이는 본질적으로 친환경적이란 아이디어를 가져왔다.이베이는 수백만 개의 중고 제품들이 새로운 집을 찾을 수 있게 해주는"세계에서 가장 큰 재활용업자"이기 때문이다.

2013년 9월, 이베이는 미국에서 가장 큰 단일 비공공서비스 연료전지 설비를 포함하는 새로운 데이터센터를 유타주에 공개했다. 회사는 연료전지전력이 그리드전력으로부터의 배출에 비해 탄소배출량을 절반으로 줄일 것으로 추정했다. 데이터센터가 전기시설망과 독립적으로 운영되도록 허용하는 것 외에도, 연료전지는 기술 회사들 사이에서 녹색 선두주자로서의 이베이의 명성을 더욱 확고히 했다. "풀뿌리들의 노력들이 이베이에 관심을 가지려는 직원들의 열망과 옹호 모두를 보여주었기 때문이라고 생각한다." 라고 이베이의 글로

---

[103] 미국 그린빌딩위원회 (US Green Building Council)에서 개발, 시행하고 있는 친환경 건축물 인증제도. 지속가능한 대지계획, 수자원의 효율성, 에너지 및 대기, 재료 및 자원, 실내 환경의 질, 혁신 및 설계과정 등이 평가 대상임.

벌 그린 매니저인 케이틀린 브리스톨(Caitlin Bristol)이 말했다. 그녀는 "성장하는 규모로 인해 기업 및 경영진은 특히 운영 측면에서 좋은 에너지를 같은 방향으로 전략적으로 퍼뜨리는 데 도움이 될 수있는 그룹과 사람이 있어야 했다." 라고 덧붙였다.

에이전트를 바꿔라: 경영진과 실무자로부터 얻는 지원 Change Agents:
Gaining Support from the Top and Bottom

마크 버클리(Mark Buckley)는 1990년에 스테이플스(Staples)에 시설과 구매 담당 임원으로 입사했다. 그 역할에서, 그는 종이와 판지를 재활용하기 시작하는 것과 같은 회사의 초기 지속가능성 노력의 일부를 추진했다. 버클리는 "기본적으로 우리가 구매한 모든 압착기(compactors)를 팔아버리도록 회사를 설득했다"고 말했다. 스테이플스사는 대신 "판지와 종이를 묶고, 공장으로 역수송하여 수익을 창출할 수 있도록" 판지 압축 포장기(balers)를 도입했다.

그와 같은 에코 효율성 이니셔티브는 버클리의 깊은 개인적 열정과 맞아 떨어지지만, 그는 자신의 기능적 책임을 넘어 회사 전체의 변화를 만들고 싶었다. 버클리는 "그 도전은 상사와 동료들이 이해할 수 있는 비즈니스 언어로 환경 이니셔티브를 짜는 것"이라고 말했다. 회사가 한 고비용 지역에서 전기를 절약하기 위해 조명 설비를 업그레이드하는 것을 고려했을 때, 버클리는 이 기회를 이용하여 더 큰 변화를 위한 승인을 요청했다. 가장 높은 ROI[104]를 가진 사이트만을 위한 일회성 프로젝트 대신, 버클리는 장기적이고 시스템 전반의 비용 절감을 통해 시스템 전반의 업그레이드를 제안했는데, 이 프레임워크는 CFO가 공감할 것이라고 생각한 것이다.

그는 환경개선이 기존의 경영진 정서에 부합하는 이니셔티브를 제안하기 위해 동일한 접근방식을 사용했다. 이 모든 초기 성공들에서 버클리는 이 프로젝트들을 주로 환경 이익에 초점을 맞추는 대신

---

[104] Return On Investment. 투자수익률이라고 하는데, 미국 화학회사 듀폰의 내부통제 기법으로 처음 개발되었으며, 기업의 순이익을 투자액으로 나누어 구함.

환경 편익이 추가된 비용 절감 사업으로 간주하기 위해 주의를 기울였다고 말했다. 이 상식적인 환경 효율성 접근법은 스테이플스가 지속가능성을 더 큰 규모로 수용하려는 동기를 얻었을 때 성과를 거두었다.

2002년 스테이플스는 NGO인 도그우드 연합(Dogwood Alliance)과 ForestEthics가 주도한 2년간의 환경운동의 종말을 맞이하고 있었다. NGO들은 스테이플스가 오래된 숲에서 나온 종이를 팔았다고 비난했다. 이 캠페인에는 600회의 시위, 인기 있는 음악그룹 REM이 등장하는 공익 캠페인, 스테이플스 본사로부터 불과 20마일 떨어진 보스턴 레드삭스 경기가 진행되고 있는 펜웨이 파크 상공에서 "스테이플스는 숲을 파괴한다"는 현수막 게양이 포함되었다. 회사는 행동해야만 한다고 느꼈다. 스테이플스 임원들은 분명한 선택을 했고 버클리에게 새로 만들어진 환경문제 담당 임원 자리를 제안했다.

버클리는 지속가능성이 그들의 시간을 투자할 가치가 있다는 것을 스테이플스의 전 직원에게 설득해야 한다는 것을 알고 있었다. 그는 "현실적으로 조직 내에는 항상 환경적 책임과 핵심 사업 목표와 전략의 연관성을 이해하지 못하는 사람들이 있다"고 설명했다. "환경적 책임감이 매일 모든 사람의 업무에 포함되는 문화를 만드는 것이 중요하다...대규모 조직을 위한 나의 조언은 패러다임 전환이 아닌 문화적 진화를 만드는 데 초점을 맞추는 만드는 것이다." 그는 후자는 스위치를 돌리는 것과 같다고 말했다. "문화적 진화는 더 광범위하고 더 오래 지속되는 변화에 영향을 미칠 것이지만 시간이 걸린다.

버클리의 노력의 결과로, 환경적 지속가능성은 스테이플의 많은 프로그램에 영향을 끼치기 시작했다. 이들은 공급자들에게 덜 낭비적인 포장을 사용하도록 요구하는 것에서부터 각 "브레이크팩(break-pack)" 배송을 위한 맞춤형 상자를 만들어 판지를 저장하는 것까지 다양했다(8장 참조). 버클리의 유명한 문화적 성공 중 하나는 2007년 이 회사 배송 책임자인 마이크 파예트(Mike Payette)가 스테이플스의 배달 트럭에 연료절약 속도제한 장치를 설치하기 위해 직접 미국을 여행했을 때 나왔다(6장 참조).

스테이플은 2002년 NGO의 공격으로부터 2014년까지 전 세계적으로 재활용된 잉크 및 토너 카트리지 7천650만 개, 미국 운영에 사용되는 75%의 재생 에너지, 2012년 유럽과 호주 전역에 스테이플스 자체 그린 제품 라인인 지속 가능한 지구 브랜드 출시 등 다양한 지속 가능성 성과를 당당히 선언하는 데 성공했다.

잠재적 지속가능성 이니셔티브 평가 EVALUATING POTENTIAL SUSTAINABILITY INITIATIVES

베테랑 기업 경영자에게 지속가능성 프로그램은 조직의 제한된 관심과 자본, 인적 자원을 요구하는 또 하나의 프로젝트일 뿐이다. 존슨앤존슨의 지속가능성 부문 수석 제품 책임자인 키이스 서터(Keith Sutter)는 "직원들은 이니셔티브에 적은 비용으로 할당되는 귀중한 자원"이라고 말했다.

환경 이니셔티브의 비즈니스 가치를 높이는 것은 종종 천연자원의 광범위한 사용, 중요한 환경위험 또는 녹색고객부문에 서비스를 제공할 기회를 식별하기 위해 원자재에서 제품수명 종료까지 회사 공급망에 대한 중요성 평가에서 시작된다(3장 참조).

가장 큰 영향이나 기회의 영역이 파악되면, 기업들은 환경 이니셔티브를 평가, 정당화, 우선순위를 결정하기 위해 제1장에서 소개한 3가지 주요 사업 이론의 조합을 이용할 수 있다. 이들 세가지는 사업자에게 각각의 가치를 제공하지만, 모두 회사 브랜드에 도움이 된다. 특히 에코 리스크 완화(eco-risk mitigation)는 브랜드 보호를 목표로 하고 있으며, 에코 세분화(eco-segmentation)는 녹색 고객들의 눈에 브랜드를 강화시킬 수 있다. 에코 효율성(eco-efficiency) 조차도 소비자, NGO, 투자자에게 보고할 수 있는 영향 감소에 대한 손쉬운 성과를 창출함으로써 도움이 된다.

에코 효율성 Eco-Efficiency

제1장에서 언급한 바와 같이, 환경 효율성 이니셔티브는 연료, 에너

지, 물, 자재 및 폐기물 처리와 같은 비용을 절감하는 동시에 환경 지속가능성에 기여함으로써 정당화될 수 있는 것이다. 기업은 ROI 나 투자 회수 기간과 같은 표준적인 비용 편익 지표를 사용하여 이러한 이니셔티브를 평가할 수 있다. 예를 들어 유니레버에서 폐기물 감축 이니셔티브는 회사의 지속가능성 목표에 기여하기 때문에 제안될 수 있지만, 다른 유니레버 프로그램과 동일한 재정 기준과 필요한 기준수익률(hurdle rate)로 평가될 것이다. 일부 기업은 완화된 최소기대수익률이나 환경 영향의 인위적인 "잠재비용(shadow cost)"을 추가함으로써 재무 ROI 계산을 편향시킨다. ("재정적 측면에서 환경 영향" 섹션 참조)

생태효율이란 용어는 세계지속가능발전사업협의회(WBCSD, World Business Council for Sustainable Development)가 1992년 도입했다. 이러한 유형의 변화는 수익성 있는 결과를 가져오기 때문에, 그것들은 기업의 지속가능성 노력의 "그리 어렵지 않게 달성할 수 있는 성과(low-hanging fruit)"이다. 그러나, 비용 절감을 넘어 사업적 관점에서 지속가능성을 정당화하는 것은 사업에 다른 종류의 가치를 정량화하는 것을 의미한다.

에코 리스크 저감 Eco-Risk Mitigation

환경 리스크 저감 이니셔티브는 환경 문제로 인한 비즈니스 중단 가능성과 규모를 줄이기 위한 활동이다. 따라서 원칙적으로 보험 또는 기타 비즈니스 위험 감소 이니셔티브와 동일한 방식으로 평가될 수 있다. 지속 가능성 이니셔티브는 다음과 같은 다양한 리스크를 완화 할 수 있다. NGO의 공격(비즈니스 중단으로 이어짐); 불리한 언론 보도(판매 감소로 이어짐); 투자자 행동(이사회 및 고위 경영진의 변화를 유발); 그리고 정부의 파괴적인 규제(비용 증가, 직접적인 사업 제한, 심지어 공장 폐쇄).

2021년1월 기준 $8조(한화 9,500조원)를 운영하는 투자사 블랙록(BlackRock)은 기후변화를 투자자와 기업이 더 이상 무시할 수 없는 몇 가지 위험 요소로 보고 있다. 블랙록의 평가에서, 그 중 첫 번째는 기후 변화가 날씨, 생산성, 경제성장에 미치는 영향에 대한 예측에 근거한 물리적 리스크(physical risks)의 증가이다. 이러한 위험은 커피와 관련된 스타벅스나 보리와 홉과 관련된 AB인베브와 같은 특정 농산물에 의존하는 기업들에게 특히 두드러진다. 다음은 각종 녹색 기술이나 노하우가 발전·운수 등 산업 경제나 경쟁지형에 영향을 미칠 수 있는 기술리스크(technological risks)이다. 세번째는 규제 리스크(regulatory risks)로, 환경적 정치적 움직임이 강하거나 영향을 많이 받는 국가에서 사업을 하는 비용이나 심지어 사업의 허용성에 영향을 미칠 수 있다. 마지막으로, 소비자 선호도 변화나 영향력이 큰 제품이나 회사를 피하기 위한 압력 단체 활동에 의해 나타나는 사회적 리스크(social risks)다.

불행히도 자연 재해나 사고와 같은 안전하지 못한 사건의 경우와는 달리, 리스크 관리자는 NGO 파업, 소비자 선호도 변화 또는 불리한 규제변경 가능성을 정량화하기 위한 신뢰할 수 있는 보험수리적 데이터를 거의 가지고 있지 않다. 심지어 환경영향에 의한 물리적 손상 가능성조차도 추측적 통계외삽법(speculative extrapolation)을 포함한다. 그 결과, 이용할 수 있는 몇 안 되는 보험들은 범위가 제한되고 비용이 많이 든다. 따라서 기업은 위험 완화를 위해 "만약의 경우를 대비하는" 또는 시나리오 기반 정당화를 사용하여 이러한 위험 자체를 관리해야 한다.

1990년대 초, BASF는 폴리아미드 플라스틱 라인에 브롬 기반 화염 지연제를 사용할 경우 발생할 수 있는 독성 위험을 알게 되었다. 만약 소각된다면, 그 물질은 연기 속에서 매우 발암성 높은 다이옥신을 발생시킬 수 있다. 그 회사는 단호한 조치를 취했다. 카를레스 나바로(Carles Navarro) BASF 캐나다 사장은 "경영진으로부터 초기 경고(head-up)을 받은 지 6개월도 안 돼 제품이 완전히 시장에서 철수했다"고 말했다.

비록 "올바른 일"이었지만, 그 회사의 판매는 타격을 받았다. 나바로 사장은 "고객들에게 제공할 것은 말 그대로 없었다."고 말했다. 고객들은 불만을 나타냈고, 독소를 생성하는 화염 지연제를 여전히 팔았던 경쟁업체들은 시장 점유율을 높였다. BASF가 플라스틱의 화학적 물리적 특성에 악영향을 미치지 않는 안전한 화염방사제를 찾는 데 2년이 걸렸다. 회사의 엄격한 환경 위험 완화 전략은 손실을 의미했지만, 경쟁사의 독성 제품이 시장 점유율을 차지했기 때문에 소비자도 환경도 BASF의 조심스러운 태도로부터 얻은 건 없었다. 그러나 BASF는 제품이 시중에 출시되지 않았던 기간 동안 환경보호론자들과 언론의 명성이나 공격의 대상이 되지 않았다.

환경운동가나 미디어의 환경운동에 대한 노출은 세 가지 유형의 기업에 특히 심하다. 첫 번째는 브랜드 인지도에 의존하는 유명 소비자 대상 기업이다. 소비자들은 자체 실사를 하지 않기 때문에 NGO와 미디어에 의존하는데, 이들은 독자들이 그들이 알고 있는 브랜드에 대한 이야기로 식별할 것을 알고 NGO의 비판과 미디어 캠페인에 취약하다. 두 번째 유형은 "섭취물(in me)" 또는 "착용품(on me)" 제품 관련 업체로, 소비자들이 독성이나 안전에 대한 우려를 높였을 수 있다(제1장 참조). 셋째, 노동집약적 프로세스, 천연자원 집약적 프로세스 또는 정부 감시가 느슨한 국가에서 운영되고 있는 심층 공급업체를 보유한 기업들이다. 보험의 관점에서, 이러한 모든 회사들은 더 높은 잠재적 손실 또는 더 높은 환경 관련 공격의 가능성에 직면하고 있으며, 이는 결국 환경 위험 완화 조치에 대한 더 많은 투자를 정당화한다.

브랜드에 민감한 기업이 환경 위험 완화에 투자하기로 한 결정은 상대적 차원이 있다. NGO는 환경 성과가 낮은 대상을 목표로 할 가능성이 높다. NGO와 미디어 환경 성과 스코어 카드는 등급 기업들에게 기업의 중대성 평가 및 환경 위험 완화 우선 순위에 영향을 미칠 수 있는 경쟁사들에 비해 그 위험의 일부 표시를 제공 할 수 있다. 본질적으로 기업들은 홍보에 열심인 NGO에게 "모난돌이 정 맞는 꼴"이 되는 것을 피하려고 한다. 이러한 분석은 최소요구 및 최대 합리적인 투자에 대한 지침을 제공 할 수 있다. (에코 리스크 완화가 유일한 녹색투자 기준이라고 가정).

에코 세분화 Eco-Segmentation

에코 세분화 이니셔티브는 소비자의 녹색 세그먼트를 목표로 하며 환경 영향을 최소화하기 위해 명시적으로 설계 또는 제작된 제품에서 가격 프리미엄 및/또는 시장 점유율 확대로 인한 수익 증가를 추구한다. 유니레버 CEO 폴 폴먼(Paul Polman)은 "우리의 경험은 그 수요에 부응하는 목적과 제품인 '지속 가능한 생활 브랜드'가 더 강하고 빠르게 성장하고 있다는 것이다. 이들 브랜드는 2014년 회사 성장의 절반을 차지했고 나머지 사업체의 2배에 달하는 성장률을 보였다." 유니레버에 따르면, 그들은 또한 더 많은 이익을 얻었다고 한다. 미국 소매업체 타겟(Target)은 모든 고객이 몰려드는 것은 아니더라도 지속 가능한 제품들이 우수한 성장률을 보이는 유사한 경험을 보고했다.

그러나, 이러한 투자가 위험이 없는 것은 아니다. 녹색 시장에 뛰어들면 NGO, 미디어 조직 및 소비자 단체에서 자사의 제품을 "그린워싱(greenwashing)"하는 기업인지 아닌지 탐색하는 조사를 받게 된다.(9장 참조) 녹색 제품군을 도입하는 또 다른 사업적 근거는 - 비록 그것이 상당한 단기적 성장을 직접적으로 이끌지는 않더라도 - 기업들이 이 기술을 실험하고 녹색 고객 부문에 대해 배우는 것이다. 그런 의미에서 이러한 에코 세분화 노력에는 환경 리스크 관리 요소가 포함되어 있어, 정부 규제나 소비자 선호도가 보다 지속 가능한 제품과 서비스를 요구하기 위해 전환하더라도 기업이 준비되지 않은 상태로 놓여있지 않도록 한다.

금융 관점에서의 환경 영향 Environmental Impacts In Financial Terms

"우리 모두는 무한한 공급의 환상을 즐기고 사실상 아무것도 지불하지 않는다. 우리는 물을 보호하고, 정화하고, 공급하는 진정한 비용을 인정해야 하고, 그 비용을 반영하는 모델을 개발해야 한다. 우리는 물을 필수적이고 귀중한 자원으로 가치 있게 여겨야 한다."라고 코카콜라 CEO 무타르 켄트(Muhtar Kent)가 말했다. 지속가능성 리서치 회사인 트루코스트의 리차드 매티슨 대표는 "만약 기업들이 자신들이 만든 비용을 지불해야 한다면, 그것은 실제로 이윤을 없앨 것"
이라고 말했다.

CO_2 배출 또는 물 소비와 같은 영향의 숨겨진 환경 비용(외부성)을
반영하기 위해, 네슬레와 유니레버는 ROI 계산에서 환경 영향에 "잠
재 가격"을 부여한다. 잠재 가격은 시장이 존재하지 않는 재화나 용
역의 추정 가격이며, 따라서 진정한 화폐가치는 알 수 없거나 계산
하기 매우 어렵다. 예를 들어, 네슬레는 물의 잠재 가격을 습한 곳
의 경우 세제곱미터 당 1달러, 마른 곳의 경우 세제곱미터 당 최대
5달러로 추정한다.

독일 스포츠웨어 회사인 PUMA는 잠재 가격 개념을 한 단계 더 발
전시켜 2010년 "환경적 손익계산서(EP&L, environmental profit and loss
statement)"를 개발했다. EP&L은 사업체 및 그 공급 사슬에 중요한
생태계 서비스를 설명함으로써 PUMA의 행성 비용(지구 자체가 공
급자인 것처럼)을 추정한다. EP&L은 회사의 환경 성과를 친숙한 재
무적 용어로 표현하는 단일 지표 측면에서 연도별 비교를 허용한다.
이러한 숨겨진 비용을 평가하기 위해, PUMA는 Trucost와 협력하여
PUMA의 직접 및 간접 환경 영향의 양(분석은 Tier 4 공급업체만큼
심층적임)과 각 유형 영향 단위의 환경 비용이라는 두 가지 변수를
추정해야 했다. PUMA는 운동화 10만 켤레당 트럭 31대분의 자재폐
기물인 많은 쓰레기를 발생시킨다는 것을 알아냈다. 또한 온실 가스
배출, 대기 오염, 토지 및 물 사용의 변화를 포함한 공급망 전반에
걸쳐 상당한 부정적 외부 효과를 확인했다. 다음으로 트루코스트는
각 유형의 충격의 단위 잠재가격을 추정했다. 예를 들어, 이산화탄
소 1톤당 66유로의 비용이 들며, 파괴된 열대 우림(브라질 목장업
자들이 때때로 소를 위한 공간을 만들기 위해 열대 우림을 가끔 개
간하기 때문에 PUMA의 가죽 공급과 관련)의 1헥타르당 1,352유로
의 비용이 든다고 추정했다.

PUMA의 2010년 보고서는 1억 4,500만 유로의 총 환경 영향을 상
세히 기술했다. 조첸 자이츠 PUMA 모기업 CEO는 "전체 결과에서
우리가 지구를 다른 서비스 제공 업체들처럼 취급한다면, PUMA는

2010년에만 PUMA 사무소, 창고 및 상점과 같은 핵심 운영에 제공되는 서비스에 대해 자연적으로 8백만 유로를 지불해야 할 것으로 나타났다." PUMA 회장이자 모회사인 KERING의 최고 지속가능성 책임자 조첸 자이츠(Jochen Zeitz)는 말했다. "다른 수많은 회사와 공유하는 PUMA의 외부 공급망 파트너로부터 1억3700만 유로가 추가로 자연에 지불되어야 할 것"이라고 말했다. 제품 수준에서 트루코스트와 PUMA는 일반적인 PUMA 스웨이드 운동화 한 켤레에 소매가의 약 5%인 4.29유로의 미납 환경 비용이 있는 것으로 추정했다. PUMA의 세이델에 따르면, "원자재 단계는 정말 필수적이다. 왜냐하면, "원자재단계에서 환경 영향의 50퍼센트 이상이 발생하기 때문이다." 예를 들어, 조달팀은 EP&L 접근법을 사용하여 유기농 면 대신 재활용 면화를 선택했는데, 세이델에 따르면 결합 재무 환경비용이 최적화되었기 때문이다.

보다 광범위하게 CDP는 2016년 9월 자사의 기후변화 및 공급망 정보 요청에 응답한 5,759개 기업 중 517개 기업이 탄소 내부 가격을 회계 또는 위험관리 도구로 사용하여 공개했다고 보고했다. 구체적으로 말하면 147개 기업이 탄소 가격을 시스템에 포함시켰으며, 37개 기업이 그러한 가격이 그들의 결정에 영향을 미친다고 보고하였다. 예를 들어 스프린트사는 녹색 이니셔티브에 다소 완화된 재무 기준수익율을 부여하여 환경 영향에 암묵적 가격을 부과한다.

경제학 규칙 Economics Rule

"헌법은 자살협약이 아니다."는 로버트 잭슨 대법관(Robert H. Jackson)이 1949년 미국 연방대법원 테르미니엘로(Terminiello v. Chicago) '표현의 자유' 사건에 대한 판결에 반대하면서 한 말이다. 미국 정부의 기반인 헌법보다 더 중요한 고려사항이 있어야 한다는 것을 의미하였다. 사업적 측면에서 보면 기업이 운영의 환경적 비용을 알고 있을 때에도 기업의 자기보전, 이익, 성장의 필요성이 의사결정을 지배한다는 비슷한 주장을 쓸 수 있다.

PUMA의 EP&L은 인기 운동화에 사용되는 가죽과 운동복에 사용되는 면과 같은 일부 재료의 높은 환경 비용을 밝혔다. 그 결과, 회사는 이렇게 높은 발자국을 남기는 재료를 없애야 할지 고민했지만, 환경적으로 좀 더 양심적이 되려는 기업에게도 시장적 요구가 우세하다. 세이델은 "결국 우리는 사업체여서 소비자들이 사고 싶은 제품을 만들어야 한다"고 말했다. "본질적으로 소비자들이 가죽 신발을 사고 싶어하고, 소비자들이 면 티셔츠를 사고 싶다면, 그렇다면 소비자의 행동을 바꿀 수 있는 실질적인 방법은 없는 것이다." 그리고 PUMA가 여전히 환경적 영향을 최소화하려고 애쓰는 동안, 세이델은 "우리는 그린피스 멤버를 확실한 소비자로 특별히 목표로 삼고 있는 것이 아니다."라고 미소지었다.

다른 기업들은 재정 건전성과 환경 지속 가능성 사이의 상충관계에서 유사한 문제를 본다. "우리는 반드시 출혈이 있는 가장자리가 아니라 선두에 서기를 원한다."라고 UPS의 최고 지속가능성 책임자인 스캇 위커(Scott Wicker)는 말했다.

UPS는 재정적으로 정당화하기 쉬운 여러 가지 환경 효율성 단계를 밟는 것 외에도 지속 가능한 기술에 익숙해지기 위해 혁신 이니셔티브에 몰두했다. UPS의 2013년 운송트럭 본부에는 3,000대 이상의 "압축 천연 가스, 액화 천연 가스, 프로판, 유압 하이브리드, 전기, 바이오 메탄, 에탄올, 복합 차량, 하이브리드 전기 자동차"가 포함되었다. 이들 차량은 UPS 전체 차량 수송대의 3.3%에 불과했는데, 기존의 디젤 트럭보다 가격이 두 배나 비싸기 때문이다. UPS는 회사의 석유에 대한 장기적 의존도를 줄이는 방법에서 추가된 비용을 일련의 실험으로 정당화했다.

위커는 또 2012년 블룸버그 브리핑에서 이 회사가 제트엔진 바이오 연료개발을 지원하기는 하지만, 그 당시에는 기존 제트연료의 7배에 달하는 비용이 들기 때문에 가까운 장래에 이 연료가 사용될 것이라고 예측하지 못했다고 밝혔다(13장 참조). 바이오 연료가 더 저렴해지고 이용이 가능해지면서 UPS는 더 많은 바이오 연료를 활용하기 시작했다. 예를 들어, 2015년 7월 UPS는 2017년까지 지상 수송대 내 석유 기반 연료의 12%를 대체한다는 목표를 달성하는 데 도움이 되는 바이오디젤 3년 계약을 발표했다.

이러한 경제성장과 환경영향 사이의 긴장감은 사업을 넘어서는 것이다. 그것은 또한 정부, 특히 개발도상국 정부에 영향을 미친다. 대부분의 정부들은 환경 문제보다는 경제 성장과 생활 수준 향상에 초점을 맞춤으로써 유권자의 요구에 적절히 대응한다.

무형 가치의 창출: 근로자 및 공급업체 유치하기 Creating Intangible Value: Attracting Workers and Suppliers

2008년 전세계 기업 임원 1,192명을 대상으로 한 조사에서 선진국의 많은 CEO들은 기업의 사회적 책임에 대한 평판이 기업의 잠재 직원과 기존 직원들에 대한 매력을 증가시킨다고 믿고 있다. 직원 참여에 관한 하버드비즈니스리뷰(Harvard Business Review) 기사에 따르면, 그 이유는 밀레니얼 세대들은 "1960년대 이후 가장 사회적으로 의식적인 세대"이기 때문이라고 한다.

채용 과정에서, 특히 "친환경" 기업(제11장 심층 설명)에서 그 효과가 명백하다. 예를 들어 파타고니아는 채용공고를 낼 때마다 평균 900명의 지원서를 받는다. 이것은 회사가 가장 우수하고 가장 똑똑한 사람을 고용할 수 있다는 점에서 덜 매력적 경쟁자들에 비해 경쟁우위를 제공한다. 천연케어제품회사 닥터브로너스 매직 비누의 데이비드 브로너 대표는 "활동주의자 사명(activist mission) 때문에 우리는 몇몇 놀라운 사람들을 끌어 모았고 재무보고, 재고관리, 판매 등 경영에 대한 전문성을 높일 수 있었다."라고 말했다.

좋은 노동자만이 기업들이 유치하고 유지하기를 원하는 유일한 사람들이 아니다; 기업은 공급자들 또한 유치하고 유지하기를 원한다. 남편과 아내인 크레이그샘스와 조세핀페어리(Craig Sams and Josephine Fairley)는 지속 가능하게 관리되는 코코아 농장의 공정한 임금을 받는 노동자들로부터 초콜릿을 공급받는 것에 대한 열정으로 1991년에 그린앤블랙스(Green & Black's)을 설립했다. 회사는 모든 이해관계자의 상호 의존성을 인정하는 방식으로 공급망 파트너와 협력했다. 그 투자에 대한 수익은 유기농 코코아에 대한 수요가 급증했을 때 나왔다. 농부들은 친절하게 반응했다. "대부분의 사람들에게 양질의 유기농 코코아를 얻는 것이 사실상 불가능했던 시기에, 우리는 그것을 쌓아 놓고 앉아 있었다." 라고 샘스는 말했다.

측정하여 관리 MANAGING BY MEASURING

밀턴 프리드먼은 "가장 큰 실수 중 하나는 정책과 프로그램을 결과보다는 의도대로 판단하는 것"이라고 말했다. 지속가능성 이니셔티브의 결과를 측정하는 것은 그것들을 관리하는 중요한 부분이다. 따라서 진실성을 보장하기 위한 감사와 외부 인증은 필수적이다. 또한 측정되고 검증된 결과는 마케팅 캠페인과 라벨링에 효과적으로 사용될 수 있다(9장에서 논의).

목표 및 메트릭스 선택 Picking Goals and Metrics

델 컴퓨터가 환경 영향을 줄이기 위해 나섰을 때, 그들은 백지 상태에서 시작했다. "우리들은 정말 한 발짝 물러서서 '고객들이 원하는 게 뭐지?' 회사는 [기업] 고객 RFP[제안 요청] 및 고객 문의에 대해 많은 추적 작업을 수행했다. 또한 원하는 수요를 이해하기 위해 고객들과 함께 시장 조사를 했다. 우리는 이 계획을 작성하기 전에 많은 NGO, 정부 정책 입안자, 그리고 업계 분석가들과 이야기를 나눴다." 라고 CSR 담당 임원 데이비드 레어(David Lear)가 말했다. 18개월간의 중요성 평가는 내부 검토, 고객과의 대화, 이해관계자 협업을 통합하여 2012년 '2020년 레거시 오브 굿(Legacy of Good)' 계획을 수립했다.

결과적인 계획에는 21개의 광범위한 목표가 포함되었다. 그런 다음 델은 각각에 대한 진행률을 측정하기 위해 특정 내부지표를 작성했다. 델은 개별 주요 제품의 수명주기 탄소 배출량 측정 지표 외에도 컴퓨터 제조에 사용되는 재활용 가능한 내용물, 포장재활용성, 재판매 또는 재활용을 위해 회수된 전자제품의 무게, 회사가 사용하는 재생 에너지 비율을 측정했다. Dell은 각 목표에 대해 측정 가능한 성능 지표에 근거하여 목표를 설정했다. 예를 들어, 델은 2020년까지 어떤 종류나 브랜드의 20억 파운드의 전자 폐기물을 재활용하는 것을 목표로 했다.

다른 회사들은 그들의 가장 큰 환경 "핫스팟(hotspots)"과 중요성 평가에 적합하게 다른 지표를 선택한다. 기후 변화에 대한 인식이 높아지면서 많은 기업들이 탄소 배출량 지표에 초점을 맞추게 되었다. 2005년 월마트는 전 세계 공급망에서 온실가스 배출량 2000만톤을 감축하겠다는 10년 목표를 발표했고, 2015년 11월 17일 이를 달성했다. 네슬레는 2005~2015년 제품 1t당 직접 취수량을 40% 줄이겠다는 목표를 세워 2015년 41% 감축을 달성했다.

중요성의 문제와 관계없이, 지속가능성 목표에는 일반적으로 지표(예: 탄소 배출량), 해당 지표의 범위(예: 제조의 탄소 배출량), 목표 값 또는 증가율(예: 20% 감소), 기간(예: 2010년 기준에서 2020년 목표)이 포함된다. 목표 달성을 위해 기업은 경영자의 실적을 평가하는 분기별 및 연간 주요 성과지표를 설정한다.

주요 성과 지표 Key Performance Indicators (KPIs)

의약품 및 제약업계의 거인 백스터(Baxter Inc.,)는 1997년 총 배출량을 12개 이상의 KPI로 세분화하여 온실가스 배출량을 측정하기 시작했다. 첫째, 백스터는 온실가스 배출량을 온실가스 규약의 Scope 1, 2, 3으로 나누었다. Scope 1 배출물은 조직의 직접 소유 및 통제된 내부 운영에서 발생하고, Scope 2 배출물은 내부 운영을 위해 구입한 전기, 에너지 및 열과 같은 간접 공급원에서 발생하며, Scope 3 배출물에는 공급업체, 공통 통신사, 서비스 공급자, 유통업체 및 판매된 제품 사용과 같은 다른 모든 간접 공급원이 포함된다. 그런 다음 백스터는 세 가지 종류의 원천을 공급망 구조에 재조립하여 업스트림(Scope 1), 백스터 내부(Scope 1과 2), 다운스트림(Scope 3)의 세 가지 활동 범주를 만들었다. 차례로, 3개의 카테고리 각각은 각각의 기업 기능에 의해 별도로 측정되고 관리할 수 있는 2개 내지 8개의 하위 카테고리를 포함했다. 조달, 설비, 운송 등의 분야의 관리자들은 잠재적으로 영향을 미칠 수 있는 특정 KPI에 대해 책임을 지고 있었다.

측정, 개선, 복사... 반복하다 Measure, Improve, Copy ... Repeat

세계 최대 맥주회사인 AB 인베브의 카를로스 브리토(Carlos Brito)는 "우리는 측정지표와 수많은 숫자를 좋아한다"고 말했다. 이 회사는 공장 뿐만 아니라 직원 수준에서도 매우 경쟁적인 문화를 가지고 있다. VPO(Voyager Plant Optimization)라는 시스템은 맥주와 다른 음료 생산의 모든 성능 차원을 측정, 개선하려는 회사 노력의 핵심이다. 지속 가능성의 맥락에서, 이 회사는 VPO를 "물 및 에너지 사용을 벤치마킹하고, 성능 격차를 정량화하고, 모범 사례를 파악 및 보급하고, 진행 상황을 모니터링하기 위해 사용하는 중앙 집중식 프레임워크"라고 설명했다. VPO를 사용하여, AB InBev는 최고 성능의 공장과 나머지 공장의 차이를 볼 수 있다. 이를 통해 회사는 개선의 기회 규모를 추정할 수 있으며, 다른 사용자의 복제를 위한 고성능 사례를 파악하는 데 주력할 수 있다.

예를 들어, 중국에 있는 AB InBev의 팀이 물과 에너지 효율을 향상시키기를 원했을 때, 그들은 VPO를 사용하여 130개의 양조장과 청량음료 시설로 이루어진 이 회사의 네트워크에서 다른 팀들에 의해 문서화된 700개의 모범 사례를 찾아냈다. 그 결과 2009~2012년 (각각 38%, 30%)에 걸쳐 동사 최대의 수자원 및 에너지 절감을 달성했다. 게다가, 중국 팀은 또한 그들만의 새로운 효과적인 관행을 만들었다. 예를 들어, 이 팀은 양조장 부서 전체의 유틸리티 사용을 지속적으로 벤치마킹하기 위해 에너지 및 물 데이터를 자세히 조사했다. 그러한 관행은 VPO에 문서화되었고 이후 다른 지역 공장들에 의해 채택되었다. AB InBev는 새로운 아이디어를 공유하고 개발하고 VPO 실행 데이터베이스를 확장하기 위한 월별 보고 및 성과 순위, 정기 팀 통화 및 연례 회의를 통해 2012년 3년간의 글로벌 환경 목표를 달성하거나 초과 달성했다.

메트릭스부터 재정적 인센티브까지? From Metrics to Monetary Incentives?

대부분의 경영자들은 재정적 인센티브가 행동을 유발한다고 믿는다. 실제로 세계지속가능발전기업협의회(WBCSD)는 환경목표 달성을 위한 인센티브 지급을 권고하고 있다. 예를 들어, 100억 달러의 가정용품 회사인 SC Johnson은 회사의 저 환경영향 재료에 대한 "그린리스트(greenlist)" 사용에 대해 125명 관리자의 재량 보너스 일부를 고정했다(9장 참조). 회사 정책은 모든 제품개혁의 그린리스트 등급을 개선하고 그러한 개혁을 추진한 관리자에 대한 보상을 요구한다. 2001년과 2014년 사이에, "better" 혹은 "best" 카테고리에 속하는 이 회사의 성분 비율은 18퍼센트에서 44퍼센트로 증가했다. 크리스 리브리 SC 존슨 글로벌 지속가능성 책임자는 "실적을 명확히 하고 인센티브를 주는 것만으로도 큰 도움이 됐다"고 말했다. 선임 관리자계층 목표의 일부가 아니었다면 우리는 이것을 이룰 수 없었을 것이다."

에코코치(Eco-Coach) 설립자 안카 노바코비치(Anca Novacovici)에 따르면, "지속가능성이 사업 운영의 일부가 되어 장기적으로 성공하려면, 조직 전체는 물론 경영진 차원의 보상과 연계되어야 한다." 불행하게도 많은 인사(HR) 전문가들이 알고 있듯이, 인센티브 시스템의 문제는 그들이 때때로 너무 잘 작동한다는 것이다. 예를 들어, Cisco는 관리자들이 고객에게 제품을 신속하게 전달하기 위한 인센티브는 극대화한 반면 재고과잉 위험은 무시했기 때문에 2001년 25억 달러의 잉여 자재를 폐기해야 했다. 부적절하게 구축된 인센티브 프로그램은 직원들이 조직의 보다 광범위하고 장기적인 목표보다는 단기적인 자기 이익에 따라 행동하도록 유도할 수 있다. 인센티브 프로그램은 일반적으로 이러한 다양한 목표의 균형을 맞추기 위해 개인, 팀 및 기업 실적 요소를 가지고 있다.

기업은 회사의 많은 성과 목표(마진 증가, 시장 점유율 증가, 품질, 혁신, 고객 만족, 직원 참여 등) 중 하나로서 인센티브 급여를 환경목표와 어느 정도까지 연계시키는지 여부와 그 정도가 다르다. 예를 들어, Procter & Gamble은 환경 지속가능성 성과를 경영자의 보너스에 포함시키지 않는다. 인텔은 직원들 연간 가변 보상의 4%만을 환경목표와 연계시킨 반면, 알코아에서는 "가변 보상 계획의 20%가 지속 가능성 목표의 중요한 측면을 달성하는 데 연계되었다."고 최고 지속가능성 책임자인 Kevin Anton은 말했다. SC존슨에서는 보너스 자격이 있는 최고 관리자 중 약 25%만이 그린리스트와 연계된 보너스 목표를 가지고 있다.

흥미롭게도, 일부 환경 헌신적 회사들은 지속가능성을 위해 재정적 인센티브를 사용하는 것에 동의하지 않는다. 스티브 러브조이(Steve Lovejoy) 스타벅스 글로벌 공급망의 선임 임원은 "환경 지속가능성 목표를 달성하는 것은 우리의 보상과 관련이 없다"고 말했다. "그것은 우리가 믿고 있는 것, 우리가 계약한 것, 그리고 우리가 기대하는 것들이다. CEO와 회사는 지속가능성에 대한 공공의 약속을 했고 우리는 이를 충족시킬 생각이다." 2014년 비영리법인 Ceres가 613개 상장기업을 대상으로 조사한 결과 76%가 지속가능성 추구를 유도하기 위해 금융 인센티브를 사용하지 않은 것으로 나타났다. 2012년, Glass Lewis의 보고서는 다른 결과를 발견했다: 평가된 기업의 42%가 일부 임원 급여를 지속가능성과 연계시켰으며, 이는 2010년의 29%에서 증가한 것이다.

규정 내에서 관리하기 MANAGING WITHIN THE RULES

정부규제는 기업이 당면한 과제와 대응방법에 따라 기업 지속가능성 이니셔티브에 영향을 미친다. 이 절에서 설명하는 규제 접근법의 네 가지 주요 범주는 가벼운 넛지[105]부터 엄격한 금지까지 스펙트럼에 걸쳐 있다. 비록 많은 규제들이 특정 정부의 지리적 관할권에 국한되어 있지만, 세계 어디에서나 불법으로 수확한 동물, 식물, 목재

---

[105] 미국 시카고대의 행동경제학자 리처드 세일러와 법률가 캐스 선스타인이 동명의 책에서 '타인의 선택을 유도하는 부드러운 개입'이란 의미로 이 단어를 사용하면서 널리 알려짐. 어떤 선택을 금지하거나 경제적 인센티브를 크게 변화시키지 않고 예상 가능한 방향으로 사람들의 행동을 변화시키는 것을 의미함.

제품에서의 거래를 금지하고 있는 미국 레이시법(US Lacey Act) 같이 공급망과 전 세계에 걸쳐 있다.

영향 및 리스크의 공시 Disclosure of Impacts and Risks

많은 국가는 기업이 식품에 포함된 성분, 자동차의 연비, 가전제품의 에너지 효율(9장 참조)을 소비자에게 공개하도록 요구하고 있다. 환경공시 요건은 가장 부담스러운 수준의 규제로서, 투자자와 기타 이해관계자에게 기업 정보를 전달하는 데 초점을 맞추고 있다. 예를 들어, 2014년 EU 지침에 따르면 대기업들은 "환경, 사회, 직원 관련, 인권, 반부패, 뇌물 문제에 관한 사항"을 보고해야 한다. 미국에서는 도드-프랭크법(Dodd-Frank Act)이 기업의 이른바 분쟁광물[106](콩고 군벌 자금과 연계된 금속 4개)의 사용을 공개하도록 규정하고 있다 미국 증권거래위원회는 2014년 말 현재 시행이 미미하지만 기후변화와 관련된 공시에 대한 지침을 발표했다. 공시 요구사항이 기업이 제품이나 관행을 바꾸도록 직접적으로 강요하는 것은 아니지만, NGO, 언론, 투자자, 지역사회 단체 조사 결과에 기업을 노출시킬 수 있다.

보다 높은 환경성과를 강제화 Mandating Higher Environmental Performance

두번째 범주 규정인 성과기반 표준은 미국 청정대기법(US Clean Air Act)에 의해 예시된다. 이 법은 이동, 정지 및 지역 공급원에서 발생하는 대기 오염물질을 성능 기반 표준을 통해 규제한다. 이러한 표준은 사용 가능한 기술과 규정 준수 비용에 기초하여 매우 다양하다. 어떤 경우에는 이 표준에서 "합리적으로 이용할 수 있는" 기술을 사용하도록 요구하는 반면, 다른 경우에는 "최상의 가용 제어 기술"을 의무화한다. 예를 들어 자동차 공장의 표준은 비교 가능한 동급 공장의 최고 성능 12%와 연계되어 있다. 미국 의회는 또한 규제를 통해 기술 개발을 추진하고자 할 때 엄격한 기준을 적용한다. 예

---

[106] 3TG 로 알려진 주석(tin),텅스텐(tungsten), 탄탈륨(tantalum), 금광석(gold) 등

를 들어 EPA의 2014년 Tier 3 자동차 표준은 당시 사용 가능한 기술로는 달성할 수 없지만 2025년의 테일파이프(머플러 끝부분) 및 증발 가스 관련 높은 요건을 설정했다.

청정대기법은 종종 가장 성공적인 연방 환경법 중 하나로 언급되어 왔다. 그것의 성공은 명확하게 정의된 성과 목표, 실제 시행, 그리고 규정 위반에 대한 가파른 벌칙을 결합한 결과였다. (그러나 이 법은 또한 연간 210억 달러의 산업 비용을 추가하고 중공업 업계의 생산성 향상을 4.8% 감소시켰다.)

시장이 영향을 완화시킨다 Markets Mitigate Impacts

세 번째 범주의 규정은 공급자와 고객의 행동을 변화시키기 위해 재정적 인센티브를 설정한다. 그러한 가장 간단한 메커니즘은 못마땅한 상품이나 활동에 대한 세금이다. 예를 들어, 캐나다 브리티시 컬럼비아주는 그 지방 내에서 연료의 구입과 사용에 대한 세금을 제정했다. 일회용 비닐봉지에 대한 세금으로 소매점에서의 사용이 사실상 없어졌다." 세금으로 자원 사용 비용이 증가하여 환경 효율에 대한 인센티브가 강화된다. 이와 마찬가지로 환불 가능한 예치금(7장 참조)은 고객이 지속 가능한 행동을 할 수 있는 인센티브를 창출한다. 그러나 그러한 인센티브는 특정 수준의 영향감소를 보장하지 않는다.

이와 대조적으로, 배출권거래제(cap-and-trade)는 환경적으로 영향을 미치는 활동의 총량을 규제할 수 있는 정부가 위임한 시장 기반 메커니즘이다. 기업들은 그들이 배출할 수 있는 CO_2 양과 같은 규제된 활동에 대한 초기 허용량(volume)을 받는다. 규제된 활동의 양을 늘리려는 사람들은 그들의 양을 줄이려는 다른 회사들로부터 더 많은 수당을 사야 한다. 당연히 물량을 쉽게 줄일 수 있는 기업은 그렇게 하고 남는 수당을 이윤으로 팔 것이다. 규제 활동을 위해 특별히 귀중한 애플리케이션을 보유한 기업들은 기꺼이 더 많은 수당을 지불해야 할 것이다.

탄소세와는 달리 탄소배출권거래제(cap-and-trade system)는 유연하다.

탄소배출권 가격은 경기호황기에는 자동으로 오르고 경기침체기에는 폭락한다. 관리와 이해는 간단하지만, 세금은 유연성이 떨어진다. 마지막으로, 배출권 거래제 시스템의 일부인 규제는 각 허용량을 통해 지속적으로 배출량을 줄여 환경영향을 줄이기 위한 압력을 지속적으로 증가시키는 감축 패턴을 규정 할 수 있다. 배출권 거래제는 유럽위원회가 기후변화에 대처하기 위해 사용하는 주요 도구인 유럽무역시스템(ETS, European Trading System)의 초석이었다. ETS는 EU 온실가스 배출량의 약 45%를 규제하고 있다.

이 시스템이 유럽 배출량을 다소 줄이는 데 도움이 되었지만, 2013년 탄소시장은 폭락했다(탄소의 현물 가격은 2008년 초 톤당 25유로에서 2013년 톤당 3유로에 불과했다). 이것은 2008년 경기침체와 기업들이 배출량을 줄이도록 요구하는 몇몇 다른 규제와 정책뿐만 아니라 우선선호 산업과 기업에 너무 많은 허가를 내준 결과로서 경제가 침체하고 있는 바로 그 시점에 배출권 과잉을 초래했다.

엄격히 금지되어 있는 곳은 피하라 Avoid Where Strictly Prohibited

네 번째이자 가장 강한 형태의 규제는 엄격한 금지를 요구한다. 예를 들어, EU의 RoHS(Restriction of Hazardous Substances, 위험물질의 제한)는 전기 및 전자 장비에 납, 수은, 카드뮴, 6가크롬, 폴리브롬화 비페닐, 폴리브롬화 디페닐 에테르 등의 사용을 제한한다. 독성 물질과 관련된 금지는 제품설계, 제조, 수명 만료 처리 및 유해 폐기물 처리에 영향을 미친다. 미국 멸종위기종 보호법(ESA, Endangered Species Act)과 같은 다른 규정들은 토지 사용을 제한하는데, 특히 토지의 산업용도로의 전환을 제한하고 있다.

2014년 미국 내무부 어류 및 야생동물보호국은 ESA를 적용하여 1544에이커의 루이지애나 주 세인트 탐매니 패리쉬 지역을 고퍼개구리의 '중요 서식지'로 선언하였다. 이 결정은 100마리의 성체 개구리에 불과한 개구리 개체 수를 보존, 회복시키기 위해 이 땅의 모든 개발을 잠재적으로 금지시켰다. 이 지역의 최대 지주인 포이테벤트 가문은 이 지정으로 인한 손실액이 3,600만 달러에 달할 것이라고 주장하며 소송을 제기했다. 2014년 8월 뉴올리언스 지방법원은 어류 및 야생동물보호국 편을 들어 이 가족의 토지 개발을 막았다. 2016년 7월, 미국 제5 순회 항소법원은 이 결정을 재확인했다. 2017년까지 1,448종의 동물과 944종의 식물이 미국에서 멸종위기에 처하거나 멸종위기에 처한 것으로 분류되었다. 많은 공급망들은 농산물(예: 팜유), 광물(예: 광석 재배), 기반시설(스포츠 및 도로), 산업단지 등의 특정 위치에 있는 대규모 토지에 의존한다. ESA와 같은 환경 규제와 다른 나라의 유사 규제들은 경제적 결과에 상관없이 토지 개발을 금지할 수 있다.

협력적 지속가능성 COLLABORATIVE SUSTAINABILITY

IKEA는 IWAY 공급업체 행동강령을 완전히 이행하는 데 12년이 걸렸다. 즉, 공급망 깊숙한 곳에 있는 환경 영향의 핫스팟을 식별하고 80명의 감사인으로 구성된 전문 인력을 구축해야 하는 작업이다. 기업들이 더 많은 정밀 조사와 공급업체에 대한 조사를 늘리려는 일치된 열망으로 어려움을 겪고 있기 때문에, 많은 기업들이 스스로 공급업체의 환경 관행을 평가하고 관리할 수 있는 범위, 이해, 전문 지식이 부족하다는 것을 알게 된다.

커다란 움직임 A Giant Moves

월마트는 매머드 기업이다. 세계에서 세 번째로 많은 임직원을 고용하고 있는데 규모로는 미국 국방부와 중국 인민해방군 다음이다. 월마트의 규모와 경제적 발자국은 오랫동안 노동자 임금, 공급자에 대한 비용 절감 의무, 그리고 그것이 지역 소매업자들에게 미치는 영향 등 다양한 영역에서 비판의 대상이 되어 왔지만, 소매업자의 환경 관행에 대한 운동가들의 공격은 결코 큰 관심을 얻지 못했다. 그럼에도 불구하고 월마트는 지속 가능한 환경 관행을 위한 캠페인을 시작했는데, 아마도 2004년 비밀 보고서에서 부정적인 언론이 수익 증가를 줄일 수 있다는 것을 암시하고 난 후일 것이다.

2005년 10월, 당시 월마트의 CEO였던 리 스콧은 "우리는 비평가들이 우리가 누구인지, 무엇을 상징하는지 정의하게 할 수 없다"고 다짐했다. 이듬해 7월 스콧은 앨 고어 전 미국 부통령을 초청해 월마트 임원, 관리자, 공급자, 파트너 등 800여 명과 강연을 하고, 월마트의 환경공약을 위한 단기적인 구체적 목표를 발표할 기회를 이용했다. 이 초대형 소매업자는 2015년까지 기존 점포와 창고의 탄소 영향을 20% 줄이려고 했다. 같은 기간 월마트는 7,000대 이상의 세미 트레일러 트럭 연료 효율을 두배로 높이는 것을 목표로 했다.

광범위한 목표와 환경 분야에서의 부족한 경험을 감안할 때 월마트는 2005년 말 비영리단체인 환경보호기금(EDF)에 손을 내밀었다. EDF(Environmental Defense Fund)는 워싱턴 DC에 본부를 둔 NGO로, 환경 문제에 대한 실용적이고 장기적인 해결책을 알아내는 사명을 가지고 1967년에 설립되었다. 이 두 단체는 처음에 그 관계를 공표하지 않았다; 뉴욕 타임즈는 4년 후에 마침내 그 관계를 보도했다. EDF의 현장 파트너십을 이끌고 있는 미셸 하비에 따르면 EDF와 월마트와의 관계는 워싱턴의 로비스트 정책을 추진하는 것과 비슷하다고 한다.

EDF는 창립 2년 만인 2007년 아칸소 벤튼빌의 월마트 본사에서 길 건너편에 사무실을 열면서 제휴가 강화되었다. 2014년 현재 사무실은 EDF 전임자 3명(하비 포함)을 수용하고 있으며, 모두 월마트 본사에 출입할 수 있는 허가를 받았다. Harvey와 동료들은 EDF의 우려를 나타내는 월마트 내의 회의에 참석한다.

Harvey는 EDF의 벤튼빌 직원들이 월마트 직원들과 만나는 데 그들 시간의 약 20%를 할애한다고 말했다. 그녀는 그러한 이해는 EDF가 자신의 이니셔티브를 적절히 목표로 하는 데 도움이 된다고 말했다. EDF는 슈퍼센터 선반에 있는 14만 종의 제품 중 10만 개 공급사의 약 90%가 공급망에서 발생한다는 사실을 깨달았다. 예를 들어, EDF는 이러한 관계를 통해 구매자가 각 제품 범주에 대해 매년 특정 기간 동안 발생하는 계약 협상 중에만 공급자 관행에 영향을 미칠 수 있다는 것을 알게 되었다. 때때로 이것은 구매자가 몇 달 후에야 그 문제에 대해 행동할 수 있다는 것을 이해함에도 불구하고 Harvey가 구매자에게 어떤 문제에 대해 이야기 할 것이라는 것을 의미한다.

월마트는 협력업체의 환경 지속가능성을 개선하기 위해 영향력을 행사하면서도 자체적인 환경관행도 지속적으로 개선했다. 2012년 이 회사는 국내 점포에서 생산된 폐기물의 80% 이상을 재활용했다고 발표했다. 여론조사 회사 유고브(YouGov)의 BrandIndex에 따르면, 이 회사의 2012년 호감도는 25퍼센트에 달했는데, 이는 2007년의 약 두 배였다. 이러한 대중적 인식의 향상은 시카고와 로스엔젤레스 주변의 장기간 저항적인 지역사회에 매장을 열 수 있는 회사의 능력과 일치했다. 같은 해 월마트의 주가는 4년간의 침체 끝에 주당 75.81달러로 사상 최고치로 치솟았다.

원격에서의 환경적 노력 관리하기 Managing Remote Environmental Efforts

월마트가 광범위한 환경 전문지식을 위해 EDF를 고용한 반면에, 다른 회사들은 회사가 전문지식이나 가시성이 부족한 특정 분야에 초점을 맞춘 파트너를 찾고 있다. 그린피스가 네슬레 킷켓 캔디바를 상대로 영상 캠페인을 벌인 후(제1장 참조) 이 회사는 팜유 공급망을 이해하고 관리하기 위해 노력하였다. 팜유 재배자나 가공업체에서 직접 구매하지 않고 대형 식물성 오일 중개업체로부터 세계 시장에서 정제된 팜유를 사들였기 때문에 그 기원에 대한 가시성이 거의 없었다. 팜유 정제, 무역업자, 야자과일 공장들이 복잡하게 얽혀 있는 네트워크는 스위스 레만 호수 연안의 네슬레 본부의 시야에서 인도네시아와 말레이시아 등 먼 나라의 팜유 농부의 신원과 관행은 보이지 않았다.

그래서 2010년에 네슬레는 삼림 벌채와 지속 가능한 임업 문제를 전담하는 대표적인 NGO인 The Forest Trust (TFT)와 제휴했다. 첫째, TFT는 네슬레와 그린피스 둘 다와 협력하여 서로 상대방의 의지와 능력을 이해하는데 도움을 주었다. 이후 TFT는 네슬레의 "거의 모든" 제품에 대한 공급망 맵을 구축했는데, 이 맵은 팜유를 재료 장부에 포함하고 있었다. 이듬해 TFT는 팜유에 대한 일련의 책임 있는 조달 지침을 구현하는데 도움을 주었다. 네슬레는 TFT에 의지해 현장을 방문, 네슬레와는 직접적인 관계가 없었던 팜유 공급자들과 협상을 벌였다. 일반적으로 말해서, TFT 설립자인 스캇 포인턴(Scott Poynton)은 그의 그룹이 회사 파트너를 활용하여 공급 업체가 관행을 변경하도록 유도한다고 말했다. "우리는 구매자의 상업적 힘을 가져온다"고 그는 말했다. "그것이 변화의 동인이고 바퀴의 윤활유와 같은 것이다."

TFT는 공급망 작업을 마무리한 뒤 네슬레가 개선된 지속가능성을 소비자에게 전달하는 데 도움을 줬다. 이 같은 주장을 검증하기 위해 TFT 직원들은 팜유 농장 현장을 직접 방문했으며 현지 협력업체를 이용해 농장을 감사했다. 포인턴은 "우리는 사람들을 숲으로 데리고 나와 상황을 보고한다"고 말했다. 2년 동안 이러한 노력을 통해 네슬레는 그린피스 낙인이 찍힌 천덕꾸러기에서 정책 변경 건으로 그린피스에게서 공식적으로 감사 글을 받는 회사로 바뀌었다.

네슬레는 TFT와 제휴한 후 콩, 사탕수수, 코코아 등 복잡한 공급망을 가진 다른 12개 상품에서 다른 NGO들과 함께 일했다. 포인턴은 TFT가 다른 노력에 관여하지 않았음에도 불구하고 "우리는 이것이 정말 훌륭하다고 생각한다"고 말했다.

올바른 NGO 선택하기 Picking the Right NGO

NGO 제휴를 모색하는 기업의 과제는 적절한 방법으로 적절한 규모로 올바른 문제를 해결하는 호환 가능한 문제를 찾는 것이다. 그린피스가 네슬레의 팜유 매입 관행을 공격한 후 네슬레는 여러 가지 이유로 그린피스 대신 TFT와 협력하기로 결정했다. 첫째, 네슬레는 팜유와 간접적인 연관성과 그 성분의 소량 사용으로 볼 때 이번 공격이 부당하고 근거 없는 공격이라고 느꼈다. 둘째, 그린피스는 환경 관행을 개선하기 위한 파트너십을 증진시키기 보다는 기업에 대한 공격적인 캠페인으로 더 유명하다. 마지막으로, TFT는 세계적인 팜유 공급망에 깊이 들어가기 위해 네슬레에게 필요한 전문지식을 가지고 있었다.

EDF와 글로벌 환경 관리 이니셔티브(Global Environmental Management Initiative) 보고서는 NGO 참여가 어떤 아웃소싱 계약과 달리 세 가지 단계를 포함하고 있다고 제안했다. 첫째, 협력사 전체 디자인을 공들여 파트너 선정 기준을 개발한다. 그런 다음 당사자들은 서로 다른 관리 수준의 명확한 계획, 이정표 및 교차 기능 팀과 협력 계약을 협상할 수 있다. 마지막 단계는 프로젝트의 이점을 측정하고 전달한다. 비록 약정, 노력의 범위, 참가자의 수는 다를 수 있지만, 이 보고서는 기업들이 그들의 전략을 의도된 사업 성과와 일치시키도록 권장한다.

파트너십, 지불, 그리고 인식에 대해 *Of Partnerships, Payments, and Perceptions*

NGO는 또한 NGO의 자체 브랜드 이미지와 연계된 파트너 선정 및 파트너십 관리 과제에 직면해 있다. 많은 회사 - NGO 파트너십은 상호 협력에 기초하는 반면, NGO에 대한 회사의 지불을 포함할 수 있다. 이러한 지불은 윤리적 우려를 불러 일으킬 수 있으며, NGO와 회사 모두에게 좋지 않은 영향을 미치는 "그린워싱(green washing)"에 대한 비판을 초래할 수 있다(9장 참조). 일부 사람들은 EDF가 월마트와 너무 가깝다고 비난했다. EDF는 "우리가 함께 일하는 기업이나 기업 운영 자선단체로부터 돈을 받지 않는다"고 선언한 반면, 이 단체는 2005년부터 2013년 사이에 월튼 가족 재단(아직도 월마트의 지분을 많이 가지고 있는 설립자 가족 소유)으로부터 6천6백만 달러를 받아들였다. 그것은 EDF의 운영 예산의 상당 부분을 차지한다. 포레스트 트러스트(TFT)의 포인턴에 따르면, TFT는 기업 회원사들에게 만약 그들이 관행을 개혁하는 것에 대해 진지하게 생각한다면 그들을 험난한 길로 몰아갈 것이며, 그는 그룹의 브랜드가 "그린워시"에 이용되는 것을 허락하지 않을 것이라고 경고한다. 한 예로, "한 대형 금융 회사가 TFT에 가입하여 자기네가 자금을 지원한 사업체에서 지속 가능한 관행이 필요하다고 주장했었는데, 1년도 지나지 않아 TFT 지도부는 금융회사가 심각하지 않다고 판단해 TFT 회원사에서 퇴출 시켰다."고 포인턴은 말했다. "기본적으로 그들은 그냥 돌아서서 '멤버로 남을 수 있다면 10만 달러를 기부금으로 주겠다'고 말했다." 포인턴이 말했다. "우리는 '기부는 받지 않는다.그렇다, 우리는 자선단체지만 기부금은 받지 않는다. 우리는 회사들의 관행을 바꾸기 위해 회사와 협력한다.'라고 대답했다."

그런 점에서 NGO에 관여하는 것은 전통적인 공급자들과의 관여와는 다르다. 그것은 뉴스 미디어에 관여하는 것에 더 가깝다. 회사들은 언론 매체에 상당한 광고비를 지불하지만,그럼에도 불구하고 언론 매체의 회사 보도에 대한 회사의 인식된 영향력은 비난을 불러올 수 있다. 따라서 주류 미디어 세계의 문화는 광고 사업에서 뉴스와 의견 보도를 분리하는 것이다.

마찬가지로, 평판이 좋은 NGO 파트너는 종종 강한 독립심을 보여주며 기업의 희망에 반하는 행동을 할 것이다. 예를 들어, 그린피스는 한 때 RSPO와 그 회원 회사들을 공격했는데, RSPO의 업데이트된 가이드라인이 그린피스의 기대에 미치지 못했기 때문이다.

NGO의 명성은 후원 회사의 평판에도 영향을 미친다. 2010년 임업 인증 프로그램인 지속가능한 임업 이니셔티브(SFI, Sustainable Forestry Initiative)는 또 다른 NGO인 ForestEthics로부터 "그린워싱"과 종이 산업의 실타래라는 공격을 받았다. ForestEthics는 보고서에서 SFI는 주요 종이, 펄프 업체들에 의해 관리되고 있으며, 다른 많은 결함들 중에서도 "희귀한 야생동물 생존에 필수적인 삼림을 복원하기 위한 어떠한 작업도 필요하지 않다"고 주장했다. 비난 후 몇 년 동안 HP와 AT&T를 포함한 24개 회사는 서류 인증자로서 SFI를 포기했다.

많을수록 즐거움은 더 커진다 The More the Merrier

기업들은 종종 그들이 직면하고 있는 다양한 환경 문제를 해결하기 위해 여러 개의 NGO 파트너십을 이용한다. 파트너십 유형에는 특정 문제에 대한 맞춤형 지원을 위한 일대일 협력, 업계 과제를 해결하기 위한 업계 내 협력 및/또는 여러 분야에 걸친 산업 간 협업이 포함될 수 있다. 이러한 협력 모델은 상호 배타적이지 않으며, 많은 기업들이 내부 및 공급망 전반에서 환경 관행을 발전시키기 위해 하나 이상의 것을 고용하고 있다.

스타벅스는 커피 공급망을 평가하고 개선하기 위해 국제보존협회(Conservation International)과 협력하고, 산업 전반의 지속가능성 문제에 대해 미국 커피협회와, 산업 전반의 노동자들의 권리와 관련된 문제에 대해 공정거래 인터내셔널과 협력한다. 특정 사업부에 고유한 이슈는 일반적으로 코코아의 윤리적 소싱을 개선하기 위해 스타벅스의 조달팀이 세계 코코아 재단과 제휴하는 등 연구 대상의 특정 분야에 대해 깊은 전문지식을 가진 NGO와의 직접적인 제휴에 의해 처리된다. 스타벅스는 또한 많은 다른 NGO, 환경 단체, 산업 단체들과 함께 일한다.

이와는 대조적으로 IKEA는 주로 운영 전문지식을 위해 NGO 파트너를 고용하고 있다. 이 세계적인 가구회사는 세계자연기금(WWF)과 세계산림관리협의회(Forest Stewardship Council)와 계약을 맺고 IWAY 프로그램에 따라 공급업체가 벌목 관행을 개선할 수 있도록 돕기로 했다. 그 회사는 옥스팜과 그린피스를 포함한 몇몇 단체의 대표들로부터 지속가능성 아이디어에 대한 피드백을 요청하기도 한다. IKEA의 제네트 스키엘모세(Jeanette Skjelmose)는 "우리는 그들이 우리에게 도전하기를 원하고 우리는 그들이 이 프로젝트가 성공할 수 있도록 역량을 발휘하기를 원한다."고 말했다. 그러나, 그녀는 IKEA가 감사 기능을 아웃소싱함으로써 NGO 협력자들이 회사와 공급자들 사이에 끼어드는 것을 결코 허용하지 않을 것이라고 말했다. 환경 문제가 회사의 규모를 초과하거나 사업 비용을 증가시키거나 운영 능력을 제한하겠다고 위협할 때 기업들은 자원을 모으고 경쟁 분야를 평준화하기 위해 업계 제휴관계 내에서 일하는 경향이 있다. 다른 상황에서는 레버리지 증가, 혁신풀 구성, 규모의 경제 달성 및 외부 관점을 포함하기 위해 서로 다른 산업 전반에 걸쳐 작업하기도 한다. 예를 들어, 네슬레, 코카콜라, SAB 밀러 등과 다른 회사들은 국제금융공사(International Finance Corporation, 세계은행의 민간투자회사)와 협력하여 2030년 수자원그룹(Water Resources Group)을 결성하여 물 부족 문제의 여러 차원을 강조하고 이를 해결하기 위한 가장 비용이 적게 드는 방법을 찾아냈다.

기업 문화 COORPORATE CULTURE

일회성 프로젝트와 달리 지속 가능성은 품질, 안전 또는 회복탄력성에 대한 탐색과 유사한 끈질긴 탐색이다. 흔히 기업들은 5, 10년, 혹은 심지어 20년 동안 공공 장기 약속을 한다. 이러한 장기적인 여정을 관리함에 있어서, 기업들은 그 과정 지속을 어렵게 만드는 많은 어려움에 직면한다. 게다가, 때때로 그 과정은 또한 바뀌어야 한다. 환경 문화(Eco-culture) 이니셔티브는 회사 전체에 환경 인식을 심어주고 지속 가능성 관행을 장려하기 위해 노력하고 있다.

지속가능성은 회사의 전반적인 사명 또는 브랜드 목표와 일치한다면 조직에 뿌리를 내릴 가능성이 더 높다. 따라서, 연료, 에너지 및 포장에 대한 비용을 절약하는 환경 효율성 이니셔티브는 월마트와 "매일 낮은 가격(everyday low prices)"이라는 그들의 가장 중요한 목표에 잘 들어맞는다. 스타벅스에서는 12만명의 커피 재배업자들의 지속가능성을 보장하기 위한 노력(5장 참조)이 배려하는 회사로서의 브랜드 이미지를 유지하는 데 적합하다. 좀 더 전술적인 수준에서 플라이니트 설계(Flyknit Design) (8장 참조)의 미니멀리스트 부품 수와 낮은 재료 소비량은 나이키의 혁신에 대한 집중을 지원한다. 그러나 지속가능성 목표가 보다 광범위한 기업 목표와 일치하더라도 기업들은 여전히 다양한 장애물에 직면할 수 있다.

지속가능성 유지하기 Sustaining Sustainability

스토니필드팜(Stonyfield Farm)은 1983년 뉴햄프셔에서 소규모 유기농 요거트 제조업자로 시작했으며 대부분 뉴잉글랜드 슈퍼마켓에 판매한다. 처음부터, 그것은 다양한 환경적 원인에 전념했다. 2013년까지 회사는 크게 성장하여 캘리포니아만큼 멀리 있는 소비자들에게까지 도달했다. 성장하기 위해 스토니필드는 많은 신입 사원을 고용했는데, 그들 중 일부는 회사의 설립자나 초기 직원들과 같은 유기적이고 생태학적인 가치에 얽매이지 않았다. 낸시 허쉬버그(Nancy Hirshberg) 천연자원 담당 임원은 "우리 직원들은 일반인보다 환경 문제에 더 관심이 없고 지식도 없다."고 말했다.

그러나 갈수록 야심만만한 환경 목표를 달성하기 위해서는 전 직원의 적극적인 참여가 필요했다. 따라서, 이 회사는 직원들이 스토니필드의 환경 미션의 이유와 방법을 이해할 수 있도록 돕기 위해 2006년에 미션 액션 프로그램(MAP)을 시작했다. "그들은 우리 회사가 환경에 미치는 영향과 그들이 직장에서와 개인생활에서 환경 부담을 줄이는 데 도움이 될 수 있는 방법에 대해 배웠다."라고 2009년 사례연구에서 말했다. 이 프로그램은 스토니필드의 11개 환경 중점 분야를 묘사했는데, 우유 생산에서부터 "Stonyfield Walking Our Talk(SWOT)"에 이르기까지 다양하다. 후자의 카테고리는 창고에 채광창을 설치하는 것과 같은 작은 내부 변화를 포함했다. 그러한 조치들은 회사의 환경 영향력에 사소한 변화를 가져왔으나 근로자들은 회사의 끊임없는 약속을 상기시켰다.

당초 이 프로그램은 회사 탄소배출량의 95%를 담당한 스토니필드 직원의 10%에 초점을 맞췄다. 2007년에, MAP는 전체 회사를 포괄하는 것으로 성장했다. 허쉬버그는 "생산라인 직원부터 임원까지 모두가 기후변화에 중점을 두고 글로벌 환경문제에 대해 배울 수 있는 기회를 가졌다"고 썼다. 2008년 스토니필드는 한 걸음 더 나아가 직원들의 보너스를 회사의 환경 성과에 연동시켰다.

당시 스토니필드의 CEO였던 게리 허쉬버그가 직면한 가장 큰 도전 중 하나는 스토니필드 노동자들이 환경 효율을 넘어 '진정하게 지속가능한 사고'를 사용하도록 하는 것이었다. 이런 내부적 사고방식이 '고객, 고객, 투자자 등'을 조직 밖으로 끌어들이는 데 도움이 되는 조직적 '인격성'을 제공했다고 본다.

지속가능성: 새로운 경영 체제 *Sustainability: Under New Management*

2001년 프랑스 식료품 재벌 다논(Danone)은 스토니필드를 인수했지만 대부분 스토니필드의 일상업무에 관여하지 않았고 심지어 환경관행에서 배우려고도 했다. "스토니필드의 유기농 우유와 설탕은 다논의 기존 재료보다 훨씬 더 비싸지만, 순 마진은 사실 다논과 같거나 더 좋다"고 히르스버그는 말했다. 이것은 스토니필드가 입소문 마케팅에 의존하면서 광고에 거의 돈을 쓰지 않기 때문이라고 그는 말했다. 그는 스토니필드의 고객들이 회사에 가지고 있는 신뢰가 열쇠라고 믿는다. "반전적인 측면은 우리가 그 신뢰를 깨뜨리면 우리는 큰일 난다는 겁니다."

마찬가지로 영국의 초콜릿 브랜드 그린앤블랙은 급성장기뿐만 아니라 2005년 캐드베리에 인수된 후에도 기업의 사회적 책임문화를 유지할 수 있었다. 앞서 설명한 것처럼 그린앤블랙은 유기농, 공정무역, 지속가능성 원칙을 기반으로 설립되었다. 그린앤블랙의 문화는 심지어 캐드버리가 그들 자신의 공정한 무역 이니셔티브를 추구하도록 영향을 줄 만큼 충분히 강했다. 2010년1월, Cadbury 관리하에 있는 동안, 그린앤블랙은 모든 초콜릿 바와 음료에 100% 공정무역 초콜릿을 사용할 계획을 발표했다. 조제핀 페어리에 따르면 퇴임하는 캐드베리 CEO 토드 스티처를 위한 2010년 축하 만찬에서 은퇴한 CEO는 그린앤블랙의 창립자들에게 "캐드베리의 공정한 거래를 보여준 크레이그 샘스와 조 페어리에 감사하고 싶다."고 말했다. 2011년 캐드베리는 도미니카공화국에 8년간 300만 파운드 이상의 투자를 발표하여 공정거래 보급 기반을 확대하겠다는 공약을 뒷받침했다.

이 회사의 진보적 문화는 2010년 미국의 거대 식품업체인 몬델레스 인터내셔널(Mondelez International Inc.)에 캐드베리가 인수되었을 때에도 경영의 원동력이 되었다. 실제로 몬델레스는 2016년 9월 7일 컨퍼런스에서 Green & Black의 브랜드를 확대하고 제품군에 더 많은 지속 가능한 스낵을 추가하는 것을 성장 전략의 첫 번째 축이라고 발표했다.

2017년 6월 16일 아마존은 홀푸드(Whole Foods) 인수를 발표했다. 홀푸드는 고급스럽고, 진보적이며, 환경 친화적인 식품 소매상이다.

이와는 대조적으로 아마존의 성공은 가차없는 효율성과 저비용, 그리고 직원들을 열심히 몰아붙이는 데 바탕을 두고 있었다. 아마존의 CEO 제프 베조스에 베팅하는 것은 어리석은 일이지만, 두 문화의 통합은 기업 인수에서 살아남기 위한 지속가능성 약속의 힘으로 흥미로운 사례 연구를 제공할 것이다.

끊임없이 움직이는 골대 The Ever-Moving Goal Posts

2007년에 델은 제7장에서 설명한 바와 같이 2020년까지 20억 파운드의 전자 폐기물을 재활용할 것을 약속했다. 2014년까지 그 회사는 실적이 10억 파운드에 달한다고 발표했다. 그러나 델이 재활용된 컴퓨터에 대한 데이터를 수집하고 분석함에 따라 델의 세계적 소비자 및 상업 재활용 담당 책임자 데보라 샌더스(Deborah Sanders)가 2020년 목표를 달성하지 못할 것이라는 사실이 명백해졌다. 샌더스는 "데스크톱 시장을 보면 계속 늘어나는 모빌리티 제품의 상승에 비해 평탄하거나 소폭 하락하고 있다"고 말했다. 무거운 데스크톱에서 슬림한 노트북과 태블릿으로 바뀐 것은 재활용되는 장치의 수가 제 궤도에 올랐음에도 불구하고 델이 무게 목표를 놓칠 위험에 처해 있다는 것을 의미했다. 이로 인해 경영자들은 기부 포인트를 더 추가함으로써 그들의 노력을 증가시킬 뿐만 아니라 소비자들에게 중고 전자제품을 받아들일 수 있는 장비를 갖춘 미국 전역의 2,000개 이상의 굿윌 [107] 가게 중 하나에 어떤 조건에서도 (델 뿐만 아니라) 모든 브랜드의 오래된 장비를 반환하도록 장려하게 되었다. EMC는 지표를 주의 깊게 정의하여 미래지향적인 목표를 달성하려 노력했다. "EMC에서는 (업무수행결과를 보여주는)메트릭스가 맥락을 필요로 한다고 믿는다."고 EMC의 Winkler가 말했다. 기술적 진보는 새로운 스토리지 유닛이나 서버가 생산하기에 다소 더 에너지 집약적일 수 있지만, 그것은 훨씬 더 많은 메모리, 더 높은 처리 속도,

---

[107] Goodwill, 기증물품,중고물품 기반으로 소외계층에 직업재활서비스와 재활용을 담당하는 미국 기반의 사회적 기업

더 높은 I/O 속도를 가질 가능성이 있다는 것을 의미한다. 따라서 EMC는 설치 공간 지표를 제품 단위당보다는 기가바이트당, 초당 입출력 작업당, 그리고 직원당으로 표준화한다. 예를 들어, EMC는 엔터프라이즈 스토리지 시스템을 위한 솔리드 스테이트 드라이브를 제공한 최초의 기업 중 하나였으며, 이러한 드라이브는 구형 드라이브보다 초당 운영되는 에너지를 98%나 적게 사용한다. 또한 테라바이트당 에너지 사용량이 38% 감소한다. 이러한 지표는 미래의 하드웨어 기술 변화로부터 EMC를 보호할 뿐만 아니라, EMC 제품의 품질을 향상시키기 위해 사용되는 동일한 유형의 메트릭스이며 EMC 직원의 일상적인 의사결정과 연결되어 있다.

"지연된 성공" 관리 Managing "Delayed Success"

애플이 자사 제품에서 여러 종류의 독성 물질을 제거하는 데 성공하면서 다른 기술 제조업체에 대한 환경적 압력이 높아졌다. 애플이 자사의 컴퓨터 장비에서 브롬화난연제(BFR)를 제거할 수 있다면, 업계 다른 업체들도 왜 그렇게 하지 못했을까? 그럼에도 불구하고, EMC의 엔지니어들이 애플의 BFR-프리 회로 기판 재료를 시험했을 때 대체품은 실패했다. 소비자 전자 제품에서 작업한 비독성 대체품은 데이터 센터, 의료, 항공 및 금융의 미션(과 안전) 크리티컬 시스템에 사용되는 EMC의 엔터프라이즈 제품에 필요한 기술적 성능과 신뢰성을 가지고 있지 않았다.

EMC 제품의 독소를 제거해야 하는 과제는 글로벌 공급망 엔지니어링 담당 임원인 리차드 머피에게 돌아갔다. 대체품을 찾으려는 초기 노력은 실패했지만, 머피는 실패로부터 얻은 교훈을 통합하고 다시 시도하면서 그의 팀을 계속하도록 설득했다. 엄격한 사양을 충족하는 BFR 무회로기판 재료를 찾기까지는 2년이 걸렸다. 마침내 머피가 실행 가능한 BFR 없는 해결책을 찾았을 때, 그는 또 다른 도전에 직면했다. 새로운 재료는 공급자 측의 투자를 요구했고, 이는 높은 초기 비용을 부담하게 된다는 것을 의미한다.

새로운 기술에 대한 과거 가격 추이를 분석함으로써, 머피는 EMC

의 공급자와 경영진 모두에게 볼륨이 증가하면 가격이 하락할 것이고, 그것이 곧 중요해질 것이라는 것을 확신시킬 수 있었다. 머피는 "공급업체가 이 새로운 재료의 시장이 꽃을 피우고 있다고 말했을 때 나는 기쁘지 않았다고 말하지 않을 것"이라고 말했다. 마찬가지로, 케이블과 코드에서 플라스틱을 더 부드럽고 유연하게 만드는 데 사용되는 화학 물질인 프탈레이트를 제거하는 것은 처음에는 기술적으로 어렵고 경제적으로 위험해 보였지만 그 다음에는 가격과 공급 사슬의 위험 감소와 함께 새로운 재료의 시장을 육성하는 같은 개발 경로를 따랐다.

머피는 비슷한 도전에 직면한 기업들에게 두 가지 중요한 교훈을 제시했다. 첫째, "처음에는 효과가 없는 프로젝트는 실패가 아니다. 오히려 그들은 '지연된 성공들(delayed successes)'이라고 그는 말했다. 둘째, "업종 변화에 관한 한, 기업 혼자서는 못 간다" 새로운 재료와 프로세스가 경제적으로 실현되기 위해서는, 산업 생태계가 그 변화를 받아들여야 하는데, 이 변화는 공급자, 경쟁자 및 고객을 설득하기 위해 환경 정렬 이니셔티브를 사용하는 것을 포함한다. 더 많은 고객들이 새로운 지속 가능한 기능을 가진 시스템을 지정함에 따라, 더 많은 공급자들이 전문 지식을 개발하고 그것을 이용할 수 있게 되고, 더 많은 OEM들이 그것을 사용함에 따라, 규모의 경제는 비용을 낮출 가능성이 있다.

당연히 그러한 전략은 천천히 실행되어 전체 생태계를 이끌어내야 한다. Tesco의 실패한 라벨링 노력(3장 참조)의 교훈 중 하나는 공급망을 따라 공급자, 고객 및 서비스 제공자를 위한 기반을 마련하지 않고 상당한 변화를 앞서가는 것이 그 노력에서 패배하고 후퇴할 수 있다는 것이다.

계획을 관리하라 MANAGING A PLAN

마크 & 스펜서의 최고경영자인 스튜어트 로즈가 그의 최고 경영자들에게 지속가능성의 중요성을 설득한 후, 그의 팀에 "플랜 A" ("플랜B는 없을 것이기 때문에")라고 불리는 지속가능성 계획을 세우라고 지시했다. 모든 테스코 제품에 탄소 발자국으로 라벨을 붙이려는 테리 리히 경의 노력과는 달리, 로즈는 그것을 아주 다르게 진행했다. 플랜 A는 전체 공급망과 관련된 제품 LCA에 초점을 맞추는 대신 자체 사업 전반에 걸쳐 여러 사회 및 환경 문제에 초점을 맞췄다. 프로그램을 계속 진행시키기 위해 로즈는 "플랜 A는 드럼 비트의 일부였고[108], 매주 내가 의장직을 맡고 있다는 사실이 M&S의 고위 경영자들이 와야 한다는 것을 의미했다"고 설명했다.

로즈가 M&S 이사회에 플랜 A를 제안했을 때, 그는 "그들 중 3분의 1은 내가 정신이 나갔다고 생각했을 것이고, 아마도 10퍼센트 정도만이 그것을 하기를 원했을 것이다."라며 큰 호응을 얻지 못했다고 말했다. 일부 투자자들은 5년 동안 2억 파운드의 잠재적 적자에 대해 항의했지만, 로즈는 그의 입장을 고수했다. 2007년 1월, 기후변화, 폐기물, 천연자원, 공정한 파트너십, 건강 및 웰빙 등 5대 축으로 구성된 광범위한 환경 및 사회적 지속가능성 문제에 관한 100개의 연동형 환경공약을 담은 플랜 A를 공식 발표했다. 로즈는 "추가 비용을 고객에게 전가하지 않고 플랜 A를 완성하겠다"고 약속했다.

중앙집중화에서 권한부여까지 From Centralization to Empowerment

M&S는 초기에는 플랜A 팀이 "적절한 장소에서 돈이 소비되고 있는지를 확인하는 지속 가능성에 대해 가장 능숙하고 지식이 풍부할 것"이라는 가정하에 권한을 중앙 집중화했다. 그러나 중앙 집중화로 인해 직원들이 환경 이니셔티브에 대한 오너쉽을 가질 수 없었다. "그들은 작은 그릇을 가지고 와서 A, B, C에 투자하기 위해 항상 허락을 구걸했고, 우리는 예, 아니오 라고 대답하곤 했다. 그리고 그들은 마지못해 플랜 A를 하게 되었다," 라고 그가 덧붙여 말했다. 가능한 한 여러 가지 작은 변경을 수행하는 플랜 A의 전체 아이디

---

[108] 앞뒤 맥락을 보면 plan A 란 약속자체가 최종 목표였다기 보다, 전체 큰 그림을 장기적으로 이행하도록 분위기를 조성하는 북소리 정도 역할을 했다는 의미임

어는 중앙 통제와 양립할 수 없었다. 게다가, 직원들은 비용 절감을 위해 싸우지 않았다. "그들의 공급자들이 와서 '지속 가능한 면화는 가격이 10퍼센트 더 비싸다'라고 말하면, 구매 그룹은 승인 받은 돈이 있기 때문에 '좋아'라고 말할 것이다."라고 배리는 말했다.

그 상황을 해결하기 위해 회사는 의사결정을 분산시키고 비즈니스 전반에 걸쳐 수천 명의 사람들에게 예산권한을 부여했다. "이제 자체 예산이기 때문에 공급업체가 10% 인상으로 시작할 때 '아니오, 더 이상 비용이 들어서는 안 된다'라고 대답하면 공급업체가 돌아와서 8%라고 답하면 결국 2% 또는 3%로 낮아질 것입니다. 이들은 예산을 소유하기 때문에 보조금을 지급하기보다는 비용 효율적인 방법으로 지속 가능성을 보장하는 데 훨씬 더 적극적입니다."라고 Barry는 설명했습니다.

분권화는 직원들에게 더 다양한 기회를 식별할 수 있는 면허를 주었다. 배리는 "따뜻하고 감성적이며 지구를 지키는 이 현수막을 완성하면, 개인으로서 사람들이 여러 개의 작은 절약원(에너지, 낭비)을 찾을 수 있도록 했습니다. 이 모든 것이 상대적으로 작은 달러 표시를 옆에 두었지만, 플랜A 우산 아래에 모이면 갑자기 마법 같은 1억5천만 달러의 절감액을 얻을 수 있다."라고 말했다.

수입원 연결하기 Linking Paychecks

로즈는 모든 M&S 임원들의 연간 보너스를 매장 매니저 수준으로 묶어 플랜A 목표를 달성토록 했다. 시설 관리 및 플랜A의 무니쉬 다타(Munish Datta) 팀장은 "우리 매장 매니저는 건전한 경쟁을 좋아하기 때문에 보너스 수입 잠재력을 에너지, 물, 폐기물 실적과 연계시키고 내부 매장 리그 테이블을 발행하는 것이 매우 효과적"이라고 말했다. 플랜A는 지속가능성 챔피언에 자원한 잠재력이 높은 직원을 확인하는 길이 되기도 해 다른 사람에게 영감을 주고 변화를 이끌어갈 수 있는 능력을 예고했다. 이 이니셔티브는 직원들이 현재의 플랜A에서 신선한 사고를 필요로 하는 분야에 종사하는 회사의 리더십 개발 과정을 통해 기업문화에 더 깊이 포함되었다.

판매 데이터를 실시간으로 이용할 수 있지만, 환경 성과 데이터가 1년 이상 경과할 수 있기 때문에, 추적 진행 상황은 플랜A 관리 정보 시스템(MIS)을 개발해야 했다. 새로운 MIS는 운영위원회가 플랜 A의 월별 공정 검토를 가능하게 했다.

M&S은 비용 산정 방식과 사업 수익률도 여러 가지로 바꿨다. 그것은 프로젝트에 내부 탄소 가격을 추가했고, 그것은 에너지와 유지보수의 평생 비용을 반영하기 위해 수명 주기를 사용하기 시작했으며, 매장의 한 부분에 있는 프로젝트가 매장내 다른 부분에 어떻게 영향을 미칠 수 있는지를 모델링했다(예: 효율적인 조명이 난방과 냉방에 미치는 영향).

공급업체 및 소비자에게 미치는 영향 Influencing Suppliers and Consumers

M&S는 이 책에서 소개된 많은 회사들과 달리 공급업체가 회사 탄소 배출량의 60%를 차지함에도 불구하고 공급 업체의 탄소 배출량을 배출량 추정치와 탄소중립 목표에서 제외시켰다. 그들은 3만5천개 이상의 제품군에 대한 배출량을 정량화하는 것이 비용 효율적이지 않을 것이라고 판단했다. 대신 M&S는 공급업체가 모든 식품 공장에서 최고의 환경 및 사회 관리 관행을 공유하고 구현할 수 있도록 일련의 플랫폼을 만들었다. 이와 함께 M&S는 공정 무역, 지속 가능한 원자재, 동물 복지, 또는 더 건강한 식품 기준과 같은 "플랜 A 품질"을 모든 제품이 갖추도록 2020년 목표를 향해 점진적으로 움직이고 있다. 2017년까지 판매 품목의 79%가 플랜A 스토리를 갖고 있어 순조롭게 진행되고 있었다.

로즈는 납품업체의 행동강령을 의무화하는 대신 M&S의 최대 납품업체 CEO들을 비공개로 만나 플랜A의 근거를 설명했다. M&S 지속 가능 비즈니스 책임자인 카르멜 맥퀘이드(Carmel McQuaid)는 "사업 사례를 행동으로 보여주는 것은 어떠한 문서나 관행보다 공급망 전반의 변화를 촉진시키는 측면에서 훨씬 더 강력하다."라고 주장했다. M&S는 협력사 간 모범사례를 장려하기 위해 2500개 협력사를 대상으로 지식 교환을 실시했으며, 여기에는 냉동 등 특정 현안에 대한 실무그룹도 포함됐다. 온라인 시스템과 함께 영국에서 공급업체를 위한 M&S가 직접 지속 가능성 회의를 개최하고, 전체 M&S 이사회가 참석해 플랜 A가 왜 중요한지 설명함으로써 계획이 회사에 일차적인 중요성을 알렸다.

M&S의 풋프린트 감소 계산에서도 상품을 사용하거나 폐기할 때 고객이 배출하는 탄소를 제외했다. 대신, 이 회사는 소비자들에게 저온에서 옷을 세탁하는 것에 대해 교육하기 위한 "기후변화를 생각하라, 30°C 물로 세탁하라." 캠페인, EU 에너지 효율 라벨 표준에 따라 A등급 이상의 가전제품만을 휴대하는 것, 그리고 "쇼핑"이라는 의류 재활용 프로그램을 만드는 것과 같은 특정한 핫스팟에 대한 이니셔티브를 만들었다. 그리고 M&S는 기부된 의류에 대한 대가로 할인을 제공했다.

배리는 "평균 소비자는 구매 시점에 15초 정도를 생각한다."고 설명했다. 따라서 M&S는 각 제품의 인증 및 라벨링 대신 탄소 트러스트의 탄소, 물, 폐기물에 관한 3중 표준에 따라 인증을 받은 최초의 소매업체일 뿐 아니라 ISO 50001 에너지 관리 인증을 획득한 최초의 영국 대형 소매업체일 뿐 아니라 광범위한 회사 차원의 인증을 추진하였다.

결과 및 개선 Results and Revisions

플랜 A는 2007년에 100개의 약속으로 시작되었다. 이것들은 확장된 공급망 약속이라기 보다는 내부적인 사회적 약속과 환경적 약속이 혼합된 것이었다. 2010년 3월까지 62개를 달성하고, 30개 목표를 "계획 중"으로 하고, 나머지 8개는 "미달" 또는 "보류 중"으로 했다. 그 후 M&S는 "2015년까지 세계에서 가장 지속 가능한 메이저(멀티라인) 유통업체가 되겠다"는 전체적인 목표를 가지고 플랜A에 80개의 새로운 약속을 추가했다. 실제로 포브스는 2014년 100여건의 약속을 새롭게 한 제3판 '플랜 A 2020'을 발표하면서 M&S를 '가장 지속 가능한 기업 2015' 중 최고 유통업체로 선정했다.

로즈는 주주들에게 5년에 걸쳐 2억 파운드를 플랜A에 투입할 계획이라고 경고했지만, 에너지와 폐기물에 대한 환경 효율적 절감으로 이 계획은 단 2년 만에 비용 면에서 긍정적이었다. 2013년까지 플랜A는 소매업체의 이익에 연간 1억3천5백만 파운드를 추가했다. 2012년, 의사결정 기술의 연례 브랜드 인성 조사에서 마크&스펜서는 영국에서 일곱 번째로 "가장 친환경적인" 브랜드가 되었으며, 영국인들이 가장 긍정적인 감정을 보고한 브랜드가 되었다.

여러 가지 면에서 막스앤스펜서의 브랜딩 성공은 자신의 운영에 노력을 집중한 결과였다. 그러나 환경 지속가능성에 실질적인 영향을 미치려면 대부분의 영향이 발생하는 상류 및 하류 공급망 구성 요소를 모두 포함해야 한다. 제품별로 적어도 하나의 플랜 A 품질을 제공하겠다는 M&S의 목표도 모든 유형의 요람에서 중대한 영향을 고려할 때 그다지 대단한 것은 아니다. 진정한 환경 지속 가능성을 달성하기 위해 모든 제품은 여러 가지 플랜 A 품질을 필요로 한다. 진정한 환경 지속가능성을 달성하기 위해 모든 제품은 몇 가지 플랜 A 품질을 필요로 한다.

M&S와 같은 많은 주류 기업들이 다른 많은 기업 이니셔티브들(예: 품질, 가치, 혁신) 중 하나의 요소로서 지속가능성을 추구하지만, 일반적으로 일부 중소기업들은 지속가능성을 그들의 정체성의 가장 핵심에 둔다. 이러한 명백한 "친환경" 기업(및 환경 관행)은 더 엄격한 규제, 더 큰 행동주의 압력 또는 지속 가능한 제품에 대한 소비자의 더 큰 관심에 의해 영향을 받는 가능한 미래를 엿볼 수 있다.

제11장 지속가능성 업그레이드하기

CREATING DEEP SUSTAINABILITY

2012년 6월 11일, 수염을 기르고 말총머리(ponytail)를 한 데이비드 브로너가 백악관의 바로 북쪽에 위치한 워싱턴 DC 라파예트 광장 64제곱 피트(약 5.94m²) 넓이 강철 케이지 안에 자신과 대마초 몇 개를 가두었다. 그는 프랑스 빵 한 조각에 바를 오일을 충분히 만들려 하고 있었다. 먼저 경찰은 볼트 절단기로 케이지를 자르려 했으나 실패했고, 그 다음 견인차로 케이지를 떼어내려고 시도했지만, 그것 역시 실패했다. 경찰이 전동체인톱으로 쇠사슬을 끊고 브로너를 '통행 방해'와 대마초 소지혐의로 체포하는 데 3시간이 걸렸다. 이와 같은 일화는 데이비드 브로너를 그저 대마 합법화의 또 다른 시위자로 보이게 할 수도 있지만, 사실 그는 닥터브로너스 매직 비누의 CEO(그의 경우 "Cosmic Engagement Officer"의 약자)이며 환경 지속가능성에 깊은 관심을 가지고 있었다. 대부분의 기업들이 규제나 사회적 요건의 제약 안에서 재무 성과를 극대화하려고 하지만, 닥터 브로너스, 세븐스 제너레이션, 파타고니아와 같이 깊이 있는 지속 가능한 기업들은 이러한 목표와 제약조건을 뒤집는다. 즉, 그들은 경제적 생존가능성 제약이 있더라도 환경적 영향을 최소화하려고 한다. 이러한 "심층 녹색(deep green)" 회사들은 그들의 사회적, 환경적 전략을 브랜드화, 아이덴티티 메커니즘으로 사용한다. 그들은 "친환경" 고객들에게 판매하고 "친환경" 구직자들을 끌어들인다.

닥터 브로너스 마법의 모든 것 DR. BRONNER'S MAGIC ALL-ONE

대부분의 CEO들은 특히 전혀 유쾌하지 않은 미국 마약단속국(DEA,

Drug Enforcement Administration)의 형사 고발과 관련된 논란을 부지런히 피하고 있지만, 이번 사건은 브로너가 당국과 벌인 첫 접촉이 아니었다. 2001년 그는 전국 DEA 건물 앞에서 운동가들과 함께 대마음식과 양귀비 씨앗 베이글(hemp foods and poppy seed bagel)을 맛볼 수 있는 비교를 마약 단속 경찰관들에게 제공했다. 2009년에는 DEA 본부 밖에 대마를 심다가 체포된 조직의 일원이었다. 세 경우 모두 대마초와 밀접한 관련이 있지만 결과적으로 마리화나의 향정신성 화학물질이 부족한 대마 재배를 금지하는 미국의 정책에 항의하고 있었다.

앞에서 소개한 워싱턴 케이지 난동에서 라이언 플레처 브로너 대변인은 "그는 캐나다에 달러를 쓰기 보다는 미국 농부들로부터 대마기름을 공급받기를 원하기 때문에 이런 행동을 하는 것"이라고 말했다. Bronner는 환경 지속 가능성이라는 회사의 문화의 특징 중 하나인 로컬 소싱을 원했다.

우주선인 지구 Spaceship Earth

대부분의 기업들은 CEO의 그런 과격한 행동에 겁을 먹겠지만, 개인적으로 고용된 닥터 브로너스의 지도자들은 1948년 비영리 종교 단체로 설립된 이래로 항상 자유롭게 활동성과 사업 관행을 혼합해 왔다. 설립자 임마누엘("에밀(Emil)") 브로너(Dr. Bronner, 정식 박사학위가 없음에도 닥터 브로너로 알려짐)는 "우주선 지구"에서 인류 통일의 비전을 개발했다. 모든 인류(청결함의 경건함)를 하나로 묶는 도덕성에 관한 그의 풍성한 글들은 그 회사 제품의 라벨에 훌륭한 인쇄물을 엮어 놓았다. 설립자가 세상을 떠난 후, 그리고 미 국세청(IRS)의 압력에 의해 그 회사는 종교 단체라는 주장을 철회했다. 1990년대 초 브로너의 아들 짐(Jim)이 이어받았고, 1998년(Jim이 죽은 후) 아들 데이빗 브로너가 CEO 역할을 맡았다.

헌신적인 운동가인 데이빗 브로너는 가능한 환경적 영향을 가장 적게 받는 동시에 닥터 브로너스의 제품을 가능한 한 자연적으로 만들면서 할아버지의 변화의 유산을 이어갔다. 대마(hemp)재배를 위한 진전은 이 접근법의 일부로서, 고속 재배하는 식물을 고품질 섬유, 식용유, 고품질 단백질, 동물 사료 등을 제공하는 재생 가능한 자원이라고 언급했다. 1999년, 데이비드 브로너는 비누의 기존 카라멜 색소를 대마씨 오일로 대체했는데, 이것은 또한 더 부드러운 광채를 만들어낸다. 이 선택은 미국 당국과 갈등을 빚게 했다. DEA 정책은 대마의 취기 효과가 없음에도 불구하고 대마초와 동급으로 취급하기 때문이다. 이 법은 캘리포니아 회사가 캐나다로부터 대마 기름을 수입하도록 강요했는데, 이곳에서 원천 작물이 합법적으로 재배될 수 있다.

지속 가능성 철학에 비추어 볼 때, 닥터 브로너스는 프로젝트를 평가할 때 대부분의 공기업들이 하는 것과 같은 절충안을 만들지 않는다. "지속성과 소싱에 대한 우리의 모든 깊은 생각들, 즉 추가 비용, 회사로서의 우리의 자선활동은 우리가 판매하는 물품의 원가의 핵심입니다."라고 닥터 브로너스 COO인 Michael Milam은 말했다. "한번 그렇게 공급망을 구축하면, 상황이 긴축되면 그것을 대체할 수 있는 옵션이 되지 않습니다." 그 약속은 심지어 1985년 파산 직전까지 갔을 때에도 60년 넘게 회사의 필수적인 부분이었다.

추적할 수 없다면 If You Can't Trace It

대마만이 닥터 브로너스가 다루었던 유일한 환경문제 또는 가장 큰 문제가 아니다. 2006년 이 비누 제조업체는 Fair for Life 프로그램을 통해 공인된 공정거래 재료만을 소싱하는 등 공급망을 자사의 신념에 맞추기 시작했다. 그 회사는 즉시 닥터 브로너스의 부피상 가장 큰 두가지 성분인 코코넛과 팜유로 인한 도전에 직면했다. 그 회사의 팜유 중개업자들은 구매한 모든 오일의 배후에 있는 노동과 환경 관행을 확인할 수 없었다. 팜유 세계 상품시장에서 공급받는 네슬레, 유니레버 등 많은 대기업을 괴롭힌 것과 같은 추적가능성 이슈였다(5장 참조).

브로너의 반응은 브로커들을 따돌리고 수직적 통합에 투자하는 것이었다. 이 회사는 가나에 자체 제분소를 짓고 스리랑카에 코코넛 오일 처리 시설을 인수했다. 밀람은 "공정무역 코코넛 오일은 없었고 그때문에 우리가 스리랑카에 제분소를 두게 되었다"고 말했다. 일단 그 회사가 그 공장을 소유하게 되면, 그것은 그 회사가 승인한 그 지역의 소액주주 농부들로부터만 코코넛을 조달했다.

수직적 통합과 원자재의 공급원에 대한 직접적인 통제는 닥터 브로너스의 공급망에서의 환경 노출을 감소시켰지만, 그것은 사업 위험과 비용 모두를 증가시켰다. 수백, 수천 개의 소규모 공급업자의 위험과 자원(처리, 운송, 판매 포함)을 모아 효율을 높이고 공급과 가격의 변동성을 줄이기 위해 상품들이 세계 시장에서 거래되고 있다. 이와는 대조적으로, 닥터 브로너스의 매직 비누는 자체적인 코코넛 오일과 팜유 재배자와 제분기를 보유함으로써, 스리랑카나 가나에 있는 농부들이 흉년이 들더라도 그 공급의 위험을 제거할 수 있었다. 게다가, 닥터 브로너스는 이 작은 제분소들의 기준을 맞추기 위해 시운전 비용을 지불해야 했다. 첫 해에, 그 회사는 심지어 농작물을 심기 전에 선불까지 해야 했다. 밀람은 2013년 인터뷰에서 "작물을 미리 조달해야 한다"고 말했다. "이것은 우리가 예측을 매우 잘 하도록 강요한다." 부족이나 과잉용량을 최소화하기 위해, Milam은 그 회사가 재료 사용량을 4년치 시계에 매핑한다고 설명했다. "전화만 들고 재료를 누가 갖다 줄 거라고 기대할 수는 없다."

포인트 만들기 *Making a Point*

2008년, 닥터 브로너스 매직 비누는 경쟁자들을 고소했는데, 주로 110억 달러 규모의 화장품 거물 에스테 로더가 대상이었다. 이 소송은 이들 업체가 석유화학 성분을 함유하고 있는데도 유기농 제품이라고 표기하고 있다고 주장했다. 이 소송에는 스텔라 매카트니의 CARE, JĀSÖN, Avalon Organics, Nature's Gate, Kiss My Face, 아이코브 등도 이름을 올렸다. 닥터브로너스는 특히 유럽인증기관 ECOCERT를 대상으로 한 것으로, 비록 그들의 유기농 내용이 제품의 10% 이하에 해당하더라도 유기농으로 인증된 제품을 인증했다. 그럼에도 불구하고 이 회사들은 유기체 제품에 대한 USDA 인증 요건이 명확하게 규정되지 않았기 때문에 어떤 법도 어기지 않고 있었다.

전적으로 유기농 성분을 자랑하는 닥터 브로너스는 경쟁자가 유기농 성분을 함유하고 있는 제품에 유기농 라벨을 사용한 것은 소비자를 오도하고 닥터 브로너스 자신의 브랜드를 희석시키는 것이라고 느꼈다. 회사는 유기농 라벨이 "빛좋은 개살구(Akerlof Lemon)"이 되는 것을 원하지 않았다(9장 참조). 소송 제기에 이어 일부 업체가 발 빠르게 수습에 나섰다. 예를 들어, 쥬스뷰티(Juice Beauty Inc.)는 제품 제조 방식을 변경하기로 동의했다. 홀푸드마켓은 닥터 브로너스 편을 들어, 불쾌감을 주는 회사들에게 12개월 안에 문제를 고치거나 소매점의 진열대에서 치워버리라고 말했다. 이 소송은 4년 뒤 캘리포니아 연방법원이 유기 인증에 대한 USDA 표준의 해석이 관할 범위를 벗어났다고 선언하면서 기각됐다. 그러나 닥터 브로너스는 이미 경쟁사와 소비자 모두에게 이 점을 이미 지적한 바 있다.

그냥 "아니오"라고 말해 Just Say "No"

닥터 브로너스의 유명한 창시자인 에밀 브로너는 "건설적 자본주의"를 믿었는데, 이것은 당신이 "창출한 이익을 노동자와 지구와 공유해야"한다는 말이다. 그 믿음은 그 회사가 공정 무역에 중점을 둔 것을 뒷받침한다. 또한 CEO 데이비드 브로너는 자신을 포함한 회사 임원들의 보수를 연봉 20만 달러로 자발적으로 상한선을 정했는데, 이는 이 회사의 최저 임금 정규직 근로자의 5배에 해당한다.

닥터 브로너스의 흔치 않은 사업 관행과 급진적인 리더십은 그 성장을 해치지 않았다. 이 회사는 2000년 600만 달러의 매출에서 2015년 8000만 달러로 성장했다. 그 동안, 그 회사는 많은 기회들에 대해 "아니오"라고 말했다. 실제로 2000년대 후반부터 2014년까지 급성장하던 기간에는 데이비드 브로너 CEO가 직접 보지 않고 쓰레기통에 버릴 정도로 매수 문의가 많았다. "우리가 하고 있는 일은 상당히 급진적인 것이다; 이것은 단지 기분 좋은 지속가능성이 아니다, 조정안을 받아들이는 그런 헛소리가 아니다. 이것은 마약단속국과 상대하며 얻어낸 것이며, 나의 이러한 의도는 절대 팔지 않는 것이다."라고 말했다.

대부분의 회사들은 대형 유통업체들과 수익성이 좋은 유통 거래를 체결하기를 꿈꾼다. 그러나 월마트가 닥터 브로너스의 거래에 대해 접근했을 때, 닥터 브로너스는 세계 최대 유통업체에게 "아니오"라고 말했다. 데이비드 브로너에 따르면, 그와 다른 회사 리더들은 "월마트가 의미하는 것"을 좋아하지 않았다. 월마트를 고객으로 둔 것은 회사의 수익과 영역을 크게 증가시켰을 수도 있지만, 닥터 브로너스의 핵심 소비자와 자연 식품 소매업체들과도 긴장을 조성했을 수도 있다.

파타고니아: 모든 것에 주의를 기울임 PATAGONIA: WEARING ITS HEART ON ITS SLEEVE

파타고니아가 고급 아웃도어 의류를 강조한 점을 감안하면 자연 애호가들을 고객으로 끌어들이려는 것도 놀랄 일이 아니다. 제1장에서는 평균 소비자가 더 지속 가능한 제품에 대해 프리미엄을 지불할 의사가 없다는 증거를 인용하고 있지만, 파타고니아의 고객들은 평균 소비자가 아니다. 1996년 회사가 고가의 유기농 면으로의 전환 효과를 분석한 결과, 파타고니아 고객들은 그 면화의 추가 비용을 초과하는 프리미엄을 지불하며 계속 구매하는 것으로 나타났다. 파타고니아 설립자인 이본 쉬나드(Yvon Chouinard)는 오랫동안 회사의 사업모델에서 단기적인 금전적 이득보다 지속가능성을 우선시해 왔다. 그는 "100년 후에도 이 회사를 운영할 것처럼 비즈니스를 하고 있기 때문에 성장이 가장 큰 핵심은 아니다."고 말했다. 쉬나드는 저서 'Let My People Go Surfing'에서 "우리는 채벌되지 않은 오래된 숲, 청정지역에서 한 번도 채굴하지 않은 광산, 살포되지 않은 유독성 살충제 등 회피한 위협의 수를 측정한다"고 썼다. 닥터 브로너스처럼 파타고니아는 다른 회사들에게 "올바른 일을 하라"고 다그친다. 2002년 쉬나드는 1985년 파타고니아에서 시작한 프로그램을 본떠 만든 "행성을 위한 1%(1% for the Planet)" 그룹을 공동 설립했다.

그 그룹은 전체 수익의 1%를 환경적 원인에 기부금을 낸다. 2017년 그룹 홈페이지에는 1319개 회원사가 이름을 올렸다.

데이브 아벨로에 파타고니아 유통센터 소장은 "우리는 사업을 하는 것과 옳은 일을 하는 것이 상호 배타적이지 않다는 신조로 운영한다"고 말했다. "우리가 하는 모든 일에 대해, 우리는 환경에 미치는 영향을 살펴보고, 영향을 줄일 수 있는 방법을 알아내려 노력한다. 그럼에도 불구하고, 총 영향을 낮추는 것은 때때로 덜 지속 가능한 재료를 사용하는 것을 의미한다. 파타고니아 환경전략 책임자인 질 두메인은 "우리는 (단기적인) 환경적 이유로 품질을 희생하고 싶지 않다"고 말했다. "내구성 부족으로 옷이 더 빨리 버려지면 환경 문제를 해결하지 못한 것이다.

탄소발자국 연대기 The Footprint Chronicles

환경적 주장과 지속 가능성 레이블과 관련된 혼란, 불신, "안개"를 우회하기 위해 파타고니아는 과감한 접근법을 선택했다. "이 제품의 성분표에 들어 있는 것"의 성분 수준을 넘어 투명성이 필요했고, "누가 이 제품을 만들었는가"도 밝혀냈다. 남발되고 있는 환경 라벨과 기업의 사회적 책임 보고서들에 좌절한 파타고니아는 2007년 웹사이트를 통해 '풋프린트 연대기(Footprint Chronicles)'를 시작했다.

연대기는 고객(그리고 알고 싶은 다른 모든 사람)에게 회사의 많은 제품의 공급망에 대한 자세한 정보를 제공한다. 각 제품의 페이지에는 상세한 특징, 재료, 품질, 고객 리뷰 등이 수록되어 있을 뿐만 아니라, 페이지 하단에, 파타고니아는 각각의 제품에 관한 정보와 함께 제품 제작에 관여하는 주요 공급업자도 나와 있다. 예를 들어 연대기에 따르면 파타고니아 윈드스윕 재킷(Windsweep 3-in-1 jacket)은 베트남 맥스포트사가 중국 난퉁 테이진사가 직조, 염색, 마감하는 직물을 이용해 꿰매고 있으며 벨기에의 TWE-리벨텍스 BCBA와 대만의 에베레스트 텍스타일사가 공급하고 있다.

게다가, Footprint Chronicles와의 연결은 파타고니아의 주요 공급자와 제조 장소를 나타내는 핀이 점점이 있는 세계 지도를 떠오르게 한다. 핀을 클릭하면 해당 위치에서의 활동과 그곳에서 만들어진 것, 인력진의 구성 및 파타고니아와의 역사에 대한 정보가 표시된다([그림 11.1] 참조).

[그림11-1] 파타고니아 탄소발자국 연대기에 대한 동인미코 사이트(Dong-In Mico site)

파타고니아는 회사가 자사 제품에 대해 제기하는 환경적 또는 사회적 주장을 검증하고자 하는 모든 사람에게 공급망을 효과적으로 투명하게 만들었다. 풋프린트 연대기에 대한 대중의 반응은 압도적으로 긍정적이었다. 비즈니스 잡지에서 암벽 등반 지역 출판물에 이르는 언론 매체들이 이 프로젝트에 대해 보도함으로써 파타고니아는 핵심 시장에서 긍정적인 노출을 얻고 있다. 세븐스 제너레이션을 포함한 다른 진보적인 기업들은 발자국 연대기처럼 투명한 것을 만들 수 있기를 바란다고 말했다. 일부 기업은 MIT가 개발한 소스맵을 사용하여 스토니필드의 공급망 지도(SourceMap)와 같은 응용프로그램을 따라갔으며, 공급체인의 "사회적 네트워크(social network)" 스타일로 표현되었다.

제3장에서 알 수 있듯이, 데이터를 수집하고 최신 상태로 유지하는 것조차도 과제가 될 수 있다. 많은 심층적인 회사들은 고객에게 그들이 제공하는 상품 뒤에 숨겨진 완전한 이야기를 보여주려고 노력하며 투명성의 도전을 강화한다.

모든 것을 표시하기 Showing Everything, Warts and All

급진적인 투명성은 이야기가 장밋빛이 아닐 때 특히 어려워질 수 있다. 2009년 파타고니아는 인도 기업 아빈드(Arvind Ltd.)를 선정해 데님 공급을 맡겼다. 그 직물 공급자는 환경 지속가능성과 공정한 근로자 대우로 유명했다. 공급 협정의 일환으로 파타고니아는 제3자 공장 감사가 가능하도록 아빈드에게 요구했다. 파타고니아는 또한 새로운 환경 및 사회적 책임자인 카라 차콘(Cara Chacon)을 보내 직접 조사하게 했고, 그녀는 몇 가지 문제를 발견했다.

차콘의 방문에 이어 파타고니아는 "Growing Pains"라는 제목의 사진 슬라이드 쇼를 출판하여 크로니클즈에 추가했다. 사진들은 파타고니아가 아빈드를 선택한 긍정적인 이유뿐만 아니라 공급자의 단점까지 상세히 설명했다. 긍정적인 면으로 아빈드는 폐수를 안전하게 지역 하수도로 배출할 수 있도록 철저하게 정화하기 위한 시스템을 설치했었다. 아쉬운 점은 아빈드는 무방비 상태의 콘크리트 폐수 배수구가 있어 안전상의 위험을 초래했다. 차콘의 방문에 이어 아빈드는 도랑 가장자리 주변에 난간을 설치해 인부들이 빠지지 않도록 했다. 나중에 파타고니아는 그것을 증명하기 위해 그에 상응하는 사진을 올렸다.

파타고니아의 두메인에 따르면 성공 뿐만 아니라 환경 문제에 대해서도 개방적인 태도를 보이는 것은 회사가 건너고 싶어하는 노선이라고 한다. ""만약 우리가 의자에서 조금씩 움직이기 시작했다면 아마도 올바른 지점에 도달했을 것입니다." 라고 그녀는 연대기에서 설명하면서 말했다. 파타고니아는 대부분의 회사나 라벨링 프로그램에 의해 행사되는 공개 수준을 넘어서기 위해 노력한다. 그것은 소비자들에게 복잡한 정보를 전달할 뿐만 아니라 공급자들의 투명성을 요구한다. 그것은 그 자체로 어려운 과제인 "있는 그대로"의 상황을 밝히는 것뿐만 아니라 실수의 역사, 행해진 시정 조치, 그 결과도 보여주는 것을 의미한다. 공급업체 공장에서 특정 작업자 안전 또는 환경 문제를 파악한 후 해당 문제가 해결되었음을 입증하는 것은 인증 스티커나 품질표시표(hangtag)를 가지고는 부족하다.

물 저항성에 대한 지속적 문제들 Persistent Problems with Water Resistance

파타고니아는 PFC(Perfluorocarbon, 과불화탄소) 직물 처리의 사용, 즉 PFOA(perfluorooctanoic acid)를 부산물로 방출하는 제조 및 사용 등을 다루어야 했다. 어떤 PFC들은 물, 먼지, 기름에 저항하는 능력으로 높이 평가된다. 그것들은 수십 년 동안 가구, 옷, 텐트, 카시트, 전자제품에서부터 전자레인지 팝콘 가방, 패스트푸드 포장지, 피자 박스 같은 기름에 잘 견디는 식품 포장에 이르기까지 널리 사용되어 왔다. 불행하게도, 이 저항성은 양날의 칼이다; 이러한 화학물질들은 환경으로 방출될 때(공장, 사용 중, 세척 시, 폐기물 흐름에서) 분해에 저항하는 그들의 능력으로 또한 비난 받는다. PFOA와 다른 PFC는 식물, 동물, 사람 피, 그리고 심지어 모유에도 축적될 수 있다. 다양한 연구 결과, 이러한 화학물질 중 일부는 특히 높은 수준에서 위험하며, 정부는 지속적으로 사용을 제한하는 방향으로 움직이고 있다.

아웃도어 섬유제품에 PFOA 등 PFC를 발수제로 사용하는 데 전 세계적인 관심이 집중되자 파타고니아는 2007년 가을 '풋프린트 연대기' 출시 당시 이 문제에 대해 투명성을 선택했다." 이 사실이 밝혀지면서 분노의 댓글이 달렸으나, 회사의 공격적인 정직성에도 상당한 찬사를 받았다. 두메인은 "투명성은 갈등을 해소한다. 대결로 이어졌을 수도 있는 PFOA와 같은 이슈들이 대신 유익한 대화를 유도했다."고 말했다.

2012년 겨울 그린피스는 PFOA와 다양한 PFC가 제조사들의 의류에 존재하는 것에 대해 파타고니아와 12개의 아웃도어 의류 제조업자들을 비난하는 보고서를 발표했다. 이 공격은 파타고니아를 놀라게 했는데, 파타고니아는 이 문제에 대해 매우 개방적이었다고 느꼈고 PFOA 제거를 위해 노력하고 있었다. 그린피스는 이번 공격의 여파로 파타고니아의 대응이 모든 PFC를 제거할 시한을 약속하지 않았다고 더욱 비난했다. 파타고니아는 "우리는 아직 밝혀지지 않은, 즉 이 도전의 복잡성을 감안할 때 앞으로 나아갈 길을 약속하는 것이 편하지는 않다."고 썼다. 그린피스는 "PFC가 없는 대안이 이미 시중에 나와 있는 점을 감안하면 받아들이기 어렵다."는 반응을 보였다. 종종 기업들은 환경 문제에 대해 편협하고 단기적인 사고방식을 가지고 있다는 비난을 받는다. 아마도 놀랍게도, PFC의 영향에만 집착하는 것이 그린피스일지도 모른다. 그린피스는 대체 방수제 치료법이 충분히 좋다고 주장하는데, "결정적 요인은 최적의 방수제"이기 때문이다. 그러나 파타고니아는 PFC를 사용하지 않는 대안 중 어느 것도 시간이 지남에 따라 물, 토양, 그리스에 대한 내성에서 PFC의 내구성을 갖지 않는다는 더 넓은 견해를 가지고 있으며, 이는 현재의 PFC가 없는 재킷을 더 자주 교체해야 한다는 것을 의미한다. 빠르게 오염되거나 마모되는 360그램 재킷을 교체하는 데 따른 환경적 영향은 재킷에서 발견된 약 0.0002그램의 PFC의 영향을 초과한다. 파타고니아 내 일부 사람들은 그린피스에 별로 득이 되지 않는 문제를 선정적으로 다루고 있는 사람들이 있는지 궁금해했다. 아이러니하게도, 분쟁이 일어나는 동안에도, 그린피스는 북극에서 파타고니아의 제품을 사용하고 있었다. (그린피스 직원들은 그곳에서 석유 시추와 싸우고 있었다.)

파타고니아는 그 부분에 대해 수십 가지의 가능한 PFC 대안을 시험해 보았다. 발수성 직물 처리를 더 짧은 사슬 PFC로 전환했는데, 이는 부산물이 PFOA보다 생물 축적성이 적고 환경에서 덜 지속되기 때문에 논쟁의 여지가 없다. 이 회사는 "파타고니아의 임시 해법은 여러 제조업체가 채택하고 있는 것으로는 부족하지만 지금까지 발견한 것 중 가장 좋은 옵션"이라고 말했다. Patagonia는 대안을 찾기 위해 스위스 회사인 bluesign technologies 및 기타 의류 산업 회사와 화학 공급 업체 및 공장과 계속 협력하고 있다.파타고니아는 또 다른 스위스 회사인 Beyond Surface Technologies AG에도 전략적 투자를 했다. 이 회사는 아웃도어 의류를 위해 환경 영향이 적은 화합물을 개발하기 위해 노력하고 있다.

마지막으로, PFC프리 물질이 PFC보다 더 친환경적이라는 보장은 없다. 이 모든 것이 파타고니아로 하여금 어떤 영혼 찾기를 하게 만들었다. 릭 리지웨이(Rick Ridgeway) 대외협력 담당 임원은 "우리는 제품이 그렇게 나쁘다면 제품을 만들어야 할지 고민하기 시작했다. … 이것은 우리 회사에서 매일 일어나는 긴장감이다. 문제에 직면하지 않은 환경 문제를 고려하는 의류 회사는 세상에 없다. 이 중 일부는 너무 까다로워 도움 없이는 문제를 해결할 수 없기 때문에 고객과 대화하는 것을 좋아한다." Patagonia는 의류 제조에 내재된 모든 절충안에서 가능한 최고의 제품을 생산하고 그 선택과 영향에 대해 알려진 것에 대해 투명하게 해야 할 책임이 있다고 생각한다.

투명성이 물을 혼탁하게 할 때 When Transparency Muddies the Waters

파타고니아의 발자국 연대기는 특히 도전적인 문제를 밝혀냈다. 그것은 소비자들이 지속 가능성과 관련된 상세한 정보를 일부만 이해하는 것을 보여주었다. 이 사이트는 처음 선을 보일 때 각 제품의 탄소 발자국, 물 사용량, 폐기물 등에 대한 데이터를 포함시켰다. 하지만 이 회사는 많은 소비자들이 그 의미를 이해하지 못하거나 세부적인 수준에 압도당했다는 것을 발견했다. 그 데이터는 그 후 삭제되었다.

엘리스 포스터 파타고니아 제품책임담당 선임관리자는 "사람들에게는 상당히 새로운 일이었고, 사람들이 우리가 하는 말에 의문을 제기하기 어려웠다고 생각한다"고 말했다. 이와 관련하여 파타고니아는 테스코의 "검은 발(black foot)" 탄소 라벨 프로그램을 훼손한 것과 동일한 데이터 이해 및 비교 가능성에 직면했다(9장 참조). 파타고니아의 경쟁자들은 같은 수준의 공개가 부족했기 때문에, 파타고니아의 고객들은 영향 수치를 비교하고 대조할 수 없었다. 회사는 의류 산업이 표준화된 환경영향 측정 및 보고 시스템을 개발할 때 환경 영향 데이터를 복구하고자 한다. 그 결과를 뒷받침하기 위해, 파타고니아는 그러한 시스템을 개발하고 있는 지속 가능한 의류 연합을 찾는 것을 도왔다(12장 참조).

최고의 투명성은 독점 데이터도 엿볼 수 있음을 의미 Peak Transparency Means a Peek at Proprietary Data

'풋프린트 연대기'는 경쟁자와 비평가들에게 파타고니아의 내면을 공개하기도 한다. 이론적으로, 경쟁자들은 상업적 이익을 위해 파타고니아 제품을 "역설계(reverse engineer)"할 수 있다. 왜냐하면 연대기에는 각 공급자의 거리 주소와 그곳에서 만들어진 재료, 제품 또는 부품에 대한 세부 사항이 열거되어 있기 때문이다. 또한, 이러한 완전한 공개는 NGO, 정부기관, 언론이 공급자를 쉽게 조사하여 파타고니아에 연결할 수 있게 한다. 당연히 후자는 파타고니아가 공개한 주요 근거로서, 회사는 이에 따른 비판을 개선의 기회로 간주한다.

이러한 투명성은 또한 업스트림까지 확장되어 공급자의 소유 정보를 둘러싼 전통적인 장벽을 무너뜨린다. 두메인은 파타고니아의 일부 협력업체들이 처음에는 자신들의 사업에 대한 대중의 통찰력을 허용하는 것을 주저했다고 말했다. "우리는 좋은 것과 나쁜 것, 그리고 우리가 생각하는 것에 대해 매우 직설적인 언어를 가지고 있다"고 그녀는 공급업자들의 거부감을 설명했다. 그럼에도 불구하고 파타고니아는 회사의 평판이 좋고 후한 공급자 보수 관행이 있기 때문에 다른 회사들보다 공급자 저항이 적었을지도 모른다. 파타고니아는 공급업체가 많아 상대적으로 물량이 적지만 다른 의류업체보다 많은 비용을 지불하고 있다.

풋프린트 연대기의 명성이 높아지자, 파타고니아의 많은 공급자들은 그들이 풋프린트 연대기에 포함된 것을 명예의 배지로 보기 시작했다. 2013년 이 회사의 납품업체 중 한 곳만 자료수집이 되지 않았다. 미니 프로필에 따르면 베트남 재봉공장 맥스포트 JSC의 소유주들은 자세한 내용은 포함하지 말아 달라고 요청했다. Patagonia 는 그 요청을 존중했지만 "맥스포트의 고용 관행은 물론 업무의 질 도 우수하다고 생각한다."고 덧붙였다.

풋프린트 연대기는 공급망 투명성의 전형처럼 보이지만, 주로 Tier 1 공급업체를 대상으로 하는 것으로 제한된다. Tier 2(및 심층) 공급 업체에 대한 정보를 얻는 것은 더 어렵다. 중국 등지의 Tier 2 공급 업체 감시를 위해 파타고니아는 블루사인 테크놀러지(bluesign technologies)와 여러 NGO와 협력한다.

공급업체 투명성은 공급업체 개선을 증진 Supplier Transparency Fosters Supplier Improvement

풋프린트 연대기는 소비자 커뮤니케이션 채널로 의도된 것일 수도 있지만 공급업체가 서로의 관행을 볼 수 있게 해준다. "우리 납품업 체들이 좋아하니까 봐주는 거지. 그들은 그것을 통해 배우지," 라고 파타고니아의 품질 관리자인 랜디 하버드가 말했다. 하워드는 다른 공급자들의 관행을 보고 그것들을 따라하는 공급자들이 파타고니아 공급망 내에서 파타고니아가 해왔던 그 어떤 것보다 더 많은 것을 이루어 냈다고 믿는다. "그것은 우리의 가장 엉뚱한 꿈을 성공적으 로 넘어선다"고 말했다.

그런 점에서, 이러한 심층 녹색(deep green) 기업이 공급자 및 산업 전반에 걸쳐 지속 가능한 관행의 개발을 육성하는 것은 세븐스 제 너레이션과 나투라(Natura)의 공급자 및 공급망 개발 노력(12장 참 조)과 유사하다. 두메인은 스토니필드 팜, 아베다, 벤앤제리, 세븐스 제너레이션 등 진보적인 지속가능성 의제를 가진 기업집단이 오랫 동안 비공식적으로 모범 사례를 공유해 왔다고 언급했다. 벤앤제리 의 천연자원 관리자인 안드레아 애쉬는 "이 회사들은 몇 년 동안 함 께 일해왔다"고 말했다. "파타고니아는 이 발자국 연대기들과 함께 있는 곳이야. 그게 새로운 기준(bar)이야."

거부권을 행사할 수 있는 지속가능성 Sustainability Has Veto Power

파타고니아는 지속가능성을 부여하고 사회적 책임관계자들은 회사의 공급자 선택에 대해 "거부권(veto power)"을 부여한다. 이 거부권은 Tier 1과 Tier 2 공장에 적용된다. 공급업체들은 파타고니아에 생산 물량을 이행하기 위해 새로운 후보 공장을 사용할 의향을 통보한다. 그런 다음 파타고니아는 (i)가격, 용량 및 제공 능력과 같은 비즈니스 측면, (ii)품질, (iii)사회적 책임 및 (iv)환경적 책임과 같은 점수표를 사용하여 공급업체를 감사한다.

파타고니아의 차콘에 따르면, 2013년에 이 회사는 18개의 잠재적 공급업체의 공장을 조사했다. 이들 중 5명은 "승인"을 받았으며, 11명은 저위험, 중위험 또는 고위험(환경적 또는 사회적 문제 중 하나를 포함할 수 있음)으로 인해 "조건부 승인된" 지위를 얻었지만, 아동노동, 강제노동, 학대 또는 괴롭힘과 같은 "무관용(zero tolerance)에 해당하는" 문제는 없었다. Patagonia는 일반적으로 주문이 발주되기 전에 이러한 조건부 공급자와 식별된 문제의 교정조치에 대해 협상했다. 무관용 문제로 거부당한 공장은 아동노동(중국, 15세)과 파타고니아 제3자감사를 공장(베트남)으로 인정하지 않는 등 2곳이다.

위에서 언급한 바와 같이, 파타고니아는 섬유 산업 화학물질을 사용하기에 안전한 파란색, 특수 취급이 필요한 회색, 그리고 표준 하에서는 금지된 검은색으로 분류하는 블루사인 테크놀러지를 고용해왔다. 파타고니아 소재 개발 담당자인 스티브 리처드슨에 따르면 블루사인의 사양을 준수하는 공급업체가 점점 더 많아져야 한다는 파타고니아의 요구사항은 "우리의 공급망에 일부 변화를 가져올 수 있다"고 한다.

재사용을 지원하다 Supporting Reuse

"'이 재킷을 사지 말라(DON'T BUY THIS JACKET)"은 대부분의 판매에 목마른 의류 회사들이 미국 추수감사절 다음 날인 블랙 프라이데이에 뉴욕 타임즈 광고(그림 11.2 참조)에 담길 전형적인 마케팅 구호가 아니다. 이 광고는 소비자들에게 대신 중고 파타고니아 의류를 사도록 장려했다. 이 중고 옷들은 이베이와 파타고니아 사이의 합의에 따라 독립 이베이 판매자들에 의해 제공되었다.

이 협정은 2011년 이베이가 파타고니아와 같은 주요 브랜드에 접근하여 신뢰할 수 있는 판매자들이 중고 제품을 판매할 수 있는 포털을 개발하기 시작했을 때 그 뿌리를 두고 있었다. 파타고니아는 파타고니아 제품의 재판매, 재사용, 재활용을 통해 의식적인 소비를 촉진하는 의류 회사의 더 큰 "공유의류(Common Threads)" 구상의 일환으로 계약을 맺었다. 파타고니아 웹사이트에 경매를 등록하기를 원하는 이베이의 판매자들은 가능하면 중고 옷을 사고 더 이상 사용하지 않을 때 파타고니아 옷을 팔아서 "모든 파타고니아 제품에서 전생애를 회복하는 데 도움이 될 것"을 맹세해야 한다.

[그림 11.2] 뉴욕타임즈 광고(The New York Times ad)

2013년11월 eBay 검색 결과 14개 제품 카테고리에서 24,524개의 파타고니아 품목이 검색되었다. 판매자들은 "레이어링을 위한 훌륭한 경량 재킷"이나 "최소한 무게로 따뜻함"과 같은 긍정적인 언어로 그들의 물건들을 광고했다. 빈센트 스탠리 파타고니아 담당 임원은 유럽이 eBay와의 공동 프로그램을 시작하면서 "이베이 파트너십은 일종의 고객 충성도 프로그램일 수도 있다"고 농담을 건넸다.

대부분의 브랜드 소유주들은 중고품이나 리퍼제품의 판매가 새로운 판매를 잠식하는 것으로 인식하고 있다. 이베이의 글로벌 영향 담당 선임 매니저인 케이틀린 브리스톨은 "여러분이 상상할 수 있듯이, 우리는 종종 eBay에서 중고품을 보여주는 그들의 제품에 대해, 특히 하이 엔드 럭셔리 브랜드로부터 중단 요구와 성가신 전화를 받습니다." 라고 말했다. 그러나 파타고니아에게는 셈법이 달랐다. 이러한 중고 판매는 파타고니아가 장기적인 환경 목표를 달성하는 데 도움이 된다. "가장 친환경적인 제품이 이미 존재하는 경우가 많다," 라고 이베이 그린의 글로벌 디렉터인 로리 두발은 말했다. 2005년부터 2013년까지 파타고니아는 소매점에 반환된 56톤 이상의 헌 옷을 재활용했다. 2013년 중고 파타고니아 제품을 4개 점포에서 직접 판매하기 시작했다.

흥미롭게도, 이 계획은 실제로 세 가지 방법으로 새로운 의류의 판매를 도왔다. 무엇보다도, 그것은 파타고니아 의복의 내구성을 증명하는 것이었다. 둘째, 새 재킷에 400달러를 쓰는 것에 대해 걱정하는 소비자들에게 파타고니아는 향후 재킷을 재 판매할 장소를 제공한다는 사실을 알고 있어 구매 결정을 완화하는 데 도움이 될 수 있다고 두발은 말했다. 마지막으로, 중고 의류를 판매하는 것은 덜 비싼 중고 제품을 구매할 수 있게 함으로써 덜 부유한 소비자들을 브랜드 접점으로 끌어들여 오랫동안 지속되는 브랜드 참여를 이끌어낸다. 따라서 역설적으로 파타고니아의 '이 재킷을 사지 말라'는 캠페인이 성장을 방해하지 않았을 뿐만 아니라 2013년까지 27% 성장해 5억7500만 달러의 매출을 올렸다. 사실, 이베이 이니셔티브는 매우 성공적이어서 광고 산업 출판사는 그것이 단지 마케팅 책략이었는지에 대해 의문을 제기했다.

문자 그대로, 세븐스 제너레이션 SEVENTH GENERATION, LITERALLY

세븐스 제너레이션의 이름은 이로쿼이 헌법(Iroquois constitution, '모든 생명의 평등과 평화 법')에서 따온 것이다. 이 미국 원주민 연합은 지도자들에게 그들의 행동이 그들의 자손에게 7대에 걸쳐 미치는 영향을 고려할 것을 촉구했다. 가정 및 개인 관리 제품의 제조업체는 버몬트 주 벌링턴에 설립되었으며 1988년 가장 이른 시절부터 점진적으로 사업에 접근해 왔다. 세븐스 제너레이션 지도자와 직원들은 자사 제품을 오랫동안 바라본 결과 나머지 업계가 환경적으로 책임감 있는 틀에서 행동하도록 밀고 당기는 데 힘썼다.

"이익에만 초점을 맞춘 구 사업 모델은 더 이상 실행이 불가능하며, 세계는 지속가능성을 기반으로 한 새로운 경제 및 사회 시스템을 구축할 필요가 있다," 라고 세븐스 제너레이션 CEO 존 리플로글(John Replogle)은 말했다. 그는 2011년 유엔이 그의 회사를 "변화의 지도자"로 임명한 후 이런 언급을 했다. 세븐스 제너레이션 연구 개발 책임자인 짐 바치(Jim Barch)는 "대부분의 기업들이 부를 창출했다는 것을 보여주려고 노력하기 때문에, 우리가 실제로 가치를 창출하고 있다는 것을 보여주려고 할 때, ROI의 의미를 일반적인 것보다 더 넓은 맥락에서 검토해야 한다고 주장하고 싶다."고 말했다.

급진적으로 투명하게 Radically Transparent

많은 대기업들이 변호사, 마케터, 홍보 전문가들을 고용하고 있는데, 그들의 유일한 임무는 회사라는 성곽 밖으로 당황스러운 이야기나 민감 정보가 새어 나가는 것을 막는 것이다. "사람들이 모르는 것을 가지고 시위할 수 없다."는 이러한 전문적 기업 감시 집행자들의 모토일 것이다. 반면 세븐스 제너레이션은 오랫동안 회사의 제품과 활동에 대한 개방성을 수반하는 '급진적 투명성'에 매달렸다.

많은 회사들이 "비밀 제조비법"을 가지고 있거나 일반적인 성분 용어(예: "약함" 또는 "보존")만 공개하는 반면에, 세븐스 제너레이션는 각 제품의 모든 성분 목록을 공개한다. 예를 들어, 그 회사의 베이

비 로션은 20가지의 다른 특정한 성분들을 나열한다. 세븐스 제너
레이션는 신중한 재료 선택 과정 때문에 이러한 공시에 대해 자신
하고 있다. 하이디 라티카넨(Heidi Raatikainen) 부연구소장은 "우리는
예방적 원칙을 고수하고 있다"고 말했다. 즉, 이 회사는 단지 독성
의 증거가 없는 것에 만족하지 않고 독성 부재의 증거를 찾는다. 이
회사의 공동 창립자이자 전 CEO인 제프리 홀렌더(Jeffrey Hollender)는
"공개적으로 우리의 모든 활동을 공유하는 것은 비판자들을 선점하
고, 회사의 활동에 더 많은 관심을 갖는 것은 더 많은 옹호자와 친
구들을 의미한다"고 썼다.

그러나 이 정책은 공급자들에게 문제를 일으킬 수 있다. 클레멘트
초이(Clement Choy) 세븐스 제너레이션 연구개발(R&D) 책임자는 특
히 일부 향료 회사들(fragrance companies)이 경쟁적인 이유로 성분
등 비밀 사업 정보를 공개하는 데 신경을 곤두세우고 있다고 지적
했다. 그러나 그는 "향료 회사와 협력한다는 원칙의 일부는 안에 무
엇이 들어 있는지 100% 알려줘야 한다는 것"이라고 덧붙였다. 그리
고 테이블에서 물러나 원칙적인 가치로서 우리의 가치들이 정렬되
어 있지 않다고 말하는 몇몇 향수 회사들도 있었다."

이 회사의 전 사회적 책임 담당자인 리드 도일(Reed Doyle)에 따르면,
세븐스 제너레이션 고객 중 극히 일부만이 실제로 집에 들여오는
모든 청소 제품의 모든 성분을 알고 싶어한다고 한다. "우리가 하면
다른 사람들은 모두 따라갈 수밖에 없을 것을 알았기 때문에 우리
는 했다. 그리고 그것은 바로 청소용품 산업에서 일어났던 일이다."
지구를 위한 여성 목소리(Women's Voices for the Earth)라고 불리는 이
단체는 밖으로 나가 이 많은 이들[다른 청소용품 업체들]을 손가락
으로 가리키며, '이봐, 소비자들은 안에 무엇이 함유되어 있는지 알
권리가 있어.'라고 말했다.

어쩌면 내 문제는 당신 만큼 나쁘지 않을지 몰라 Maybe My Warts Aren't as Bad as Yours

세븐스 제너레이션은 파타고니아처럼 자기비판이 건강할 수 있다고

보았다. 홀렌더는 언젠가 자신의 회사 제품에 대한 비평을 펜으로 써서 회사 홈페이지에 올린 적이 있다. 그의 경쟁자들은 세븐스 제너레이션의 소매 고객들에게 자기 비판을 했다고 그는 말했다.

홀렌더의 설명에 따르면 경쟁업체들은 자기비판이 세븐스 제너레이션의 명예를 훼손할 것으로 예상했지만, 많은 소매업체들은 경쟁업체들에게 자기비판을 요구하는 것으로 응답했다. 그는 2010년 세계혁신포럼(World Innovation Forum) 발표에서 "현실은, 우리의 [성분] 목록이 나빴지만, 다른 경쟁사들이 가지고 있던 목록보다는 나았습니다."라고 말했다. "대부분의 경우 경쟁사들은 구매자에게 비슷한 리스트 조차도 제공하지도 않을 겁니다."

경쟁업체에 대해 고자질하기 Snitching on Competitors

닥터 브로너스의 것과 비슷하게, 세븐스 제너레이션도 때때로 환경운동가처럼 행동한다. 이 회사는 환경 NGO들이 경쟁사 제품들과 유사한 제품들을 상대로 자사의 제품들을 시험할 것을 권장하고 있다. 세븐스 제너레이션의 제품 지속가능성 책임자인 마틴울프(Martin Wolf)는 심지어 특정 경쟁 제품들이 알려진 발암물질과 같은 불쾌한 화학물질을 함유하고 있다는 사실을 NGO에게 제보할 수도 있다.

단기적으로, 이렇게 NGO같이 행동하는 것은 세븐스 제너레이션이나 닥터 브로너스 등의 기업의 사업 이익에 도움이 되어, 심층 고객과의 친선을 얻고 경쟁자들을 불리하게 한다. 울프는 "결과적으로 우리는 정상에 오를 수도 있다"고 말했다. "그러나 다시 한번 말하지만, 중요한 것은 어떻게 하면 업계를 올바른 방향으로 가게 할 수 있을 것인가에 관한 것이다." 장기적으로 이러한 전략은 산업 전체의 환경적 기준을 높일 수 있는데, 이것은 이러한 심층 환경적 기업의 궁극적인 목표다.

기대 수준 높이기 Raising the Bar

2004년, 미국청소연구소(American Cleaning Institute)의 회원들은 조직의 핵심 임무에 지속가능성을 추가할 것인지에 대해 논의했다. 일부

위원들은 지속가능성을 기존 임무를 보완하는 위원회 업무에 맡기기를 원했다. 세븐스제너레이션 울프는 "아니오, 지속가능성이라고 불리는 작은 상자를 옆에 둘 수 없다고 주장했다. 그것은 협회 사명에 핵심이 되어야 했다. 그리고 그들은 지속가능성을 포함하도록 ACI 헌장을 다시 썼다.

일반적으로 기업들은 제품을 재설계하거나 비용을 증가시키거나 혁신을 제한하도록 강요할 수 있는 엄격한 규정에 반대하는 로비를 한다. 그러나 일부 깊이 있는 지속 가능한 기업들은 실제로 규제를 위해 로비를 벌이기도 하는데, 이는 지속 가능성의 이니셔티브와 덜 지속 가능한 기업에 부담을 주는 경쟁력 있는 도구다. 세븐스 제너레이션는 자국 산업을 변화시키기 위해 전국 여러 NGO들과 함께 화학물질을 규제하도록 주 의회에 압력을 가했다. 그것은 유명한 환경운동가 에린 브로코비치(Erin Brockovich) 그리고 더 안전한 화학 연합을 위한 회사의 일부로 스토니필드 팜과 같은 다른 회사들과 협력했다. 세븐스제너레이션은 설거지용 세제에서 인산염 사용을 금지하는 장기적 캠페인을 벌이기 위해 자사에 재직 중인 과학자들을 입법 청문회에 보내기도 했다(8장 참조).

베이비 공격 *A Baby Attacks*

2009년11월, 한 아기가 다른 아기들에게 워싱턴 DC로 기어오라고 부르는 동영상이 온라인에 게시되었다. "한 손을 다른 한 손 앞에 놓고, 그 다음에 다른 한 무릎 앞에 놓고, 그리고 나서 발을 이용해서 스쿼트를 하는 것"이라고 자막으로 번역한 것이다. "워싱턴으로! 가정용품에서 발견되는 독성 화학물질을 없애는 법을 요구하기 위해서"라고 이 유아운동가는 주장했다.

이 영상은 밀리언베이비크롤(Million Baby Crawl, 1995년작 연극 "Million Man March")이라는 캠페인의 일환이었다. 사랑스럽고 전염성이 있는, 그것은 네슬레가 킷켓 바에서 인증되지 않은 팜 오일을 사용한 것을 공격하는 섬뜩하고 가슴 아픈 그린피스 비디오와는 거의 정반대였다(제1장 참조). 밀리언 베이비 크롤 비디오에는 회사 제품도 등장했다. 이 애니메이션 아기는 세븐스제너레이션 라벨이 붙어 있는 비누상자 위에서 캠페인 연설을 했다.

2009년부터 세븐스제너레이션은 1976년 독성물질관리법TSCA [109] 개혁에 적극성을 많이 집중하였다. 원법은 우선 EPA에 인체 보건과 환경에 미치는 화학 물질의 영향에 대한 정보를 제공하지 않고 제조자가 "TSCA 재고 리스트"에 없는 물질을 사용하는 것을 금지했다. 원래의 TSCA 재고량은 어떤 시험도 하지 않고 이미 미국 상거래에서 사용되고 있는 약 6만 2천 개의 화학물질을 자동으로 인정했다. 옛 법이 통과된 지 거의 40년이 지난 후, EPA는 농후한 약 200개의 화학물질에 대한 건강과 안전을 검토했다. 세븐스제너레이션은 입법자들에게 철저한 EPA 검토 없이 TSCA 재고에 새로운 화학물질을 추가하는 것을 방지하고 시험 화학 물질의 수를 늘려야 한다고 촉구했다. 처음에, 밀리언 베이비 크롤 캠페인은 공식적인 입법 진보를 거의 달성하지 못했다. 2016년 의회는 세븐스제너레이션이 "현행 법보다 다소 개선되었지만, 여전히 우리의 목표에 미치지 못한다"고 밝힌 개혁입법을 통과시켰다.

규모 키우기 *Jumpstart Scaling*

세븐스제너레이션은 다른 가정용 청소업체들이 환경에 미치는 영향을 줄이기 위해 법률과 경쟁적 압력을 사용했지만, 이 회사는 경쟁업체들이 더 쉽게 할 수 있도록 했다. "우리는 더 큰 이익을 위해 기꺼이 권리를 포기할 것이다,"라고 세븐스제너레이션의 마틴 울프는 말했다. 예를 들어, 그 회사의 공급자 중 하나인 로디아(Rhodia)와의 협업을 통해 이전에는 석유에서 유래된 공급원에서만 구할 수 있었던 공급 원료 성분의 생물학적 원천을 발견했다. 코카콜라의 식물 기반 병을 납품하는 인도 글리콜스는 로디아와 세븐스 제너레이션가 세정제를 합성하는 데 사용할 수 있는 바이오 기반의 에틸렌 가스를 생산했다. 세븐스제너레이션은 로디아가 개발한 식물 기반 소

---

[109] Toxic Substances Control Act, 화학물질관리법, 화학물질등록평가법과 유사

재를 혁신적으로 사용한 원동력이었지만, 공급업체에 배타적 사용 기간을 요구하지 않았다. "우리가 하고 싶은 건 1등뿐이고, 공동발표를 하겠다고 했다.그리고 이 공동 선언은 아마도 우리에게 2백만 달러 상당의 식물성 화학물질을 공급하는 것보다 로디아에게 더 중요했을 것이다."라고 마틴 울프는 말했다.

연구개발에 대한 이러한 개방적 접근방식은 경쟁자들이 신속하게 "포획"할 수 있게 해주지만, 세븐스제너레이션에게는 미묘한 경쟁우위 또한 제공한다. 세븐스제너레이션이 단기간 이상 제한적 권리나 배타성을 추구하지 않을 것이라는 걸 알기에 공급업체가 새로운 아이디어를 가지고 회사에 오도록 장려하고 있으며, 이는 공급업체가 신소재의 보다 광범위한 판매를 통해 수익을 증대할 수 있도록 하기 때문이다. 세븐스제너레이션 초이(Choy)는 "우리는 당신들과 함께 일하고 싶다. 왜냐하면 우리는 출시 속도를 보고 있기 때문에 당신들이 훨씬 더 빨리 물건을 가져올 수 있기 때문이다.'라고 말했다. 그는 "1억5천만달러, 2억달러 규모 회사에는 아마 결코 올 수 없을 많은 사람들이 있다. 하지만 우리의 사업방식 때문에, 궁극적으로 플랫폼의 특정 제품의 상용화로 이어질 개념을 입증하는 데 도움을 줄 수 있는 강한 호기심 유발이 있다고 생각한다." 라고 말했다.

세븐스제너레이션만이 혁신공유 접근방식에 있는 것은 아니다. 같은 철학에 자극 받은 파타고니아는 2012년 시장에 진출한 과율나무[110]에서 추출한 율렉스 바이오 러버 개발을 공유했다. 파타고니아는 석유에서 추출한 네오프렌을 대체하기 위해 이 천연고무를 사용하고 있으며, 이 기술을 공유하고 있다. 왜냐하면 이 회사는 산업 전체의 환경 지속가능성을 높이는데 전념하고 있기 때문이다. 세븐스제너레이션의 공유약정과 마찬가지로 이러한 움직임은 신소재 제조의 확대와 비용절감, 파타고니아에 추가적인 성장을 부채질한다.

---

[110] guayule plant, 북미에 많은 국화과 관목

경제와 환경 도전과제 균형 이루기 BALANCING ECONOMIC AND
ENVIRONMENTAL CHALLENGES

닥터 브로너스, 파타고니아, 그리고 세븐스제너레이션는 소위 "심층 녹색" 회사라고 불리는 것의 전형을 보여준다. 이 회사들은 종종 제품이나 회사의 스토리와 환경적인 자격을 뒷받침하는 프리미엄 가격의 제품을 판매한다. 그들은 이러한 환경적 가치를 공유하며 종종 유사한 성능의 주류 제품들에 비해 더 높은 가격을 지불할 용의가 있는 비교적 작은 고객 부문에게 제품을 제공한다.

주류 상장 기업들은 이 모델을 따라하는데 몇 가지 어려움에 직면해 있다. 폴 폴먼 유니레버 최고경영자(CEO)는 환경문제의 명목으로 백악관 앞이나 다우닝가 10번지 앞에서 자신을 가두면 일자리를 잃을 가능성이 높다. 데이비드 브로너는 그의 고객들과 개인 소유주들이 자신만큼 헌신적이고 심지어 그러한 행동에 박수를 보내기 때문에 그렇게 할 수 있다. 닥터 브로너스는 좁고 친환경적인 시장 틈새시장을 제공하고 있는 반면 폴먼은 환경적으로 민감한 고객들보다 가격 면에서 민감한 광범위한 고객들을 만족시켜야 한다. 폴먼은 또한 유니레버가 운영하기 위해 필요한 자본의 중요한 공급자인 그의 주주들, 채권자들, 그리고 금융 시장을 만족시켜야 한다. 이러한 이해관계자들은 일반적으로 그들의 지분 투자에 대한 높은 수익과 낮은 위험의 부채 상환에 대한 것보다 유니레버의 사회적, 환경적 사명에 대해 덜 관심을 가질 수 있다.

그럼에도 불구하고, 유니레버는 환경 보호에 전념했다. 2015년 폴 폴먼 회장은 증가하는 사회적 불평등, 증가하는 인구, 개발 도전, 기후 변화로 인해 기업이 적응해야 할 필요성은 분명하며, 이점과 기회도 마찬가지라고 선언했다. 그는 이어 "계속 성장하려면 전체 가치사슬에 걸쳐 혁신적 접근이 필요하다"고 덧붙였다. 2014년 회사 성장의 절반을 차지했고 나머지 사업체의 2배에 달하는 성장률을 보인 지속 가능한 브랜드를 잇달아 만들었다. 많은 녹색 블로거들과 출판물이 이 통계를 인용했다.

그러나 파이낸셜타임스는 일부 주주들은 풀먼이 기업보다는 환경에
더 신경을 쓴다는 인식을 갖고 있다고 보도했다. 이 기사는 폴 풀먼
의 사회적 책임 있는 유니레버가 성장에 약하다는 제목의 기사에서
2013년과 2014년 매출 감소를 꼽았다. 또한 FTSE 소비자 물가지수
는 폴 풀먼 재임기간 동안 80% 상승했지만, 유니레버 주가는 같은
기간 40% 성장에 그쳤다고 언급했다.

주주와 이해관계자 Shareholders and Stakeholders

경제적 생존력과 환경적 지속 가능성 사이의 상충관계(trade-off)는
기업과 그들의 의사결정자들의 책임에 대한 오랜 논쟁의 핵심이다.
시카고의 저명한 경제학자 밀턴 프리드먼은 1970년 '기업의 사회적
책임은 이윤을 늘리는 것'이라는 제목의 기사에서 제목이 실린 논문
의 우월성을 주장했다. 상장 기업의 경우, 이는 회사의 주가, 배당
금 및 기타 재정 수익의 지속적인 성장을 통해 주주들에게 봉사할
것을 요구한다. 프리드먼은 예를 들어 에드워드 프리먼이 1984년
저서 '전략적 경영: 이해관계자 접근법'에서 밝힌 바와 같이 기업이
직원, 그들이 운영하는 지역사회, 환경 및 사회 전반에 대한 사회적
책임을 가지고 있다는 견해에 반발하고 있었다.
미국 투자자 보호법(US investor protection laws)은 경영자의 수탁 의무
가 주주들의 가치를 극대화하는 것이라고 말하는 프리드먼의 견해
와 일치한다. 비록 기업 경영자들은 사업 판단 규칙의 교리에 따라
광범위한 재량권을 가지고 있지만, 그들은 궁극적으로 그들의 투자
자들의 재정 자원의 관리인(stewards) 역할을 해야 한다. 이러한 맥락
에서, 환경 효율성(eco-efficiency), 환경 위험 완화(eco-risk mitigation)
및 환경 세분화(eco-segmentation) 이니셔티브가 주주 이익과 적절히
일치한다는 점에 유의해야 한다. 관리자들은 또한 지출이 마케팅이
나 브랜딩 이니셔티브와 같은 이익 주도 전략을 지원하는 것처럼
보이는 한 일정 수준의 자선 활동에 참여할 수 있다. 그럼에도 불구
하고, 본 장에서 소개되고 있는 기업들은 회사에 대한 불리한 사실
(근본적인 투명성)을 드러내고, 경쟁업체가 지속 가능해지도록 지원

(경쟁 데이터 및 혁신의 공개 공유)하거나, 공급업체에 필요한 최소한의 금액 이상을 지급하거나, 수익성 높은 비즈니스 기회를 포기하는 경우처럼 이러한 조정된 활동을 넘어서는 것 같다.(지속가능성을 근거로 대규모 유통 거래 또는 유망한 신원료를 기피)

기업의 주주가치 극대화 실패는 범죄사안은 아니지만 주주와 경영진 간 민사분쟁 가능성을 예고하고 있다. 이익을 우선하는 투자자들은 지속가능성에 대한 과도한 투자에 대해 민사 법원에 소송을 제기할 가능성이 있다. 따라서 법적 위험은 지속가능성에 대한 투자자들의 관점에 달려 있다. 파타고니아, 닥터 브로너스, 세븐스 제너레이션는 모두 상장기업이 아니므로, 이 기업들은 그러한 위험을 피할 수 있다. 그들의 투자자들은 회사의 우선 순위에 동의한다. 2002년 파타고니아 CFO 마르타 그로제프스키는 "만약 그 회사가 상장회사라면 지금의 우리가 되는 것은 매우 어려울 것이다. 우리가 지원하는 프로그램은 불필요해 보일 것이다." 라고 말했다. 페리 클레반 전 파타고니아책임 임원은 "공개적으로 거래된 것처럼 성장에 대한 압박은 크지 않다."고 추가했다.

뭔가 좀 다른 기업 A Different Corp.

투자자 후원 기업들이 환경적 지속 가능성, 사회적 책임 또는 기타 자선 활동 등 이익 극대화 활동 이외의 실질적인 활동에 참여하는 한 가지 방법은 회사의 법적 구조를 바꾸는 것이다. 2010년 4월, 메릴랜드주는 "베네핏 코퍼레이션(Benefit Corporation)"이라고 알려진 새로운 형태의 기업 구조를 만든 최초의 주정부가 되었다. 일반 기업과 달리, 주주의 재정적 이익에 대한 법적 의무를 가진 베네핏 코퍼레이션은 기업이 일반적인 공익적 목적을 가질 것을 요구하고, 회사가 투자자의 자본과 수익의 보존을 희생하는 것 외에도 특정한 환경적, 사회적 목표를 성문화 할 수 있도록 한다. 투자자의 자본을 보존하고 이익을 얻는 비용 외에 특정한 환경적, 사회적 목표를 성문화 한다. 복리후생법인이 되려면 이사회와 주주들의 승인, 회사 법령의 개정, 기업의 재등록이 필요하다. 2018년말 현재, 베네피트 코퍼레이션은 미국 모든 상장기업의 절반이 합법적으로 본거지로 두고 있는 델라웨어를 포함 35개 주와 워싱턴D.C.에 설립될 수 있다. 2016년 이탈리아는 기업이 소시에토 베네피트(Societá Benefit, 미국 용어 직역)로 등록할 수 있게 한 미국 외 최초의 국가가 되었다. 베네핏 코퍼레이션 운동은 주정부가 제공하는 법적인 베네핏 코퍼레이션 지위와는 구별되는 'Certified B Corporation' 또는 'B Corp'로 알려진 인증을 제공하는 비영리 단체인 B Lab이 주도했다. 불행하게도, "B Corp"이라는 용어는 종종 양쪽 모두를 가리키는 말로 상호 교환적으로 사용된다. B Corp의 인증은 기업이 수수료를 지불하고, 자체 평가 설문지를 작성하고, 평가에서 충분한 점수를 획득하고, 지원 문서를 제출하고, 특정 공시에 동의하고, 무작위 현장 검토를 허용하는 다른 신용 기반 라벨과 유사하다(9장 참조). 2016년7월 현재 4099개의 복리후생법인이 있으며, 2020년4월 현재 세계적으로 공인된 B Corp이 71개국에 3,300개 있다.

베네핏 코퍼레이션과 B Corp의 혼란과 중복은 두 가지다. 첫째, B Corp 인증의 경우 Benefit Corporation이 될 수 있는 법적 선택권을 가진 기업은 인증 후 4년 이내에 인증(또는 재 인증)해야 한다고 요구하고 있다. 둘째, Benefit Corporation은 자신의 환경 및 사회적 성과에 대한 독립적인 제3자 보고서를 제출해야 하며, 많은 기업이 이를 위해 B Lab의 B Corp를 선택했다. 공식적인 법적 Benefit Corporation 지위만이 주주가치 극대화 이외의 목표를 갖는 것과 관련된 투자자 소송으로부터 경영자를 보호한다는 점에 유의한다.

Benefit Corporation의 지위는 적대적 인수합병 시 기업의 환경적 임무에 대한 보호도 제공한다. 베네핏 코퍼레이션의 지위가 없다면, 바이아웃 오퍼는 주주들을 유혹하고 회사를 "비 친환경" 구매자의 손에 들어가게 할 수 있다. 그는 "베네핏 코퍼레이션은 우리가 원치 않는 입찰 제의에 맞서 우리의 사명과 문화를 보존할 수 있도록 해주었다."고 말했다. 우리는 이사회가 우리의 전반적인 최선의 이익이 아닌 제안을 받아들이도록 강요당할 수 있다는 것을 걱정할 필요가 없습니다."라고 New Belgium Brewing Company의 전략 및 지속가능성 책임자인 Jen Vervier는 말했다.

B냐 B가 아니냐 (그리고 어떤 B?) 그것이 문제로다 To B or Not to B (and Which B?)

본 장에서 소개된 세개의 녹색 회사는 Benefit Corporation 지위와 B Corp 인증에 대해 다소 다른 선택을 했다. 파타고니아는 2011년 12월 인증 B Corp가 되었고 캘리포니아 법인에 지정될 수 있었던 바로 첫날인 2012년1월1일 5개 법인에 대해 Benefit Corporation의 지위를 신청했다. 이본 쉬나드 창업자는 파타고니아 가입 당일 "파타고니아는 100년을 버틸 수 있는 회사를 세우려 하고 있다"고 말했다. 그는 "유익법인 입법은 창업자들이 시행하는 가치, 문화, 프로세스, 높은 기준을 제도화함으로써 파타고니아와 같은 미션 주도 기업들이 승계, 자본 인상, 심지어 소유권 변화 등을 통해 미션 주도적인 활동을 지속할 수 있도록 하는 법적 틀을 만든다"고 말했다.

닥터 브로너스는 2015년7월 Benefit Corporation으로 전환했고 그 후 B Corp이 되었다. 이 회사의 새 법령은 공식적으로 회사의 목표를 확장하여 (i) 환경 및 사회 문제에 대한 대중의 인식에 대한 지출, (ii) 공정거래 및 유기성 재료 구입, (iii) 공평한 직원 보상, (iv) 환경 및 사회 문제에 대한 주주 행동주의의 보상 등으로 확대한다. 이 마지막 항목은 본질적으로 데이비드 브로너가 대마와 같은 문제에 대해 미국 당국의 주의를 끌 때 그가 개인적인 법적 비용과 벌금을 지불할 수 있다는 것을 의미한다.

세븐스 제너레이션은 B Corp 인증시스템의 창립 회원이다. 2007년 5월부터 인증을 받아 2015년 최신 인증을 받았다. 그러나 세븐스 제너레이션은 2011년부터 이 회사의 본고장 버몬트주에서 이용할 수 있음에도 불구하고 베네피트 코퍼레이션 지위를 추구하지 않고 있다. 대신에, 회사의 광범위한 사명을 규정하기 위해 2008년 회사 법령에서 명확한 언어에 의존한다. 회사는 또한 앨고어 전 부통령이 공동 설립한 Generation Investment Management Fund에서 3,000만 달러를 유치하는 등 회사의 사명에 우호적인 자금으로부터 외부투자를 얻었다.

유니레버는 2016년 9월 세븐스제너레이션 사명을 유지하는 조건으로 세븐스 제너레이션를 인수하기로 합의했다. "그들이 정말로 하고 싶었던 것 중 하나는 우리가 누구인지에 영향을 미치거나 변화시키는 것이 아닙니다,"라고 세븐스 제너레이션 CEO인 John Replogle은 말했다. 유니레버는 2000년에 벤앤제리를 인수했을 때도 비슷한 접근법을 취하여 아이스크림 제조업체가 기업의 사회적, 환경적 사명을 유지할 수 있게 했다. 유니레버는 2012년 벤 제리의 B Corp 인증을 지원하기도 했다.

전략적 선택 Strategic Choices

주주가 보는 기업의 재무성과는 기업의 시가총액에 의해 가장 쉽게 측정되는데, 이는 일반적으로 세 가지 주요 요인의 함수이다.첫 번째는 회사의 모든 미래 이익에 대한 순현재가치인데, 그 자체가 회사의 미래 수익과 비용에 대한 투자자들의 인식의 함수다. 회사의 총가치에 두 번째로 기여하는 것은 유형자산(건물, 재고, 현금, 고객이 진 지급액 등)과 장기무형자산(특허, 영업권, 사업방법 등)을 포함한 자산이다. 세 번째 요소는 회사의 가치에서 빼야 할 부채, 채권 보유자에 대한 부채, 공급자에 대한 지급, 그리고 소송이나 기타 법적 의무에 대한 지급과 같은 부채다. 일반적으로 주주들은 수익성이 높고 위험성이 낮으며 자산과 부채가 최소화된 빠르게 성장하는 회사를 선호한다.

기업 자체나 NGO나 활동가들에 의해 평가되는 기업의 환경적 성과는 측정하기 어렵고, 한 숫자로 축소하기 어렵다. 자원 소비, 배출, 독성 영향의 많은 유형이 있을 뿐만 아니라, 그 영향은 공급자로부터 고객, 전 세계에 걸쳐 공급망 전체에 걸쳐 있다. 고객 사용 또는 공급업체 설치 공간을 특정 회사에 할당할 수 있는 환경 영향과 관련된 표준 할당 메커니즘은 없다. 그럼에도 불구하고, 우리는 이 모든 차원을 기업의 순 환경 영향을 반영하는 개념적인 "환경 영향" 변수에 통합한다.

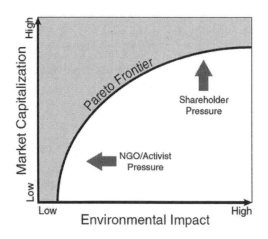

[그림 11.3] 파레토 프론티어

그림 11.3은 환경영향과 시가총액이라는 이 두 가지 차원에 대한 기업의 가능 공간을 나타낸다. 흰색 영역은 알려져 있고 실현 가능한 작동 조건의 공간이다. 그 공간의 어떤 지점의 좌표는 재무 및 환경 성과 측면에서 회사가 어떻게 운영되는지의 결과를 나타낸다. 음영 처리된 영역의 포인트는 알려진 조치와 현재 기술로 아직 달성할 수 없는 성능 수준을 나타낸다. 투자자들은 기업들이 주주들의 가치를 극대화하기 위해 가능한 한 높은 수직축을 따라 운영하는 것을 선호할 것이다. 환경운동가들은 기업들이 가능한 한 왼쪽에서 환경 영향을 최소화하면서 운영하기를 바라고 있다.

그림의 흰색 영역과 음영 처리된 영역 사이의 경계선에 있는 모든 점 - 파레토 프론티어는 재무 및 환경적 성과를 최대한 조합한 수준에서 운영하는 선도적 기업의 최상의 성과 수준을 반영한다. 실현 가능한 모든 이니셔티브의 쉽게 이룰 수 있는 성과를 다 써버린 기업들은 파레토 프론티어에서 이쪽 저쪽으로 미끄러지는 절충에 직면해 있다. 프론티어의 기울기는 재정과 환경적 성과 사이의 근본적인 절충을 반영한다. 파레토 프론티어는 단기적으로 회사의 자산,

산업, 제품 설계, 공급업체 기반, 유통 경로 및 고객을 포함한 많은 상황적 문제의 기능이기 때문에 각 회사마다 다르다.

절대 해서는 안 되는 구역 : 실행 불가능 하고 규정에도 위반되는 The No-Go Zones: Non-viability and Noncompliance

기업들은 그림 11.3에 묘사된 공간에서 운영될 장소를 완전히 자유롭게 선택할 수 있는 것은 아니다. 모든 기업은 재무 성과와 환경 성과에 대한 제약에 직면해 있다. 장기적으로 봤을 때 지속적으로 손해를 보는 사업은 경제성이 떨어진다. 기업은 비용을 충당하고, 자본을 유치하고, 부채를 상환하고, 주주에게 보상하고, 적립금을 축적하고, 미래에 투자하기 위해 시간이 지남에 따라 최소한의 재무 성과가 필요하다. 녹색 회사들은 계속해서 적자 경영을 할 수 없다. 예를 들어, 닥터 브로너스의 Benefit Corporation 사명에는 "인증 된 성분이 충분하지 않거나 비용이 너무 많이 드는 경우를 제외하고" 지속 가능한 성분만 구매하도록 요구하는 특별한 공익 목적이 포함된다. 마찬가지로 Seventh Generation은 지속 가능성뿐만 아니라 성장과 이익에 대해 직원에게 보상한다.

마찬가지로, 첫 장에서 인용된 NGO 공격과 정부 규정은 기업이 어느 정도 허용 가능한 수준의 환경 성과를 달성해야 한다는 것을 설명한다. 정부는 규제를 강화함으로써 기업들이 환경에 미치는 영향을 낮추도록 할 수 있다. 대부분의 그러한 조치들은 운영 공간을 제한하고 비효율성과 높은 비용을 초래하는 것으로 많은 회사들이 보고 있다. 그러나, 정부들은 시장이 스스로 그것을 하지 못하는 것으로 인식되었을 때, 이러한 절충을 공익을 위해 기꺼이 해 왔다.

또한, 이 책의 많은 예시들이 보여주듯이, NGO 공격은 비용이 많이 들고, 기업들이 그러한 잠재적인 공격을 미연에 방지하기에 충분한 환경적 책임을 지도록 동기를 부여할 수 있다. 따라서 성과의 두 차원은 그림 11.4와 같이 실행 가능한 옵션의 공간을 제한하는 어느 정도의 한계를 가지고 있다. (물론, 일부 개발도상국에서의 규제나 시행의 부족은 그에 상응하는 최소한의 환경 관리 요구 사항의 부

재를 야기한다. 그러나 서구 기업에 대한 공급업체는 환경 영향을
제한하기 위한 고객의 요구 사항에 직면할 수 있다.)

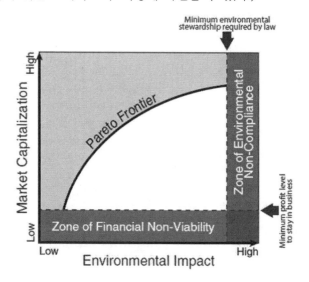

[그림 11.4] 지속 가능성 및 재무 목표 충족

더 수익성이 높은가, 더 지속 가능한가, 아니면 둘 다인가? More Profitable, More Sustainable, or Both?

대부분 회사들은 파레토 프론티어를 따라 연속적으로 운영되지 않
고 있는데, 왜냐하면 그들은 어느 한 차원에서도 최고의 성과를 달
성하기 위해 최선을 다하고 있지 않기 때문이다. 새로운 제품이나
스마트한 가격으로 비용을 절감하고, 위험을 완화하거나, 수익을 증
대할 수 있는 기회가 항상 더 많다. 유사하게, 대부분의 회사들은
공급망 자원 효율을 향상시키고, 라이프사이클 전체에 걸쳐 환경 위
험을 완화하거나, 또는 그들의 제품의 환경적 품질을 향상시킬 수
있는 더 많은 기회를 가지고 있다. 즉, 대부분의 기업은 그림 11.5
의 포인트 X와 같은 파레토 프론티어 "아래" 어딘가에서 운영하며,

재무 실적이나 환경 관리 업무를 개선하거나 둘 다 개선할 수 있다. 두 치수를 모두 개선하는 방향(또는 다른 치수를 저하시키지 않고 한 치수를 개선하는 방향)은 그림 11.5의 회색 영역으로 나타낸 영역이다.

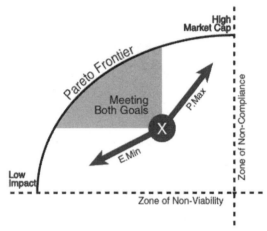

[그림 11.5] 성능 향상을 위한 옵션

그림 11.5는 기업이 진로를 선택할 수 있는 세 가지 방향을 나타내며 실현 가능한 지역을 강조한다. P.Max는 환경 성과를 희생하여 이윤을 극대화하는 방향이다. E.Min은 이윤을 희생하면서 환경에 미치는 영향을 줄이는 것을 의미하며, 회색 영역은 두 가지 목표를 모두 개선하는 방향을 나타낸다.

이 장에서 논의한 것과 같은 일부 기업은 왼쪽 하단의 E 방향으로 이동한다.다이어그램의 최소 코너 - 더 높은 재무 실적보다 더 높은 환경 성과를 선택한다. Benefit Corporation 규정은 기업들이 E에서 이동할 수 있도록 공식적인 법적 프레임워크를 제공한다.최소 지향, 재무성과를 희생하여 환경에 미치는 영향을 줄인다. 이와는 대조적으로, 다른 회사들은 다이어그램의 최대 코너인 우상향 P로 나아가는 경향이 있다. 주주가치를 극대화하는 동시에 법 안에서 "문제에서 벗어나기 위해" 필요한 최소한의 조치를 취한다. 이는 많은 B2B 기업이 "막후"에서 운영하기 때문에 소비자 브랜드를 저하시킬 수 있는 NGO의 직접적 압력에 덜 민감하게 반응하는 경우이다. 이들 기업 중 상당수는 법을 준수하고 고객이 요구하는 바를 이행하지만 그 이상은 하지 않을 것이다. 물론, BASF, Siemens, Alcoa와 같은 많은 B2B 회사들은 중요한 환경 이니셔티브를 가지고 있다.

많은 전문가들은 수익과 환경 지속가능성이 서로 상충되지 않으며 기업들이 두 가지를 모두 달성할 수 있다고 주장한다. 기업들이 그림 11.5의 회색 지역 내에서 성과 개선을 선택할 수 있다면 이는 확실히 사실이다. 이는 환경 효율성, 환경 위험 관리 및/또는 환경 세분화 고려사항에 의해 추진되는 이니셔티브에 해당된다. 그러나 일단 기업들이 파레토 프론티어에 도달하게 되면 에너지 절약과 폐기물 감소는 물론 위험 완화, 신제품 소개 등 쉽게 얻을 수 있는 성과들이 대부분 수확되어 급격한 변화 없이 환경성과 재정성과의 피할 수 없는 상충지점을 맞게 된다.

그 때, 수익성을 더욱 높이기 위해, 예를 들어, 기업은 규정 준수가 느슨한 지역에 위치한 공장 부지나 공급업체를 선택하여 규정 준수 비용을 피할 수 있다. 그 대신에, 더 많은 충격을 줄이기 위해, 회사는 공급자들에게 더 많은 부담스러운 제한을 가하고, 값비싼 재생 에너지나 물 보존 전략에 투자하거나, 더 지속 가능하지만 더 높은 가격의 재료를 가진 제품을 설계해야 할 수도 있다. 파레토 프론티어를 넘어 높은 재무 성과와 낮은 환경 영향 모두를 달성하기 위해서는 근본적인 변화가 필요하다.

제12장 규모의 고통

THE TRAVAILS OF SCALE

앞 장에 기술된 심층적 환경 기업은 꽤 성공적이었지만, 세계 시장에서 상당한 점유율을 차지한 기업은 단 한 곳도 없었다. 소매업체들의 선반을 장악하고 있는 주류 기업들과는 아직 상당한 격차가 있다. 닥터 브로너스는 연 350톤의 팜유를 생산하는 자매회사인 세렌디팜으로부터 지속가능한 팜유를 공급받고 있다. 이에 비해 세계 최대의 팜유 구매자인 유니레버는 연간 150만톤의 팜유와 파생상품을 구매한다. 세렌디팜이 유니레버를 위한 단 하루의 공급량을 생산하려면 일일 생산량의 거의 12년치가 필요할 것이다.

이러한 엄청난 규모의 차이는 그들의 노력이 팜유 지속가능성에 미치는 영향에 상응하는 차이를 만들어내는데, 이것은 주로 동남아시아의 숲의 개간과 태우는 것을 완화하는 것과 관련이 있다. 작은기업 닥터 브로너스의 환경영향이 아무리 줄더라도 그 개선은 세계 야자유 시장에 거의 영향을 미치지 않을 것이다. 이와는 대조적으로 거인 유니레버가 팜유 지속가능성을 조금씩, 점진적으로 1%씩 개선하더라도 닥터 브로너스의 가장 큰 노력의 40배 이상의 효과를 가져올 수 있다.(유니레버도 전 세계 팜오일 생산량의 3% 미만을 구매한다.)

규모의 지속가능성 SUSTAINABILITY AT SCALE

지속 가능한 플랜테이션에서 모든 팜유를 공급하겠다는 유니레버의 목표는 닥터 브로너스의 목표보다 훨씬 더 달성하기 어렵다. 실제로 열대우림연합(Rainforest Alliance)은 인증된 지속가능한 팜유의 구매를 증가시키는 첫 번째 장벽으로 제한적인 공급을 열거하고 있다. 이는 대기업의 지속가능성을 저해하는 장애물이며, 중소기업 성장에 걸림돌이 되고 있다.

빠르게 성장하지만 충분히 빠르지는 않은 Fast Growing but Not Fast Enough
좀 더 지속 가능한 포장의 원천을 찾기 위한 노력의 일환으로, 델은 대나무 쿠션 기술을 개발하고 있던 작은 회사인 유니소스 글로벌 솔루션즈(UGS)에게 접근했다. 대나무를 현지에서 조달할 수 있는 중국에서 출하하는 경우 대나무 수율이 높고 성장 속도가 빨라 판지보다 재료가 지속 가능하다. 델은 대나무 공급망을 조심스럽게 개발하여 중국에서 Forest Stewardship Council 인증을 받았다. 올리버 캠벨(Oliver Campbell) 포장구매 책임자는 '60Minutes'[111]에 출연해서 아기 판다의 입에서 대나무를 꺼내는 사람이 되고 싶지 않았다고 말했다. 2011년까지 델은 노트북 컴퓨터의 70%에 대나무를 넣었고, 유니소스는 판매량이 3배 이상 증가했다.

그러나 델이 보다 지속 가능한 포장재로 대나무로 전환한 유일한 회사는 아니었다. 대나무에 대한 세계적인 수요가 증가함에 따라, 가격은 델이 정당화할 수 없는 수준까지 올랐다. "내 생각엔 우리는 우리 자신의 성공에 희생된 것 같다. 대나무가 대중화되면서 다른 업체들이 대나무를 실제로 주목하기 시작했다."라고 캠벨이 말했다. 이론적으로, 대나무와 같은 재료의 가격 급등은 결국 공급의 성장을 촉진시키고 가격 반전을 생산 원가로 되돌릴 것이다. 그러나 "이론에서는 이론과 실제는 같다"는 말이 있다. 실제로는 그렇지 않습니다." 실제로, 천연자원 제약이나 산림파괴 방지정책과 같은 토지 이용 규제에 의해 재료생산을 위한 총 글로벌 용량이 제한될 수 있다. 2015년에 Dell은 노트북 제품 포장의 상당 부분을 대나무 쿠션에서 지속 가능한 소싱 용지와 밀짚으로 만든 쿠션으로 바꾸었다. Dell에 따르면 밀짚은 지속가능성 혜택을 가진 저렴한 솔루션이 되었다고 한다.

---

[111] 1968년 시작되어 지금까지도 방영중인 미국 CBS의 탐사보도 프로그램

유기적 성장의 더 큰 과제 The Udder Challenges of Organic Growth

유기농 우유만을 사용하는 것은 스토니필드팜(Stonyfield Farm)의 환경 약속 중 하나이다(6장 참조). 유기농 우유는 농약이 없는 목초지에 서 소들이 풀을 뜯을 수 있도록 허용하고 유기농 사료만 먹이고 성 장 호르몬으로 치료하지 않는 유기농 농법에 따라 사육되는 가축을 필요로 한다. 스토니필드의 유기농 요구르트에 대한 수요가 증가함 에 따라, 그 회사의 유기농 우유 수요는 현지 공급을 앞지르고, 그 회사는 더 먼 주에서 유기농 우유를 공급하기 시작했다. 수요가 더 증가하자 스토니필드와 다른 유기농 우유 구매자들은 점증하는 제 약에 직면했다. 유기농 우유 생산은 기존의 생산 방식에서 유기농 생산 방식으로 전환하는 다년간의 과정에 내재된 비용과 지연 때문 에 수요에 보조를 맞추지 못했다.

공인된 유기농 생산으로 전환하기 위해 한 젖소 농장은 목초지에서 2~3년간 농약 사용을 중단하고, 최소 1년 이상 고가의 유기농 사료 를 소에게 먹이고, 수의학 관행을 바꾸어야 했다. 이 긴 과도기 동 안 농부들은 더 높은 비용과 더 낮은 수확량에 직면할 가능성이 높 지만 전환이 완료될 때까지 우유 가격이 상승하지 않을 것이다. 이 유기 우유를 충분히 공급할 수 없게 되자 스토니필드는 자사의 제 품 라인 중 두 개를 유기 우유에서 재래 우유로 전환해야 했다.

2006년에 스토니필드는 국내 공급을 보충하기 위해 뉴질랜드에서 선적된 유기농 분유 사용을 고려했다. 이 회사는 이미 소량의 유기 농 분유를 수입 원유의 불일치를 상쇄하기 위해 사용했지만, 이 회 사가 지구 반대편에서 분유를 살 수도 있다는 제안은 스토니필드의 핵심 소비자들을 화나게 했다. 부분적으로, 이러한 불편은 뉴질랜드 의 가족 농장에서 출하된 분유가 위스콘신에서 출하된 냉장 우유보 다 탄소 발자국이 더 낮을 것이라는 게리 허쉬버그 CEO의 발언에 서 비롯되었다. 일부 소비자들은 스토니필드가 완전히 분유로 요구 르트를 만들 계획을 세웠다고 우려했는데, 이것은 결코 계획의 일부 가 아니었다. 이 논란은 다논이 회사 지분을 80%까지 늘린 직후 시작되어 스토니필드가 지속가능성 문제에 더 취약하게 되었다. "우리가 큰 악당이 되었어!" 낸시 허쉬버그 전 전략기획 담당 임원은 "다논 협정이 성사되면 이런 일이 벌어질 것을 알고 있었다."고 말했다. 브랜드를 보호하고 "뿌리로 돌아가기(get back to its roots)" 위해 게리 허쉬버그는 뉴질랜드 분유 아이디어를 포기했다. 대신 스토니필드 농장과 유기농밸리(스토니필드의 주요 유기농우유 공급처인 유기농 유제품 협동조합)는 미국의 새로운 유기농 유제품 농부 수백명을 공급망에 추가하기 위해 농부 교육, 채용, 홍보에 투자하였다. 유기농 우유가 더 많이 보급됨에 따라, 회사는 전체 라인을 다시 전환했다. 2015년 현재 스토니필드가 직면하고 있는 용량 문제의 종류는 달걀, 옥수수, 콩, 콩, 닭과 같은 많은 유기농 농산물을 계속해서 괴롭혔다. 20억 달러 규모의 유기농 및 천연 브랜드 제조업체인 헤인 셀레스티얼그룹 어윈 사이먼 대표는 "위대한 브랜드와 훌륭한 제품을 가질 수 있지만 [농산] 제품을 공급받지 못하면 큰 일"이라고 말했다. 이 부족은 자연 식품 회사들이 전업 모집인을 고용하거나, 기술 교육을 제공하거나, 농부들의 전환 비용을 조달하거나, 최대 5년의 구매 약속을 제공하거나, 그들 자신의 유기농 농업과 가축 사업을 시작하도록 강요했다. "공급 성장은 하룻밤 사이에 일어나는 것이 아닙니다."라고 오레곤에 본사를 둔 퍼시픽 푸드(Pacific Foods)의 설립자 겸 CEO 척 에거트(Chuck Eggert)는 말했다.

다른 인증된 재료 공급망도 비슷한 성장통을 겪었다. 한때 세계적으로 그린앤블랙스(Green & Black's)가 생산량을 늘리고 전체 라인에 걸쳐 공정거래 인증을 유지하기 위한 공정거래 설탕이 세계적으로 충분하지 않았다고 도미닉 로웨(Dominic Lowe) 이사가 말했다. 이 회사는 또한 공정무역 체리가 존재하지 않았기 때문에 공정 무역 체리 초콜릿 바를 추가할 수 없었다. 로우는 2009년에 더 많은 재료들을 인증하는 방법을 찾기 위해 페어트레이드 인터내셔널과 협의 중이라고 말했다. 2010년에 공정거래 운동이 성숙함에 따라, 그린앤블랙스는 소싱의 어려움에도 불구하고 호주에서 팔리는 초콜릿을 2011년 말까지 모두 공정거래로 전환하겠다고 발표했다.

스토니필드와 그린앤블랙스는 그들의 모기업들로부터 사업 성장 압력에 직면했다. 스토니필드의 인수 및 판매 협약에서 다논은 스토니필드가 두 자릿수 성장 목표를 달성하는 한 게리 허쉬버그를 CEO로 유지하기로 약속했다. 그린앤블랙스의 CEO인 William Kendall은 "Cadbury가 그 사업을 샀을 때, 그것은 'x'에서 성장하고 있었고, Cadbury는 그것이 '3x'가 되기를 원했다. 그들은 제품을 미국으로 너무 밀어 넣었기 때문에 그 브랜드는 성장하지 못했다.

녹색 성장 *Growing Green*

2013년4월 저자와 연구팀은 캘리포니아 비스타에 있는 닥터 브로너스의 글로벌 본사를 둘러보았다. 그 투어는 30분도 채 걸리지 않았다. 2011년 같은 팀은 콜롬비아 칼리시에 있는 새로운 유니레버 유통센터를 방문했다. 이 단일 교차 도킹시설을 둘러보는데만 1시간이 걸렸는데, 이 시설은 유니레버가 서비스를 제공하는 190개 이상 국가 중 단 한 국가의 단일 지점의 일부분일 뿐이다. 유니레버는 말 그대로 환경친화적 마인드를 가진 캘리포니아인 150명의 닥터 브로너스보다 세계 252개 지역에 169,000명의 다국적 직원을 보유하여 천 배 이상 더 크다.

닥터 브로너스와 유니레버의 크기, 지리적 확산, 다양성 사이의 엄청난 대조는 멀리 떨어진 노동력을 지속 가능한 성장을 위한 전략적 추진에 재배치할 때 유니레버에게 훨씬 더 큰 도전을 야기한다. " 어쨌든, 이것은 오늘날 어떤 대기업에서도 일어나고 있는 가장 야심찬 '변화 관리' 프로그램 중 하나이다."라고 Unilever의 외부 자문위원회 위원이자 Forum for the Future의 설립자인 조나손 포릿 경[112]은 말했다. 그는 유니레버의 두 번째 연례 지속가능성 보고서에 대해 "이 보고서에서 알 수 있듯이, 발전은 좋으며, 몇몇 개별 프로젝트는 매우 고무적이다. 그러나 사업의 모든 부분에 의해 지속가능한

---

[112] 영국 환경운동가이자 작가.녹색당 창당 멤버였으며, '지구의 친구들' 디렉터였음. 11 대 뉴질랜드 총독 Arthur Porritt 의 아들임

생활계획이 살아 숨쉬기까지는 아직 갈 길이 멀다."

이 도전은 거대 글로벌 회사들에게만 있는 것이 아니다; 그것은 또한 그들이 성장함에 따라 작은 녹색 기업들에서도 일어난다. 스토니필드 농장이 불과 500여 명의 직원들로 성장하면서 생태문화를 유지하려는 도전 스토리는 빠른 성장기 동안 녹색을 유지하려는 어려움을 잘 보여준다. 제10장 시작에 언급된 5년, 10년 시간범위 목표를 포함한 지속가능성으로 가는 다년간 경로의 예는 대규모 조직에서는 변화가 불가피하게 시간이 걸린다는 것을 보여준다.

규모에 있어서 이러한 관성의 도전은 소비자에게도 확대된다. 유니레버의 탄소 발자국 중 62%는 소비자의 제품 사용단계에서 발생한다. 유니레버가 자신과 공급망을 완전히 탄소중립으로 만들 수 있다고 해도, 환경적 발자국을 절반으로 줄이겠다는 회사의 목표에 도달하는 것은 여전히 실패할 것이다. 예를 들어 드라이 샴푸, 냉수 세정제, 더 농축된 제품 등 20억 명의 소비자를 설득하는 것은 노력과 시간이 필요할 수밖에 없다.

그린 인베스트먼트 Green Investments

녹색 제품은 일반 제품보다 재료비가 더 많이 든다. 또한 그러한 제품의 특징인 제한적 성분 목록과 설계 기준은 핵심 성능지수(예: 덜 효과적인 클린저 또는 저출력 연료 저장 차량)에서 녹색 제품을 주류 제품보다 열등하게 만들 수 있다. 그 결과, 일부 제품의 높은 비용과 낮은 성능은 고객층의 극히 일부만을 끌어들여, 조달, 제조, 유통의 규모의 경제를 낮추게 된다. 녹색 제품이 성공하더라도 같은 회사의 고수익 주력 제품 매출을 의도치 않게 갉아먹는다.

이러한 단점들을 감안할 때 성공적인 주류 제품을 가진 주류 소비자들에게 서비스를 제공하는 회사들은 명백한 투자 결정과 직면하게 된다. 그들은 현재 비고객에게 서비스를 제공할 수 있는 위험하고 수익성이 낮은 소규모의 제품보다는 대중적인 고객 부문에 서비스를 제공하는 알려진 수익성 높은 대량 생산 제품에 돈과 시간을 투자하는 것을 더 선호한다. 그러한 선택을 고려할 때, 이러한 기업들은 시장의 녹색 세그먼트를 작은 틈새 경쟁자들에게 맡기는 것을 선택할 수도 있다.

이러한 위험을 감수하고 틈새 녹색 제품을 만들려는 녹색 기업의 존재는 주류 기업들이 하버드 대학 클레이튼 크리스텐슨이 "혁신가의 딜레마(The Innovator's Dilemma)"라고 부르는 상황에 직면할 수도 있음을 암시한다. Christensen은 소규모의 다가오는 경쟁자들 - 열등한 제품을 가지고 시장에 진출할 수도 있고, 다른 시장 부문들에 서비스를 제공할 수도 있는 - 을 무시하는 대기업들이 그러한 시장을 신생기업들에게 양도하는 데 합리적 사업 결정을 내리고 있음을 보여준다. 그러나, 신생기업 제품이 개선되고 보다 광범위한 채택을 달성함에 따라 후에 그러한 경쟁사들로부터 위협을 받을 수 있다.

크리스텐슨은 위험한 틈새 제품보다 성공한 것으로 보이는 기존 제품에 대한 투자를 자연스럽게 선호하기 때문에 전기로 방식 소규모 제철공장(steel Minimills)의 증가와 일본 자동차 회사의 성공을 포함한 많은 예를 제시한다. 지속 가능한 제품은 잠재적으로 크리스텐슨의 패턴을 따를 수 있다. 현재 지속 가능한 제품 시장은 작을 수 있고, 일부 그러한 제품들은 열등하고 비용이 많이 들 수 있지만, 이는 기술적 혁신(녹색 제품을 더 좋고 저렴하게 만드는 것), 소비자 심리의 변화, 규제 시행 또는 법원 결정으로 인해 빠르게 변할 수 있다.

혁신자의 딜레마를 피하기 위해, 몇몇 대기업들은 시장의 녹색 부분을 서비스하기 위해 신제품을 개발하거나 취득했다. 기존 제품군과의 내부 경쟁을 피하기 위해 기업들은 내부적으로 개발하든 인수하든 상관없이 독립 사업부로 녹색제품을 유지하는 경우가 많다. 그러한 예로 클로록스(Clorox)의 버츠비(Burt's Bees) 인수, 다논의 스토니필드팜 인수, 유니레버의 벤앤제리(Ben & Jerry's) 인수 등이 있다.

이러한 전략적인 움직임은 비록 이러한 제품들이 처음에는 전통적인 상품만큼 수익성이 높지 않더라도 환경 중심의 기술혁신을 육성하는 데 도움이 되는 실험과 학습으로 볼 수 있다. Burt's Bees를 인수한 지 1년 후 Clorox는 Green Works를 시작했다("A Big Gorilla Dips a To" 섹션 참조). 이와 유사하게, 다논은 2008년에 스토니필드의 탄소 지표를 사용하는 것을 포함하여 스토니필드의 사업 원리를 본뜬 프로그램인 "자연의 약속(Nature Commitment)"을 시작했다. 이러한 기술혁신이 발전함에 따라, 그들은 환경적으로 주도되는 공급자, 고객 및 기타 이해관계자들의 네트워크와의 연결을 확립한다. 이러한 이해관계자들은 다시 녹색 제품 라인과 거기서 일하는 팀들에 더 많은 아이디어를 주입하여 원래 회사가 사용할 수 있는 선순환적 혁신 주기를 만들 수 있다.

시간이 흐르면서 바이오 소재와 제조법에 대한 연구와 실험은 비록 가격이 더 비싸고 시장의 좁은 부분에 어필할 수 있을지라도 그 메리트에 따라 판매할 수 있는 친환경 제품을 생산할 수 있다. 2016년 5월 프록터앤갬블(P&G)은 타이드 퍼클린(Tide Purclean) 세탁세제를 출시해 일반 세제인 타이드와 동일한 세척력을 가진 바이오 기반의 최초의 액체 세탁세제로 시판했다. 그것은 일반 타이드보다 거의 두 배나 비쌌다: Jet.com에서 50온스 32번 사용가능한 타이드 세제 한 병은 7.47달러인데 반해 타이드 퍼클린의 한 병 가격은 13.99달러에 판매했다. (2017년3월에 P&G의 비용 학습 곡선을 이용하거나 잘 팔리지 않는 제품을 "옮기려고" 시도하면서 온라인 가격 차이가 40% - 10.99달러 대 7.92달러 - 로 줄어들었다.) 이러한 투자와 실험은 수요나 규제의 변화가 지속 가능한 제품의 판매 증가를 유발하는 경우에 회사에 실질적인 선택권을 제공한다.

규모 키우기 GETTING TO SCALE

델과 스토니필드의 이야기는 공급 체인이 필요한 조달 물량을 가지고 있지 않다면 규모가 항상 쉽지는 않다는 것을 보여준다. 그러한 이야기들은 또한 기업들이 녹색 사업을 성장시키기 위해 떠맡을 수 있는 홍보, 공급자 교육, 장기 계약 같은 것들을 암시한다.

새로운 인증으로 가는 느린 비탈길 A Slow Ramp to a New Certification

유니레버가 야자유, 차 등 주요 생필품의 지속가능한 공급의 개발을 도모했던 것처럼(5장 참조) 여러 생산지에서도 지속가능한 콩기름의 취득을 도모했다. 유니레버는 전세계 콩의 1%를 주로 미국, 브라질, 아르헨티나에서 구입한다. 남아메리카에서 지속가능한 콩에 관한 라운드 테이블은 삼림파괴를 방지하고 토착민들의 땅을 보호하며 아동노동을 예방하기 위한 지역 농업 관행을 인증하고 있다. 그러나, 미국에서는, 이것들은 지속가능성에 중요한 문제가 아니며, 유니레버가 처음 지속가능한 성장을 추진하기 시작했을 때 유사한 인증은 존재하지 않았다. 그 회사는 새로 인증을 취득해야 했다.

유니레버는 콩을 직접 사들이지 않았기 때문에 거대 공산품 거래업체인 아처 다니엘스 미들랜드(Archer Daniels Midland, ADM)의 도움을 받았는데, ADM은 2016년 620억 달러의 매출을 올려 사실상 유니레버(2016년 수입 530억 유로)보다 많았다. 두 회사는 함께 신뢰성과 기술력을 모두 확보하기 위해 멀티멤버 팀을 만들었다. 이 팀은 두개의 무역그룹(미국 콩위원회와 아이오와 콩협회), 두개의 NGO과학 컨설턴트(세계야생동물기금(WWF) 및 Practical Farmers of Iowa), 그리고 농업 관행 평가 소프트웨어를 개발한 농업회사연합체(Field to Market)을 포함하여 구성했다

농부들이 다른 구매자들에게 판매함으로써 간단히 거절할 수 있는 행동강령을 강요하는 대신에, 그 단체는 간단하지만 매력적인 거래를 제공했다. 즉, 우리는 당신 농장의 성과에 대한 분석을 제공하고 부셸(bushel) 당 10센트를 더 지불하겠다. 형식적인 1%의 보험료를 더 납부해야 했지만 수백 명의 농민들이 가입했다. 2012년 계약한 콩 재배자 크레이그 팬츠는 "왜 가입했냐고? 솔직히 10% 할증이 마음에 들었다." 라고 말한다.

이 서비스는 또한 귀중한 피드백을 제공한다. "ADM 사람들은 매우 도움이 되었다,"라고 아이오와 콩 재배 농부 그레그 반 다이크는 말했다. "그들은 우리 농장에 와서 약 30분 후에 우리의 프로필을 만드는 것을 도왔다,"라고 그는 말했다. 다음으로, 소프트웨어는 광범위한 농업 생산성과 물 사용 효율성, 온실 가스 배출, 토양 탄소 수준과 같은 환경 영향 지표를 계산한다.

파타고니아의 풋프린트 연대기(제11장 참조)와 달리, 유니레버는 농부들에게 적어도 직접적으로 경쟁하는 농부들과 그들의 소유권 데이터를 공유하도록 강요하지 않고 있었다. 반 다이크는 "우리에게 어필한 것 중 하나는 프로그램의 기밀성이었다."고 말했다. "우리들의 모든 개인정보는 비공개였다. 그리고 아무도 당신 어깨너머로 쳐다보지 않아."" 소프트웨어는 데이터를 집계하고 익명화한다. 그는 "첫 해 말에 우리는 개인별 숫자를 볼 수 있었고 그것을 우리 지역의 평균 농장과 비교하게 되었다."고 말했다. 반 다이크는 "유니레버와 ADM은 브라질이나 아르헨티나 등 다른 나라의 농장과 비교한 결과도 공유했다"고 덧붙였다.

농민들을 위해 이 프로그램은 재정적으로나 환경적으로 모두 관련된 질문에 답한다. "어떻게 하면 그들이 더 나은 수확을 얻을 수 있을까? 어떻게 그들이 비료를 덜 쓸 수 있을까? 어떻게 그들이 전반적인 관행을 개선시킬 수 있을까?"라고 유니레버의 수석 매니저인 스테파니 밀리 그랜트가 말했다. 일반적으로, 더 효율적인 농부들은 더 지속 가능한 농장을 가지고 있다. 왜냐하면 그들은 이미 연료, 비료, 살충제, 물 그리고 오염물 유출을 줄이고 있기 때문이다. 2,000에이커 이상의 옥수수와 콩을 경작하고 있는 크레이그 판츠는 그 지식이 그의 농장의 "문제점"을 더 명확하게 보여준다고 말했다. 밀리 그랜트는 "그들은 질소를 더 많이 사용하는 하나의 분야를 보고 볼 수 있다."고 말했다. 그리고 그들은 돌아가서 '이것이 왜 나의 이웃과 다른가?'라고 말할 수 있다. 그것은 모두 지속적인 개선에 관한 것이다.

2015년 말 현재 이 프로그램은 농부들이 원하는 누구에게든 팔 수 있기 때문에 시행이 아닌 자발적인 성과 개선에 초점을 맞추고 있다. ADM의 북미 콩 가공 총책임자인 클린트 파이퍼는 "우리는 그들에게 그들이 지속 가능하지 않다고 말하거나 그들을 프로그램에서 쫓아내지는 않을 것"이라며 "지금은 사람들을 프로그램에 참여시키고 지식을 공유하는 것"이라고 결론지었다. 유니레버 CEO 풀먼은 2015년 현재 아이오와 주 900만에이커의 콩 3%에도 못 미치는 28

만8천에이커 250여명의 농민이 참여하고 있다고 밝혔다.

성과를 내기 위한 베끼기 Plagiarism for Performance

대기업은 제조·유통·지원 기능을 담당하는 부지(sites)가 수십, 수백 곳에 이르는 경우가 많다. 유니레버의 252개 사이트 각각에 한 명의 매니저는 적어도 50%의 시간을 환경문제에 할애한다. 이러한 독자적 노력을 최대한 활용하기 위해 사내 소셜 네트워크를 구축해 전사적인 "복제(copying)" 과정을 도왔다. Unilever 제조 지속가능성의 그룹 책임자 토니 더니지(Tony Dunnage)는 "그것은 공유가 아니라 복제이다."라고 말했다. 왜냐하면 행동없이 단지 지식을 공유하는 것만으로는 별로 도움이 되지 않기 때문이다.

"복제" 과정은 그 회사가 낭비 없는 목표를 달성하는 데 도움이 되고 있다. "그래서 우리는 20개의 아이스크림 공장들에 대해 이 많은 공장들이 폐기물이 전혀 없다는 것을 알고 있다,"라고 그는 말했다. 이 정보는 다음과 같은 의문을 제기한다: "글쎄, 왜 모두 그렇지 않지?" 더니지는 "인프라 부족이나 지리적 여건으로 인해 공장 내 폐기물 제로화가 불가능하다고 말하는 사람들이 많았다"고 덧붙였다. 일부 지역은 개발된 재활용 산업이 결여되어 있지만, 이들 중 일부는 다양한 폐기물 감소 및 에너지 폐기 시스템을 실험했다. 더니지는 "공유하기 시작하면서 다른 사이트들이 거울을 들고 '그들이 하는 거라면 왜 안 되지?'라고 말하기 시작했다"고 말했다. 모범 사례를 확장하기 위한 이러한 시스템은 대규모 다기능 기업에서는 비교적 흔하다. AB InBev 보이저플랜트최적화(Voyager Plant Optimization)(제10장 참조)는 복수의 발전소 현장에 걸쳐 좋은 아이디어의 채택을 장려하기 위한 유사 시스템이다.

큰 고릴라가 발을 담그다 A Big Gorilla Dips a Toe

앞서 언급했듯이 2007년 클로록스는 유기농 개인케어 제품에 주력하는 회사인 버츠비를 인수했다. Clorox Bleach(다용도 세정제)로 가장 잘 알려진 Clorox는 Burt's Bees를 환경 친화적인 과정과 경험으로부터 배우기 위해 별도의 사업부로 유지했다. 2008년에 클로록스는 95년 된 이 회사를 위해 20년 만에 처음으로 새로운 제품군인 그린웍스(Green Works)를 출시했다. 그린웍스는 클로록스의 메인 라인인 세정 제품과 경쟁하는 천연 활성 성분으로 디자인된 17가지 그린 클리닝 제품군이었다.

그린웍스 출시 후, 미국 베터비즈니스사무국(US Better Business Bureau)은 클로록스에게 화학성분에 기반을 둔 제품군인 만큼 효과적인 그린 웍스 광고를 중단할 것을 요구했다. 비록 클로록스가 그 비판에 동의하지 않았지만, 광고를 바꾸었다. 2008년과 2009년에 연간 2,500만 달러의 광고 추진에 힘입어 그린웍스 제품군 판매는 2009년에 연간 5,800만 달러를 벌어들였다. 그러나 불황기의 가격 프리미엄과 그 효과에 대한 의구심은 2012년 3천2백만 달러로 떨어졌다. Green Works를 주류 고객들에게 제공하고 더 많은 "친환경" 소비자들을 잡기 위해 Clorox는 Green Works의 가격을 낮추었다. 또 2013년 주류 소비자를 대상으로 "친환경이 되기 위해서 금수저일 필요는 없다." "친환경이 되기 위해 완벽할 필요는 없다."고 주장하는 주 소비계층을 겨냥하여 리브랜딩 캠페인을 시작했다. 이 캠페인에 따라, 클로록스는 Method와 세븐스 제너레이션 같은 회사가 만든 다른 친환경 청소제품들과 경쟁하고 있는 자연/기관 통로에서 주요 가정용 청소제품으로 옮겼다.

그린웍스는 연구개발 비용, 마케팅 캠페인, 관련된 전문 공급망, 그리고 보잘것없는 판매 등을 고려할 때 클로록스에게 금전적 손실을 주는 제안이었을 것이다. 우여곡절에도 불구하고, 클로록스 CEO인 돈 크나우스는 "클로록스가 지속 가능한 제품을 개발하기 시작했을 때, 그것은 성장의 전부였다."고 주장했다. 연간 56억 달러의 매출을 올리고 있는 클로록스 규모의 회사에서는 그린웍스 제품군을 "실험"으로 볼 수 있다. "정말 흥분되는 것은 우리가 다른 제품군들과 같은 일을 할 수 있도록 나머지 회사 내에서 지식과 자신감을 쌓고 있다는 것이다."라고 제시카 버티머 마크 이사가 말했다.

큰 물고기가 작은 물고기에게 가르칠 수 있는 것 *What Big Fish Can Teach Little Fish*

대기업의 규모와 성숙은 중소기업도 지속가능성과 사업성을 모두 배운다는 것을 의미할 수 있다. 낸시 허쉬버그는 다논-스토니필드 거래에 대해 "스토니필드가 지속가능성 면에서 믿을 수 없는 일을 했기 때문에 그와 함께 일하기 시작했을 때 나는 깜짝 놀랐다."고 말했다. 그녀는 예를 들어, "우리의 가장 큰 기후 문제는 소에서 나오는 장내 배출물이며 그것들은 여러분이 상상할 수 있는 것보다 더 많은 도움을 주었다."라고 덧붙였다. 또한 다논은 다논과 스토니필드팜에 의해 현재 사용되고 있는 LCA를 신속하게 계산하기 위해 고급 소프트웨어에 대한 투자를 정당화할 수 있는 IT 예산과 직원이 있었다(3장 참조). 게다가, 그 회사들의 중복된 배송 공간은 스토니필드에게 운송 비용과 영향을 줄였다. 스토니필드의 게리 허쉬버그 대표는 "내가 이 거래를 한 진짜 이유는 이것을 다음 단계로 나아가고 싶었기 때문이다. 그들은 분명히 우리보다 훨씬 더 많은 사람들을 먹이고 있고, 내가 하려는 것은 다른 회사들, 즉 인수자와 피인수자에게 모두가 이길 수 있다는 것을 보여주는 것이다.

사실 소규모 녹색 기업은 비즈니스와 확장에 대해 무언가 배우기 위해 대규모 기업들에게 인수될 필요가 없다. 닥터 브로너스 제품이 타겟(Target)에서 팔리기 시작했을 때와 같은 공급자가 되는 것만으로도 충분할 수 있다. "타겟은 완전히 다른 야구 경기와 같다." 라고 데이비드 브로너 CEO가 말했다. 그 소매업체는 납품업체에 대한 높은 기대를 가지고 있으며, 그들의 사업 과정에 대해 납품업체들을 훈련시킨다. "우리는 Target U로 가야 했고, 우리의 공급망 사람들은 정말로 그것을 알아내야 했다. 하지만 그렇게 할 수 있게 되면서, 이제 우리는 거의 모든 사람에게 공급할 수 있게 되었다."라고 그는 결론지었다.

계란 구매자는 왜 길을 건넜을까? *Why Did the Chicken Egg Buyer Cross the Road?*

환경 배출에 대한 우려 외에도, 일부 NGO와 소비자들은 음식을 생산하는 데 사용되는 동물들의 관리에 대해 걱정하고 있다. 이것은 미국에서 매년 750억 개의 알을 낳는 철망 케이지에 갇혀 있는 수억 마리의 닭들을 포함한다. "동물 운동은 수십 년 동안 계속해서 이러한 비인간적인 관행과 싸워왔다,"라고 미국 휴먼 소사이어티(The Humane Society)의 회장 겸 CEO인 웨인 파셀이 설명했다.

2016년4월, 월마트는 2025년까지 "100% 케이지 없는 달걀 공급망으로의 전환"을 약속했지만, 그 약속을 "사용 가능한 공급, 가격, 고객 수요에 근거한다"라고 인정하였다. 주의사항과 9년의 단계적 진입 기간은 규모의 도전을 반영한다. 2016년4월 현재, 미국 생산의 10%만이 자유롭지만, 월마트는 미국식품 시장의 25%를 점유하고 있다. 게다가 이 유통업체는 많은 주요 소매업체(타겟, 앨버튼, 코스트코 등), 식품 생산업체(유니레버, 제너럴밀스, 몬델레스 등), 식당 체인(맥도날드, 퀴즈노스, 데니스, 던킨도넛 포함) 등 케이지 없는 계란으로 전환하는 과정에 있는 57개 업체와 경쟁을 벌이고 있었다. "cage free"로 바꾸는 것은 케이지를 열고 새들을 풀어주는 것만큼 간단하지 않다. 케이지가 없는 닭들은 현재의 케이지에 기반을 둔 방식과는 다른 디자인의 더 큰 건물을 필요로 한다. 농민들은 건물들이 15년에서 20년 동안 지속될 것이라는 기대와 함께 닭장에 수백만 달러를 투자한다. 전통 케이지를 일찍 교체하려면 대규모 감산과 달걀 생산 비용을 증가시키는 비용이 많이 드는 투자가 필요할 것이다. 월마트의 캐슬린 맥러플린 지속가능경영 책임자는 "고객과 동료들은 월마트와 샘스클럽(Sam's Club)이 저렴함과 품질을 제공하는 동시에 그들의 음식의 재배와 재배 방법에 대한 투명성을 제공하기를 기대한다"고 말했다. 계란 구매자들이 케이지가 없는 계란의 가격을 올리지 않는 한, 농부들이 시간이 지남에 따라 수명이 다한 산란계용 배터리 케이지 건물을 케이지가 없는 디자인으로 서서히 대체함에 따라 전환은 수십 년이 걸릴 것이다.

비슷한 이슈는 운송에서의 배출 감소율에 영향을 미친다. 강력한 외부 인센티브가 없는 경우(예: 6장의 LA 항만 사례를 참조), 구형 트럭과 자동차의 소유주들은 낡은 차량이 자연적인 수명이 다하기 전까지는 오염도가 낮은 모델로 차량을 교체할 가능성이 낮다. 수명이 긴 자산과 관련된 환경 문제를 줄이는 데는 시간과 돈이 든다.

코끼리가 춤을 출 때 When Elephants Dance

월마트가 327개 점포와 유통센터 지붕에 105메가와트의 태양광 패널을 설치하자 이 회사는 미국 내 단일 최대 태양광 발전기가 됐다. 저렴한 비용에 대한 자신의 약속을 지키기 위해, 이 소매업체는 설치업체들 - 보통 솔라시티(SolarCity Corporation)와 계약을 맺고 월마트와 장기 전력 구매 계약을 체결했다. 장기간의 합의로 월마트는 시장 이하의 전기요금을 받게 되었고 설치업자가 이 프로젝트를 위한 저비용 자금조달을 쉽게 확보할 수 있게 되었다. 그러므로 월마트는 자본 투자와 프로젝트의 위험을 공급자에게 넘길 수 있었다. 당연히, 그러한 공급자들은 대체 에너지 투자에 대한 연방정부의 후한 보조금을 이용하여 그들의 노출을 최소화했다.

월마트, 유니레버 등 대기업의 환경 이니셔티브는 크게 세 가지 이유로 눈에 띄는 효과를 볼 수 있다. 첫 번째는 그들의 관행을 약간만 개선하더라도 상대적으로 전체적인 영향이 클 수 있는 규모 효과다. 유니레버는 전세계 토마토의 7%, 전세계 홍차의 12%를 구입하는데, 이는 이 작물들을 점적관개(drip irrigation)[113]로 전환하려는 회사의 노력이 재배지의 총 물 사용량에 현저한 영향을 미칠 수 있음을 시사한다. 둘째로, 그리고 더 중요한 것은 대기업들이 그들의 변화하는 선호에 부응하기 위해 열심인 공급자들의 기반을 끌어들이고 있다는 점이다. 월마트가 고농축 세탁세제(8장 참조)를 고집하는 것은, 어떤 세제 메이커도 이 환경 효율성 이니셔티브를 성공적으로 단독으로 도입할 수 없는 난국을 타개했다. 리드도일 전 세븐스 제너레이션 CSR이사는 "월마트, 유니레버, 프록터앤갬블이 2X를 도입하기로 하자 업계가 바뀌었다."고 말했다. 셋째, 대기업의 상업

---

[113] 관개 호스에 일정 간격으로 뚫려 있는 구멍으로부터 물이 천천히 흘러나오도록 하여 원하는 부위에 대해서만 제한적으로 소량의 물을 지속적으로 공급하는 방법

적 움직임은 경쟁기업들의 상응하는 노력을 촉진할 가능성이 높다. 네슬레(Nestlé), 하이네켄(Heineken), 버라이즌(Verizon) 등 대형 기업 조달 조직의 공급업체 지속가능성을 평가하는 에코바디스는 이를 행동으로 보는 경우가 많다. EcoVadis의 공동설립자 겸 공동 CEO인 Pierre-Francois Thaler는 "구매관리자와 구매이사는 개선 측면에서 큰 영향력을 가지고 있다"고 말했다. 그런 점에서 이러한 대형 플레이어들은 자신들이 지배하는 산업의 실질적인 규제자가 될 수 있다.

충분치 않은 NOT BIG ENOUGH

제3장에서 언급한 바와 같이, 라벨링 노력의 실패에 대한 테스코의 설명의 일부는 다른 소매업체의 참여가 부족하여 프로젝트가 참가자의 비판적 질량에 도달하는 것을 막는 것이었다. 이러한 이유로 월마트와 타겟은 2014년과 2015년에 공동으로 퍼스널 케어 지속가능성 서밋(Personal Care Sustainability Summit)을 개최하여 그 산업에서 가장 큰 소비자 제품, 화학 및 향수 회사들을 모이게 했다. 이 협력적인 노력은 퍼스널 케어 제품 재료의 안전성을 평가하고 새롭고 안전한 종류의 화학 물질의 개발을 장려하기 위해 노력해왔다. 레이샤 워드 타겟의 부사장은 "우리는 제품이 시장에 출시되는 방식을 개선하고 우리 기업과 사회의 변화를 이끌기 위해 우리의 규모, 영향력, 자원을 활용할 수 있다는 것을 깨달았다.

많은 손이 필요하다 It Takes a Village

월마트와 같은 빅 플레이어든, 파타고니아와 같은 소규모 녹색연합 기업이든, 어떤 단일 기업도 의류와 같은 상품 범주의 지속가능성을 모두 보장할 수 없다. 공급업체, 제조업체 및 소매업체를 포함한 전체 공급망의 모든 구성원은 제품이 환경에 미치는 영향의 수명 주기에 영향을 미친다. 이러한 광범위한 과제를 해결하기 위해, 파타고니아와 월마트는 2011년 지속 가능한 의류연합(Sustainable Apparel Coalition, SAC)을 출범시키기 위해 나이키, 타겟, 리바이스, 리앤펑을 비롯한 수십 개의 의류 산업 회사와 이해관계자들을 영입했다. 이 연합은 "불필요한 환경적 해악을 일으키지 않고 그 활동과 관련된 국민과 지역사회에 긍정적인 영향을 미치는 의류 및 신발 산업"을 만들겠다는 비전을 가지고 결성되었다. 2014년까지 SAC에는 44개 협력사, 30개 의류제조업체, 16개 소매업체, 22개 산업계열사, 20개 비영리단체, 정부, 대학이 포함되었다. SAC 회원은 전 세계 의류와 신발 판매의 40%를 차지했다.

임무의 일환으로, 이 그룹은 아웃도어 산업 협회(Outdoor Industry Association) 에코인덱스와 나이키의 환경 디자인 도구를 결합하여 히그지수[114](Higg Index)를 만들었다. 파타고니아의 빈센트 스탠리 담당 임원은 "기업들이 기초적인 사회 및 환경 정보를 얻기 위해 제품에 사용할 수 있는 자체 평가 도구인 히그지수 1.0을 만들었다."고 설명했다. 2012년에 시작된 이 지수는 의류업체들이 공급망 전반에서 표준 방법론을 사용하여 재료 유형, 제품, 프로세스 및 시설을 평가할 수 있게 해준다. "2013년 중반 스탠리는 "몇 달 전 중국과 베트남에 있었는데 공장들이 막 그것을 시행하기 시작하는 것을 보았다."고 말했다.

2013년 말 SAC는 웹 기반의 Higg Index 2.0을 출시하여 의류 및 신발 업계의 측정 및 벤치마킹 툴을 제공함으로써 공급망 개선을 주도하였다. 제이슨 키비(Jason Kibbey) SAC 이사는 "온라인 플랫폼은 기업들로 하여금 동료들과 전체적으로 어떤 관계가 있는지 볼 수 있게 해주며, 이것이 최고의 경쟁력을 갖출 수 있도록 하는 것"이라고 말했다. 스탠리는 "아무도 맨 아래나 맨 뒤에 있고 싶어하지 않기 때문에 개선하고자 하는 강한 인센티브"라며 "다음 단계는 디자이너가 다른 디자인보다 더 환경적으로 해로운지 결정할 수 있도록 기준을 개발하는 것"이라고 말했다. 한편 컬럼비아 스포츠웨어 (Columbia Sportswear), KEEN, 네스터 호시에리(Nester Hosiery), 아이스

---

[114] 의류 소재 생산에 들어가는 환경부담 요인을 나타내는 수치로, SAC 가 발표하며, 생산~폐기 전 과정에서 친환경 수준을 파악할 수 있음

브레이커, 코커스(Korkers)와 같은 회사들은 이 지수를 소싱과 제조에 있어서 개선을 위해 사용하고 있다. 장기적으로는 지수의 등급도 공공소비를 대상으로 하고 있지만 2016년 현재 지수의 공개 버전은 여전히 개발 중에 있다. 완성되면, 파타고니아는 환경 영향 데이터를 탄소발자국 연대기에 다시 도입할 계획이다(11장 참조). 파타고니아의 질 두메인은 "지수가 측정지표가 준비될 때까지 기다렸다가 다시 올릴 것"이라고 말했다. 궁극적으로 SAC에 대한 스탠리의 비전은 각 품목을 생산하는 데 사용되는 원료, 노동 기준, 염료, 마감재의 세부사항을 보여주기 위해 의류에 대한 표준화된 태그를 사용하는 것이다.

키비는 "미팅에서 회원들이 믿을 수 없을 정도로 협력적이고 다른 업계와 도구를 공유하는 것에 대해 개방적이라는 것을 알게 될 것"이라고 말했다. 그는 "때로는 경쟁업체들이기도 하지만 지속가능성을 통해 공급망 전반의 리스크를 줄이고 효율성을 향상시키며 혁신을 발전시켜 기업의 벽 안에서만 사용할 수 있는 툴 개발보다 더 큰 비즈니스 이점을 얻을 수 있다고 생각한다."고 말했다. 회원들에게 보이는 것은 회사 기반 솔루션만으로는 더 이상 우리 시대의 지속 가능한 과제를 해결할 수 없으며, 비용 효율적이거나 더 이상 올바른 방향으로 나아갈 수 없다는 믿음이다," 라고 키비는 결론지었다. 다른 경우, 협력은 심지어 여러 산업에 걸쳐 있을 수 있다.

PET 프로젝트 *A PET Project*
자동차, 음료수, 신발, 세제, 케첩의 공통점은 무엇인가? 그들은 모두 제품이나 포장에 폴리에틸렌 테레프탈레이트(PET 또는 PETE) 플라스틱을 사용한다. 폴리에스터의 일종인 PET의 전세계 생산량은 480억 파운드 -매년 전세계 1인당 6.5파운드(약 3kg) 이상- 를 초과하며 병, 직물, 카펫, 양동이, 각종 성형 플라스틱 부품을 만드는 데 사용된다. 심지어 파타고니아도 PET를 카필렌 의복에 사용한다. 재활용 코드가 "1"(7장 참조)로 표시된 플라스틱 제품은 PET이다.

재생 가능한 PET 공급량을 늘리기 위해 2012년 코카콜라, 포드 자동차, H. J. 하인즈(Heinz), 나이키, 프록터 갬블 등이 함께 참여해 공장 PET 기술 협력체(Plant PET Technology Collaborative)를 결성했다. 그 그룹은 전적으로 공장에서 공급된 물질로 만들어진 PET에 대한 연구개발을 수행 한다. 비록 코카콜라가 이미 PlantBottle에 대한 기술을 보유하고 있지만, 이 협력체는 플랜트 보틀의 30%에서 100%를 식물 추출 재료로 채우기를 희망하고 있다.

2013년에는 모든 바이오 플라스틱을 포괄하기 위해 범위가 확대되었고, 다논, 유니레버, 세계야생생물기금(WWF)을 추가하면서 규모가 증가하여 바이오 플라스틱 공급원 연합(Bioplastic Feedstock Alliance)이 결성되었다. BFA의 목표의 핵심 요소는 바이오 플라스틱 생산이 식품 생산을 대체하지 않도록 보장하는 것이다. 이를 위해 동맹 회원인 하인즈와 포드(Ford)는 하인즈 케첩에 사용되는 200만 톤이 넘는 토마토에서 남은 먹을 수 없는 토마토 섬유의 사용을 시험하고 있다. 이 섬유들은 포드 자동차의 배선 받침대나 동전 홀더로 형성될 수 있다. WWF의 에린 시몬은 "특히 2050년까지 전 세계 인구가 빠르게 증가할 것으로 예상되기 때문에 우리의 작물(crops)이 책임감 있게 사용되도록 하는 것은 중요한 보존 목표"라고 말했다.

크고 지속가능한 BIG AND SUSTAINABLE

화장품 업계는 유독성 화학물질을 사용하고 동물에 대한 테스트 제품을 사용하는 등 관행으로 오랫동안 비판을 받아왔다. 이와는 대조적으로, 나투라 코스메티코스(Natura Cosméticos S.A.)는 벰 에스타 벰(Bem Estar Bem)이라는 포르투갈 태그라인으로 핵심 임무를 수립했다. 좌우명은 웰빙이나 좋은 감정을 뜻하는 "bem estar"와 "estar bem"이 어떤 것을 잘하거나 적절한 방법으로 하는 것을 의미하는 단어들에 대한 말장난이다. 이 문구는 "잘했다"는 느낌을 전달하는데, 이는 "잘해서 잘 한다"는 잘 알려진 기업의 사회적 책임 구절이 될 수 있다. Bem Estar Bem은 자사의 제품이 물리적, 정서적, 지적, 정신적 수준에서 소비자와 연결되어야 하며, 기업의 전략, 원칙 및 신념이 이러한 친환경적인 개념과 일치해야 한다는 회사의 더 넓은 믿음을 나타낸다. 그동안 혁신을 통해 재무성과 환경성과를 확대해 협력사와 고객 모두 비전에 맞춰왔다.

시브라(Antonio Luiz da Cunha Seabra)는 1969년 자신의 회사와 그것이 제공하는 제품들을 염두에 두고 나투라를 설립했다. "이것은 사람들이 그들의 감정, 감정, 그리고 지구 보존과 인간 잠재력의 조화로운 발전을 추구하는 것에 대한 증가하는 우려를 표현하는 방법이 될 수 있다,"라고 Seabra는 말했다. 이 회사는 예를 들어 조부모와 손자 손녀 사이의 유대관계를 강화하기 위해 Vöv6 제품라인을 개발했다. 이 라인에는 조부모와 손주들이 서로의 손과 팔에 마사지할 수 있는 크림과 함께 '장난스러운 대화, 스토리텔링, 가족과의 친밀감'을 북돋우기 위한 메모리 앨범이 포함됐다.

"우리는 처음부터 근본적으로 다른 종류의 회사를 설립하는 데 전념해 왔다."고 나투라의 제휴와 기술 혁신 매니저인 루시아나 하시바는 말했다. "시장에서 성공하는 회사. 우리 국민, 고객, 지역사회, 그리고 자연환경의 관심과 배려를 통합함으로써." 나투라 역시 재무 및 사회성과와 함께 환경성과를 분기별로 보고함으로써 주주 및 투자 커뮤니티와 제휴한다. 환경 보고서는 재무보고서와 마찬가지로 상세하고, 논평하며, 성과와 실패 모두를 포함하여 설명한다. "우리는 열대우림 경제로서의 녹색 경제 개념을 강화하고 싶다." 라고 이 회사 CEO인 알레산드로 카를루치가 말했다.

그러나 나투라는 11장에서 논의된 것과 같은 작은 개인회사가 아니다. 회사는 7,000명의 직원과 160만명의 독립 컨설턴트들로 이루어진 직접 판매 네트워크를 고용하고 있다. 브라질 증권거래소에서 2016년 매출 79억 달러(당시 환율에 따라 약 25억 달러)로 거래되는 상장 기업이다. Natura는 규모면에서 지속가능경영을 하고 있다.

자연을 활용하는 디자인 Designing with Nature

1969년 나투라의 창업자들이 브라질에서 직접 판매 화장품 회사를 시작했을 때, 그들은 "연구소에서 올바른 분자를 찾으려고 노력함으로써 더 크고 더 확립된 화장품 브랜드들과 결코 경쟁할 수 없을 것"이라는 것을 알았다. 대신, 그들은 자연 성분인 나투라가 "생물 다양성 자산(biodiversity assets)"이라고 부르는 것을 연구하기 위해 브라질 열대 우림으로 나갔다. 예를 들어, Ekos 제품라인("한 번에 하나의 성분(One Ingredient at a Time)" 섹션 참조)은 열대우림에서 소싱된 14개의 다른 식물 물질을 사용한다. 전체적으로 나투라는 매출의 3%를 연구개발(R&D)에 투자하고 있는데, 이는 애플(또한 3%)은 물론, 로레알(3.4%), 프록터앤갬블(2.5%) 등 대표적인 화장품 회사에 버금가는 수치다.

Natura는 LCA를 제품 설계 프로세스에 포함시켰다. 예를 들어, 2013년에는 낮은 환경 영향, 낮은 비용, 강력한 고객 영향력을 결합한 새로운 제품군인 SOU("I am"), 개인 비누, 샴푸, 뷰티 어시스턴트 제품군을 출시하여 소비자들에게 제품의 마지막 한 방울까지도 모두 사용하도록 요청했다. 2005년에 그 회사는 인공 화학물질을 사용하지 않고 브라질 농장에서 수확한 천연 오일을 위해 석유 기반 성분에서 전환했다. 이 회사 건자재 중 90% 이상이 아마존 정글에서 수확한 천연자원으로부터 나온다.

그 회사는 심지어 지속가능성을 이유로 유망한 신재료에 대한 연구를 중단했다. 나투라 지속가능성 담당 책임자 마르코스 바즈(Marcos Vaz)는 "업계에서 잠재적으로 사용할 수 있는 물질을 발견했지만 운영이 지속 가능하지 않아 사업을 중단하기로 했다"고 말했다. "원료를 원하는 양을 얻기 위해서는 아주 많은 양의 식물이 필요할 것이다." 나투라에게 있어 지속 가능한 소싱은 단지 적절한 공급자를 찾는 것 이상의 것이다. 많은 경우, 그 회사는 숲 바닥에서 새로운 재료 공급망을 만든다.

한 번에 한 가지 재료로 One Ingredient at a Time

2000년에 나투라는 지역 아마존 열대 우림의 천연 성분을 사용하도록 설계된 에코스(Ekos) 화장품 라인을 출시했다. 아마존의 토착 부족들은 여러 세대에 걸쳐 이런 성분들을 많이 알고 있었지만, 그 부족들은 주류 기업과 소비자들에게 판매하기 위한 공급망 인프라가 거의 없거나 아예 없었다. 그것은 나투라를 단념 시키지 못했다. 마르코스 바즈 지속가능성 이사는 "주요 매개체로부터 원료를 구입하는 대신 브라질 전역의 추출 공동체에서 직접 구입하기로 했다"고 말했다. 그렇게 하려면 상당한 노력이 필요했다.

나투라가 아마존의 향기로운 사초(Sedge. 잔디와 식물학적 사촌)인 프리프리오카(priprioca)를 사용한 제품을 만드는 것을 고려했을 때, 이 회사는 단지 하나의 현존하는 공급자를 발견했다. 그 공급자는 1년에 4톤 밖에 생산할 수 없었다; 나투라는 1년에 40톤이 필요했다. 이러한 필요 물량을 확보하는 가장 경제적 방법은 단일 공급업체의 소싱을 강화하여 더 큰 규모의 프리프리오카 재배를 촉진하고 규모의 경제를 통해 비용을 절감하는 것이었습니다. 그러나, 그렇게 되면 숲의 자연적 능력을 보존하는 것을 포함하는 아마존 정글에서 지속 가능한 소싱에 대한 나투라의 비전이 위태로워졌을 것이다.

대신 나투라는 프리프리오카를 재배하고 수확하는 데 적합한 아마존의 다른 원산지를 찾아내어 결국 캄포 림포, 보아 비스타, 코티주바 변두리에 정착했다. 이 회사는 이 지역 49가구가 프리프리오카을 심을 수 있도록 도와주고 천연 비료를 사용해 침대에서 식물을 재배하는 방법을 가르치면서 재배할 수 있도록 도왔다. 마지막으로, 이 회사는 또한 프리프리오카 뿌리에서 방향유를 추출하는 기술자와 기름을 더 정제하기 위한 보조 기술자를 확인했다. 수년 동안, 나투라는 열대우림에 살고 있는 지역 사회에 의해 지속 가능한 경작과 수확으로 시작된, 십여 가지 이상의 다른 자연 재료들을 위한 유사한 공급망을 건설해 왔다.

회사가 성장함에 따라 조달 프로세스 초기에 시작하는 자체 재료인 증활동 프로그램을 개발했다. 이 프로그램에는 지역여건 조사, 관리 계획 수립, 환경영향평가, 시행, 인증된 공급업체의 지속적인 모니터링 등이 포함된다. 많은 브라질 농부들과 농장주들은 전통적으로 경작지를 확보하기 위해 열대우림을 베어내고 불태웠다; 나투라는 그것의 공급자들 사이에서 그러한 관습을 금지했다. 성분 지속가능성을 인증하기 위해, 나투라는 생물역학 연구소(IBD, the Biodynamic Institute), 산림관리위원회(FSC), 지속가능농업네트워크(SAN)의 널리 인정받는 인증 프로토콜을 사용했다.

나투라의 정글 공동체로부터의 지속 가능한 소싱에 대한 고집은 에코스 라인의 입력 비용을 증가시켰지만, 나투라는 소비자들에게도 프리미엄을 부과할 수 있었다. 이 라인의 성공은 전 이사이자 주주였던 길헤르메 렐이 "우리의 결정은 사업 전략에 근거한 것이며, 이것은 제품에 가치를 더한다"고 말한 것을 증명했다.

안정성 만들기 Creating Stability

자연재료를 위한 새로운 공급자와 공급망을 만드는 나투라의 역할은 농부들과 프로세서의 이 재료들의 재배, 수집, 처리에 대한 공정한 가격을 정하는 것을 잠재적으로 난처하게(potentially awkward position) 만든다. 이에 대응하기 위해 개별 농민을 대신하여 교섭하고 가격, 수량, 기타 문제에 대해 나투라와 거래할 수 있는 농민회(farmers association)를 창설했다. 이러한 협회는 지역사회가 다른 상업적 기회에 대한 접근을 증가시킨다. 더욱이, 회사는 "오픈 밸류 체인 개념"을 통해 모든 공급망 파트너를 제휴시킨다. 심층 성분 재배자와 중간성분 가공자 간의 제품 개발 및 계약 협상에서 나투라는 당사자 간의 논의를 감시하고 각자가 상대방의 비용을 모두 알고 있는지 확인한다. Natura는 공급망 파트너들이 공급망을 따라가는 각 참가자에 대해 (대개 15-30%) 공정한 이윤에 합의하는 것을 목표로 하고 있다. 리카르도 마르텔로(Ricardo Martello) 생물다양성 원자재 조달 협상 대표는 "에코스의 기본 개념 중 하나는 관련된 모든 당사자들에게 경제적 이득을 제공하는 것"이라고 말했다.

그것의 사회적 윤리의 일부로서, 나투라는 자사 제품에 대한 시장 수요의 자연적인 변동성으로부터 이러한 아마존 공동체를 격리시키기 위해 일한다. 나투라의 직접판매 유통모델은 "매우 역동적인 시장"이라고 나투라의 조달담당 이사인 로드리고 브레아가 말했다. 그러한 역동성은 종종 농업에 필요한 18개월의 추정치와 안정적인 조달량을 방해한다. "우리의 구매에 크게 의존하는 정말 작은 30가구의 커뮤니티가 있다."고 브레아는 말했다. "우리의 일의 일부는 이 모든 커다란 변동성들이 열대 우림 지역사회에 영향을 미치지 않도록 하는 것이다. 왜냐하면 그들은 그 불확실성에 정말로 반응할 수 없기 때문이다."

열대우림 지역사회를 대부분의 공급망에 내재된 "황소채찍효과(bullwhip effect)"[115] 영향을 받지 않게 하기 위해, 회사는 최종 판매와 무관하게 최소 구매량을 약속한다. 그것은 또한 매출이 급증할 때 아마존 공동체가 환경과 생활방식을 방해하지 않고서는 그들의 생산량을 빠르게 늘릴 수 없다는 것을 깨닫는다. 이러한 경우, 회사는 수요를 형성하기 위한 직접적인 판매력에 의존하여 다른 재료를 사용하는 다른 제품들을 홍보한다.

주주와 미션을 나란히 Aligning Shareholders with the Mission

2014년 12월, 나투라는 B Corp 인증을 받은 가장 큰 기업이자 최초의 상장 기업이 되었다. "상장 기업을 B Corp이 되게 한 것은 성배였으며 나투라의 결정은 매우 중요하다. 제프리 홀렌더(세븐스 제너레이션) 전 최고경영자(CEO)는 이메일을 통해 "주주와 기업 간의 새로운 관계의 시작"이라고 밝혔다. B Corp 공동 설립자인 Jay Coen Gilbert에 따르면, "나투라는 [이사회]로부터 어떤 푸시백도 받지 못했다. 그 과정에서 리더쉽이 중요한 주주들을 참여시켰을 때, 그들은 이것이 나투라에게 그저 평소와 같은 사업이라고 단언했다. 2015년 현재, 브라질 법률은 기업들이 사적 이익과 공공 이익 사이의 균형을 포함하는 사회적 기능을 가지고 있다고 주장하지만, 브라질 자체는 베네핏 코퍼레이션과 유사한 특정한 기업 구조를 가지고 있지 않다. B Lab의 라틴 아메리카 버전인 씨스테마(Sistema) B는 2015년까지 이미 40개의 브라질 기업을 인증했다.

---

[115] 공급망에서 자주 생기는데, 제품 수요 정보가 한 단계씩 거칠 때마다 왜곡되어 재고가 축적되는 현상

비밀의 소스 The Secret Sauce

이 회사의 유통 모델은 가격 프리미엄에도 불구하고 주류 소비자들에게 환경을 배려하고 나투라의 제품을 구매하도록 동기를 부여하는 데 적합하다. '아본 레이디(Avon lady)' 모델의 영감을 받아 나투라의 160만 '컨설턴트'는 소비자들에게 직접 판매한다. 이러한 컨설턴트들은 종종 나투라의 첫 번째 소비자로서 개인적인 관계를 통해 판매를 촉진하고 나투라의 사회적, 환경적 가치를 확산시킨다. 그들은 고객들을 "제품 스토리"에 연결하는데, 이것은 파타고니아가 풋프린트 연대기(Footprint Chronicles)와 디지털 방식으로 하고 있는 것이다. 그러나 나투라와 함께 라면 그 연결은 개인적인 것이다. 나투라의 루시아나 하시바는 "나투라의 윤리적 기준, 우리의 고품질의 제품, 그리고 더 넓은 사회적 원인에 대한 우리의 지지를 대변하는 것에 진정한 자부심이 있다"고 말했다. 이러한 개인 판매 연결은 Natura가 제품 및 공급 체인의 복잡한 지속 가능성 요소를 소비자에게 전달할 수 있게 해주며, 신용 속성을 전달하는 많은 함정을 피할 수 있게 해준다.(9장 참조)

이 회사의 브랜드는 프리미엄을 가지고 있지만, "올바른 가격(right price)"을 제공하겠다는 비전은 소비자들에게까지 확대된다. 아르헨티나가 2001년 통화절하를 겪었을 때, 많은 화장품 회사들은 이윤을 보호하기 위해 가격을 인상했다. 나투라는 그러지 않았다. 그는 "당분간 가격을 안정시키고 현지 급여가 조정되면 바꿀 것이라는 내용의 광고를 주요 잡지에 실었다."고 말했다. 당시 아르헨티나 영업부장이었던 알레산드로 카를루치는 "공급자, 직원, 고객이 참여하는 일종의 사회적 협약을 만들어 아르헨티나 시장에 우리가 언제나 그곳에 있었고 장기적으로 수익을 기대했다는 것을 보여주자는 생각이었다."고 말했다. 그 후 3년 동안 나투라의 수입은 전국에서 6배나 증가했다.

나투라의 비전은 소비자들에게 반향을 일으켰다. 2004년5월 나투라가 상장했을 때 연간 매출액은 5억 달러에 육박했다. 2009년까지 나투라는 브라질에서 62퍼센트의 가계 보급률과 거의 100%의 브랜드 인지율을 달성했고, 국내 판매량은 에이본과 유니레버를 능가했다. 2017년3월 현재 나투라의 시장 가치는 약 90억 달러였다. 2013년에는 포브스가 세계에서 가장 혁신적인 10대 기업 중 하나로 선정했다.

제13장 지속가능한 성장의 길

A ROAD TO SUSTAINABLE GROWTH

2013년 A. G. 라플리가 P&G의 CEO로 복귀했을 때 그의 임무는 경쟁이 심화되는 상황에서 회사의 성장을 촉진하는 것이었다. 그는 임명 당시 "소비자, 고객, 주주들과 함께 승리하기 위해 강력한 혁신과 생산성, 성장을 이뤄낼 자신이 있다."고 말했다. 이와 비슷하게 톰 망가스(Tom Mangas)가 30억 달러 규모의 바닥재 제조회사인 암스트롱 코퍼레이션의 CEO로 임명되었을 때, 한 업계 잡지는 그를 인용, "나는 많은 질문을 할 것이고 우리가 어떻게 성장을 가속화할 수 있는지를 알아낼 것이다."라고 말했다. 이들 진술들 중 어떤 것도 독특하거나 놀라운 것은 없다. 베인앤컴퍼니(그리고 많은 학술기사)가 말하고 있듯이, "기업이 살아남기 위해서는 성장이 필수이지 선택이 아니다."

전통적인 경영 통념에 따르면, 기업이 성장하지 않으면 그것은 죽어가고 있는 것이다. 거의 모든 회사는 (규모에 따라) 가장 낮은 장기 비용을 달성하고, 시장에서 성장하는 경쟁자들로부터 자신을 보호하고, 재능 있는 직원들에게 승진 기회를 제공하기 위해 성장할 필요가 있다. 주주와 금융시장의 수익증대에 대한 기대도 그만큼 중요하다. 사회 역시 일자리 창출과 국가 자원을 부(wealth)로 전환시켜 증가하는 시민 삶의 질을 향상시키기 위해 성장 달성을 위한 노력을 기울이고 있다.

두개의 성장 이야기 A TALE OF TWO GROWTH STORIES

성장을 위한 최고의 시기였고 한편 성장을 위한 최악의 시기였다. 1994년과 2009년 사이 세계 중산층이 18억명의 시민으로 성장함에 따라 세계 GDP는 두 배가 되었다. 중국, 인도, 브라질, 멕시코와 같은 나라에서는, 더 많은 소비자들이 구매력을 증가시켰다. 개발도 상국들은 산업화와 도시화를 계속하고 있다. 마리오 페치니(Mario Pezzini) OECD 개발센터 소장은 2020년에는 중산층이 32억 명(세계 인구의 약 41%)으로, 2030년에는 49억 명(세계 인구의 약 58%)으로 늘어날 것으로 전망했다. 이러한 소비자는 여러가지 면에서 소비로 규정되는 "선진 국가(서구적)" 생활 표준을 위해 노력한다.

증가하는 부의 긍정적인 측면은 환경 영향의 어두운 구름을 동반한다. 경제성장은 물, 광물, 삼림, 해양 생물과 같은 많은 천연 자원의 소비 증가와 이러한 자원의 질을 떨어뜨릴 수 있는 많은 종류의 배출물들을 가져온다. 결국, 이 자원들을 사용하는 거대한 공급망을 운영하는 대기업들은 NGO, 정부, 그리고 지역사회의 압력에 직면하게 된다. 코카콜라의 무타르 켄트(Muhtar Kent) CEO는 "글로벌 중산층이 성장하면서 우리는 모두 물, 석유, 각종 자원을 적게 사용하는 솔루션을 만들 수 있다"고 말했다.

빠른 성장 = 뜨거워지는 지구? Hot Growth = Hot Planet?

부의 증가는 전기, 산업, 교통을 위한 에너지 생산이 증가됨을 의미한다. 이러한 번영과 함께 1970년과 2011년 사이에 GHG 배출량이 두 배 가까이 증가했다. 예를 들어, 중국은 현재 미국과 EU를 합친 것보다 더 많은 GHG를 화석연료 연소에서 배출하고 있다. 1970년과 2016년 사이에 전 세계 대기 중 CO_2 수치가 20% 이상 증가했다. 2016년 말 현재 전 세계에 살고 있는 74억 명이 미국인과 같은 생활수준을 달성한다면 세계는 에너지 생산량을 4배 가까이 늘려야 할 것이다. 세계가 에너지 효율이 높은 독일을 모방한다고 해도, 그 총계는 여전히 두 배가 필요할 것이다.

GHG에 대한 우려는 1960년대에 과학자들이 고대의 기후 변동과 대기중 이산화탄소 수치 사이의 연관성을 발견하면서 시작되었다. 이러한 우려는 또한 현대 사회에서 이산화탄소 수치가 빠르게 증가하고 있다는 것을 깨닫게 되었을 때 고조되었다. 과거와 현재의 기후 뿐 아니라 점점 더 강력해지는 기후 모델에 대한 추가자료 수집은 지구의 기온 상승, 남극대륙의 빙하붕괴, 해수면 상승에 대한 불길한 예측으로 이어졌다. 2001년 기후변화에 관한 정부 간 협의체(IPCC)의 세 번째 보고서는 지구 온난화가 "가능하며, 심각한 결과를 초래할 수 있다"고 말했다. 2013년 제5차 IPCC 보고서는 이미 일어나고 있는 다양한 기후 관련 변화를 인용, 가속을 경고하고, 주된 원인이 인간의 활동일 가능성이 매우 높다고 밝혔다.

여전히 소수의 과학자들은 IPCC 기후 예측의 정확성에 의문을 제기하며, 측정과 모델이 정책의 기초를 형성하기에 충분히 정확하지 않다고 주장한다. 다른 전문가들은 기후 변화는 인간의 활동에 의해 야기되는 것이 아니라 자연적이거나 알려지지 않은 과정에 의해 야기된다고 주장한다. 그럼에도 불구하고, 대다수 과학 의견은 2015년 12월 파리에서 열린 유엔 기후 "당사자 회의"(COP 21)로 이어졌다. 이 회의에서 196개국 대표들은 21세기 후반 GHG의 순배출량을 0으로 줄임으로써 지구온난화를 2°C로 제한하는 (비구속) 결의안에 합의했다. 이러한 합의와 언론의 관심은 소비자, 투자자, NGO, 정부가 기업에게 환경에 대해 "뭔가를 할 것(do something)"을 계속 요구할 가능성이 높다는 것을 의미한다. 또 기업이 환경을 훼손하는 것으로 인식될 경우 공격받을 가능성이 높다.

그러나 환경으로 방출되는 탄소의 양은 운동가, 과학자, 정책 입안자들을 걱정시키는 유일한 영향은 아니다. 생태계로부터 제거된 자원에 대한 우려도 있다.

습한 지구에서 건조한 지역들 *Dry Places on a Wet Planet*

인도 절반이 인구증가, 과잉추출, 오염으로 인한 심각한 물 스트레스에 직면해 있다. 전 세계적으로 약 12억 명의 사람들이 물 부족 지역에 살고 있고 또 다른 16억명의 사람들은 경제적 물 부족에 직면해 있다. 그런데, 사실 물은 지구 전체로 볼 때 풍부한 수준이다. 즉, 신선한 지표수의 평균 부피는 1인당 350만 갤런(약 1,327만 리터)이다. 지하수(펌핑으로 접근할 수 있음)와 소금물(담수화와 함께

사용 가능)은 일부 지역에서 수천 배 이상의 물을 제공한다. 불행히
도, 펌프와 담수화는 에너지를 필요로 하고, 현재의 기술로 더 많은
GHG 배출이 수반된다. 물 소비에 대한 물리적, 규제적, 사회적 제
한은 농업과 음료 부문에서 명백한 것을 넘어 많은 범주의 기업에
영향을 미칠 수 있다. 왜냐하면 많은 발전 및 제조 공정도 냉각과
세척 모두에서 물에 의존하기 때문이다.

악화되고 있는 농업 *Agricultural Aggravations*
1980년과 2013년 사이에 더 많은 사람들이 더 풍족한 식사를 할
수 있게 되면서 곡물에 대한 수요는 거의 두 배가 되었다. 많은 사
람들이 새롭게 구입할 수 있는 품목 중 하나는 맥주로, 2000년에서
2011년 사이에 전세계 생산량이 3분의1 이상 증가했는데, 주로 중
국에서 120%의 생산량이 급증했기 때문이다. 이러한 증가에도 불
구하고, 세계 최대의 맥주제조사 AB 인베브(InBev)는 투자자들에게 "
기후변화에 대처하기 위한 제한적인 변화, 또는 법적, 규제 또는 시
장 조치가 회사의 사업이나 운영에 장기적인, 물질적인 악영향을 미
칠 수 있다"고 말했다. 최근 몇 년간 폭우, 가뭄, 폭염이 모두 보리
수확에 영향을 미쳤다. 기후 변화는 날씨 패턴을 더 불규칙하게 만
들어 농작물 파괴의 위험을 증가시킬 것으로 예측된다.
맥주업자들과 다른 농산물 구매자들 또한 경작 가능한 땅과 물을
얻기 위한 경쟁에 직면해 있다. 예를 들어, 독일의 기후 변화 관련
정책은 보리 재배업자들이 생물 연료 작물(biofuel crops)로 바꾸도록
장려하고 있다. 이는 세계 3위의 인기 음료(생수와 차 다음으로)인
맥주의 총 공급량, 저렴한 가격, 판매량에 영향을 미칠 수 있다. 거
의 모든 식품(그리고 의류, 세정제, 화장품, 가구와 같은 많은 다른
제품들)은 기후 변화, 물 부족, 오염, 그리고 증가하는 수요의 영향
을 받을 수 있는 농업에 의존한다. 삼림벌채와 생물다양성과 관련된
토지이용 정책 또한 야자유, 콩, 소고기 같은 생필품의 생산을 잠재
적으로 제한하거나 광물자원추출에 장애를 일으킬 가능성이 있다.

재앙 또는 풍요의 임박인가? ON THE CUSP OF CATASTROPHE OR CORNUCOPIA?

환경 운동가들은 기후 변화를 "우리 시대의 도전"이라고 부른다. 과학자들의 기후 모델에 내재된 본질적인 불확실성과 복잡한 가정들, 그리고 때때로 모순되는 데이터에도 불구하고, 대부분의 기후 과학자들은 기후 변화가 인간 활동의 결과로 일어나고 있다고 믿는다.

추정의 오류 Errors of Extrapolation

1894년 야기된 말분뇨위기(The Great Horse Manure Crisis)는 개인과 화물 운송을 위해 도시에서 사용되는 말의 수가 기하급수적으로 증가함에 따라 런던은 50년 안에 9피트의 거름(말똥) 밑에 묻힐 것이라고 추정했다. 뉴욕(매일 말15만필에서 2,000톤의 거름이 나오고 있던 곳)에서는 1930년까지 거름이 거의 건물 3층 정도의 높이에 도달할 것으로 국제도시계획회의가 추산했다. 그들이 예상하지 못한 것은 1912년까지 헨리 포드가 저렴한 자동차를 만들기 위해 조립라인공정을 개발하여 거름 문제를 없앤다는 것이었다. 결국 신기술로 당시의 위기를 모면했다

1919년, 미국 지질조사국의 수석 지질학자인 데이비드 화이트는 "...원유 생산의 정점은 곧, 아마도 3년 안에 지나갈 것이다."라고 당시 경고했고, 이는 거의 1세기 만에 나온 것이었다. 1980년 세계는 석유 고갈 상태가 27.9년 밖에 남지 않았고, 소비는 이루 말할 수 없을 정도로 증가하고 있었다.

오일 피크(peak oil), 유가 상승과 산유국 간의 지정학적 위기에 대한 공포는 오래되거나 이전에 불가능했던 분야에서 숨겨진 석유를 끌어내는 심층수 시추와 유압 파단("파쇄")과 같은 투자와 혁신을 촉발시켰다. 지구물리학적 감지 및 컴퓨팅의 기술 혁신은 물론 토목 공학 기술의 혁신으로 이전에는 접근할 수 없었던 지역에서 원유를 시추할 수 있었다. 2013년까지 33년간 지속된 수요에도 불구하고 가채년수는 오히려 49.5년으로 늘어났다. 이처럼 매장량이 크게 늘어난 것은 2008년 1월 배럴당 140달러였던 석유 가격이 2016년 1

월 배럴당 30달러로 급락하는 데 기여했다.

예상치 못한 기술 개발의 결과로 인한 이와 같은 수많은 사례들이 있다. 사실, 현재 예상치 못한 미래기술 중 일부는 이산화탄소를 잡아 대기 중 농도를 줄일 수 있을 것이다. 불행하게도, 현재까지는 가시적으로 성과가 나온 게 없다. 사실 대부분의 과학적 노력은 미래의 배출량을 줄이는 데 초점이 맞춰져 있다. 탄소 포획과 청정 석탄 혁신과 같은 현재의 실험 기술은 전형적으로 매우 비용이 많이 들고 높은 에너지 투입을 필요로 한다. 가장 유망한 길은 많은 정부, NGO, 언론, 그리고 대다수 소비자들의 믿음인 보존과 이용 감소로 보인다. 그 결과, 개인의 신념, 희망과는 상관없이, 환경 이니셔티브를 추구해야 하는 사업상 이유가 있다는 결론을 다시 내려야 한다.

더 깊어져가는 긴장상태 The Deeper Tension

재무성과와 환경성과의 긴장감은 때로는 단기적 이익과 장기적 이익의 충돌로 작용하기도 한다. 많은 현대 기업들은 1986년 피터 드러커가 "기업의 경영진은 모든 것(기업의 시장, 기술, 실제로 기본적인 부의 생산 능력)을 즉각적인 수익과 다음 주 주가에 종속시키는 데까지 내몰리고 있다"고 썼을 때 경고했던 것을 실천하고 있다.

기업의 단점에도 불구하고, 많은 환경론자들의 반자본주의, 반기업적 언사는 사실 잘못된 것이다. 실제로, 사회주의 독재 정부는 자본주의 기업 정부와 비교했을 때 환경 성과에 있어서 훨씬 더 나빴는데, 그 이유는 그 정권의 생존이 일자리 제공과 경제 발전에 달려 있었기 때문이다. 구소련은 군사적, 경제적 우월성을 추구하기 위해 러시아와 다른 소비에트 공화국들에 심각한 피해를 입혔다. 그리고, 카라카스신문 El Universal에 실린 2016년 기사에서 베네수엘라는 "식생 손실, 잘못된 고형 폐기물 관리, 사람이 소비 할 수 있는 물웅덩이와 저수지 오염을 포함한 심각한 환경 문제"에 직면해 있다. 사회주의 중앙계획정권에서 단기적 사고는 정부 할당량에 관한 명령을 충족시키기 위한 만연한 부패와 편법들에 뿌리를 두고 있다.

단기적 사고방식은 선진국의 정부 기관들에도 먹칠을 한다. 선거 주기 정치, 포퓰리즘, 레임덕, 특수 이익 단체 로비의 결과 등이 그렇다. 환경적 영향은 특정한 경제 이념의 기능보다는 인간의 필요와 욕구를 충족시키기 위한 모든 경제 및 공급망의 근본적인 목적의 기능인 것 같다. 그 목적은 필연적으로 지구로부터 자원을 추출하고 부산물을 배출하는 결과를 가져왔다.

사람 대 사람 PEOPLE VS. PEOPLE

2015년 6월 캐나다 북부온타리오와 퀘벡의 22개 지역 시장들이 의회에서 기자회견을 가졌고, 이어 연방 정부 부처와 연쇄 회담을 갖고 이른바 '에코테러(eco-terrorism)'를 거론했다. 그린피스와 숲의 윤리(ForestEthics) 환경단체가 이 지역사회에서 수확한 나무에서 만든 종이 제품과 소매 브랜드 소유주들에 대한 공격이 쟁점이 되었다. 해당 지역 시장들은 자신들의 지역사회 경제적, 사회적, 환경적 지속가능성을 균형 있게 유지하는 것과 아무 상관없는 단체들이 고의적으로 잘못된 정보를 이용하여 지역사회 상공인들의 생계에 위협을 주고 있다고 주장했다.

환경운동가들은 지속가능성을 "이윤 대 행성" 또는 "주주 대 이해관계자들"의 싸움으로 묘사하고 있지만, 탐욕 대 자연의 이분법들은 더 깊은 문제를 놓치고 있다. 비난 받는 재정적 이익과 주주들에 대한 수익은 (i) 생계와 커뮤니티가 악성 상품이나 회사의 공급망에 의존하는 모든 사람들과 (ii) 상품을 원하고 의존하는 모든 소비자의 형태로 사회적 빙산의 금전적 일각이다. 따라서 재무성과와 환경성과 사이의 진정한 긴장관계는 주주 대 이해관계자가 아니라 (일부) 이해관계자 대 (다른) 이해관계자 또는 (일부) 사람 대 (또 다른) 사람에 대한 것이다.

오일 샌드의 끈적끈적한 비즈니스 The Sticky Business of Oil Sands

캐나다 앨버타는 사우디아라비아와 베네수엘라에 이어 세계에서 세 번째로 많은 석유를 보유하고 있다. 그러나 이 1660억 배럴의 점성 원유가 모래형태로 잠겨 있어 채굴이 어렵고 환경적으로 영향을 미친다. 이것은 검은 기름 모래의 얇은 층을 준설할 수 있는 땅에 상처를 입히는 노천 광산을 만들어낸다. 근처에 흩어져 있는 4만2천 에이커(약 170km²)이상의 유독 호수는 기름 모래 처리 과정에서 발생하는 잔류 기름 냄새가 나는 슬러지를 포함하고 있다. 연못에는 잠재적으로 이 지역의 사람과 동물 모두를 위협할 수 있는 납, 수은, 비소, 니켈, 바나듐, 크롬, 셀레늄과 같은 중금속이 들어 있다. 깊이 묻힌 오일샌드를 추출하기 위해 광부들은 다량의 천연가스를 태워 땅으로 주입되는 증기를 생산하여 두껍고 끈적한 역청 퇴적물을 움직인다. 전체적으로 오일 샌드를 추출하고 처리하는 데 필요한 에너지는 이미 높은 일반 오일 탄소 발자국에 10~30%를 더한다. 게다가, 그 과정은 생산되는 석유 1배럴당 몇 배럴의 물을 소비한다.

캐나다 NGO 환경보호단체의 릭 스미스 상임이사는 이런 오일샌드 밭을 "지구상에서 가장 파괴적인 프로젝트"라고 부른다. 2010년 ForestEthics는 미국의 유명 소매업체와 소비재 회사를 상대로 캠페인을 벌이며 캐나다 타르 모래에서 파생된 화석 연료를 보이콧하도록 압력을 가했다. "만약 타르 모래를 탄소 발자국에서 빼내는 조치를 취하지 않는다면, 여러분은 발자국에 타르 모래를 넣게 될 것입니다." 라고 ForestEthics 캠페인 책임자인 아론 생거(Aaron Sanger)는 많은 회사들에게 주장했다. 캠페인이 탄력을 받자 ForestEthics는 그들의 주장에 동의하는 회사들의 목록을 발행하기 시작했다. 이 명단에는 파타고니아, 세븐스 제너레이션, 홀푸드 같은 녹색 기업들과 리바이 스트라우스, 더 갭, 페덱스(명백히 이들 기업 중 다수는 이 사실을 모르거나 동의한 적 없음에도)를 포함한 더 많은 주요 기업들이 포함되었다.

이에 대한 반박으로 앨버타 정부는 이 산업의 큰 경제적 이익과 적절한 환경적 영향에 대한 사실들을 발표했는데, 이 산업들은 지역사회 GDP의 30%를 차지하고 있었다. 그들은 이 산업을 원주민(퍼스트 네이션스)의 1위 고용주이자, 지역과 캐나다 조세 기반에 대한 기여, 그리고 30년에 걸친 기존 프로젝트와 신규 프로젝트에서 예상되는 2조 5천억 달러의 수입으로 선전하고 있다.

정부는 또 앨버타 주 침엽수림 38만1000km² 가운데 4800km² 만 벌목되고 광부들이 사용했던 물의 80~95%를 재활용하고 있다는 점에 주목하면서 환경단체가 묘사한 것처럼 심하지 않다고 주장했다. 정부는 또 1990년 이후 오일샌드 생산업체들이 배럴당 배출량을 평균 26% 줄였으며 일부는 최대 50%까지 줄였다고 밝혔다. 마지막으로, 정부는 광부들이 필요한 토지 개간 노력의 일환으로 이미 묘목 1200만 그루를 심었다고 지적했다. 이 논쟁은 의미론적 차원을 가지기도 했는데, 환경론자들은 "타르 모래(tar sands)"라는 용어를 사용했지만, 업계에서는 "오일 모래(oil sands)"라는 덜 어두운 용어를 사용했고, 심지어 기술적으로 정확한 용어인 "비튜멘 모래(bitumen sands)"를 사용하였다.

"리바이 스트라우스, 더 갭, 그리고 제휴회사(현재 캐나다에서 우리의 '더러운' 돈을 받고 싶지 않은 다른 미국계 또는 글로벌 회사들)들은 캐나다 땅에서 장사하지 않기를 바란다. 반드시, 인권이나 환경 보호 의무를 제공하지 않는 나라로부터 나온 석유를 구입하라. 다시는 돌아올 생각은 하지 말라."라고 한 캐나다 독자가 그 이야기에 대해 논평을 하기도 했다. 앨버타 엔터프라이즈 그룹(AEG)이라는 비영리 단체는 페이스북을 통해 캐나다인들에게 앨버타 석유 불매운동을 하는 사람이나 단체에 대한 불매운동을 촉구했다. 데이비드 맥린 AEG 부사장은 "우리는 이 산업에서 이익을 얻는 앨버타 주민들을 대신해서 뒤로 물러나고 싶다."고 말했다.

언론의 취재가 격화되자 ForestEthics이 발표한 명단에 포함시키는 것에 동의하지 않은 일부 기업들은 자신들의 입장을 분명히 밝혔다. 리바이 스트라우스, GAP, 팀버랜드는 ForestEthics가 자신들 회사 이름을 NGO의 반타르 리스트(anti-tar-sands list)에 포함시켰다고 비난했다. 리바이 스트라우스 대변인은 "우리는 어떤 국가나 지역으로부터 어떠한 연료나 에너지 공급원에도 반대하거나 지지하는 입장을 취하지 않는다"고 말했다. 팀버랜드 대변인은 CBC뉴스와의 인터뷰에서 "저탄소 연료 사용을 늘리고 탄소 집약적인 공급원을 피하고 있다."고 밝혀 달라고 운송업체에 요청했으나 구체적으로 "연료의 종류나 공급원"을 보이콧하지는 않았다고 밝혔다.

빅픽처: 삶의 질 vs. 생활수준 The Big Picture: Quality of Living vs. Standard of Living

1978년, 평균 중국인 연간 가처분소득이 343.40위안(또는 통상 환율로 약 200달러)에 불과했다. 중국은 세계시장에서 상대적으로 고립된 정체되고 비효율적이며 중앙통제된 경제를 가진 매우 가난한 나라였다. 그 후 1979년, 중국정부는 중국을 외국인투자에 개방하고, 자유시장개혁을 제정, 세계에서 가장 빠른 산업화에 착수했다. 경제적인 면에서, 그 결과는 훌륭했다. 1인당 국민소득이 2016년까지 거의 100배 가까이 증가하면서 수억 명의 중국인이 빈곤에서 벗어나 중산층에 합류했다. 개혁 이후 번성했던 "회색 경제" 때문에 1인당 소득이 실제로 훨씬 더 크다고 믿고 있다. 중국이 가난에서 벗어나 세계 경제의 2위(그리고 곧 1위로 도약할) 엔진으로 급부상하는 것은 20세기 후반과 21세기 초반의 중심 이야기 중 하나이다. 2025년까지 중국 중산층에는 7억에서 8억의 인구가 포함될 것으로 예상되는데 이는 예상 중국 인구의 약 50~60%에 해당한다.

중국의 경제 기적에 대한 이야기는 결국 중국의 중대한 환경파괴에 대한 이야기라고 말할 수 있다. 대기 오염은 특히 해안 도시에서의 일 년 중 EPA의 "안전하지 않은" 수준을 초과한다. 수질오염은 관개에 사용되는 지하수의 90%를 차지하며, 중국 도시 아래의 지하수의 60%는 "매우 오염된" 것으로 묘사된다. 농경지는 사막으로 변했고 삼림 벌채와 지나친 농업 개발로 인해 생물 다양성이 떨어졌다. 환경파괴는 '암 마을'을 낳았는데, 이 마을들은 너무 오염되어 그곳에서 사는 것만으로도 상당한 암 위험을 초래한다.

2010년 중국에서 대기 오염으로 인해 인구로부터 건강한 수명으로 추정되는 2,500만 명의 목숨을 앗아간 중국 조기 사망의 원인이 되었을 가능성이 크다. 그러나 이러한 사망률 수치는 중국의 기대 수명 증가에 의해 심각성이 희석되어 버렸다. 중국의 출생 기대수명은 1980년 65.5세에서 2013년 75.5세로 증가했는데, 이는 인구의 건강한 수명이 130억년이나 증가한 것을 의미한다. 상하이의 기대 수명은 83세로 스위스와 같다.

이 기간 동안 많은 중국인들은 한편으로는 생활수준의 향상과 다른 한편으로는 환경악화 사이의 절충을 받아들였다. 실제로, 3억5천만 중국인들이 경제 호황을 누리지만 오염이 심한 도시로 자발적으로 이주했다. 그리고 환경보호론자들은 중국의 정책 선택을 한탄할 수도 있지만, 누가 심판을 할 수 있겠는가? 수억 명의 중국 이해관계자들은 높은 환경 기준보다 높은 생활 수준(자동차, 주택, 가전, 휴가, 건강관리 접근성, 교육 개선, 수명 연장)을 선택했다. 앞으로 나라가 더 부유해지면 우선순위가 바뀔 수도 있지만 과거와 현재의 우선순위는 분명하다.

환경 지속 가능성보다 더 나은 생활 수준(또는 심지어 단순한 직업)을 선호하는 것은 중국만의 일이 아니다. 게리 게레피(Gary Gereffi)와 스테이시 프레데릭(Stacey Frederick)은 2010년 세계은행정책연구실무 논문에서 "의류(apparel) 생산은 국가 발전의 발판이 되고, 수출지향적 산업화에 종사하는 국가들의 대표적 산업"이라고 밝혔다. 그 산업은 전세계적으로 적어도 4천만명의 사람들을 고용하고 있으며 사람들을 빈곤에서 벗어나게 할 수 있는 구매력을 증가시킬 수 있다. 이와 함께 천연자원보호협의회는 "직물제조(textile-making)는 세계에서 가장 오염이 심한 산업 중 하나"라고 주장한다. 또 "직물제조기 하나가 염료한 직물 1톤당 200톤의 물을 사용할 수 있다"고 덧붙였다. 그리고 그 계절에 유행하는 색깔에 따라 강물은 빨갛게 흘러가고, 제대로 처리되지 않은 독성 염료는 밀실에서 씻겨 나간다."

의도치 않은 결과 Unintended Consequences
라나 플라자 섬유 공장이 붕괴되기 거의 두 달 전(제2장 참조) 디즈니는 고위 간부들의 감사와 개인적인 방문을 바탕으로 방글라데시와 다른 4개국(파키스탄, 벨로루시, 에콰도르, 베네수엘라)의 아웃소싱 중단을 지시했다. 이 회사는 피해 사업자에게 "피영향 근로자와 사업에 미치는 영향을 완화하는 책임 있는 전환"을 추진하겠다고 말했다. 2014년3월31일까지 단계적으로 생산을 중단하기 위해 1년간 과도기간을 시행했다.

다른 기업들은 디즈니가 방글라데시에서 떠나는 것을 따를 수도 있다. 만약 그것이 대규모로 일어난다면, 그것은 국가의 사회 경제적 구조에 심각한 손상을 입힐 것이다. 방글라데시 의류 근로자는 360만 명에 이른다. 유엔 사회발전연구소는 특히 여성들에게 "많은 문제에도 불구하고 의류산업에서 일하는 것은 과거에 했던 것보다 돈을 버는 더 좋은 방법이었다."고 말했다.

분쟁 광물을 차단하려는 초기 노력에서 의도하지 않은 결과에 대한 유사한 우려가 제기되기도 하였다. 콩고 일부 지역의 무장세력이 전쟁과 잔학 행위에 자금을 대기 위해 노예 노동으로 채굴하는 것을 막으려는 노력이었다(제10장 참조). 일부 제련업자들의 초기 반응은 콩고 전 지역에서 광물을 사는 것을 중단하는 것이었지만, 그러한 광범위한 접근은 윤리적이지도 책임적이지도 않았다. 인텔의 게리 니케르크(Gary Niekerk)는 "콩고와 NGO로부터 콩고에는 먹을 것을 벌기 위해 10만 명의 장인이 있다는 편지를 받았다"고 말해 모든 광부들이 무장단체에서 일하는 것은 아니라고 지적했다. 콩고에서 채굴은 이용 가능한 두 가지 주요 합법적인 수입원 중 하나이다. 니케르크는 "콩고에서 사실상의 자재 조달 금지는 선량한 사람들이 굶주릴 수도 있다는 것을 의미한다"고 말했다. 그 나라의 합법적인 경제를 해치는 것은 더 많은 불안을 부채질할 뿐이다.

영향을 줄이려는 신속한 대응 이니셔티브가 오히려 주민 생계를 파괴할 수 있는 의도치 않은 결과를 초래할 수 있다. 만약 목표가 캐나다의 앨버타주처럼 서방자본주의 지역이라면, 영향을 받은 사람들은 정치적 지지를 모으고 반격할 수 있다. 개발도상국의 대부분의 사람들은 그 선택권이나 다른 고용옵션을 가지고 있지 않다. 결과적으로, 선의의 환경적 조치가 오히려 많은 사람들을 해칠 수도 있다. 게다가, 지속가능한 상품의 높은가격은 부유한 소비자보다 가난한 사람들에게 더 많은 부담을 준다. 옥수수, 콩 같은 식량작물을 원료로 자주 사용하는 바이오연료 의무는 식량가격 상승을 유도했다.

Marks & Spencer 마이크 배리는 기업들이 해야 할 균형 잡힌 행동에 대해 설명하면서, "여러분은 끊임없이 경청하고, 경향과 아이디어를 삼각 측량하는 최첨단에 있어야 한다."

그린에 대한 50가지 색조 50 Shades of Green

컨설팅 회사인 BSR의 아론 크레이머(Aron Cramer) 사장 겸 CEO는 "표준 설정과 진행률 측정에 있어서의 문제는 지속가능성에 대한 보편적으로 합의된 정의가 없다는 것"이라며 "해당되는 표준은 산업, 상품, 심지어 제품군에 따라 다르다"고 말했다. 유니레버 대변인은 농장의 지속가능성에 대한 절대적인 척도는 없다. 이는 움직이는 표적이기 때문이다." 제4장에서 언급한 바와 같이, 잘 작성된 법률과 규정은 법조계에서 말하는 "밝은 선", 즉 수용 가능한 행동과 용납할 수 없는 행동 사이의 명확한 구분과 함께 직설적이고 따르기 쉬운 규칙이라고 정의한다. 행동은 모호하지 않고 법적 측면에 있거나 그렇지 않다. 불행하게도, 지속 가능한 것과 그렇지 않은 것 사이에는 그러한 밝은 선이 존재하지 않아, 친환경적이기를 열망하는 기업들과 관련된 분쟁으로 이어진다.

맷 로저스(Matt Rogers) 홀푸드 글로벌 생산 코디네이터는 "우리는 우리가 판매하는 음식이 정말 자랑스럽고, 일반적으로 우리는 그것에 대해 많이 알고 있으며, 우리는 그것을 고객들과 공유하기를 원한다. 이를 위해 재배자, 유통업자, 인증자, 주제 전문가 등과 3년간 협력하여 농가의 지속가능성을 평가한 41개 항목의 설문지를 개발하였다. 설문에 대한 농부들의 답변은 농산물을 비평가(unrated), 양호(good), 우수(better), 또는 최고(best)로 평가하는 "책임 있게 재배한(Responsibly Grown)" 라벨로 이어졌다. 그러나 2015년 홀푸드가 이 상표를 공개했을 때, 일부 유기농 농부들은 전통적으로 재배되던 저가 농산물이 때때로 고가의 유기농 과일과 야채보다 더 좋은 평가를 받는다고 불평했다. 뉴욕타임스와 NPR은 모두 "최고"라고 표기된 재래식 생산물의 예에 대해 보도했고, 근처의 일부 유기물품들은 "좋다"라고만 표기되었다.

"오가닉은 정말 책임감 있게 재배된다."라고 한 과수 재배자는 어이 없다는 듯이 말했다. 5명의 농부들은 홀푸드 공동대표인 존 매케이에게 공개서한을 보내 "우리는 홀푸드사가 새로 시작한 '책임 있게 재배한' 등급 프로그램('Responsibly Grown' rating program)이 부담스럽고 비싸며, 이 마케팅 이니셔티브의 비용을 이윤이 적은 가족 규모의 농부들로 전가되고 있다"라고 말했다.

이에 대해 이 회사 구매 담당 임원이자 책임 재배 등급 프로그램의 주요 경영자였던 에드먼드 라맥치아(Edmund LaMacchia)씨는 회사의 동기를 설명하는 장문의 온라인 회신을 발표했다.

농민 항의서한에 참여한 한 관계자는 "과거와 마찬가지로 홀푸드가 약간의 수정을 할 것으로 기대한다"고 말했다. 실제로, 홀푸드는 캘리포니아 공인 유기농 농부라는 비영리단체 대표와 프로그램을 수정하기 위해 협업했다. 이러한 변화에는 인증된 유기 및 생체역학 생산자들에게 자동으로 더 많은 점수를 주고 재배업자들시스템에 적용하는 동안 최소한 "좋은" 등급을 부여하는 것이 포함되었다.

Route 1 농장의 제프 라키는 "유기농이 되는 것은 시간과 돈의 큰 투자"라고 말했다. 그는 "농약과 다른 독성 물질을 사용하는 재래식 농부로서 최고등급을 받을 수 있다면 왜 유기적으로 성장하겠는가? "사실, 책임감 있게 재배하는 등급제는 살충제의 무제한 사용을 허용하지 않는다. 등급제가 갱신되었을 때, 라마크샤는 "생태학적으로 생산된 식품은 많은 다른 방법으로 정의될 수 있다. 지속가능한 식량공급에 다른 성장방법이 기여한 점도 인정할 수 있는 여지를 마련하겠다고 말했다. 업데이트된 시스템은 자동으로 전체 식품의 책임감 있게 성장하는 등급 시스템의 41개 문제 중 10개를 다루는 88개의 인증된 유기농 농장을 수여했지만, "최고" 등급은 225점을 받아야 한다(300점 만점). "최고" 등급을 받으려면 해충 관리 및 환경 보호에 대한 오염자 보호와 업계 리더십이 필요하다.

라마크샤는 유기농 농부들에게 "우리가 이해해야 할 빠르게 움직이는 모든 문제를 적절히 해결할 수 있는 시스템, 인증, 생산 방법, 브랜드는 없다"고 말했다. 로저스는 "그 중 어느 것도 유기적인 인증의 가치를 떨어뜨리지 않는다. 단지 우리가 구매자로서 이해하고 다루어야 할 것들이 더 많아지고 있다"고 덧붙였다.

밀물이 썰물이 되다 A Rising Tide Becomes a Turning Tide

역사적으로, 환경 규제는 종종 커다란 발전 후에 따라왔다. 미국과 EU에서는 20세기 후반부터 런던 킬러 스모그, 라인강 오염, LA 스모그, 미국 동부의 산성비 등 충격적인 이벤트 이후 많은 종류의 오염이 줄어들었다. 이러한 추세는 전 세계의 경제 발전을 따라왔다.

비록 서구 기업들이 단기적으로 개발도상국에 오염을 배출했을지 모르지만, 일부 사람들은 이러한 경제가 발전함에 따라, 그들의 시민들이 더 건강한 환경을 요구하기 시작할 것이고, 더 나은 환경 관리로 이어질 것이라고 주장한다. 이 같은 주장은 1인당 국민소득이 어느 정도 문턱을 넘어서면 환경보호와 경제발전 사이의 긍정적 상관관계에 있다(그러나 이를 도출한 방법론에 대해 회의론자들이 의문을 제기해 왔다). 2014년 중국은 25년 만에 가장 큰 환경보호법을 통과시켜 경제성장과 연계된 물, 공기, 토양오염을 막기 위해 오염자를 더 엄벌하겠다는 계획을 세웠다. 2015년 리커창 중국 총리는 "중국 정부는 스모그와 환경오염을 전체적으로 해결하겠다는 의지를 갖고 있다"고 말했다.

개별 국가의 행동 외에도, 지구촌은 또한 그것이 세계 환경 문제를 해결할 수 있다는 것을 보여주었다. 가장 성공적인 환경 캠페인은 1987년 몬트리올 의정서로 막을 내렸다(4장 참조). 이 프로토콜은 염화불화탄소(CFC) 및 관련 오존파괴 화합물을 단계적으로 제거하기 위한 조정된 표준을 제공했다.

기후변화에 대처하는 것은 이러한 어떤 예보다 더 어려울 수 있다. 첫째, 더 높은 평균 기온과 기후 변화를 가능한 추세에 연결시키려는 시도에도 불구하고, 기후 변화에 직접적으로 기인하는 해로운 영향을 겪고 있는 곳은 거의 없다. 날씨에 대한 장기적인 컴퓨터 예측은 질식시킬만한 스모그나 측정 가능한 오존 구멍과 UV 수치만큼 설득력이 없다. 1998년과 2013년 사이에, 지구 표면 온도는 기후

변화 모델의 예측을 추적하는 데 실패했다고 전해지면서, 이 모델에 대한 회의론을 불러일으켰다. 둘째, CFC와 기타 오존저감 화학물질은 경제의 작은 부분(예: 냉장, 에어로졸 제품)에만 사용되었지만, GHG배출물은 인간활동의 거의 모든 측면(농업, 전기, 난방, 운송, 산업 프로세스)과 연관되어 있다. 마지막으로, CFC 대체품들은 비교적 쉽게 찾고 상품화되었다. 실질적으로 GHG를 줄이는 것은 오존을 감소시키는 화학물질을 제거하는 것보다 훨씬 더 어렵고 비싸다. 그럼에도 불구하고 많은 회사들이 기후변화의 위험과 기회를 다루기 시작하고 있다. 어떤 사람들은 그것이 "올바른 일"이기 때문에 그렇게 하지만, 대부분은 돈을 절약하거나, 위험을 줄이거나, 새로운 녹색 기회를 이용하기 위해 그렇게 한다. 옥스팜 아메리카는 미래 위험을 완화하기 위해 기후변화에 직면한 회복력을 위한 실천요강을 개발, 정제, 공유하기 위해 리바이 스트라우스, 그린마운틴커피로스터스, 스타벅스, 스위스리(Swiss Re), 엔터지(Entergy) 회사들과 회복탄력성과 환경대응태세를 위한 파트너쉽(Partnership for Resilience and Environmental Preparedness)을 만들었다. 일부 지역은 현재와 예상되는 변화를 활용하기 시작하고 있다. 예를 들어, 그린란드에서는 농업 생산성과 총생산이 증가하고 있어, 고가의 수입 식품에 대한 국가의 의존도가 줄어들고 있다. 그리고 기후 변화의 운명에 있어서, 북극 얼음이 녹으면서 더 지속 가능한 운송이 가능해지고 있다. 해양 화물선들은 수에즈 운하를 항해하는 것이 아니라, 중국에서 얼음이 없는 북극을 통해 유럽으로 항해함으로써 제 시간과 연료로 거의 30%를 절약할 수 있다.

미래의 (비)소비자 *Future (Non) Consumers*
선진국의 소비자들, 특히 젊은 세대들은 물건을 덜 쓰고자 할 것이고, 잠재적으로 미래의 소비자들이 지구에 미치는 물질적 영향을 감소시킬 것이다. 노스웨스턴 대학의 줄리 헤네시에 따르면, "밀레니얼 세대들의 태도를 연구한 결과, "거의 여러분이 생각할 수 있는 어떤 소유물도 '당연한 일'로 받아들여지는 것은 멈추고, 밀레니얼 세대들을 위한 '흠(hmmmm, 다시 한번 곰곰이 생각하는)'이 되었다."고 한다. 이는 특히 자동차소유권에 대한 태도에서 두드러진다. 미국에서는 운전면허를 소지한 17세 청소년비율이 1978년 2/3이상에서 2010년에는 절반 이하로 떨어졌지만, 자동차에만 국한되지 않는다. 밀레니얼은 '사물'이 아닌 '체험'에 투자하고 있어 소셜네트워크서비스(SNS)와 음악서비스, 유튜브, 공유경제가 성행하는 이유다. 기업들은 페이스북에서 공유하는 것에서부터 월마트 영화의 밤에 이르기까지 모든 것을 경험으로 만들어, 잠재적으로 자원이 부족한 서비스와 정보 경제로 물질 집약적인 산업경제를 전환함으로써 대응하고 있다.

선진국 소비는 생활수준이 높아지고 출산율이 떨어지면서 성장을 멈출지도 모른다. 이미 일본이나 이탈리아 등 성숙하고 소비량이 많은 일부 국가는 인구가 줄어들고 있고, 이민자가 꾸준히 유입되지 않으면 인구가 줄어들 것이다. 추정치는 2050년과 2100년 사이에 세계 인구가 100억명으로 증가할 것이라고 암시하지만 다른 추정치는 2100년까지 96억에서 123억 사이의 느린 성장을 지속할 것임을 암시한다. 두 가지 추정치 모두 더 낮은 숫자를 가리키는 많은 주의사항을 포함하고 있다.

더 많은 성장과 더 적은 영향 MORE GROWTH AND LESS IMPACT

성장을 위해 공급과 수요 모두를 세계 시장에 의존하고 있는 거대 다국적 기업들은 잠재적인 중단이나 제약에 대해 우려하고 있다. "우리는 인구 증가와 세계 자원에 대한 수요 증가라는 관점에서 아시아로의 이동(the shift east)과 같은 세계의 거대 동향에 대해 생각해 보았다. 그리고 우리는 '이를 다시 가져오는 대신 사회와 환경에 기여하는 것을 목표로 하는 비즈니스 모델을 개발하는 것이 어떨까?' 하고 유니레버의 CEO 폴 풀먼이 말했다. 그는 심지어 "주주를 우선하는 것이 우리의 수탁 의무라고 생각하지 않는다."고 말했다. 풀먼은 2010년 유니레버가 자사 제품의 환경적 발자국을 절반으로 줄이고 사업규모를 두 배로 늘리겠다고 약속했다. 그것은 환경적 영향을 줄이면서 회사의 최고 선을 성장시키는 환경적 성장 목표다.

에코 성장을 향한 전진 The Push Toward Eco-Growth

폴 풀먼이 원하는 종류의 비즈니스 중심의 환경적 성장은 다양한 유형의 영향과 다양한 출처를 다루기 위한 매우 광범위하고 다면적인 이니셔티브 포트폴리오를 필요로 한다. [그림 13.1]은 기업이 환경 성장을 촉진할 수 있는 근거를 제시하며, 이니셔티브가 추구하는 것(그리고 이유)과 영향을 미칠 대상자로 구분한다. 앞 장에서 기술한 바와 같이, 기업은 다양한 환경 효율성, 환경 위험 완화 및 환경 세분화 이니셔티브를 사용하여 재무 및 환경 성과 차원에 대한 성과를 개선할 수 있다.

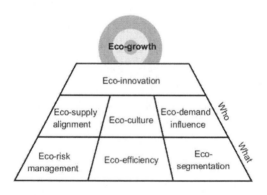

[그림 13.1] 에코성장의 구성요소

각 이니셔티브는 회사의 브랜드를 보호하고 향상시키면서 개별적으로 환경적 성장에 기여할 수 있다. 환경효율(eco-efficiency)은 비용을 절감함으로써 기업의 경쟁력을 높이는 동시에 환경 영향을 감소시킨다. 환경위험완화(eco-risk mitigation)는 공급 또는 수요에 대한 붕괴 위험을 줄임으로써 잠재적 비용, 손실, 브랜드 감소 및 운영 및 성장을 위한 사회적 면허 유지 장벽을 감소시킨다. "친환경" 제품을 개발하고 촉진함으로써, 환경세분화(eco-segmentation)는 비용이 많이 들거나 예측하기 어려운 지속가능성 관행을 확장하고, 녹색 제품 개념을 테스트하고, 새로운 소비자에게 브랜드를 확장하고, 고객의 지속 가능한 제품 수용을 유도하기 위한 실질적인 선택권을 창출한다. M&S의 마이크 배리가 말했듯이, "지속가능성이 위험에서 기회로 바뀌고 있으며, 그것은 매우 빠르게 일어나고 있다"고 말했다.

생태성장 피라미드의 '누구(who)'에 해당하는 계층은 기업의 환경 영향과 재무 성과 모두에 영향을 미치는 모든 공급망 이해관계자들을 정렬시키기 위해 세 가지 유형의 이니셔티브가 대내외적으로 확산되는 것을 본다. 지속가능성의 이야기는 공급망 관리의 이야기다. 이 책에서 도해한 바와 같이, 배출물, 자원 소비 또는 기타 영향 등 기업의 환경 영향에서 가장 큰 몫은 대개 회사의 네가지 벽(경계) 밖에 있다. 또한 공급망의 한 부분(예: 뜨거운 물이 옷을 세탁하는 에너지)의 영향은 공급망의 다른 부분(예: 효과적인 냉수 세제를 만들 수 있는 화학 성분 공급자)에 의해서만 해결할 수 있다. 그러므로 가장 비용 효과적인 시점에서 영향을 다루는 것은 기업이 산업에서 확장된 역할을 담당할 것을 요구한다. 이것은 또한 환경 영향을 효율적으로 관리하려는 회사의 노력에 대한 우려를 완화하기 위해 고객, 미디어, NGO 및 정부와 협력과 커뮤니케이션을 포함한다.

에코 컬처: 지속가능성의 내부 *Eco-Culture: Sustainability Inside*

제4장에서 논의한 바와 같이, 지속가능성은 일반적으로 제조와 제비용에 대한 회사 내의 탄소발자국을 줄이는 것으로 부터 시작한다. 초기에는 비효율적인 조명 교체, 폐기물 재활용, 연료 효율이 높은 트럭 사용과 같은 쉽게 달성 가능한 프로젝트가 될 수 있다. 내부 감소를 크게 달성하려면 제품 설계, 조달, 제조 및 마케팅에 보다 광범위한 노력이나 조정된 변경이 필요할 수 있다. 따라서 기업이 보다 공격적인 지속가능성 목표를 달성하고자 한다면, 직원들 중 상당수를 그러한 목표에 맞출 필요가 있을 것이다. 그림 13.1의 환경 문화 요소는 품질, 안전 또는 서비스와 같이 서로 다른 전략적 목표

를 중심으로 기업문화를 조성하는 것과 유사한 지속가능성을 중심으로 기업 문화를 조성하는 것을 말한다.

대기업들의 과제는 어떻게 그러한 문화를 조직 전체에 주입하는가 하는 것이다; 직원들은 다른 시간대와 법적 체계, 그리고 국가 문화에 그들 자신을 발견하면서 전 세계에 퍼질 수도 있다. 에코 문화(Eco-culture) 이니셔티브는 형식적 관행과 비공식적 관행 둘 다로 구성되어 있다. 공식 관행은 정책(보상을 포함한), 환경 KPI, 천연자원의 잠재가격, 그리고 회사 경영층이 정한 다른 규칙들을 포함한다. 비공식적 관행으로는 교육, 신속한 승리, 도전, 보상 등이 있다. 그러한 문화는 직원들이 환경 이니셔티브를 만들거나 지원하기 위해 그들 자신과 동료들의 일상 활동을 지켜보도록 장려한다. 마이크 듀크 CEO는 2009년 "월마트에서는 지속가능성을 만들기 위해 항상 노력하고 있습니다. 이는 좋은 때와 어려운 시기에도 우선순위가 될 수 있습니다."고 말했다.

애플 CEO 팀 쿡을 생각해보자: 한 주주단체가 애플에 수익성이 높은 환경 대책에만 투자하라고 요구하자 팀 쿡은 "시각 장애인들이 기기를 접근 가능하게 만드는 작업을 할 때 피비린내 나는 ROI를 고려하지 않는다. 옳은 일을 하는 것에 대해 생각할 때, 나는 ROI에 대해 생각하지 않는다. 투자수익률만 보겠다면 이 주식에서 손을 떼야죠."라고 말했다. 애플 주주들은 쿡의 격앙된 발언에 박수를 보내며 이 그룹의 결의안을 부결시켰다. 쿡 CEO의 분노에 찬 반응과 같은 스토리는 애플의 녹색 이미지를 윤택하게 하고, 직원들 사이에서 서비스와 지속가능성의 문화를 육성하는 역할을 한다.

에코 공급 정렬: 공급망의 위로 Eco-Supply Alignment: Up the Supply Chain

그러나 제4장에서 언급했듯이, 애플의 녹색 외관은 아시아 공급자들 사이에서 (제품의 사용 단계 뿐만 아니라) 공급망 상류에 덜 친환경적인 현실을 숨기고 있다. 화려한 브로셔와 의기양양한 주장 외에도, 애플은 공급망에 숨겨진 탄소 발자국의 핫스팟을 알고 있다. 2008년부터 애플은 다양한 환경 및 사회적 이슈에 대해 공급자 관리자와 근로자를 교육하기 시작했다(5장 참조). 애플은 2015년 공급사의 탄소배출량을 더욱 줄이기 위해 중국 내 2기가와트를 포함한 4기가와트 규모의 청정에너지를 공급사와 제휴했다. 이 회사는 아시아 계약 제조업체들과 협력하여 수력 발전으로 제련된 재활용 알루미늄과 알루미늄 제련제의 사용을 늘리기 위해 제조 공정을 변경했다. 이 회사는 또한 공급업체가 에너지 환경 효율성, 물 절감, 폐기물 감축을 위한 이니셔티브를 이행할 수 있도록 도왔다. 쿡 CEO는 2015년 "이런 일은 하루아침에 일어나지 않을 것이며, 사실 몇 년이 걸릴 것이다"라고 지적했다.

애플과 마찬가지로, 대부분의 회사들은 그들의 상류 공급망에 환경 영향과 위험의 많은 부분을 가지고 있다. 따라서 그들은 종종 5장에 기술된 환경 목표에 공급자를 맞추려고 시도한다. [그림13.1]에 나타낸 환경 공급 정렬(eco-supply alignment) 활동은 행동 규범, 투명성 요구 사항, 빈번한 감사, 공급업체 교육, 경제적 인센티브 및 공급업체가 다음 단계의 공급업체로 환경 목표를 추진할 것이라는 기대를 포함한다. 공급자 정렬은 세 가지 유형의 이니셔티브 중 어느 것을 목표로 할 수 있다. 기업은 공급자에게 에너지 사용량, 탄소 배출량, 물 사용량 또는 기타 천연 자원의 발자국을 보고하고 줄이도록 요구함으로써 공급업체를 환경 효율성 목표에 맞출 수 있다. 공급자 환경 위험 이니셔티브는 삼림 벌채(RSPO 사례), 특정 살충제(홀 푸드 사례) 또는 근로자 안전 및 작업 규칙위반(IKEA 및 여러 회사사례)과 같은 "무관용(zero tolerance)" 활동을 금지하는 데 초점을 맞출 수 있다. 공급업체의 환경 세분화 이니셔티브에는 회사가 자사 제품에 대한 녹색 라벨 표준을 충족할 수 있도록 재료 또는 부품을 공급하는 인증이 포함될 수 있다. 그러나, 많은 경우, 공급자의 프로세스 변경에 영향을 미치려면 전자산업시민연합(Electronic Industry Citizenship Coalition, EICC)이나 RSPO와 같은 협회를 통한 업계 전체의 협력이 필요하다.

다음 규모에 따라 공급업체 관리에 있어 지속가능성의 역할에 대한 기업의 프로세스 성숙도 수준을 평가할 수 있다(그림 13.2 참조).

공급자의 환경 성과를 스스로 관리하는 기업도 있고, NGO, 인증기관, 산업단체 등의 제3자의 도움을 받는 기업도 있다. 로레알, IKEA, 스타벅스, 나이키, 파타고니아와 같은 회사는 회사 중요성 평가(3장 참조), 공급업체 위험평가(5장 HP 예 참조)의 함수로서 공급업체 유형에 따라 지속가능성 관리 수준이 다르다.

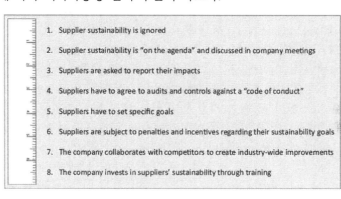

1. Supplier sustainability is ignored
2. Supplier sustainability is "on the agenda" and discussed in company meetings
3. Suppliers are asked to report their impacts
4. Suppliers have to agree to audits and controls against a "code of conduct"
5. Suppliers have to set specific goals
6. Suppliers are subject to penalties and incentives regarding their sustainability goals
7. The company collaborates with competitors to create industry-wide improvements
8. The company invests in suppliers' sustainability through training

1. 공급업체의 지속가능성은 무시된다.
2. 공급업체의 지속가능성은 "의제"이며, 회사 회의에서 논의된다.
3. 공급업체는 영향을 보고해야 한다.
4. 공급업체는 "행동 강령"에 대한 감사 및 통제에 동의해야 한다.
5. 공급업체는 구체적인 목표를 설정해야 한다.
6. 공급업체는 지속가능성 목표와 관련하여 패널티 및 인센티브를 받는다.
7. 회사는 업계 전반의 개선을 위해 경쟁업체와 협력한다.
8. 회사는 훈련을 통해 협력업체의 지속가능성에 투자한다.

[그림 13.2] 공급업체의 환경관리 성숙도 모델

공급 환경 정렬의 전혀 다른 요소는 지속 가능한 기업들이 밀레니얼 세대 신입사원들에게 매력적으로 다가간다는 것이다. 다시 말해서, 우수한 인적 자원의 공급이다. 제10장에서 언급했듯이, 많은 기업들은 21세기 대규모로 노동에 종사하게 될 밀레니얼 세대들이 사회적, 환경적 책임을 수행하는 기업들에게 매력을 느낀다는 증거를 보아왔다. 이 회사들은 더 많은 지원자들을 끌어 모을 수 있고, 따라서 더 나은 직원을 얻을 수 있다. 이러한 매력에 의해 창출되는 경쟁 우위는 기업의 가장 중요한 자산이 직원이라는 점에서 기본이고, 우수한 직원들은 우수한 수익을 창출한다.

에코 수요 영향: 공급망의 하류로 Eco-Demand Influence: Down the Supply Chain

전 세계적으로, 산업은 생산되는 모든 에너지의 절반을 소비한다. 나머지 절반의 에너지는 산업에서 창출한 모든 제품을 사용함으로써 소비된다. 이러한 총 영향을 줄이도록 하는 압박(및 의무사항)은 기업들이 에너지 효율적 제품을 개발하고 판매하거나 수명 만료 처분 관행을 변경하도록 동기를 부여한다. 이를 위해 기업들은 새로운 녹색 제품을 소비자에게 구매하고 책임감 있게 사용하도록 하기 위한 마케팅 캠페인과 결합한다. 도요타는 프리우스의 독특한 스타일링과 공격적인 마케팅 캠페인으로 하이브리드카를 '멋짐(cool)'으로 만들었다. 그 자동차 회사는 또한 그들이 차를 산 후에 소비자들의 행동에 영향을 미치려고 시도했다. 프리우스는 운전자의 출발, 순항, 정지 습관을 위한 별도의 "에코 점수"를 포함하여 운전자의 운전 습관에 대해 실시간 피드백을 제공한다. 마찬가지로, 세제 메이커, 가전 메이커, 의류 메이커, 소매업자를 포함한 다양한 회사들이 소비자들에게 옷을 세탁하기 위해 찬물을 사용하도록 영향을 끼치려고 했다(제9장 참조).

공급망 깊숙한 곳에 있는 회사들은 또한 B2B 고객 행동과 제품 선택에 영향을 미치기 위해 노력한다. 알코아는 자동차, 트럭, 항공기의 연비를 향상시키기 위해 특수 경량 합금과 제품을 만든다. BASF는 그린 제품 애플리케이션을 위한 특수 화학 물질과 재료를 개발하고 판매하는데, 이는 회사 매출의 23%를 차지 한다(8장 참조). 이 회사들은 그들 고객 회사에 더 친환경적인 제품을 디자인하고 판매하도록 영향을 미치려고 노력하는데, 이는 (우연이 아닌) 이러한 녹색 제품을 만드는 데 필요한 핵심재료의 공급자들에게 이익이 된다.

지속가능성의 확대 Spreading Sustainability Outward

기업의 조정 노력은 공급망의 상류와 하류 끝을 넘어 자원 소비와 영향에 영향을 미치는 다른 사람들을 포괄할 수 있다. AB InBev는 사업과 이해관계자 모두에게 가장 중요한 이슈로 물 관리 순위를 매긴다(4장 참조). 비록 이 음료 제조업자는 브라질과 같은 곳에서 자체적인 물 사용을 개선하기 위해 노력했지만, 만약 이 지역의 다른 사람들이 사용하는 더 넓은 형태의 물 사용이 지속 가능하지 않다면, AB InBev의 물 접근에 차질이 생길 수 있다는 것을 인식한다. AB인베브의 카를로스 브리토(Carlos Brito) 대표는 "미국 남서부 부터 브라질 남동부까지 가뭄이 심해지면서 희소성은 접근성을 넘어 우리 사회 건강의 질과 사회경제적 번영에 영향을 미치는 엄청난 과제를 안겨준다"고 말했다. 이것은 맥주 양조업자가 회사와 공급망 내의 노력을 넘어 그 지역에서 더 넓은 천연자원 관리 역할을 맡도록 동기를 부여했다. 이러한 확대된 환경 정렬 노력은 산업 또는 지역의 모든 참가자들의 결합력을 활용하여 지속가능성을 지향하는 것을 목표로 한다.

브라질에서 AB InBev의 물 관리 계획 중 한 가지 요소는 대도시인 상파울로를 둘러싼 분수령 상류 지역의 복구에 초점을 맞추고 있다. 이 작업은 자연보호협회(The Nature Conservancy), 지역 시장실, 재규아리나(Jaguariúna) 환경국, 브라질 농업연구공단, 국립수자원국, 그리고 피라시카바(Piracicaba), 카피바리(Capivari), 준디아이(Jundiai) 분수령 위원회와 복잡한 민관협력을 포함한다. 이러한 노력들은 침식을 줄이고 홍수를 막기 위해 강둑의 재건을 목표로 한다. 또한 195개의 저류지 배치, 540헥타르의 계단식, 17km의 시골길 정비 등 지역 농장의 토양 보존 관행을 개선하는 것도 포함된다. 그 지역의 수중 복구는 더 넓은 상파울로 지역에 더 나은 물 보존을 촉진한다. 이는 물 공급의 연속성을 보장하는 데 도움이 될 뿐만 아니라 홍수로 인한 방해 위협을 줄여준다.

AB InBev의 브라질 물 관리 계획의 또 다른 요소는 다양한 사람들, 특히 일반 소비자들이 자사의 제품을 마시든 말든 상관없이 식용수 사용을 줄이는 데 초점을 맞추고 있다. AB InBev와 브라질의 상하수도공사(Sabesp)는 2011년 지구의 날에 Banco Cyan(시얀은행)을 출범했다. 2,600만 명의 소비자들이 브라질의 온라인 상점에서 물 사용량을 추적하고, 보존하는 법을 배우고, 할인점을 얻는 것을 돕는 온라인 계정을 개설했다.

효율적인 공급망 관리 Efficient Supply Chain Management

1980년에서 2010년 사이에, 미국 화물의 총 톤수는 36% 성장했다. 그러나, 동시에, 미국 GDP의 물류비율은 1980년 15.7%에서 1995년 10.4%로, 그리고 2010년 8.3%로 꾸준히 감소하였다. 물류산업은 또한 상당히 효율적이 되었고, 이것은 또한 증가되었다. 1986년 세계 GDP의 27.7%에서 1995년 33.9%로 급증했고 2010년에는 46.9%에 달했다.

물류 서비스 비용 절감의 주된 동기는 미국 운송 산업의 규제완화였고, 그 다음으로는 EU와 다른 지역의 운송 규제 완화였다. 이러한 추세는 연료비용이 높고 연료 효율이 높은 트럭, 비행기, 선박의 개발에 박차를 가한 환경적 고려와 트럭 감속운전 (slow steaming) 및 속도 규제와 같은 연료 절약 운영 절차의 채택에 의해 강화되었다. 물류 시설도 에너지절약장치, 대체에너지, 배출가스기술 등을 도입해 비용을 절감했다. 동시에, 더 나은 물류 관리 도구와 프로세스 (예: 빈 마일을 최소화하기 위한 더 나은 조정)는 낭비와 비용을 줄여 효율을 높이고 환경 영향을 낮추었다.

세계 GDP와 국제무역의 증가로 물류비가 상승하는 것을 막은 가장 중요한 경향 중 하나는 데이터 캡처, 분석, 관리, 통신 도구의 활용이었다. 디지털 정보는 일부 출력된 인쇄물과 음반 제품을 직접 대체하는 것 외에도, 모든 제조된 제품의 비용 및 종종 환경적 발자국을 감소시켰다. 적절한 정보와 정밀한 제어는 높은 지면의 신속한 운송의 사용을 최소화하는 데 도움이 될 수 있다. 그것은 또한 안전재고를 낮추고 기계가 최적으로 작동하도록 도울 수 있다. 이 모든 것은 비용 절감과 환경 영향 감소로 이어진다. 컴퓨터가 데스크톱에서 손바닥 만한 초소형으로(palmtop)으로, 인터넷에 상시 접속이 가능한 내장형 센서로 바뀌면, 관리용 백오피스를 효율적으로 운영하는 기업 관리 애플리케이션은 공급망이 주로 운영되는 거대한 실외 환경으로도 확장될 수 있을 것이다.

성과 프론티어 확장 EXPANDING THE FRONTIERS OF PERFORMANCE

일단 회사들이 파레토 프론티어(Pareto frontier)에 도달하면, 쉬운 목표는 달성할 수 있었다. 재무 및 환경적 차원에 있어 더 나은 결과를 초래한 결정은 이미 내려졌고, 그 시점에서 기업들은 재무 성과와 환경 성과 사이의 절충을 할 수밖에 없는 것처럼 보인다. 그러나 의사결정자들이 불변한 일련의 선택권을 갖는다면 이 프론티어(경계)는 절대적 한계일 뿐이다.

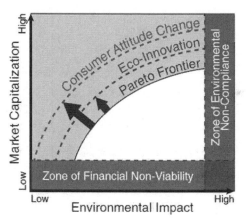

[그림 13.3] 파레토 프론티어 확장

다행히도 세상은 정적(static)이 아니다. 경영자가 사용할 수 있는 옵션 세트는 두 가지 방향으로 확장된다(그림 13.3 참조). 첫째, 새로운 관리 프로세스, 신소재, 그리고 무한한 기술의 발전 형태의 혁신은 모두 의사결정자의 옵션 공간을 확장 시킨다. 또 다른 혁신의 원천은 공급자인데, 공급자는 낮은 영향, 고효율 또는 낮은 위험의 제조와 운송을 가능하게 하기 위해 장비를 재설계하거나 수정할 수 있다. 둘째, 녹색 기업과 제품에 대한 소비자의 태도 변화(기업의 수요 형성, 규제 변화, 미디어 영향력 또는 외부 동향에 따라)는 지속가능성에 대한 투자를 더 매력적으로 만들 수 있으며 프리미엄 가격 책정 및/또는 시장 점유율 포착을 가능하게 할 수 있다.

이러한 발전은, 기업이 파레토 프론티어를 "바깥으로 더 밀어내고" 경제 성장과 환경 영향의 감소를 동시에 달성할 수 있는 새로운 기회를 창출할 수 있게 해준다.

지속 가능한 성장 창출 Creating Sustainable Growth

성장과 환경 지속가능성이 공존할 수 없다는 일반적인 주장은 두 가지 원칙적 가정에 달려 있다. 첫째, 수익 증가와 같은 성장은 제품의 물질적 양에서 비례적인 증가를 필요로 한다는 것이다. 그러나 환경 효율의 혁신은 제품의 재료의 양을 줄일 수 있다(예: 농축 세제, 경량 플라스틱 병, 알루미늄 프레임 자동차, 그리고 계속해서 줄어들고 있는 가전제품). 다른 혁신은 성능이나 서비스의 개선을 통해 제품의 가치를 높일 수 있다(예: 제품 사용자 정의, "(고객에 대한 세심한 관심과 주의를 기울인 고객맞춤형) 고품질 서비스(white glove delivery)", 제품과 함께 제공되는 소프트웨어). 게다가, 소비자 선호도를 바꾸는 것은 더 많은 물건을 소유하는 것보다 더 많은 서비스를 선호할 수도 있다. 마지막으로, 인터넷은 중고 제품의 공유 경제 및 성장하는 온라인 시장을 가능하게 했으며, 이는 더 많은 사람들이 해당 제품을 더 많이 제조할 필요 없이 특정 제품을 사용할 수 있게 된다는 것을 의미한다.

두 번째 가정은 재료 소비량이 증가하면 반드시 그에 상응하는 환경 파괴 증가를 의미한다는 것이다. 언뜻 보기에 이러한 가정은 사실인 것 같다; 1톤의 면 티셔츠를 만드는 것은 항상 최소한 1톤의 면화를 필요로 하는 것처럼 보인다. 면화를 재배하는 것은 모든 부정적인 영향을 수반한다. 그러나 관개, 비료, 살충제, 목화 재배의 혁신은 해당 톤의 면화의 환경 영향을 줄일 수 있다. 소비자에 의한 재활용은 1톤의 새 티셔츠가 1톤 이하의 새로운 면화를 필요로 한다는 것을 의미할 수도 있다. 재생 에너지 이니셔티브는 수확, 제조 및 운송 프로세스에 사용되는 탄소 집약 전력을 탄소 중립 대체 에너지로 대체할 수 있다. 에코-리스크 완화 이니셔티브는 영향력 있는 활동(예: 삼림 벌채), 영향이 적은 물질 대신(예: 11장에서 설명한 파타고니아의 율렉스 습복) 또는 단계적으로 독소를 제거할 수 있다. 더 많은 제품을 생산할수록 더 큰 영향을 미치는 관계를 깨뜨리는 신제품의 예로는 제품의 사용단계 동안 탄소 발자국을 줄이는 하이브리드 자동차와 전기자동차 및 기계의 배열을 포함한다. 구체적인 예로는 커민스(Cummins)의 저배출 디젤트럭 엔진이 있는데, 이 엔진은 교체하는 엔진보다 더 효율적이고 조용할 뿐만 아니라 더 깨끗하다. 이 새로운 엔진은 유럽과 다른 곳에 커민스를 위한 새로운 시장을 열었다.

혁신은 물소비를 줄이는 코카콜라의 재설계된 병세척스프레이 장비와 같은 제조 공정에까지 확대될 수 있다(4장 참조). 화학 용매 세척으로 인한 오존파괴증거 관련 레이시온(Raytheon Corporation)의 반응도 그 예다. 이 회사는 CFC에 기반을 둔 세정제를 재사용할 수 있을 뿐만 아니라 제품 품질도 높인 세미방수 테르펜 기반의 세정제로 교체했다. 새로운 제조 방법을 적용한 기존 제품의 근본적인 재설계를 통해 제품의 영향을 줄일 수 있다(예: 나이키의 플라이 니트 신발; 제8장 참조). 마지막으로, 일부 기업은 제품 및 프로세스 혁신을 새로운 비즈니스 모델과 결합할 수 있다(예: 인터페이스 카펫의 요람에서 요람까지(cradle-to-cradle) 모델; 8장 참조).

규제는 이러한 지속 가능성과 관련된 혁신의 많은 부분에 영향을 미칠 수 있지만, 그것들은 정확하게 적용되어야 한다. 포터와 반 데르 린데(Porter and van der Linde)는 특정 기술(예: 특정 배기 가스 제어 장치)의 사용을 의무화하는 규정은 혁신을 제한할 수 있다고 주장한다. 이와는 대조적으로 측정가능한 결과(예: 배출량 제한)달성에 초점을 맞춘 환경 규제는 혁신을 촉진하여 파레토 프론티어를 바깥쪽으로 밀어낼 수 있다.

정보에 대한 본질적 에코효율성 The Intrinsic Eco-Efficiency of Information

비록 제품 공급망과 소비자들의 상품 사용은 천연자원을 필요로 하지만, 가치를 창출하는 데 필요한 자원의 양은 감소할 수 있다. 포드는 무게를 줄이고 F-150 픽업트럭의 연비를 높이기 위해 철강에서 알루미늄으로 바꿨다. GE는 2억달러를 투자해 초고효율 제트엔진과 가스터빈을 양산하고 있다.

자원 효율성의 가장 큰 개선은 무어의 법칙(Moore's Law) 으로 인해 소비자와 비즈니스 컴퓨팅에서 일어났다. 애플 아이패드와 같은 현대판 태블릿은 20년 전의 데스크탑 PC보다 처리 능력과 기능이 더 뛰어나지만, 재료의 10분의 1도, 전력의 100분의 1도 사용하지 않는다. 앱을 사용하면 스마트폰이나 태블릿이 이전에 분리되어 있던 수십 개의 소비자 제품(그리고 각각의 환경에 미치는 영향)을 대체할 수 있다. 이 장치는 전화기 외에도 카메라, 비디오 레코더, 워키토키, GPS 네비게이션 보조 장치, 포켓 계산기, 손목시계, 게임 콘솔, 손거울, 약속 책, 메모장, 노트북, 지갑, 신용카드, 집 열쇠 등의 역할을 하기도 한다. 인터넷, 모바일 네트워크, 디지털 전송은 물리적 책, 오디오 레코드, CD, 비디오 테이프, DVD, 지도 및 사용 설명서의 제조, 배포, 재활용과 관련된 대부분의 환경적 영향을 제거하며, 이전에 사용했던 가구(책과 파일 보관 캐비닛)와 바닥 공간(및 소매 공간)도 제거한다. 2013년 유엔은 지구상에서 화장실보다 휴대폰을 사용하는 사람이 더 많다고 보고했다. 60억 인구가 이용할 수 있는 셀룰러 데이터 네트워크로, 어느 나라든 산업 개발 이전 단계에서 산업 정보 경제 이후 단계로 도약할 수 있는 잠재력을 가지고 있다. 아프리카 국가들은 휴대폰 무선 네트워크를 구축하며 유선 네트워크 단계를 건너뛰고 있다. 그들은 여기저기 은행 지점을 만들지 않고 모바일 결제를 사용하고 있다. 그리고 그들은 스마트폰 덕분에 PC 혁명을 건너뛰는 과정에 있다.

전 세계를 연결하기 Connecting the World

데이터의 가용성 증가와 센서의 비용 감소(그리고 정확도 증가)는 공급망 가시성을 촉진한다. 즉, 재료, 부품 및 제품을 전 세계로 이동하면서 위치를 찾고 추적할 수 있는 능력이다. 이러한 운영 가시성은 제약, 식품 안전, 민감한 방어 부품, 고부가가치 제품 및 시간에 민감한 생산 및 납품 프로세스에 매우 중요하다. 기업은 부품과 제품의 위치를 항상 파악하고, 지연을 예상하며, 제조 및 유통 활동의 더 나은 조정을 가능하게 함으로써 향상된 효율성, 신뢰성, 서비스 등의 비즈니스 이익에 대한 가시성에 투자한다.

공급망 가시성 시스템은 입증된 기능을 보장함으로써 지속 가능성과 관련된 특성 등 숨겨진 신뢰도 특성을 추적할 수 있다. 기업은 운영 가시성 시스템을 사용하여 지속가능성 정보를 원하는 고객, 소비자 및 투자자들, 특히 정부 규정(예: EU 목재, 미국 분쟁 광물)을 준수해야 하는 고객들에게 관리 및 전달할 수 있다. 이러한 정보를 전달하기 위해 기업들은 Marks & Spencer가 만든 대화형 지도와 같은 온라인 미디어를 사용하여 (파타고니아의 환경 영향을 추적할 수 있는 풋프린트 연대기 프로그램과 유사한) 소매업체의 식품 및 의류 공급망에 1,230개의 공급업체를 표시할 수 있다. 이러한 비주얼 디스플레이는 현재 정적이지만 미래에는 실시간 정보를 나타내는 동적 레이어를 상상할 수 있다. 다운스트림 정보 공유는 또한 책임 있는 사용과 수명 만료 문제를 관리하는 데 도움이 될 수 있다. 예를 들어, GE는 제트 엔진, 기관차 및 기타 제품에 센서를 설치하여 제품 사용과 성능에 대한 정보를 회사에 다시 보낸다. 이를 통해 GE는 제품의 운영 효율성, 수명 및 안전성을 높일 수 있어 경제적, 환경적 편익을 모두 얻을 수 있다.

보다 고무적인 수준에서, 가시성은 전 세계의 공급자와 소비자 사이에 인간적인 관계를 형성할 수 있으며, 생활수준의 상승이 환경에 대한 증가하는 우려를 나타내는 수단이 될 수 있다. 휴대전화의 거의 보편적인 가용성은 사실상 세계의 모든 농부, 공급자, 무역업자,

공장, 운송업자, 소매업자, 노동자, 소비자를 항상 연결할 수 있다는 것을 의미한다. FedEx나 UPS가 원산지부터 목적지까지 배송을 추적할 수 있는 동일한 도구는 스타벅스가 코스타리카 농장에서 소비자의 벤티 라떼까지 커피를 추적하여 콩 재배자와 컵 시퍼를 연결하는 데 도움이 될 수 있다. 이러한 연결은 공급망의 영향을 전형적으로 보여주는데 도움이 될 수 있으며, 공급망 양단에서 환경 영향의 감소를 가속화하는 데 도움이 될 수 있다.

공급망 내에서의 연결고리들 The Loops in the Chain

20세기의 선형적 경제는 이해하기 쉬웠다. 물품이 한 방향으로 흘러갔는데, 공급자에서 제조자로, 소매점에서 소비자로, 그리고 매립지로. 그러나 재활용과 재사용 노력이 확대되면서 소비자와 고객은 공급자가 된다. 하류 종말 폐기물 관리 노력은 공급망의 업스트림 엔드를 위한 새로운 자재 공급원을 창출한다.

확장된 생산자 책임(EPR, Extended Producer Responsibility) 규정을 정부가 제정함으로써 이러한 추세에 기여하고 있다(7장 참조). 이러한 규제에는 회수 요건, 처분 수수료 및 보증금 환불 제도, 재활용 콘텐츠 요건, 소비자 교육 또는 라벨링 요구사항의 조합이 포함된다. 1998년과 2007년 사이에 260개 이상의 생산자 책임 단체가 유럽에 설립되었다.

따라서 정부 명령과 초기 시장 세력은 기업(및 공급망)을 일반적인 "이용해서(take) 만들고(make) 버리는(dispose)" 패러다임에서 "cradle-to-cradle(제품의 설계, 제작, 사용 기간 뿐 아니라 새로운 제품으로의 재활용까지 포함하는 제품 전체 수명를 고려하는)" 패러다임으로 전환하기 시작하고 있다. 그러한 생각은 EMC와 Herman Miller와 같은 기업들이 "해체 설계(design for disassembly)"라고 부르는 것을 채택하도록 만든다. EMC는 모든 브랜드 제품의 반품을 받아들인다(7장 참조). 반품된 상품 중 일부는 내부 배치나 기부를 위해 재조립을 하고, 다른 것들은 재조립을 위해 수확한다. 회사는 사후 거래처 제품 및 자재의 1% 미만을 매립지에 보낸다. 카펫 제조업체 인터페이스사는 더욱 발전하여 전체 수명 주기 동안 자사 제품을 완전히 제어하기 위해 전체 사업 모델을 변경했다(8장 참조). 혁신적인 제품 디자인과 결합하여, 인터페이스는 새로운 카펫을 만들기 위해 98%의 낡은 카펫을 회수하고 재활용하고 재사용한다. "순환경제(circular economy)가 앞으로 더 나은 길이 되어야죠." 영국 외무부의 기후변화에 대한 특별대표인 데이비드 킹 경은 "앞으로 모든 제조된 상품이 재 제작될 수 있도록 만들어져야 한다"고 말했다.

Unilever CEO 폴 풀먼은 "지속가능성은 성장의 선순환에 기여하고 있다. 우리의 제품이 사회적 요구를 더 많이 충족시키고 사람들이 지속 가능하게 살도록 도울수록, 우리의 브랜드는 더 인기를 얻고 더 많이 성장한다. 그리고 에너지, 원자재 등의 자원 관리에 효율적일수록 비용을 절감하고 비즈니스에 대한 리스크를 줄이고 지속 가능한 혁신과 브랜드에 투자할 수 있게 된다."

녹색 성장으로부터 녹색을 얻기 Getting Green from Green Growth

언뜻 보기에 기업 임원들에게 단기간에 지속가능성을 설득하는 것은 쉽지 않아 보인다. 첫째, 일부 임원들은 기후변화와 기타 환경위험의 범위, 시기, 영향이 너무 불확실해서 단기 투자를 할 가치가 없다고 생각할 수 있다. 둘째로, 그들은 기술적 해결책이 과거처럼 잠재적인 재앙을 피할 것이며, 당장 투자할 필요가 없을 것이라고 생각할지도 모른다. 셋째, 그들은 지속가능성에 대한 장기 투자가 조직의 핵심 단기적 재정 및 경쟁적 목표에 도움이 되지 않는다고 생각할 수 있다.

그럼에도 불구하고, 가장 회의적인 경영진조차도 여전히 어느 정도의 환경 이니셔티브를 추구하려 할 것은 틀림없다; 이러한 이니셔티브 들은 환경의 장기적 미래에 대한 경영진의 개인적인 믿음과는 무관한 사업적 근거에 뿌리를 두고 있다. 환경 효율성에 대한 사업적 근거는 천연자원을 적게 사용함으로써 불가피한 비용 절감에 달려 있다. 환경 위험 완화의 이면에 있는 사업 감각은 친환경이지 않은 기업을 공격할 수 있는 NGO, 미디어 및 규제 기관의 믿음에 달려 있다. 가격 인상과 부족을 막기 위해 재활용을 하는 근거도 있다. 마지막으로, 환경 세분화의 사업 동기는 녹색 상품을 선호할 수 있는 소비자들의 믿음에 달려 있다. 또한 녹색 제품의 공급이 필요할 가능성이 있는 미래로 조직을 사회화한다. 그러므로 아무리 열성적인 기후 변화 회의론자라도 이러한 이니셔티브 들이 비용을 절감하고, 단기적 위험을 낮추고, 소비자의 태도나 규정의 잠재적 변화를 위해 기업의 위치를 변경하기 때문에 어느 정도 최소한의 지속가능성 노력을 추구할 가능성이 높다.

지속 가능한 실천 프랙티스 구현은 공급망 관리자의 손에 달려 있다. 공급망의 설계와 관리는 사람들의 삶을 유지하고 개선하는 모든 제품의 소싱, 제조, 운송, 사용 및 폐기로 인한 환경적 영향을 완화하는 데 있어 지배적인 역할을 한다. 공급망 관리 프로세스는 경제 성과, 천연 자원 스트레스, 사회적으로 용인되는 관행 및 규제사이의 충돌에 갇히게 된다. 한편으로는 인간의 생활 수준과 일자리 창출 그리고 다른 한편으로는 환경 영향의 수준 사이에 수용 가능한 상충관계에 관한 논쟁은 이미 시작되었고, 이는 수많은 기업들이 직면하는 비즈니스 기회와 제약에 영향을 미칠 것이다. 일부 창의적이고 혁신적인 회사들은 이러한 상충관계를 극복할 수 있는 영리하고 수익성 있는 방법들을 반드시 찾을 것이다.[116]

마지막으로 2011년 나이키 CEO 마크 파커가 주주들에게 한 일갈을 곱씹어 볼 필요가 있다. "오늘날 사업을 하는 어떠한 회사든 두가지의 선택권이 있다. 지속 가능성을 성장 전략의 핵심으로 받아들이거나, 아니면 결국 성장을 중단하거나."

---

[116] 두마리 토끼를 다 잡을 수 있다는 말에 대한 비판적 의미의 속담 "케익을 먹어버리면 가질 수 없고, 갖고 있고 싶으면 먹을 수 없다."를 깨는 혁신적인 방안을 찾으라는 의미에서 'innovating their way into eating the proverbial cake while having it, too'라는 저자 표현을 반영.

주석 Notes

제1장 커져가는 압박 The Growing Pressures
1. http://business.time.com/2010/03/01/warren-buffetts-boring-brilliant-wisdom/.
2. http://www.reocities.com/Athens/Acropolis/5232/edmonton.htm.
3. Nike share price went from a high of $8.98 in February 1997 to a low of $4.34 in July 1998.
4. Interview with Scott Ponyton, Director of The Forest Trust, May 8, 2013.
5. Rowntree Ltd, Gaumont Sound Mirror, "Next Stop: York… Help yourself to some chocolates" 1932. Retrieved from: http://www.yorkshirefilmarchive.com/film/next-stop-york-help-yourself-some-chocolates?destination=search/apachesolr_search/chocolate?mode%3Dquick%26solrsort%3Dscore%2520desc%252C%2520sis_cck_field_film_id%2520asc%26filters%3Dtype%253Ayfa_film%26highl.
6. http://ezinearticles.com/?Music-in-the-Workplace&id=564815.
7. http://www.nestle.co.uk/aboutus/history/kitkat-is-named-after-a-man-called-christopher.
8. http://www.independent.co.uk/arts-entertainment/snap-those-fingers-1578753.html.
9. Jessica Kovleraug, "When the Brain Grabs a Tune and Won't Let Go," The New York Times, August 12, 2003. Retrieved from: http://www.nytimes.com/2003/08/12/health/when-the-brain-grabs-a-tune-and-won-t-let-go.html.
10. Interestingly, in the United States, Kit Kat is made and sold by Hershey, not Nestlé, owing to a 1970 licensing agreement between Rowntree and Hershey. It is one of the top five brands of Hershey.
11. http://www.yorkpress.co.uk/news/10894637.Revealed__Secret_files_on_Rowntree_takeover/.
12. http://www.nestle.co.uk/aboutus/history/blog/posts/kitkatturns80.
13. Huffington Post Green (2011). "Dancing with Devils." Retrieved from: http://www.huffingtonpost.com/scott-poynton/dancing-with-devils_b_837442.html?view=print&comm_ref=false.
14. Greenpeace (2010). "Greenpeace Kit Kat Commercial: Ask Nestlé CEO to Stop Buying Unsustainable Palm Oil." Retrieved from: http://www.youtube.com/watch?v=1BCA8dQfGi0.
15. Greenpeace Video (2010). "Give the Orangutan a Break." Retrieved from: http://www.youtube.com/watch?v=QV1t-MvnCrA.
16. "The Other Oil Spill," The Economist, June 24, 2010. Retrieved from: http://www.economist.com/node/16423833.
17. Financial Times (2010). "Nestlé Learns to See the Wood for the Trees." Retrieved from: http://www.ft.com/intl/cms/s/0/f3459df2-6d15-11df-921a-00144feab49a.html#axzz2e8duYYBX.
18. Jeremiah Owyang, "Greenpeace vs. Brands: Social Media Attacks to Continue," Forbes, July 19, 2010. Retrieved from: http://www.forbes.com/2010/07/19/Greenpeace-bp-Nestlé-twitter-facebook-forbes-cmo-network-jeremiah-owyang.html.
19. Buycott (2013). Campaigns. Retrieved from: http://www.buycott.com/campaign/all.
20. Nestlé (2013). "Responsible Sourcing Guidelines: Palm Oil." Retrieved from: http://www.Nestlé.com/asset-library/documents/creating%20shared%20value/rural_development/2011-palm-oil-Nestlé-responsible-sourcing-guidelines.pdf.
21. Nestlé (2012). "Nestlé Committed to Traceable Sustainable Palm Oil to Ensure No-Deforestation." Retrieved from: http://www.Nestlé.com/media/Statements/Update-on-deforestation-and-palm-oil.
22. Roundtable on Sustainable Palm Oil (RSPO) (2012), History. Retrieved from: http://www.rspo.org/en/history.
23. RSPO (2013). Vision and Mission. Retrieved from: http://www.rspo.org/en/vision_and_mission.
24. The Economist, op. cit.
25. Gina-Marie Chesseman, "Nestle Responds to Greenpeace Pressure and Partners with the Forest Trust," Triple Pundit, May 19, 2010. Retrieved from: http://www.triplepundit.com/2010/05/Nestlé-responds-to-Greenpeace-pressure-and-partners-with-the-forest-trust/.
26. Greenpeace (2010). "Greenpeace Protests at Nestlé Shareholder Meeting." Retrieved from: http://www.youtube.com/watch?v=s8kwVU5puig.
27. http://www.Greenpeace.org.uk/blog/forests/success-you-made-nestlé-drop-dodgy-palm-oil-now-lets-bank-it-hsbc-20100517.
28. Right to Water (2007). "Case Against Coca-Cola Kerala State: India." Retrieved from: http://www.righttowater.info/ways-to-influence/legal-approaches/case-against-coca-cola-kerala-state-india/.
29. "Indians force Coca-Cola bottling facility in Plachimada to shut down, 2001–2006," Global Nonviolent Action Database. Accessed March 17, 2015. Retrieved from: http://nvdatabase.swarthmore.edu/content/indians-force-coca-cola-bottling-facility-plachimada-shut-down-2001-2006.
30. Right to Water (2007). "Case Against Coca-Cola Kerala State: India." Retrieved from: http://www.righttowater.info/ways-to-influence/legal-approaches/case-against-coca-cola-kerala-state-india/.
31. "Indian Officials Order Coca-Cola Plant to Close for Using Too Much Water," The Guardian, June 18, 2014. Retrieved from: http://www.theguardian.com/environment/2014/jun/18/indian-officals-coca-cola-plant-water-mehdiganj.
32. Jonathan Harr, A Civil Action (New York: Random House, 1995), p. 23.
33. Melissa Fuchs, "Woburn's Burden of Proof: Corporate Social Responsibility and Public Health," J. Undergrad. Sci. 3 (Fall 1996): 165–170. Retrieved from: http://www.hcs.harvard.edu/~jus/0303/fuchs.pdf.
34. Eliot Marshall, "Woburn Case May Spark Explosion of Lawsuits," Science, 234, no. 4775 (1986): 418.
35. Evan T. Barr, "The New Age of Toxic Tort: Poisoned Well," New Republic, 194, no. 11 (March 17, 1986): 18.
36. Melissa Fuchs, "Woburn's Burden of Proof: Corporate Social Responsibility and Public Health," J. Undergrad. Sci. 3 (Fall 1996): 165–170. Retrieved from: http://www.hcs.harvard.edu/~jus/0303/fuchs.pdf.
37. http://iucat.iu.edu/iub/2861871.
38. http://loe.org/shows/segments.html?programID=98-P13-00050&segmentID=6.
39. http://serc.carleton.edu/woburn/woburntrialchrono.html.
40. Dan Kennedy, "Behind — and Beyond — the Hype Over a Civil Action: A Reporter Revisits the Scene of the Real Woburn

Tragedy," The Boston Phoenix, December 17—24, 1998. Retrieved from:
http://bostonphoenix.com/archive/features/98/12/17/WOBURN.html.
41. Woburn Toxic Trial Chronology, http://serc.carleton.edu/woburn/issues/woburn_trial_cronology.
42. Jason Carmichael, Craig Jenkins, and Robert Brulle, "Building Environmentalism: The Founding of Environmental Movement
Organizations in the United States, 1900—2000," The Sociological Quarterly 43 no. 3 (2012): 422—453.
43. http://bostonphoenix.com/archive/features/98/12/17/WOBURN.html.
44. Dan Kraker, "Minnesota Power Reaches Deal on Coal-Fired Plants," MPR News, July 16, 2014. Retrieved from:
http://www.mprnews.org/story/2014/07/16/minnesota-power-reaches-deal-on-coalfired-plants.
45. http://www.mnpower.com/Content/Documents/Company/PressReleases/2014/20140716_NewsRelease.pdf.
46. Opacity is the degree to which visibility of a background (i.e., blue sky) is reduced by particulates (smoke). See:
https://ehs.unl.edu/sop/s-opacity_emissions.pdf.
47. Dan Haugen, "Sierra Club Says Minnesota Utility Violating Pollution Rules," Midwestern Energy News, March 25, 2014. Retrieved
from: http://midwestenergynews.com/2014/03/25/sierra-club-says-minnesota-utility-violating-pollution-rules/.
48. Sierra Club (2014). "Minnesota Power Put on Notice for More Than 12,500 Clean Air Act Violations." Retrieved from:
http://content.sierraclub.org/press-releases/2014/03/minnesota-power-put-notice-more-12500-clean-air-act-violations.
49. Ibid.
50. David Shaffer, "Sierra Club Alleges Minnesota Power Coal Plant Violations," Star Tribune, March 25, 2014. Retrieved from:
http://www.startribune.com/sierra-club-alleges-minnesota-power-coal-plant-violations/251962741/.
51. Ibid.
52. Ibid.
53. https://www.epa.gov/enforcement/minnesota-power-settlement.
54. Dan Kraker, "Minnesota Power Reaches Deal on Coal-Fired Plants," MPR News, July 16, 2014. Retrieved from:
http://www.mprnews.org/story/2014/07/16/minnesota-power-reaches-deal-on-coalfired-plants.
55. http://investor.allete.com/releasedetail.cfm?releaseId=860187.
56. David Shaffer, "Sierra Club Alleges Minnesota Power Coal Plant Violations," Star Tribune, March 25, 2014. Retrieved from:
http://www.startribune.com/sierra-club-alleges-minnesota-power-coal-plant-violations/251962741/.
57. Huffington Post (2013), "Shell's Arctic Drilling Vessels Violation Clean Air Act in 2012, Company to Pay Fine." Retrieved from:
http://www.huffingtonpost.com/2013/09/06/shell-arctic-drilling-violations_n_3881226.html.
58. Joseph Popiolkowski, "DuPont to pay $440,000 fine in pollution settlement linked to Town of Tonawanda Plant," The Buffalo
News, July 22, 2014. Retrieved from: http://www.buffalonews.com/city-region/town-of-tonawanda/dupont-to-pay-440000-fine-in-
pollution-settlement-linked-to-town-of-tonawanda-plant-20140722.
59. Larry Bell, "EPA's Secret and Costly 'Sue and Settle' Collusion with Environmental Organizations," Forbes, February 17, 2013.
Retrieved from: http://www.forbes.com/sites/larrybell/2013/02/17/epas-secret-and-costly-sue-and-settle-collusion-with-
environmental-organizations/.
60. Neena Satija, "Fed Up With Government, Environmentalists File Lawsuits Over Pollution," Texas Tribune, February 23, 2014.
Retrieved from: http://www.texastribune.org/2014/02/23/fed-government-environmentalists-sue-companies/.
61. Marc Gunther, "Under Pressure: Campaigns That Persuaded Companies to Change The World," The Guardian, February 9, 2015.
Retrieved from: https://www.theguardian.com/sustainable-business/2015/feb/09/corporate-ngo-campaign-environment-climate-
change.
62. https://depts.washington.edu/ccce/polcommcampaigns/NikeChronology.htm.
63. ForestEthics (2001). "Victoria's Dirty Secret." Retrieved from: http://forestethics.org/news/ad-victorias-dirty-secret.
64. See, for example, a list of campaign support groups at http://corpethics.org/article.php?id=1079.
65. Interview with Robert Beer, February 5, 2016.
66. http://www.bbc.co.uk/news/technology-15671823.
67. "Consumer Interest in Green Products Expands Across Categories," Cohn & Wolfe, June 8, 2011. Retrieved from:
http://www.cohnwolfe.com/en/news/consumer-interest-green-products-expands-across-categories. Accessed March 21, 2015.
68. US Consumers Increase 'Green' Purchases; But Are They Willing to Pay More?" Harris Interactive, June 5, 2013. Retrieved from:
http://www.prnewswire.com/news-releases/us-consumers-increase-green-purchases-but-are-they-willing-to-pay-more-
210221081.html. Accessed April 1, 2015.
69. WSJ Interview with Robert McDonald, CEO of Procter and Gamble in March 2012. Retrieved from:
http://www.wsj.com/articles/SB10001424052702304636404577299552936422074. Accessed April 2015.
70. Gregory Unruh is the Arison Group Endowed Professor at George Mason University in Fairfax, Virginia.
71. Gregory Unruh, "No, Consumers Will Not Pay More for Green," Forbes, July 28, 2011. Retrieved from:
http://www.forbes.com/sites/csr/2011/07/28/no-consumers-will-not-pay-more-for-green/.
72. http://www.sciencedirect.com/science/article/pii/S0306919213001796.
73. "2013 Cone Communications/Echo Global CSR Study." Cone Communications, 2013 Retrieved from:
http://www.conecomm.com/global-csr-study. Accessed April 1, 2015.
74. http://www.iamz.ciheam.org/GTP2006/FinalpapersGTP2006/19final.pdf.
75. http://www.marketresearch.com/Packaged-Facts-v768/Green-Household
-Cleaning-Laundry-Products-8825323/?progid=88505.
76. http://www.cnbc.com/2016/11/04/millennials-willing-to-pay-more-for
-sustainable-better-quality-goods-nestle-chairman.html.
77. http://corporate.walmart.com/_news_/news-archive/2009/07/16/walmart-announces-sustainable-product-index.
78. Interview with Jay Kimpton, Russ LoCurto, and Dania Nasser of Ralph Lauren, October 29, 2013.
79. http://www.businesswire.com/news/home/20110524006289/en/Kohl's-Department-Store-Releases-Corporate-Sustainability-
Report.
80. http://www.greenbiz.com/blog/2012/10/29/can-suppliers-meet-retailers-rising-sustainability-expectations.
81. NPR (2011). "Two Girl Scouts Want Palm Oil Out of Famous Cookies." Retrieved from:
http://www.npr.org/2011/07/04/137539757/two-scouts-want-palm-oil-out-of-famous-cookies.
82. NPR (2011). "Two Girl Scouts Want Palm Oil Out of Famous Cookies." Retrieved from:
http://www.npr.org/2011/07/04/137539757/two-scouts-want-palm-oil-out-of-famous-cookies.
83. Huffington Post (2012). "Girl Scouts Win U.N. Award for Efforts to Save Orangutans by Eliminating Palm Oil from Cookies."
Retrieved from: http://www.huffingtonpost.com/2012/02/09/girl-scouts-win-award-united-nations_n_1265843.html.

84. NPR (2011). "Two Girl Scouts Want Palm Oil Out of Famous Cookies." Retrieved from: http://www.npr.org/2011/07/04/137539757/two-scouts-want-palm-oil-out-of-famous-cookies.
85. Huffington Post (2011). "Girl Scouts USA Respond to Campaign for Sustainable Cookies." Retrieved from: http://www.huffingtonpost.com/2011/10/07/girl-scouts-cookies-palm-oil-campaign_n_998437.html.
86. Bob Woodward, "How Mark Felt Became 'Deep Throat,'" Washington Post, June 20, 2005. Retrieved from: https://www.washingtonpost.com/politics/how-mark-felt-became-deep-throat/2012/06/04/gJQAlpARIV_story.html?utm_term=.c47fe550dff4.
87. Matt Taibbi, "SEC Rocked By Lurid Sex-and-Corruption Lawsuit," Rolling Stone, November 19, 2012.
88. Graeme Wearden, "GlaxoSmithKline Whistleblower Awarded $96m Payout," The Guardian, October 27, 2010.
89. http://www.msnbc.com/morning-joe/millennials-environment-climate-change.
90. Dell interview, April 18, 2014.
91. Cliff Zukin and Mark Szeltner, "What Workers Want in 2012," May 2012, John J. Heldrich Center for Workforce Development Rutgers, The State University of New Jersey. Retrieved from: https://netimpact.org/sites/default/files/documents/what-workers-want-2012.pdf. Accessed March 31, 2015.
92. Gina-Marie Cheseman, "Dunkin' Donuts Commits to 100% Sustainable Palm Oil," Triple Pundit, March 21, 2013. Retrieved from: http://www.triplepundit.com/2013/03/dunkin-donuts-source-only-sustainably-produced-palm-oil/.
93. http://osc.state.ny.us/press/releases/mar13/030713a.htm.
94. http://paygovernance.com/activism-of-a-different-nature-social-investors-advocate-for-change-in-the-proxy/.
95. https://www.cdp.net/en-US/WhatWeDo/Pages/investors.aspx.
96. DOI: 10.1177/0003122412448796 http://asr.sagepub.com.
97. Timeline of major US environmental and occupational health regulation, https://en.wikipedia.org/wiki/Timeline_of_major_US_environmental_and_occupational_health_regulation.
98. Ann Johnson, "Environmental Regulations and Technology Development in the US Auto Industry," Washington Center for Equitable Growth, May 26, 2016. Retrieved from: http://equitablegrowth.org/report/environmental-regulation-technological-development-u-s-auto-industry/.
99. Climate Progress (2014). "7 Groups Attacking the President's Plan to Cure Pollution, Even Though It Hasn't Been Released Yet." Retrieved from: http://thinkprogress.org/climate/2014/05/30/3442251/carbon-pollution-rule-attacks/.
100. EPA (2014). "Endangerment and Cause or Contribute Findings for Greenhouse Gases under Section 202(a) of the Clean Air Act." Retrieved from: http://www.epa.gov/climatechange/endangerment/.
101. Climate Progress (2014). "7 Groups Attacking the President's Plan to Cure Pollution, Even Though It Hasn't Been Released Yet." Retrieved from: http://thinkprogress.org/climate/2014/05/30/3442251/carbon-pollution-rule-attacks/.
102. Bloomberg (2014). "China Takes on Pollution With Biggest Changes in 25 Years." Retrieved from: http://www.bloomberg.com/news/2014-04-24/china-enacts-biggest-pollution-curbs-in-25-years.html.
103. Colum Murphy, "BYD Chairman: China is Weighing Tax to Help Electric-Car Effort," Wall Street Journal, August 29, 2014. Retrieved from: http://online.wsj.com/news/article_email/byd-chairman-china-is-weighing-tax-to-help-electric-car-effort-1409292914-lMyQiAxMTA0MDIwOTEyNDkyWj.
104. Eric Zuesse, "Love Canal: The Truth Seeps Out," Reason Magazine, February 1981. Retrieved from: http://reason.com/archives/1981/02/01/love-canal. Accessed March 3, 2015.
105. EPA (2012). "Love Canal: Region 2 Superfund." Retrieved from: http://www.epa.gov/region2/superfund/npl/lovecanal/.
106. A copy of the deed is available on http://commons.wikimedia.org/w/index.php?title=File:Hooker_Electrochemical_Quit_Claim_Deed_to_Board_of_Education.pdf&page=2.
107. EPA (2012). "Love Canal: Region 2 Superfund." Retrieved from: http://www.epa.gov/region2/superfund/npl/lovecanal/.
108. "Love Canal," Center for Health, Environment and Justice, Fact Pack P001. Retrieved from: http://chej.org/wp-content/uploads/Documents/love_canal_factpack.pdf. Accessed March 15, 2015.
109. EPA (2014). "Superfund Basic Information." Retrieved from: http://www.epa.gov/superfund/about.htm.
110. Ibid.
111. https://www.ncjrs.gov/App/Publications/abstract.aspx?ID=95622.
112. William Glaberson, "Love Canal: Suit Focuses on Records from the 1940's," The New York Times, October 22, 1990.
113. The last two sentences are a quote from William Glaberson, "Love Canal: Suit Focuses on Records from the 1940's," The New York Times, October 22, 1990.
114. http://www.law.cornell.edu/wex/ex_post_facto.
115. "USA, acting at request of the Administrator of the United States Environmental Protection Agency (EPA)," Plaintiff-Appellant, v. OLIN CORPORATION, Defendant-Appellee," http://caselaw.findlaw.com/us-11th-circuit/1316612.html#sthash.huH8W5kr.dpuf.
116. "United States v. Monsanto Co." http://elr.info/sites/default/files/litigation/19.20085.htm.
117. Cornell University Law School Legal Information Institute (2014). "Comprehensive Environmental Response, Compensation and Liability Act (CERCLA)." Retrieved from: http://www.law.cornell.edu/wex/comprehensive_environmental_response_compensation_and_liability_act_cercla.
118. http://www.bna.com/us-supreme-court-n17179891153/.
119. James Gerstenzang, "Firm Agrees to Settle Love Canal Suit: Pollution: Occidental Chemical will pay 2 government agencies for $129-million cost of cleaning up toxic waste site near Niagara Falls," Los Angeles Times, December 22, 1995. Retrieved from: http://articles.latimes.com/1995-12-22/news/mn-16926_1_love-canal.
120. Matthew L. Wald, "Out-of-Court Settlement Reached Over Love Canal," The New York Times, June 22, 1994. Retrieved from: http://www.nytimes.com/1994/06/22/nyregion/out-of-court-settlement-reached-over-love-canal.html.
121. http://www.epa.gov/enforcement/superfund-special-accounts.
122. http://ec.europa.eu/environment/waste/weee/pdf/final_rep_okopol.pdf.
123. Ezekiel 18:19—20, The Holy Bible, English Standard Version, Crossway Bibles (copyright 2001).
124. Peapod (2014). Retrieved from: http://www.peapod.com.
125. Forbes (2013). "The World's Most Valuable Brands." Retrieved from: http://www.forbes.com/powerful-brands/list/.
126. See, for example, http://www.brandchannel.com/papers_review.asp?sp_id=357.
127. Private communication.
128. http://www.bloomberg.com/news/articles/2015-09-19/volkswagen-emissions-cheating-found-by-curious-clean-air-group.
129. "To Stop Carmakers Bending the Rules on Emissions, Europe Must Get Much Tougher," The Economist, January 19, 2017.

Retrieved from: http://www.economist.com/node/21714991.
130. David Leonhardt, "Lessons Even Thomas Could Learn," The New York Times, October 24, 2007.
131. Joe Carroll, "Halliburton Worker on Smoke Break Missed BP Well Data," Bloomberg Businessweek, December 7, 2010. Retrieved from: http://www.bloomberg.com/news/articles/2010-12-07/halliburton-worker-was-on-a-smoke-break-when-bp-spill-began-panel-is-told.
132. C. Ingersoll, R. Locke, and C. Reavis, "BP and the Deepwater Horizon Disaster of 2010." MIT Sloan Management Review, April 3, 2012.
133. Huffington Post (2012). "Gulf Oil Spill Timeline and the Ensuing Legal Cases Against BP." Retrieved from: http://www.huffingtonpost.com/2012/11/15/gulf-oil-spill-timeline_n_2139515.html.
134. C. Ingersoll, op. cit.
135. John M. Broder and Stanley Reed, "BP Is Barred from Taking Government Contracts," The New York Times, November 28, 2012. Retrieved from: http://www.nytimes.com/2012/11/29/business/energy-environment/united-states-suspends-bp-from-new-contracts.html?_r=0.
136. Campbell Robertson and Clifford Kraus, "BP May Be Fined Up to $18 Billion for Spill in Gulf," The New York Times, September 4, 2014. Retrieved from: http://www.nytimes.com/2014/09/05/business/bp-negligent-in-2010-oil-spill-us-judge-rules.html?_r=0.
137. Terry Wade and Kristin Hays, "BP Settles 2010 US Oil Spill Claims for $18.7 billion," Reuters, July 2, 2015. Retrieved from: http://www.reuters.com/article/us-bp-gulfmexico-settlement-idUSKCN0PC1BW20150703.
138. http://www.nbcnews.com/id/38493212/ns/business-us_business/#.VovePUaUKvA.
139. Google Finance (2012). Halliburton Company. Retrieved from: https://www.google.com/finance?cid=16658.
140. K. O'Marah. "Supply Chain Leaders Must Own Sustainability." SCM World, February 27, 2015. Retrieved from: http://www.scmworld.com/Columns/Beyond-Supply-Chain/Supply-chain-leaders-must-own-sustainability/.
141. http://knowledge.wharton.upenn.edu/article/from-fringe-to-mainstream-companies-integrate-csr-initiatives-into-everyday-business/.
142. Ibid.
143. Bill Morrissey (2008). Leveraging Environmental Sustainability for Growth. Sustainable Brands 2008. Retrieved from http://www.sustainablebrands.com/digital_learning/event-video/clorox-leveraging-environmental-sustainability-drive-growth-bill-morris.
144. Total food sales in the United States amounted to about $5.3 trillion, making organic and natural foods less than 0.1 percent of the total. Retrieved from: https://www.statista.com/topics/1660/food-retail/.
145. "Illegal Palm Oil Plantations Threaten Protected Forests," WWF, June 26, 2013. Retrieved from: https://www.worldwildlife.org/stories/illegal-palm-oil-plantations-threaten-protected-forests.
146. PwC (2013). Next-generation supply chains: Efficient, fast and tailored. Retrieved from: http://www.pwc.be/en_BE/be/supply-chain-management/assets/global_supply_chain_survey_2013.pdf.147.
147. http://www.parliament.wa.gov.au/publications/tabledpapers.nsf/displaypaper/3814891cb116fb3fad8bb70f48257a770006604a/$file/4891.pdf. Accessed November 28, 2016.
148. http://www.aluplanet.com/eng/popup_news.asp?id_news=10704. Accessed November 30, 2016.
149. https://earthengine.google.com/timelapse/#v=-32.55779,116.12233,9.759,latLng&t=0.83. Accessed December 1, 2016.
150. http://mininglink.com.au/site/pinjarra-alumina-refinery. Accessed December 1, 2016.
151. http://surfcoast.airaction.org/?p=483. Accessed November 22, 2016.
152. Derived from data on http://primary.world-aluminium.org/processes/anodefx-production.html. Accessed November 29, 2016.
153. http://www.world-aluminium.org/media/filer_public/2013/01/15/fl0000127.pdf. Accessed December 2, 2016.
154. https://www.epa.gov/sites/production/files/2016-02/documents/pfc_generation.pdf. Accessed December 2, 2016.
155. Felicity Carus, "US Aluminum Giant Alcoa Says It's Leading the Way," The Guardian, October 19, 2012. Retrieved from: https://www.theguardian.com/sustainable-business/us-aluminium-giant-alcoa-sustainability. Accessed November 27, 2016.
156. D. Todd, M. Caufield, and B. Helms, "Providing Reliability Services through Demand Response: A Preliminary Evaluation of the Demand Response Capabilities of Alcoa Inc." US DOE Report, January 2009. Retrieved from: https://www.ferc.gov/eventcalendar/Files/20100526085850-ALCOA%20Study.pdf.
157. Alcoa, "2014 Sustainability Highlights Report." Retrieved from: https://www.alcoa.com/sustainability/en/pdf/archive/corporate/2014_Sustainability_Highlights_Report.pdf
158. http://mininglink.com.au/site/huntly. Accessed November 30, 2016.
159. http://alcoa.p1.inter.alcoa.com/australia/en/info_page/mining_history.asp. Accessed November 28, 2016.
160. US Department of Energy, "Vehicle Technologies Office: Lightweight Materials for Cars and Trucks." Retrieved from: http://energy.gov/eere/vehicles/vehicle-technologies-office-lightweight-materials-cars-and-trucks. Accessed December 9, 2016.
161. Alcoa, 2013 Australian Sustainability Highlights. Retrieved from: http://alcoa.p1.inter.alcoa.com/australia/en/pdf/Sustainability/2013_sustainabilityhighlightsreport.pdf.
162. https://www.alcoa.com/sustainability/en/pdf/archive/corporate/2010_Sustainability_Highlights_Report.pdf. Accessed November 26, 2016.
163. "Alcoa Deal Will Secure Jobs: Brumby," The Sydney Morning Herald, March 2, 2010. Retrieved from: http://www.smh.com.au/breaking-news-national/alcoa-deal-will-secure-jobs-brumby-20100302-pdv0.html. Accessed November 22, 2016.
164. Ibid.
165. http://news.alcoa.com/press-release/alcoa-named-sustainability-leader-dow-jones-indices-fifteenth-consecutive-year. Accessed December 6, 2016.
166. http://www.eenews.net/stories/1060022510. Accessed December 7, 2016.
167. Grant Whittington, "Big-Time Companies Hop Aboard the Climate Pledge," Triple Pundit, July 30, 2015. Retrieved from: http://www.triplepundit.com/2015/07/big-time-companies-hop-aboard-climate-pledge/. Accessed November 22, 2016.
168. Felicity Carus, "US Aluminum Giant Alcoa Says It's Leading the Way," The Guardian, October 19, 2012. Retrieved from: https://www.theguardian.com/sustainable-business/us-aluminium-giant-alcoa-sustainability. Accessed November 27, 2016.
169. http://www.internationalresourcejournal.com/mining/mining_november_12/the_social_licence_to_operate_a_mine.html.
170. http://www.greenbiz.com/blog/2012/10/29/can-suppliers-meet-retailers-rising-sustainability-expectations.
171. http://news.stanford.edu/news/2006/november8/ocean-110806.html.
172. Brian Palmer, "Is the Demand for Sustainable Seafood Unsustainable?"Pacific Standard, May 7, 2015. Retrieved from

http://www.psmag.com/nature-and-technology/is-the-demand-for-sustainable-seafood-unsustainable.
173. Ibid.
174. Clare Leschin-Hoar, "New Walmart Guidelines Put Alaskan Salmon Back on the Menu," The Guardian, January 24, 2014.
Retrieved from: http://www.theguardian.com/sustainable-business/walmart-sustainable-seafood-alaskan-salmon.
175. Paul Polman, CEO, Unilever, http://www.managementtoday.co.uk/mt-inter
view-paul-polman-unilever/article/1055793. Accessed January 21, 2016.
176. http://www.Greenpeace.org/usa/happening-now-walmart-day-of-action-for-our-oceans/.
177. Lisa Demer, "Fishermen, state Officials Pushing Wal-Mart to Accept Alaska
Salmon as a Sustainable Fishery," Alaska Dispatch News, published September 4,
2013; updated September 28, 2016. Retrieved from: http://www.adn.com/article/
20130904/fishermen-state-officials-pushing-wal-mart-accept-alaska-salmon-sustainable-fishery.

제2장 공급망 구조의 이해 The Structure of Supply Chains

1. http://www.undp.org/content/undp/en/home/presscenter/pressreleases/2015/03/11/indonesia-government-addresses-
deforestation-challenges-in-its-aim-to-double-palm-oil-production-by-2020.html.
2. http://www.palmoilworld.org/about_palmoil.html.
3. http://www.kitkat.co.uk/content/kitkatcollection/FourFinger#4-finger-product-1.
4. http://chemistscorner.com/why-all-sodium-lauryl-sulfate-sources-arent-the-same/.
5. Supply Chain Council (2012). Supply Chain Operations Reference, Version 11.
6. The SCOR model includes a sixth high-level process called enable. It is a cross-cutting process matrixed with the other processes
so that there is enable source, enable make, and so on. For example, supplier codes of conduct, which are discussed in chapter 5
would be classified as enable under SCOR. Much of the "Plan" chapter contains what SCOR calls enable.
7. http://www.assemblymag.com/articles/83966-special-section-the-rouge-an-industrial-icon.
8. https://www.thehenryford.org/rouge/historyofrouge.aspx.
9. https://www.thehenryford.org/rouge/historyofrouge2.aspx.
10. https://www.thehenryford.org/rouge/historyofrouge.aspx.
11. http://www.soyinfocenter.com/HSS/henry_ford_and_employees.php.
12. http://www.samsung.com/semiconductor.
13. American Wind Energy Association. "Wind Power Challenges—Industry Perspective." Presentation by AWEA Transportation
Logistics Working Group, Retrieved from: http://midamericafreight.org/wp-content/uploads/Folladori_Wind_Power.pdf.
14. Siemens (2013). "Siemens' Supply Chain & Sustainability." Presentation for MIT-CTL Meeting February 2013.
15. Interview with Dr. Arnd Hirschberg, Siemens Supply Chain Manager for Wind Turbines.
16. http://www.weidmueller.com/54004/Corporate/Corporate-Profile/cw_index_v2.aspx.
17. Weidmüller corporate information. Retrieved September 2013.
http://www.weidmueller.com/bausteine.net/dav/showdav.aspx?domid=1031&awpfad=http%3a%2f%2fcmswebdav.weidmueller.de%2
fcms%2fcom_int%2fCorporate%2fFact_Sheet%2f&rooturl=http%3a%2f%2fcmswebdav.weidmueller.de%2fcms%2fcom_int&awname=F
actsheet_Weidmueller_EN.pdf&type=downloadfile&addmin_fd=2&sp=3&kompid=.
18. Interview with Dr. Arnd Hirschberg, Siemens Supply Chain Manager for Wind Turbines.
19. Siemens (2013). Service Information. Retrieved from: www.siemens.com/investor/en/service_information/faqs.htm.
20. Siemens AG, "Siemens SCM and CS at a Glance 2013," prepared for Dr. Alexis Bateman, March 4, 2012.
21. http://www.bbc.co.uk/news/world-asia-22476774.
22. http://www.guardian.co.uk/commentisfree/2013/may/12/savar-bangladesh-international-minimum-wage.
23. http://abcnews.go.com/Blotter/fire-kills-112-workers-making-clothes-us-brands/story?id=17807229.
24. ABC News (May 3, 2013). "Big Retailers Reassess Practices After Bangladesh Building Collapse." Retrieved from:
http://abcnews.go.com/Blotter/big-retailers-reassess-practices-bangladesh-building-collapse/story?id=19097053#.Udoj-D7F06E.
25. ABC News (2013). "Wal-Mart Fires Supplier After Bangladesh Revelation."
Retrieved from: http://abcnews.go.com/Blotter/wal-mart-fires-supplier-bangladesh-revelation/story?id=19188673.
26. http://online.wsj.com/article/SB10001424127887323401904578159512118148362.html?google_editors_picks=true.
27. http://online.wsj.com/article/SB10001424127887323401904578159512118148362.html?google_editors_picks=true.
28. http://www.bbc.co.uk/news/world-asia-22474601.
29. http://www.nytimes.com/2013/05/02/business/some-retailers-rethink-their-role-in-bangladesh.html?_r=0.
30. Louise Story, "Lead Paint Prompts Mattel to Recall 967,000 Toys," The New York Times, August 2, 2007. Retrieved from:
http://www.nytimes.com/2007/08/02/business/02toy.html?_r=1.
31. Ibid.
32. Joel Wisner, "The Chinese-Made Toy Recall at Mattel Inc.," University of Nevada Faculty Websites.
http://faculty.unlv.edu/wisnerj/mba720_files/Mattel_case2.pdf.
33. http://money.cnn.com/2009/06/05/news/companies/cpsc/.
34. http://money.cnn.com/2007/10/12/markets/spotlight_mat/.
35. http://www.industryweek.com/blog/how-mattel-fiasco-really-happened.
36. Louise Story, "Lead Paint Prompts Mattel to Recall 967,000 Toys," The New York Times, August 2, 2007. Retrieved from:
http://www.nytimes.com/2007/08/02/business/02toy.html?_r=1.
37. See "Commission Regulation (EC) No 1881/2006 of 19 December 2006 setting maximum levels for certain contaminants in
foodstuffs" at http://eur-lex.europa.eu/legal-content/EN/TXT/?qid=1419942037543&uri=CELEX:02006R1881-20140701 for a listing
of the contaminant levels permissible in milk.
38. http://www.utrechtlawreview.org/index.php/ulr/article/viewFile/URN%3ANBN%3ANL%3AUI%3A10-1-101040/21 and
http://www.fwi.co.uk/articles/12/11/2004/21719/dioxin-in-milk-scare-shuts-farms.htm.
39. http://archive.newsweaver.com/fsai/newsweaver.ie/fsai/e_article00034042864e4.html?x=b11,0,w.
40. http://ec.europa.eu/transparency/regcomitology/index.cfm?do=Search.get
PDF&2ZAqunybzgEqS2dzX8g/PeCXCTkEMvjCaXWhWTT3prm5SVAw47eF02NzJJLXFBE77kGvLzo2Pu5uyjPyPE0HGhn1Yyu8a5hceFq
N5ixnqYI=.41. http://archive.newsweaver.com/fsai/newsweaver.ie/fsai/e_article00034042864e4.html?x=b11,0,w.
42. http://ec.europa.eu/food/foodlaw/traceability/factsheet_trace_2007_en.pdf.
43. http://europa.eu/rapid/press-release_MEMO-10-263_en.htm?locale=en.
44. http://epi.yale.edu.

45. The index collects data separately on each one of these items.
46. http://epi.yale.edu/country-rankings.
47. Encyclopedia Britannica (2014). Balsa. Retrieved from: http://www.britannica.com/EBchecked/topic/50863/balsa.
48. James Holloway, "Siemens Unveils World's Largest Wind Turbine Blades," New Atlas, August 3, 2012. Retrieved from: http://www.gizmag.com/worlds-largest-wind-turbine-blades/23578/.
49. World Wind Technology (2013). "The Quay to Success: Transporting Modern Wind Turbines." Retrieved from: http://www.windpower-international.com/features/featurewind-turbine-transport-technology-poul-martin-wael-siemens-wind-power-emea.
50. http://www.itf-oecd.org/sites/default/files/docs/cop-pdf-06.pdf.
51. See, for example: http://www.nrdc.org/international/cleanbydesign/transportation.asp.
52. Derived from data on http://en.wikipedia.org/wiki/Boeing_747-8 and http://en.wikipedia.org/wiki/Maersk_Triple_E_class.
53. http://fairtradeusa.org/what-is-fair-trade.
54. http://www.csmonitor.com/Business/In-Gear/2014/0804/Which-is-greener-Old-car-or-new-car citing http://web.mit.edu/sloan-auto-lab/research/beforeh2/files/weiss_otr2020.pdf.
55. Yossi Sheffi (2015). "Responsible SCOR," Presented at the 2015 annual CSCMP Educators Conference, San Diego, CA.
56. Interview with Dr. Arnd Hirschberg, July 9, 2013.
57. http://sloanreview.mit.edu/article/sustainability-through-servicizing/.
58. http://www.michelintruck.com/services-and-programs/michelin-fleet-solutions/.
59. https://www.xerox.com/en-us/services/managed-print-services.
60. http://www.mro-network.com/analysis/2013/07/no-afterthought-rolls-royce-and-aftermarket/1345.
61. http://faculty.msb.edu/va64/ABChapter.pdf.
62. http://www.oecd.org/env/tools-evaluation/extendedproducerresponsibility.htm.
63. http://www.apics.org/sites/apics-supply-chain-council/benchmarking/scor-metrics.
64. http://techcrunch.com/2015/10/22/amazon-brings-its-one-hour-delivery-service-prime-now-to-the-san-francisco-bay-area/.
65. Leon Megginson, "Lessons from Europe for American Business," Southwestern Social Science Quarterly 44, no. 1 (1963): 3—13, at p. 4.
66. Supply Chain Council (2012). Supply Chain Operations Reference Model, Revision 11.0. (October). http://docs.huihoo.com/scm/supply-chain-operations-reference-model-r11.0.pdf.
67. http://www.apics.org/docs/default-source/scor-p-toolkits/apics-scc-scor-quick-reference-guide.pdf?sfvrsn=2.
68. Natural products might include fibers (wood, cotton, flax, hemp), seed oils (palm, soy, sunflower, etc.), grains and sugars, animal products (meat, leather, milk, eggs, fish), and specialty foods (chocolate, coffee, tea, spices).
69. http://planareport.marksandspencer.com/M&S_PlanAReport2015_Performance.pdf.

제3장 영향 평가하기 Impact Assessment

1. http://www.foei.org/press/archive-by-year/press-2012/new-report-smartphones-devastating-indonesian-island-people-forests-and-corals.
2. http://www.bloomberg.com/news/articles/2014-02-13/apple-supplier-responsibility-a-connection-to-illegal-tin-mining.
3. Ibid.
4. http://www.foei.org/press/archive-by-year/press-2012/new-report-smartphones-devastating-indonesian-island-people-forests-and-corals.
5. http://www.bloomberg.com/news/articles/2012-08-23/the-deadly-tin-inside-your-smartphone.
6. http://www.bloomberg.com/research/sectorandindustry/sectors/sectordetail.asp?code=25.
7. https://www.cdp.net/cdpresults/cdp-global-500-climate-change-report-2013.pdf.
8. Bill Saporito, "Banananomics: Why You Can't Resist Some Rising Prices," Time, May 16, 2011. Retrieved from: http://content.time.com/time/magazine/article/0,9171,2069034,00.html.
9. http://www.fao.org/economic/est/est-commodities/bananas/en/.
10. Food and Agricultural Organization of the United Nations (FAO). FAOSTAT: Trade Crops & Livestock Products—Banana Exports. Retrieved from: http://faostat3.fao.org/home/index.html#DOWNLOAD.
11. A. Craig. "Measuring Supply Chain Carbon Efficiency: A Carbon Label Framework." Diss., Massachusetts Institute of Technology, 2012.
12. CO2e stands for carbon dioxide equivalents. It is a quantity that describes the amount of CO2 for a given mixture of greenhouse gases that would have the same global warming potential (GWP) over 100 years.
13. A. Craig. "Measuring Supply Chain Carbon Efficiency: A Carbon Label Framework." Diss., Massachusetts Institute of Technology, 2012.
14. http://epa.gov/climatechange/ghgemissions/gases/n2o.html.
15. Shipping was so critical in the banana business that the Great White Fleet was owned by Chiquita Brands International until 2007, when it sold the last of its vessels to Eastwind and NYK. See "Chiquita sells remaining Great White Fleet." Retrieved from: http://www.tmcnet.com/usubmit/2007/05/02/2577604.htm.
16. This problem has been more pronounced vessels serving the West Coast.
17. Ibid.
18. SimaPro LCA Software offered by Pre. Retrieved from: http://www.pre-sustainability.com/simapro-lca-software.
19. http://www.chiquita.com/Chiquita/documents/CSR/0924_Chiquita_WF_Final_09_12_12.pdf.
20. http://www.chiquita.com/Chiquita/documents/CSR/0924_Chiquita_WF_Final_09_12_12.pdf.
21. Y. Anny Huang, Christopher L. Weber, and H. Scott Matthews, "Categorization of Scope 3 Emissions for Streamlined Enterprise Carbon Footprinting," Environmental Science & Technology 43, no. 22 (2009): 8509—8515.
22. https://www.cdp.net/cdpresults/cdp-global-500-climate-change-report-2013.pdf., page 21.
23. http://www.ghgprotocol.org/about-ghgp.
24. http://www.ghgprotocol.org/files/ghgp/Intro_GHGP_Tech.pdf.
25. https://en.wikipedia.org/wiki/Product_lifecycle.
26. Tim Clark, and Szu Ping Chan, "A History of Tesco: The Rise of Britain's Biggest Supermarket," The Telegraph, October 4, 2014.
27. http://www.bbc.com/news/magazine-23988795.
28. http://www.waronwant.org/attachments/Fashion%20Victims.pdf.

29. http://www.channel4.com/news/special-reports/special-reports-storypage.jsp?id=3554.
30. BBC (2006). Supermarkets 'Not Green Enough.'" Retrieved from: http://news.bbc.co.uk/2/hi/business/5343488.stm.
31. Jim Ormond, "New Regimes of Responsibilization: Practicing Product Carbon Footprinting in the New Carbon Economy," Economic Geography 91, no. 4 (2015).
32. http://news.bbc.co.uk/2/hi/business/6276351.stm.
33. Terry Leahy, "Tesco, Carbon and the Consumer," Speech given to invited stakeholders at a Joint Forum for the Future and Tesco event in central London on January 18, 2007. Retrieved from: http://www.tesco.com/climatechange/speech.asp on April 22, 2013.
34. Reuters (2009). "Wal-Mart Needs Industry Support For Green Labels." Retrieved from: http://www.reuters.com/article/2009/07/17/us-walmart-index-analysis-idUSTRE56G48N20090717.
35. George Monibiot, "If Tesco and Wal-Mart are Friends of the Earth, Are There Any Enemies Left?" The Guardian, January 22, 2007. Retrieved from: http://www.theguardian.com/commentisfree/2007/jan/23/comment.supermarkets.
36. Carbon Trust (2014). About us. Retrieved from: http://www.carbontrust.com/about-us.
37. Interview with Martin Barrow, Carbon Trust, Head of Footprinting, Business Advice.
38. Ibid.
39. PAS stands for Publicly Available Specification.
40. Carbon Trust (2008). "PAS 2050 Guide." Retrieved from: http://aggie -horticulture.tamu.edu/faculty/hall/publications/PAS2050_Guide.pdf.
41. Carbon Trust (2008). "PAS 2050 Guide." Retrieved from: http://aggie -horticulture.tamu.edu/faculty/hall/publications/PAS2050_Guide.pdf.
42. Ibid.
43. Ian Quinn, "'Frustrated' Tesco Ditches Eco-Labels." The Grocer, January 28, 2012. Retrieved from: http://www.thegrocer.co.uk/companies/supermarkets/tesco/frustrated-tesco-ditches-eco-labels/225502.article.
44. James Kantor, "Does Carbon Labeling Confuse Consumers?" The New York Times, August 25, 2009. Retrieved from: http://green.blogs.nytimes.com/2009/08/25/does-carbon-labeling-confuse-consumers/.
45. BBC (2010). "Tesco Chief Sir Terry Leahy to Retire." Retrieved from: http://www.bbc.co.uk/news/10262193.
46. Ian Quinn, "'Frustrated' Tesco Ditches Eco-Labels." The Grocer, January 28, 2012. Retrieved from: http://www.thegrocer.co.uk/companies/supermarkets/tesco/frustrated-tesco-ditches-eco-labels/225502.article.
47. Adam Vaughn, "Tesco Drops Carbon-Label Pledge," The Guardian, January 30, 2012. Retrieved from: http://www.theguardian.com/environment/2012/jan/30/tesco-drops-carbon-labelling.
48. In 2015 Tesco cut its number of SKUs in its stores to 65,000—70,000. See: http://www.esmmagazine.com/tesco-to-slash-nearly-one-third-of-products/8418.
49. Greenwise (2009). "Tesco Achieves Carbon Trust Standard." Retrieved from: http://www.greenwisebusiness.co.uk/news/tesco-achieves-carbon-trust-standard.aspx#.UwehuHnLA7U.
50. Ian Quinn, "'Frustrated' Tesco Ditches Eco-Labels." The Grocer, January 28, 2012. Retrieved from: http://www.thegrocer.co.uk/companies/supermarkets/tesco/frustrated-tesco-ditches-eco-labels/225502.article.
51. http://www.spiegel.de/international/business/attention-green-shoppers-carbon-confusion-a-540062.html.
52. http://upstreampolicy.org/whatever-happened-to-carbon-labeling/.
53. http://eandt.theiet.org/magazine/2008/calculate-carbon-cost.cfm.
54. Ibid.
55. "Bigger than a breadbox" is a traditional expression, used mainly in the US Midwest to indicate order-of-magnitude estimate.
56. Andrew Martin, "How Green is My Orange?" The New York Times, January 22, 2009. Retrieved from: http://www.nytimes.com/2009/01/22/business/22pepsi.html?_r=0.
57. Environmental Leader (2009). "Carbon Footprint of Orange Juice: 1.7 kg." Retrieved from: http://www.environmentalleader.com/2009/01/23/carbon-footprint-of-tropicana-orange-juice-17-kg/.
58. Andrew Winston, "Greening Pepsi, from Fertilizer to Bottles," Harvard Business Review, May 19, 2010. Retrieved from: https://hbr.org/2010/05/greening-pepsi-from-fertilizer.html.
59. Andrew Winston, "A New Algorithm for Fast Carbon Footprinting," Harvard Business Review, October 18, 2012. Retrieved from: https://hbr.org/2012/10/a-new-algorithm-for-fast-carbo.html.
60. Price information included in the approach is based on answers to questions such as "Given an assumed carbon price, would the costs for required upgrades (e.g., modified packaging and energy) be a worthwhile investment?" From: C. J. Meinrenken, S. M. Kaufman, S. Ramesh, and K. S. Lauckner. "Fast Carbon Footprinting for Large Product Portfolios." Journal of Industrial Ecology 16 (2012): 675.
61. Pre Sustainability (2014). SimaPro—World's Leading LCA Software. Retrieved from: http://www.pre-sustainability.com/simapro.
62. GaBi (2014). GaBi Sustainability Software. Retrieved from: http://www.gabi-software.com/america/index/.
63. Ecoinvent (2014). Discover Ecoinvent 3. Retrieved from://www.ecoinvent.org.
64. C. J. Meinrenken, S. M. Kaufman, S. Ramesh, and K. S. Lauckner. "Fast Carbon Footprinting for Large Product Portfolios." Journal of Industrial Ecology 16 (2012): 675.
65. C. Hendrickson, A. Horvath, S. Joshi, and L. Lave. "Economic Input—Output Models for Environmental Life-Cycle Assessment." Environmental Science &Technology, 32, no. 7 (1998): 184A—191A.
66. W. Leontief, "Environmental Repurcussions and Economic Structure-Input-Output Approach," Review of Economics and Statistics 52, no. 3 (1970): 262—271.
67. http://www.eiolca.net.
68. Jeong, Mendes, and Gregory (2010). Ocean Spray Cranberries Greenhouse Gas Emissions Inventory.
69. Suh et al., "System Boundary Selection in Life-Cycle Inventories Using Hybrid Approaches," Environmental Science & Technology, 38, no. 3 (2004): 657—664.
70. http://www.computing.co.uk/ctg/news/2165298/danone-custom-sap-track-carbon-footprint.
71. http://www.itcinfotech.com/erp/CarbonImpact.aspx.
72. Neither Danone nor Carbon Trust responded to repeated inquiries from the MIT research team.
73. http://docslide.us/documents/danone1pdf.html.
74. http://www.computing.co.uk/ctg/news/2165298/danone-custom-sap-track-carbon-footprint.
75. http://www.agdltd.com/Sales/pdflinks/2_SAP_CI_Solution_in_Detail_FINAL.pdf.
76. Although the base numbers may or may not be accurate, focusing on the changes reported by the system may point to actions,

especially if the changes are significant.

77. http://www.greenbiz.com/blog/2013/01/15/stonyfield-farm-sap-measure-carbon-footprint.

78. http://www.loreal.com/media/press-releases/2013/oct/l'oréal-announces-its-new-sustainability-commitment-for-2020-sharing-beauty-with-all.

79. Carbon Disclosure Project (2014). :Carbon Disclosure Project with Miguel Castellanos, Director of Environmental Health & Safety." Retrieved from: https://www.cdp.net/en-US/Pages/cdp-supply-chain-broadcast-2014.aspx.

80. Andrew Winston, "The Most Powerful Green NGO You've Never Heard Of," Harvard Business Review, October 5, 2010. Retrieved from: https://hbr.org/2010/10/the-most-powerful-green-ngo.html.

81. CDP (2003). Carbon Finance and the Global Equity Markets. Retrieved from https://www.cdp.net/CDPResults/cdp_report.pdf.

82. https://www.cdp.net/Documents/CDP-strategic-plan-2014-2016.pdf.

83. CDP (2014). "CDP Investor Initiatives." Retrieved September 2014 from: https://www.cdp.net/en-US/WhatWeDo/Pages/investors.aspx.

84. L'Oréal (2013). Interview with Paul Simpson, CDP Chief Executive Officer. Retrieved from: http://www.lorealusa.com/sharing-beauty-with-all/producing-sustainably/interview-with-paul-simpson-cdp-chief-executive-officer.aspx.

85. Carbon Disclosure Project (2013). Reducing Risk and Driving Business Value: CDP Supply Chain Report 2012—2013. Retrieved from: https://www.cdp.net/cdpresults/cdp-supply-chain-report-2013.pdf.

86. MIT Material Systems Laboratory (2011). Life Cycle Assessment of Hand Drying Systems. Report Commissioned by Dyson, Inc. Retrieved from: http://msl.mit.edu/publications/HandDryingLCA-Report.pdf.

87. Rebecca Smithers, "Paper Towels Least Green Way of Drying Hands, Study Finds," The Guardian, November 11, 2011. Retrieved from: http://www.theguardian.com/environment/2011/nov/11/paper-towels-drying-hands-energy.

88. NSF International (2007). NSF Protocol 335—Hygienic Commercial Hand Dryers, NSF International, Ann Arbor, MI.

89. MIT Material Systems Laboratory (2011). Life Cycle Assessment of Hand Drying Systems. Report Commissioned by Dyson, Inc. Retrieved from: http://msl.mit.edu/publications/HandDryingLCA-Report.pdf.

90. Carbon Trust (2013). Our Clients: Dyson—innovating product design for sustainability. Retrieved from: http://www.carbontrust.com/our-clients/d/dyson.

91. Recall that a watt is a measure of energy transfer per time unit (1 watt = 1joule/second).

92. Interview with Jeremy Gregory.

93. Polycarbonate is used in baby bottles, water bottles, eyeglass lenses, food service containers, toys, sporting equipment, automotive headlight covers, aircraft cockpit windows, bulletproof glass, theft-resistant retail packaging, compact disks, DVDs, and Blue-Ray disks.

94. Endocrine disruptors are chemicals that may interfere with the body's endocrine system and produce adverse developmental, reproductive, neurological, and immune effects in both humans and wildlife. See http://www.niehs.nih.gov/health/topics/agents/endocrine/.

95. http://www.sciencedaily.com/releases/2014/10/141022143628.htm.

96. http://www.watoxics.org/toxicswatch/handle-with-care-are-cash-register-receipts-giving-you-and-your-cashier-a-dose-of-bpa.

97. http://www.usatoday.com/search/bpa%20and%20baby%20bottles/.

98. In the dairy industry, concern over rBGH (bovine growth hormone) creates NGO and consumer pressure to make rBGH-free milk and milk products. In the broader food industry are concerns and regulations over GMOs (genetically modified organisms), food coloring, artificial flavors, and artificial sweeteners. For apparel companies, surfactants such as NPEs (nonylphenol ethoxylates) and stain-resistant additives called PFCs (perfluorinated chemicals) are of concern. Besides polycarbonate, other plastics or plastics additives have spurred NGO concerns or regulatory action about toxicity or hormone-like effects. These include PVC (polyvinyl chloride) and polystyrene, as well as common additives such as phthalates (a softening additive) and PBDEs (polybrominated diphenyl ethers used as flame retardants). In the transportation arena, concerns about PAH (polyaromatic hydrocarbons), PM2.5 (fine particulates), NOx, and SOx emissions create pressure on companies and facilities that have a high density of trucking and ocean freight.

99. https://www.basf.com/en/company/sustainability/management-and-instruments/topics.html.

100. http://www.mckinsey.com/insights/sustainability/bringing_discipline_to_your_sustainability_initiatives.

101. "Hasbro Announces 2020 Sustainability Goals; Company Aims to Reduce Environmental Impact of its Global Operations," Business Wire, September 12, 2013. Retrieved from: http://investor.hasbro.com/releasedetail.cfm?releaseid=790465. Accessed April 12, 2015.

102. http://www.ab-inbev.com/go/social_responsibility/environment/water_use.cfm.

103. http://www.coca-colacompany.com/setting-a-new-goal-for-water-efficiency.

104. http://www.breastcancerfund.org/media/press-releases/campbells-to-phase-out-toxic-bpa.html.

105. Stephanie Strom, "McDonald's Moving to Limit Antibiotic Use in Chickens," The New York Times, March 4, 2015. Retrieved from: http://www.nytimes.com/2015/03/05/business/mcdonalds-moving-to-antibiotic-free-chicken.html.

106. http://corporate.walmart.com/global-responsibility/environment-sustainability/waste.

107. http://www.plasticsnews.com/article/20150429/NEWS/150429899/p-g-official-talks-recycling-sustainability-and-zero-waste-goals.

108. http://www.triplepundit.com/2014/10/general-motors-expands-zero-waste-agenda-worldwide/.

109. http://www.unilever.com/mediacentre/pressreleases/2002/safety.aspx.

110. http://www.seafoodchoices.com/whatwedo/champions_unilever.php.

111. http://www.msc.org/documents/scheme-documents/msc-scheme-require ments/methodologies/Fisheries_Assessment_Methodology.pdf.

112. https://www.unilever.com/Images/uslp-unilever_sustainable_living_plan_progress_report_2011_tcm13.387588_tcm244-409863_en.pdf. Updated numbersprovided by Alison Young, global communications—supply chain, Unilever.

제4장 더 적은 비용으로 제품 만들기 Making with Less Taking

1. http://www.phrases.org.uk/meanings/charity-begins-at-home.html.

2. Bridgestone Americas, Inc., "Bridgestone Innovative Leadership Featured as Part of Sustainable Manufacturing Event," press release, March 26, 2015. Accessed December 23, 2016. https://www.bridgestoneamericas.com/es_US/newsroom/press-releases/2015/bridgestone-innovative-leadership-featured-as-part-of-sustainabl.

3. Claims for the earliest definitive evidence of control of fire by a member of Homo range from 0.2 to 1.7 million years ago. See, for

example, Steven James, "Hominid Use of Fire in the Lower and Middle Pleistocene: A Review of the Evidence," Current Anthropology, Vol. 30, No. 1, 1989, pp. 1—26.
4. http://CO2now.org/Current-CO2/CO2-Now/global-carbon-emissions.html.
5. http://www.esrl.noaa.gov/gmd/ccgg/trends/full.html.
6. http://www.ghgprotocol.org.
7. US Department of Energy (2014). "Energy Efficiency." Retrieved from: http://energy.gov/science-innovation/energy-efficiency.
8. Interview with Barbara Kux (2013).
9. Siemens (2012). CDP Webinar—Energy Efficiency for Customers. Munich, June 27, 2012.
10. Siemens (2013). "Energy Costs Reduced by Half a Million Euros." Retrieved from: http://www.siemens.com/innovation/en/news/2012/e_inno_1224_2.htm.
11. http://www.siemens.com/about/sustainability/pool/en/current-reporting/siemens_ar2013_sustainability_information.pdf.
12. http://www.reuters.com/article/us-global-carbon-emissions-idUSBRE9AI00A20131119.
13. http://www.siemens.com/about/sustainability/pool/en/current-reporting/siemens_sustainability_information2015.pdf.
14. Siemens (2013). "Energy Costs Reduced by Half a Million Euros." Retrieved from: http://www.siemens.com/innovation/en/news/2012/e_inno_1224_2.htm.
15. 2013-05-23—Sustainability and Supply Chain Management at Siemens.pdf.
16. http://www.reliableplant.com/Read/6003/plant-energy-efficient.
17. http://www.iso.org/iso/home/standards/management-standards/iso50001.htm.
18. http://www.energy.gov/eere/amo/superior-energy-performance.
19. Interview with Tony Dunnage, Unilever Group Environmental Engineering Head (2012).
20. http://www.theguardian.com/big-energy-debate/2014/aug/20/denmark-district-heating-uk-energy-security.
21. Interview with Tony Dunnage (2012).
22. http://factbook.basf.com/BASF-The-Chemical-Company/Verbund.
23. http://www.ellenmacarthurfoundation.org/circular-economy.
24. http://www.wired.com/2015/02/gm-will-soon-use-wind-power-factories/.
25. http://media.gm.com/media/us/en/gm/news.detail.html/content/Pages/news/us/en/2015/feb/0217-windfarm.html.
26. http://www.triplepundit.com/2015/02/gm-wind-energy-mexico/.
27. http://www.wired.com/2015/02/gm-will-soon-use-wind-power-factories/.
28. http://media.gm.com/media/us/en/gm/news.detail.html/content/Pages/news/us/en/2014/Oct/1020-lordstown-chevrolet.html.
29. http://www.triplepundit.com/2015/02/gm-wind-energy-mexico/.
30. http://www.gmsustainability.com/at-a-glance/commitments.html.
31. http://www.macrumors.com/2015/01/27/apple-earnings-1q15/.
32. http://www.forbes.com/sites/maggiemcgrath/2015/02/10/first-solar-jumps-on-850-million-investment-from-apple/.
33. http://www.triplepundit.com/2015/02/apple-goes-invest-3-billion-solar-energy/.
34. https://www.apple.com/environment/pdf/Apple_Environmental_Responsibility_Report_2015.pdf.
35. Ibid.
36. http://www.Greenpeace.org/usa/Global/usa/planet3/PDFs/2015ClickingClean.pdf.
37. http://www.triplepundit.com/2015/02/apple-goes-invest-3-billion-solar-energy/.
38. http://www.epa.gov/lmop/documents/pdfs/conf/10th/harbison.pdf.
39. http://apps3.eere.energy.gov/greenpower/markets/certificates.shtml?page=2&companyid=578.
40. http://www.thefencepost.com/news/aurora-organic-dairy-expands-feed-capacity-in-weld/.
41. Aurora Organic Dairy (2014). GHG & Energy Report. Retrieved from: http://www.auroraorganic.com/pdfs/12_AOD_CCR_Energy-GHG.pdf.
42. Ibid.
43. http://www.atmos-chem-phys.net/13/2691/2013/acp-13-2691-2013.pdf.
44. http://www.epa.gov/ozone/science/process.html.
45. http://ozone.unep.org/new_site/en/montreal_protocol.php.
46. http://www.ipcc.ch/publications_and_data/ar4/wg1/en/ch2s2-10-2.html#table-2-14.
47. http://www.motherjones.com/blue-marble/2013/09/explained-90-seconds-hfcs-are-low-hanging-fruit-climate-action.
48. http://nvdatabase.swarthmore.edu/content/Greenpeace-pressures-coca-cola-phase-out-hfc-refrigeration-olympic-games-australia-2000-2004.
49. http://www.forbes.com/2010/03/11/greenhouse-gases-refrigerants-technology-ecotech-coca-cola.html.
50. http://nvdatabase.swarthmore.edu/content/Greenpeace-pressures-coca-cola-phase-out-hfc-refrigeration-olympic-games-australia-2000-2004.
51. http://www.forbes.com/2010/03/11/greenhouse-gases-refrigerants-technology-ecotech-coca-cola.html.
52. Ibid.
53. http://www.Greenpeace.org/usa/pagefiles/58801/hfcs-a-growing-threat.pdf.
54. http://www.greenretaildecisions.com/news/2014/01/23/coca-cola-installs-one-millionth-hfc-free-cooler.
55. http://www.greenretaildecisions.com/news/2014/01/23/coca-cola-installs-one-millionth-hfc-free-cooler/.
56. http://www.Greenpeace.org/usa/en/media-center/news-releases/coca-cola-commits-to-climate-f/.
57. https://www.epa.gov/ozone-layer-protection/recent-international-developments-under-montreal-protocol.
58. http://www.srs.aero/wordpress/wp-content/uploads/2010/08/SRS-TSD-005-Rev-0-A380-Flex-Take-Off-Analysis.pdf.
59. Elisabeth Rosenthal, "Paying More for Flights Eases Guilt, Not Emissions," The New York Times, November 18, 2009. Retrieved from: http://www.nytimes.com/2009/11/18/science/earth/18offset.html?_r=0.
60. United Nations Framework Convention on Climate Change (2014). Retrieved from: http://unfccc.int/kyoto_protocol/mechanisms/clean_development_mechanism/items/2718.php.
61. UPS (2014). "Credentials for UPS Carbon Neutral." Retrieved from: http://www.ups.com/content/us/en/resources/ship/carbonneutral/credentials.html.
62. http://www.responsibletravelreport.com/component/content/article/2648-how-some-airlines-are-striving-toward-sustainability.
63. Elisabeth Rosenthal, "Paying More for Flights Eases Guilt, Not Emissions," The New York Times, November 187 2009. Retrieved from: http://www.nytimes.com/2009/11/18/science/earth/18offset.html?_r=0.

64. Climate Care (2014). "Aviva's Carbon Offset Programme Has Improved the Lives of 200,000." Retrieved from: http://climatecare.org/avivas-carbon-offset-programme-has-improved-the-lives-of-200000/.
65. Conservation (2011). "The Value of Forest Carbon Offsets: Tackling Climate Change, Protecting Biodiversity and Supporting Local Communities." Retrieved from: http://www.conservation.org/global/celb/Documents/2011.04.14_Value_of_Forest_Carbon_Offsets.pdf.
66. http://water.usgs.gov/edu/earthhowmuch.html.
67. http://www.who.int/mediacentre/factsheets/fs391/en/.
68. "In Hot Water," The Economist, October 6, 2005. Retrieved from: http://www.economist.com/node/4492835.
69. http://www.ft.com/cms/s/2/8e42bdc8-0838-11e4-9afc-00144feab7de.html#slide0.
70. http://www.businessinsider.com/r-election-year-water-crisis-taking-a-toll-on-brazils-economy-2014-10?IR=T.
71. https://www.unglobalcompact.org/news/1811-04-24-2015.
72. http://www.trade.gov/competitiveness/sustainablemanufacturing/docs/Karas_Presentation_092310.pdf.
73. http://www.coca-colahellenic.com/sustainability/environment/water.
74. http://www.ab-inbev.com/content/dam/universaltemplate/abinbev/pdf/sr/download-center/InBev_GCReport_05.pdf.
75. http://www.ab-inbev.com/content/dam/universaltemplate/abinbev/pdf/sr/download-center/AmBev_GCReport_1.pdf.
76. http://www.ft.com/cms/s/2/8e42bdc8-0838-11e4-9afc-00144feab7de.html.
77. http://www.nestle.com/csv/water/water-efficiency.
78. Ibid.
79. Ibid.
80. http://www.environmentalleader.com/2014/10/27/nestle-factory-to-reduce-water-consumption-15/.
81. http://www.nestle.com/media/newsandfeatures/la-penilla.
82. Ibid.
83. http://www.environmentalleader.com/2012/07/10/coca-cola-recovery-system-can-cut-water-use-by-35/.
84. http://www.coca-colahellenic.com/sustainability/environment/water.
85. http://www.nestleusa.com/media/pressreleases/PizzaPlantReducesWaterUsage.
86. http://www.nestle.com/media/newsandfeatures/la-penilla.
87. http://waterfootprint.org/media/downloads/Report47-WaterFootprintCrops-Vol1.pdf.
88. http://www.ab-inbev.com/content/dam/universaltemplate/abinbev/pdf/sr/download-center/AmBev_GCReport_1.pdf.
89. http://www.ab-inbev.com/content/dam/universaltemplate/abinbev/pdf/investors/presentations/2010/Brief_of_Brewery_Tour.pdf.
90. http://www.ab-inbev.com/content/dam/universaltemplate/abinbev/pdf/investors/presentations/2013/14_Pete_Kraemer-Supply.pdf.
91. http://www.brewersofeurope.org/uploads/mycms-files/documents/archives/publications/2012/envi_report_2012_web.pdf.
92. http://extension.uga.edu/publications/detail.cfm?number=C992.
93. http://www.ab-inbev.com/content/dam/universaltemplate/abinbev/pdf/sr/global-citizenship-report/AB_InBev_GCR_2014.pdf.
94. https://www.nbcnews.com/us-news/anheuser-busch-halts-beer-production-provide-water-texas-oklahoma-storm-n366361.
95. https://www.washingtonpost.com/news/morning-mix/wp/2015/05/29/anheuser-busch-brewery-halts-beer-production-to-can-water-for-flood-victims/?utm_term=.334126a774f7.
96. http://anheuser-busch.com/index.php/our-responsibility/community-our-neighborhoods/natural-disaster-relief/.
97. http://www.ab-inbev.com/content/dam/universaltemplate/abinbev/pdf/sr/global-citizenship-report/AB_InBev_GCR_2014.pdf.
98. Ibid.
99. http://www.coca-colacompany.com/sustainabilityreport/world/water-stewardship.html.
100. Alexa Olesen, "Coca Cola Begins Water Conservation Bid," Washington Post, June 4, 2007.
101. Ibid.
102. https://www.washingtonpost.com/news/energy-environment/wp/2016/08/30/coca-cola-just-achieved-a-major-environmental-goal-for-its-water-use/.
103. http://www.economist.com/news/china/21620226-worlds-biggest-water-diversion-project-will-do-little-alleviate-water-scarcity-canal-too.
104. http://pubs.acs.org/doi/abs/10.1021/es5026454.
105. http://www.cnn.com/2012/01/20/world/meast/carbon-cost-water-uae/index.html.
106. http://www.water-technology.net/projects/water-desalination/.
107. http://www.wri.org/blog/2014/12/energy-gulping-desalination-can%E2%80%99t-solve-china%E2%80%99s-water-crisis-alone.
108. Rowan Jacobson, "Israel Proves the Desalination Era is Here," Scientific American, July 29, 2016. Retrieved from: https://www.scientificamerican.com/article/israel-proves-the-desalination-era-is-here/.
109. Effluents from Pulp Mills Using Bleaching—PSL1. Ottawa, ON: Health Canada and Environment Canada. 1991. ISBN 0-662-18734-2. Retrieved July 26, 2010. Catalog no. En40-215/2E.
110. Philip Hilt, "Carbon Found Leaching Dioxin to Milk," The New York Times, September 2, 1989.
111. http://apps.sepa.org.uk/spripa/Pages/SubstanceInformation.aspx?pid=143.
112. http://www.nrdc.org/cities/living/chlorine.asp.
113. http://www.pneac.org/sheets/all/paper.cfm.
114. https://legacy.risiinfo.com/magazines/February/2000/PPI/pulp-paper/magazine/international/february/2000/clean-up-chlorine-bleaching.html.
115. https://www.sodra.com/en/pulp/pulp-sustainability/.
116. https://legacy.risiinfo.com/magazines/February/2000/PPI/pulp-paper/magazine/international/february/2000/clean-up-chlorine-bleaching.html.
117. http://www.aet.org/science_of_ecf/eco_risk/2013_pulp.html.
118. http://www.sodra.com/en/pulp/Our-Pulp-Mills/Sodra-Cell-Varo/Expansion-Sodra-Cell-Varo/About-bleaching-with-chlorine-dioxide/.
119. http://www.corpwatch.org/article.php?id=4068.
120. https://www.risiinfo.com/magazines/February/2000/PPI/pulp-paper/magazine/international/february/2000/clean-up-chlorine-bleaching.html.
121. http://www.cbc.ca/news/world/red-mud-toxic-waste-of-aluminum-refining-1.906411.

122. http://www.oki.com/en/otr/downloads/otr-160-13.pdf.
123. http://worstpolluted.org/docs/TopTen2011.pdf.
124. http://www.businessgreen.com/print_article/bg/feature/2242656/case-study
-unilever-reveals-secrets-of-zero-waste-campaign.
125. P&G (2014). "Global Asset and Recovery Purchases." P&G Internal Brief.
126. http://planareport.marksandspencer.com/M&S_PlanAReport2015_Performance.pdf.
127. http://www.bbc.co.uk/news/uk-24603008.
128. http://www.thegrocer.co.uk/home/topics/waste-not-want-not/tesco-launches
-food-waste-hotline-to-aid-suppliers/549818.article.
129. http://www.theguardian.com/world/2016/feb/04/french-law-forbids-food-waste-by-supermarkets.
130. https://www.gpo.gov/fdsys/pkg/PLAW-104publ210/pdf/PLAW-104publ210.pdf.
131. Ibid.
132. https://www.gpo.gov/fdsys/pkg/BILLS-110s2420enr/pdf/BILLS-110s2420enr.pdf.
133. Interview with Tony Dunnage, Unilever Group Environmental Engineering Head (2012).
134. 2017 email from Tony Dunnage.
135. Ibid.
136. http://www.climatetechnologies.com/fumestofuel.html.
137. http://www.metalfinishing.com/view/2534/ford-motor-co-to-install-novel-paint-emissions-conversion-system/.
138. http://www.climatetechnologies.com/fumestofuel.html.
139. http://www.reliableplant.com/Read/8162/ford-eco-friendly-fumes.
140. Ibid.
141. http://www.3dsystems.com/sustainability.
142. http://www.techrepublic.com/article/how-ge-is-using-3d-printing-to-unleash-the-biggest-revolution-in-large-scale-
manufacturing/.
143. http://www.Greenpeace.org/usa/wp-content/uploads/legacy/Global/usa/planet3/PDFs/2015ClickingClean.pdf.
144. http://www.truth-out.org/news/item/30346-co2-emissions-growth-takes-a-bite-out-of-apple-s-sustainability-claims.
145. Eva Dou, "Deaths of Foxconn Employees Highlight Pressures Faced by
China's Factory Workers," Wall Street Journal, August 21, 2016. Retrieved from:
http://www.wsj.com/articles/deaths-of-foxconn-employees-highlight-pressures-faced-by-chinas-factory-workers-1471796417.
146. http://www.dailytech.com/Apples+Chinese+Suppliers+in+Trouble+for+Environmental+Pollution/article33103.htm.
147. http://www.truth-out.org/news/item/30346-co2-emissions-growth-takes-a-bite-out-of-apple-s-sustainability-claim.

제5장 지속가능한 소싱의 비법 The Sorcery of Sustainable Sourcing

1. http://assets.coca-colacompany.com/68/24/f41f169c4923ad1c5f48e802fe0e/2011_europe-water-report.pdf.
2. Rachael King, "Flextronics Will Manage Global Supply Chain With New Real-Time Software," Wall Street Journal, July 7, 2015.
3. Tom Linton, Chief Procurement Officer, Flextronics.
4. http://articles.chicagotribune.com/2012-06-30/business/sns-rt-us-walmart-supplier-suspensionbre860004-20120630_1_wal-
mart-stores-wal-mart-works-supplier-standards.
5. https://www.globalreporting.org/Pages/default.aspx.
6. https://www.globalreporting.org/resourcelibrary/GRI-Boundary-Protocol.pdf, p. 8.
7. https://www.instituteforsupplymanagement.org/files/RichterAwards/2008Winner-HP.pdf.
8. http://h20195.www2.hp.com/V2/GetPDF.aspx/c03742930.pdf.
9. http://www.triplepundit.com/2010/11/carbon-disclosure-project/.
10. https://www.cdp.net/Documents/CDP-strategic-plan-2014-2016.pdf.
11. Ibid.
12. https://www.greenbiz.com/article/risk-data-revolution-and-life-post-paris-cdps-supply-chain-program.
13. http://www.greenbiz.com/article/cdps-supply-chain-program-now-2-trillion-plus-purchasing-power.
14. Ibid.
15. https://www.cdp.net/CDPResults/CDP-Supply-Chain-Report-2016.pdf.
16. Georgina Grenon, Director of Operations PSO at Booz Allen Hamilton, CTL
(2007). "Achieving the Energy-Efficient Supply Chain."
17. Ibid.
18. http://ntl.bts.gov/lib/15000/15100/15145/DE97763079.pdf.
19. Ibid.
20. "Supply Chain Sustainability Revealed, Supply Chain Report 2014—2015." Accenture Report for the CDP.
21. http://www.cnbc.com/id/102582258.
22. https://www.greenbiz.com/article/risk-data-revolution-and-life-post-paris-cdps-supply-chain-program.
23. https://www.greenbiz.com/blog/2013/04/15/game-why-walmart-ranking-suppliers-sustainability.
24. http://about.att.com/content/csr/home/issue-brief-builder/environment/engaging-our-supply-chain.html.
25. Tom Mitchell and Jonathan Birchall, "Wal-Mart Orders Chinese Suppliers to
Lift Standards," The Financial Times, October 23, 2008.
26. Nicholas Kulish and Julia Werdigier, "Ikea Admits Forced Labor Was Used in 1980s," The New York Times, November 16, 2012.
Retrieved from: http://www.nytimes.com/2012/11/17/business/global/ikea-to-report-on-allegations-of-using
-forced-labor-during-cold-war.html?_r=0.
27. Edward Kasabov and Alex Warlow, The Compliance Business and its Customers(New York: Palgrave Maximillian, 2012), p. 91.
28. IKEA Supply AG, "IWAY Standard: Minimum Requirements for Environment and Social & Working Conditions when Purchasing
Products, Materials, and Services," 2012.
29. IKEA Interview with Jeanette Skjelmose, 2015.
30. Hung's Enterprise (2013). Company Profile. Retrieved from: http://hungs.salom.com.cn/hungs/english/Default.asp.
31. Ibid.
32. IKEA (2013). "IKEA Co-Workers On Site in the Factories." Retrieved from:
http://www.ikea.com/ms/en_US/about_ikea/our_responsibility/working_conditions/ikea_on_site.html.
33. IKEA Supply AG, "IWAY Standard: Minimum Requirements for Environment and Social & Working Conditions when Purchasing

Products, Materials, and Services," 2012.
34. Phone interview with Jeanette Skjlmose, April 28, 2017.
35. Interview with Kelly Deng, Senior Auditor for Ikea, December 12, 2013.
36. Stephanie Clifford and Steven Greenhouse, "Fast and Flawed Inspections of Factories Abroad," The New York Times, September 1, 2013. Retrieved from: http://www.nytimes.com/2013/09/02/business/global/superficial-visits-and-trickery-undermine-foreign-factory-inspections.html?pagewanted=1&_r=3&adxnnlx=1381428071-IR36jo9l9fQhwHXkB12DAA.
37. Phone interview with Jeanette Skjelmose, April 28, 2017.
38. Forbes (2012). "IKEA Under Fire for Clearing Ancient Russian Forest." Retrieved from: http://www.forbes.com/sites/economics/2012/06/06/IKEA-under-fire-for-clearing-ancient-russian-forest/.
39. http://www.huffingtonpost.com/2013/03/05/IKEA-horsemeat-meatballs_n_2811554.html.
40. http://www.hp.com/hpinfo/globalcitizenship/environment/pdf/eicc_pr1005.pdf.
41. Ibid.
42. EICC (2014). About Us. Retrieved from: http://www.eicc.info/about_us.shtml.
43. http://www.eiccoalition.org/about/.
44. http://www.eiccoalition.org/standards/code-of-conduct/.
45. EICC Code of Conduct. Retrieved from: http://www.eiccoalition.org/media/docs/EICCCodeofConduct5_English.pdf, September 2017.
46. Flextronics Standard Terms and Conditions of Purchase. Retrieved from: http://www.flextronics.com/supplier/StandardPurchasingTerms/Standard%20Purchasing%20Terms_020613a.pdf, September 2013.
47. Also known as Validated Audit Process.
48. EICC (2012). Validated Assessment Process. Retrieved from: http://www.eicc.info/validatedauditprocess.shtml.
49. http://www.eiccoalition.org/standards/validated-audit-process/.
50. http://www.eiccoalition.org/standards/tools/.
51. http://www.raisehopeforcongo.org/node/250.
52. http://www.eiccoalition.org/media/docs/EICCCodeofConduct4_English.pdf.
53. http://www.ikea.com/ms/en_US/about_ikea/pdf/SCGlobal_IWAYSTDVers4.pdf.
54. http://www.greenbiz.com/news/2008/01/17/hp-releases-green-supply-chain-guidelines.
55. Richard Locke. The Promise and Limits of Private Power (New York: Cambridge University Press, 2013).
56. Erica Plambeck, Hau Lee, and Pamela Yatsko, "Improving Environmental Performance in Your Chinese Supply Chain," Sloan Management Review, Winter 2012, pp. 43–51.
57. http://www.bloomberg.com/news/articles/2006-11-26/secrets-lies-and-sweatshops.
58. Erica Plambeck, Hau Lee, and Pamela Yatsko, "Improving Environmental Performance in Your Chinese Supply Chain," Sloan Management Review, Winter 2012, pp. 43–51.
59. Ibid.
60. http://www.apple.com/supplier-responsibility/progress-report/.
61. Richard Locke. The Promise and Limits of Private Power (New York: Cambridge University Press, 2013).
62. A. Porteous and S. Rammohan (2013). "Integration, Incentives, and Innovation: Nike's Strategy to Improve Social and Environmental Conditions in its Global Supply Chains. Stanford Initiative for the Study of Supply Chain Responsibility, White Paper.
63. A. Porteous and S. Rammohan(2013). "Integration, Incentives, and Innovation: Nike's Strategy to Improve Social and Environmental Conditions in its Global Supply Chains. Stanford Initiative for the Study of Supply Chain Responsibility," White Paper: 2.
64. Nike (2013). Sustainable Business Performance Summary. Retrieved from: http://www.nikeresponsibility.com/report/uploads/files/FY12-13_NIKE_Inc_CR_Report.pdf.
65. Erica Plambeck, Hau Lee, and Pamela Yatsko, "Improving Environmental Performance in Your Chinese Supply Chain," Sloan Management Review, Winter 2012, pp. 43–51.
66. Richard Locke, Matthew Amengual, and Akshay Mangla, "Virtue out of Necessity? Compliance, Commitment and Improvement of Labor Conditions in Global Supply Chains," Politics & Society 37 (September 2009): 319–351.
67. Erica Plambeck, Hau Lee, and Pamela Yatsko, "Improving Environmental Performance in Your Chinese Supply Chain," Sloan Management Review, Winter 2012, pp. 43–51.
68. Interview with Barbara Kux, 2013.
69. Ibid.
70. Siemens' Presentation to MIT, 2013.
71. Ibid.
72. http://www.bcsd.org.tw/sites/default/files/node/news/726.upload.2484.pdf.
73. http://www.siemens.com/press/en/pressrelease/2013/corporate/axx20130431.htm?content[]=CC&content[]=Corp.
74. http://www.apple.com/supplier-responsibility/empowering-workers/. Accessed December 21, 2016.
75. http://www.apple.com/supplier-responsibility/progress-report/.
76. http://www.apple.com/supplier-responsibility/environment/.
77. Ibid.
78. H. Donella, J. R. Meadows, D. L. Meadows, and E. E. Behrens. The Limits to Growth, A Report for the Club of Rome Project on the Predicament of Mankind, 2nd Ed. (New York: Universe Books, 1972).
79. http://www.clubofrome.org/.
80. http://sustainable.unimelb.edu.au/sites/default/files/docs/MSSI-ResearchPaper-4_Turner_2014.pdf.
81. http://www.sustainablebrands.com/news_and_views/collaboration/aarthi_rayapura/ab_inbev_working_growers_optimize_water_management_barl.
82. http://www.ab-inbev.com/content/dam/universaltemplate/abinbev/pdf/sr/global-citizenship-report/AB_InBev_GCR_2014.pdf.
83. http://www.sustainablebrands.com/news_and_views/collaboration/aarthi_rayapura/ab_inbev_working_growers_optimize_water_management_barl.
84. http://www.greenbiz.com/article/budweiser-miller-greening-big-beer-supply-chain.
85. Unilever (2014). "50 Years of Doing Well by Doing Good." Retrieved from: http://www.unilever.com.bd/aboutus/newsandmedia/news/50-years-of-Doing-Well-by-Doing-Good.aspx.
86. Unilever (2014). "Making Cleanliness Commonplace." Retrieved from: https://www.projectsunlight.us/stories/376475/Making-Cleanliness-Commonplace.aspx.

87. Jeannifer Filly Sumayku, "Unilever: Providing Enjoyable and Meaningful Life to Customers," The President Post, March 22, 2010. Retrieved from: http://www.thepresidentpost.com/2010/03/22/unilever-providing-enjoyable-and-meaningful-life-to-customers/.
88. Unilever (2014). "Our Culture." Retrieved from: http://www.unileverusa.com/Careers/insideunilever/howwework/ourculture/.
89. Alec Scott, "Unilever is Rethinking Capitalism: Why Doing Good is Good for Business," Canadian Business, November 19, 2013. Retrieved from: http://www.canadianbusiness.com/ceo-insider/unilever-tries-to-prove-corporate-charity-is-good-for-the-bottom-line-and-the-world/.
90. http://onward.nationalgeographic.com/2014/04/28/the-worlds-top-drink/.
91. https://www.iisd.org/pdf/2014/ssi_2014_chapter_14.pdf.
92. Tropical Commodity Coalition (2013). "Tea." Retrieved from: http://www.teacoffeecocoa.org/tcc/Commodities/Tea/Industry.
93. http://www.unilever.com/sustainable-living/the-sustainable-living-plan/reducing-environmental-impact/sustainable-sourcing/sustainable-tea-leading-the-industry/.
94. Unilever (2014). Timeline: 2000—2009. Retrieved from: http://www.unileverusa.com/aboutus/ourhistory/2000s/.
95. CSRWire (2013). "Partnerships & Policies: Creating Sustainable Models at Unilever." Retrieved from: http://www.csrwire.com/blog/posts/936-partnerships-policies-creating-sustainable-models-at-unilever.
96. R. Henderson and F. Nellemann (2011). "Sustainable Tea at Unilever." Harvard Business Case study.
97. CSRWire (2013). "Partnerships & Policies: Creating Sustainable Models at Unilever." Retrieved from: http://www.csrwire.com/blog/posts/936-partnerships-policies-creating-sustainable-models-at-unilever.
98. R. Henderson and F. Nellemann (2011). "Sustainable Tea at Unilever." Harvard Business Case study.
99. Ibid.
100. http://www.unilever.com/sustainable-living/the-sustainable-living-plan/reducing-environmental-impact/sustainable-sourcing/sustainable-tea-leading-the-industry.
101. Interview with Kelly Goodejohn, Director of Ethical Sourcing, Starbucks, May 2014.
102. Starbucks (2014). Being a Responsible Company. Retrieved from: http://www.starbucks.com/responsibility. Accessed April 2014.
103. Starbucks (2011). Starbucks Company Timeline. Retrieved from: http://globalassets.starbucks.com/assets/BA6185AA2F9440379CE0857D89DE8412.pdf.
104. http://www.conservation.org/campaigns/starbucks/Pages/default.aspx.
105. http://www.coffeehabitat.com/2012/02/starbucks-cafe-practices-assessment/.
106. https://www.gsb.stanford.edu/sites/gsb/files/publication-pdf/non-teaching-case-study-nike-strategy-improve-global-supply-chain.pdf.
107. SCSglobal Services & Starbucks (2014). List of Indicators that Require Documentation for C.A.F.E. Practices V3.2. Retrieved from: http://www.scsglobalservices.com/files/cafe_requireddocumentationv3-2_010214_0.pdf.
108. Interview with Kelly Goodejohn, Director of Ethical Sourcing, Starbucks, May 2014.
109. Ibid.
110. Starbucks (2013). "2013 Global Responsibility Report—Goals and Progress 2013." Retrieved from: http://globalassets.starbucks.com/assets/98e5a8e6c7b1435ab67f2368b1c7447a.pdf.
111. https://www.scsglobalservices.com/files/c_a_f_e_practices_v3_4_zero_tolerance_with_edits_110615_scs.pdf.
112. Starbucks (2013). "2013 Global Responsibility Report—Goals and Progress 2013." Retrieved from: http://globalassets.starbucks.com/assets/98e5a8e6c7b1435ab67f2368b1c7447a.pdf.
113. https://www.starbucks.com/responsibility/sourcing/coffee.
114. http://www.livescience.com/27692-deforestation.html.
115. Sime Darby (2013). "Palm Oil Facts & Figures." Retrieved from: http://www.simedarby.com/upload/Palm_Oil_Facts_and_Figures.pdf. Accessed November 2013.
116. Stephanie M. Lee, "Environmental Advocates, Dieticians Leery of Palm Oil," San Francisco Gate, September 17, 2013. Retrieved from: http://www.sfgate.com/health/article/Environmental-advocates-dietitians-leery-of-palm-4822518.php#photo-5195192.
117. Amanda Hill, Al Kurki, and Mike Morris. "Biodiesel: The Sustainability Dimensions." A publication of ATTRA—National Sustainable Agriculture Information Service. (Butte, MT: National Center for Appropriate Technology, 2010), pp. 4—5.
118. Yelto Zimmer, "Competitiveness of Rapeseed, Soybeans, and Palm Oil," Journal of Oilseed Brassica 1, no. 2 (July 2010): 84—90.
119. It should be noted that Sime Darby did not clear extra land when palm oil became popular. Instead it repurposed some of its existing plantations but did not resort to forest clearance.
120. K. Obidzinski, R. Andiana, H. Komarudin, and A. Andrianto. "Environmental and Social Impacts of Oil Palm Plantations and their Implications for Biofuel Production in Indonesia." Ecology and Society 17, no. (2012): 25.
121. http://www.upi.com/Science_News/2012/10/08/Food-oil-production-environmental-threat/21921349720330/.
122. http://www.nature.com/nclimate/journal/v2/n3/full/nclimate1354.html.
123. The Economist (2010). "The Other Oil Spill." Retrieved from: http://www.economist.com/node/16423833.
124. http://www.Greenpeace.org/international/en/campaigns/forests/asia-pacific/app/.
125. The Economist (2010). "The Other Oil Spill." Retrieved from: http://www.economist.com/node/16423833.
126. Ibid.
127. Gina-Marie Cheeseman, "Nestle Response to Greenpeace Pressure and Partners with the Forest Trust," Triple Pundit, May 5, 2010. Retrieved from: http://www.triplepundit.com/2010/05/nestle-responds-to-Greenpeace-pressure-and-partners-with-the-forest-trust/.
128. Interview with Scott Poynton.
129. Yale-NUS (2013). "Case Study: Golden Agri Resources and Sustainability." Global Network for Advanced Management.
130. Greenpeace (2012). "Greenpeace Scorecard on Palm Oil Producers." Retrieved from: http://www.Greenpeace.org/international/en/publications/Campaign-reports/Forests-Reports/Palm-Oil-Scorecard/.
131. Greenpeace (2012). "GAR Sets the Bar High in Indonesia Deforestation." Retrieved from: http://www.Greenpeace.org/international/en/news/Blogs/makingwaves/gar-sets-the-bar-high-in-indonesian-deforesta/blog/40823/?accept=a8a25a942160a7d25f38265ffddaecda.
132. Mongabay (2014). "Company Accused of Logging Endangered Rainforest Trees in Breach Of Timber Legality Certificate." Retrieved from: http://news.mongabay.com/2014/0107-dparker-april-triomas.html.
133. Greenpeace (2012). "GAR Sets the Bar High in Indonesia Deforestation."
134. Eco-Business (2013). "Palm Oil Industry Key Culprit Behind Deforestation, Haze in Indonesia." Retrieved from: http://www.eco-business.com/news/palm-oil-industry-key-culprit-behind-deforestation-haze-indonesia/.

135. Green Palm (2013). Overview. Retrieved from: http://greenpalm.org/en/what-is-greenpalm/overview.
136. http://www.rspo.org/files/docs/rspo_factsheet_scc.pdf.
137. http://greenpalm.org/about-greenpalm/what-is-green-palm.
138. http://greenpalm.org/about-greenpalm/why-greenpalm-makes-a-difference/book-and-claim-supply-chain-model.
139. WWF (2013). "WWF Statement on the Review of the RSPO Principles & Criteria." Retrieved from: http://awsassets.panda.org/downloads/wwf_statement_revised_rspo_principlescriteria_april_2013.pdf.
140. http://www.raisehopeforcongo.org/node/250.
141. http://voices.nationalgeographic.com/2014/01/28/indonesian-sustainable-palm-oil-future-fact-or-farce/.
142. https://www.ft.com/content/aac0151e-2f13-11e6-a18d-a96ab29e3c95.
143. WWF (2013). "WWF Statement on the Review of the RSPO Principles & Criteria." Retrieved from: http://awsassets.panda.org/downloads/wwf_statement_revised_rspo_principlescriteria_april_2013.pdf.
144. http://www.unilever.com/sustainable-living/what-matters-to-you/transforming-the-palm-oil-industry.html.

제6장 더 많은 이동, 더 적은 배출 Moving More, Emitting Less

1. https://www.wewear.org/cornerofficeviews/imports-work-for-us-manufacturing/.
2. Pietra Rivoli, The Travels of a T-Shirt in The Global Economy: An Economist Examines the Markets, Power, and Politics of World Trade, 2nd Ed. (Hoboken, New Jersey: Wiley, 2014).
3. http://www.portoflosangeles.org/pdf/Los-Angeles-Trade-Numbers-2013.pdf.
4. https://www.wto.org/english/news_e/pres14_e/pr721_e.htm.
5. One megaton = one million tons.
6. http://www3.weforum.org/docs/WEF_LT_SupplyChainDecarbonization_Report_2009.pdf.
7. http://www.forbes.com/sites/justingerdes/2012/02/24/how-nike-wal-mart-and-ikea-are-saving-money-and-slashing-carbon-by-shipping-smarter/.
8. NRDC, "Clean by Design: Transportation," last revised on 2/5/2012, http://www.nrdc.org/international/cleanbydesign/transportation.asp. Accessed on February 7, 2015.
9. http://www.ipcc.ch/ipccreports/sres/aviation/index.php?idp=64.
10. http://www3.weforum.org/docs/WEF_LT_SupplyChainDecarbonization_Report_2009.pdf.
11. http://www.nrdc.org/international/cleanbydesign/transportation.asp.
12. http://www.jbhunt.com/responsibility/sustainability/innovations/.
13. http://sustainability.ups.com/media/2011-sustainability-report.pdf.
14. N. Andrieu and L. Weiss. "Transport Mode and Network Architecture: Carbon Footprint as a New Decision Metric" (master's thesis, MIT Supply Chain Management, 2008).
15. Ibid.
16. Fiji Water (2014). Packaging. Retrieved from: http://fijiwater.sg/giving-back/environment/sustainable-practices/packaging/.
17. http://www.people.hofstra.edu/geotrans/eng/ch8en/conc8en/fuel_consumption_containerships.html.
18. http://ports.com/sea-route/port-of-shanghai,china/port-of-rotterdam,netherlands/.
19. http://www.bairdmaritime.com/index.php?option=com_content&view=article&id=13224.
20. http://www.bridgestonetrucktires.com/us_eng/real/magazines/ra_special-edit_4/ra_special4_fuel-speed.asp.
21. Later analysis demonstrated that most of the fuel saved was owed to reduced travel during this period, not reduced speed. In addition, the limits were relevant only on interstate highways while much of the national fuel consumption takes place on city and other small streets in stop-and-go traffic. As a result, it was later relaxed.
22. http://www.brightfleet.com/blog/2012/interview-with-mike-payette-at-staples-about-speed-limiters-fuel-economy-and-safety/.
23. Mark Buckley, VP Environmental Affairs, Staples. "Implementing Sustainability at Corporate Level." Presentation at MIT CTL "Crossroads 2010: Building Supply Chains that Deliver Sustainability" symposium held on March 25, 2010 in Cambridge, MA.
24. http://www.brightfleet.com/blog/2012/interview-with-mike-payette-at-staples-about-speed-limiters-fuel-economy-and-safety/.
25. Ibid.
26. http://phx.corporate-ir.net/External.File%3Fitem%3DUGFyZW50SUQ9MjkxMzQ3fENoaWxkSUQ9LTF8VHlwZT0z%26t%3D1.
27. http://www.logisticsmgmt.com/view/whats_your_supply_chain_priority1/sustainability.
28. https://food-hub.org/files/resources/Food%20Miles.pdf.
29. James McWilliams, "Food that Travels Well," The New York Times, August 6, 2007.
30. http://usatoday30.usatoday.com/money/economy/2008-10-27-local-grown-farms-produce_N.htm.
31. http://www.wholefoodsmarket.com/local.
32. James McWilliams, "Food that Travels Well," The New York Times, August 6, 2007.
33. http://www3.weforum.org/docs/WEF_LT_SupplyChainDecarbonization_Report_2009.pdf.
34. http://www.nrdc.org/international/cleanbydesign/transportation.asp.
35. http://macysgreenliving.com/media/_CustomMedia/EmptyMiles_cs_092809.pdf.
36. CTL (2013). Case Studies in Carbon-Efficient Logistics: Ocean Spray-Leveraging Distribution Network Redesign. CTL + Environmental Defense Fund.
37. Ibid.
38. Ibid.
39. Ibid.
40. https://books.google.com/books?id=gRS0WkCRiKsC&pg=PA85&lpg=PA85&dq=stonyfield+%22educate+consumers+and+producers+about+the+value+of+protecting%22&source=bl&ots=JEH3ocg7nz&sig=UFnczQuBrMhjmZvaZHBySOST2n8&hl=en&sa=X&ved=0CB8Q6AEwA2oVChMI9qWrv7_YxgIVhnY-Ch34FQ46.
41. http://westcoastcollaborative.org/files/meetings/2008-04-15/StonyfieldFarmPresentation.pdf.
42. http://www.supplychainquarterly.com/topics/Logistics/scq200904stonyfield/.
43. http://www.inboundlogistics.com/cms/article/supply-chain-visibility-now-you-see-it/.
44. http://www.supplychainquarterly.com/print/scq20100126reduce_supply_chain_carbon_footprint/.
45. http://www.supplychainquarterly.com/topics/Logistics/scq200904stonyfield.
46. Ibid.

47. http://yosemite.epa.gov/opa/admpress.nsf/8b770facf5edf6f185257359003fb
69e/fb1ea32cc9d99d1d8525764a0055e6c0!OpenDocument.
48. Ibid.
49. https://nrf.com/news/retail-trends/eco-transport.
50. https://www.tc.gc.ca/eng/policy/report-research-ack-tp14837e-chapter8-1661.htm.
51. http://www.ugpti.org/pubs/pdf/DP272.pdf.
52. http://cornandsoybeandigest.com/issues/containers-move-high-value-exports-when-do-containers-work-best-grain-buyer-and-grower.
53. http://alicia-arnold.com/2012/01/20/creativity-how-right-turns-saved-one-company-3-million/.
54. Tom Long, "Right Turns Make the Most Out of Gas," Boston Globe, July 10, 2008. Retrieved from:
http://www.boston.com/news/local/articles/2008/07/10/right_turns_make_the_most_out_of_gas/.
55. Interview with Scott Wicker, 2013.
56. http://des.nh.gov/organization/divisions/air/tsb/tps/msp/irc/categories/overview.htm.
57. http://business.edf.org/files/2014/04/poland-spring.pdf.
58. http://www.greenbiz.com/blog/2014/09/18/what-sharing-economy-can-learn-fleets.
59. Lauren Fletcher and Grace Lauron, "How Can Telematics Help Your Fleet?" Automotive Fleet, February 2009.
60. http://www.automotive-fleet.com/channel/fuel-management/news/story/2013/07/ups-sustainability-report-details-savings-of-1-3-million-gallons-of-fuel-in-2012.aspx.
61. http://www.greenbiz.com/blog/2014/09/18/what-sharing-economy-can-learn-fleets.
62. https://www.whitehouse.gov/the-press-office/2015/07/27/fact-sheet-white-house-launches-american-business-act-climate-pledge.
63. http://www.bnsf.com/communities/bnsf-and-the-environment/green-technology/.
64. EPA (2014). SmartWay for Countries. Retrieved from: http://www.epa.gov/smartway/forcountries/index.htm.
65. EPA (2014). SmartWay. Retrieved from: http://epa.gov/smartway/about/index.htm.
66. SmartWay (2014). Partners and Affiliate Lists. Retrieved from: http://www.epa.gov/smartway/about/partnerlists.htm.
67. US EPA (2013). SmartWay Transport Partnership: Driving Data Integrity in Transportation Supply Chains. Retrieved from:
http://epa.gov/smartway/forpartners/documents/dataquality/420b13005.pdf.
68. https://www.epa.gov/smartway/smartway-carrier-performance-ranking.
69. https://www3.epa.gov/smartway/forpartners/documents/logo-use/sw-tractor-trailer-logo-usage-instruction-07-29-2015.pdf.
70. Chiquita (2012). "Chiquita Brands International Corporate Social Responsibility
Report." Retrieved from: http://www.chiquita.com/getattachment/4dedce2f
-c4ac-4183-9e14-c87a6202e511/2012-Corporate-Responsibility-Report.aspx.
71. http://www.mmta.com/document_upload/SmartWay%20and%20Truck%20Drivers.pdf.
72. RubberNews.com (2014). "EPA Celebrates 10th Anniversary of SmartWay." Retrieved from:
http://www.rubbernews.com/article/20140320/NEWS/140329996/epa-celebrates-10th-anniversary-of-smartway#.
73. https://www.rita.dot.gov/bts/sites/rita.dot.gov.bts/files/publications/national_transportation_statistics/html/table_04_05.html.
74. Jill Dunn, "Study: Fuel Efficiency Efforts Pay off for Carriers," Commercial Carrier Journal, September 8, 2014. Retrieved from:
http://www.ccjdigital.com/study-fuel-efficiency-efforts-pay-off-for-carriers/.
75. http://nacfe.org/wp-content/uploads/2014/06/June-26-TE-Workshop-Master-Little-Rock-061614.pdf.
76. GHG Protocol Calculation Tools (2011). GHG emissions from transport or mobile sources. Available at
http://www.ghgprotocol.org/calculation-tools/all-tools. Accessed: March 11, 2011.
77. https://www.transportmeasures.org/en/.
78. www.ghgprotocol.org/files/ghgp/tools/co2-mobile.pdf.
79. J. Velázquez-Martínez, J. Fransoo, E. Blanco, and J. Mora-Vargas. "The Impact of Carbon Foot-Printing Aggregation on Realizing
Emission Reduction Targets," Flexible Services and Manufacturing Journal 26, no. 1—2 (2014): 1—25.
80. J. Velázquez-Martínez, J. Fransoo, E. Blanco, and K. Valenzuela-Ocaña. "A New Statistical Method of Assigning Vehicles to
Delivery Areas for CO2 Emissions Reduction," Transportation Research Part D: Transport and Environment, 43 (2016): 133—144.
81. M. Barth, T. Younglove, G. Scora. "Development of a Heavy-Duty Diesel Modal Emissions and Fuel Consumption Model." Tech.
Rep. UCB-ITS-PRR-2005-1, California PATH Program, Institute of Transportation Studies, University of California at Berkeley.
82. Velázquez-Martínez, J. Fransoo, E. Blanco, and K. Valenzuela-Ocaña. "A New Statistical Method of Assigning Vehicles to Delivery
Areas for CO2 Emissions Reduction," Transportation Research Part D: Transport and Environment, 43 (2016): 133—144.
83. http://www.rmi.org/Walmartsfleetoperations.
84. http://www.cggc.duke.edu/environment/climatesolutions/greeneconomy_Ch3_AuxiliaryPowerUnits.pdf.
85. Eric Kulisch, "Shore Power Disruptor?" American Shipper, September 17,
2014. Retrieved from: http://www.americanshipper.com/Main/News/Shore_power_disruptor_57985.aspx.
86. Interview with Lee Kindberg, Director, Environment and Sustainability at Maersk Line, August 12, 2015.
87. Interview with Elizabeth Fretheim, August 13, 2015.
88. http://corporate.walmart.com/_news_/news-archive/2014/03/26/walmart-debuts-futuristic-truck.
89. http://www.corporatereport.com/walmart/2015/grr/2015_WALMART_GRR.pdf.
90. http://corporate.walmart.com/_news_/news-archive/2014/03/26/Walmart-debuts-futuristic-truck.
91. http://www.latimes.com/business/la-fi-walmart-truck-20150920-story.html.
92. Ronald D. White, "Wal-Mart Test Trucks Aims to Slash Fuel Consumption on Big Rigs," Los Angeles Times, September 20, 2015.
Retrieved from: http://www.latimes.com/business/la-fi-walmart-truck-20150920-story.html.
93. Interview with Elizabeth Fretheim, August 13, 2015.
94. http://corporate.walmart.com/_news_/news-archive/2014/03/26/walmart-debuts-futuristic-truck.
95. https://worldindustrialreporter.com/attention-walmart-shoppers-weve-created-futuristic-transport-truck/.
96. http://www.nrel.gov/transportation/fleettest_platooning.html.
97. https://www.trucks.com/2016/04/07/autonomous-trucks-improve-safety-fuel-economy/.
98. http://hero-aviation.com/post.php?post=37.
99. http://www.globallogisticsmedia.com/articles/view/majestic-mrsk.
100. http://www.peterbilt.com/about/media/2014/396/.
101. http://www.ship-technology.com/projects/triple-e-class/.
102. http://www.greencarcongress.com/2011/02/maersk-20110221.html.

103. https://www.yumpu.com/en/document/view/7803715/slow-steaming-the-full-story-maersk/7.
104. http://www.dailymail.co.uk/news/article-2861908/Monster-sea-size-four-football-fields-world-s-largest-container-ships-sets-maiden-voyage-China.html.
105. https://www.npc.org/FTF_Topic_papers/3-Truck_Transportation_Demand.pdf.
106. http://www.internationaltransportforum.org/jtrc/DiscussionPapers/DP201312.pdf.
107. http://www.railjournal.com/index.php/freight/marathon-sets-the-pace-for-longer-freight-trains.html.
108. Danny Hakim, "Aboard a Cargo Colossus," The New York Times, October 3, 2014.
109. http://www.smartfreightcentre.org/.
110. http://www.nucms.nl/tpl/smart-freight-centre/upload/SFC_GLEC_Framework.pdf.
111. https://www.iata.org/whatwedo/cargo/sustainability/Documents/rp-carbon-calculation.pdf.
112. http://www.imo.org/en/OurWork/Environment/PollutionPrevention/AirPollution/Documents/TechnicalandOperationalMeasures/MEPC.1_Circ.684_Guidelines for Voluntary use of EEOI.pdf.
113. http://www.imo.org/en/OurWork/Environment/PollutionPrevention/AirPollution/Documents/Circ-684.pdf.
114. http://www.ecotransit.org/download/EcoTransIT_World_Methodology_Report_2014-12-04.pdf.
115. https://standards.cen.eu/dyn/www/f?p=204:110:0::::FSP_PROJECT:32935&cs=12646506D5D79DADCB74CA2C32A2DAA45.
116. http://www.green-logistics-network.info/en/download/reports.
117. http://www.nytimes.com/2015/07/30/business/ups-agrees-to-buy-46-million-gallons-of-renewable-diesel.html.
118. Andrea Newell, "UPS Drives Toward 1 Billion Miles with Alternative Fuels," Triple Pundit, July 30, 2015. Retrieved from: http://www.triplepundit.com/2015/07/ups-drives-toward-1-billion-miles-alternative-fuel/.
119. http://www.ucsusa.org/clean_energy/our-energy-choices/coal-and-other-fossil-fuels/environmental-impacts-of-natural-gas.html.
120. http://www.afdc.energy.gov/vehicles/natural_gas_emissions.html.
121. http://www.Greenpeace.org/eu-unit/Global/eu-unit/reports-briefings/2012%20pubs/Pubs%202%20Apr-Jun/Joint%20statement%20on%20fracking.pdf.
122. http://www.wsj.com/articles/the-epa-fracking-miracle-1433460321.
123. http://thehill.com/policy/energy-environment/213635-gao-wants-epa-to-do-more-on-fracking-wastewater.
124. The number of passenger cars in use worldwide was 907,051 in 2014. In the same year, there were 329,253 commercial vehicles in use. See https://www.statista.com/statistics/281134/number-of-vehicles-in-use-worldwide/.
125. John Vidal, "Health Risks of Shipping Pollution Have Been 'Underestimated,'" The Guardian, April 9, 2009. Retrieved from: http://www.theguardian.com/environment/2009/apr/09/shipping-pollution.
126. http://forum.woodenboat.com/showthread.php?174072-Pollution-and-shipping-is-this-correct.
127. http://www.economist.com/news/finance-and-economics/21718519-new-ways-foot-hefty-bill-making-old-ships-less-polluting-green-finance.
128. International Maritime Organization (2014). "International Convention for the Prevention of Pollution from Ships (MARPOL)." Retrieved from: http://www.imo.org/About/Conventions/ListOfConventions/Pages/International-Convention-for-the-Prevention-of-Pollution-from-Ships-(MARPOL).aspx.
129. The IMP is the UN agency responsible for the safety and security of shipping and the prevention of maritime pollution by ships.
130. EPA (2008). "International Maritime Organization Adopts Program to Control Air Emissions from Oceangoing Vessels." Office of Transportation and Air Quality: EPA420-F-08-033.
131. http://www.imo.org/en/MediaCentre/HotTopics/GHG/Documents/sulphur%20limits%20FAQ.pdf.
132. http://www.epa.gov/otaq/fuels/dieselfuels/.
133. http://www.epa.gov/diesel-fuel-standards/diesel-fuel-standards-rulemakings#locomotive-and-marine-diesel-fuel-standards.
134. Caltex (2011). "Marine Gas Oil (diesel)." Retrieved from: http://www.caltex.com.au/sites/Marine/Products/Pages/MarineGasOil.aspx.
135. http://www.steamshipmutual.com/downloads/Risk-Alerts/RA44ECA_ULSFuelOilChangeoverProceduresDec14.pdf.
136. http://ec.europa.eu/environment/air/transport/pdf/Report_Sulphur_Requirement.pdf.
137. http://www.agcensus.usda.gov/Publications/2012/Online_Resources/Highlights/Farms_and_Farmland/Highlights_Farms_and_Farmland.pdf.
138. http://www.forbes.com/sites/jamesconca/2014/04/20/its-final-corn-ethanol-is-of-no-use/#40434d2a2ca2.
139. Ibid.
140. https://www.cadc.uscourts.gov/internet/opinions.nsf/A57AB46B228054BD85257AFE00556B45/$file/12-1139-1417101.pdf.
141. http://www.forbes.com/sites/rrapier/2016/04/26/a-cellulosic-ethanol-milestone/.
142. http://investors.fedex.com/news-and-events/investor-news/news-release-details/2015/FedEx-Corp-Accelerates-Aircraft-Retirements/default.aspx.
143. http://www.sustainablebrands.com/news_and_views/cleantech/mike_hower/fedex_purchase_3_million_gallons_jet_biofuel_annually.
144. http://centreforaviation.com/analysis/oil-prices-are-down-so-why-is-united-airlines-buying-into-biofuels-symbolic-or-sound-strategy-233866.
145. http://apex.aero/2015/07/07/united-fulcrum-investment-biofuel.
146. http://www.forbes.com/sites/jamesconca/2014/04/20/its-final-corn-ethanol-is-of-no-use/.
147. USDA (2012). Commodity Image Gallery: Yellow Dent Corn (Maize). Retrieved from: http://www.gipsa.usda.gov/fgis/educout/commgallery/gr_ywdtcorn.html.
148. EPA (2010). "Chapter 2: Lifecycle GHG analysis" in: Renewable Fuel Standard Program (RFS2) Regulatory Impact Analysis, EPA-420-R-10-006, pp.298—502. Retrieved from: http://www.epa.gov/sites/production/files/2015-08/documents/420r10006.pdf.
149. Holly Jessen, "Ethanol Shuffle Based on 'Questionable Assumptions,'" Ethanol Producer Magazine, December 13, 2011. Retrieved from: http://www.ethanolproducer.com/articles/8424/ethanol-shuffle-based-on-questionable-assumptions.
150. Ibid.
151. http://www.businessweek.com/articles/2013-12-19/ethanol-support-in-congress-under-threat-corn-farmers-worry.
152. https://igel.wharton.upenn.edu/wp-content/uploads/2012/09/2012_0601_IGEL_Supply-Chain-Sustainability_LR.pdf.
153. Ibid.
154. https://en.wikipedia.org/wiki/Electricity_sector_in_Norway.

155. http://data.worldbank.org/indicator/EG.ELC.COAL.ZS?year_high_desc=true.
156. https://www.washingtonpost.com/world/electric-cars-and-the-coal-that-runs-them/2015/11/23/74869240-734b-11e5-ba14-318f8e87a2fc_story.html.
157. http://energyskeptic.com/2014/electrification-of-freight-rail/.
158. http://www.gizmag.com/siemens-ehighway-of-the-future-concept/22648/.
159. http://www.portoflosangeles.org/about/facts.asp.
160. PMSA (2008). Trade and the Economy: Economic Impact. Retrieved from: http://www.pmsaship.com/economic-impact.aspx.
161. Memo to Members of the Congressional Subcommittee on Highways and Transit (2010). Hearing on Assessing the Implementation and Impacts of the Clean Truck Programs at the Port of Los Angeles and the Port of Long Beach. Retrieved from: http://www.gpo.gov/fdsys/pkg/CHRG-111hhrg56421/pdf/CHRG-111hhrg56421.pdf.
162. Yossi Sheffi, Logistics Clusters: Delivering Value and Driving Growth (Cambridge, MA: MIT Press, 2012).
163. Ibid.
164. http://www.portoflosangeles.org/about/facts.asp.
165. https://www.portoflosangeles.org/ctp/ctp_Cargo_Move_Analysis.pdf.
166. US Department of Transportation Maritime Administration (Released 2013). Vessel Calls Snapshot, 2011. Retrieved from: http://www.marad.dot.gov/documents/Vessel_Calls_at_US_Ports_Snapshot.pdf.
167. Colliers (2012). "North American Port Analysis: Preparing for the First Post-Panamax Decade." Retrieved from: http://www.colliers.com/-/media/Files/MarketResearch/UnitedStates/MARKETS/2012%20Q2/Colliers_PortReport_2012q2_final?campaign=Colliers_Port_Analysis_NA_Aug-2012.
168. YouTube (2006). "Terminal Impact: Activists block construction of a massively polluting cargo terminal and create the world's first green container shipping facility in its place." Retrieved from: http://www.youtube.com/watch?feature=player_embedded&v=qOUbj1ssjKs#at=63.
169. US House of Representatives (2010). Hearing on "Assessing the Implementation and Impacts of the Clean Truck Programs at the Port of Los Angeles and the Port of Long Beach," May 3, 2010.
170. Interview with Bob Kanter, Environmental Director for the Port of Long Beach.
171. http://articles.latimes.com/2002/feb/10/local/me-smog10.
172. California Air Resources Board (1998). "The Report on Diesel Exhaust" Retrieved from: http://www.arb.ca.gov/toxics/dieseltac/de-fnds.htm.
173. Ibid.
174. National Resources Defense Council (2001). "Improving Air Quality in an Urban Neighborhood." Retrieved from: http://www.nrdc.org/ej/partnerships/air.asp.
175. Interview with Chris Cannon, Director of Port Environmental Management, and Christopher Patton, Assistant Director of Port Environmental Management Port of Los Angeles.
176. NRDC (2002). "Appeals Court Stops China Shipping Terminal Construction." Press Release. Retrieved from: http://www.nrdc.org/media/pressreleases/021030b.asp.
177. American Bar Association Supreme Court Preview, No. 11-798, p. 2.
178. Port of Long Beach Interview.
179. NRDC (2008). "90-Day Notice of Intent to Initiate Action Under the Resource Conservation and Recovery Act, 42 U.S.C. §§ 6901 et seq." Retrieved from: https://www.nrdc.org/sites/default/files/air_08020601a.pdf.
180. Port of Long Beach Interview.
181. Air Quality Management District (2013). "AQMD Approves Clean Air Plan Amendment to Ensure Ports Mean Clean Air Goals." Retrieved from: http://www.aqmd.gov/news1/2013/bs020513.htm.
182. West Coast Collaborative (2013). "Marine Vessels & Ports Sector." Retrieved from: http://westcoastcollaborative.org/wkgrp-marine.htm.
183. Interview with Bob Kanter, Environmental Director for the Port of Long Beach.
184. NRDC (2008). "Port of Long Beach Faced Federal Lawsuit over Empty Promises of 'Greener' Operations." Retrieved from: http://www.nrdc.org/media/2008/080206.asp.
185. Port of Long Beach Interview.
186. The Port of Los Angeles. Community Mitigation. Retrieved in 2012 from: http://www.portoflosangeles.org/environment/mitigation.asp.
187. Joint Press Release (2006). "Nation's Two Largest Ports Debut Plan to Target Air Pollution Health Risks." Retrieved from: http://www.portoflosangeles.org/Press/REL_CAAP.pdf.
188. Ibid.
189. Port of Long Beach Interview.
190. Ibid.
191. Port of Long Beach (June 30, 2013). Green Flag Incentive Program Monthly Report. Retrieved from: http://www.polb.com/civica/filebank/blobdload.asp?BlobID=10913.
192. Interview with Chris Cannon, Director of Port Environmental Management, and Christopher Patton, Assistant Director of Port Environmental Management Port of Los Angeles.
193. Joint Press Release (2006). "Nation's Two Largest Ports Debut Plan to Target Air Pollution Health Risks." Retrieved from: http://www.portoflosangeles.org/Press/REL_CAAP.pdf.
194. Interview with Chris Cannon, Director of Port Environmental Management, and Christopher Patton, Assistant Director of Port Environmental Management Port of Los Angeles.
195. Port of Los Angeles Interview.
196. Consumer Federation of California (2008). "Foreclosure on Wheels: Long Beach's Truck Program Puts Drivers at High Risk for Default." Retrieved from: http://consumercal.live.radicaldesigns.org/downloads/Foreclosure%20on%20Wheels.pdf.
197. Port of Long Beach Interview.
198. US House of Representatives (2010). Hearing on "Assessing the Implementation and Impacts of the Clean Truck Programs at the Port of Los Angeles and the Port of Long Beach," May 3, 2010.
199. Port of Los Angeles Interview.
200. Environmental Leader (2012). "Port of Los Angeles Cuts Emissions as Much as 76%." Retrieved from: http://www.environmentalleader.com/2012/08/07/port-of-los-angeles-cuts-emissions-as-much-as-76/.
201. Memo to Members of the Congressional Subcommittee on Highways and Transit (2010). "Hearing on Assessing the

Implementation and Impacts of the Clean Truck Programs at the Port of Los Angeles and the Port of Long Beach." Retrieved from: http://www.gpo.gov/fdsys/pkg/CHRG-111hhrg56421/pdf/CHRG-111hhrg56421.pdf.
202. Interview with Chris Cannon, Director of Port Environmental Management, and Christopher Patton, Assistant Director of Port Environmental Management Port of Los Angeles.
203. Port of Los Angeles Interview.
204. Refers to types of sulfur and oxygen containing compounds such as SO, SO2 and SO3, among others.
205. San Pedro Bay Ports (2013). Clean Air Action Plan: San Pedro Bay Standards. Retrieved from: http://www.cleanairactionplan.org/programs/standards.asp.
206. Environmental News Network (2010). "World's First Hybrid Tugboat Reduces Emissions at California Ports." Retrieved from: http://www.enn.com/pollution/article/42038.
207. Environmental Leader (2012). "Port of Los Angeles to Pay Carriers for Using Low-Emission Ships." Retrieved from: http://www.environmentalleader.com/ 2012/05/07/port-of-los-angeles-to-pay-carriers-for-using-low-emission-ships/.
208. Cargo Business (2014). "California Gives Siemens' e-Highways Program the Green Light." Retrieved from: http://cargobusinessnews.com/news/techwire/Tech_Archives/080814/index.html.
209. Port of Los Angeles Interview.
210. World Ports Climate Initiative (2014). "About Us." Retrieved from: http://wpci.iaphworldports.org/about-us/index.html#How%20WPCI%20Began.
211. World Ports Climate Initiative (2014). "World Ports Climate Initiative." Retrieved from: http://wpci.iaphworldports.org/index.html.
212. World Ports Climate Initiative (2014). World Ports Climate Initiative." Retrieved from: http://wpci.iaphworldports.org/data/docs/carbon-footprinting/ CF_Lisa%20Wunder.pdf.
213. World Port Climate Initiative (2014). "Environmental Ship Index." Retrieved from: http://esi.wpci.nl/Public/Home.
214. Latitude (2013). "Going Green Pays Off." Retrieved from: http://www.portoflosangeles.org/latitude/article.php?a=221&p=/March_2013/articles/Going_Green_Pays_Off.

제7장 끝이 좋으면 모든 것이 좋은 법 All's Well That Ends Well

1. http://www.cbsnews.com/news/following-the-trail-of-toxic-e-waste/.
2. http://old.seattletimes.com/html/nationworld/2002920133_ewaste09.html.
3. S. Tong, et al. "Environmental Lead Exposure: A Public Health Problem of Global Dimensions." Bulletin of the World Health Organization 78, no. 9 (2000).
4. Anna O. W. Leung, et al. "Heavy Metals Concentrations of Surface Dust from E-Waste Recycling and Its Human Health Implications in Southeast China." Environmental Science & Technology 42(7) (2008): 2674—2680.
5. http://www.usnews.com/news/articles/2014/08/01/e-waste-in-developing-countries-endangers-environment-locals citing http://pubs.acs.org/doi/abs/10.1021/es5021313.
6. http://www.cnn.com/2013/05/30/world/asia/china-electronic-waste-e-waste/.
7. http://www.Greenpeace.org/international/en/news/features/e-waste-china-toxic-pollution-230707/.
8. The Aluminum Association (2012). "Aluminum Can Extends Lead as Most Recycled Beverage Container: Aluminum Can Recycling Rate Reaches 65.1 Percent." Retrieved from: http://www.aluminum.org/AM/Template.cfm?Section=2012&CONTENTID=33554&TEMPLATE=/CM/ContentDisplay.cfm.
9. http://www.coventrytelegraph.net/news/coventry-news/primark-sparks-shopping-frenzy-3121054.
10. According to The Economist, quoting research firm Sanford C. Bernstein, the average selling price for women's clothing at Primark is a little more than a third of the price at the fast fashion retailer H&M.
11. http://www.marketplace.org/topics/business/ive-always-wondered/what-do-stores-do-unsold-merchandise-0.
12. Daniel Hoornweg, Perinaz Bhada-Tata, and Chris Kennedy. "Environment: Waste Production Must Peak This Century," Nature 502 (2013): 7473. Retrieved from: http://www.nature.com/news/environment-waste-production-must-peak-this-century-1.14032.
13. Betsy Taylor and Dave Tilford, "Why Consumption Matters" in Juliet Schor and Douglas Holt, The Consumer Society Reader (New York: The New Press, 2000).
14. http://data.worldbank.org/indicator/EN.ATM.CO2E.PC?locations=US.
15. Keith Wagstaff, "WATCH: The Garbage Barge Without a Home," The Week, May 6, 2013. Retrieved from: http://theweek.com/articles/464713/watch-garbage-barge-without-home.
16. http://www.mnn.com/earth-matters/translating-uncle-sam/stories/what-is-the-great-pacific-ocean-garbage-patch.
17. US Environmental Protection Agency. "Municipal Solid Waste Generation——Fact and Figures for 2011." Retrieved from: http://www.epa.gov/osw/nonhaz/municipal/pubs/MSWcharacterization_508_053113_fs.pdf.
18. https://www.statista.com/chart/4470/the-countries-winning-the-recycling-race/.
19. T. Lindhqvist and K. Lidgren. "Models for Extended Producer Responsibility" in Ministry of the Environment, From the Cradle to the Grave - Six Studies of the Environmental Impact of Products (7-44) Ds 1991: 9.
20. C. Morawski and R3 Consulting Group (2009). "Evaluating End-of-Life Beverage Container Management Systems for California." Retrieved from: http://www.bottlebill.org/assets/pdfs/pubs/2009-BeverageSystemsCalifornia.pdf.
21. European Commission (2014). Waste Electrical & Electronic Equipment (WEEE). Retrieved from: http://ec.europa.eu/environment/waste/weee/index_en.htm.
22. STEP (2014). StEP WorldMap 2012 data. Retrieved from: http://www.step-initiative.org/index.php/overview-world.html. Accessed August 2014.
23. Population Reference Bureau (2013). "The Human and Environmental Effects of E-Waste." Retrieved from: http://www.prb.org/Publications/Articles/2013/e-waste.aspx.
24. European Commission (2007). "Extended Producer Responsibility Principles of the WEEE Directive: Final Report." Environmental Study Report by Okopol GmbH Institute for Environmental Strategies, The International Institute for Industrial Environmental Economics, and Risk and Policy Analysts.
25. CalRecycle (2013). "Product Stewardship and Extended Producer Responsibility (EPR): Policy and Law." Retrieved from: http://www.calrecycle.ca.gov/epr/PolicyLaw/default.htm#World.
26. EPA (n.d.) "Brazilian National Solid Waste Policy." Retrieved from:

http://www.epa.gov/jius/policy/brazil/brazilian_national_solid_waste_policy.html.
27. Ibid.
28. Although the policy is ambitious, its implementation has been lagging. For example, the regulation does not clearly identify who should be responsible—the government or industry—for the cost of the reverse logistics for the collection of end-of-life goods.
29. https://www.epa.gov/smm/sustainable-materials-management-non-hazardous-materials-and-waste-management-hierarchy.
30. http://www.cnn.com/2008/LIVING/wayoflife/09/19/aa.used.car.fun.facts/.
31. R. Lane, H. Ralph, and J. Bicknell. "Routes of Reuse of Second-hand Goods in Melbourne Householders," Australian Geographer, 40, no. 2 (2009): 151—168.
32. John Naughton, "Websites that Changed the World," The Guardian, August 13, 2006. Retrieved from: http://www.theguardian.com/technology/2006/aug/13/observerreview.onlinesupplement.
33. Excluding job postings, which involve a modest fee.
34. TheServerSide.com (2011). "The Craigslist Dilemma: A Case Study for Big Data and NoSQL Solutions." Retrieved from: http://www.theserverside.com/feature/The-Craigslist-Dilemma-A-case-study-for-big-data-and-NoSQL-solutions.
35. https://3taps.com/papers/Craigslist-by-the-Numbers.pdf.
36. The site only charges for job posting at six major US cities and a small fee for apartment rental listing in New York. All other listings are free.
37. http://www.att.com/Common/merger/files/pdf/CPFS_EarthDay/CPFS_Enviro_FS.pdf.
38. EcoATM (2013). Press Releases. Retrieved from: http://www.ecoatm.com/press-releases.html.
39. Mike Freeman, "ecoATM ramping up recycling footprint," The San Diego Union-Tribune, September 11, 2014. Retrieved from: http://www.utsandiego.com/news/2014/sep/11/ecoATM-outerwall-redbox-recycling-mobile-phones/.
40. Interview with Mark Bowles, ecoATM founder.
41. Ibid.
42. James R. Hagerty, "Entrepreneurs Find Gold in Used Phones," The Wall Street Journal, February 24, 2011. Retrieved from: http://online.wsj.com/article/SB10001424052748704520504576162431091194572.html.
43. The company went bankrupt in 2013.
44. Best Buy (2012). Refurbished Phones. Retrieved from: http://www.bestbuy .com/site/olstemplatemapper.jsp?id=pcat17080&type=page&qp= percent20cabcat0800000~~ nf711 percent7C percent7C52656675727626973686564&list=y&nrp=15&sc=phoneOfficeSP&sp=- bestsellingsort+skuid&usc=abcat0800000.
45. http://www.wired.com/2013/08/apple-trade-in/.
46. http://www.verizonwireless.com/landingpages/device-trade-in/.
47. http://news.nationalgeographic.com/news/energy/2012/11/121116-second-life-for-used-electric-car-batteries/.
48. Ibid.
49. Ibid.
50. Ibid.
51. http://fortune.com/2015/06/15/electric-car-batteries-reuse/.
52. This factory makes both Subaru and Toyota vehicles.
53. Los Angeles Times (2011). "A Really Green Plant: Subaru of Indiana Automotive Makes Cars—Not Garbage. Retrieved from: http://sections.latimes.com/altvehicles/2011/04/#?article=1229857.
54. http://www.youtube.com/watch?v=mDOD-qa05mM.
55. Ibid.
56. Supply Chain Brain (2013). "Less is More: Office Depot Cuts Supply-Chain Waste." Retrieved from: http://www.supplychainbrain.com/content/index.php?id =7098&type=98&tx_ttnews percent5Btt_news percent5D=20702&cHash=da03e20e36.
57. R. Simon, E. Rice, E., T. Kingsbury, and D. Dornfeld (2012). "A Comparison of Life Cycle Assessment (LCA) Software in Packaging Applications." Laboratory for Manufacturing and Sustainability, University of California, Berkeley.
58. Environmental Protection Agency (2013). "Reduce, Reuse Recycle, Buy Recycled." Retrieved from: http://www.epa.gov/region9/waste/solid/reduce.html#recycling.
59. David Maloney, "Many Happy Returns?" DC Velocity, December 2016, pp. 39—44.
60. http://www.staples.com/sbd/cre/products/ink-recycle/index.html.
61. http://www.bestbuy.com/site/Electronics-Promotions/Online-Trade-In/ pcmcat133600050011.c?id=pcmcat133600050011&DCMP=rdr3384.
62. http://www.officedepot.com/a/content/loyalty/recycling-program/.
63. http://www.environmentalleader.com/2013/11/05/staples-alcoa-endorse-e-stewards-standard-version-2-0/.
64. http://e-stewards.org/about-us/the-e-stewards-story/.
65. http://www.staples.com/sbd/cre/marketing/about_us/documents/globalperfsummary-2015.pdf.
66. http://www.ibm.com/financing/us-en/solutions/asset-recovery.
67. https://www.theguardian.com/environment/2011/dec/29/japan-leads-field-plastic-recycling.
68. http://www.theguardian.com/environment/2011/dec/29/japan-leads-field-plastic-recycling.
69. http://www.dell.com/learn/us/en/uscorp1/corp-comm/us-goodwill-reconnect.
70. Ibid.
71. Ibid.
72. http://www.dell.com/learn/us/en/uscorp1/corp-comm/getfreeat-homepickup?c=us&l=en&s=corp&cs=uscorp1.
73. http://i.dell.com/sites/doccontent/corporate/corp-comm/en/Documents/fy15-cr-report.pdf.
74. http://www.portoflosangeles.org/pdf/Los-Angeles-Trade-Numbers-2013.pdf.
75. E-Stewards (2013). "What's Driving the E-Waste Crisis." Retrieved from: http://www.e-stewards.org/the-e-waste-crisis/why-does-this-problem-exist/.
76. Greenpeace (2009). "Where Does e-Waste End Up?" http://www.Greenpeace.org/international/en/campaigns/toxics/electronics/the-e-waste-problem/where-does-e-waste-end-up/#a4.
77. https://www.google.com/search?hl=en&site=imghp&tbm=isch&source=hp&biw=1586&bih=873&q=3R+recycling+triangle&oq=3R+r ecycling+triangle&gs_l=img.3···2048.11262.0.11630.21.4.0.17.17.0.93.349.4.4.0···0···1ac.1.64.img..0.9.356···0.OhS3tDR8b2c#hl=en&t

bm=isch&q=3R+recycling+code+for+platics&imgrc=G6TwsV8ZiSc8KM%3A.
78. http://i.dell.com/sites/doccontent/corporate/corp-comm/en/Documents/fy15-cr-report.pdf.
79. http://i.dell.com/sites/doccontent/corporate/corp-comm/en/Documents/fy15-cr-report.pdf.
80. http://www.wistron.com/press/news_releases/news_2014_05_20.htm.
81. Market Watch (2013). "HP Empowers Customers to Print Responsibly with New Products, Expanded Recycling Options." Retrieved from: http://www.marketwatch.com/story/hp-empowers-customers-to-print-responsibly-with-new-products-expanded-recycling-options-2013-04-16.
82. Triple Pundit (2012). "HP Cartridge Recycling is More than a Shred Ahead." Retrieved from: http://www.triplepundit.com/2012/04/hewlett-packard-printer-cartridge-recycling-smyrna/.
83. Market Watch (2013). "HP Empowers Customers to Print Responsibly with New Products, Expanded Recycling Options."
84. Four Elements Consulting, LLC (2010). "Life Cycle Environmental Impact Assessment." Retrieved from: http://www.hp.com/hpinfo/newsroom/press_kits/2010/ecoachievement/RPET_LCA_whitepaper.pdf.
85. http://i.dell.com/sites/doccontent/corporate/corp-comm/en/Documents/fy15-cr-report.pdf.
86. David W. Pearce and R. Kerry Turner, Economics of Natural Resources and the Environment. (Baltimore: Johns Hopkins University Press, 1989).
87. E. Kline, E. Over-Dressed: The Shockingly High Cost of Cheap Fashion. (New York: Penguin, 2012).
88. NPR (2013). "The Global Afterlife of Your Donated Clothes." Retrieved from: http://www.npr.org/blogs/parallels/2013/05/21/185596830/the-global-afterlife-of-your-donated-clothes.
89. Ibid.
90. M. Crang, A. Hughes, N. Gregson et al. "Rethinking Governance and Value in Commodity Chains Through Global Recycling Networks," Transactions of the Institute of British Geographers 28 (2011):12—24.
91. E. Kline, E. Over-Dressed: The Shockingly High Cost of Cheap Fashion. (New York: Penguin, 2012).
92. H. Nguyen, M. Stuchtey, and M. Zils, "Remaking the Industrial Economy," McKinsey Quarterly, February 2014.
93. http://breakingenergy.com/2014/02/18/can-coal-fly-ash-waste-be-put-to-good-use/.
94. http://earthjustice.org/sites/default/files/library/reports/ej-eipreportout-of-control-final.pdf.
95. http://www.concreteconstruction.net/concrete/fly-ash-threat.aspx.
96. http://www.concreteconstruction.net/concrete/fly-ash-threat.aspx.
97. Jean Rogers, "4 signs of Sustainability from Oil, Gas and Mining Companies," GreenBiz, November 5, 2013. Retrieved from: https://www.greenbiz.com/blog/2013/11/05/4-sustainability-trends-oil-gas-mining.
98. http://epa.gov/climatechange/wycd/waste/downloads/fly-ash-chapter10-28-10.pdf.
99. http://epa.gov/climatechange/wycd/waste/downloads/fly-ash-chapter10-28-10.pdf.
100. http://democrats.energycommerce.house.gov/sites/default/files/documents/Testimony-Ladwig-EE-Drinking-Water-Coal-2009-12-10.pdf.
101. CSRWire (2004). "Gold Medal Soccer Mia Hamm & Briana Scurry Help NikeGO and the US Soccer Foundation Dedicate Soccer Field." Retrieved from: http://www.csrwire.com/press_releases/24944-Gold-Medal-Soccer-Stars-Mia-Hamm-Briana-Scurry-Help-NikeGO-and-The-U-S-Soccer-Foundation-Dedicate-Chicago-Soccer-Field.
102. Ace Surfaces (2013). "Nike Grind." Retrieved from: http://www.reboundace.com/nike-grind-recycled-surfaces-FAQ.php.
103. Nike (2013). "Reuse-A-Shoe." Retrieved from: http://www.nike.com/us/en_us/c/better-world/stories/2013/05/reuse-a-shoe.
104. Gossypium hirsutum, also known as upland cotton, is the most widely planted species of cotton in the United States, constituting some 95 percent of all cotton production there.
105. http://www.gapinc.com/content/attachments/sersite/SRpercent20Full percent20Report.pdf.
106. Elizabeth Rosenthal, "Europe Finds Clean Energy in Trash, but US Lags," The New York Times, April 12, 2010.
107. http://www.wte.org/userfiles/file/Better percent20to percent20burn percent20orpercent20bury.pdf.
108. http://www.engineering-timelines.com/why/lowCarbonCopenhagen/copenhagenPower_03.asp.
109. Elizabeth Rosenthal, "Europe Finds Clean Energy in Trash, but US Lags," The New York Times, April 12, 2010.
110. http://www.environmentalleader.com/2015/05/06/ups-becomes-largest-renewable-natural-gas-user-in-shipping-industry/.
111. https://pressroom.ups.com/pressroom/ContentDetailsViewer.page?ConceptType=PressReleases&id=1455110888923-689.
112. http://breakingenergy.com/2014/12/05/renewable-natural-gas-helps-reduce-emissions-policy-support-needed/.
113. http://transparency.perkinswill.com/Content/Whitepapers/FlyAsh_WhitePaper.pdf.
114. Tom Elko. "Green Enough for 35W concrete, Toxic Coal Ash is Also Used on Farms," Twin Cities Daily Plant, April 7, 2009. Retrieved from: https://www.tcdailyplanet.net/green-enough-35w-concrete-toxic-coal-ash-also-used-farms/.
115. Elizabeth Rosenthal, "Europe Finds Clean Energy in Trash, but US Lags," The New York Times, April 12, 2010.
116. http://www.internationalaspx.woffice.com/newsletters/detail.aspx?g=a178c0d3-39f6-492c-8ff0-c8bc65b479ec.
117. E. Alonso, F. Field, and R. Kirchain, "Platinum Availability for Future Automotive Technologies," Environmental Science & Technology 46(23) (2012): 12986—12993.
118. http://www.sei-international.org/mediamanager/documents/Publications/SEI-2014-DiscussionBrief-China-Rareearths.pdf.
119. Ibid.
120. http://www.solvay.com/en/media/press_releases/20120927-coleopterre.html.
121. Rare Earth Investing News (2013). "REE Electronics Recycling Being Explored." Retrieved from: http://rareearthinvestingnews.com/14967-ree-electronics-recycling-being-explored.html.
122. Georgi Kantchev and Serena Ng, "Recycling Becomes a Tougher Sell as Oil Prices Drop," Wall Street Journal, April 5, 2015.
123. http://www.afr.com/business/energy/oil/plastic-recycling-is-hit-by-the-fall-in-oil-prices-20150503-1mypyr.
124. Georgi Kantchev and Serena Ng, "Recycling Becomes a Tougher Sell as Oil Prices Drop," Wall Street Journal, April 5, 2015.
125. http://www.cbsnews.com/news/why-recycling-economics-are-in-the-trash-bin/.
126. Copper Development Association Inc. (2013)." Copper—the World's Most Reusable Resource." Retrieved from: http://www.copper.org/environment/lifecycle/g_recycl.html.
127. Ibid.
128. http://www.cnbc.com/id/100917758.
129. Ian Urbina, "Unwanted Electronic Gear Rising in Toxic Piles," The New York Times, March 18, 2013.
130. Mayo Clinic (2011). "Lead Poisoning." Retrieved from: http://www.mayoclinic.com/health/lead-poisoning/FL00068.
131. EPA (2013). Regulation of Cathode Ray Tubes. Retrieved from: http://www.epa.gov/osw/hazard/recycling/electron/.
132. C. Morawski and R3 Consulting Group (2009). Evaluating End-of-Life Beverage Container Management Systems for California."

Retrieved from: http://www.bottlebill.org/assets/pdfs/pubs/2009-BeverageSystemsCalifornia.pdf.

133. M. Realff, M. Raymond, J. Ammons, "E-waste: An Opportunity," Materials Today 7, no. 1 (2004): 40—45.

134. EPA (2007). "Management of Electronic Waste in the United States: Approach Two. Report."

135. Ian Urbina, "Unwanted Electronic Gear Rising in Toxic Piles," The New York Times, March 18, 2013.

136. Ibid.

137. E-Scrap News (2013). "Breaking News: Abandoned Warehouses Full of CRTs Found in Several States." Retrieved from: https://resource-recycling.com/e-scrap/2013/08/23/abandoned-warehouses-full-crts-found-several-states/.

138. E-Scrap News (2013). "Avoiding the Old Maid: Causes and Cures for CRT Glass Stockpiling in the US September 2013."

139. Ian Urbina, "Unwanted Electronic Gear Rising in Toxic Piles," The New York Times, March 18, 2013.

140. Maine Legislature. Chapter 16, Title 38. 1610: Electronic Waste.

141. Ibid.

142. EPA (2011). Superfund 30th Anniversary Timeline. Retrieved from: http://www.epa.gov/superfund/30years/timeline/index.htm#.

143. http://unesdoc.unesco.org/images/0013/001395/139578e.pdf.

144. E. Olivetti, J. Gregory, and R. Kirchain (2011). "Life Cycle Impacts of Alkaline Batteries with a Focus on End Of Life. A study conducted for the National Electrical Manufacturers Association." MIT Materials Systems Lab.

145. Mathew Weaver, "Q&A: Battery Recycling," The Guardian, May 5, 2006. Retrieved from: http://www.theguardian.com/world/2006/may/05/qanda.recycling.

146. Waste 360.com. (2013). "California Considering Battery Recycling Bill." Retrieved from: http://waste360.com/state-and-local/california-considering-battery-recycling-bill.

147. Mathew Weaver, "Q&A: Battery Recycling," The Guardian, May 5, 2006. Retrieved from: http://www.theguardian.com/world/2006/may/05/qanda.recycling.

148. http://www.bebat.be.

149. http://no-burn.org/downloads/ZW percent20Flanders.pdf.

150. http://ec.europa.eu/environment/enveco/taxation/pdf/ch13_batteries.pdf.

151. http://www.globalpsc.net/wp-content/uploads/2012/08/GlobalPSC_Battery _PS_Belgium__Switzerland_0812.pdf.

152. http://www.epbaeurope.net/recycling.html.

153. http://www.bebat.be/en/figures.

154. Container Recycling Institute (2009). "Keep American Beautiful: A History." Retrieved from. http://toolkit.bottlebill.org/opposition/KABhistory.htm.

155. Robert G. Hunt, William E. Franklin, and R. G. Hunt, "LCA—How It Came About," The International Journal of Life Cycle Assessment 1(1) (1996): 4—7.

156. Burlington Free Press (2011). "Vermont's Bottle Bill, Once First in the Nation, Now Facing Serious Effort at Repeal." Retrieved from: http://www.bottlebill.org/news/articles/2011/VT-1-30-VTsBBOnceFirst.htm.

157. Container Recycling Institute (2013). "Bottle Bills in the USA." Retrieved from: http://www.bottlebill.org/legislation/usa.htm.

158. Burlington Free Press (2011). "Vermont's Bottle Bill, Once First in the Nation, Now Facing Serious Effort at Repeal." Retrieved from: http://www.bottlebill.org/news/articles/2011/VT-1-30-VTsBBOnceFirst.htm.

159. C. Morawski and R3 Consulting Group (2009) "Evaluating End-of-Life Beverage Container Management Systems for California." Retrieved from: http://www.bottlebill.org/assets/pdfs/pubs/2009-BeverageSystemsCalifornia.pdf.

160. Serena Ng, "High Costs Put Cracks in Glass-Recycling Programs," Wall Street Journal, April 22, 2015.

161. The figure follows a somewhat different one suggested in a publication of the MacArthur Foundation. See: https://www.ellenmacarthurfoundation.org/assets/downloads/publications/Ellen-MacArthur-Foundation-Towards-the-Circular-Economy-vol.1.pdf.

162. http://www.johnsoncontrols.com/content/us/en/products/power-solutions/responsible-recycling/where.html.

163. http://www.johnsoncontrols.com/content/us/en/products/power_solutions/global_battery_recycling/.

164. E. Blanco and K. Cottrill, "Closing the Loop on a Circular Supply Chain," Supply Chain Management Review, September/October 2014.

165. http://www.johnsoncontrols.com/content/us/en/products/power-solutions/responsible-recycling/how.html.

166. http://www.johnsoncontrols.com/content/us/en/products/power-solutions/responsible-recycling/why.html.

167. http://www.leadforlead.com/lead-prices/lme-lead-prices.html.

168. http://www.reuters.com/article/us-metals-lead-environment-idUSBRE82P0HC20120326.

169. http://www.indexmundi.com/minerals/?product=lead.

170. "In the Bin: Recycling in America," The Economist, April 22, 2015.

171. David Gelles, "Big Companies Put Their Money Where the Trash Is," The New York Times, November 28, 2015. Retrieved from: http://www.nytimes.com/2015/11/29/business/energy-environment/big-companies-put-their-money-where-the-trash-is.html.

172. http://www.environmentalleader.com/2014/10/17/zero-interest-loans-to-develop-recycling-infrastructure-available/.

173. Kimberly-Clark (2010). Supporting Local Economies. Retrieved from: http:// www.sustainabilityreport2010.kimberly-clark.com/people/supporting-local-economies.asp.

174. Ibid.

175. Dienst Centraal Milieubeheer Rijnmond.

176. http://www.deltalinqsenergyforum.nl/documents/def-juni percent202012/ 1001855 percent20- percent20Strategic percent20position percent20paper percent20-percent20development percent20CO2 percent20hub percent20Rotterdam.pdf.

177. http://projet.ifpen.fr/Projet/upload/docs/application/pdf/2013-01/session_2_2.pdf.

178. http://www.omafra.gov.on.ca/english/crops/facts/00-077.htm.

179. http://www.the-linde-group.com/en/clean_technology/clean_technology_portfolio/co2_applications/greenhouse_supply/index.html.

180. http://ccs-roadmap.ecofys.com/index.php/History_of_CCS_in_the_Netherlands.

181. http://www.rotterdamclimateinitiative.nl/documents/CO2 percent20networkpercent20approch.pdf.

182. http://energy.gov/fe/science-innovation/oil-gas-research/enhanced-oil-recovery.

183. http://www.rotterdamclimateinitiative.nl/documents/CO2 percent20networkpercent20approch.pdf.

184. http://www.epa.gov/climatechange/ccs/.

185. http://news.stanford.edu/news/2012/june/carbon-capture-earthquakes-061912.html.
186. H. Nguyen, M. Stuchtey, and M. Zils, "Remaking the Industrial Economy," McKinsey Quarterly, February 2014.
187. T. Chilton, S. Burnley, and S. Nesaratnam, "A Life Cycle Assessment of the Closed-Loop Recycling and Thermal Recovery of Post-Consumer PET." Resources, Conservation and Recycling 54 (2010): 1241—1249.
188. Novelis (2013). The Recycling Process. Retrieved from: http://www.novelis.com/en-us/Pages/The-Recycling-Process.aspx.
189. "In the Bin: Recycling in America." The Economist, April 22, 2015.
190. http://www.calrecycle.ca.gov/Publications/Documents/BevContainer percent5C2011024.pdf.
191. http://www.sciencedirect.com/science/article/pii/S0921344911002217.
192. http://www.coca-colacompany.com/sustainabilityreport/world/water-stewardship.html.
193. http://www.theguardian.com/environment/2011/dec/29/japan-leads-field-plastic-recycling?newsfeed=true.
194. http://www.environmentalleader.com/2014/02/05/epas-toxic-substances-rules-discourage-recycling/.
195. Maxine Perella, "LEGO: How the Signature Brick is Going Green," The Guardian, April 11, 2014). Retrieved from: https://www.theguardian.com/sustainable-business/lego-design-sustainability-circular-economy. Accessed August 2014.

제8장 그린을 디자인하기 Green by Design

1. https://www.jfklibrary.org/Research/Research-Aids/Ready-Reference/RFK-Speeches/Remarks-of-Robert-F-Kennedy-at-the-University-of-Kansas-March-18-1968.aspx.
2. Owen Pritchard, "Does Nike's New Making App Place Sustainability at the Forefront of Design?" The Guardian, July 17, 2013.
3. http://www.design.caltech.edu/Research/Imprecise/Reading_List/Ch02_90e.pdf.
4. Jason McLennan, The Philosophy of Sustainable Design, (Kansas City, MO: Ecotone Publishing Company, 2004).
5. Packaging World (2009). "Beverage Bottles Lighten Up." Retrieved from: http://www.packworld.com/newsletters/ppr-05-14-09.html.
6. Robert G. Hunt, William E. Franklin, and R. G. Hunt, "LCA—How it cameabout," The International Journal of Life Cycle Assessment 1, no. 1 (1996): 4—7.
7. https://www.apple.com/environment/pdf/Apple_Environmental_Responsibility_Report_2015.pdf.
8. Nike (2014). "Nike Sustainability Performance Summary." Retrieved from http://www.nikeresponsibility.com/report/uploads/files/FY12-13_NIKE_Inc_CR_Report.pdf.
9. Owen Pritchard, "Does Nike's New Making App Place Sustainability at theForefront of Design?" The Guardian, July 17, 2013.
10. https://www.greenbiz.com/news/2002/09/16/eco-intelligence-nike-transforms-textile-industry.
11. Nike (2009). "Nike Corporate Responsibility Report. FY07-09."
12. Nike (2009). "Nike Corporate Responsibility Report. FY10-11."
13. http://www.sustainablebusiness.com/index.cfm/go/news.display/id/22816.
14. Kimberley Clark was attacked during from 2004 through 2009 by Greenpeace for destroying old-growth forests to get raw material for their throwaway products—Kleenex, Scott tissues, Huggies, and Pull-Ups.
15. LEGO was attacked for distributing toys in Shell stations. Shell was accused of drilling in the Arctic, creating a danger of oil spills. See https://www.youtube.com/watch?v=qhbliUq0_r4.
16. R. R. Henderson, R. Locke, C. Lyddy, and C. Reavis (2009). "Nike Considered: Getting Traction on Sustainability." MIT Sloan School of Management White Paper.
17. https://www.greenbiz.com/blog/2012/05/07/nike-sustainability-goals-supply-chain.
18. http://www.nikeresponsibility.com/report/content/chapter/our-sustainability-strategy.
19. http://www.adidas-group.com/media/filer_public/2013/07/31/ag_individual_roadmap_november_18_2011_en.pdf.
20. http://www.adidas-group.com/media/filer_public/2013/08/26/environmental_statement_2007_english.pdf.
21. http://www.adidas-group.com/en/sustainability/products/materials/.
22. http://www.bloomberg.com/bw/articles/2012-03-15/is-nikes-flyknit-the-swoosh-of-the-future.
23. Ibid.
24. http://www.nytimes.com/2010/09/19/science/earth/19clean.html?_r=0.
25. Bryan Walsh, "Greener Dishwashing: A Farewell to Phosphates," Time, November 13, 2010. Retrieved from: http://www.time.com/time/printout/0,8816,2030878,00.html.
26. Sierra Club (2006). "Washington State Phosphate Ban First in Nation: Eliminating Phosphates from Dishwashing Detergents 'Cleans Dishes While Saving Fishes.'" Retrieved from: http://www.waterplanet.ws/phosphates/Site/Media/Entries/2006/3/27_Washington_state_phosphate_ban_first_in_nation.html.
27. Mireya Navarro, "Cleaner for the Environment, Not for the Dishes," The New York Times, September 18, 2010. Retrieved from: http://www.nytimes.com/2010/09/19/science/earth/19clean.html?_r=0.
28. Ibid.
29. Ibid.
30. Consumer Reports (2013). "Cascade and Finish Top Our Tough Tests." Retrieved from: http://www.consumerreports.org/cro/magazine/2013/10/findthe-best-dishwasher-detergent/index.htm.
31. Seventh Generation (2009). "Improved Products." Retrieved from http://www.2009.7genreport.com/products/improved.php.
32. EPA (2000). "1,4-Dioxane (1,4—Diethyleneoxide)." Retrieved from: http://www.epa.gov/ttnatw01/hlthef/dioxane.html.
33. Seventh Generation (2009). "Improved Products." Retrieved from: http://www.seventhgeneration.com/mission/product-philosophy/improved-products-2009.
34. http://www.sciencemag.org/news/2016/05/us-panel-releases-consensus-genetically-engineered-crops.
35. Alan Boyle, "Scientists and Public at Odds over Climate, GMOs and More," NBC News, January 29, 2015. Retrieved from: http://www.nbcnews.com/science/science-news/survey-shows-scientists-public-odds-over-climate-gmos-more-n296231.
36. Walgreens (2012). "Walgreens Introduces the 'Ology' Brand of Healthy Home Products." Retrieved from: http://news.walgreens.com/article_print.cfm?article_id=5666.
37. CTL, "Building Supply Chains That Deliver Sustainability," 2010 Crossroads, MIT, Cambridge, MA, March 25, 2010.
38. CTL, "Supply Chains in Transition: The Driving Forces of Change," 2012 Crossroads, MIT, Cambridge, MA, June 28, 2012.
39. Interview with Carlos Navarros, Charlene Wall-Warren, and Leta LaRuch, BASF Canada, April 8, 2016.
40. https://www.basf.com/documents/corp/en/sustainability/management-and-instruments/sustainable-solution-steering/BASF_Brochure_Sustainable_Solution_Steering.pdf.
41. https://www.greenbiz.com/article/basfs-new-strategy-greener-supply-chain.

42. https://www.basf.com/documents/corp/en/investor-relations/calendar-and
-publications/presentations/2015/151001_BASF_SRI.pdf.
43. https://www.basf.com/documents/corp/en/sustainability/management-and-instruments/sustainable-solution-
steering/BASF_Booklet_Sustainable_Solution_Steering.pdf.
44. Ibid.
45. Interview with Carles Navarro, Charlene Wall-Warren, and Leta LaRuch, BASF Canada, April 8, 2016.
46. Interview with Cynthia Wilkinson, 2013.
47. Laura Northrup, "How the Stupid Shipping Gang Sends a Bottle of White Out," Consumerist, August 21, 2012. Retrieved from:
http://consumerist.com/2012/08/21/how-the-stupid-shipping-gang-sends-a-bottle-of-white-out/.
48. Laura Northrup, "Amazon Makes Sure Sharpie Shipment Arrives Very, Very, Very Safely," Consumerist, July 3, 2012. Retrieved
from: http://consumerist.com/
2012/07/03/amazon-makes-sure-sharpie-shipment-arrives-very-very-very-safely/.
49. Laura Northrup, "Macy's Includes Free Mug in My Box of Air Pillows," Consumerist, May 20, 2013. Retrieved from:
http://consumerist.com/2013/05/20/macys-includes-free-mug-in-my-box-of-air-pillows/.
50. Interview with Cynthia Wilkinson, 2013.
51. http://wwd.com/business-news/financial/amazon-walmart-top-ecommerce-retailers-10383750/.
52. Packaging World (2013). "Staples Deploys on-Demand, Custom Case Making." Retrieved from:
http://www.packworld.com/machinery/converting-machinery/staples-deploys-demand-custom-case-making.
53. Ibid.
54. Break-pack orders are orders in which the customer wants less than a full case of a product. They require workers at the
distribution center to "break" a case and pack one or more different items into a separate (usually smaller) box.
55. Maida Napolitano, "Staples: Smart Packaging, Happy Customers, Healthy Planet," Modern Material Handling, June 1, 2013.
Retrieved from: http://www.mmh.com/article/staples_smart_packaging_happy_customers_healthy_planet.
56. Staples piloted Packsize equipment at a single fulfillment center in Orlando, Florida, in early 2011, according to a
Staples/Packsize case study.
57. Interview with Cynthia Wilkinson, 2013.
58. Prior to working with Packsize, Staples' fulfillment centers stocked between 7 and 14 different box options and kept half a
truckload to a full truckload of each on hand. With all boxes drawing from the same stock, centers using the Packsize machines have
been able to reduce their total cardboard storage to less than two truckloads (Staples-Packsize Joint Press Release 2013).
59. DC Velocity 2013.
60. Staples/Packsize Joint Press-Release (2012). "Staples Delivers Custom Box Sizes with Every Order for More Convenience, Reduced
Waste."
61. ECORYS (2010). "Freight Transport for Development, A Policy Toolkit." Cambridge Systematics, Retrieved from:
http://www.ppiaf.org/freighttoolkit/sites/default/files/casestudies/Walmart.pdf.
62. Walmart News Archive (2006), http://news.walmart.com/news-archive/2006/
11/01/wal-mart-unveils-packaging-scorecard-to-suppliers. Accessed July 2014. 63. "Walmart 2014 Sustainability Report."
http://www.corporatereport.com/walmart/2014/grr/environment_packing_materials.html. Accessed July 2014.
64. Environmental News Network (2013). Amazon Promotes "Frustration-Free Packaging Initiative." Retrieved from:
http://www.enn.com/business/article/46770.
65. Ibid.
66. Amazon (n.d.). "About Amazon Certified Frustration-Free Packaging." Retrieved from:
http://www.amazon.com/gp/help/customer/display.html?ie=UTF8&nodeId=200285450.
67. Amazon (2013). "Amazon Frustration-Free Packaging Letter to Customers."
Retrieved from:
http://www.amazon.com/gp/feature.html/ref=amb_link_84595831_1?ie=UTF8&docId=1001920911&pf_rd_m=ATVPDKIKX0DER&p
f_rd_s=merchandised-search-5&pf_rd_r=0MGZCPER0HQ4B2MPYNDW&pf_rd_t=101&pf_rd_p=1721461822&pf_rd_i=5521637011.
Accessed July 2014.
68. Stephanie Clifford, "Packaging is All the Rage, and Not in a Good Way," The New York Times, September 7, 2010. Retrieved
from: http://www.nytimes.com/2010/09/08/technology/08packaging.html?_r=0.
69. Ibid.
70. GreenBlue (2014). "History." Retrieved from: http://www.greenblue.org/about/history/.
71. GreenBlue (2014). "COMPASS: Comparative Packaging Assessment." Retrieved
from: http://www.sustainablepackaging.org/content/?type=5&id=compass-comparative-packaging-assessment.
72. Seventh Generation (2014). "Supply Chain Sustainability and Life Cycle Assessment." Presentation at MIT.
73. Pouches for automatic dishwasher packs and laundry powder packs are able to be recycled because they are solid pouches,
unlike the liquid hand wash and dish washer soap.
74. Seventh Generation (2012). "Corporate Consciousness Report." Retrieved from: http://2013.7genreport.com.
75. Kao (2012). "Attack Changed the History of Laundry Detergent." Retrieved
from: http://www.kao.co.jp/rd/eng/products/household/details.html/.
76. Japan for Sustainability (2012). "Consumer Driven Policy—Making Good Products with Integrity: Toward a Sustainable Japan—
Corporations at Work," Article Series No. 31. Retrieved from: http://www.japanfs.org/en_/business/corporations31.html.
77. Kao promotional materials called it "a size that can be carried easily with onehand."
78. M. Fujiwara (2011). "Innovation by Defining Failures under Environmental and Competitive Pressures: A Case Study of the
Laundry Detergent Market in Japan." Asia Research Center: Denmark.
79. Soon Neo Lim, "Even with Soap, Less Can Be More: Marketing: Super-concentrated Detergents in Recyclable Packages Have Hit
West Coast Stores. They Already Command 90% of the Japanese Market," Los Angeles Times, December 26, 1990. Retrieved from:
http://articles.latimes.com/1990-12-26/business/fi-6641_1_super-concentrated-detergent/.
80. About.com (2012). "Tide Laundry Detergent through the Decades." Retrieved from:
http://laundry.about.com/od/laundrydetergents/ss/Tide-Laundry-Detergent-Through-The-Decades_4.htm.
81. Ibid.
82. I. Breskin, "Consumers Resist Increased Liquid Concentration," Chemical Week 156, no. 3 (1995): 39.
83. Ibid.
84. Edward Humes. Force of Nature: The Unlikely Story of Wal-Mart's Green Revolution (New York: HarperBusiness, 2011).

85. Kathy Claffey, "P&G's Detergent Concentration Shift." Presentation at MIT CTL annual Crossroads conference (2010).
86. P&G, CTL. "Building Supply Chains That Deliver Sustainability." 2010 Crossroads.
87. Walmart (2008). "Walmart to Sell Only Concentrated Products in Liquid Laundry Detergent Category by May 2008." Retrieved from: http://news.walmart.com/news-archive/2007/09/26/-to-sell-only-concentrated-products-in-liquid-laundry-detergent-category-by-may-2008.
88. Awareness Into Action (2011). "Save More. Live Better: Wal-Mart's 360 Approach: Reducing Waste and Switching to Sustainable Technologies to Save Money and Increase Profits." Retrieved from: http://www.awarenessintoaction.com/whitepapers/-Supply-Chain-Packaging-Scorecard-sustainability.html.
89. http://www.bbc.com/news/business-29543834.
90. Dell (2014). "Green Packaging & Shipping: Bamboo." Retrieved from http://www.dell.com/learn/us/en/uscorp1/corp-comm/bamboo-packaging?c=us&l=en&s=corp&cs=uscorp1.
91. Interview with Oliver Campbell, 2014.
92. http://www.bbc.com/news/business-29543834.
93. See: www.ecovativedesign.com.
94. http://www.plasticsnews.com/article/20131112/NEWS/131119978/sealed-air-reopening-iowa-plant-to-make-fungi-based-packaging.
95. Joint Nature Conservation Committee, DEFRA, U.K. (2014). "Mushrooms Wrap Up Plastic Packaging." Retrieved from: http://jncc.defra.gov.uk/page-5784. Accessed July 2014.
96. Dell (2014). "Green Packaging & Shipping: Mushroom Packaging." Retrieved from: http://www.dell.com/learn/us/en/uscorp1/corp-comm/mushroom-packaging.
97. http://www.bbc.com/news/business-29543834.
98. http://i.dell.com/sites/doccontent/corporate/corp-comm/en/Documents/fy15-cr-report.pdf.
99. http://iowapublicradio.org/post/biomaterials-breathe-new-life-vacant-cryovac-plant.
100. http://www.plasticsnews.com/article/20131112/NEWS/131119978/sealed-air-reopening-iowa-plant-to-make-fungi-based-packaging.
101. http://www.nhtsa.gov/fuel-economy.
102. http://www.sgtorrice.com/files/Pages/News/2015-Regional-Standards-Cooling-Heating%20Products-rev1.pdf.
103. https://www.energystar.gov/ia/products/lighting/cfls/downloads/EISA_Backgrounder_FINAL_4-11_EPA.pdf.
104. Lucas Davis and Gilbert Metcalf, "Does Better Information Lead to Better Choice? Evidence from Energy Efficiency Labels," NBER Working Paper No 20720, November 2014.
105. Chris Mooney, "Why It's Not Okay to Have a Second Refrigerator," Washington Post, November 26, 2014.
106. Joanna Mauer, Andrew deLaski, Steven Nadel, Anthony Fryer, and Rachel Young, "Better Appliances: An Analysis of Performance, Features, and Price as Efficiency Has Improved," American Council for an Energy Efficient Economy Report No. A132, May 2013.
107. http://www.consumerreports.org/cro/news/2011/03/come-on-new-york-times-washers-can-be-green-and-efficient/index.htm.
108. https://www.energystar.gov/index.cfm?c=monitors.lcd.
109. See Table 2-1 in the US EPA Trends report: http://www.fueleconomy.gov/feg/pdfs/420r13011_EPA_LD_FE_2013_TRENDS.pdf.
110. Dana Oliver, "Dry Shampoo: The Dos and Don'ts of Skipping the Sud," Huffington Post, April 6, 2014. Retrieved from: http://www.huffingtonpost.com/2012/04/06/dry-shampoo_n_1395302.html.
111. Unilever Sustainable Living (2014). "Reducing GHG in Consumer Use." Retrieved from: http://www.unilever.com/sustainable-living-2014/reducing-environmental-impact/greenhouse-gases/reducing-ghg-in-consumer-use/. Accessed August 2014.
112. UN Global Compact Report (2012). "Michelin Performance and Responsibility." Retrieved from: http://unglobalcompact.org/system/attachments/21304/original/PRMdata_Grenelle2_2012-Registration-Document.pdf?1365610917.
113. http://shradertireandoil.com/blog/10-reasons-to-convert-to-michelin-x-one-tires.
114. Carbon Disclosure Project, CDP 2013 Investor CDP 2012 Information Request BASF SE.
115. https://www.basf.com/documents/corp/en/about-us/publications/reports/2014/BASF_Report_2013.pdf.
116. BusinessWire (2005). "GE Launches Ecomagination to Develop Environmental Technologies; Company-Wide Focus on Addressing Pressing Challenges. Retrieved from: http://www.businesswire.com/news/home/20050509005663/en/GE-Launches-Ecomagination-Develop-Environmental-Technologies-Company-Wide#.U8UcCFa7Awc.
117. http://www.greentechmedia.com/articles/read/natural-gas-at-heart-of-ges-10b-ecomagination-boost.
118. GE (2014). "GE Renews Ecomagination Commitments." Retrieved from: http://www.genewscenter.com/Press-Releases/GE-Renews-Ecomagination-Commitments-454d.aspx. Accessed July 2014.
119. Sheila Bonini and Steven Swartz, "Bringing Discipline to Your Sustainability Initiatives," McKinsey & Company, Sustainability & Resource Productivity, August 2014.
120. http://www.latimes.com/business/la-fi-hy-elon-musk-defends-subsidies-20150601-htmlstory.html.
121. Tim Higgins and Charles Rollet, "Tesla Sales Fall to Zero in Hong Kong after Government Tax Break is Slashed," Wall Street Journal, July 9, 2017.
122. Marty Padgett, "Toyota Prius: A Brief History in Time," Green Car Reports, September 10, 2008. Retrieved from: http://www.greencarreports.com/news/1014178_toyota-prius-a-brief-history-in-time.
123. https://www.fueleconomy.gov/feg/Find.do?action=sbs&id=37825&id=37626.
124. For example, assuming a 13-years life for the average US car (see: https://en.wikipedia.org/wiki/Car_longevity), the number of miles required to break even are 2.6 times higher if the discount rate is 3 percent and 4.7 times higher at a discount rate of 5 percent.
125. Slate (2008). "Tank vs. Hybrid." Retrieved from: http://www.slate.com/articles/health_and_science/the_green_lantern/2008/03/tank_vs_hybrid.html.
126. Chris Demorro, "Prius Outdoes Hummer in Environmental Damage," The Recorder, March 7, 2007. Retrieved from: http://www.freerepublic.com/focus/f-news/1904448/posts.
127. Ibid.
128. http://pacinst.org/app/uploads/2013/02/hummer_vs_prius3.pdf.
129. https://thinkprogress.org/prius-easily-beats-hummer-in-life-cycle-energy-use-dust-to-dust-report-has-no-basis-in-fact-58001d2e5658.
130. http://www.thecarconnection.com/tips-article/1010861_prius-versus-hummer-exploding-the-myth.

131. T. Nonaka and M. Nakano, "Study of Popularization Policy of Clean Energy Vehicles Using Life Cycle Assessment." Next Generation Infrastructure Systems for Eco-Cities (Shenzhen, 2010), pp. 1—6.

132. http://www.pnas.org/content/108/40/16554.abstract.

133. Mike Ramsey, "Ford Projects Up to 20% Mileage Gain in F-150," Wall Street Journal, September 30, 2014.

134. http://www.livescience.com/22277-energy-footprint-cars-ria.html.

135. J. Sullivan, R. Williams, S. Yester, E. Cobas-Flores et al., "Life Cycle Inventory of a Generic US Family Sedan Overview of Results USCAR AMP Project," SAE Technical Paper 982160, 1998, doi:10.4271/982160.

136. S. Raykar, "Analysis of Energy Use and Carbon Emissions from Automobile Manufacturing," A thesis in the MIT Department of Mechanical Engineering, June 2015. https://dspace.mit.edu/handle/1721.1/100098.

137. http://www3.epa.gov/ttncatc1/dir1/fnoxdoc.pdf.

138. John German, "Volkswagen's Defeat Device Scandal." Transportation Economics, Energy and the Environment Conference, The Michigan League, Ann Arbor, October 30, 2015. Lecture. Retrieved from: https://www.youtube.com/watch?v=swBvfSy4BMo&feature=youtu.be. Accessed March 11, 2016.

139. Guilbert Gates, Jack Ewing, Karl Russell, and Derek Watkins, "How Volkswagen Is Grappling with Diesel Deception," The New York Times, updated March 16, 2017. Retrieved from: http://www.nytimes.com/interactive/2015/business/international/vw-diesel-emissions-scandal-explained.html?_r=0.

140. http://www.bbc.com/news/business-34324772.

141. http://fortune.com/2015/09/23/volkswagen-stock-drop/.

142. http://www.roadandtrack.com/car-culture/news/a27809/volkswagen-diesel-scandal-could-lead-to-48-billion-in-fines/.

143. http://www.wsj.com/articles/volkswagen-faces-south-korean-ban-on-vehicle-sales-1470105191.

144. Aruna Viswanatha, William Boston, and Mike Spector, "US Indicted Six Volkswagen Executives in Emissions Scandal," Wall Street Journal, January 11, 2017. Retrieved from: http://www.wsj.com/articles/volkswagen-pleads-guilty-inu-s-emissions-scam-1484159603.

145. David Rogers, "Rising Global Middle Classes Pose Huge Resource Threat," Global Construction Review, May 8, 2014.

146. Herman Miller (2013). "Aeron Disassembly for Recycling." Retrieved from: http://www.hermanmiller.com/content/dam/hermanmiller/documents/environmental/recycling/Aeron_Chairs_Recycling_Instructions.pdf.

147. Herman Miller (n.d.). "Mirra Seating Material Content and Recyclability." Retrieved from: http://www.hermanmiller.com/content/dam/hermanmiller/documents/environmental/other/Material_Content_and_Recyc-Mirra.pdf.

148. Herman Miller (2013). "Awards and Recognitions: Product." Retrieved from: http://www.hermanmiller.com/about-us/who-is-herman-miller/awards-and-recognition/product.html.

149. Herman Miller (2013). "rePurpose Program." Retrieved from: http://www.hermanmiller.com/about-us/our-values-in-action/environmental-advocacy/repurpose-program.html.

150. Lorna Thorpe, "Steelcase 'Closes the Loop' on Textile Waste," The Guardian, May 16, 2013. Retrieved from: http://www.theguardian.com/sustainable-business/steelcase-closes-loop-textile-waste. Accessed August 2014.

151. In 2015 EMC was acquired by Dell in the largest deal in tech history.

152. EMC (2013). "Material and Resources Use." Retrieved from: http://www.emc.com/corporate/sustainability/sustaining-ecosystems/eol.htm.

153. Ibid.

154. Interview with Benjamin Ezra, Principal Program Manager of EMC's Global Product Take Back, 2013.

155. Interface Flor (2007). RePrise Collection Brochure. Interface products.

156. Integral. Ray Anderson's Personal and Company Vision. Retrieved from: http://www.integral.org.au/ray-andersons-personal-and-company-vision.

157. Ray Anderson, Mid-Course Correction: Toward a Sustainable Enterprise: The Interface Model (White River Junction, VT: Chelsea Green Publishing Company, 1998).

158. Lorna Thorpe, "InterfaceFlor—Closing the Loop in the Manufacturing Process," The Guardian, May 26, 2011. Retrieved from: http://www.theguardian.com/sustainable-business/closing-loop-manufacturing-process-reduce-waste.

159. YouTube (2012). "I AM Mission Zero." Retrieved from: http://www.youtube.com/watch?v=chPD3g4dMJI.

160. Carpet Recovery (2008). "Carpet Cycle, InterFace Flor Named CARE Recyclers of the Year." Retrieved from: http://www.carpetrecovery.org/070509_CARE_Conference.php.

161. It is important to note that the service model was not quickly adopted by customers and took many years of work before there was adoption of this changedmodel for carpet use.

제9장 해야 할 일을 하라: 지속가능성 커뮤니케이션 Talking the Walk: Communicating Sustainability

1. http://fortune.com/2015/10/14/whole-foods-retail-software/.

2. Lucy Atkinson, "'Wild West' of Eco-Labels: Sustainability Claims are Confusing Consumers," The Guardian, July 4, 2014. Retrieved from: http://www.theguardian.com/sustainable-business/eco-labels-sustainability-trust-corporate-government.

3. http://www.iso.org/iso/environmental-labelling.pdf.

4. James Kantor, "Does Carbon Labeling Confuse Consumers?" The New York Times, August 25, 2009. Retrieved from: http://green.blogs.nytimes.com/2009/08/25/does-carbon-labeling-confuse-consumers/.

5. Ibid.

6. Ibid.

7. Virginie Helias, Director, Sustainable Brand Development, P&G. Presentation at the MIT CTL Environmentally Sustainable Supply Chains Roundtable, Cincinnati, Ohio, January 13, 2015.

8. Ian Quinn, "'Frustrated' Tesco Ditches Eco-Labels," The Grocer, January 28, 2012. Retrieved from: http://www.thegrocer.co.uk/companies/supermarkets/tesco/frustrated-tesco-ditches-eco-labels/225502.article.

9. Cone Communications (2013). "2013 Cone Communications/Echo Global CSR Study." Retrieved from: http://www.conecomm.com/global-csr-study. Accessed April 1, 2015.

10. Stacy Mitchell, "Walmart's Promised Green Product Rankings Fall off the Radar," Grist, November 22, 2011. Retrieved from: http://grist.org/business-technology/2011-11-21-walmart-promised-green-product-rankings-fall-off-radar/.

11. http://www.marketingcharts.com/traditional/how-important-is-green-to-consumers-38073/.

12. E. Golan, et al., "Economics of Food Labeling," Journal of Consumer Policy 24 (2001): 117—184.
13. Ecolabel Index Website (2013). "Ecolabel Index: About." Retrieved from: http://www.ecolabelindex.com/about/.
14. Ecolabel Index Website (2014). "Ecolabel Index: Ecolabels." Retrieved from: www.ecolabelindex.com/ecolabels/.
15. Interview with Dr. Anastasia O'Rourke, September 12, 2012.
16. http://sinsofgreenwashing.org/index35c6.pdf, p. 20.
17. M. Delmas and L. Grant, "Eco-Labeling Strategies and Price-Premium: The Wine Industry Puzzle," Business and Society 53, no. 1 (2010): 6—44.
18. D. Gromet, et al. "Political Ideology Affects Energy-Efficiency Attitudes and Choices," Proceedings of National Academy of Sciences of the United States of America 110, no. 23 (2013): 9314—9319.
19. S. Yang, et al, "Consumer Willingness to Pay for Fair Trade Coffee: A Chinese Case Study," Journal of Agricultural and Applied Economics 44 (2012): 21—34.
20. Ibon Galarraga and Anil Markandya, "Economic Techniques to Estimate the Demand for Sustainable Products: A Case Study for Fair Trade and Organic Coffee in the United Kingdom." Economia Agraria y Recursos Naturales 4, no. 7 (2004): 109—134.
21. T. B. Bjørner, L. G. Hansen, and C. S. Russell, "Environmental Labeling and Consumers' Choice—An Empirical Analysis of the Effect of the Nordic Swan," Journal of Environmental Economics and Management 47 no. 3 (2004): 411—434. 22. Ibid.
23. http://www.sustainablebrands.com/news_and_views/stakeholder_trends _insights/sustainable_brands/eu_study_finds_sustainability_understa.
24. Interview with Keith Sutter, January 31, 2013.
25. http://www.nielsen.com/us/en/press-room/2014/global-consumers-are-willing -to-put-their-money-where-their-heart-is.html. Accessed June 17, 2014.
26. Edgar Blanco and Yossi Sheffi, "Green Logistics," in Yan Bouchery, Tarkan Tan, Jan Fransoo, and Charles Corbett (eds.), Sustainable Supply Chains (New York: Springer-Verlag, 2016).
27. Phillip Nelson, "Information and Consumer Behavior," Journal of Political Economy, 78(2) (1970): 311—329.
28. M. Darby and E. Karni, "Free Competition and the Optimal Amount of Fraud" Journal of Law and Economics 16, no. 1 (1973): 67—88.
29. Ibid.
30. Pier Luigi Sigismondi, Chief Supply Chain Officer, Unilever, Visit and Presentation at MIT, September 27, 2013.
31. Unilever HBR case study, http://www.hbs.edu/faculty/Pages/item.aspx?num=41262.
32. R. Henderson and F. Nellemann (2011). "Sustainable Tea at Unilever." Harvard Business Case study.
33. Nicholas Institute for Environmental Policy Solutions (2010). "An Overview of Ecolabels and Sustainability Certifications in the Global Marketplace." Duke University.
34. http://www.rainforest-alliance.org/marketing/marks.
35. Nordic Ecolabelling (2014). "The Nordic Ecolabel—The Official Ecolabel in the Nordic Countries." Retrieved from: http://www.nordic-ecolabel.org/about/.
36. Interview with Keith Sutter, Senior Product Director for the Sustainability arm of Johnson & Johnson, March 6, 2013.
37. Interview with Ann Bailey, 2012.
38. Energy Star website (2013). "How a Product Earns the ENERGY STAR Label." Retrieved from: http://www.energystar.gov/index.cfm?c=products.pr_how_earn.
39. EPA (2012). "Energy Star Products: 20 Years of Helping America Save Energy, Save Money and Protect the Environment." Retrieved from: http://www.energystar.gov/ia/products/downloads/ES_Anniv_Book_030712_508compliant_v2.pdf.
40. Ibid.
41. http://www.forbes.com/2004/05/18/cz_jf_0518mpg.html.
42. EPA (2010). "Environmental Protection Agency Fuel Economy Label: Literature Review." Environmental Protection Agency and Department of Transportation, Retrieved from: http://www.epa.gov/fueleconomy/label/420r10906.pdf.
43. GPO (2007). "The Energy Independence and Security Act of 2007." Retrieved from: http://www.gpo.gov/fdsys/pkg/BILLS-110hr6enr/pdf/BILLS-110hr6enr.pdf.
44. EPA (2013). "Green Vehicle Guide: About the Ratings." Retrieved from: www.epa.gov/greenvehicles/Aboutratings.do.
45. EPA (2013). "Emission and Fuel Economy Test Data." Retrieved from: http://www.epa.gov/otaq/testdata.htm.
46. More information is available at US Department of Energy (2013). "Gasoline Vehicles: Learn More About the New Label." Retrieved from: www.fueleconomy.gov/feg/label/learn-more-gasoline-label.shtml.
47. http://www.consumer.ftc.gov/articles/0072-shopping-home-appliances-use-energyguide-label.
48. Lucas Davis and Gilbert Metcalf, "Does Better Information Lead to Better Choices? Evidence from Energy-Efficiency Labels," NBER Working Paper 20720, November 2014. Retrieved from: http://www.nber.org/papers/w20720.49. Joanna Mauer, Andrew deLaski, Steven Nadel, Anthony Fryer, and Rachel Young, "Better Appliances: An Analysis of Performance, Features, and Price as Efficiency Has Improved," American Council for an Energy Efficient Economy, Report Number A132, May 2013.
50. Stephanie Strom, "Has 'Organic' Been Oversized?" The New York Times, July 7, 2012. Retrieved from: http://www.nytimes.com/2012/07/08/business/organic-food-purists-worry-about-big-companies-influence.html?pagewanted=all&_r=0.51. Kimberly Kindy and Lyndsey Layto, "Integrity of Federal 'Organic' Label is Questioned," Washington Post, July 3, 2009. Retrieved from: http://articles.washingtonpost.com/2009-07-03/news/36836942_1_organic-label-organic-products-usda-organic.
52. Ibid.
53. Megan Riesz, "Apple Pulls Out of Eco-Friendly Certification, Insists It's Already Green," Christian Science Monitor, July 11, 2012. Retrieved from: http://www.csmonitor.com/Innovation/2012/0711/Apple-pulls-out-of-eco-friendly -certification-insists-it-s-already-green.
54. Philip Elmer-DeWitt, "What Apple Lost by Dropping EPEAT Green Certification" Fortune, July 7, 2012. Retrieved from: http://fortune.com/2012/07/07/what-apple-lost-by-dropping-epeat-green-certification/.
55. EPA (2010). "Electronic Product Environmental Assessment Tool (EPEAT)." Retrieved from: http://www.epa.gov/epp/pubs/products/epeat.htm.
56. Ecolabel Index (2013). "Ecolabels: EPEAT." Retrieved from: http://www.ecolabelindex.com/ecolabel/epeat.
57. Megan Riesz, "Apple Pulls Out of Eco-Friendly Certification, Insists It's Already Green," Christian Science Monitor, July 11, 2012. Retrieved from: http://www.csmonitor.com/Innovation/2012/0711/Apple-pulls-out-of-eco-friendly-ce rtification-insists-it-s-already-green.

58. Josh Lowensohn, "Apple Reverses Course, Re-Ups with EPEAT Green Standard," CNET, July 13, 2012. Retrieved from: http://news.cnet.com/8301-13579_3-57472035-37/apple-reverses-course-re-ups-with-epeat-green-standard/.

59. Michael McCoy, "Spread of Ecolabels Vexes Cleaning Product Makers," Chemical and Engineering News 91, no. 4 (2013): 10—15.

60. Jonathan Bardelline, "Seventh Generation, NatureWorks First to Earn USDA Biobased Label," GreenBiz, April 7, 2011. Retrieved from: http://www.greenbiz.com/news/2011/04/07/seventh-generation-natureworks-among-first-earn-usda-biobased-label.

61. M. Delmas and L. Grant, "Eco-Labeling Strategies and Price-Premium: The Wine Industry Puzzle," Business and Society 53, no. 1 (2010): 6—44.

62. D. Gromet, et al. "Political Ideology Affects Energy-Efficiency Attitudes and Choices," Proceedings of National Academy of Sciences of the United States of America 110, no. 23 (2013): 9314—9319.

63. http://www.businessweek.com/articles/2014-02-04/mcdonald-s-wants-you-to-watch-how-mcnuggets-are-made#r=shared.

64. McDonald's Chicken McNuggets are small pieces of chicken meat that have been battered and deep-fried.

65. Clorox (2013). Green Works All-Purpose Cleaner. Retrieved from: http://www.greenworkscleaners.com/products/all-purpose-cleaner/ingredients/.

66. Clorox (2013). Clean-Up Cleaner + Bleach. Retrieved from: http://www.clorox.com/products/clorox-clean-up-cleaner-bleach/.

67. http://www.harvestmark.com/latest-news/press-releases/driscoll%27s-completes-key-milestones-in-clamshell-traceability-program.aspx.

68. http://www.essentialretail.com/news/in-store/article/52f8bd1577911-tesco-lotus-reports-benefits-of-qr-code-technology.

69. http://www.packwebasia.com/production/labels/3068-a-thai-retail-first-tracing-products-with-tesco-lotus-qr-code-system.

70. http://www.top10produce.com/meet_the_growers.

71. http://oregonstate.edu/ua/ncs/archives/2009/feb/pilot-project-consumers-can-track-their-fish-meet-fishermen-bar-code-system.

72. http://www.idigitaltimes.com/buycott-app-how-does-app-help-boycott-companies-357680.

73. Andrew Martin and Elizabeth Rosenthal, "Cold-Water Detergents Get a Cold Shoulder," The New York Times, September 16, 2011.

74. http://cdn.pg.com/-/media/PGCOMUS/Documents/PDF/Sustainability_PDF/sustainability_reports/PG2015SustainabilityReport.pdf?la=en-US&v=1-201605111505.

75. P&G Press Release, "P&G "Take a Load Off" Campaign, Together with Actress Vanessa Lachey, Empowers Consumers Nationwide to Switch to Cold Water Laundry Washing This Earth Day," April 2, 2012. Retrieved from: http://news.pg.com/press-release/pg-corporate-announcements/pg-take-load-campaign-together-actress-vanessa-lachey-empow.

76. http://www.purexlaundry.ca/products/detergents/coldwater. Accessed January 2015.

77. Andrew Martin and Elizabeth Rosenthal, "Cold-Water Detergents Get a Cold Shoulder," The New York Times, September 16, 2011.

78. Ibid.

79. Ibid.

80. http://www.iprefer30.eu/partners.

81. http://www.businessforpost-2015.org/goal-13-combat-climate-change/.

82. http://walmartstores.com/download/4887.pdf.

83. http://www.businessinsider.com/does-freezing-your-jeans-kill-bacteria-2014-5.

84. Sadie Whitelocks, "Should Real Denim Wearers Ever Wash Their Jeans? Levi's CEO Boasts that He Hasn't Cleaned His 501s for a Year," Daily Mail, May 21, 2014. Retrieved from: http://www.dailymail.co.uk/femail/article-2635085/I-know-sounds-totally-disgusting-Levis-CEO-admits-washed-jeans-YEAR.html.

85. http://us.pg.com/sustainability/environmental_sustainability/brand_efforts.

86. Jessica Lyons Hardcastle, "Tide's Hotel Laundry System Reduces Water Use 40%," Environmental Leader, April 29, 2015.

87. Boots (2010). A Holistic Approach to Sustainable Products. The original source is no longer online. Information available at: https://greenlab.mit.edu/sites/default/files/documents/ Life%20cycle%20analysis.pdf), which shows the 93 percent figure mentioned in the text in graphical form.

88. Ibid.

89. Ethical Corporate (2008). "Carbon Labels—Green Mark Too Far?" Retrieved from: http://www.ethicalcorp.com/business-strategy/carbon-labels-green-mark-too-far.

90. Unilever (2014). "Project Sunlight." Retrieved from: https://www.projectsunlight.us/?utm_source=google&utm_medium=online+search&utm_term=project+sunlight&utm_campaign=R-Project-Sunlight_Nov2065project+sunlight&utm_campaign=R-Project-Sunlight_Nov2013&gclid=CjwKEAjwns6hBRDTpb_ikbTv1UYSJACBhberyg42OMp20lakUSvklECI4PxEJD4oq7ulC0YAsYx6JBoC-hzw_wcB&gclsrc=aw.ds.

91. https://www.basf.com/documents/corp/en/about-us/publications/reports/2015/BASF_Report_2014.pdf.

92. https://www.basf.com/documents/it/publications/BASF_Report_2014.pdf.

93. https://www.basf.com/documents/corp/en/about-us/publications/reports/2015/BASF_Report_2014.pdf.

94. https://www.basf.com/en/company/sustainability/management-and-instruments/sustainable-solution-steering.html.

95. See chapter 4 for further explanation of Grenelle I and II.

96. Institut RSE Management (2012). "The Grenelle II Act in France: a Milestone Towards Integrated Reporting." Archived at: https://www.yumpu.com/en/document/view/38199171/the-grenelle-ii-act-in-france-a-milestone-towards-capital-institute.

97. BSR (2012). "The Five W's of France's CSR Reporting Law. BSR Special Report."

98. https://www.basf.com/us/en/company/sustainability/environment/water.html.

99. Al Bredenberg, "At Logistics Giant UPS, Sustainability Is about … Logistics," IMT Green & Clean Journal, October 1, 2012. Retrieved from: http://news.thomasnet.com/green_clean/2012/10/01/at-logistics-giant-ups-sustainability-is-about-logistics/.

100. http://www.greenbiz.com/blog/2013/08/19/why-cdp-gri-djsi-stand-out-among-sustainability-frameworks.

101. KPMG (2011). "KPMG International Survey of Corporate Responsibility Reporting." Retrieved from: http://www.kpmg.com/US/en/IssuesAndInsights/ArticlesPublications/Documents/corporate-responsibility-reporting-2011.pdf.

102. http://www.environmentalleader.com/2015/03/10/gri-cdp-streamline-sustainability-reporting/.

103. Oscar Wild, The Importance of Being Earnest (1895).
104. http://www.cbc.ca/news/canada/10-worst-household-products-for-greenwashing-1.1200620.
105. Ibid.
106. Cone Communications (2013). "2013 Cone Communications/Echo Global CSR Study." Retrieved from: http://www.conecomm.com/global-csr-study. Accessed April 1, 2015.
107. Megali Delmas and Vanessa Burbano, "The Drivers of Greenwashing," California Management Review 54, no. 1 (2011): 64–87.
108. Paul Nastu, "Fiji Water Releases Carbon Footprint of Products, Challenges Industry," Environmental Leader, April 9, 2008. Retrieved from: https://www.environmentalleader.com/2008/04/fiji-water-releases-carbon-footprint-of-products-challenges-industry/.
109. Fiji (2009). Press Releases. Retrieved from: http://www.fijiwater.com/2009/fiji-water-foundation-plants-forest/.
110. CSR Wire (2008). "Fiji Water Becomes First Bottled Water Company to Release Carbon Footprint of Its Products." Retrieved from: http://www.csrwire.com/press_releases/15107-FIJI-Water-Becomes-First-Bottled-Water-Company-to-Release-Carbon-Footprint-of-Its-Products.
111. http://www.fastcompany.com/1714334/fiji-water-sued-over-carbon-credit-greenwashing.
112. Court proceedings of Ayana Hill v. Roll International Corporation, Court of Appeal of California, May 26, 2011.
113. SC Johnson & Co. (2011). Press Release: "SC Johnson Settles Cases Involving Greenlist Labeling." Retrieved from: http://www.scjohnson.com/en/press-room/press-releases/07-08-2011/SC-Johnson-Settles-Cases-Involving-Greenlist-Labeling.aspx.
114. SC Johnson & Co. (2008). Press Release: "Don't Let the Blue Fool You." Retrieved from: http://www.scjohnson.com/en/press-room/press-releases/01-17-2008/Don%E2%80%99t-Let-The-Blue-Fool-You.aspx.
115. Vanessa O'Connell, "'Green' Goods, Red Flags," Wall Street Journal, April 24, 2010. Retrieved from: https://www.wsj.com/articles/SB10001424052702304506904575180210758367310.
116. http://www.scjohnson.com/en/commitment/focus-on/greener-products/greenlist.aspx.
117. "PepsiCo Agrees to Acquire Naked Juice Company." Press release: http://www.prnewswire.com/news-releases/pepsico-agrees-to-acquire-naked-juice-company-56477082.html.
118. Jessica Lyons Hardcastle, "Pepsi Pays $9M, Removes 'All Natural' Naked Juices Label," Environmental Leader, July 29, 2013.
119. Consumer Reports (2012). "FTC Issues Revised Green Guides." Retrieved from: http://www.consumerreports.org/cro/news/2012/10/ftc-issues-revised-green-guides/index.htm#.
120. FTC (2012). "Green Guides—Part 260—Guides for the use of Environmental Marketing Claims." Federal Trade Commission.
121. Ibid.
122. EPA (2010). "EPA Comments on Proposed Revisions to Green Guides." Retrieved from: http://ftc.gov/os/comments/greenguiderevisions/00288-57070.pdf.
123. http://fairworldproject.org/blogs/rainforest-alliance-is-not-fair-trade/.
124. http://www.rainforest-alliance.org/sites/default/files/publication/pdf/ra-certification-cocoa-cote-divoire-cosa.pdf.
125. Terrachoice (2010). "The Sins of Greenwashing." Underwriters Laboratories.
126. Ibid.
127. Joel Makower, "Is TerraChoice Greenwashing?" GreenBiz, November 10, 2010. Retrieved from: http://www.greenbiz.com/blog/2010/11/01/terrachoice-greenwashing.
128. Ibid.
129. Interview with Kathrin Winkler, December 5, 2013.
130. https://www.youtube.com/watch?v=uRGiGbX9IIo.
131. James Hamblin, "A Brewing Problem," The Atlantic, March 2, 2015.
132. http://www.motherjones.com/blue-marble/2014/03/coffee-k-cups-green-mountain-polystyrene-plastic.
133. http://www.sciencedirect.com/science/article/pii/S0959652609001474.
134. http://www.keuriggreenmountain.com/~/media/Sustainability/PDF/ReportsDisclosures/Keurig_Fiscal2014_SustainabilityReport.ashx.
135. http://www.sciencedirect.com/science/article/pii/S0959652609001474.
136. The Economist (2010). "The Other Oil Spill." Retrieved from: www.economist.com/node/16423833.
137. Lian Pin Koh, Jaboury Ghazoul, Rhett A. Butler, et al., "Wash and Spin Cycle Threats to Tropical Biodiversity," BIOTROPICA 42, no. 1 (2010): 62–71.
138. Rhett A. Butler, "Blackwashing by NGOs, Greenwashing by Corporations, Threatens Environmental Progress," Mongabay.com, November 12, 2009.
139. Oliver Balch, "Sobering results for drinks giant Diageo reveal problems of sustainability targets," The Guardian, September 3, 2015.
140. Eric M. Lowitt and Jim Grimsley, "Hewlett-Packard: Sustainability as a Competitive Advantage," Accenture Case Study, May 2009.
141. Stephanie Rosenbloom and Michael Barbaro, "Green-Light Specials, Now at Walmart," The New York Times, January 24, 2009.

제10장 지속 가능성의 관리 Managing Sustainability

1. http://corporate.marksandspencer.com/aboutus/our-heritage.
2. https://about.futurelearn.com/blog/ms-innovation/.
3. Just-style (2009). "Sir Stuart Rose's Five Years as M&S Chief." Retrieved from: http://www.just-style.com/analysis/sir-stuart-roses-five-years-as-ms-chief_id105959.aspx.
4. http://www.theguardian.com/environment/2007/apr/15/fashion.ethicalliving.
5. http://www.yellowbridge.com/onlinelit/daodejing64.php.
6. Nina Kruschwitz, "How an 'Abundance Mentality' and a CEO's Fierce Resolve Kickstarted CSR at Campbell's Soup," MIT Sloan Management Review, August 14, 2012. Retrieved from: http://sloanreview.mit.edu/article/how-an-abundance-mentality-and-a-ceos-fierce-resolve-kickstarted-csr-at-campbell-soup/.
7. Dina Gerdeman, "Pulling Campbell's Out of the Soup," HBS Working Knowledge,

March 22, 2013. Retrieved from: http://hbswk.hbs.edu/item/7133.html.
8. Google Finance (2014). Campbell Soup Company. Retrieved from: https://www.google.com/finance?cid=5433.
9. Dina Gerdeman, "Pulling Campbell's Out of the Soup," HBS Working Knowledge,
March 22, 2013. Retrieved from: http://hbswk.hbs.edu/item/7133.html.
10. CSRWire (2008). "Campbell Appoints David Stangis Vice President Corporate Social Responsibility." Retrieved from:
http://www.csrwire.com/press_releases/13934-Campbell-Appoints-David-Stangis-Vice-President-Corporate-Social-Responsibility-.
11. Sustainable Plant (2013). "Campbell Soup's Aggressive Waste Reduction Initiatives." Retrieved from:
http://www.sustainableplant.com/2013/09/campbell-soup-s-aggressive-waste-reduction-initiatives/.
12. http://www.campbellcsr.com/planet/ and web pages therein.
13. Sustainable Plant (2013). "Campbell Soup's Aggressive Waste Reduction Initiatives." Retrieved from:
http://www.sustainableplant.com/2013/09/campbell-soup-s-aggressive-waste-reduction-initiatives/.
14. Nina Kruschwitz, "How an 'Abundance Mentality' and a CEO's Fierce Resolve Kickstarted CSR at Campbell's Soup," MIT Sloan
Management Review, August 14, 2012. Retrieved from: http://sloanreview.mit.edu/article/how-an
-abundance-mentality-and-a-ceos-fierce-resolve-kickstarted-csr-at-campbell-soup/.
15. Vijay Kanal, "Just How Important is the CEO to Sustainability?" GreenBiz, January 31, 2011. Retrieved from:
http://www.greenbiz.com/blog/2011/01/31/just-how-important-ceo-sustainability.
16. http://graphics.eiu.com/upload/eb/Enel_Managing_for_sustainability_WEB.pdf.
17. Marc Gunther, "Why eBay is a Green Giant," GreenBiz, February 16, 2010.
Retrieved from: http://www.greenbiz.com/blog/2010/02/16/why-ebay-green-giant.
18. Interview with Lori Duvall, Global Director of Green, eBay, April 5, 2013.
19. San Diego Union-Tribune (2009). "Whitman Says She'd Suspend 'Green Initiative.'" Retrieved from:
http://www.utsandiego.com/news/2009/sep/24/whitman-says-shed-suspend-8216green8217-initiative/.
20. Marc Gunther, "Why eBay is a Green Giant," GreenBiz, February 16, 2010.
Retrieved from: http://www.greenbiz.com/blog/2010/02/16/why-ebay-green-giant.
21. Ibid.
22. Tina Casey, "eBay Bets on Bloom Energy for Green Data Center," Triple Pundit,
June 25, 2012. Retrieved from: http://www.triplepundit.com/2012/06/ebay-will-use-bloom-energy-biogas-fuel-cells/.
23. http://tech.ebay.com/blog-post/introducing-our-salt-lake-city-data-center-advancing-our-commitment-cleaner-greener.
24. Interview with Lori Duvall, Global Director of Green, eBay, April 5, 2013.
25. Interview with Caitlin Bristol, Global Manager of Green, eBay, April 4, 2013.
26. Interview with Mark Buckley, Staples, December 8, 2013.
27. Dogwood Alliance (2007). "Corporate Campaigns: Working in the Marketplace to Defend Communities & The Environment."
Presentation retrieved from: http://www.powershow.com/view/114265-NjAwZ/Corporate_Campaigns
_Working_in_the_Marketplace_to_Defend_Communities_powerpoint_ppt_presentation.
28. Staples (2002). "Staples Appoints Mark Buckley Vice President of Environmental
Affairs." Retrieved from: http://staples.newshq.businesswire.com/press-release/staples-appoints-mark-buckley-vice-president-
environmental-affairs#axzz2lg9BwFRY.
29. EPA (2007). "Interview with Energy Champion: Mark Buckley." Retrieved on
June 21, 2016 from: http://www.epa.gov/climateleadership/documents/staples_interview.pdf.
30. Ibid.
31. Staples (2014). "Making More Sustainable Choices: Overview." Retrieved
from: http://www.staples.com/sbd/cre/marketing/staples_soul/environment.html.
32. Interview with Keith Sutter, Senior Product Director for the Sustainability arm of Johnson & Johnson, March 6, 2013.
33. Interviews with Tony Dunnage, Group Environmental Engineering Manager, Unilever, February 5, 2013; Jessie Sobel, North
American Sustainability Manager, Unilever, May 31, 2013.
34. Stephan Schmidheiny, Changing Course: A Global Business Perspective on Development and the Environment (Geneva: World
Business Council for Sustainable Development, 1992).
35. https://bus.wisc.edu/knowledge-expertise/newsroom/press-releases/2015/09/
10/financial-losses-stemming-from-reputation-damage-theres-an-insurance-policy-for-that.
36. http://nbs.net/wp-content/uploads/NBS-Long-Term-Thinking-ER.pdf.
37. https://www.unilever.com/news/press-releases/2015/Unilever-sees-sustainability-supporting-growth.html.
38. http://www.sustainablebrands.com/digital_learning/slideshow/brand_
innovation/how_inform_justify_expand_product_portfolio_shift_favor_.
39. Muhtar Kent and Carter Roberts, "Ensuring There's Water for all," Politico, July 15, 2013.
40. Lauren Hepler and Barbara Grady, "Environment as Economic Threat: How Sustainability Redefines Risk," GreenBiz, February 4,
2015.
41. Eliza Roberts and Brooke Barton, "Feeding Ourselves Thirsty: How the Food
Sector is Managing Global Water Risks," Ceres Report, May 2015, p. 46.
42. Trucost (2012). "New PUMA Shoe and T-shirt Impact the Environment by a Third Less than Conventional Products." Retrieved
from: http://www.trucost.com/news/156/new-puma-shoe-and-t-shirt-impact-the-environment-by-a-third-less-than-
conventional-products.
43. World Wildlife Federation Global (2008). "Unsustainable Cattle Ranching."
Retrieved from: http://wwf.panda.org/what_we_do/where_we_work/amazon/problems/unsustainable_cattle_ranching/.
44. Unfortunately, despite repeated requests, TruCost refused to discuss their
methodology, leaving the author wondering how they had derived their numbers.
45. PUMA (2011). PUMA's Environmental Profit and Loss Account for the year ended 31 December 2010. Retrieved from:
http://glasaaward.org/wp-content/uploads/2014/01/EPL080212final.pdf.
46. Interview with Stefan Seidel, Deputy Head of PUMA Safe Global, February 21, 2014.
47. https://b8f65cb373b1b7b15feb-c70d8ead6ced550b4d987d7c03fcdd1d
.ssl.cf3.rackcdn.com/cms/reports/documents/000/001/132/original/CDP_Carbon_Price_report_2016.pdf?1474899276.
48. Nina Kruschwitz, "Who's the Real Audience for Sustainability Efforts?" MIT Sloan Management Review, February 24 2013, reprint
54305, p. 4.
49. The phrase is often attributed to Abraham Lincoln responding to critics who blamed him for violating the US Constitution when

he suspended habeas corpus during the American Civil War (see: https://en.wikipedia.org/wiki/The_Constitution_is_not_a_suicide_pact). However, the exact phrase "'suicide pact" was used by Justice Jackson. His exact quote is: "There is danger that, if the court does not temper its doctrinaire logic with a little practical wisdom, it will convert the constitutional Bill of Rights into a suicide pact." See http://www.nytimes.com/2002/09/22/weekinreview/the-nation-suicide-pact.html.

50. Naturally, environmentalists could use this same analogy to say that there are considerations more important than business principles. They would assert that just as the constitutional rights of individuals are subservient to long-term societal survival (Justice Jackson's dissenting view), so, too, the rights of individual businesses are subservient to long-term societal survival.

51. Best Food Forward (2012). "Will the PUMA Leather Ban Deliver Real Environmental Gains?" Retrieved from: http://www.bestfootforward.com/industry-insights/blog/2012/09/14/will-puma-leather-ban-deliver-real-environmental-gains/.

52. Interview with Scott Wicker, UPS.

53. UPS (2014). "Alternative Fuel and Advanced Technology." Retrieved from: http://www.responsibility.ups.com/Environment/Alternative+Fuels.

54. http://www.pressroom.ups.com/Fact+Sheets/UPS+Fact+Sheet.

55. Interview with Scott Wicker, UPS.

56. Diane Cardwell, "UPS Agrees to Buy 46 Million Gallons of Renewal Diesel," The New York Times, July 30, 2015. Retrieved from: http://www.nytimes.com/2015/07/30/business/ups-agrees-to-buy-46-million-gallons-of-renewable-diesel.html.

57. The Economist (2008). "Just Good Business," Special Report: Corporation Social Responsibility. January 19, 2008.

58. Jeanne C. Meister and Karie Willyerd, "Mentoring Millennials," Harvard Business Review, May 2010.

59. Bloomberg Businessweek (August 20, 2006). "Passion for the Planet." Retrieved from: http://www.businessweek.com/stories/2006-08-20/a-passion-for-the-planet.

60. Ere.net Recruiting Intelligence. Retrieved from: http://www.ere.net/2013/05/20/why-you-cant-get-a-job-recruiting-explained-by-the-numbers/.

61. http://www.inc.com/magazine/201204/tom-foster/the-undiluted-genius-of-dr-bronners.html.

62. Design Council (2006). "Green & Black's: How to Design Your Way to 789% Sales Growth: the Rise and Rise of Green & Black's." Retrieved from: http://www.designcouncil.org.uk/publications/design-council-magazine-issue-1/case-studies/green-and-blacks/.

63. Ben Cooper, "Ethical Brands—How Green & Black's Struck Chocolate Gold," Ethical Corporation, May 5, 2009. Retrieved from: http://www.ethicalcorp.com/business-strategy/ethical-brands-how-green-blacks-struck-chocolate-gold.

64. Dell (2012). "Dell 2020 Legacy of Good." Retrieved from: http://i.dell.com/sites/doccontent/corporate/corp-comm/en/Documents/2020-plan.pdf.

65. Business Wire (2006). "Dell Tackles Energy Efficiency from Desktop to Data Center." Retrieved from: http://www.businesswire.com/news/home/20061204005910/en/Dell-Tackles-Energy-Efficiency-Desktop-Data-Center#.UvQGVP3TLd4.

66. Ariel Schwartz, "Walmart Plans to Cut 20 Million Metric Tons of Greenhouse Gas Emissions from Supply Chain," Fast Company, February 25, 2010. Retrieved from: http://www.fastcompany.com/1563121/walmart-plans-cut-20-million-metric-tons-greenhouse-gas-emissions-supply-chain.

67. http://news.walmart.com/news-archive/2015/11/17/walmart-marks-fulfillment-of-key-global-responsibility-commitments.

68. http://www.nestle.com/csv/water/water-efficiency.

69. http://www.ghgprotocol.org.

70. http://sustainability.baxter.com/environment-health-safety/environmental-performance/ghg-emissions-across-value-chain.html.

71. http://fortune.com/2013/08/15/carlos-brito-brewmaster-of-the-universe/.

72. http://www.triplepundit.com/2013/03/anheuser-busch-inbev-met-three-year-environmental-goals/.

73. http://www.ab-inbev.com/social-responsibility/environment/management-system.html.

74. http://www.environmentalleader.com/products/anheuser-busch-inbev-accountability-through-metrics-vpo/.

75. Ibid.

76. WCBSD (2010). "People Matter: Linking Sustainability to Pay." World Business Council for Sustainable Development Issue Brief.

77. Ibid.

78. SC Johnson (2013). "Our Greenlist Process: Better Products for Better Information." Retrieved from: http://www.scjohnson.com/en/commitment/focus-on/greener-products/greenlist.aspx.

79. WCBSD (2010). "People Matter: Linking Sustainability to Pay." World Business Council for Sustainable Development Issue Brief.

80. Anca Novacovici, "Linking Sustainability Performance to Compensation: A Must for Success," Huffington Post, October 8, 2013. Retrieved from: http://www.huffingtonpost.com/anca-novacovici/post_5817_b_4060647.html.

81. V. G. Narayanan and Ananth Raman, "Aligning Incentives in Supply Chains." Harvard Business Review 82, no. 11 (2004): 94—102.

82. WCBSD (2010). "People Matter: Linking Sustainability to Pay." World Business Council for Sustainable Development Issue Brief.

83. National Environmental Education Foundation (2010). "The Business Case for Environmental and Sustainability Employee Education." Retrieved from: https://microedge.com/~/media/Files/PDF/WhitePapers/The_Business_Case_for_Sustainability_Employee_Engagement.ashx.

84. Ellen Weinreb, "The Pros & Cons of Linking Sustainability Successes with Bonuses," GreenBiz, January 11, 2012. Retrieved from: http://www.greenbiz.com/blog/2012/01/11/pros-cons-linking-sustainability-successes-bonuses?page=0%2C0.

85. https://books.google.com/books?id=147UhaLQrPQC&pg=PT97&lpg=PT97&dq=bonus+johnson+greenlist&source=bl.

86. Interview with Steve Lovejoy, 2014.

87. Ceres (2012). "The Road to 2020: Corporate Progress on the Ceres Roadmap for Sustainability." Retrieved from: https://www.ceres.org/resources/reports/gaining-ground-corporate-progress-ceres-roadmap-sustainability.

88. Glass Lewis (2012). "Greening the Green." Retrieved from: http://www.glasslewis.com/blog/glass-lewis-publishes-greening-the-green-2012-linking-executive-compensation-to-sustainability/.

89. http://www.wri.org/blog/2009/12/fact-sheet-are-you-ready-lacey-act.

90. http://ec.europa.eu/finance/company-reporting/non-financial_reporting/index_en.htm.

91. https://www.sec.gov/rules/interp/2010/33-9106.pdf.
92. http://sustainability.thomsonreuters.com/2014/12/13/executive-perspective-corporate-sustainability-reporting-world-today/.
93. The Clean Air Act is a combination of several US acts (1955, 1963, and
1967). See: EPA (2013). "History of the Clean Air Act." Retrieved from: http://
www.epa.gov/air/caa/amendments.html.
94. EPA (2014). "Setting Emissions Standards Based on Technology Performance."
Retrieved from: http://www.epa.gov/air/caa/standards_technology.html.
95. Ibid.
96. EPA (2014). "EPA Sets Tier 3 Motor Vehicle Emission and Fuel Standards."
Retrieved from: http://www.epa.gov/otaq/documents/tier3/420f14009.pdf.
97. EPA (2010). "40th Anniversary of the Clean Air Act." Retrieved from: http://www.epa.gov/air/caa/40th.html.
98. Michael Greenstone, John A. List, and Chad Syverson (2012). "The Effects of Environmental Regulation on the Competitiveness of
US Manufacturing. National Bureau of Economic Research." NBER Working Paper No. 18392.
99. Elisabeth Rosenthal, "By 'Bagging It,' Ireland Rids Itself of a Plastic Nuisance," The New York Times, January 31, 2008. Retrieved
from: http://www.nytimes.com/2008/01/31/world/europe/31iht-bags.4.9650382.html.
100. http://ec.europa.eu/clima/policies/ets/index_en.htm.
101. Brad Plumer, "Europe's Cap-and-Trade Program is in Trouble. Can it be fixed?" Washington Post, April 20, 2013. Retrieved
from: https://www.washingtonpost.com/news/wonk/wp/2013/04/20/europes-cap-and-trade-program
-is-in-trouble-can-it-be-fixed/?utm_term=.bc345a9e685f.
102. http://ec.europa.eu/environment/waste/rohs_eee/index_en.htm.
103. http://www3.epa.gov/epawaste/hazard/refdocs.htm.
104. Christine Harvey, "Dusky Gopher Frog Habitat Designated in St. Tammany Parish," The Times-Picayune, June 15, 2012.
Retrieved from: http://www.nola.com/ environment/index.ssf/2012/06/dusky_gopher_frog_habitat_desi.html.
105. Ibid.
106. Kim Chatelain, "Frog's 'Critical Habitat' Not Abuse of Federal Power, Court
Rules," The Times-Picayune, July 5, 2016. Retrieved from:
http://www.nola.com/crime/index.ssf/2016/07/court_frogs_critical_habitat_n.html.
107. NOAA Fisheries (2014). "Endangered Species Act." Retrieved from: http://www.nmfs.noaa.gov/pr/laws/esa/.
108. http://corporate.walmart.com/newsroom/company-facts.
109. Stephanie Rosenbloom and Michael Barbaro, "Green-Light Specials, Now at Wal-Mart," The New York Times, January 24,
2009. Retrieved from: http://www.nytimes.com/2009/01/25/business/25walmart.html?pagewanted=1&_r=0&ref=sustainableliving.
110. Ann Zimmerman, "Wal-Mart Boss's Unlikely Role: Corporate Defender-in-Chief," The Wall Street Journal, July 26, 2005.
111. Amanda Little, "Al Gore Takes his Green Message to Wal-Mart Headquarters," Grist, July 20, 2006. Retrieved from:
http://grist.org/article/gore-walmart/.
112. Andrew Clark, "Is Wal-Mart Really Going Green?" The Guardian, November 6, 2006. Retrieved from:
http://www.theguardian.com/environment/2006/nov/06/energy.supermarkets.
113. http://business.edf.org/projects/featured/sustainable-supply-chains/edf-and-walmart-partnership-timeline/.
114. Stephanie Rosenbloom and Michael Barbaro, "Green-Light Specials, Now at Wal-Mart," The New York Times, January 24,
2009. Retrieved from: http://www.nytimes.com/2009/01/25/business/25walmart.html?pagewanted=1&_r=0&ref=sustainableliving.
115. Diane Regas, "Walmart, EDF and 3 Reasons to Think Bigger on Collaboration," GreenBiz, March 10, 2016. Retrieved from:
https://www.greenbiz.com/article/walmart-edf-and-3-reasons-think-bigger-collaboration.
116. Stacy Mitchell, "Walmart's Promised Green Product Rankings Fall off the Radar," Grist, November 22, 2011. Retrieved from:
http://grist.org/business-technology/2011-11-21-walmart-promised-green-product-rankings-fall-off-radar/.
117. Interview with Michelle Harvey, EDF, Bentonville Office.
118. Interview with Jon Johnson, The Sustainability Consortium.
119. Stephanie Clifford, "Unexpected Ally Helps Wal-Mart Cut Waste," The New York Times, April 13, 2012. Retrieved from:
http://www.nytimes.com/2012/04/14/business/wal-mart-and-environmental-fund-team-up-to-cut-waste.html.
120. YouGov BrandIndex (2013). "Countries." Retrieved from: http://www.brandindex.com/countries.
121. Stephanie Clifford, "Unexpected Ally Helps Wal-Mart Cut Waste," The New York Times, April 13, 2012. Retrieved from:
http://www.nytimes.com/2012/04/14/business/wal-mart-and-environmental-fund-team-up-to-cut-waste.html.
122. Google Finance. Wal-Mart Stores, Inc.—NYSE:WMT. Retrieved from:
https://www.google.com/finance?q=NYSE:WMT&sa=X&ei=ENj8UaqNDa620AGW-4GwCw&ved=0CC8Q2AE.
123. Scott Poynton, "Dancing With Devils," Huffington Post Green, March 18,
2011. Retrieved from: http://www.huffingtonpost.com/scott-poynton/dancing-with-
devils_b_837442.html?view=print&comm_ref=false.
124. Interview with Scott Poynton, founder of TFT, November 15, 2013.
125. TFT (2013). "Palm Oil Group." Retrieved from: http://www.tft-forests.org/product-groups/pages/?p=6277.
126. Greenpeace (2010). "Sweet Success for Kit Kat Campaign: You Asked,
Nestlé has Answered. Retrieved from: http://www.Greenpeace.org/international/en/news/features/Sweet-success-for-Kit-Kat-
campaign/.
127. Food Navigator (2013). "Nestlé Releases Deforestation Guides for Commodity Sourcing." Retrieved from:
http://www.foodnavigator.com/Market-Trends/
Nestle-releases-deforestation-guides-for-commodity-sourcing. 128. EDF & GEMI (2008). "Guide to Successful Corporate-NGOP
Partnerships." Retrieved from: http://www.gemi.org/resources/gemi-edf%20guide.pdf.
129. http://www.cjr.org/the_observatory/nyt_obscures_wal-mart_edf_link.php.
130. EDF (2013). Why EDF celebrates Walmart's environmental gains.
Retrieved from: http://www.edf.org/blog/2013/11/14/why-edf-celebrates-walmarts-environmental-gains.
131. Stacy Mitchell, "EDF Sells Green Cred to Walmart for the Low, Low Price of $66 million," Grist, November 6, 2013. Retrieved
from: http://grist.org/business-technology/edf-sells-green-cred-to-walmart-for-the-low-low-price-of-66-million/.
132. http://www.tft-earth.org/who-we-work-with/members/.
133. Greenpeace (2013). "Certifying Destruction: Why Consumer Companies Need to Go Beyond the RSPO to Stop Forest
Destruction." Retrieved from: http://www.Greenpeace.org/international/en/publications/Campaign-reports/Forests
-Reports/Certifying-Destruction/.

134. Leon Kaye, "More Brands Dump Sustainable Forest Initiative's Paper Certification Program," Triple Pundit, May 2, 2013. Retrieved from: http://www.triplepundit.com/2013/05/sustainable-forest-initiative-program/.
135. ForestEthics (2013). "Expose 'Sustainable' Forestry Initiative's Greenwash."
Retrieved from: http://forestethics.org/sustainable-forestry-initiative.
136. ForestEthics (2013). "Why is 3M Stuck on SFI: Because it Greenwashes its Forest Destruction." Retrieved from: http://action.forestethics.org/ea-action/action?ea.client.id=1818&ea.campaign.id=22952&ea.tracking.id=web.
137. National Coffee Association (2013). "Coffee Reporter News: NCA Creates Sustainability Task Force." Retrieved from: http://www.ncausa.org/custom/headlines/headlinedetails.cfm?id=889&returnto=1.
138. Starbucks (2014). "Ethically Sourced Cocoa." Retrieved from: http://www.starbucks.ph/responsibility/ethical-sourcing/cocoa-sourcing.
139. Starbucks (2013). "Our Relationships: Cultivating Change—One Relationship at a Time." Retrieved from: http://www.starbucks.com/responsibility/learn-more/relationships.
140. Interview with Jeanette Skjelmose, IKEA.
141. http://www.ft.com/cms/s/2/8e42bdc8-0838-11e4-9afc-00144feab7de.html.
142. National Environmental Education Foundation (2009). "The Engaged Organization: Corporate Employee Environmental Education Survey and Case Study Findings." Business & Environment Research Report.
143. Ibid.
144. Stonyfield Farm (2013). Mission Action Program Teams. From the Inside Out, 2013 version of Stonyfield website.
145. Stonyfield Farms Blog (2012)."Walking the Talk: Stonyfields' MAP Team Adds Light Tubes." Retrieved from http://www.stonyfield.com/blog/map_series_light-tubes/.
146. National Environmental Education Foundation (2009). "The Engaged Organization: Corporate Employee Environmental Education Survey and Case Study Findings." Business & Environment Research Report.
147. Ibid.
148. The Frances Hesselbein Leadership Institute (2002). "Profits with a Conscience."
Retrieved from: http://www.hesselbeininstitute.org/knowledgecenter/journal.aspx?ArticleID=115.
149. Mother Nature Network (2010). "Interview with Stonyfield CEO Gary Hirschberg: 'Everybody can win.'" Retrieved from: http://www.mnn.com/lifestyle/responsible-living/blogs/interview-with-stonyfield-ceo-gary-hirshberg-everybody-can-win.
150. Jen Boynton, "Scaling Stonyfield Yogurt," Triple Pundit, April 18, 2012.
Retrieved from: http://www.triplepundit.com/2012/04/economics-stonyfield-yogurt/.
151. Asa Bennett, "Q&A: Green & Black's Co-founder Jo Fairley," London Loves Business, April 28, 2013. Retrieved from: http://www.londonlovesbusiness.com/entrepreneurs/famous-entrepreneurs/qa-green-and-blacks-co-founder-jo-fairley/5382.article.
152. In 2010, Kraft acquired Cadbury for $19.6 billion.
153. Rebecca Smithers, "Green & Black's Meets Fairtrade Pledge," The Guardian, March 8, 2011. Retrieved from http://www.theguardian.com/environment/2011/mar/08/green-blacks-fairtrade-pledge.
154. Asa Bennett, "Q&A: Green & Black's Co-founder Jo Fairley," London Loves Business, April 28, 2013. Retrieved from: http://www.londonlovesbusiness.com/entrepreneurs/famous-entrepreneurs/qa-green-and-blacks-co-founder-jo-fairley/5382.article.
155. Rebecca Smithers, "Green & Black's Meets Fairtrade Pledge," The Guardian, March 8, 2011. Retrieved from: http://www.theguardian.com/environment/2011/mar/08/green-blacks-fairtrade-pledge.
156. Cahal Milmo, "Cadbury Deal Turns Sour for Green & Black's," The Independent, January 18, 2011. Retrieved from: http://www.independent.co.uk/news/business/analysis-and-features/cadbury-deal-turns-sour-for-green-amp-blacks-2187044.html.
157. http://www.foodbusinessnews.net/articles/news_home/Business_News/2016/09/Mondelez_keys_in_on_three_grow.aspx?ID=(506125E7-CEBF-4179-B15C-B471BDBFCBD2)&cck=1.158. Dell (2014). "Dell Reconnect: Donate Any Brand of Computer to Goodwill." Retrieved from: http://www.dell.com/learn/us/en/uscorp1/corp-comm/us-goodwill-reconnect.
159. Sustainable Brands (2012). "Accelerating Reduction: EMC Advances Practice on Climate-Stabilizing Targets." Retrieved from: http://www.sustainablebrands.com/news_and_views/new-metrics/accelerating-reduction-emc-advances-practice-climate-stabilizing-targets.
160. Interview with EMC.
161. EMC (2012). "Key Performance Indicators Dashboard." Retrieved from: http://www.emc.com/collateral/sustainability/emc_sustainability_kpi_dashboard.pdf.
162. EMC (2014). "Efficient Products." Retrieved from: http://www.emc.com/corporate/sustainability/sustaining-ecosystems/products.htm.
163. Richard Murphy, "The race to Remove Toxic Chemicals from Mission Critical Systems," The Guardian, September 10, 2015.
164. Ibid.
165. Email correspondence with Mike Barry, Director of Plan A, Marks and Spencer, April 28, 2017.
166. http://www.ethicalcorp.com/business-strategy/marks-spencer-grade-progress.
167. http://corporate.marksandspencer.com/media/press-releases/archive/2007/15012007_marksspencerlaunchesplana200mecoplan.
168. "Sir Stuart Rose on the Changing Role of Business Leaders," The Guardian, March 29, 2012. Retrieved from: http://www.theguardian.com/sustainable-business/sir-stuart-rose-changing-role-business-leaders.169. Ibid.
170. Marks & Spencer (2007). "Marks & Spencer Launches 'Plan A'—200m Euro 'Eco-plan.' Retrieved from: http://corporate.marksandspencer.com/media/press-releases/archive/2007/15012007_marksspencerlaunchesplana200mecoplan.
171. http://ethicalperformance.com/PDFs/2007_hwdb_report.pdf.
172. Interview with Mike Barry, Director of Sustainable Business (Plan A), Marks& Spencer, November 3, 2015.
173. Jenny Purt, "M&S: Supply Chain Champions of Sustainable Business," The Guardian, January 10, 2013. Retrieved from: http://www.theguardian.com/sustainable-business/marks-and-spencer-supply-chain-sustainable-business.
174. Marks & Spencers (2012). "The Key Lessons from the Plan A Business Case." Retrieved from: http://corporate.marksandspencer.com/documents/publications/2012/plan_a_report_2012.pdf.
175. http://www.carbontrust.com/news/2014/09/sustainability-leaders-munish

-datta-head-of-facilities-management-plan-a-marks-and-spencer.
176. https://dspace.lib.cranfield.ac.uk/bitstream/1826/6824/1/Embedding_Corporate_Responsibility_and_Sustainability.pdf.
177. http://www.accountability.org/about-us/news/cr-leaders-corner/mike-barry.html.
178. http://www.accountability.org/about-us/news/cr-leaders-corner/mike-barry.html.
179. https://www.cdp.net/CDPResults/carbon-pricing-in-the-corporate-world.pdf.
180. http://corporate.marksandspencer.com/investors/e911816df3514e579caf373c9fde82c0.
181. http://www.greeneventbook.com/wp-content/uploads/2015/05/pas-2060-specification-for-the-demonstration-of-carbon-neutrality.pdf.
182. http://corporate.marksandspencer.com/investors/233f6addda26424e84e818831c2a7e68.
183. Email correspondence with Mike Barry, Director of Sustainable Business (Plan A), Marks & Spencer, April 28, 2017.
184. Rob Bailes, "Sustainability Commercialized: Marks & Spencer—Helping Suppliers Get with the Plan," Ethical Corporation, September 2012. Retrieved from: http://www.ethicalcorp.com/business-strategy/sustainability-commercialise d-marks-spencer-helping-suppliers-get-plan.
185. Interview with Mike Barry, Director of Sustainable Business (Plan A), Marks & Spencer, November 3, 2015.
186. Civilsociety.co.uk (2013). "M&S and Oxfam Voted Most Admired Charity-Corporate Partnership." Retrieved from: http://www.civilsociety.co.uk/fundraising/news/content/16061/mands_and_oxfam_voted_most_admired_charity-corporate_partnership.
187. http://www.greeneventbook.com/wp-content/uploads/2015/05/pas-2060-specification-for-the-demonstration-of-carbon-neutrality.pdf.
188. http://www.environmentalleader.com/2013/06/12/marks-spencer-sustainability-report-beats-water-goal-delays-transport-target/.
189. https://www.forbes.com/sites/kathryndill/2015/01/21/the-worlds-most-sustainable-companies-2015/#70200f357594.
190. http://corporate.marksandspencer.com/media/press-releases/2014/plan-a-report-launches-new-2020-eco-and-ethical-plan-for-mands.
191. http://ethicalperformance.com/PDFs/M&Showwedo.pdf.
192. Business Green (2013). "M&S Plan A Sustainability Savings Reach 135m Euro." Retrieved from: http://www.businessgreen.com/bg/news/2273234/m-s-plan-a-sustainability-savings-reach-gbp135m.
193. Decision Technology (2012). "Brand Personality." Retrieved from: http://www.dectech.co.uk/brand2012/BrandPersonality2012.pdf.

제11장 지속가능성 업그레이드하기 Creating Deep Sustainability

1. Huffington Post (2012). "Dr. Bronner's Magic Soap CEO Has Hemp Protest Cut Short by Police with Power Saw." Retrieved from: http://www.huffingtonpost.com/2012/06/11/dr-bronners-magic-soap-ce_n_1586740.html.
2. Margaret Ely, "Dr. Bronner's Magic Soaps CEO Arrested in Hemp Protest," Washington Post June 11, 2012. Retrieved from: http://articles.washingtonpost.com/2012-06-11/local/35459696_1_hemp-oil-hemp-food-industrial-hemp.
3. Stopthedrugwar.org (2001). "Hemp Taste-Test Demonstrations Target DEA Offices Across the Country, Protests Held in 76 Cities." Retrieved from: http://stopthedrugwar.org/chronicle-old/214/tastetests.shtml.
4. NORML (2009). "David Bronner Among Those Arrested for Planting Hemp at DEA HQ." Retrieved from: http://blog.norml.org/2009/10/13/dr-bronner-among-those-arrested-for-planting-hemp-at-dea-hq/.
5. Margaret Ely, "Dr. Bronner's Magic Soaps CEO Arrested in Hemp Protest," Washington Post June 11, 2012. Retrieved from: http://articles.washingtonpost.com/2012-06-11/local/35459696_1_hemp-oil-hemp-food-industrial-hemp.
6. Dr. Bronner's (2013). "Dr. Bronner's Timeline." Retrieved from: http://www.drbronner.com/timeline.php.
7. https://www.drbronner.com/our-story/timeline/read-the-moral-abcs/.
8. http://www.votehemp.com/PDF/renewal.php.
9. Tom Foster, "The Undiluted Genius of Dr. Bronner's," Inc., April 2012. Retrieved from: https://www.inc.com/magazine/201204/tom-foster/the-undiluted-genius-of-dr-bronners.html.
10. North American Industrial Hemp Council, Inc. (2013). "Distinguishing Hemp from its Cousin?" Retrieved from: http://naihc.org/hemp_information/content/hempCharacter.html.
11. Huffington Post (2012). Dr. Bronner's Magic Soap CEO Has Hemp Protest Cut Short by Police with Power Saw. Retrieved from: http://www.huffingtonpost.com/2012/06/11/dr-bronners-magic-soap-ce_n_1586740.html.
12. Interview with Michael Milam, COO, Dr. Bronner's, April 2013.
13. Dr. Bronner's (2013). "Dr. Bronner's Timeline." Retrieved from: http://www.drbronner.com/timeline.php.
14. Interview with Michael Milam, COO, Dr. Bronner's, April 5, 2013.
15. All One God Faith/Dr. Bronner's vs. ESTÉE LAUDER, et. al. (2008). Joint Initial Case Management Conference Statement. Superior Court of the State of California for the County of San Francisco.
16. Law 360 (2012). "Judge Defers to USDA in Dr. Bronner's False Ad Suit." Retrieved from: http://www.law360.com/articles/368154/judge-defers-to-usda-in-dr-bronner-s-false-ad-suit.
17. Tom Foster, "The Undiluted Genius of Dr. Bronner's," Inc., April 2012. Retrieved from: https://www.inc.com/magazine/201204/tom-foster/the-undiluted-genius-of-dr-bronners.html.
18. Law 360 (2012). "Judge Defers to USDA in Dr. Bronner's False Ad Suit." Retrieved from: http://www.law360.com/articles/368154/judge-defers-to-usda-in-dr-bronner-s-false-ad-suit.
19.https://books.google.com/books?id=jsmcAue0TxIC&pg=PA119&lpg=PA119&dq=Constructive+Capitalism+bronner&source=bl&o ts=yFuvi1JHmS&sig=tnQQGE99_-MGaPGY81H-sKgXCFQ&hl=en&sa=X&ved=0ahUKEwjw0aK44eDLAhUG1GMKHa-5DsYQ6 AEIMzAJ.
20. Tom Foster, "The Undiluted Genius of Dr. Bronner's," Inc., April 2012. Retrieved from: https://www.inc.com/magazine/201204/tom-foster/the-undiluted-genius-of-dr-bronners.html.
21. Ibid.
22. Interview with David Bronner, Dr. Bronner's, April 5, 2013.
23. Ramon Casadesus-Masanell, Michael Crooke, Forest Reinhardt, and Vishal Vasishth, "Households' Willingness to Pay for 'Green' Goods: Evidence from Patagonia's Introduction of Organic Cotton Sportswear," Journal of Economics & Management Strategy 18, no. 1 (Spring 2009): 203—233. 24. Jacob Gordon, "The TH Interview: Yvon Chouinard, founder of Patagonia (Part One)." TreeHugger, February 7, 2008. Retrieved from: http://www.treehugger.com/treehugger-radio/the-th-interview-yvon-chouinard-

founder-of-patagonia-part-one.html.
25. Matilda Lee, "Patagonia: the Anti-Fashion Fashion Brand," The Ecologist, October 4, 2011. Retrieved from: http://www.theecologist.org/green_green_living/clothing/1078046/patagonia_the_antifashion_fashion_brand.html.
26. One Percent for the Planet (2013). "History: Timeline." Retrieved from: http://onepercentfortheplanet.org/about/history/.
27. Patagonia.com (2013). "One Percent for the Planet." Retrieved from: http://www.patagonia.com/us/patagonia.go?assetid=81218&ln=450.
28. Amy Roach Partridge, "Going Green: A Winning Warehouse Strategy," Apparel, June 30, 20111. Retrieved from: http://apparel.edgl.com/case-studies/Going-Green--A-Winning-Warehouse-Strategy74011.
29. "Measuring Footprints," Fast Company, April 1, 2008. Retrieved from: http://www.fastcompany.com/756443/measuring-footprints.
30. http://www.patagonia.com/product/mens-windsweep-3-in-1-rain-jacket/28090.html?dwvar_28090_color=FGE&cgid=mens-jackets-vests-system#start=1.
31. http://www.patagonia.com/footprint.html.
32. Interview with Reed Doyle, Seventh Generation.
33. Stonyfield Farm (2014). "Stonyfield Source Map." Retrieved from: http://www.stonyfield.com/sourcemap/.
34. Ariel Schwartz, "Stonyfield Creates an Interactive Sourcing Map for its Yogurt Ingredients," Fast Company, June 13, 2014. Retrieved from: http://www.fastcoexist.com/3031819/stonyfield-creates-an-interactive-sourcing-map-for-its-yogurt-ingredients.
35. Patagonia.com (2013). Sewing Factory: Arvind Ltd. For more on the relationship between the companies see: Wayne Visser, The Age of Responsibility: CSR 2.0 and the New DNA of Business (Wiley, 2011).
36. Patagonia.com (2013). Sewing Factory: Arvind Ltd., photographs 15 and16.
37. http://www.ewg.org/research/poisoned-legacy/where-consumers-encounter-pfcs-today.
38. http://www.ncceh.ca/sites/default/files/Health_effects_PFCs_Oct_2010.pdf.
39. https://books.google.com/books?id=SMqF2zTuKjcC&pg=PA92&lpg=PA92&dq=pfoa+footprint+chronicles+Patagonia.
40. Jeffrey Hollender and Bill Breen, The Responsibility Revolution: How the Next Generation of Businesses Will Win (New York: John Wiley & Sons, 2010), p. 93.
https://books.google.com/books?id=SMqF2zTuKjcC&pg=PA92&lpg=PA92&dq=pfoa+footprint+chronicles+Patagonia.
41. Ecouterre (2012). "Greenpeace Detects Chemicals in Popular Outerwear Brands." Retrieved from: http://www.ecouterre.com/Greenpeace-detects-high-concentrations-of-toxic-chemicals-in-popular-outerwear-brands/.
42. http://www.Greenpeace.org/romania/Global/romania/detox/Chemistry%20for%20any%20weather.pdf.
43. http://m.Greenpeace.org/international/en/mid/news/Blogs/makingwaves/detox-outdoors/blog/54178/.
44. http://www.thecleanestline.com/2015/09/our-dwr-problem-updated.html.
45. http://m.Greenpeace.org/international/en/mid/news/Blogs/makingwaves/detox-outdoors/blog/54178/.
46. http://www.Greenpeace.org/romania/Global/romania/detox/Chemistry%20for%20any%20weather.pdf.
47. http://www.thecleanestline.com/2015/09/our-dwr-problem-updated.html.
48. The weight of the jacket as cited in http://sectionhiker.com/patagonia-torrentshell-rain-jacket-review/.
49. Estimate based on Greenpeace measurement of 196 micrograms/m$\wedge$2 and rough estimate that a jacket is about 1 m$\wedge$2 in being 1 meter in circumference times less than 2/3 meter long with sleeves needing about 1/2 x 2/3 meters of cloth. See http://www.Greenpeace.org/romania/Global/romania/detox/Chemistry%20for%20any%20weather.pdf.
50. http://www.patagonia.com/blog/2015/03/our-dwr-problem/.
51. http://www.thecleanestline.com/2015/09/our-dwr-problem-updated.html.
52. Ibid.
53. Jen Boynton, "How Patagonia, Levi Strauss Connect with Consumers Through Sustainability," Triple Pundit, January 30, 2013. Retrieved from: http://www.triplepundit.com/2013/01/patagonia-levi-strauss-customer-engagemen-sustainability-initiatives/.
54. Mat McDermott, "Sustainable Apparel Coalition Plans Industry-Wide Eco-Index," TreeHugger, March 1, 2011. Retrieved from: http://www.treehugger.com/style/sustainable-apparel-coalition-plans-industry-wide-eco-index.html.
55. Patagonia (2013). "Footprint Chronicles Mini-profile for Maxport JSC." Retrieved from: http://www.patagonia.com/us/footprint/suppliers-map/.
56. Erica Plambeck, Hau L. Lee, and Pamela Yatsko, "Improving Environmental Performance in Your Chinese Supply Chain," MIT Sloan Management Review, Winter 2012. Retrieved from: http://sloanreview.mit.edu/article/improving-environmental-performance-in-your-chinese-supply-chain/.
57. Hau Lee, Erica Plambeck, and Pamela Yatsko, "Incentivizing Sustainability in Your Chinese Supply Chain," The European Business Review, May-June 2012. Retrieved from: http://www.europeanbusinessreview.com/?p=3446.
58. Erica Plambeck, Hau L. Lee, and Pamela Yatsko, "Improving Environmental Performance in Your Chinese Supply Chain," MIT Sloan Management Review, Winter 2012. Retrieved from: http://sloanreview.mit.edu/article/improving-environmental-performance-in-your-chinese-supply-chain/.
59. Hau Lee, Erica Plambeck, and Pamela Yatsko, "Incentivizing Sustainability in Your Chinese Supply Chain," The European Business Review, May-June 2012. Retrieved from: http://www.europeanbusinessreview.com/?p=3446.
60. "Measuring Footprints," Fast Company, April 1, 2008. Retrieved from: http://www.fastcompany.com/756443/measuring-footprints.
61. Patagonia Sustainability Review, November 2012. Retrieved from: http://sustainablesv.org/ecocloud/index.php/topics/integrating-sustainability/sustainability-initiatives/companies/Patagonia.
62. "Patagonia to Place bluesign Requirement on Suppliers," Inside Door, August 9, 2011. Retrieved from: http://www.insideoutdoor.com/News/08.09.11.Patablue.htm. Accessed July 1, 2013.
63. The Cleanest Line (2011). "Don't Buy This Jacket Ad." Retrieved from: http://www.thecleanestline.com/2011/11/dont-buy-this-jacket-black-friday-and-the-new-york-times.html.
64. ebay (2011). "Inside the Partnership: Patagonia + eBay." Retrieved from: http://green.ebay.com/greenteam/blog/Inside-the-Partnership-Patagonia-eBay/7797.
65. ebay (2013). "Join us in the Common Threads Partnership." Retrieved from: http://campaigns.ebay.com/patagonia/join/.
66. Ibid.
67. Results from searching eBay.com on November 5, 2013 using keyword "Patagonia jacket."
68. ebay.com listing "http://www.ebay.com/itm/Patagonia-MARS-R2-Large-Alpha-Green-SEALS-SOF-DEVGRU-

/251371747209?pt=LH_DefaultDomain_0&hash=item3a86ec7789."
69. Tim Smedley, "Can Patagonia and eBay Make Shopping More Sustainable?" The Guardian, May 13, 2013. Retrieved from: http://www.guardian.co.uk/sustainable-business/patagonia-ebay-making-shopping-more-sustainable.
70. Patagonia (2013). "Common Threads: eRecycle." Retrieved from: http://www.patagonia.com/us/common-threads/recycle.
71. Jan Lee, "Patagonia Launches Resale Outlets for Pre-Loved Items" Triple Pundit. October 23, 2013. Retrieved from: http://www.triplepundit.com/2013/10/patagonia-launches-resale-outlets-pre-loved-items/.
72. Interview with eBay.
73. http://www.adweek.com/news/advertising-branding/patagonia-taking-provocative-anti-growth-position-152782.
74. Seventh Generation headquarters visit. See also https://en.wikipedia.org/wiki/Seven_generation_sustainability.
75. Seventh Generation (2013). "About." Retrieved from: http://www.seventhgeneration.com/about.
76. Vtdigger (2011). "Seventh Generation named 2011 United Nations Leader of Change." Retrieved from: http://vtdigger.org/2011/10/20/seventh-generation-named-2011.united-nations-leader-of-change/.
77. Seventh Generation headquarters visit, December 17, 2012.
78. Retrieved from http://www.seventhgeneration.com/ingredients.
79. Seventh Generation (2013). "Future Tense: 2012 Corporate Consciousness Report." Retrieved from: http://2013.7genreport.com/2012_Corporate_Responsibility_Report/#/1/. Accessed May 2015.
80. http://www.jeffreyhollender.com/?p=2806.
81. Seventh Generation headquarters visit, December 17, 2012.
82. Ibid.
83. Ibid.
84. RP Siegel, "Radical Transparency: Seventh Gen's Hollender Puts His Money on the Truth," Triple Pundit, July 29, 2010. Retrieved from: http://www.triplepundit.com/2010/07/radical-transparency-seventh-generations-jeffrey-hollender-puts-his-money-on-the-truth/.
85. Seventh Generation headquarters visit, December 17, 2012.
86. PDMA (2013). "Materials Selection for Sustainable Design: Sustainable Innovation Webinar," led by Martin Wolf of Seventh Generation. Retrieved from: http://www.pdma.org/p/cm/ld/fid=831.
87. Huffington Post (2010). "Erin Brokovich, Seventh Generation Launch Million Baby Crawl Campaign." Retrieved from: http://www.huffingtonpost.com/2009/10/23/erin-brockovich-seventh-g_n_331935.html.
88. American Sustainable Business Council (2013). "ASBC Announces 'Companies for Safer Chemicals Coalition.'" Retrieved from: http://asbcouncil.org/node/1421.
89. Danielle Sacks, "Jeffrey Hollender: Seventh Generation, Triple Bottom Line Entrepreneur," February 2, 2010, Fast Company. Retrieved from: http://www.fastcompany.com/1535762/jeffrey-hollender-seventh-generation-triple-bottom-line-entrepreneur.
90. YouTube (2010). "Detergent Industry Phosphate Ban Will Result in Less Water Pollution." Retrieved from: http://www.youtube.com/watch?v=FAnIsydCqQM.
91. Huffington Post (2010). "Erin Brokovich, Seventh Generation Launch Million Baby Crawl Campaign." Retrieved from: http://www.huffingtonpost.com/2009/10/23/erin-brockovich-seventh-g_n_331935.html.
92. https://en.wikipedia.org/wiki/Million_Man_March.
93. Environmental Protection Agency (EPA) (2012). "Toxic Substances Control Act (TSCA)." Retrieved from: https://www.epa.gov/laws-regulations/summary-toxic-substances-control-act.
94. Seventh Generation Blog (2013). "Where Do You Stand on Toxic Chemical Reform?" Retrieved from: http://www.seventhgeneration.com/learn/blog/where-do-you-stand-toxic-chemical-reform.
95. Environmental Leader (2013). "The Chemical Safety Improvement Act: Potential Implications for Industry." Retrieved from: http://www.environmentalleader.com/2013/09/03/the-chemical-safety-improvement-act-potential-implications-for-industry/.
96. http://www.seventhgeneration.com/transforming-commerce/statement-chemical-safety-21st-century-act.
97. Seventh Generation headquarters visit, December 17, 2012.
98. Ibid.
99. Transworld Business (2012). "Patagonia's New Plant-Based Wetsuits and Goal to End Neoprene's Use Across Surf." Retrieved from: http://business.transworld.net/116138/features/jason-mccaffrey-on-patagonias-new-ecological-wetsuit-material/.
100. http://www.unilever.co.uk/media-centre/pressreleases/2015/Unilever-sees-sustainability-supporting-growth.aspx.
101. Sustainable Brands (2015). "The New Financial Metrics of Sustainable Business: A Practical Catalog of 20+ Trailblazing Case Studies." Retrieved from: http://www.wespire.com/press-room/the-new-financial-metrics-of-sustainable-business-a-practical-catalog-of-20-trailblazing-case-studies/. Accessed November15, 2015.
102. Scheherazade Daneshkhu and David Oakley, "Paul Polman's Socially Responsible Unilever Falls Short on Growth," Financial Times, February 9, 2015.
103. Milton Friedman, "The Social Responsibility of Business is to Increase its Profits," The New York Times, September 13, 1970.
104. Edward Freeman, Strategic Management: A Stakeholder Approach (Boston: Cambridge University Press, 1984). Since 2010, Cambridge University Press has offered a new print-on-demand edition.
105. http://scholarship.law.wm.edu/cgi/viewcontent.cgi?article=1058&context=wmblr#page=11.
106. See for example, the court opinion in eBay vs. Newmark in http://www.litigationandtrial.com/2010/09/articles/series/special-comment/ebay-v-newmark-al-franken-was-right-corporations-are-legally-required-to-maximize-profits/. See also the article by Leo E. Strine, Jr., Chancellor of the Delaware Court of Chancery, in http://wakeforestlawreview.com/2012/04/our-continuing-struggle-with-the-idea-that-for-profit-corporations-seek-profit/.
107. Martha Groszewski Interview with Casadesus-Masanell, Reinhardt, and Freier, Ventura, California, October 29, 2002. Cited in Ramon Casadesus-Masanell, Michael Crooke, Forest Reinhardt, and Vishal Vasishth, "Households' Willingness to Pay for 'Green' Goods: Evidence from Patagonia's Introduction of Organic Cotton Sportswear," Journal of Economics & Management Strategy 18, no. 1 (Spring 2009): 203—233.
108. Businessweek (2010). "Maryland Passes 'Benefit Corp.' Law for Social Entrepreneurs." Retrieved from: http://www.businessweek.com/smallbiz/running_small_business/archives/2010/04/benefit_corp_bi.html. Accessed July 2014.
109. Benefit Corporation, "State by State Status of Legislation." Retrieved from: http://benefitcorp.net/policymakers/state-by-state-status. Accessed September 2017.
110. http://www.cleanyield.com/when-b-corp-met-wall-street/.
111. http://bcorporation.eu/blog/italian-parliament-approves-benefit-corporation-legal-status.
112. B-Lab (2014). "How to Become a B Corp." Retrieved from: http://www

.bcorporation.net/become-a-b-corp/how-to-become-a-b-corp. Accessed July 2014.
113. Benefit Corp Information Center (2014). "Find a Benefit Corp." Retrieved from: http://www.benefitcorp.net/find-a-benefit-corp. Accessed July 2014.
114. B Lab (2017). "Find a Benefit Corp." Retrieved from: http://www.bcorporation.net/community/find-a-b-corp. Accessed September 2017.
115. B-Lab (2014). "How to Become a B Corp." Retrieved from: http://www.bcorporation.net/become-a-b-corp/how-to-become-a-b-corp. Accessed July 2014.
116. Ryan Honeyman, "What's the Difference Between Certified B Corps and Benefit Corps?" Triple Pundit, August 26, 2014. Retrieved from: http://www.triplepundit.com/2014/08/whats-difference-certified-b-corps-benefit-corps/.
117. https://www.bcorporation.net/community/patagonia-inc.
118. Mat McDermott, "Patagonia Becomes a California Benefit Corporation,"TreeHugger, January 3, 2012. Retrieved from: http://www.treehugger.com/corporate-responsibility/patagonia-becomes-california-benefit-corporation.html.
119. Patagonia (2017). http://www.patagonia.com/b-lab.html. Accessed September 2017.
120. https://www.drbronner.com/impact/corporate-responsibility/benefit-corporation-status/.
121. https://www.drbronner.com/impact/corporate-responsibility/b-corps-certification/.
122. https://www.bcorporation.net/community/seventh-generation.
123. https://www.seventhgeneration.com/transforming-commerce/seventh-generation-receives-b-corp-recertification.
124. Anne Field, "More About Seventh Generation's $30M Infusion From Al Gore," Forbes, October 12, 2014. Retrieved from: http://www.forbes.com/sites/annefield/2014/10/12/more-about-seventh-generations-30-million-infusion-from-al-gore/.
125. Beth Kowitt, "Seventh Generation CEO: Here's How the Unilever Deal Went Down," September 20, 2016. Retrieved from: http://fortune.com/2016/09/20/seventh-generation-unilever-deal/.
126. http://www.benjerry.com/about-us/b-corp.
127. https://www.drbronner.com/impact/corporate-responsibility/benefit-corporation-status/.
128. Seventh Generation (2013). "Future Tense: 2012 Corporate Consciousness Report." Retrieved from: http://2013.7genreport.com/2012_Corporate_Responsibility_Report/#/1/. Accessed May 2015.

제12장 규모의 고통 The Travails of Scale

1. One exception, at least regionally, is described in chapter 13.
2. Dr. Bronner's (2013). "Dr. Bronner's Demonstrates that Palm Oil can be Produced Sustainably under Fair Trade and Organic Certification." Retrieved from: https://www.drbronner.com/media-center/united-states/press-releases/dr-bronners-demonstrates-that-palm-oil-can-be-produced-sustainably-under-fair-trade-andorganic-certification/.
3. Sustainable Brands (2013). "Unilever Pledges 100% Traceable Palm Oil by End of 2014." Retrieved from: http://www.sustainablebrands.com/news_and_views/food_systems/mike-hower/unilever-promises-100-palm-oil-will-be-traceable-known-source.
4. https://www.unilever.com/Images/unilever-palm-oil-position-paper-may-2016_tcm244-481753_en.pdf.
5. http://www.rainforest-alliance.org/sites/default/files/publication/pdf/palm-oil-faq.pdf.
6. Joost Vogtländer, Pablo Van der Lugt, and Han Brezet, "The Sustainability of Bamboo Products for Local and Western European Applications. LCAs and Land-Use," Journal of Cleaner Production 18, no. 13 (2010): 1260−1269.
7. Interview with Oliver Campbell, Director of Procurement Packaging, Dell, April 18, 2014.
8. Nina Kruschwitz, "How Dell Turned Bamboo and Mushrooms Into Environmental-Friendly Packaging," interview with John Pflueger (Dell), MIT Sloan Management Review, July 17, 2012, reprint number 54105, p. 12.
9. Fiona Graham, "'Air' Plastic and Mushroom Cushions—Dell Packages the Future," BBC News, October 10, 2014. Retrieved from: http://www.bbc.com/news/business-29543834.
10. The quote is usually attributed to Yogi Berra but some sources assign it to Chuck Reid. See: http://wiki.c2.com/?DifferenceBetweenTheoryAndPractice.
11. http://i.dell.com/sites/doccontent/corporate/corp-comm/en/Documents/fy15-cr-report.pdf.
12. https://books.google.com/books?id=gRSOWkCRiKsC&pg=PA85&lpg=PA85&dq=stonyfield+%22educate+consumers+and+producers+about+the+value+of+protecting%22&source=bl&ots=jEH3ocg7nz&sig=UFnczQuBrMhjmZvaZHByS0ST2n8&hl=en&sa=X&ved=0CB8Q6AEwA2oVChMI9qWrv7_YxgIVhnY-Ch34FQ46.
13. http://www.nofany.org/organic-certification/dairy/livestock-certification/dairy-transition.
14. Mercola (2006). "Stonyfield Rebuttal." Retrieved from: http://www.mercola.com/20061205/stonyfield/index.htm.
15. http://blog.seacoastonline.com/2008/03/20/gary-hirshberg-founder-of-stonyfield-farm-at-riverrun-bookstore-in-portsmouth-7pm-tonight-march-20/ and http://www.michaelprager.carr-jones.com/Trader-Joes-Stonyfield-Farms-Organic-Valley-Pat-Hayes-yogurt-milk.
16. Joel Makower, "Exit Interview: Nancy Hirshberg, Stonyfield Farm," Green-Biz, May 6, 2013.
17. Mercola (2006). "Stonyfield Rebuttal." Retrieved from: http://www.mercola.com/20061205/stonyfield/index.htm.
18. Michael Prager blog (2011). "Where Stonyfield Buys, and Sells." Retrieved from: http://michaelprager.com/Trader-Joes-Stonyfield-Farms-Organic-Valley-Pat-Hayes-yogurt-milk.
19. Mercola (2006). "Stonyfield Rebuttal." Retrieved from: http://www.mercola.com/20061205/stonyfield/index.htm.
20. Ilan Brat, "Hunger for Organic Foods Stretches Supply Chains," Wall Street Journal, April 3, 2015.
21. Just Food (2009). "The Just-Food Interview—Dominic Lowe, Green & Black's." Retrieved from: http://www.just-food.com/interview/the-just-food-interview-dominic-lowe-green-blacks_id107060.aspx.
22. No Limit, Just a Line (2010). "Fair Trade Chocolate ⋯ Deliciously Right!" Retrieved from: http://nolimitjustaline.blogspot.com/2010/01/after-having-mad-craving-for-chocolate.html.
23. David Goodman, "Culture Change," Mother Jones, January/February 2003. Retrieved from: http://www.motherjones.com/politics/2003/01/culture-change.
24. Rebecca Burn-Callander, "I wish I'd Never Sold Green & Blacks to Cadbury,'" The Telegraph, October 24, 2015. Retrieved from: http://www.telegraph.co.uk/finance/newsbysector/retailandconsumer/11951398/I-wish-Id-never-sold-Green-and-Blacks-to-Cadbury.html.
25. Unilever (2014). "General FAQs." Retrieved from: http://www.unilever.com/investorrelations/shareholder_info/shareholderfaqs/general/.
26. Unilever (2012). "General FAQs." Retrieved from: http://www.unilever.com/investorrelations/shareholder_info/shareholderfaqs/general/.

27. https://www.unilever.com/Images/uslp-progress-report-2012-fi_tcm13-387367_tcm244-409862_en.pdf.
28. https://www.unilever.com/about/who-we-are/about-Unilever/.
29. Clayton Christensen, The Innovator's Dilemma: When New Technologies Cause Great Firms to Fail (Boston, MA: Harvard Business School Press, 2013; reprint edition).
30. http://added-value.com/danones-recipe-for-sustainable-innovation/.
31. http://laundry.reviewed.com/news/new-green-laundry-detergent-wears-a-familiar-label.
32. https://www.unilever.com/sustainable-living/the-sustainable-living-plan/reducing-environmental-impact/sustainable-sourcing/our-approach-to-sustainable-sourcing/sustainable-soy-and-oils.html.
33. David Gelles, "Unilever Finds That Shrinking Its Footprint Is a Giant Task," The New York Times, November 21, 2015.
34. Ibid.
35. Based on a market price of $9.54 per bushel on March 29, 2016. http://www.indexmundi.com/commodities/?commodity=soybeans.
36. http://civileats.com/2015/09/25/unilever-turns-its-attention-to-farm-runoff-with-sustainable-soy-effort/.
37. http://unitedsoybean.org/article/sustainable-practices-make-cents-for-iowa-farmers/.
38. David Gelles, "Unilever Finds That Shrinking Its Footprint Is a Giant Task," The New York Times, November 21, 2015.
39. http://unitedsoybean.org/article/sustainable-practices-make-cents-for-iowa-farmers/.
40. http://civileats.com/2015/09/25/unilever-turns-its-attention-to-farm-runoff-with-sustainable-soy-effort/.
41. Ibid.
42. http://unitedsoybean.org/article/sustainable-practices-make-cents-for-iowa-farmers/.
43. David Gelles, "Unilever Finds That Shrinking Its Footprint Is a Giant Task," The New York Times, November 21, 2015.
44. Ibid.
45. Ibid.
46. http://farmprogress.com/story-iowa-leads-corn-soybean-acres-year-14-61324.
47. David Gelles, "Unilever Finds That Shrinking Its Footprint Is a Giant Task," The New York Times, November 21, 2015.
48. Will Nichols, "Case Study: Unilever Reveals Secrets of Zero Waste Campaign," BusinessGreen, April 17, 2013. Retrieved from: http://www.businessgreen.com/print_article/bg/feature/2242656/case-study-unilever-reveals-secrets-of-zero-waste-campaign.
49. Ibid.
50. Ibid.
51. Oliver Laasch and Roger Conaway, Principles of Responsible Management, Global Sustainability, Responsibility and Ethics (Stamford, CT: Cengage Learning, 2015), p. 170. http://books.google.com/books?id=0uLKAgAAQBAJ&pg=PT190&lpg=PT190&dq=clorox+business+units&source=bl&ots=9kXt81YSGP&sig=igHPRUCy6coHIV-UrNvx-SV5S2o&hl=en&sa=X&ei=HN7fU4KEM4risAS-IIDICw&ved=0CCcQ6AEwADgK#v=onepage&q=clorox%20business%20units&f=false.
52. Joel Makower, "Clorox Aims to Show that 'Green Works,'" GreenBiz, January 12, 2008. Retrieved from: http://www.greenbiz.com/blog/2008/01/12/clorox-aims-show-green-ads/.
53. http://www.environmentalleader.com/2008/08/17/nad-tells-clorox-to-clean-up-ads/.
54. Jane L. Levere, "In an Overhaul, Clorox Aims to Get Green Works Out of Its Niche," The New York Times, April 21, 2013. Retrieved from: http://www.nytimes.com/2013/04/22/business/media/cloroxs-green-works-aims-to-get-out-of-the-niche.html?_r=0.
55. Tilde Herrera, "Why Clorox Made the Leap from Bleach to Green Works," GreenBiz, February 3, 2011. Retrieved from: http://www.greenbiz.com/news/2011/02/03/why-clorox-made-leap-bleach-green-works.
56. Jane L. Levere, "In an Overhaul, Clorox Aims to Get Green Works Out of Its Niche," The New York Times, April 21, 2013. Retrieved from: http://www.nytimes.com/2013/04/22/business/media/cloroxs-green-works-aims-to-get-out-of-the-niche.html?_r=0.
57. GreenWorks (2014). Website: What's New. Retrieved from: https://www.greenworkscleaners.com/whats-new/.
58. Tilde Herrera, "Why Clorox Made the Leap from Bleach to Green Works," GreenBiz, February 3, 2011. Retrieved from: http://www.greenbiz.com/news/2011/02/03/why-clorox-made-leap-bleach-green-works.
59. Joel Makower, "Clorox Aims to Show that 'Green Works,'" GreenBiz, January 12, 2008. Retrieved from: http://www.greenbiz.com/blog/2008/01/12/clorox-aims-show-green-works.
60. Joel Makower, "Exit Interview: Nancy Hirshberg, Stonyfield Farm," Green-Biz, May 6, 2013.
61. Stonyfield Farm. "Stonyfield Farm and the SmartWay Partnership." Retrieved from: https://www.northeastdiesel.com/pdf/2013partnersmeeting/ReneeSherman.pdf. Accessed April 18, 2016.
62. http://www.mnn.com/lifestyle/responsible-living/blogs/interview-with-stonyfield-ceo-gary-hirshberg-everybody-can-win.
63. Interview with David Bronner, April 5, 2013.
64. http://www.aeb.org/farmers-and-marketers/industry-overview/31-farmers-marketers.
65. http://www.organicauthority.com/57-major-food-companies-switching-to-cage-free-eggs-list/.
66. http://news.walmart.com/news-archive/2016/04/05/walmart-us-announces-transition-to-cage-free-egg-supply-chain-by-2025.
67. Tara Duggan, "What Does 'Cage-Free' Really Mean, Exactly?" San Francisco Chronicle, April 14, 2016. Retrieved from: http://www.sfchronicle.com/food/article/What-does-cage-free-really-mean-exactly-7249746.php.
68. http://www.techtimes.com/articles/147562/20160406/walmart-commits-to-sell-cage-free-eggs-by-2025.htm.
69. http://www.organicauthority.com/57-major-food-companies-switching-to-cage-free-eggs-list/.
70. http://www.bloomberg.com/news/articles/2016-04-05/wal-mart-will-sell-100-cage-free-eggs-by-2025-in-industry-shift.
71. Henry Gass, "Walmart Makes Good on its Massive Clean Energy Promises," Christian Science Monitor, November 6, 2015. Retrieved from: http://www.csmonitor.com/USA/USA-Update/2015/1106/Walmart-starts-to-make-good-on-massive-clean-energy-promises?cmpid=addthis_email#.
72. Christopher Helman, "How Walmart Became A Green Energy Giant, Using Other People's Money," Forbes, November 4, 2015. Retrieved from: http://www.forbes.com/sites/christopherhelman/2015/11/04/walmarts-everyday-renewable-energy/#167d46144894.
73. Alexandra Alter, "Yet Another 'Footprint' to Worry About: Water," Wall Street Journal, February 17, 2009. Retrieved from: http://online.wsj.com/article/SB123483638318996305.html.
74. Lauren Hepler, "9 Supply Chain Tech Companies You Should Know," Green-Biz, October 15, 2015. Retrieved from:

http://www.greenbiz.com/article/9-supply-chain-tech-companies-you-should-know.
75. Andrew Winston, "How Target is Taking Sustainable Products Mainstream," Harvard Business Review, August 4, 2015. Retrieved from: https://hbr.org/2015/08/how-target-is-taking-sustainable-products-mainstream.
76. Mat McDermott, "Sustainable Apparel Coalition Plans Industry-Wide Eco-Index," TreeHugger, March 1, 2011. Retrieved from: http://www.treehugger.com/style/sustainable-apparel-coalition-plans-industry-wide-eco-index.html.
77. Sustainable Apparel Coalition Website (2014). "About Us." Retrieved from: http://www.apparelcoalition.org/overview/.
78. Sustainable Apparel Coalition Website (2014). "Membership." Retrieved from: http://www.apparelcoalition.org/overview/.
79. Mary Mazzoni, "The Higg 2.0 Index and the Journey to an Industry-Wide Sustainable Apparel Standard," Triple Pundit, February 19, 2014. Retrieved from: http://www.triplepundit.com/special/sustainable-fashion-2014/higg-2-0-index -journey-industry-wide-sustainable-apparel-standard/.
80. https://outdoorindustry.org/research-tools/business-supply-chain-tools/higg-index/.
81. Tim Smedley, "Can Patagonia and eBay Make Shopping More Sustainable?" The Guardian, May 13, 2013. Retrieved from: http://www.guardian.co.uk/sustainable-business/patagonia-ebay-making-shopping-more-sustainable.
82. Sustainability Apparel Coalition Website (2012). "Higg Index." Retrieved from: http://www.apparelcoalition.org/higgindex/.
83. Tim Smedley, "Can Patagonia and eBay Make Shopping More Sustainable?" The Guardian, May 13, 2013. Retrieved from: http://www.guardian.co.uk/sustainable-business/patagonia-ebay-making-shopping-more-sustainable.
84. Kohl's (2013). "Corporate Social Responsibility Report."
85. Tim Smedley, "Can Patagonia and eBay Make Shopping More Sustainable?" The Guardian, May 13, 2013. Retrieved from: http://www.guardian.co.uk/sustainable-business/patagonia-ebay-making-shopping-more-sustainable.
86. http://www.outdoorindustry.org/responsibility/resources/casestudies.html.
87. Raz Godelnik, "Interview: New Tool Will Measure Sustainability Across Apparel Supply Chains," Triple Pundit, July 27, 2012. Retrieved from: http://www.triplepundit.com/2012/07/interview-sustainable-apparel-coalitions-executive -director-new-higg-index/. The index was released in 2017. See: http://apparelcoalition.org/the-higg-index/.
88. Interview with Jill Dumain, Director of Environmental Strategy, Patagonia, April 8, 2013, at Patagonia headquarters.
89. Tim Smedley, "Can Patagonia and eBay Make Shopping More Sustainable?" The Guardian, May 13, 2013. Retrieved from: http://www.guardian.co.uk/sustainable-business/patagonia-ebay-making-shopping-more-sustainable.
90. Raz Godelnik, "Interview: New Tool Will Measure Sustainability Across Apparel Supply Chains," Triple Pundit, July 27, 2012. Retrieved from: http://www.triplepundit.com/2012/07/interview-sustainable-apparel-coalitions-executive-director-new-higg-index/.
91. Leon Kaye, "Five Global Companies Pledge Cooperation on Bioplastic," Triple Pundit, June 12, 2012. Retrieved from: http://www.triplepundit.com/2012/06/coca-cola-nike-heinz-plantbottle-cooperation-bioplastic/.
92. http://bioplasticfeedstockalliance.org/who-we-are/.
93. http://www.environmentalleader.com/2014/06/11/ford-heinz-test-tomatoes-for-vehicle-use/.
94. http://bioplasticfeedstockalliance.org/news-title-6/.
95. PETA (2013). "Cosmetics and Household-Product Animal Testing." Retrieved from: http://www.peta.org/issues/animals-used-for-experimentation/cosmetic-household-products-animal-testing.aspx.
96. Management Exchange (2012). "Innovation in Well-Being—The Creation of Sustainable Value at Natura." Retrieved from: http://www.managementexchange.com/story/innovation-in-well-being.
97. United Nations Development Program (2007). "Case Study: Natura's Ekos: Perfume Essences Produce Sustainable Development in Brazil." Private Sector Division, Partnerships Bureau Report.
98. G. Jones and R. Reisen de Pinho, "Natura: Global Beauty Made in Brazil," Harvard Business School, Case Study 9-807-029.
99. Management Exchange (2012). "Innovation in Well-Being—The Creation of Sustainable Value at Natura." Retrieved from: http://www.managementexchange.com/story/innovation-in-well-being.
100. Luciana Hashiba, "Innovation in Well-Being—The Creation of Sustainable Value at Natura." Management Innovation Exchange. Retrieved from: http://www.managementexchange.com/story/innovation-in-well-being. Accessed August 2013.
101. Oliver Balch, "Natura Commits to Sourcing Sustainably from Amazon," The Guardian, March 18, 2013. Retrieved from: http://www.theguardian.com/sustainable-business/natura-sourcing-sustainably-from-amazon.
102. Leon Kaye, "Brazil's Natura Cosmetics Now the World's Largest B Corp," Triple Pundit, December 29, 2014. Retrieved from: http://www.triplepundit.com/2014/12/brazils-natura-cosmetics-now-worlds-largest-b-corp/.
103. In US-dollar terms, the company would be twice that size had the Brazilian real not tumbled by over 50 percent relative to the US dollar between the end of 2011 and the end of 2015.
104. Oliver Balch, "Natura Commits to Sourcing Sustainably from Amazon," The Guardian, March 18, 2013. Retrieved from: http://www.theguardian.com/sustainable-business/natura-sourcing-sustainably-from-amazon.
105. Andrea Pereira de Carvalho, Jose Carlos Barbieri, "Innovation and Sustainability in the Supply Chain of a Cosmetics Company a Case Study," Journal of Technology Management and Innovation 7, no. 2 (2012): 144—156. 106. ZDNet (2013). "Apple Boosts R&D Spend, Now 3 Percent of Revenue." Retrieved from http://www.zdnet.com/apple-boosts-r-and-d-spend-now-3-percent-of-revenue-7000014515/. Accessed July 2013.
107. Wiki Invest (2014). Retrieved from http://www.wikinvest.com/stock/L'oreal_(LRLCY).
108. Sustainable Brands (2014). "Natura Asks: Why Do You Need What You Don't Need?" Retrieved from http://www.sustainablebrands.com/news_and_views/design_innovation/packaging/mathieu-lahnich/natura-asks-why-do-you-need-what-you-dont.
109. Global Cosmetic Industry (2010). "A Lesson in Sustainability: Natura's Markos Vaz." Retrieved from: http://www.gcimagazine.com/business/management/sustainability/101888568.html.
110. Ibid.
111. United Nations Development Program (2007). "Case Study: Natura's Ekos: Perfume Essences Produce Sustainable Development in Brazil." Private Sector Division, Partnerships Bureau Report.
112. Natura (2014). "Sustainability: Active Ingredient Certification Program." Retrieved from: http://www.natura.net/port/cosmoprof/ing/sustentabilidade.asp.
113. Andrea Pereira de Carvalho, Jose Carlos Barbieri, "Innovation and Sustainability in the Supply Chain of a Cosmetics Company a Case Study," Journal of Technology Management and Innovation 7, no. 2 (2012): 144—156.
114. Leonardo Liberman, Sergio Garcilazo, and Eva Stal, Multinationals in Latin America: Case Studies (London: Plagrave McMillan, 2014). https://books.google

.com/books?id=u2QYDAAAQBAJ&pg=PA57&lpg=PA57&dq=ekos+higher+prices&source=bl&ots=cW0AdDNsgL&sig=gY93yRBRxF3V
Vr-86sDXReJVmDk&hl=en&sa=X&ved=0ahUKEwior-vL1MbNAhVDXR4KHeeHD-cQ6AEIHjAA#v=onepage&q&f=false.
115. Global Cosmetic Industry (2010). "A Lesson in Sustainability: Natura's Markos Vaz." Retrieved from:
http://www.gcimagazine.com/business/management/sustainability/101888568.html.
116. United Nations Development Program (2007). "Case Study: Natura's Ekos: Perfume Essences Produce Sustainable Development
in Brazil." Private Sector Division, Partnerships Bureau Report.
117. C. Boechat and R. Mokrejs Paro (2007). "Natura's Ekos: Perfume Essences Produce Sustainable Development in Brazil," GIM
UNDP Case Study Database, New York.
118. Oliver Balch, "Natura Commits to Sourcing Sustainably from Amazon," The Guardian, March 18, 2013. Retrieved from:
http://www.theguardian.com/sustainable-business/natura-sourcing-sustainably-from-amazon.
119. United Nations Development Program (2007). "Case Study: Natura's Ekos: Perfume Essences Produce Sustainable Development
in Brazil." Private Sector Division, Partnerships Bureau Report.
120. Ibid.
121. H. L. Lee, V. Padmanabhan, and S. Whang, S. "Information Distortion in a Supply Chain: The Bullwhip Effect," Management
Science 43, no. 4 (1997): 546—558.
122. Interview with Rodrigo Brea, Natura.
123. Bruce Watson, "Natura Joins B Corps: Will Other Big Business Embrace Sustainability Certificaiton?" The Guardian, December
12, 2014. Retrieved from:http://www.theguardian.com/sustainable-business/2014/dec/12/b-corps-certification-sustainability-
natura.
124. http://www.cleanyield.com/when-b-corp-met-wall-street/.
125. Ibid.
126. http://www.furriela.adv.br/en/?artigos=teste-artigos-novos.
127. Natura (2014). Deutsche Bank Access Global Consumer Conference.
Retrieved from: http://natura.infoinvest.com.br/enu/4781/Natura_DB_2014VFinal.pdf.
128. "Responsible Supply Chain." Presentation by João Paulo Ferreira, Supply Chain Vice President, Natura.
129. Luciana Hashiba, "Innovation in Well-Being—The Creation of Sustainable Value at Natura." Management Innovation Exchange.
Retrieved from: http://www.managementexchange.com/story/innovation-in-well-being. Accessed August 2013.
130. Geoffrey Jones and Ricardo Reisen De Pinho 2012). "Natura: Global Beauty Made in Brazil." Harvard Business School, Case
Study 807-029.
131. Ibid.
132. Cosmetic Design (2004). "Euromonitor Publishes Brazil Market Report as Natura Prepares for IPO." Retrieved from
http://www.cosmeticsdesign.com/Market-Trends/Euromonitor-publishes-Brazil-market-report-as-Natura-prepares-for-IPO.
Accessed July 2014. The reported sales prior to the IPO were of R$1 billion. An exchange rate of 0.44 reals per USD was used to
quote this number.
133. Management Exchange (2012). "Innovation in Well-Being—The Creation of Sustainable Value at Natura." Retrieved from:
http://www.managementexchange.com/story/innovation-in-well-being.
134. https://www.google.com/search?q=natura+cosmeticos+market+cap&ie=utf-8&oe=utf-8.
135. Forbes (2014). "Natura Cosmeticos." Retrieved from: http://www.forbes.com/companies/natura-cosmeticos/.

제13장 지속가능한 성장의 길 A Road to Sustainable Growth

1. The Telegraph (2013). "Procter & Gamble Brings Back Former CEO AG Lafley to Revive Growth." Retrieved from:
http://www.telegraph.co.uk/finance/newsbysector/retailandconsumer/10078775/Procter-and-Gamble-brings-back-former
-CEO-AG-Lafley-to-revive-growth.html.
2. P&G (2013). "A.G. Lafley Rejoins Procter & Gamble as Chairman, President and Chief Executive Officer." Retrieved from:
http://news.pg.com/press-release/pg-corporate-announcements/ag-lafley-rejoins-procter-gamble-chairman-president-and-chi.
3. Amy Rush-Imber, "Armstrong CEO's Mandate: Growth, Innovation, Branding," Floor Covering Weekly, February 20, 2014.
Retrieved from: http://www.floorcoveringweekly.com/main/topnews/armstrong-ceos-mandate-growth-innovation-branding-
10488.aspx.
4. http://www.bain.com/consulting-services/strategy/fundamentals-of-growth.aspx.
5. See also, for example, Myron Gordon and Jeffrey Rosenthal, "Capitalism's Growth Imperative," Cambridge Journal of Economics
27, no. 1 (2003): 25—48.
6. http://www.multpl.com/world-gdp/table/by-year.
7. https://www.google.com/search?q=2020+worl+population&ie=utf-8&oe=utf-8.
8. http://www.oecdobserver.org/news/fullstory.php/aid/3681/An_emerging_middle_class.html.
9. PWC 17th Annual Global CEO Survey, https://www.pwc.com/gx/en/sustainability/ceo-views/assets/pwc-ceo-summary-
sustainability.pdf.
10. http://www3.epa.gov/climatechange/ghgemissions/global.html.
11. http://www.esrl.noaa.gov/gmd/ccgg/trends/full.html.
12. Ratios computed from figures in http://www.iea.org/publications/freepublications/publication/KeyWorld_Statistics_2015.pdf.
13. http://www.aip.org/history/climate/summary.htm.
14. http://www.ipcc.ch/report/ar5/wg1/.
15. https://en.wikipedia.org/wiki/List_of_scientists_opposing_the_mainstream_scientific_assessment_of_global_warming.
16. http://www.bloomberg.com/news/articles/2015-02-27/54-of-india-is-facing-high-water-stress-from-over-usage.
17. http://www.un.org/waterforlifedecade/scarcity.shtml.
18. Estimated global water volume. Retrieved from: http://water.usgs.gov/edu/gallery/global-water-volume.html.
19. http://www.slideshare.net/SyngentaCommunications/our-industry-2014.
20. http://www.ab-inbev.com/content/dam/universaltemplate/abinbev/pdf/investors/annual-and-hy-
reports/2014/AB_InBev_AR14_EN_financial.pdf.
21. http://www.climate.com/topics/climate-change/beer-climate-change.html.
22. http://thinkprogress.org/climate/2014/06/07/3446248/climate-change-beer-water/.
23. https://www.edf.org/climate/climate-change-impacts.
24. http://www.climate.com/topics/climate-change/beer-climate-change.html.
25. See, for example, Naomi Klein, This Changes Everything: Capitalism vs. The Climate (New York: Simon and Schuster, 2014).

26. http://www.historic-uk.com/HistoryUK/HistoryofBritain/Great-Horse-Manure-Crisis-of-1894/.
27. David White, "The Unmined Supply of Petroleum in the United States," Transactions of the Society of Automotive Engineers 14, part 1 (1919): 227.
28. Calculated from data from
https://www.eia.gov/cfapps/ipdbproject/iedindex3.cfm?tid=5&pid=57&aid=6&cid=regions&syid=1980&eyid=2015&unit=BB
and https://www.eia.gov/cfapps/ipdbproject/iedindex3.cfm?tid=5&pid=5&aid=2&cid=regions&syid=1980&eyid=2014&unit=TBPD.
29. Ibid.
30. Rick Wartzman, "The Long View: Why 'Maximizing Shareholder Value' is on its Way Out," TIME, September 25, 2013. Retrieved from: http://business.time.com/2013/09/25/the-long-view-why-maximizing-shareholder-value-is-on-its-way-out/.
31. Peter Drucker, Managing for the Future (Oxford: Butterworth-Heinemann, 1992).
32. https://www.rand.org/pubs/commercial_books/CB367.html.
33. http://www.eluniversal.com/nacional-y-politica/160227/water-shortage-is-the-major-environmental-risk-in-2015-in-venezuela.
34. Ron Grech, "Joining Forces Against 'Eco-terrorism,'" The Daily Press (Timmins), June 10, 2015. Retrieved from: http://www.timminspress.com/2015/06/10/joining-forces-against-eco-terrorism.
35. Tyler Elm, "6 tips to Survive a Misinformation Campaign," GreenBiz, June 11, 2015.
36. Antony Oliver, "Profits versus Planet" The New Civil Engineer, November 19, 1998. Retrieved from: http://www.nce.co.uk/profits-versus-planet/851614.article.
37. H. Jeff Smith, "The Shareholders vs. Stakeholders Debate" Sloan Management Review, Summer 2003. Retrieved from: http://sloanreview.mit.edu/article/the-shareholders-vs-stakeholders-debate/. Accessed July 15, 2003.
38. http://www.energy.alberta.ca/oilsands/791.asp.
39. http://www.pnas.org/content/111/9/3209.full.pdf.
40. http://www.ncbi.nlm.nih.gov/pmc/articles/PMC2679626/.
41. http://www.economist.com/news/science-and-technology/21615488-new-technologies-are-being-used-extract-bitumen-oil-sands-steam.
42. http://www.ncbi.nlm.nih.gov/pmc/articles/PMC2679626/.
43. http://www.desmogblog.com/sites/beta.desmogblog.com/files/TarSands_TheReport%20final.pdf.
44. Tim McDonnell, "There's No Hiding from Tar Sands Oil," Mother Jones, December 15, 2011. Retrieved from: http://www.motherjones.com/environment/2011/12/theres-no-hiding-tar-sands-oil.
45. http://www.forestethics.org/major-companies-act-to-clean-up-their-transportation-footprints.
46. "Alberta's Oil Sands: The Facts," January 2014. Retrieved from: http://www.oilsands.alberta.ca/FactSheets/Albertas_Oil_Sands_The_Facts_Jan_2014.pdf.
47. http://www.alternativesjournal.ca/community/reviews/tar-sands-dirty-oil-and-future-continent?PageSpeed=noscript.
48. Colby Cosh, "Don't Call Them 'Tar Sands,'" Maclean's, April 3, 2012. Retrieved from: http://www.macleans.ca/news/canada/oil-by-any-other-name/.
49. http://www.environmentalleader.com/2010/08/30/walgreens-gap-levi-join-oil-sands-fuel-boycott/.
50. Tim McDonnell, "There's No Hiding from Tar Sands Oil," Mother Jones, December 15, 2011. Retrieved from: http://www.motherjones.com/environment/2011/12/theres-no-hiding-tar-sands-oil.
51. http://www.environmentalleader.com/2010/08/30/walgreens-gap-levi-join-oil-sands-fuel-boycott/.
52. http://www.cbc.ca/news/canada/edmonton/not-boycotting-oilsands-3-u-s-firms-say-1.945517.
53. Ibid.
54. http://www.tradingeconomics.com/china/disposable-personal-income.
55. http://www.chinability.com/Rmb.htm.
56. 100-fold in terms yuan or RMB (the Chinese currency); "only" 25-fold in dollar terms.
57. http://www.tradingeconomics.com/china/disposable-personal-income.
58. Helen Wang, "The Biggest Story of Our Time: The Rise of China's Middle Class," Forbes/Business, December 21, 2011. Retrieved from: http://www.forbes.com/sites/helenwang/2011/12/21/the-biggest-story-of-our-time-the-rise-of-chinas-middle-class/.
59. http://www.livescience.com/27862-china-environmental-problems.html.
60. http://www.economist.com/blogs/analects/2013/03/water-pollution.
61. http://www.ipsnews.net/2012/07/china-battles-desertification/.
62. Edward Wong, "Air Pollution Linked to 1.2 Million Premature Deaths in China," The New York Times, April 1, 2013. Retrieved from: http://www.nytimes.com/2013/04/02/world/asia/air-pollution-linked-to-1-2-million-deaths-in-china.html.
63. http://www.worldlifeexpectancy.com/country-health-profile/china.
64. http://www.economist.com/news/china/21677267-new-study-casts-new-light-chinas-progress-noodles-longevity.
65. http://www.mckinsey.com/global-themes/urbanization/preparing-for-chinas-urban-billion.
66. Gary Gereffi, and Stacey Frederick (2010). "The Global Apparel Value Chain, Trade and the Crisis: Challenges and Opportunities for Developing Countries." World Bank Policy Research Working Paper 5281. Retrieved from: http://www-wds.worldbank.org/external/default/WDSContentServer/WDSP/IB/2010/04/27/000158349_20100427111841/Rendered/PDF/WPS5281.pdf.
67. Alessandro Nicita, "Who Benefits from Export-led Growth? Evidence from Madagascar's Textile and Apparel Industry." Journal of African Economies 17, no. 3 (2008): 465--489.
68. Alessandro Nicita and Susan Razzaz (2003). "Who Benefits and How Much? How Gender Affects Welfare Impacts of a Booming Textile Industry." World Bank, Policy Research Working Paper 3029, Washington, DC. Retrieved from: https://openknowledge.worldbank.org/bitstream/handle/10986/18227/multi0page.pdf?sequence=1&isAllowed=y.
69. http://www.nrdc.org/living/stuff/green-fashion.asp.
70. Steven Greenhouse, "Some Retailers Rethink Their Role in Bangladesh," The New York Times, May 1, 2013.
71. Nazli Kibria, "Becoming a Garments Worker: The Mobilization of Women into the Garments Factories of Bangladesh," Occasional Paper 9, March 1998, UN Research Institute for Social Development. Available at:http://www.unrisd.org/unrisd/website/document.nsf/0/523115d41019b9d980256b67005b6ef8/$FILE/opb9.pdf.
72. Interview with Gary Niekerk, Director of Global Citizenship, Intel, July 23, 2012.
73. http://news.stanford.edu/news/2014/february/kolstad-carbon-tax-022814.html.
74. http://www.euractiv.com/cap/fao-report-links-high-food-price-news-516502.
75. Interview with Mike Barry, Director of Sustainable Business (Plan A), Marks & Spencer, November 3, 2015.

76. David Giles, "Unilever Finds that Shrinking its Footprint is a Giant Task," The New York Times, November 21, 2015. Retrieved from: http://www.nytimes.com/ 2015/11/22/business/unilever-finds-that-shrinking-its-footprint-is-a-giant-task.html?_r=0.
77. Ibid.
78. https://www.law.cornell.edu/wex/bright-line_rule.
79. http://www.npr.org/sections/thesalt/2015/06/12/411779324/organic-farmers-call-foul-on-whole-foods-produce-rating-system.
80. http://www.wholefoodsmarket.com/responsibly-grown/produce-rating-system.
81. Stephanie Strom, "Organic Farmers Object to Whole Foods Rating System," The NewYorkTimes, June 12, 2015. Retrieved from: http://www.nytimes.com/2015/06/13/business/organic-farmers-object-to-whole-foods-rating-system.html.
82. http://www.npr.org/sections/thesalt/2015/06/12/411779324/organic-farmers-call-foul-on-whole-foods-produce-rating-system.
83. http://graphics8.nytimes.com/packages/pdf/business/JohnMackeyLetter.pdf.
84. http://www.wholefoodsmarket.com/blog/clarifying-tenets-responsibly-grown.
85. Stephanie Strom, "Organic Farmers Object to Whole Foods Rating System," The New York Times, June 12, 2015. Retrieved from: http://www.nytimes.com/2015/06/13/business/organic-farmers-object-to-whole-foods-rating-system.html.
86. http://www.ccof.org/press/ccof-and-whole-foods-market-announce-adjustments-responsibly-grown-ratings.
87. http://www.wholefoodsmarket.com/blog/update-our-responsibly-grow-ratings-system.
88. Stephanie Strom, "Organic Farmers Object to Whole Foods Rating System," The NewYorkTimes, June 12, 2015. Retrieved from: http://www.nytimes.com/2015/ 06/13/business/organic-farmers-object-to-whole-foods-rating-system.html
89. http://www.wholefoodsmarket.com/blog/update-our-responsibly-grown-ratings-system.
90. http://www.wholefoodsmarket.com/blog/clarifying-tenets-responsibly-grown.
91. Stephanie Strom, "Organic Farmers Object to Whole Foods Rating System," The New York Times, June 12, 2015. Retrieved from: http://www.nytimes.com/2015/06/13/business/organic-farmers-object-to-whole-foods-rating-system.html.
92. http://www.telegraph.co.uk/news/earth/countryside/9727128/The-Great-Smog-of-London-the-air-was-thick-with-apathy.html.
93. http://news.bbc.co.uk/2/hi/europe/1371142.stm.
94. http://www.aqmd.gov/home/library/public-information/publications/50-years-of-progress.
95. https://www3.epa.gov/airmarkets/progress/reports/index.html.
96. Theodore Panayotou (2000). "Globalization and Environment," Center for International Development at Harvard University, No. 53. Accessible at http://www.hks.harvard.edu/var/ezp_site/storage/fckeditor/file/pdfs/centers-programs/centers/cid/publications/faculty/wp/053.pdf.
97. https://www.gov.uk/government/uploads/system/uploads/attachment_data/ file/69195/pb13390-economic-growth-100305.pdf.
98. http://www.bloomberg.com/news/articles/2014-04-24/china-enacts-biggest-pollution-curbs-in-25-years.
99. Edward Wong and Chris Buckley, "Chinese Premier Vows Tougher Regulation on Air Pollution," The New York Times, March 15 2015. Retrieved from: http://www.nytimes.com/2015/03/16/world/asia/chinese-premier-li-keqiang-vows-tougher-regulation-on-air-pollution.html.
100. http://cspc.nonprofitsoapbox.com/storage/documents/Fellows2008/Whittemore.pdf.
101. https://www.oxfamamerica.org/publications/prep-value-chain-climate-resilience/.
102. http://www.independent.co.uk/environment/climate-change/greenland-reaps-benefits-of-global-warming-8555241.html.
103. Costas Paris, "Chinese Shipping Group Cosco Planning Regular Trans-Arctic Sailings," Wall Street Journal, October 29, 2015. Retrieved from: http://www.wsj.com/articles/chinese-shipper-cosco-to-schedule-regular-trans-arctic-sailings-1446133485?alg=y.
104. http://www.npr.org/2013/08/21/209579037/why-millennials-are-ditching-cars-and-redefining-ownership.
105. http://americasmarkets.usatoday.com/2014/04/23/little-car-love-among-urban-millennials/.
106. http://www.huffingtonpost.ca/2013/01/18/generation-y-consumerism-ownership_n_2500697.html.
107. http://www.bbc.com/news/world-europe-32929962.
108. http://news.discovery.com/human/population-boom-110729.htm.
109. http://www.technologyreview.com/news/530866/un-predicts-new-global-population-boom/.
110. https://hbr.org/2012/06/captain-planet.
111. The Guardian (2012). Unilever's Paul Polman: challenging the corporate status quo. Retrieved from: http://www.theguardian.com/sustainable-business/paul-polman-unilever-sustainable-living-plan.
112. Unilever (2014). "Unilever Sustainable Living Plan." http://www.unilever.com/sustainable-living-2014/.
113. http://www.vodppl.upm.edu.my/uploads/docs/CMR_Starbucks_NGOs.pdf.
114. http://corporate.walmart.com/_news_/news-archive/2009/07/16/walmart-announces-sustainable-product-index.
115. Jessica Shankleman, "Tim Cook Tells Climate Change Sceptics to Ditch Apple Shares," The Guardian, March 3, 2014. Retrieved from: http://www.theguardian.com/environment/2014/mar/03/tim-cook-climate-change-sceptics-ditch-apple-shares.
116. http://www.ecowatch.com/apple-to-clean-up-act-in-china-with-huge-investments-in-renewable-ener-1882109614.html.
117. https://www.apple.com/environment/pdf/Apple_Environmental_Responsibility_Report_2016.pdf.
118. http://blogs.wsj.com/digits/2015/05/10/apple-expands-renewable-energy-goal-to-cover-supply-chain/.
119. http://www.greencarreports.com/news/1077568_2012-toyota-prius-c-yes-your-gas-mileage-will-vary.
120. http://www.ab-inbev.com/content/dam/universaltemplate/abinbev/pdf/sr/download-center/2014_GSR_REPORT_Environment.pdf.
121. http://www.triplepundit.com/2015/06/what-weve-learned-about-collective-action-on-water-stewardship/
122. Ibid.
123. https://translate.google.com/translate?hl=en&ie=UTF8&prev=_t&sl=pt-BR&tl=en&u=https://www.google.com/url%3Fq%3Dhttps://www.embrapa.br/en/busca-de-noticias/-/noticia/2581020/prefeitura-de-jaguariuna-lanca-programa-bacias-jaguariuna%26sa%3DU%26ved%3D0CBQQFjAAahUKEwjSrKm8iILJAhUPzmMKHZcpBD0%26sig2%3DNqx2rfG5Z7DHdmjCXeuIxQ%26usg%3DAFQjCNHKnGFIKXWhbadTIIgyk9rwC1BUQA.
124. http://creativity-online.com/work/ambev-cyan-bank-water-project/23542.

125. https://www.rita.dot.gov/bts/sites/rita.dot.gov.bts/files/publications/national_transportation_statistics/html/table_01_50.html.
126. Corynne Jaffeux and Philippe Wieser, Essentials of Logistics and Management, 3rd Ed. (Boca Raton, FL: CRC Press, 2012), p. 253.
127. The World Bank, "Merchandise Trade (% of GDP) Tables from 1981—2014."
Retrieved from: http://data.worldbank.org/indicator/TG.VAL.TOTL.GD.ZS.
128. http://www.roadandtrack.com/new-cars/news/a4173/news-peterbilt-cummins-tractor-trailer-fuel-economy/.
129. Kristen Leigh Painter, "The 787 Dreamliner's Fuel Efficiency Makes Tokyo Possible for Denver," The Denver Post, November 9, 2012; updated April 30,
2016. Retrieved from: http://www.denverpost.com/ci_21968731/787-dreamliners-fuel-efficiency-makes-tokyo-possible-denver.
130. http://www.maersk.com/en/hardware/triple-e/efficiency.
131. https://people.hofstra.edu/geotrans/eng/ch8en/conc8en/fuel_consumption_containerships.html.
132. http://www.claimsjournal.com/news/national/2014/05/01/248279.htm.
133. http://www.cumminspowersouth.com/pdf/F-1607-LowEmissionsBrochure-en.pdf.
134. Raytheon Inc., "Alternate Cleaning Technology." Technical Report Phase II. January-October 1991.
135. Michael Porter and Claas van der Linde, "Towards a New Conception of Environment-Competitive Relationships," The Journal of Economic Perspectives9, no. 4 (1995): 97—118.
136. http://cnsnews.com/news/article/ford-introduces-new-f-150-made-aluminum.
137. http://www.environmentalleader.com/2015/11/02/ge-aviation-invests-200m-to-build-ultra-lightweight-materials/.
138. http://newsfeed.time.com/2013/03/25/more-people-have-cell-phones-than-toilets-u-n-study-shows/.
139. Tim Worstall, "Africa Might Just Skip the Entire PC Revolution," Forbes, August 17, 2011. Retrieved from: http://www.forbes.com/sites/timworstall/2011/08/17/africa-might-just-skip-the-entire-pc-revolution/.
140. https://interactivemap.marksandspencer.com/.
141. Conversation with Philippe Cochet, GE's Chief Productivity Officer.
142. http://newsfeed.time.com/2013/03/25/more-people-have-cell-phones-than-toilets-u-n-study-shows/.
143. OECD (2014). "The State of Play on Extended Producer Responsibility (EPR): Opportunities and Challenges," Issues Paper. Retrieved from: http://www.oecd.org/environment/waste/Global%20Forum%20Tokyo%20Issues%20Paper%2030-5-2014.pdf.
144. http://www.emc.com/corporate/sustainability/sustaining-ecosystems/eol.htm.
145. David Rogers, "Rising Global Middle Classes Pose Huge Resource Threat," Global Construction Review, May 8, 2014. Retrieved from: http://www.globalconstructionreview.com/trends/rising-global-middle-classes8-pose-huge100/.
146. Jo Confino, "Unilever: The Highs and Lows of Driving Sustainable Change," The Guardian, April 22, 2013. Retrieved from: http://www.theguardian.com/sustainable-business/blog/unilever-driving-sustainable-change.
147. http://media.corporate-ir.net/media_files/irol/10/100529/AR11/nike-sh-2011/mark_parker_letter.html.

감사_경영진 및 전문가 인터뷰 Table of Thanks

서문에서 언급했듯이, 이 책을 위해 300명에 가까운 경영진과 전문가들이 인터뷰를 통해 통찰력과 이야기를 아낌없이 준 덕을 보았다. 이 분들의 환대와 개방성, 그리고 도움이 연구를 가능하게 했음을 이 자리를 빌어 감사하다는 말을 남기고 싶다.

Company	Name	Title
AB InBev	Ezgi Barcenas	Global Manager, Beer & Better World
AB InBev	Sabine Chalmers	Chief Legal & Corporate Affairs Officer
AB InBev	Danillo Figueiredo	Global Director of Supply Chain Integration
AB InBev	Gary Hanning	Director of Global Barley Research
AB InBev	Rolim Ricardo	Vice President Global Sustainability
AB InBev	John Rogers	Global Director of Agricultural Development
AB InBev	Hugh "Bert" Share	Senior Global Director, Beer & Better World
ADEME	Olivier Réthoré	LCA Project Manager
Aoyama Gakuin University	Tomomi Nonaka	Assistant Professor
ASICS	Jimmy Adames	Sustainability & Social Responsibility Manager
ASICS	Brian Johnston	CSR and Sustainability Specialist
Association Bilan Carbone	Simon Dely	Project Manager, Methodology
B Lab	Jay Coen Gilbert	Cofounder
B Lab	Stephanie Nieman	Director, Developed Market Standards
BASF	Andreas Backhaus	Senior Vice President of Global Supply Chain
BASF	Robert Blackburn	Senior Vice President & Head Global Supply Chain
BASF	Inga-Lena Darkow	Global Business Analytics, Senior Manager Programs
BASF	Paul Devoy	Supply Chain Director, Chemical Intermediates North America
BASF	Noora Miettinen	GSB/SD – Global Supply Chain Strategy Development, Supply Chain Models
BASF	Carles Navarro	Managing Director, Country Cluster Head Iberia, former president of BASF Canada
BASF	Andrew O'Connor	Global Director of Supply Chain Strategy Development
BASF	Scott Stussi	Senior Expert, Supply Chain Strategy
BASF	Oleta LaRush	Manager of Communications
BASF	Charlene Wall-Warren	Director, Sustainability

Company	Name	Title
Better Cotton Initiative	Ruchira Joshi	Programme Director – Demand
Boeing	Stephen Robbins	Enterprise Supply Chain Logistics – SDC Traffic
Boston Herald	Adriana Cohen	Talk Show Host and Columnist
Boston Scientific	David Sapienza	Vice President Operations
Boston Scientific	Leonard Sarapas	Corporate Director, Environmental Health & Safety
BP	George Huff	Technical Advisor
BP	James Simnick	Technical Advisor
Carbon Disclosure Project	Dexter Galvin	Head of Supply Chain
Carbon Trust	Martin Barrow	Associate Director, Head of Footprinting
Cementos Argos	Maria Isabel Echeverri Carvajal	Vice President of Sustainability
Cemex	Daniel Huerta	Builders Segment Pricing Manager
Cemex	Maria Verdugo	Procurement Model Evolution and Communication Manager
Chiquita	Ana Lucia Alonzo	Director, Continuous Improvement and Sustainability
Cintas	Melanie Boyle	Corporate Communications Manager
Cintas	Pamela Brailsford	Senior Director of Supplier Diversity and Sustainability
Cintas	Dave Wheeler	Senior Vice President Global Supply Chain
Columbia University/ PeerAspect	Scott Kaufman	Adjunct Professor/CEO
Cradle to Cradle	Will Duggan	Senior Writer and Communications Director
Cradle to Cradle	Bridgett Luther	President and Founder
Delhaize	Lou DeLorenzo	Director, Supply Chain Services
Delhaize	George Parmenter	Manager of Sustainability
Dell	Steve Bagnaschi	Fulfillment Senior Manager
Dell	Oliver Campbell	Director, Procurement & Packaging Innovation
Dell	Lori Chisum	Program Manager
Dell	David Lear	Vice President, Corporate Sustainability
Dell	Michael Murphy	Executive Director, Product Compliance
Dell	Scott O'Connell	Director, Environmental Affairs
Dell	Deborah Sanders	Director, Services IT Portfolio
DHL	Björn Hannappel	Senior Expert, GoGreen
Dow AgroSciences	Joshua Merrill	Global Supply Chain Manager
Dr. Bronner's Magic Soap	Bernardo Andrade	Manufacturing and Warehouse Specialist
Dr. Bronner's Magic Soap	David Bronner	CEO
Dr. Bronner's Magic Soap	Mike Bronner	President

Company	Name	Title
Dr. Bronner's Magic Soap	Trudy Bronner	Chief Financial Officer
Dr. Bronner's Magic Soap	Michael Milam	Chief Operations Officer
eBay	Caitlin Bristol	Senior Manager, Global Impact
eBay	Lori Duvall	Global Director, Green
eBay	Prakash Muppirala	Director, Product Development, Managed Marketplaces
ecoATM	Mark Bowles	Founder
Ecodesk	Remy Leaf	Account Executive
Ecodesk	Nick Murry	Chief Sustainability Officer
Ecolabel Index	Anastasia O'Rourke	Cofounder
EcoVadis	Geoffrey Carbonnel	CSR Ratings Operations Manager
EcoVadis	Pierre-Francois Thaler	Cofounder, Co-CEO
EMC	Ezra Benjamin	Principal Program Manager, Global Product Take Back
EMC	Alyssa Caddle	Consultant Program Manager
EMC	Maria Gorsuch-Kennedy	Principal Program Manager
EMC	Matt Mills	Principal Program Manager
EMC	Michael Norbeck	Principal Program Manager
EMC	Katie Schindall	Consultant Program Manager
EMC	Kathrin Winkler	Senior Vice President, Corporate Sustainability, and Chief Sustainability Officer
Environmental Defense Fund	Michelle Harvey	Director, Supply Chain
Environmental Defense Fund	Jason Mathers	Director
Environmental Defense Fund	Michael Reading	Manager, Corporate Partnerships
Environmental Defense Fund	Elizabeth Sturcken	Managing Director, Corporate Partnerships
EPFL	Naoufel Cheikhrouhou	Professor of Supply Chain Management
EPFL	Dimitri Weideli	Master's Student
Fair Trade USA	Todd Stark	Chief Operations Officer
Fiat Chrysler	Mary Gauthier	Head, Sustainability Communications
Fiat Chrysler	Bill Hall	Head of Sustainability
Fiat Chrysler	Michael Palese	Corporate Communications Strategy/Litigation Communications
Fiat Chrysler	Todd Yaney	Supply Chain Sustainability Manager
Flextronics	Tom Linton	Chief Procurement and Supply Chain Officer
Forest Stewardship Council	Phil Guillery	Systems Integrity Director

Company	Name	Title
Freelance	Matt Casey	Freelance journalist
GENCO	Gregor Thompson	Managing Director
General Electric	Philippe Cochet	Chief Productivity Officer
General Mills	Joel LaFrance	Supply Chain Visibility Lead
General Mills	Kathy Rodriguez	Demand Planning Manager
General Motors	Bill Hurles	Executive Director of Supply Chain
General Motors	David Tulauskas	Director, Sustainability
GeoTraceability	Pierre Courtemanche	CEO
Green River	Benjamin Tucker	Director of Products
Green Seal	Linda Chipperfield	Vice President, Marketing & Communications
Greenpeace	Femke Bartels	Global Forest Network Director
Greenpeace	Lasse Bruun	Senior Campaigner
Greenpeace	Suzanne Kröger	International Project Leader
Greenpeace	Alexander Navarro	Global Digital Strategist
HP	Tom Etheridge	LCA Program Manager
HP	Judy Glazer	Director of Social and Environmental Responsibility
Ian Midgley Associates	Ian Midgley	Managing Director
IKEA	Kelly Deng	Senior Auditor
IKEA	Greg Priest	Head of Sustainability Policy
IKEA	Jeanette Skjelmose	Sustainability Manager
IKEA	Brigitte Warren	Sustainability Compliance Manager
Intel	Dawn Graunke	Supply Chain Regulatory Manager
ISEAL Alliance	Helen Ireland	Innovation Manager
ITC	Ashesh Ambasta	Executive Vice President and Head of Social Investments
Johnson & Johnson	Philip Dahlin	Global Director of Sustainability
Johnson & Johnson	Thomas LaVake	Director
Johnson & Johnson	Keith Sutter	Worldwide Director of Sustainability
Kao	Akikazu Sato	Manager Corporate Strategy
Kao	Masaki Tsumadori	Vice President, Global Research and Development
Kao	Takashi Matsuo	Research Fellow
Kao	Shirasaki Yoshitsugu	Environmental Director
Li & Fung	Pamela Mar	Director of Sustainability
LKAB	Stina Eriksson	Sustainability Manager
LKAB	Magnus Johansson	Senior Advisor Sustainable Purchasing
LOGyCA	Vivian Rangel Castelblanco	Researcher
Lowe's	Steve Palmer	Vice President of Transportation
Maersk Line	Lee Kindberg	Director, Environment and Sustainability

Company	Name	Title
Malaysia Institute for Supply Chain Innovation	Asad Ata	Assistant Professor
Malaysia Institute for Supply Chain Innovation	David Gonsalvez	CEO & Rector
Marine Stewardship Council	Titia Sjenitzer	Senior Supply Chain Standards Manager
Marks & Spencer	Mike Barry	Director of Sustainable Business (Plan A)
McDonald's	Cindy Jiang	Senior Director, Worldwide Food Safety, Quality and Nutrition
Michelin	Gerald Bourlon	Executive Vice President of Logistics and Customer Service
Middlebury College	Bill Baue	Corporate Sustainability Architect
Mitsubishi Electric	Mark Foscoe	Group Logistics Manager
MIT	Tony Craig	Postdoctoral Associate
MIT	Courtney DeSisto	Intern
MIT	Suzanne Glassburn	Counsel
MIT	Suzanne Greene	LEAP Program Manager
MIT	Jeremy Gregory	Research Scientist
MIT	Jason Jay	Director of Sustainability Initiative
MIT	Randolph Kirchain	Principal Research Associate, Material Systems Lab
MIT	Christopher Knittel	Professor of Management
MIT	Yin Jin Lee	Doctoral Student
MIT	Reed Miller	Master's Student
MIT	Gregory Morgan	General Counsel
MIT	Elsa Olivetti	Assistant Professor, Material Science and Engineering
MIT	Noelle Eckley Selin	Associate Professor, Earth and Planetary Science
MIT	Josué Velázquez	Research Associate, Center for Transportation and Logistics
National Organic Program	Miles McEvoy	Deputy Administrator
Natural Resource Defense Council	Adrian Martinez	Project Attorney
Natura	Emiliano Barelli	Senior Manager, Packaging R&D
Natura	Rodrigo Brea	Distribution and Customer Service Director
Natura	Thais Ferraz	Sustainability Manager
Natura	Alessandro Mendes	R&D Director
Natura	Juliana Pasqualini	Sustainability Coordinator
Natura	Angela Pinhati	Supply Chain Director
Natura	Sergio Talocchi	Reverse Logistics and Recycled Materials Manager
Natura	Romulo Zamberlan	Packaging Development Manager

Company	Name	Title
New Britain Palm Oil	Simon Lord	Managing Director
New Britain Palm Oil	Petra Meekers	Group Sustainability Manager
Niagara Bottling	Ashley Dorna	Executive Vice President, Supply Chain
Niagara Bottling	Rali Sanderson	Executive Vice President, Procurement
Nike	Laura Adams	Open Innovation Director
Nike	Agata Ramallo Garcia	Senior Director, Global Sourcing
Nike	Santiago Gowland	General Manager, Sustainable Business & Innovation
Nike	Hannah Jones	Chief Sustainability Officer
Nike	Stephani Kobayashi Stevenson	University Relations Manager
Novozymes	Peter Brond	Senior Manager
Novozymes	Adam Monroe	President
Pacific Gas & Electric	Debora Bonner	Supply Chain Sustainability Manager
Packsize	Brandon Brooks	Global Vice President of Strategy and Marketing
Patagonia	Cara Chacon	Vice President, Social and Environmental Strategy
Patagonia	Jill Dumain	Director of Environmental Strategy
Patagonia	Betsy Held	Paralegal
Patagonia	Brett Krasniewicz	Materials R&D Manager
Patagonia	Elissa Foster	Senior Manager of Product Responsibility
Patagonia	Elisabeth Mast	Director of Sourcing
Patagonia	Vincent Stanley	Vice President, Marketing and Communications
PepsiCo	Tim Carey	Senior Director, Sustainability
Petrobas	Janine Cardoso Senna	Senior Engineer
Pfizer	Jim Cafone	Vice President of Supply Operations
Port of Long Beach	Robert Kanter	Managing Director
Port of Los Angeles	Chris Cannon	Director of Environmental Management
Port of Los Angeles	Christopher Patton	Environmental Affairs Officer
Procter & Gamble	Sergio Barbarino	Research Fellow
Procter & Gamble	Andrew Byer	Associate Director, Supply Network
Procter & Gamble	Kathy Claffey	Global Fabric & Home Care Supply Network Operations
Procter & Gamble	James McCall	Global Product Supply Sustainability Leader
Procter & Gamble	Forbes McDougall	Corporate Waste Strategy Leader
Procter & Gamble	Stefano Zenezini	Vice President, Global Product Supply Beauty Sector
PUMA	Adam Brennan	Sustainability Project Manager
PUMA	Reiner Hengstmann	Global Director, Sustainability & Compliance
PUMA	Stefan Seidel	Head of Corporate Sustainability
Rainforest Alliance	W. Robert Beer	Director, SmartWood Program
Ralph Lauren	Jay Kimpton	Vice President – Global Supply Chain PMO

Company	Name	Title
Ralph Lauren	Russ LoCurto	Senior Vice President, Operations
Ralph Lauren	Dania Nasser	Business Operations and Compliance Counsel
Ralph Lauren	Sejung Park	Director, Program Management Office
Ralph Lauren	John Zomberg	Senior Manager of Supply Chain Finance
Schlumberger	Sarah Bruce Courtney	Global Supplier Manager
Seventh Generation	Jim Barch	Director of R&D
Seventh Generation	Clement Choy	Senior Director of R&D
Seventh Generation	Tim Fowler	Senior Vice President of R&D
Seventh Generation	John Henry Siedlecki	Senior Brand Manager
Seventh Generation	Peter Swaine	Director of Sourcing
Seventh Generation	Martin Wolf	Director of Sustainability & Authenticity
Seventh Generation	Reed Doyle	Director of Corporate Social Responsibility
Siemens	Arnd Hirschberg	CPO, Process Industries and Drives
Siemens	Georg Schroeder	Supply Chain Management, Executive Relations
Siemens	Matthias Weirdinger	Vice President of Human Resources
Siemens	Dirk Weiss	Executive Assistant
Siemens	Barbara Kux	Chief Sustainability and Supply Chain Officer
Sierra Club	Gina Coplon-Newfield	Director of Electric Vehicles Initiative
Sierra Club	Michael Marx	Senior Campaign Director, Beyond Oil Campaign
Sierra Club	Lucy Page	Campaigner
Sourcemap	Leo Bonanni	Founder and CEO
Sprint	Amy Hargroves	Director, Corporate Responsibility and Sustainability
Stanford University	Hau Lee	Thoma Professor of Operations, Information, and Technology
Staples	Mark Buckley	Vice President Environmental Affairs
Staples	Cynthia Wilkinson	Director of Supply Chain Sustainability
Starbucks	Julie Anderson	Senior Manager, Global Impact
Starbucks	Kelly Goodejohn	Director of Social Impact and Public Policy
Starbucks	Steve Lovejoy	Senior Vice President, Global Supply Chain
Starbucks	Deverl Maserang	Executive Vice President, Global Supply Chain Organization
Texas Organic Cotton Marketing Cooperative	Anita Morton	Customer Service Coordinator
Texas Organic Cotton Marketing Cooperative	Kelly Pepper	Manager
The Forest Trust	Sonia Lieberherr	Program Manager
The Forest Trust	Scott Poynton	Founder
The Sustainability Consortium	Mike Faupel	Chief Operating Officer

Company	Name	Title
The Sustainability Consortium	Nicole Hardiman	Senior Research, Pulp, Paper, and Forestry Sector
The Sustainability Consortium	Jonathan Johnson	Professor (University of Arkansas) and Academic Director
The Sustainability Consortium	Sarah Lewis	Managing Director of Members and Implementation
The Sustainability Consortium	Christy Slay	Director of Research
This Fish	Eric Enno Tamm	Co-Founder and General Manager
TJX	John Bauer	Executive Vice President, Chief Logistics Officer
TJX	Laurie Lyman	Vice President, Logistics Development
TJX	Brenna Zimmer	Assistant Vice President, Environmental Sustainability Director
Trucost	Richard Mattison	CEO
Trucost	James Salo	Head of Data Strategy and Operations
Unilever	Karime Abib	Global Logistics Program Officer
Unilever	Stella Constantatos	Logistics Development Manager
Unilever	Giovanni Dal Bon	Strategic Logistics Director
Unilever	Flip Dötsch	Global Head of Procurement Communication
Unilever	Tony Dunnage	Group Director of Manufacturing Sustainability
Unilever	Maeve Hall	Group Manufacturing Sustainability Manager
Unilever	Derek Harkin	Global Manufacturing Technology Manager
Unilever	Wendy Herrick	Vice President, Supply Chain USA
Unilever	David Lovejoy	Group EHS Director
Unilever	John Maguire	Engineering Director Africa
Unilever	Pier Luigi Sigismondi	Chief Supply Chain Officer
Unilever	Jessica Sobel	Senior Manager, Sustainable Living and Strategic Initiatives
Unilever	Scott Spoerl	EHS Group Operations Director Operations Manager
Unilever	Kyle Stone	Supply Chain Manager
Unilever	Georgia Szewczak	Quality Director
Universidad Politécnica de Madrid	Eva Maria Ponce Cueto	Professor
University of Pau/Université Paris Dauphine	Gisele Bilek	Ensignmant Chercheur
University of São Paulo	Claudio Barbieri de Cunha	Professor e Pesquisador
UPS	Gina Hutchins	Global Executive Talent Director
UPS	Randy Stashick	President of Engineering
UPS	Roger Whitson	Managing Director, Customer Solutions

Company	Name	Title
UPS	Scott Wicker	Vice President of Global Plant Engineering and Sustainability
Walmart	Elizabeth Fretheim	Senior Director, Supply Chain Sustainability
Walmart	Katherine Neebe	Director of Sustainability
Walmart	Tracy Rosser	Senior Vice President, Transportation and Supply Chain
Walmart	Jeff Smith	Senior Director of Logistics, Maintenance, and Purchasing
Walmart	Chris Sultemeier	Executive Vice President, Logistics
Walmart	Andrea Thomas	Senior Vice President, Sustainability
Walmart	John Visser	Senior Director of International Logistics
Waters	Andrew Pastor	Global Product Stewardship Specialist
World 50	Phillip Barlag	Executive Director, General Counsel
World 50	Steve Walker	Director, Sustainable Supply Chain Initiative

밸런싱 그린 - 탄소중립시대, ESG경영을 생각한다

Balancing Green: When to Brace Sustainability in a Business
(and When not to) / Yossi Sheffi, Edgar Blanco, The MIT Press

발 행 | 2021년3월31일
저 자 | 요시 셰피, 에드가 블랑코
역 자 | 김효석, 류종기

펴낸이 | 리스크 인텔리전스 경영연구원
출판사등록 | 2020년3월6일(제973521호)
주 소 | 서울특별시 송파구 올림픽로 135
전 화 | 010-4995-6706
이메일 | ceo@riskintelligence.kr

ISBN | 979-11-973521-0-2
www.riskintelligence.kr
ⓒ 밸런싱 그린 2021